Laurenz Demps

Der Schlesische Bahnhof in Berlin

Laurenz Demps

Der Schlesische Bahnhof in Berlin

Ein Kapitel preußischer Eisenbahngeschichte

transpress

ISBN 3-344-70725-6

1. Auflage

Französische Straße 13/14, O–1086 Berlin
Printed in Germany
Satz: Satzstudio MediaSoft Berlin
Druck: Maisch + Queck, Gerlingen
Bindung: K. Dieringer, Gerlingen
Lektor: Dr.-Ing. Rolf Neustädt
Gestaltung: Regine Bach/Wolfgang Ritter
Einband: Jürgen Schumann

Inhaltsverzeichnis

Vorwort

Die Fahrdienstvorschriften der Deutschen Reichsbahn bezeichnen Bahnhöfe als Anlagen mit mindestens einer Weiche, auf denen Züge beginnen, enden, kreuzen oder mit Gleiswechsel wenden dürfen. Für den Reisenden dagegen stellen sie sich als eine Einrichtung dar, die man betritt, um zu verreisen oder anzukommen bzw. jemand zu begleiten. Bahnhöfe sind also schlechthin Gebrauchsgegenstände, die intensiv genutzt werden und benutzbar sein müssen. Dabei interessiert den Nutzer kaum, ob dieser Gebrauchsgegenstand auch seine eigene Geschichte hat.

Als der Autor im September 1956 auf dem damaligen Ostbahnhof seine Ausbildung als Betriebs- und Verkehrseisenbahner begann, galt das für ihn in ähnlicher Weise. Hier war sein Platz, an dem er zu lernen hatte und den er dabei vom Keller bis zum Dach in seiner ganzen räumlichen Ausdehnung kennenlernte. Die Geschichte des Ostbahnhofs interessierte wenig, wenngleich es reizvoll war, in manchem Winkel Reste des Vorgängerbaus zu entdecken. Erst der Umbau des Ostbahnhofs zum Hauptbahnhof veranlaßte den inzwischen bestallten Historiker an der Humboldt-Universität zu Berlin nachzudenken, nach Material zu suchen, die Geschichte dieser Bahnanlage zu erforschen und das Gefundene aufzuschreiben. Von da an war es nur ein Schritt, einen Verlag zu finden, der sich des Themas annahm.

Bei den Recherchen zeigte sich, daß der heutige Hauptbahnhof scheinbar keine Geschichte hatte bzw. sie sich spröde zeigte und nur ganz allgemein zu greifen war. In der Literatur steht dieser Bahnhof im Schatten seiner »berühmten« Brüder. Allerdings ist er der einzige alte Berliner Bahnhof, der noch immer seine Vitalität zeigt und im Jahre 1992 sein 150jähriges Jubiläum begeht. Er ist der einzige Berliner Bahnhof aus der Gründungsphase der Eisenbahn, der noch heute existiert und funktioniert – trotz aller Umbauten und Veränderungen.

Die Geschichte des Bahnhofs zeigt gegenüber den anderen Berliner Bahnhöfen eine Merkwürdigkeit. Hatten diese in der Zeit ihrer Existenz (bis auf den Stettiner Bahnhof) stets den gleichen Namen, so veränderte er sich bei diesem Bahnhof in Abhängigkeit von den neuen Funktionen. Zunächst bekam er die Bezeichnung »Frankfurter Bahnhof«; so ist sie in verschiedenen amtlichen Dokumenten nachweisbar. Anderseits erhielt er auch – aber wohl eher wegen der Bescheidenheit des Namens – die Bezeichnung »Niederschlesisch-Märkischer Bahnhof«; für sie konnte ein amtlicher Nachweis nicht gefunden werden. Dagegen taucht in Zeitungsberichten oft der Name »Bahnhof Berlin der Niederschlesisch-Märkischen Eisenbahn« auf. 1882 erhielt er dann die amtliche Bezeichnung »Schlesischer Bahnhof« und unter diesem Namen ist er dann auch in die Berliner Geschichte eingegangen. Seit 1950 hieß er dann »Berlin-Ostbahnhof« und so wird er heute auch noch in weiten Kreisen der Berliner Bevölkerung genannt. Im Dezember 1987 bekam er seinen gegenwärtigen Namen »Berlin-Hauptbahnhof«, der aber wohl keinen dauerhaften Bestand haben wird.

Es war für die vorliegende Veröffentlichung nach einem Titel zu suchen, der einerseits die Entwicklung des Bahnhofs belegt und andererseits aus dem Kreis der historischen Namen kommen mußte. Letztendlich entschieden sich Autor und Verlag für den vorliegenden, da der Bahnhof unter dieser Bezeichnung sowohl seine größte Blüte als auch die bisher wichtigste Phase seiner Geschichte durchlaufen hat. Die Berliner Bahnhofstradition und die Aspekte der Verkehrsentwicklung in der Stadt spielten bei der Wahl des Titels die entscheidende Rolle, es ging um einen Begriff für die Berliner Verkehrsgeschichte.

Am Ende der Forschungen lag soviel Material vor, daß die Gefahr bestand, den Rahmen eines Buches zu sprengen. Viel ungesichtetes Material lag in den Archiven, z. T. in den entlegensten Ecken. Zeichnungen waren von den Akten getrennt und lagen verstreut in den Sammlungen. In einigen Fällen gelang die Rekonstruktion, in anderen muß sie als Versuch gewertet werden. Zahlreiche Vorgänge konnten bisher nicht geklärt werden, im zweiten Weltkrieg wurde zudem viel Material vernichtet.

Schicht für Schicht gelang es, bis zum Ursprung der Anlage vorzudringen. Notwendigerweise schloß das Vorgehen auch das Umfeld ein, einerseits um die Voraussetzungen zu klären, die zu der vorhandenen Lösung geführt hatten, und andererseits sollten auch die Wirkungen der Eisenbahn auf die Stadtentwicklung in einem bestimmten Gebiet gezeigt werden. So soll nicht nur dem Leser, der sich mit der Geschichte der Eisenbahn verbunden fühlt, ein Buch mit neuem Material in die Hände gegeben werden, sondern auch der an der Geschichte Berlins Interessierte könnte Aufschlüsse über ein in der Literatur wenig behandeltes Territorium Berlins erhalten. Die Hoffnung des Autors, daß die Geschichtslehrer – insbesondere im Verwaltungsbezirk Friedrichshain – hier eine Quelle für die Darstellung der Heimatgeschichte finden, sollte zumindest artikuliert werden.

Im Mittelpunkt der Abhandlung steht die Geschichte der Bahnanlage, weniger als technische Lösung, sondern mehr als Ergebnis zahlreicher politischer und wirtschaftlicher Entwicklungen und Entscheidungen. Das reiche Bildmaterial ermöglicht aber jederzeit auch die Untersuchung der verkehrsorganisatorischen Gegebenheiten. Eingeschlossen in diesen Band ist auch die Entwicklung eines weiteren, heute nicht mehr existierenden, 1882 stillgelegten Bahnhofs der Königlichen Ostbahn.

Zahlreichen Einrichtungen hat der Autor für die großzügige Unterstützung zu danken: zuerst dem ehemaligen Stadtarchiv Berlin, dessen Mitarbeiter auch die ausgefallensten Wünsche versuchten zu erfüllen. Zu danken ist dabei insbesondere Herrn Heinz Krüger, der seine Fähigkeiten bei der Reproduktion der zahlreichen Karten und Pläne bewies. Ebenso der Ratsbibliothek der Berliner Stadtbibliothek und hier vor allem Herrn Dr. P. Rohrlach. In den Dank eingeschlossen sind ferner das Staatsarchiv Potsdam und das Geheime Preußische Staatsarchiv, Dienststelle Merseburg. Der Dank gilt ebenso der Plankammer der Technischen Universität, die die einmaligen Bilder des Pioniers der Berlin-Fotografie, F. A. Schwartz, zur Verfügung stellte. Dr. Helmut Maier und Dr. Andreas Kaiser sind zahlreiche Ratschläge und Materialhinweise zu verdanken. Der Wunsch des Autors ist es, daß dieses Buch zu weiteren Arbeiten über die Eisenbahngeschichte in Preußen und die Verkehrsgeschichte Berlins anregt.

Laurenz Demps

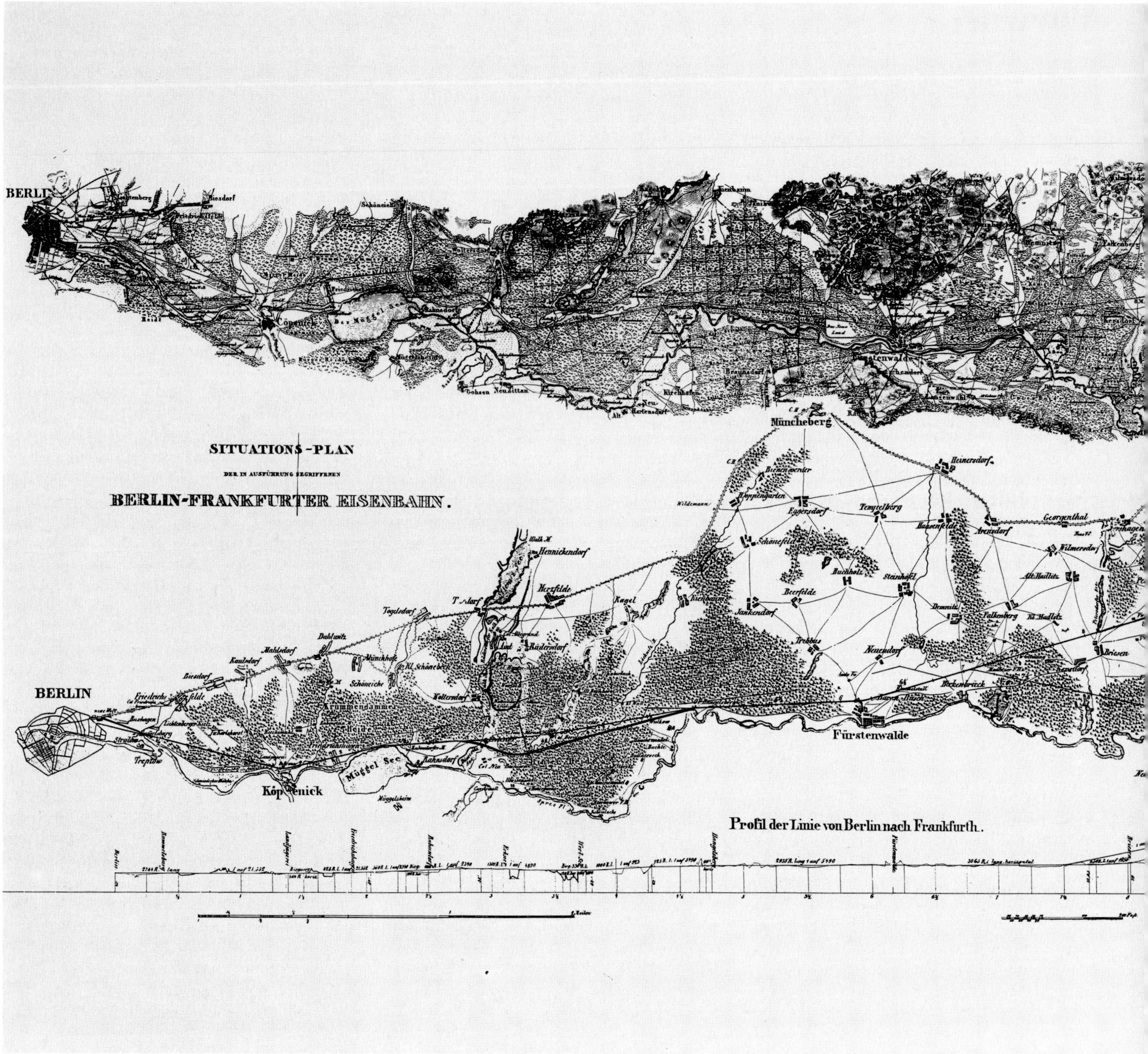
SITUATIONS-PLAN
DER IN AUSFÜHRUNG BEGRIFFENEN
BERLIN-FRANKFURTER EISENBAHN.
BERLIN
Köpenick
Müggel See
Fürstenwalde
Müncheberg
Heinersdorf
Tempelberg
Georgenthal
Hennickendorf
Herzfelde
Profil der Linie von Berlin nach Frankfurth.

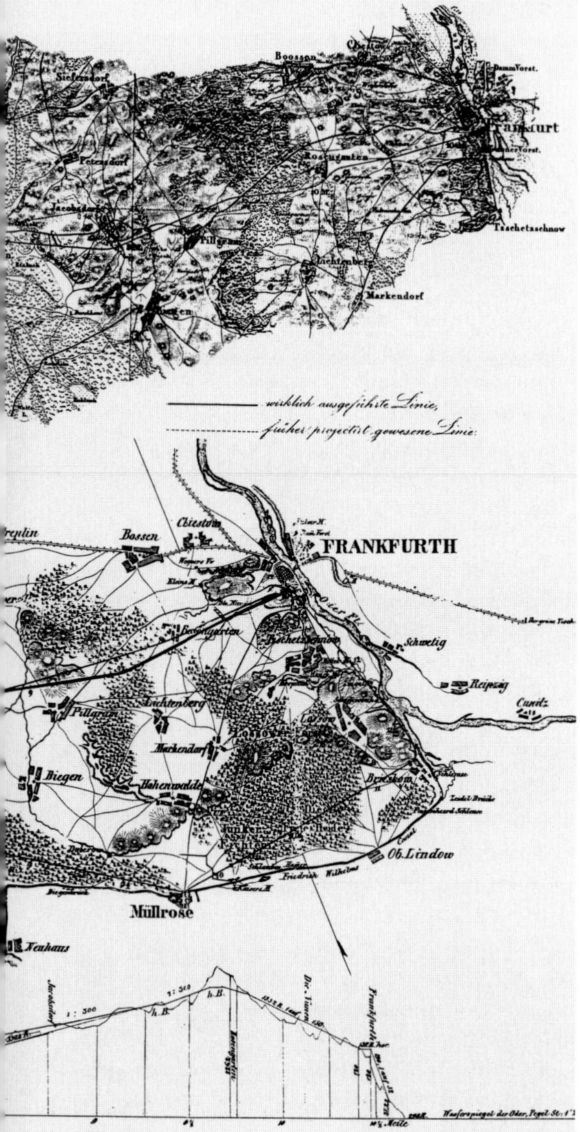

1.
DIE BERLIN-FRANKFURTER EISENBAHN-GESELLSCHAFT (1836 bis 1845)

Die Anfänge

Berlin verdankte seine Stellung als Wirtschafts- und Handelszentrum zu einem nicht geringen Teil der überaus günstigen Einbindung in ein Verkehrsnetz auf Wasser- und Landstraßen. War dieses Netz auch in keiner Weise mit den modernen Netzen des 19. und 20. Jahrhunderts zu vergleichen, so bot es aber genügend Spielraum für den Handel. Berlin übernahm seit dem Mittelalter für die Provinz Brandenburg eine wichtige Verteilerrolle, die für den preußischen Staat bedeutend war. Für die Entwicklung der Manufakturen im 18. Jahrhundert und für die Teilnahme an den beginnenden industriellen Umwälzungen in Berlin reichte dieses Netz zunächst aus, ja es bot dafür überhaupt erst die Voraussetzung. In den zwanziger und dreißiger Jahren begann ein forcierter Ausbau der Chausseen in Preußen – z. T. durch Baugesellschaften auf Aktienbasis –, so daß sich der Umgang mit Kapitalien und die Gewinnung von Kapital auf diese Weise in das Geschäftsgebahren der jungen Bourgeoisie einprägten. Diesen Chausseeausbau unterstützte die preußische Regierung auf jede mögliche Weise, und Berlin bildete auch hier einen Mittelpunkt. Die Kunststraßen forderten viel Aufwand und wuchsen nur langsam. Ihre Bevorzugung gründete sich darauf, daß jeder Ort in Preußen an das Netz nach den Bedürfnissen variabel angeschlossen werden konnte und das Geld trotz hohen Kapitalaufwands im Lande blieb. Weiterhin war die Benutzung dieser Kunststraßen gebührenpflichtig, brachte somit dem preußischen Staatshaushalt Einnahmen, belebte das Gewerbe und festigte die herausragende Position Berlins im Handel.

Am Ende der zwanziger Jahre des 19. Jahrhunderts stießen die Nachrichten aus England und Nordamerika, die vom Bau von Eisenbahnen bzw. von Eisenbahnprojekten berichteten, auf ein immer größer werdendes öffentliches Interesse. Es begann eine auf Handels- und Bankkreise beschränkte Diskussion, ob diesem Wege gefolgt werden sollte und konnte oder aber ob man sich nicht besser auf die Chaussee konzentrierte. So argumentierte z. B. der Berliner Privatdozent für Geschichte an der Berliner Universität, Dr. Ludwig Kufahl, dafür, sich die neue Technologie nutzbar zu machen, aber keine Schienenbahn herzustellen, sondern Dampfwagen zum Transport von Gütern auf den preußischen Chausseen einzusetzen. In seiner 1833 erschienenen kleinen Studie »Dampfwagen als Förderungsmittel auf gewöhnlichen Kunststraßen«, die als Beilage der Arbeit »Theoretisch-praktische Abhandlung über die Dampfschifffahrt, ihre neuesten Verbesserungen und ihre Anwendbarkeit auf die Gewässer des preußischen Staates« erschien, wandte sich Kufahl strikt gegen die Eisenbahn: »Wir besitzen keine Eisenbahnen, und haben für lange Zeit keine Aussicht, ihrer zu bedürfen; und selbst für England, ja sogar für die Strecke zwischen Liverpool und Manchester ist es noch keineswegs erwiesen, daß sie vorteilhaft seien«.[1] Kufahl verwies auf die »ungeheuren Kosten der Anlage« von Eisenbahnen und meinte, daß der Dampfwagen, die Lokomotive auf der Straße, viel besser den wirtschaftlichen Positionen Preußens entspräche.[2]

Das Jahr 1835 brachte neue Ereignisse. Der Bau der ersten deutschen Eisenbahn von Nürnberg nach Führt ließ neue Kräfte entstehen und führte in Berlin zu einer ersten Welle des Eisenbahnfiebers. Verwiesen sei nur auf den umfänglichen Schriftwechsel, den der deutsche Eisenbahnpionier Friedrich List mit den preußischen Behörden wegen der Anlage einer Eisenbahn von Magdeburg nach Leipzig führte. List gelang es u. a., den Oberbürgermeister von Magdeburg, August Wilhelm Francke, zu gewinnen, dieses Projekt zu seiner eigenen Sache zu machen, indem er sich dafür in besonders hohem Maße engagierte.[3] Die preußischen Behörden blieben zurückhaltend und auf die Chausseen fixiert. Die Hartnäckigkeit beider führte dann dazu, daß der preußische König Friedrich Wilhelm III. am 14. Februar 1836 die »Genehmigung zur Eisenbahn von Magdeburg über Halle nach Leipzig« zu Bedingungen, »die auch bei anderen Anlagen zu Grunde gelegt werden sollen«, erteilte.[4] In Berlin hatte sich am 18. Juni 1835 ein »provisorisches Eisenbahn-Comitee« gebildet, dem folgende Bürger und Bankhäuser angehörten: »Mendelssohn & Co, Max Fraenkel, J. G. von Halle, M. Magnus, M. Oppenheim & Söhne, Lipcke, Jacobsohn Rieß, Carl W. Schultze, Anhalt und Wegner, H. J. Tetschow, Heinrich Keibel, Friedrich List, Wilhelm Beer«. Dieses Comitee bat den König um eine Concession, »die Städte Berlin, Magdeburg, Leipzig und Hamburg vermittels eines Eisenbahn-Systems in Verbindung setzen zu dürfen«[5].

Auch an anderen Orten Preußens entstanden Aktivitäten zur Anlage von Eisenbahnen. So ist u. a. eine Denkschrift von 188 Seiten über eine »Eisenbahn zwischen Cöln und der belgischen Grenze« vom 7. Juli 1835 überliefert.[6]

Der preußische Finanzminister nahm zu dem Antrag des provisorischen Comitees wie folgt Stellung: »... und endlich hängt alles, was die Frage betrifft, ob, wo und wie Eisenbahnen anzulegen und von Staats wegen zu befördern (?) noch so wenig im Klaren, daß selbst das Wenige, was der Entwurf zur Antwort doch sagen will, sich nicht mit Sicherheit unterschreiben läßt«.[7]

Das berührte im preußischen Staat der Jahre nach 1815 eine sehr entscheidende Frage, die in aller Kürze angesprochen werden muß. Der regierende preußische König Friedrich Wilhelm III. hatte 1813 in seinem Aufruf »An mein Volk« versprochen, Preußen eine Verfassung zu geben. Dieses Versprechen wurde am 22. Mai 1815 gesetzlich fixiert, um die Volksmassen erneut in den Kampf gegen Napoleon zu führen. Das Gesetz bestimmte im § 1: »Es soll eine Repräsentation des Volkes begründet werden«.[8] Nach dem Krieg kam man auf diese Bestimmung nicht mehr zurück, eine Periode politischer Reaktion begann, und die Adelsherrschaft festigte sich wieder. Aber die Forderung nach der Einlösung des Versprechens des Königs als ein Teil der bürgerlichen Umgestaltung blieb. Petitionen der Bürger – in aller Bescheidenheit – hielten die Frage in der Diskussion. Am 5. Juni 1823 ließ deshalb der König die Provinzial-Landstände durch Gesetz wieder beleben bzw. ins Leben rufen. So sollte ein Teil des Versprechens eingelöst werden. Die Provinzial-Landstände dienten wegen ihrer Zusammensetzung jedoch der Festigung der adligen Reaktion, die bürgerliche Umgestaltung kam nur langsam voran. Ihre Tätigkeit hatte sich nur auf eine Provinz zu richten. Aus ihnen soll-

[1] Kufahl, L.: Theoretisch-praktische Abhandlung über die Dampfschiffahrt, ihre neuesten Verbesserungen und ihre Anwendbarkeit auf die Gewässer des preußischen Staates. – Berlin, 1833. – S. 59
[2] Ebenda, S. 60
[3] ZStAM, Rep. 77, CCLVIII, Nr. 1, Bl. 56
[4] Ebenda, Bl. 198
[5] Ebenda, Bl. 118
[6] Ebenda, Bl. 121 ff.
[7] Ebenda, Bl. 188
[8] Zitiert nach: Streckfuss, A.: 500 Jahre Berlin Geschichte. – Berlin, 1886. – S. 729

te dann der Vereinigte Landtag hervorgehen, der für die ganze Monarchie wirken könnte. Ihm war die vorrangige Aufgabe übertragen, eine Verfassung auszuarbeiten. Der König berief diesen Vereinigten Landtag aber nicht ein, so daß er mit diesem Trick auf dem Papier zwar sein Versprechen gehalten hatte, aber der Forderung nach bürgerlich-demokratischer Veränderung nicht nachzukommen brauchte.

Andererseits aber konnten nur mittels dieses Vereinigten Landtags neue Finanzmittel beschafft, neue Steuern ausgeschrieben oder höhere Staatsanleihen bewilligt werden. Die Staatsverwaltung war gezwungen, mit den bisher üblichen Mitteln die Ausgaben des Staates aus den Einkünften der traditionellen Steuern zu bestreiten und die Schuldenlast des Krieges abzubauen. Das führte unter den Bedingungen der Herrschaft der politischen Reaktion zu einer immer geringer werdenden finanziellen Beweglichkeit des Staates, der Geld für neue Investitionen nicht aufbringen konnte und »preußische Sparsamkeit« predigen mußte. Objektiv mußten alle Bemühungen, die darauf zielten, den Eisenbahnbau aus Staatsmitteln zu finanzieren, an diesen Gegebenheiten scheitern.

Die junge Berliner Handels- und Bankbourgeoisie ließ aber nicht locker. Die von ihr am 2. März 1820 gebildete Corporation der Kaufmannschaft, ihr Vertretungsorgan, zeigte sich von den Entwicklungen in anderen Teilen Deutschlands beunruhigt. JOSEPH MENDELSSOHN, Sohn von MOSES MENDELSSOHN und Begründer eines Bankhauses, konnte die Corporation dazu bewegen, eine Eingabe (außerdem von CARL W. SCHULTZE und L. GÄRTNER unterzeichnet) an den preußischen Minister des Innern und den Finanzminister wegen des Eisenbahnbaus zu richten. Wegen seiner Wichtigkeit sei dieses Dokument im vollen Wortlaut nach dem Entwurf zitiert: »Die Wahrnehmung, wie der Bau der Eisenbahnen, gegenwärtig in mehreren Staaten Deutschlands immer mehr und mehr zum Gegenstand der eifrigsten Thätigkeit sich erhebt, welchen die Regierungen Vorschub leisten, wird hoffentlich bey Ew. Excellencen uns rechtfertigen, wenn wir, besonders in Beziehung auf die Handelsverhältnisse, an Hochdieselben mit der gegenwärtigen gehorsamsten Vorstellung uns wenden.

Es leidet gewiß keinen Zweifel und bedarf am wenigsten für Ew. Excellencen einer Erörterung, daß die Erfindung der Eisenbahnen, in kurzer Zeit, auch in Deutschland zur Anwendung gelangen werden und einen Einfluß auf die bürgerlichen Verhältnisse sowohl, als auch auf die politischen, nicht verfehlen kann, dessen Wirkungen kaum zu berechnen sind.

Wir besorgen große Gefahr für den Wohlstand der Residenz, wenn diese bey der allgemeinen Anregung, welche die schon wirklich begonnenen Unternehmungen erweckt haben, *zurückstehen* sollte! Schon ist die Anlage einer Eisenbahn zwischen Leipzig und Magdeburg im Werke, die Besorgniß also nicht fern, daß Berlin großen Abbruch erleide! Wir zweifeln nicht, daß die das Wohl der Unterthanen unabläßlich fördernde und die Macht der Zeitumstände stets würdigende Preußische Regierung, einer solchen Sache volle Aufmerksamkeit schenken werde, da sie viele Interessen berührt. Wir dürfen ferner die Behauptung aufstellen, daß, falls, wie uns zu gewiß erscheint, die Nothwendigkeit – wir müssen sagen, eine nicht zu umgehende Nothwendigkeit – die Anlage der Eisenbahnen auch in den Preußischen Staaten herbeiführe, Berlin aber in dem Bereich derselben *nicht* eingeschlossen werden sollte, diese Residenz bald zu einer Provinzial-Stadt herabsinken muß.

Deshalb eilen wird, Eure Excellencen ganz gehorsamst zu bitten: bey der gewiß unabwendlichen Frage über die Eisenbahn auch die andere zu erwägen, wie erheblich es sey, in den Entwurf desselben, die Stadt Berlin einzuschließen«. Mit einem Anschreiben sandte die Corporation eine Abschrift an den Magistrat von Berlin.[9] Es hatte folgenden Wortlaut: »An einen Hochedlen Magistrat: ... erlauben wir uns in der Anlage gehorsamst Abschrift einer Vorstellung zu übersenden, die wir bey den hohen Ministerii des Innern und der Finanzen heute eingereicht haben und deren Gegenstand unzweifelhaft auch für die Commune Berlin von endscheidender Wichtigkeit ist.

Wir stellen gehorsamst anheim und bitten bey der Erheblichkeit der Sache: unseren Antrag bey den gedachten hohen Ministerii in der Commune Berlin, gnädigst zu unterstützen«.[10]

Der Innenminister teilte dem Finanzminister lakonisch mit: »Es dürfte fast zweckmäßiger sein, die anliegende Vorstellung der hiesigen Kaufmannschafts-Anstalten lediglich zu den Akten zu nehmen«.[11] Der Finanzminister folgte dieser Auffassung nicht und schrieb am 1. Juli als Antwort: »Wir erwidern Ew. Wohlgeboren auf die Eingabe vom 22ten vor. Monats, worin Sie den Wunsch ausdrücken die hiesige Residenz mit Eisenbahn-Anlagen in Verbindung gesetzt zu sehen, daß die Aufbringung der Dantes (Rechenpfennige, d. Verf.) zu solchen Anlagen, so wie die Ausführung derselben den Privat-Ökonomie-Leuten überlassen bleiben muß, von Seiten des Staates jedoch alles irgend zweckmäßige geschehen wird, was der Förderung derartiger Unternehmungen dienen kann«.[12] Ende des Jahres folgten dann vom König genehmigte Rahmenbedingungen für den Bau von Eisenbahnen in Preußen, die später in das Eisenbahngesetz in Preußen eingingen.[13]

Das Thema »Eisenbahn« erhielt öffentlichen Charakter, u. a. richtete die Berliner »Vossische Zeitung« eine Rubrik ein, in der sie die wichtigsten Nachrichten des In- und Auslands zu diesem speziellen Gebiet dem Publikum darbot. Kleinere Arbeiten von Juristen und Ökonomen erschienen im Jahre 1836, die angesichts der Finanzlage des preußischen Staates diesen vom Finanzminister noch vage vorgezeichneten Weg untersuchten, so u. a. »Über Eisenbahnen und Banken, ihre Vortheile und Nachtheile« (1836), »Über Eisenbahnen auf Staatsrechnung, von einem patriotischen Eisenbahn-Actionär« oder »Betrachtung über den Bau von Eisenbahnen durch Actien-Gesellschaften«.[14] Für die preußische Staatsverwaltung ergab sich die Notwendigkeit einer grundsätzlichen Entscheidung, die die Aufgabe des Direktions-Prinzips, d. h. der staatlichen Lenkung in öffentlichen Wirtschaftsangelegenheiten, bedeutete. Die resignierenden Worte des preußischen Generalpostmeisters, VON NAGLER, vom 10. März 1837 können deshalb als typisch gelten: »Daß der Staat diese Anlagen für eigene Rechnung nicht unternehmen kann, darüber scheint keine Meinungs-Verschiedenheit obzuwalten, müssen also diese Anlagen Privat-Unternehmern überlassen werden«.[15]

Eine kurze Notiz darf nicht übersehen und muß besonders angemerkt werden. Am 17. Ja-

[9] StAB, Corporation der Kaufmannschaft, Akte Nr. 1291, Bl. 1 f.

[10] Ebenda, Bl. 2

[11] ZStAM, Rep. 77, CCLVII, Nr. 1, Bl. 192

[12] Ebenda, Bl. 194

[13] Ebenda, Bl. 203 ff.

[14] Ebenda, Bl. 206 ff.

[15] Ebenda, Bl. 358

nuar 1836 ließ der König in den Akten festhalten: »... auch in militärischer Beziehung im allgemeinen und grundsätzliche Erwägung sind die Eisenbahnen einzubeziehen«.[16]

Ansätze einer Stadtplanung

In den Jahren 1822/23 begannen für die nähere Umgebung Berlins Planungen zum weiteren Ausbau, die vor allem die noch nicht bebaute innere Stadtfläche betrafen. Sie fußten zunächst auf den Vorstellungen der Abteilung für Handel und Gewerbe im Innenministerium, die zu Recht die Befürchtung hegte, daß der weitere Ausbau Berlins sich unregelmäßig vollziehen werde. Am 8. Oktober 1812 schrieb der Chef dieser Abteilung des Innenministeriums an den Berliner Polizeipräsidenten, legte seine Befürchtungen dar und formulierte dann: »Es ist ein Hauptzweck der Stadtbaupolizei, besonders in der Residenz und einer so vorzüglich regelmäßig bebauten Stadt wie Berlin, dafür zu sorgen, daß dieser Regelmäßigkeit durch Neubau oder andere Bauanlagen *nicht geschadet*, vielmehr stets vor Augen gehalten und immer *mehr befördert* werde.«[17] Gerade diese Festlegung, Allgemeingut der Behörden, bekam dann ihre besondere Bedeutung für die Bahnanlage und den Bahnhof in Berlin.

Unter Bezug auf den uns interessierenden Teil der Stadt heißt es: »Der *freie noch unbebaute Raum*, welcher sich auf dem Köpenicker Felde innerhalb der Ringmauern Berlins befindet und die unregelmäßige Bebauung desjenigen Teils vom Stralauer Viertel, welcher zwischen der Spree und Frankfurter Straße gelegen ist, machen es in dieser Beziehung vorzüglich notwendig, auf Mittel zu denken, wie noch größeren Unregelmäßigkeiten vorgebeugt werden könne. Dies wird nur dadurch geschehen können, wenn jetzt im voraus planmäßig festgesetzt wird, in welchen Richtungen die Straßen zur Erhaltung der Verbindung zwischen den teils vorhandenen, teils etwa noch zu errichtenden Gebäuden gehen sollen, im Gleichen, daß die Grenzen bestimmt werden, innerhalb welcher keine Gebäude ausgeführt werden dürfen, damit durch solche die Anlage regelmäßiger Straßen nicht verhindert werden kann«.[18]

Zunächst hatte diese Forderung keine Folgen, aber die Maximen des weiteren Handels wurden – wie sich zeigen sollte – einschneidend bestimmt. Am 22. März 1816 erhielt der Magistrat den Auftrag, einen derartigen Bebauungsplan aufzustellen, der eingereichte Entwurf verfiel jedoch der Ablehnung. Die Ursache dafür lag in der Separation, denn auf dem Acker- und Wiesenland innerhalb der Stadt, besonders im Stralauer Viertel, und mittelbar vor der Stadt lagen noch die feudalen Lasten. Die schmalen Ackerstreifen der Dreifelderwirtschaft konnten nicht in bebaubare Parzellen, also frei verfügbares Eigentum, umgewandelt werden. 1822/23 begann die Vermessung des Territoriums der Stadt, die schon überfällig war. Dieser Plan bildete eine der Voraussetzungen, um die weitere Planung voranzutreiben, die dann vom Oberbaurat Johann Carl Ludwig Schmid vorgenommen wurde. Er nutzte die Vermessungsunterlagen, um u. a. im Stralauer Viertel Straßen auf dem Papier zu begradigen, neue anzulegen und Plätze vorzuschlagen. Es gab aber auch Überlegungen, vor die Tore dieses Viertels zu gehen. Der »Grundriß von Berlin« von Selter aus dem Jahre 1826 zeigt die Eintragung dieses bestätigten Planungsvorschlags in einen gültigen Stadtplan (Bilder 1 und 2).

Deutlich erkennbar auf dem Vermessungsblatt sind der alte Verlauf der Straßen und ihre Begradigung. Das Gelände östlich der Fruchtstraße erhielt seine erste Gestalt. Zwei Plätze – D, der spätere Küstriner und heutige Franz-Mehring-Platz, und ein Platz C – werden vorgeschlagen, ein weiterer Platz E direkt an die Stadtmauer gelegt, offenbar war seine Fortsetzung außerhalb vorgesehen. Straßen – hier mit römischen Ziffern versehen – wurden vorgeschlagen und große Baublöcke auf dem Papier entworfen. Einiges über die dürftige Bebauung des Geländes ist insbesondere im Westen des Stralauer Platzes zu erkennen. Wichtig ist die Festlegung des Verlaufs der Straße X zwischen Koppen- und Krautgasse (der späteren Andreasstraße). Wenn die Planung zunächst auch noch keine Folgerungen zeigte, so hatte jede mögliche Bebauung diesen Planungsstand zu berücksichtigen und mußte von ihm ausgehen.

Ein weiterer Ansatz wurde während der Arbeiten an der Berlin–Frankfurter Eisenbahn fertig. Am 24. April 1840 machte der Gartenbaudirektor Peter Josef Lenné in einer Karte seine Aufstellung der »projectierte(n) Schmuck- und Grenzzüge von Berlin mit nächster Umgebung« bekannt. Für das Stralauer Viertel zeichnete Lenné interessanterweise keine Straßen ein, nahm noch nicht einmal den Planungsstand von Schmid auf. Worauf das zurückzuführen ist, muß ununtersucht bleiben. Allerdings nahm er den Gedanken der Straße X auf und fand in ihr den idealen Verlauf eben dieses Schmuckzuges, der – vom Köpenicker Feld kommend – über die Schillingbrücke führte und durch das Gebiet verlaufen sollte. Es fehlte aber das Geld, und die Umwandlung der Flächen in bürgerliches Eigentum schränkte eine großzügige Enteignung von Grund und Boden, wie sie für feudale Verhältnisse typisch war, ein.

In den dreißiger Jahren begannen verschiedene Gärtner im Stralauer Viertel, insbesondere in der Fruchtstraße, ihre Gärten der Öffentlichkeit zugänglich zu machen. Die von ihnen künstlerisch gestalteten Anlagen, vor allem die großen Hyazinthengärten, erfreuten sich großer Beliebtheit und stellten jeweils im Frühling eine Sensation für die Stadt Berlin dar. Die Gärtner Huck, Krause, F. Möwes und A. Möwes u. a. veranstalteten die Ausstellungen, die 1837/38 ihre größte Blütezeit hatten. Annoncen in den Zeitungen weisen auf Militärkonzerte, Ausschank und besonders gestaltete Beete hin. So auf einen »Glorien-Tempel mit Preußischem Adler«, einen »Fest-Tempel mit Baierischen Wappen«, das »Berliner Stadtwappen, umgeben von einem Kreuz mit einer Krone« und anderes mehr. Neben die Annoncen in den Zeitungen aus den Jahren 1840 und 1841 schoben sich mehr und mehr Anzeigen für den Bau einer Eisenbahn, und im April 1842 annoncierte der Gärtner F. Möwes mit dem Hinweis auf die Plattform auf seinem Haus: »Von hier ist die Aussicht auf die Stadt und ihre Umgebung in einem Umfange von mehreren Meilen eröffnet und läßt sich vorzüglich die Anlage des Berlin–Frankfurter Bahnhofs auf einen bedeutenden Theil der Bahn selbst aufs Deutlichste beschauen« (Bild 3).

---

[16] Ebenda, Bl. 201
[17] Zitiert nach: Geist, J.; Kürvers, K.: Das Berliner Mietshaus 1740 bis 1862. – München, 1981. – S. 470
[18] Zitiert nach: ebenda, S. 469

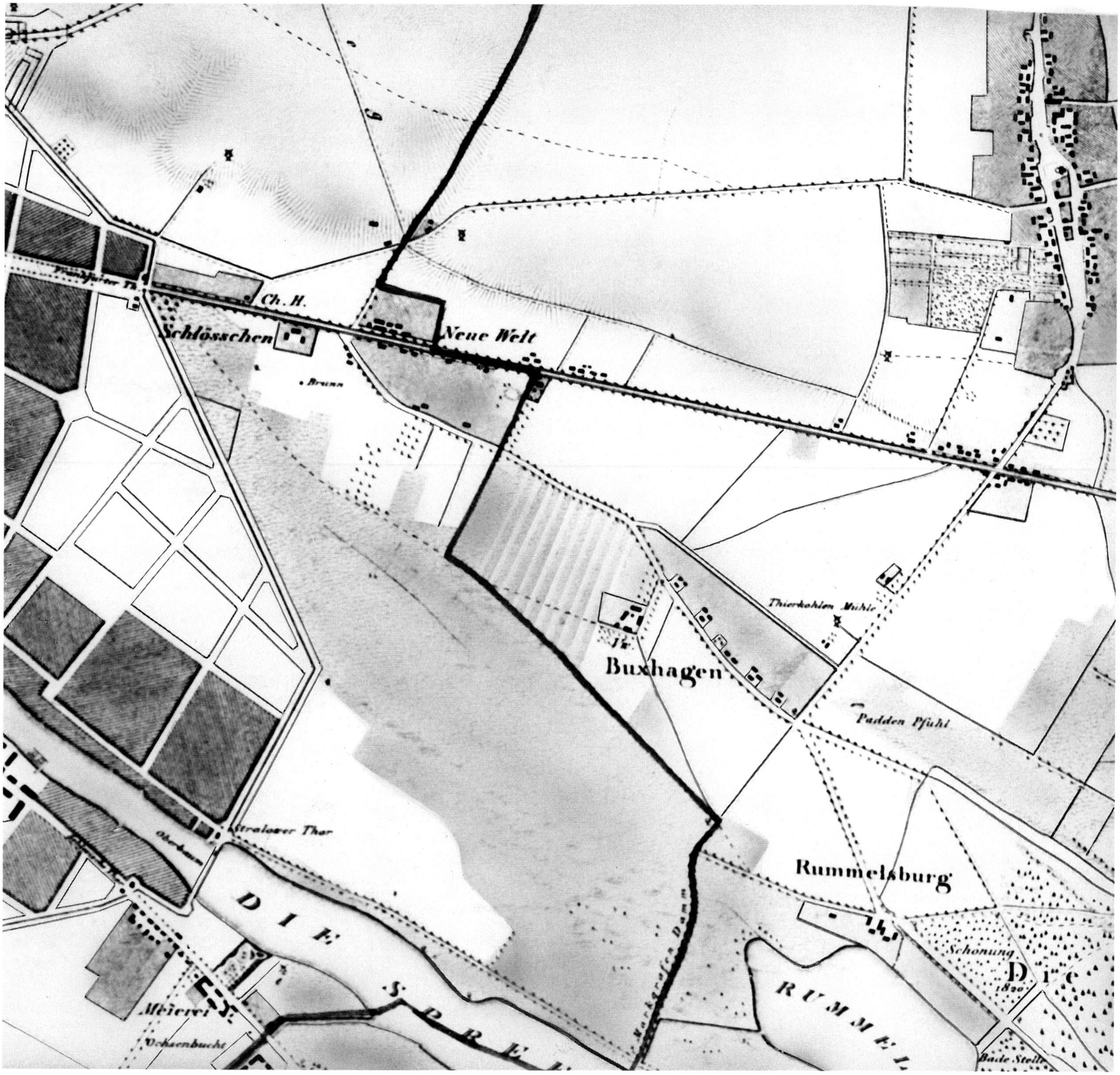

1 Ausschnitt aus dem Stadtplan von Selter *1829 (StAB)*

2 *Ausschnitt aus dem Stadtplan von* SELTER *1826, revidierte Fassung von 1846 (StAB)*

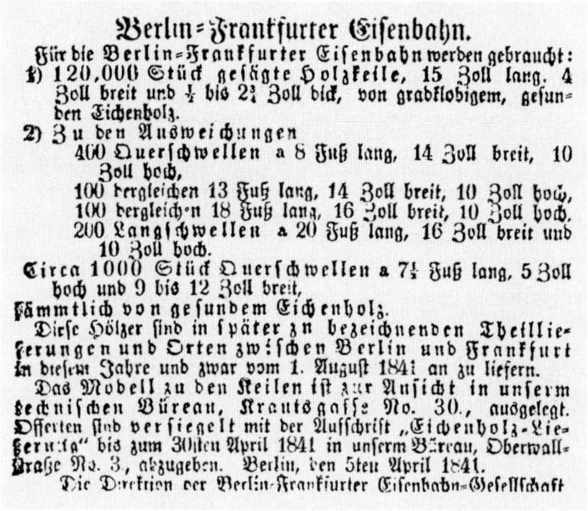

Berlin=Frankfurter Eisenbahn.

Für die Berlin=Frankfurter Eisenbahn werden gebraucht:

1) 120,000 Stück gesägte Holzkeile, 15 Zoll lang, 4 Zoll breit und ½ bis 2¾ Zoll dick, von gradklobigem, gesunden Eichenholz.

2) Zu den Ausweichungen
400 Querschwellen a 8 Fuß lang, 14 Zoll breit, 10 Zoll hoch,
100 dergleichen 13 Fuß lang, 14 Zoll breit, 10 Zoll hoch,
100 dergleichen 18 Fuß lang, 16 Zoll breit, 10 Zoll hoch,
200 Langschwellen a 20 Fuß lang, 16 Zoll breit und 10 Zoll hoch.

Circa 1000 Stück Querschwellen a 7½ Fuß lang, 5 Zoll hoch und 9 bis 12 Zoll breit,
sämmtlich von gesundem Eichenholz.

Diese Hölzer sind in später zu bezeichnenden Theillieferungen und Orten zwischen Berlin und Frankfurt in diesem Jahre und zwar vom 1. August 1841 an zu liefern.

Das Modell zu den Keilen ist zur Ansicht in unserm technischen Büreau, Krautsgasse No. 30., ausgelegt. Offerten sind versiegelt mit der Aufschrift „Eichenholz-Lieferung“ bis zum 30sten April 1841 in unserm Büreau, Oberwallstraße No. 3, abzugeben. Berlin, den 5ten April 1841.

Die Direktion der Berlin-Frankfurter Eisenbahn=Gesellschaft

3 Annonce in der Vossischen Zeitung vom April 1842

Von der Theorie zu ersten praktischen Schritten

Im Mai 1836 fanden sich unter diesen allgemeinen Rahmenbedingungen und bei Beachtung des vorgezeichneten Weges Berliner Bürger zusammen, um dem Gedanken des Baus einer Eisenbahn nach Frankfurt (Oder) nahezutreten. Unbekannt bleibt, von wem die Initiative ausging und wer diese Bürger waren. Aus ihrer Mitte wählten sie ein dreiköpfiges Gremium, das sich »die erwählten Vorsteher der Actionnairs der projectierten Eisenbahn zwischen Berlin und Frankfurt a. d. O.«[19] nannte. Es bestand aus dem Oberst a. D. VON PREUSS, dem Geheimen Justiz-Rath JORDAN und dem Geheimen Ober Bau Rath Dr. LEOPOLD CRELLE. Es kann geschlossen werden, daß sich die Versammelten darauf einigten, eine Kapitalgesellschaft auf Aktienbasis für den Bau der geplanten Eisenbahn einzurichten, die die Verpflichtung übernahm, Aktien in bestimmter Höhe zu zeichnen und den Auftrag zur Erarbeitung eines Entwurfs für die Bahn zu erteilen.

Letzteres übernahm CRELLE, der sich als Autodidakt gebildet hatte und als Geheimer Ober Bau Rath Mitglied der Oberbaudirection geworden war. Seine Neigung für theoretisch-mathematische Untersuchungen war bekannt, und aus seiner Feder stammte der Entwurf für den Bau der Eisenbahn zwischen Berlin und Potsdam. CRELLES Haupttätigkeit als Staatsbeamter lag im Straßen- und Wegebau. Als Herausgeber des »Journal für die Baukunst« (1829–1851) und einiger theoretischer Arbeiten für Feldmesser sowie vor allem als Begründer der ersten mathematischen Zeitschrift in Deutschland »Journal für reine und angewandte Mathematik« hat er sich bleibende Verdienste erworben, die u. a. zu seiner Lebzeit mit der Mitgliedschaft in der Akademie der Wissenschaften geehrt wurden. Seine Kenntnis der Architekturentwicklung, vor allem aber die Leidenschaft zur Mathematik, hat zur Ausarbeitung der Entwürfe für die Anlage der ersten vier Eisenbahnen von Berlin durch ihn geführt.

Der »Überschlägliche Entwurf zu einer Eisenbahn zwischen Berlin und Frankfurt an der Oder« (Bild 4) lag dem interessierten Publikum am 24. Dezember 1836 vor.[20] Seine Einteilung in I. Ökonomischer Teil und II. Technischer Teil entsprach den von den preußischen Zentralbehörden vorgegebenen Richtlinien für die Aufstellung derartiger Projekte. In ihnen bewies sich CRELLE als gründlich arbeitender Mathematiker. Die preußischen Behörden verlangten einen Ausweis über den Umfang des möglichen Verkehrs und eine erste, überschlägige Kosten- und Nutzenrechnung, um feststellen zu können, ob eine Bahnlinie rentabel werden könnte.

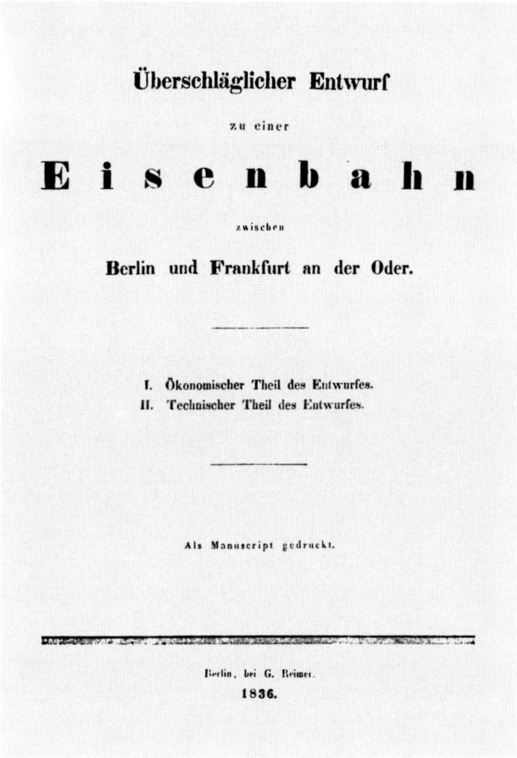

Überschläglicher Entwurf

zu einer

Eisenbahn

zwischen

Berlin und Frankfurt an der Oder.

I. Ökonomischer Theil des Entwurfes.
II. Technischer Theil des Entwurfes.

Als Manuscript gedruckt.

Berlin, bei G. Reimer.
1836.

4 Titelblatt »Überschläglicher Entwurf zu einer Eisenbahn zwischen Berlin und Frankfurt an der Oder« von Dr. LEOPOLD CRELLE (StAP)

CRELLE nahm u. a. an, daß pro Jahr etwa 61 000 Personen auf der Eisenbahn nach Frankfurt (Oder) reisen werden, 1 250 000 Centner Fracht und 71 000 Stück Vieh auf der Bahn transportiert werden könnten.[21] Als Berechnungsgrundlage diente der Verkehr auf der Landstraße, über den anhand der Chausseegelder sowie der Angaben der Post, der Lohnfuhren usw. die geforderten Werte ermittelt werden konnten. CRELLE ging davon aus, daß die Hälfte bis zu zwei Drittel des Umfangs des Verkehrs auf die zu bauende Eisenbahn übergehen würde. Er kam zu der Feststellung, daß bei einer Eisenbahnfahrt neben der Zeitersparnis durch schnelleres Reisen auch eine Kostenersparnis für den einzelnen gegeben sein würde. Entsprechend den Erkenntnissen dieser Jahre blieb nämlich bei den anderen Eisenbahnlinien vor allem der Personenverkehr im Mittelpunkt der Betrachtung, der Gütertransport – sprachlich noch als Beiwerk angesehen – stellte aber in allen Berechnungsgrundlagen die entscheidende Prämisse dar. Auf ihn, und das belegen die Überlegungen in der Handelsbourgeoisie, setzte CRELLE seine Argumentation. Der Ansatz ergab sich vor allem daraus, daß die Stadt Berlin mit Produkten der Land-, Wald- und Weidewirtschaft traditionell aus den überwiegend agrarischen Gebieten des Regierungsbezirks Frankfurt (Oder) versorgt wurde. CRELLE kam auf folgenden möglichen Einnahmespiegel pro Jahr auf dieser Linie:

a) aus dem Personenverkehr	68 131 Rthl.	19 Sgr.
b) aus dem Güterverkehr	183 333 Rthl.	10 Sgr.
c) aus dem Viehtransport	21 533 Rthl.	10 Sgr.
jährliche Brutto-Einnahme	272 998 Rthl.	9 Sgr.[22]

[19] ZStAM, Rep. 77, Tit. 258a, Nr. 6, Bl. 1f.

[20] Er ist zahlreich in den Akten des ZStAM, vor allem im StAP und in der Ratsb. überliefert.

[21] Überschläglicher Entwurf zu einer Eisenbahn zwischen Berlin und Frankfurt an der Oder. – Berlin, 1836. – S. 38

[22] Ebenda, S. 40f.

Bei dieser Argumentation und Beweisführung CRELLES wird auch die Zielgruppe deutlich, die als Kapitalgeber für diese Bahn angesprochen werden sollte, nämlich die Erzeuger landwirtschaftlicher Produkte, vor allem die Gutsbesitzer. Bei ihnen hatten sich durch Ablösegelder nach der Bauernbefreiung und durch die Separation Kapitalien angesammelt, die danach drängten, auf dem Kapitalmarkt angelegt zu werden. Ihr spezielles Interesse, so sind CRELLES Bemerkungen zu verstehen, könnte darin liegen, ihre landwirtschaftlichen Produkte schneller und in größeren Mengen nach Berlin zu bringen, denn die immer größer werdende Stadt benötigte in immer größerem Umfang diese Produkte. Ferner zeigte er, wie sich die möglichen Gewinne durch schnelleren und billigeren Transport auf der Eisenbahn weiter steigern lassen. Für die Warenhändler, Kaufleute usw., die zur Frankfurter Messe, einer damals für die Provinz Brandenburg wichtigen Messe, fuhren (Frankfurt war Ausgangspunkt des Handels mit Polen), zeigte er günstigere und bequemere Methoden des Transports der Waren.

Die möglichen Ausgaben für den jährlichen Betrieb der Bahn berechnete CRELLE ebenfalls. Dabei muß unklar bleiben, wie er Vergleichswerte ermittelte, da es 1836 in Deutschland kaum Erfahrungen gab, welche Mittel eine Eisenbahn zum Betrieb benötigte. Es ist anzunehmen, daß er für den Vergleich englische Erfahrungen heranzog. Aber auch von dort lagen noch nicht alle notwendigen Vergleichsdaten vor, so daß CRELLE vieles vermutete, trotzdem aber zu einer sehr optimistischen Einschätzung des in Angriff zu nehmenden Baus kam. Er legte vier Kostenpunkte für Ausgaben vor:

1. Erhaltung des Bauwerks Eisenbahn	54 538 Rthlr. 5 Sgr.
2. Erhalt der Transportmittel	25 225 Rthlr. –
3. Kosten für die Transportkraft	48 568 Rthlr. –
4. Verwaltungskosten	21 840 Rthlr. –
Summe der Ausgaben	150 171 Rthlr. 5 Sgr.[23]

So ergab sich im Vergleich von Ein- und Ausgaben nach CRELLE ein »reiner Überschuß« von 122 827 Rthlr. und 4 Silbergroschen. Da er die Kosten für die Gesamtanlage auf 2 001 877 Reichsthaler berechnet hatte, meinte er, daß dieses Kapital sich mit $6^1/_2$ Prozent Zinsen für die Aktionäre bezahlt mache. Das war überzeugend, aber auch sehr optimistisch.

Im zweiten, dem »Technischen Theil«, argumentierte CRELLE ausführlich über den Verlauf der Bahn. Er stellte die Prämisse auf, »dass eine Eisenbahn so nahe, als es nur irgend möglich ist, horizontal sein muss, weil die Einsparung an Zugkraft auf derselben gegen diejenige auf Chausseen in ihrem vollen Maasse, nemlich von etwa 90 Procent, nur auf horizontaler Bahn statt findet, ...«.[24] Dementsprechend suchte er nach der günstigsten Verbindung zwischen Berlin und Frankfurt (Oder) und schlug danach den Verlauf der Linie vor. Dreh- und Angelpunkt seiner Überlegung bildete Fürstenwalde, und von dort aus ging er nach Frankfurt und Berlin. Der Bahnhof in Berlin sollte unmittelbar südlich des Frankfurter Tores angelegt werden. Von da aus schlug er eine Linie über Rummelsburg nach Köpenick vor. Die »Stadt Cöpenick, wenn gleich nicht bedeutend, hat doch gleichwohl ebenfalls Ansprüche auf die Vortheile der Eisenbahn, da ihr dieselben ohne alle Aufopferungen zugeführt werden können«. Und prophetisch fügte er hinzu: »Auch ist es für Berlin selbst rathsam, Cöpenick zu berühren, da dieser Ort schon jetzt einer der wenigen Ausflüge für die Bewohner der Residenz ist, und durch die Eisenbahn wegen seiner nicht unangenehmen Lage am Wasser, ein recht bedeutender Vergnügungs-Ort werden dürfte«.[25] Weiter sah CRELLE vor, die Strecke über die Colonie Friedrichshagen, das Vorwerk Erkner, Fürstenwalde, die Försterei Hangelsberg, Birkenbrück, Jacobsdorf, Rosengarten nach Frankfurt zu führen. Die Länge der Linie wurde mit $11^1/_4$ Meilen, also $^1/_4$ Meile kürzer als auf der Chaussee angegeben.

Mit der Bemerkung, daß »die Constructionskunst der Eisenbahnen ... gleichsam noch in der Kindheit« sei, argumentierte CRELLE dann über die beste Art des Schienenbaus. Bei der Festlegung der Spurweite der Bahn, die noch nicht festlag und »worüber man nachgerade erst nachzudenken anfängt« plädierte er für eine breite Spur wie sie auf der »Eisenbahn von Petersburg nach Zarskoje Selo«, wo »dem Vernehmen nach, mit der größten Spurweite zuerst der Anfang gemacht; wenigstens hat der Erbauer derselben, Herr v. Gerstner, im vorigen Jahre mir mündlich gesagt, daß er 6 Fuß Spurweite anordnen werde. Auf diese Spurweite wird daher auch hier gerechnet«.[26]

Ebenso verglich CRELLE in den anderen Punkten: Einsatz von Lokomotiven, ihre Bauart, Waggons usw. die in Europa gewonnenen Erfahrungen und machte seine Vorschläge, die im einzelnen hier nicht erörtert werden können. Er kam zu der Feststellung, »dass (die Bahn, d. Verf.) also nicht bloss für die Actionnäirs vorteilhaft, sondern auch zugleich, und zwar in sehr bedeutendem Maße, für den Staat nützlich, und folglich in hohem Grade gemeinnützig sein wird.«[27]

Ende Januar 1837 übergaben REUSS, JORDAN und CRELLE diese Denkschrift dem Innen- und dem Finanzminister. Damit endete zunächst die weitere Verfolgung des Projekts. Es gab keine Ablehnung und keine Zustimmung, es wurde einfach nichts veranlaßt. Die Ursachen dafür sind aus den Akten nicht zu ermitteln, sie lagen wohl in der allgemeinen Situation des Staates Preußen begründet.

Hindernisse

Zwischen der Bildung einer Aktiengesellschaft für den Bau einer Eisenbahn nach Potsdam im Jahre 1836, der Bestätigung und Verleihung des Status am 23. September 1837 und der Eröffnung am 30. Oktober 1838 hatten sich im Ergebnis verschiedener Auseinandersetzungen Veränderungen der Situation in Preußen ergeben.

Außerhalb Preußens hatte sich gezeigt, daß die vorhandenen Warenströme und der Kapitalfluß sehr schnell den Eisenbahnen folgten und daß mit dem Bau von Eisenbahnen auch politische Absichten verfolgt wurden. Deutlich trat das insbesondere durch die Aktivitäten der Leipziger Handelsbourgeoisie zum Bau von Eisenbahnen seit 1833 zutage. Insbesondere FRIEDRICH LIST förderte mit seinen Projekten u. a. auch den Industriekapitalismus und die Überwindung der territorialen Zersplitterung Deutschlands. Beobachteten die Junker in Preu-

[23] Ebenda, S. 43

[24] Ebenda, S. 62

[25] Ebenda, S. 4

[26] Ebenda, S. 3

[27] Ebenda, S. 84

ßen jede andere Geldgewinnung außerhalb der Landwirtschaft ohnehin mit großem Argwohn, da ihnen dadurch billige Arbeitskräfte abgeworben wurden, mußte die Bildung von Kapitalgesellschaften, denen es gelang, so große Geldsummen zu beschaffen, ihren größten Argwohn hervorrufen. Die bisherige preußische Aktiengesetzgebung war sehr streng, Aktiengesellschaften konnten nur mit der Konzession des Königs errichtet werden. Aus der Angst vor dem Sprengstoff, der von den neuen Wirtschaftsformen ausging, behielt sich der Staat das Aufsichtsrecht über die Gesellschaften vor und übte es nachhaltig aus. Eine weitere neue Aktiengesellschaft wurde nur nach langen Auseinandersetzungen genehmigt.

Nacherfindungen und Verbesserungen im Bergbau, im Hüttenwesen und in anderen industriellen Bereichen zunächst in Schlesien und dann an Rhein, Ruhr und Saar zählten für Preußen. Seit den zwanziger Jahren erreichte dieser Staat ein Übergewicht gegenüber den anderen Mitgliedern des Deutschen Bundes. Das drückte sich in den wissenschaftlichen Leistungen und den Publikationen ebenso aus wie in der Übernahme von technischen Entwicklungen aus dem Ausland und der Ausbildung von Fachleuten. Preußen entwickelte sich seit den vierziger Jahren immer stürmischer vom Agrar-Industrie-Staat zum Industrie-Agrar-Staat.

Die industrielle Revolution in Deutschland wirkte im besonderen Maße in Preußen, das über mehrere regionale Schwerpunkte der industriellen Entwicklung verfügte. Und hier wirkte der Eisenbahnbau als starker Impuls, denn gerade die Eisenbahnen spielten in dieser Zeit für die ökonomische und politische Repräsentanz eines Staates eine entscheidende Rolle; Preußen sicherte sich die Position Nr. 1 im deutschen Eisenbahnwesen.

Die konkrete Kapitalsituation in Preußen schuf weitere günstige Voraussetzungen für die kapitalistische Entwicklung. Der Staat verfügte über wenig Finanzen, die zunehmend bei den Banken vorhanden waren. Von dort konnte sie der Staat nur durch politische Zugeständnisse aktivieren. Die Banken konzentrierten sich im wesentlichen ebenfalls an drei Standorten: im Rheinland, in Breslau und in Berlin. Und Berlin sicherte sich als Bankplatz seit den dreißiger Jahren eine immer stärkere Position. Kreditmangel trat beim Beginn des Eisenbahnbaus nicht auf, aber die Banken konnten sich ihre Kundschaft wählen – oft zum Nachteil der kleinen Kunden. Aus dieser Wahl ergab sich der Aufbau einer Kundschaft, und die sich bildenden Eisenbahngesellschaften gehörten von Anfang an zu den größten Kunden der Bankhäuser.

»Die Junker haben von ihrem Standpunkt aus recht; sie fühlen instinktiv, daß die Lokomotive der Leichenwagen ist, auf welchem Absolutismus und Feudalismus zum Kirchhofe werden gefahren werden«[28] urteilte der rheinische Industrielle Friedrich Harkort treffend. Immer mehr Einwände wurden nach 1836 von den Staatsbehörden vorgebracht, die sich in die bereits berührte Diskussion einfügten, ob die Eisenbahnen vom Staat oder durch Kapitalgesellschaften gebaut werden sollten. Wir hatten gesehen, daß die zentralen Behörden nur den Weg der privaten Finanzierung gehen konnten. Ganz im Gegensatz zu Österreich, Baden, Württemberg und Hannover; hier finanzierte der Staat den Eisenbahnbau mit. Man sah sehr deutlich, daß der in Preußen eingeschlagene Weg nach anderen Grundsätzen verlaufen würde, d. h., die Kapital- und Profitinteressen würden die Trassenführung der Eisenbahn bestimmen. Instinktiv wurde wohl auch begriffen, daß derartige starke Kapitalgesellschaften, wie sie sich beim Eisenbahnbau bildeten, wirtschaftlich – und möglicherweise auch politisch – starke und eigensinnige Partner sein werden, denn sie verfügten ausschließlich über das Kapital und die Anlagen. Außerdem waren die Gesellschaften für jeden offen, auch für ausländische Anleger, und die Eisenbahnen mußten in den ersten Jahren ihr Betriebsmaterial aus dem Ausland beziehen. Hinzu kam, daß einige Eisenbahnen in der Planung so angelegt waren, daß sie in das nichtpreußische Ausland führten und Unternehmer aus anderen Staaten, über die man nicht bestimmten konnte, sich an diesen Linien beteiligten.

Andere Gesichtspunkte ergaben sich aus der Kontrolle über die Reisenden. Mehr Menschen würden reisen, wer sollte sie kontrollieren und wer die Tausende von Arbeitern beim Bahnbau überwachen? Jedoch zeigten die Aktivitäten im Ausland, wer keine Eisenbahnen baute, blieb in der verkehrsmäßigen und damit in der wirtschaftlichen Entwicklung zurück. Die bereits angemerkten Belege verdeutlichen dies.

Die Bahn nach Potsdam wurde gebaut, und jener vom König Friedrich Wilhelm III. überlieferte Satz »Alles soll Karriere gehen, Ruhe und Gemütlichkeit leiden aber darunter. Kann mir keine große Seligkeit davon versprechen, ein paar Stunden früher in Berlin oder Potsdam zu sein« entlastete für einige Zeit die Vertreter der staatlichen Hinhaltepraxis. Die Anhaltische Bahn z. B., deren Comité im April 1836 zusammengetreten war, erhielt erst im Juni 1838 die Genehmigung zum Bau, der dann 1841 abgeschlossen werden konnte.[29] Aber hinter dieser Gesellschaft standen im Gegensatz zur Frankfurter Bahn erfahrene Bankiers und Kaufleute, die von den zentralen Behörden nicht so ohne weiteres weggeschoben werden konnten.

Das »Comité für die Berlin-Frankfurter Eisenbahn« ließ sich 1836 noch vertrösten und kam erst im Dezember 1838 auf seinen Antrag zurück. Ein Auszug aus der Denkschrift von Crelle, etwas überarbeitet und unter Berücksichtigung nun erledigter Fragen wie z. B. der Spurweite, wurden dem Innen- und dem Finanzminister erneut zugesandt.

Der zweite Anlauf

Den Auszug der Denkschrift reichte der preußische Finanzminister am 15. Dezember 1838 an den Innenminister mit dem Bemerken weiter: »Der weiteren Verfolgung dieses Projektes ist indessen in Erwartung der in der Berathung begriffenen Bestimmungen über die Prüfung der Anträge auf Consituierung von Eisenbahnanlagen, so wie des Gesetzes über Eisenbahn-Unternehmungen einstweilen Abstand genommen worden«.[30] Das bezog sich vor allem auf den Antrag von 1836, aber weiterhin auf die Denkschrift von 1838, denn sie entsprach noch nicht den geforderten Bedingungen. Das angesprochene »Gesetz über die Eisenbahn-Unternehmungen und insbesondere über die Verhältnisse der Eisenbahn-Gesellschaften zum Staate und zum Publikum« trat mit dem 3. November 1838 in Kraft (Bild 5).

[28] Zitiert nach : Konstanz, L.; Berger: Der alte Harkort. – Leipzig, 1890. – S. 321

[29] Vgl. dazu: Maier, H.: Berlin Anhalter Bahnhof. – Berlin, 1984. – S. 21 ff.

[30] ZStAM, Rep. 77, Tit. 258a, Nr. 6, Bl. 59

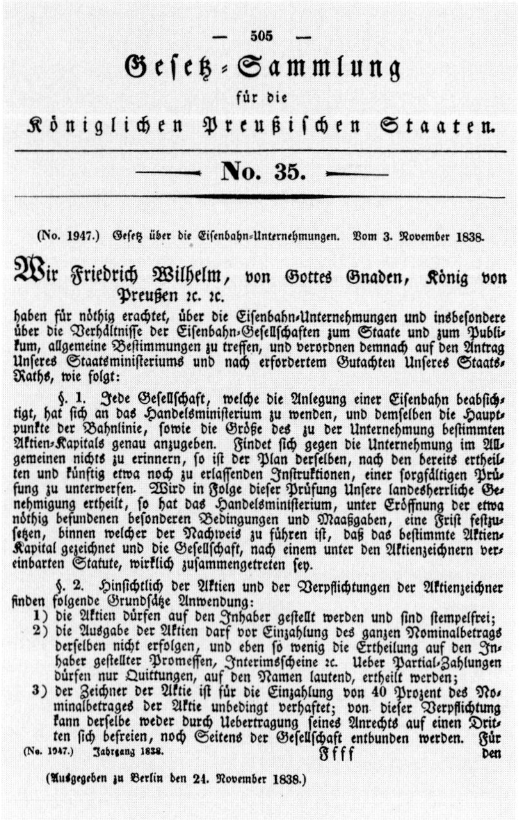

— 505 —

Gesetz-Sammlung
für die
Königlichen Preußischen Staaten.

No. 35.

(No. 1947.) Gesetz über die Eisenbahn-Unternehmungen. Vom 3. November 1838.

Wir Friedrich Wilhelm, von Gottes Gnaden, König von Preußen rc. rc.

haben für nöthig erachtet, über die Eisenbahn-Unternehmungen und insbesondere über die Verhältnisse der Eisenbahn-Gesellschaften zum Staate und zum Publikum, allgemeine Bestimmungen zu treffen, und verordnen demnach auf den Antrag Unseres Staatsministeriums und nach erfordertem Gutachten Unseres Staats-Raths, wie folgt:

§. 1. Jede Gesellschaft, welche die Anlegung einer Eisenbahn beabsichtigt, hat sich an das Handelsministerium zu wenden, und demselben die Hauptpunkte der Bahnlinie, sowie die Größe des zu der Unternehmung bestimmten Aktien-Kapitals genau anzugeben. Findet sich gegen die Unternehmung im Allgemeinen nichts zu erinnern, so ist der Plan derselben, nach den bereits ertheilten und künftig etwa noch zu erlassenden Instruktionen, einer sorgfältigen Prüfung zu unterwerfen. Wird in Folge dieser Prüfung Unsere landesherrliche Genehmigung ertheilt, so hat das Handelsministerium, unter Eröffnung der etwa nöthig befundenen besonderen Bedingungen und Maaßgaben, eine Frist festzusetzen, binnen welcher der Nachweis zu führen ist, daß das bestimmte Aktien-Kapital gezeichnet und die Gesellschaft, nach einem unter den Aktienzeichnern vereinbarten Statute, wirklich zusammengetreten sey.

§. 2. Hinsichtlich der Aktien und der Verpflichtungen der Aktienzeichner finden folgende Grundsätze Anwendung:
1) die Aktien dürfen auf den Inhaber gestellt werden und sind stempelfrei;
2) die Ausgabe der Aktien darf vor Einzahlung des ganzen Nominalbetrags derselben nicht erfolgen, und eben so wenig die Ertheilung auf den Inhaber gestellter Promessen, Interimsscheine rc. Ueber Partial-Zahlungen dürfen nur Quittungen, auf den Namen lautend, ertheilt werden;
3) der Zeichner der Aktie ist für die Einzahlung von 40 Prozent des Nominalbetrages der Aktie unbedingt verhaftet; von dieser Verpflichtung kann derselbe weder durch Uebertragung seines Anrechts auf einen Dritten sich befreien, noch Seitens der Gesellschaft entbunden werden. Für

(No. 1947.) Jahrgang 1838. Ffff den

(Ausgegeben zu Berlin den 24. November 1838.)

5 Erste Seite des preußischen Eisenbahngesetzes von 1838 (Ratsb.)

DAVID HANSEMANN, bis 1848 rheinischer Bankier und Wortführer der oppositionellen liberalen Bourgeoisie, hat in einer kleinen Broschüre aus dem Jahre 1841 das Gesetz wie folgt charakterisiert: »Dieses Gesetz ward von den Aktionären als ein höchst ungünstiges, als ein solches betrachtet, das der Staatsregierung die Mittel gibt, eine Eisenbahn-Gesellschaft zu verderben«.[31] Diese scharfe Kritik HANSEMANNS entstammte z. T. auch seinem Bestreben, die Eisenbahnen durch den Staat bauen zu lassen. War dieser Weg nicht gangbar, so müsse alles unternommen werden, um die Kapitalisten des In- und Auslands nicht vom Eisenbahnbau in Preußen abzuschrecken.

Die Ausarbeitung dieses Gesetzes und die Verhandlungen über seine Verabschiedung währten wiederum lange. Noch einmal kamen alle grundsätzlichen Widerstände des Adels gegen die Eisenbahn zur Sprache. Der Finanzminister ROTHER drohte mit Rücktritt, BEUTH, Industrieförderer und jedem technischen Fortschritt gegenüber aufgeschlossen, betrachtete die Eisenbahnen sehr mißtrauisch. Am schärfsten war die Ablehnung aus den Reihen des Militärs, ein »Eisenbahnnetz nütze militärisch nichts« lautete die Feststellung, denn die Eisenbahnen folgten den Wegen der Industrie und nicht denen des Militärs.[32] Als schärfster Gegner zeigte sich der Generalpostmeister VON NAGLER, der Postinteressen der Eisenbahn nicht geopfert sehen wollte. Er äußerte: »Das gänzliche Lostrennen und Emanzipieren eines höchst beschränkten und untergeordneten Kommunikationsmittels – der Eisenbahn – von einer Staatsinstitution wie die Post, welche die wichtigsten Zweige der Kommunikation für das Ganze leitet und fördert, kann nur höchst nachteilig sein und muß den richtigen Standpunkt ganz verrücken«.[33]

Der Verhandlungsgegenstand war eben so neu, gänzlich unerprobt, und niemand konnte richtig entscheiden. Deshalb versuchte der Adel, der dem neuen Kommunikationsmittel nur widerwillig die Existenzberechtigung zugestand, seine Position beizubehalten. Die Staatsgewalt behielt sich ein sehr weit ausgedehntes Recht der Aufsicht über die Kapitalgesellschaften vor und verfügte, daß die Bahnen nach Ablauf einer Frist von dreißig Jahren vom Staat gekauft werden könnten (§ 42). Genaue Kontrollrechte waren vorgeschrieben, der Staat entschied durch königliche Genehmigung im einzelnen über die Bahnlinie, ihren Verlauf, den Bau und seine Fristen, die Einrichtung der Wagen und Maschinen. Der Post mußte eine Entschädigung gezahlt werden, und ihre Sendungen waren unentgeltlich zu transportieren. Die Behörden behielten das Recht, die Bestimmungen des Gesetzes jederzeit nach freiem Ermessen abzuändern, und sie konnten in das zur Genehmigung vorzulegende Statut der Gesellschaft nach Gutdünken eingreifen. Dafür erhielt die Gesellschaft das Recht, die für den Bahnbau notwendigen Grundstücke zu enteignen. Die Preise dafür bestimmte wiederum der Staat, der ebenfalls die Rechnungen der Gesellschaften prüfte und sie durch einen besonderen Kommissar für jede Linie beaufsichtigte. Lediglich das Enteignungsrecht bewährte sich in dieser Form, denn die Bahn als kapitalistischer Unternehmer konnte noch immer nicht überall frei verfügbaren Grund und Boden erwerben. Die Separation vollzog sich nur langsam.

Trotz dieses entscheidenden Schrittes blieben Vorbehalte bestehen. Es störte u. a. der demokratische Charakter des Reisens. Seit Jahrtausenden war Reisen ein Privileg der gekrönten Häupter und der Aristokratie gewesen, und nun sollte jeder reisen können, der das Geld dazu hatte. Der König lehnte es als unanständig ab, mit »seinen geliebten Berlinern« in einem Zuge nach Potsdam zu fahren[34], nachdem diese Strecke 1838 dem Verkehr übergeben worden war. Noch lange Zeit fuhr er mit seinem Wagen neben der Eisenbahn her. Er merkte aber doch, daß selbst die edelsten Pferde nicht mit einer Lokomotive Schritt halten konnten. Dieses Auf und Ab wirkte nachhaltig auf die Frankfurter Eisenbahn. Am 14. November 1839 begann die Regierung nun endlich, sich diesem Projekt zu nähern, und sie bestellte am 29. April 1840 den Geheimen Regierungsrat VON MASSOW zum »Kommissarius für die Berlin-Frankfurt-Eisenbahn-Unternehmung«.[35]
Der Schritt von der Theorie zur Praxis konnte gegangen werden.

Realisierung

Das Königliche Staatsministerium hatte am 30. November 1838 Bestimmungen über die »Begründung und Prüfung der Anträge auf Konzessionierung von Eisenbahnen« zur öffentlichen Kenntnis gebracht.[36] Sie enthielten folgende Bestimmungen:

1. Der Antrag ist an den Chef des Handels-Departements zu richten.
2. Der Antrag muß den Nachweis der Nützlichkeit enthalten.
3. Der Antrag muß den Verlauf der Bahnlinie und eine Skizze der Terrain-Verhältnisse angeben.

Im Oktober 1839 lag ein »Neu gefertigter überschlägiger Entwurf zu einer Eisenbahn zwischen Berlin und Frankfurt an der Oder« vor. Die Abteilung I »Allgemeine Richtung der Bahn« begann mit einer Beschreibung des Verlaufs der Bahn: »Die projectierte Linie der Eisenbahn zwischen Berlin und Frankfurt

[31] HANSEMANN, D.: Kritik des preußischen Eisenbahngesetzes vom 3. November 1838. – Aachen und Leipzig, 1841. – S. 22

[32] Zitiert nach: V. TREITSCHKE, H.: Deutsche Geschichte im Neunzehnten Jahrhundert. Band 4. – Leipzig, 1928. – S. 579f.

[33] Zitiert nach: ebenda, S. 580

[34] Ebenda, S. 578f.

[35] ZStAM, Rep. 77, Tit. 258a., Nr. 6, Bl. 63

[36] Amtsblatt der Königlich Preußischen Regierung zu Potsdam und der Stadt Berlin. – 1838. – S. 417 f.

a/Oder, beginnt von Berlin ab, dicht vor dem Frankfurter Thore, und zwar rechts auf den daselbst befindlichen Wiesen, woselbst der Bahnhof errichtet werden soll, von da aus wird sie in gerader Linie zwischen Boxhagen und Rummelsburg, sich in die Gegend der großen Brükke hart nördlich bei Cöpenick ziehen. Hier wird ein Anhaltpunkt sein, um die bis dahin mitreisenden Passagiere und die etwaigen Güter (da

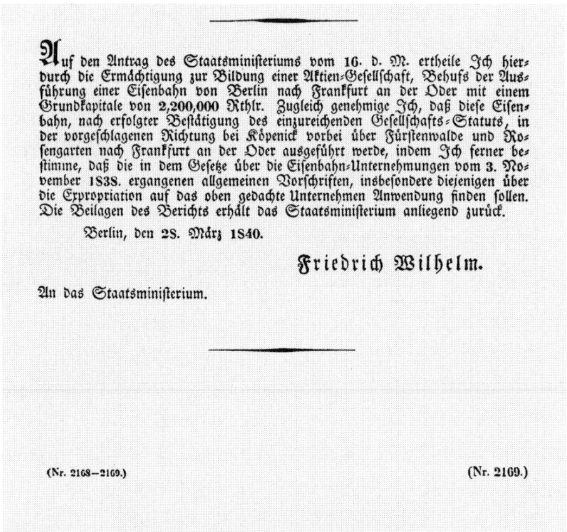

Auf den Antrag des Staatsministeriums vom 16. d. M. ertheile Ich hierdurch die Ermächtigung zur Bildung einer Aktien-Gesellschaft, Behufs der Ausführung einer Eisenbahn von Berlin nach Frankfurt an der Oder mit einem Grundkapitale von 2,200,000 Rthlr. Zugleich genehmige Ich, daß diese Eisenbahn, nach erfolgter Bestätigung des einzureichenden Gesellschafts-Statuts, in der vorgeschlagenen Richtung bei Köpenick vorbei über Fürstenwalde und Rosengarten nach Frankfurt an der Oder ausgeführt werde, indem Ich ferner bestimme, daß die in dem Gesetze über die Eisenbahn-Unternehmungen vom 3. November 1838. ergangenen allgemeinen Vorschriften, insbesondere diejenigen über die Expropriation auf das oben gedachte Unternehmen Anwendung finden sollen. Die Beilagen des Berichts erhält das Staatsministerium anliegend zurück.

Berlin, den 28. März 1840.

Friedrich Wilhelm.

An das Staatsministerium.

(Nr. 2168–2169.) (Nr. 2169.)

Auszug

aus dem

Genehmigten Entwurf

zur

Anlage einer Eisenbahn

zwischen

Berlin und Frankfurth a. d. O.

Berlin, gedruckt bei A. W. Hayn.

in und bei Cöpenick mehrere Fabriken und namentlich Bleichen befindlich sind) abzusetzen und ebenso auch weitere aufzunehmen«.[37]

Am 28. März 1840 folgte die »landesherrliche Zustimmung zur Anlage einer Eisenbahn von Berlin nach Frankfurt a. d. O.« (Bild 6). Im März 1840 erschien ein Auszug aus diesem »genehmigten Entwurf« (Bild 7).

Über diesen Schritt berichtete Ludwig Rellstab in der »Vossischen Zeitung« vom 27. April 1840. Rellstab, in die Geschichte Berlins als einer der bedeutendsten Musikkritiker seiner Zeit eingegangen, fühlte sich den Eisenbahnen im allgemeinen und dieser Bahnlinie im besonderen verpflichtet. Er nutzte seine Möglichkeiten als »Lokalreporter«, den Eisenbahngedanken zu propagieren. Er soll schon Mitglied des Verwaltungsrates der Anhaltinischen Eisenbahn gewesen sein. Sein o. g. Artikel beschrieb korrekt nach dem Entwurf vom Oktober 1839 den Verlauf der Bahnlinie und bezeichnete ihn als im wesentlichen dem Vorschlag Crelles folgend. Nach seiner Beschreibung war der Bau des Bahnhofs noch vor dem Frankfurter Tor geplant. Zahlreiche Einzelheiten wurden dem Publikum bekanntgemacht, so vor allen Dingen die Höhe der Summe für den Bau, die sich auf 2,2 Millionen Taler belaufen sollte. Nach seinen Ausführungen gewann die »Gesellschaft das Dreifache dieses Capitals … alle anderen Vortheile der Schnelligkeit, Bequemlichkeit, des Vergnügens, welche die Eisenbahnen mit sich bringen, gar nicht in Anschlag gebracht«. Er schloß mit der Replik, daß er in früheren Jahren als Pionier des Eisenbahngedankens als »Dichter« verlacht worden sei, doch nun: »Die Wirklichkeit überflügelte die Dichtung. Die damals verlachten Voraussagungen …, sind jetzt schon erfüllt und mit gewaltigen Schwingen der Kraft und Schnelligkeit sind die Thaten den kühnsten Hoffnungen weit vorausgeeilt«.[38] Worte, die die allgemeine Situation widerspiegelten.

Die längere Verzögerung der Angelegenheit durch den Staat führte zu zahlreichen Auseinandersetzungen zwischen den Aktionären. Generalversammlungen für Ende Mai, den 15. und den 26. Juni wurden öffentlich bekanntgemacht. Aber erst die am 26. Juni brachte die notwendige Zahl an Aktionären zusammen, so

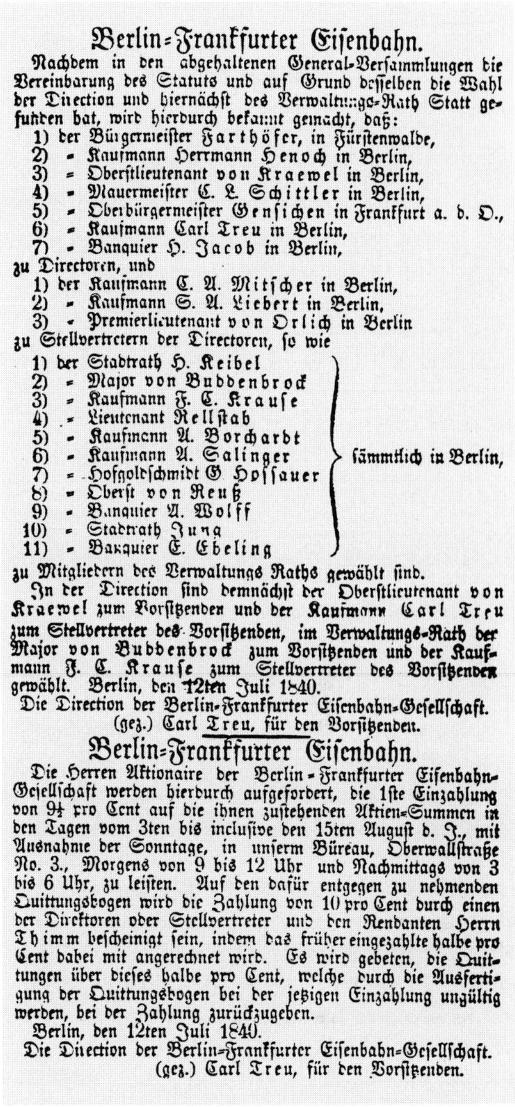

Berlin-Frankfurter Eisenbahn.

Nachdem in den abgehaltenen General-Versammlungen die Vereinbarung des Statuts und auf Grund desselben die Wahl der Direction und hiernächst des Verwaltungs-Rath Statt gefunden hat, wird hierdurch bekannt gemacht, daß:

1) der Bürgermeister Farthöfer, in Fürstenwalde,
2) - Kaufmann Herrmann Henoch in Berlin,
3) - Oberstlieutenant von Kraewel in Berlin,
4) - Mauermeister C. L. Schittler in Berlin,
5) - Oberbürgermeister Gensichen in Frankfurt a. d. O.,
6) - Kaufmann Carl Treu in Berlin,
7) - Banquier H. Jacob in Berlin,

zu Directoren, und

1) der Kaufmann C. A. Mitscher in Berlin,
2) - Kaufmann S. A. Liebert in Berlin,
3) - Premierlieutenant von Orlich in Berlin

zu Stellvertretern der Directoren, so wie

1) der Stadtrath H. Keibel
2) - Major von Buddenbrock
3) - Kaufmann F. C. Krause
4) - Lieutenant Rellstab
5) - Kaufmann A. Borchardt
6) - Kaufmann A. Salinger
7) - Hofgoldschmidt G. Hossauer
8) - Oberst von Reuß
9) - Banquier A. Wolff
10) - Stadtrath Jung
11) - Banquier E. Ebeling

sämmtlich in Berlin,

zu Mitgliedern des Verwaltungs Raths gewählt sind.

In der Direction sind demnächst der Oberstlieutenant von Kraewel zum Vorsitzenden und der Kaufmann Carl Treu zum Stellvertreter des Vorsitzenden, im Verwaltungs-Rath der Major von Buddenbrock zum Vorsitzenden und der Kaufmann F. C. Krause zum Stellvertreter des Vorsitzenden gewählt. Berlin, den 12ten Juli 1840.

Die Direction der Berlin-Frankfurter Eisenbahn-Gesellschaft.
(gez.) Carl Treu, für den Vorsitzenden.

Berlin-Frankfurter Eisenbahn.

Die Herren Aktionaire der Berlin-Frankfurter Eisenbahn-Gesellschaft werden hierdurch aufgefordert, die 1ste Einzahlung von 9½ pro Cent auf die ihnen zustehenden Aktien-Summen in den Tagen vom 3ten bis inclusive den 15ten August d. J., mit Ausnahme der Sonntage, in unserm Büreau, Oberwallstraße No. 3., Morgens von 9 bis 12 Uhr und Nachmittags von 3 bis 6 Uhr, zu leisten. Auf den dafür entgegen zu nehmenden Quittungsbogen wird die Zahlung von 10 pro Cent durch einen der Direktoren oder Stellvertreter und den Rendanten Herrn Thimm bescheinigt sein, indem das früher eingezahlte halbe pro Cent dabei mit angerechnet wird. Es wird gebeten, die Quittungen über dieses halbe pro Cent, welche durch die Ausfertigung der Quittungsbogen bei der jetzigen Einzahlung ungültig werden, bei der Zahlung zurückzugeben.

Berlin, den 12ten Juli 1840.

Die Direction der Berlin-Frankfurter Eisenbahn-Gesellschaft.
(gez.) Carl Treu, für den Vorsitzenden.

daß – auch nach zahlreichen gerichtlichen Vergleichen zwischen den streitenden Parteien – die Direktion und der Verwaltungsrat gewählt wurden. Unter dem 12. Juli konnte in den Zeitungen das Ergebnis der Wahl bekanntgemacht werden. Zugleich wurde mitgeteilt, daß ein vorläufiges Statut vereinbart worden sei und die Aktionäre nun die erste Einzahlung bis zum 15. August zu leisten hätten. Die Direktion hatte ein Büro in der Oberwallstraße Nr. 3 eingerichtet und leitete von dort aus die Geschäfte (Bild 8). Neue Persönlichkeiten des Berliner Lebens tauchten in der Anzeige auf, sie waren Kaufleute und Bankiers, die auch in ande-

6 Order mit der landesherrlichen Zustimmung zum Bau einer Eisenbahn von Berlin nach Frankfurt (Oder) (Ratsb.)

7 Titelblatt »Auszug aus dem Genehmigten Entwurf zur Anlage einer Eisenbahn zwischen Berlin und Frankfurt a. d. O.« (Ratsb.)

[37] StAP, Pr. Br. Rep. 3 B. Regierung Frankfurt/Oder, I. Präs., Nr. 1105, o. Bl.

[38] Vossische Zeitung. – Berlin. – 27. April 1840

8 Annonce in der Vossischen Zeitung vom 17. Juli 1840

ren industriellen Unternehmungen, die auf Aktien betrieben wurden, beteiligt waren. Insgesamt ein Spiegelbild der sich entwickelnden jungen Berliner Bourgeoisie, die sich zu festigen begann. Die Militärs waren teils Schutzschild gegenüber dem Staat, teils begannen sie – wie in den Tageszeitungen kritisierend bemerkt wurde – sogar in Uniform auf dem Börsengebäude zu spekulieren.

Eine Notiz aus der »Vossischen Zeitung« vom 17. Mai 1840 verdient Beachtung: »Unter den verschiedenen merkwürdigen Fremden, die sich hier jetzt aufhalten, befindet sich der General-Ingenieur der nordamerikanischen Eisenbahnen, Hr. Zimpel, aus einer kleinen Stadt in Pommern gebürtig. Er hat eine Hauptrolle bei den Vermessungen und der großartigen Eisenbahn-Anlage, mit welchen die neue Welt, so wie in vielen anderen Anwendungen eines genialen Mechanismus, mit Riesenschritten voraneilt, übernommen und mit Glück gespielt. Nachdem das Netz vollendet ist, kam er nach Deutschland zurück, um seinem Vaterlande mit den dabei erworbenen Erfahrungen nützlich zu sein. Vielleicht, daß man bei der Berlin-Frankfurter Bahn, die nun sehr bald in Angriff genommen wird, sich der Verdienste und Erfahrungen dieses merkwürdigen Mannes bedient«.[39] Eine kurze Notiz, die aber ein Rauschen im zensierten Blätterwald Berlins hervorrief. Ein Rauschen, das sich in den Akten fortsetzte. Die Gesellschaft wurde kritisiert, da ZIMPEL in Preußen keine Prüfungen abgelegt hatte, die ihn für diese Arbeiten qualifizierten.

Über diesen Mann, sein Vorleben und sein Schicksal hat sich nur wenig ermitteln lassen. Am 16. Juni 1840 fragte ein anonymer Leser bei der Vossischen Zeitung an, ob ZIMPEL der Verfasser einer Broschüre über die Eisenbahn sei. Eine derartige Broschüre konnte bisher allerdings noch nicht nachgewiesen werden.

Die Bedeutung dieses Mannes für den Bahnbau gebietet es, die wenigen Notizen über ihn zusammenzufassen. Dabei ergibt sich eingedenk aller Widersprüche etwa folgendes Bild: ZIMPEL war wohl preußischer Offizier gewesen – eine Bekanntschaft mit RELLSTAB kann nicht ausgeschlossen werden –, der in einen Ehrenhandel verwickelt gewesen sein soll. Er ging nach Amerika, nach Louisiana, und ist zuletzt

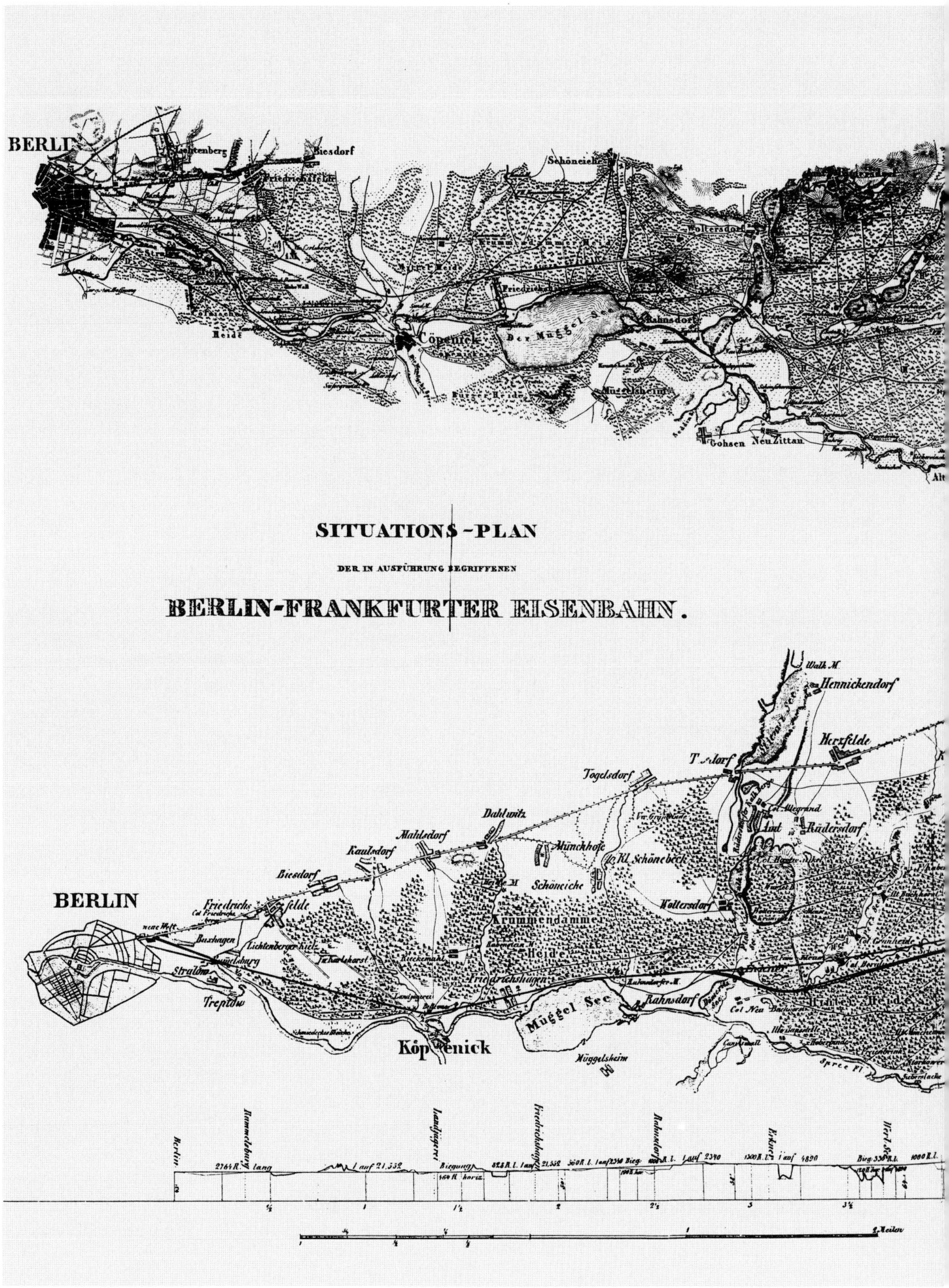

---

[39] Vossische Zeitung. – Berlin. – 28. Mai 1840

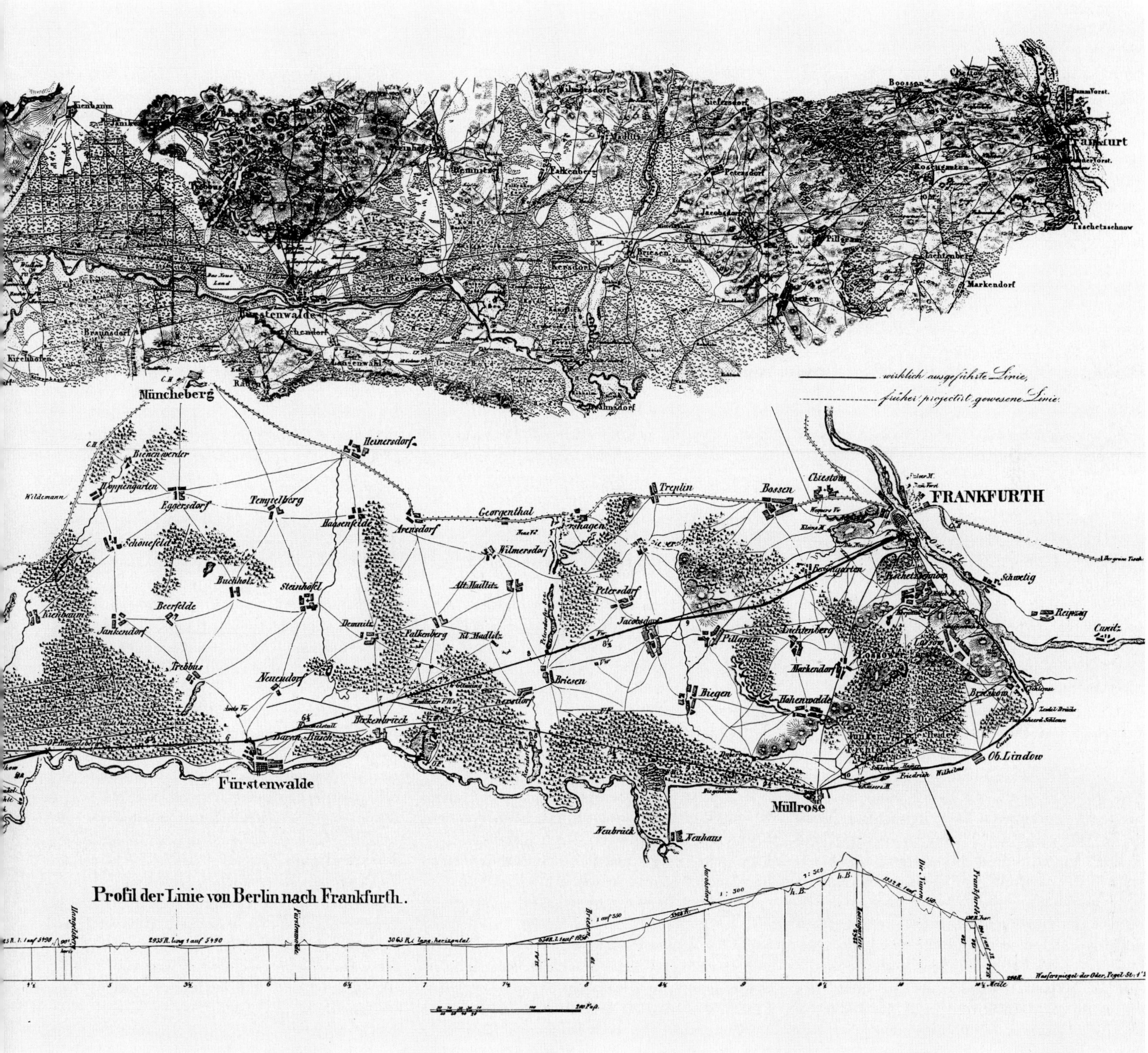

9 *Situationsplan der in Ausführung begriffenen Berlin-Frankfurter Eisenbahn (aus einem Geschäftsbericht des Jahres 1842)*

Stadtbaudirektor von New Orleans gewesen.[40] Nach einem handschriftlichen Bericht der Direktion der Frankfurter Eisenbahngesellschaft vom 1. August 1841 hatte ZIMPEL »mehrere Eisenbahnen in Louisiana in Nordamerika gebaut«.[41] Und der gedruckte Bericht der Direktion an die Generalversammlung der Aktionäre vom 17. März 1842 sagte aus, daß ZIMPEL »seit zehn Jahren in Europa und Amerika das Eisenbahnwesen fast ausschließlich zum Gegenstande seiner Studien und seiner praktischen Thätigkeit gemacht hätte«.[42]

Ebenso wie er in Berlin erschienen war, verschwand ZIMPEL im Frühsommer des Jahres 1843 wieder. Unterschiedliche Lesarten über sein Ausscheiden haben mehr den Charakter von Gerüchten. Die Bahngesellschaft konnte ihm offensichtlich – nach dem öffentlich so reichlich verkündeten Lob – ein gutes Zeugnis ausstellen; sie ließ u. a. eine Lokomotive unter seinem Namen laufen. Es können also keine gewichtigen Verfehlungen gewesen sein, die ZIMPEL zum Verlassen der Stadt bewogen hatten. Die Akten schweigen, und bei der komplizierten Überlieferung wird es wohl schwierig bleiben, den weiteren Lebensweg dieses interessanten Eisenbahnpioniers zu erforschen.

Am 26. Februar 1845 wandte sich ein Bürger aus Frankfurt (Oder) an den dortigen Regierungsrepräsidenten mit der Bitte, ZIMPEL ein Attest »wegen der bewiesenen Qualifikation zum Bau von Eisenbahnen im allgemeinen sowie über die Integrität seines Charakters« auszustellen. Dem Brief ist zu entnehmen, daß ZIMPEL sich zu diesem Zeitpunkt in Pest (Ungarn) aufhielt und sich erfolglos bemüht hatte, bei der Friedrich-Wilhelm-Nordbahn unterzukommen. Nun wollte er sein Glück in der Schweiz versuchen und benötigte deshalb ein weiteres Attest, da er mit einer Eisenbahn in Verhandlung stand.[43] Dieses Schreiben konnte in den Akten noch nicht ermittelt werden, nur die Anweisung des Regierungspräsidenten, das an die Direktion der Nordbahn ausgefertigte Schreiben nochmals zu verwenden.[44] Die wenigen Angaben zu ZIMPELs Lebenslauf sind deshalb so ausführlich behandelt worden, da die Anlage der Bahn, die Trassenführung und die Lage des heutigen Hauptbahnhofs im wesentlichen seinen Ideen folgten.

Zwischen Juli und Oktober 1840 schwiegen die Quellen über den Bahnbau. Jedoch ist sein weiterer Werdegang mit den grundsätzlichen Entscheidungen aus späteren Berichten zu ermitteln. Der bereits zitierte Bericht der Direktion vom 1. August 1841 hielt in seiner Einleitung fest: »Als wir ... zur Leitung der Angelegenheiten der Gesellschaft berufen wurden, mußten wir die betrübliche Erfahrung machen, daß es an allen Vorarbeiten, dem Nothwendigsten, um mit dem Bau der Bahn zu beginnen, fehlte. Dasjenige, was wir vorfanden, war nur gerade genügend gewesen, um die Richtungslinie der Bahn im Allgemeinen festzustellen, und das Concessions-Gesuch darauf zu basieren«.[45] Ausführlicher hieß es im gedruckten Bericht vom 17. März 1842: »Ein detaillierter und motivierter Kostenanschlag fehlte gänzlich; es lag darüber nichts weiter vor, als was in dem gedruckten Auszuge vom März 1840 bekannt gemacht worden ist ...«.[46] Deshalb war die Direktion »glücklich«, ZIMPEL gewonnen zu haben. »Seine Mittheilungen überzeugten uns sehr bald, daß eine Veränderung der Linie an vielen Punkten nothwendig sei, wenn nicht große Summen ... geopfert werden sollten ...«.[47] ZIMPEL brachte seine in Amerika gewonnenen Erfahrungen ein. Er untersuchte durch Bohrungen und Augenschein das vorgesehene Eisenbahnplanum und stellte allerlei Merkwürdigkeiten fest, u. a. die Tatsache, daß »die Linie *mitten durch* das Dorf Friedrichshagen« führte und »dessen Kirchhöfe« in »solcher Nähe der Kirche« schnitt, »daß die Anlegung der Bahn dort aus polizeilichen Gründen, ohne Verlegung dieser Kirche nicht füglich hätte statuiert werden können«.[48]

ZIMPEL schlug einen neuen Verlauf der Strecke vor (Bild 9), der nicht unerheblich von dem Entwurf CRELLES abwich. Die Festpunkte ergaben sich für ZIMPEL aus dem Standort der Bahnhöfe in Berlin und Frankfurt (Oder). Im ursprünglichen Entwurf lagen sie – wie allgemein üblich – vor den Toren der Städte. Das war für beide die denkbar ungünstigste Position, denn in Berlin beispielsweise befand sich die bebaute Stadtfläche etwa 2 km vom Bahnhof entfernt. Einem Näherrücken des Bahnhofs an die Stadt standen zahlreiche rechtliche und finanzielle Probleme entgegen. Das rechtliche Problem bestand darin, daß nur Bürger Besitzer und Eigentümer von Grundstücken innerhalb der Stadt sein konnten; ausgenommen natürlich der Fiskus. Eine Eisenbahngesellschaft aber war nicht Bürger, nicht Person, sondern juristische Institution; ein Begriff, den es bei der genannten Festlegung noch nicht gab. Zudem war das Bauland innerhalb der Stadt teurer, also nur mit hohem finanziellem Aufwand zu erwerben. Die bisher bestehenden und von Berlin ausgehenden Eisenbahnen kannten diese Schwierigkeiten nicht, denn die Standorte ihrer Bahnhöfe befanden sich zwar außerhalb der Stadt, aber doch in unmittelbarer Nähe der bebauten und erschlossenen Stadtfläche. Im Stralauer Viertel war genügend Land innerhalb der Stadt vorhanden, die Bebauung aber endete unweit des Alexanderplatzes.

ZIMPEL, versehen mit den Erfahrungen des Kapitalismus der Neuen Welt, konnte die Direktion davon überzeugen, rechtliche Bestimmungen geschickt zu unterlaufen und Spekulationen auszuschließen. So darf als wahrscheinlich gelten, daß die Eigentümer die Preise ihrer Grundstücke in die Höhe getrieben hätten, wenn sie erfahren hätten, daß diese Baugelände für eine Eisenbahn genutzt werden sollten.

Kaufte die Gesellschaft durch Mittelsmänner die Grundstücke, dann unterlief sie sowohl die mögliche Spekulation als auch die rechtlichen Bestimmungen. Die Mittelsmänner mußten Bürger sein, und was auf ihren Grundstücken entstand, bestimmten sie. Die Baupolizei konnte im Rahmen ihrer Möglichkeiten nur Beschränkungen aussprechen, verhindern konnte sie nichts. Zwei Gründe überzeugten die Direktion der Gesellschaft: Erstens war infolge der seit langem bekannten ursprünglichen Planung der Preis der für den Streckenverlauf benötigten Grundstücke gestiegen. (Nach Änderung des Bauplans gab es zahlreiche Eingaben, z. B. an den Regierungspräsidenten in Frankfurt (Oder) von enttäuschten Grundstücksbesitzern – u. a. vom Gastwirt HOFFMANN in Friedrichshagen.) Zweitens rechnete niemand mit einem derartigen geschickten Vorgehen; selbst die staatlichen Behörden konnten keine Einwände erheben.

Ein solches Vorgehen blieb freilich ein Wagnis, unterlief aber die Spakulation und brachte

[40] Berlin und seine Bauten. Teil X. Band B. Anlagen und Bauten für den Verkehr (2) Fernverkehr, 3. Aufl. – Berlin, 1984. – S. 34

[41] Bericht der Direction der Berlin-Frankfurter Eisenbahn-Gesellschaft an den Verwaltungs-Rat vom 1. August 1841. S. 1. – StAP, Pr. Br. Rep. 3 B I V, Regierung Frankfurt/Oder, Nr. 378, o. Bl.

[42] Bericht der Direction der Berlin-Frankfurter Eisenbahn-Gesellschaft, erstattet zur General-Versammlung der Actionaire am 30. März 1842. – Berlin, 1842. – S. 4. – Ratsb.

[43] StAP, Pr. Br. Rep. 3 B, Regierung Frankfurt/Oder, I. Präs., Nr. 1105, o. Bl.

[44] Ebenda, handschriftliche Notiz des Regierungspräsidenten

[45] StAP, Pr. Br. Rep. 3 B I V, Regierung Frankfurt/Oder, Nr. 378 o. Bl.

[46] Bericht der Direction der Berlin-Frankfurter Eisenbahn-Gesellschaft. – a. a. O. – S. 1

[47] Ebenda, S. 4

[48] Ebenda, S. 4

zudem den Vorteil, selbst Spekulation zu betreiben, d. h. zusätzliche Gewinne zu erwirtschaften. Hinzu kam eine andere Überlegung. Ordnete man den Bahnhof in der Stadt an, so doch am besten in der Nähe des jeweiligen Flusses sowohl in Berlin wie in Frankfurt (Oder). Bei dem fehlenden Verkehrsverbund zwischen den Bahnhöfen Berlins beispielsweise konnte eine günstige Lage in der Nähe der Wasserstraße ein zusätzliches Moment für die wirtschaftlichen Überlegungen sein; denn so ließ sich der Verkehr von der Spree an diesem Punkt auf die Eisenbahn ziehen.

Die etwas betuliche junge Bourgeoisie in Berlin wurde hier mit einem am amerikanischen Verhalten der Profitmaximierung orientierten und talentierten Ingenieur konfrontiert, dessen Bestrebungen nur dem Gewinn galten. Das waren neue Gesichtspunkte, die – in Berlin erstmalig vertreten – Erfolg versprachen. Zimpel – und nur so kann man die begeisterten Worte über ihn verstehen – riß die Direktion zu einer gewagten Spekulation hin, die dann immensen Gewinn brachte.

Der Kaufmann Carl Treu, der Maurermeister Carl Ludwig Schüttler sowie der Hofagent Eduard Gossmann waren die entschiedensten Parteigänger Zimpels, die sein Konzept nicht nur trugen, sondern auch bereit waren, sich dafür einzusetzen. Ausgerüstet mit dem Geld der Gesellschaft, aber auch durch persönliche Verpflichtungen gebunden (die Einzelheiten lassen sich angesichts der bisher erschlossenen Materialien nicht feststellen), kauften sie alle interessierenden, nach der Planung von Zimpel wichtigen Grundstücke auf, so z. B. das Grundstück Koppengasse Nr. 56/57 für 20 000 Taler, das der Polizeicommissarius Weise 1825 für 6000 Taler gekauft hatte.[49] Als weitere Beispiele mögen dienen:

– das Grundstück Koppengasse Nr. 6 für 15 000 Taler, vormals im Besitz des Kunstgärtners Johann Bergmann, der es im März 1840 für 12 500 Taler gekauft hatte;[50]
– das Grundstück Bollengasse, dann Fruchtstraße 40 im Oktober 1840 für 7000 Taler, der Gärtner Bergmann hatte es im August 1839 für 2200 Taler gekauft.[51]

Andere wichtige Grundstücke, insbesondere die, auf denen der Bahnhof bzw. eine anzulegende Zugangsstraße zu entstehen hatten, wurden von zwei dieser Bürger gekauft, so u. a. das Grundstück Krautgasse Nr. 30, das Treu und Schüttler als letzte am 23. Dezember 1840 für 36 200 Taler kauften, der Vorbesitzer hatte 1836 8150 Taler bezahlt.[52]

In der Regel boten die Käufer, die als Privatleute auftauchten, einen höheren als den vorher gezahlten Preis. Auch er war spekulativ, sollte den Verkäufer zu einer schnelleren Entscheidung bewegen und diente dem Ziel, eine weitergehende, gegen die Interessen der Bahngesellschaft gerichtete Spekulation auszuschließen. Wir wissen nicht, welche Argumente sie beim Kauf gebrauchten, aber auf keinen Fall das des Bahnbaus. Triumphierend hielt der Geschäftsbericht für 1842 fest: »Es lag in der Natur der Sache, daß wir für jene Projecte die Genehmigung der Behörden nicht im Voraus nachsuchen noch weniger die speciellen Bedingungen für die Ausführung derselben vorweg zur Erörterung bringen konnten, vielmehr mußten wir uns begnügen, uns auf confidentiellem Wege die Gewißheit zu verschaffen, daß der Ausführung jener Pläne im öffentlichen Interesse keine wesentlichen Hindernisse entgegen stehen würden, sodann aber unverzüglich, durch dritte Hand, der Gesellschaft wenigstens die nöthigen bebauten Grundstücke für annehmliche Preise zu sichern.«[53]

Diesem Vorgehen standen die Behörden hilflos gegenüber. Es hat sich in den Akten kein Antrag aus dem Jahre 1840 erhalten, der belegt, daß dieser Weg der Gesellschaft gefördert wurde. Aber nur so war es möglich, das Projekt voranzutreiben.

Der Bahnhofsbau

Bei der Realisierung des Bauplans mußte eine Größe ins Kalkül gezogen werden, von der es mehr als wahrscheinlich war, daß die Beteiligten ihr folgten. Bewilligt hatte die Bahn im März 1840 König Friedrich Wilhelm III. Seine ablehnende, zumindest abwartende Haltung hatte alle Maßnahmen des Staates gegenüber den Kapitalgesellschaften im Eisenbahnbau bestimmt. Sein Tod im Jahre 1840 stellte eine immer mehr berechenbare Größe dar. Aktivitäten wurden auf seinen Nachfolger abgestimmt, der schon 1838 bei der Einweihung der Berlin-Potsdamer Eisenbahn geäußert haben soll, daß diesen Wagen keine Kraft mehr aufhalte. Nun erwartete die Gesellschaft wie alle Besitzenden im preußischen Staat einen neuen Kurs in der Hoffnung, bürgerlich-kapitalistische Momente würden intensiver als bisher die Staatspolitik bestimmen, um das Gewinnstreben stärker zum Tragen kommen zu lassen.

Dabei maß die Aktiengesellschaft der Anlage des Bahnhofs in Berlin eine tragende Rolle bei, die weit über die der Bahnlinie hinausging. So ging es u. a. um die Frage, welche Rolle Eisenbahnen bei der weiteren Gestaltung der innenpolitischen Verhältnisse in Preußen spielen. Insgesamt verhielt sich die Leitung der Aktiengesellschaft zurückhaltend und reichte im Januar 1841 die notwendigen Unterlagen zur Konzessionierung der Bahn entsprechend dem Gesetz vom November 1838 ein. Das war vor allem der Entwurf des Statuts der Gesellschaft, das die Verbindungen zum Staat und zu den Aktionären bestimmte. Der Gedanke, die Bahnhöfe in Berlin und Frankfurt (Oder) innerhalb der Städte anzulegen und den Streckenverlauf zu ändern, war in diesen Unterlagen enthalten. Die dazu notwendigen Grundstückskäufe waren abgeschlossen. Der Bericht der Direktion an den Verwaltungsrat vom 1. August 1841 konnte feststellen, daß diese Grundstücke »bereits im vorigen Jahre unter der Hand vortheilhaft angekauft, ehe es den Speculanten gelang, über die projectierte Lage des Bahnhofs Gewißheit zu erhalten. Wir waren so glücklich, kein Einziges derselben aus zweiter Hand kaufen zu müssen«.[54] Am 13. Januar 1841 konnte die Direktion »in einer Erklärung« an die Staatsbehörden »massive Abänderungen der ursprünglich projectierten Linie …« beantragen. Am 31. Januar forderte der Oberpräsident der Provinz Brandenburg die Regierungen in Potsdam und Frankfurt (Oder) auf, den Antrag »*schleunigst* zu prüfen und mir die … Äußerung … binnen längstens 4 Wochen zu gehen zu lassen«.[55]

Relativ spät sprach sich diese Absicht unter den »Grundbesitzern innerhalb des Frankfurter und Stralauer Thores in der Gegend der Fruchtstraße« herum. Am 26. Februar 1841

[49] StAB, Liegenschaftsdienst, Hypothekensache Königsstadt, Vol. 28, Nr. 2049
[50] Ebenda, Nr. 2066
[51] Ebenda, Vol. 29, Nr. 2100
[52] Ebenda, Vol. 25, Nr. 1860
[53] Bericht der Direction der Berlin-Frankfurter Eisenbahn-Gesellschaft. – a. a. O. – S. 6
[54] StAP, Pr. Br., Rep. 3 B I V, Regierung Frankfurt/Oder, Nr. 378, o. Bl.
[55] Ebenda, Schreiben des Oberpräsidenten der Provinz Brandenburg vom 31. Januar 1842

verfaßten sie eine Eingabe an den Innenminister: »Sofort als wir davon Kenntnis erlangten, daß die Direktion der Frankfurter Eisenbahn es beabsichtigte, den Bahnhof innerhalb der Stadt in der Gegend der Koppen-Straße anzulegen, fanden wir die unterzeichneten Grundbesitzer uns veranlaßt dagegen zu protestieren …«.[56]

Es protestierten nicht nur Gemüse- oder Blumengärtner, sondern Grundbesitzer; ein bezeichnendes Bild für die wirtschaftlichen Zustände und ihre Widerspiegelung im Bewußtsein des einzelnen.

Der Protest dieser Personengruppen war nicht unberechtigt. Der bereits angezogene Entwurf von 1840, der öffentlich bekannt war, hatte die Anlage eines Bahnhofs in Berlin vor dem Frankfurter Tor, auf dem Gelände des Schlößchens, einem Ausflugslokal aus dem Ende des 18. Jahrhunderts, bestimmt. »Die Linie sollte dann theils über Wiesen, hauptsächlich aber … an der Chaussee und Boxhagen gelegenen Häusern gehörigen Gartenländereien bis in die Nähe von Rummelsburg …«[57] verlaufen. Weiterhin war seit 1840 öffentlich bekannt, daß der Bahnhof in seiner Struktur so festgelegt war:

1 Verwaltungs-und Empfangsgebäude nebst Bahnwagenhalle und Estraden	für 26 000 Thaler
1 Wohnhaus	für 12 000 Thaler
1 Dampfwagenschuppen und Schmiede	für 4 000 Thaler
1 Bahnwagenschuppen	für 4 000 Thaler
1 Remise und Stallungen	für 4 000 Thaler
1 Waren-Magazin nebst Pack- und Waagehaus	für 8 000 Thaler
1 Kohlen-Magazin und 1 Cokeofen	für 2 000 Thaler
3 Brunnen à 200 Rthlr.	für 600 Thaler
Wasser-Leitungen, Wasser Reservoirs und Vorwärmer	für 2 400 Thaler
1 Uhr	für 300 Thaler
Erhöhung, Pflasterung, Umfriedung des Hofes, Rampen zum Einladen der Wagen etc.	für 17 000 Thaler
Laternen, Pfähle dazu etc.	für 3 000 Thaler
	83 000 Thaler«[58]

Der Bericht der Direktion vom 17. März 1842 sah folgende Baulichkeiten in der Stadt vor:

	Thlr.	Sgr.	Pf.
»a) Hauptgebäude, contrahirt für	25 500		
b) Daranhängende Passagiergepäckräume und Büreaux desgl.	10 466		
c) Personenaufnahmsgebäude	25 709	8	3
d) Retraits desgl.	1 200		
e) Colonnade desgl.	10 200		
f) Maschinengebäude desgl.	26 858	21	4
g) Personenwagenschuppen desgl.	19 067	7	8
h) Frachtwagenschuppen, veranschlagt zu	22 800		
i) Ökonomiehof desgl.	200		
k) Spritzenhaus mit Spritze desgl.	2 690		
l) Waarenremise und Einrichtung eines Packhofes an der Spree nebst Auffüllung und Schalung desgl.	36 300		
Latus	180 991	7	3«[59]

Das war ein anderer Bahnhof mit gänzlich veränderter Konzeption und in anderer Lage. Bereits am 8. Januar 1841 hatten sich andere Bürger an den Innenminister gewandt: »Die beabsichtigte Lage erscheint uns in vielfachen Bedingungen durchaus unpraktisch und sie berührt nach unserem Dafürhalten sowohl das öffentliche, als unser Privatinteresse auf eine Weise, daß der von uns eingelegte Protest« wegen der Feuergefährlichkeit für die Wohnhäuser, wegen der Aufbewahrung von Stroh in den Gärten, wegen der leichten Bauweise der Treibhäuser und wegen der Holz- und Torfplätze in der Nähe der Eisenbahn Beachtung finden sollte. »Man könne nicht verstehen einen Endbahnhof, in eine so abgelegene, so schwer erreichbare und höchst feuergefährliche Gegend zu verlegen«[60] hieß es dort.

Eine am 8. März 1841 abgehaltene »Conferenz wegen der Lage des Bahnhofs der Frankfurter-Eisenbahn-Gesellschaft« entschied gemäß der Meinung des Polizeipräsidenten von

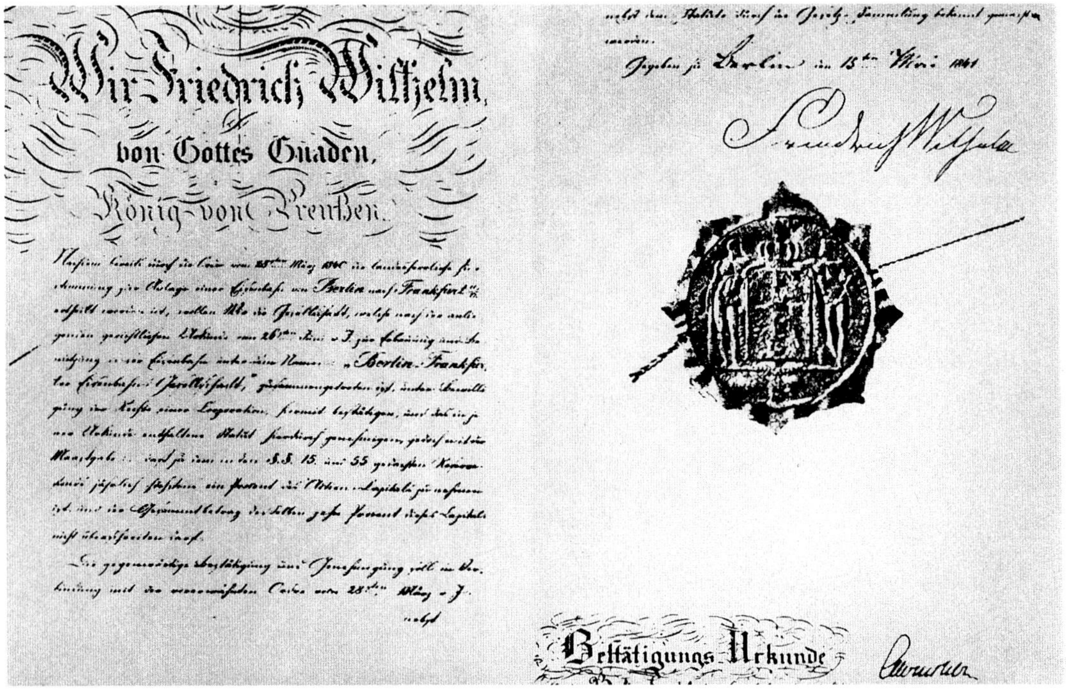
Wir Friedrich Wilhelm,
von Gottes Gnaden,
König von Preußen.
Bestätigungs Urkunde

10 *»Bestätigungs-Urkunde« der Berlin-Frankfurter Eisenbahn-Gesellschaft (aus: Hundert Jahre Deutsche Eisenbahnen)*

[56] ZStAM, Rep. 77, Tit. 258a, Nr. 6, Bl. 83
[57] Auszug aus dem Genehmigten Entwurf … – a. a. O. – S. 5
[58] Ebenda, S. 22
[59] Bericht der Direction der Berlin-Frankfurter Eisenbahn-Gesellschaft. – a. a. O. – S. 15
[60] ZStAM, Rep. 77, Tit. 258a., Nr. 6, Bl. 85ff.

— 95 —

Statut
für die
Berlin-Frankfurter Eisenbahn-Gesellschaft.

Mit Allerhöchster Genehmigung ist eine Aktien-Gesellschaft zu dem Zwecke zusammengetreten,
für gemeinschaftliche Rechnung der Aktionairs eine Eisenbahn zur Verbindung Berlins mit Frankfurt a. O. zu erbauen, zu unterhalten und zum Transporte von Personen, Waaren und anderen Gegenständen zu benutzen.

Die Bestimmungen über die Verfassung der Gesellschaft und die Art der Ausführung des von ihr beabsichtigten Unternehmens werden durch das nachstehende
Statut
vertragsmäßig festgesetzt.

I. Bildung, Geschäftsumfang und Fonds der Gesellschaft.

§. 1.

Die Gesellschaft wird unter der Benennung:
Berlin-Frankfurter Eisenbahn-Gesellschaft
von Aktionairs gebildet.

Berlin ist ihr Domizil und der Sitz ihrer Verwaltung, und das Königliche Stadtgericht zu Berlin ihr Gerichtsstand.

§. 2.

Der eben ausgesprochene Zweck bestimmt im Allgemeinen den Geschäftsumfang der Gesellschaft.

Die Bahn soll von Berlin, vorbei bei Köpenick und über Fürstenwalde nach Frankfurt hin erbaut werden und im Wesentlichen die Richtung inne halten, welche vom Staat bereits genehmigt ist. Sie soll zur Benutzung von Transporten mit eisernen Schienen belegt, und in der vom Komité vorgeschlagenen Art konstruirt werden. Wesentliche Abänderungen der Richtungslinie und der Konstruktion der Bahn, so wie die Einrichtung von Zweigbahnen oder sonstigen Kommunikationswegen, bleiben späteren Beschlüssen, unter Genehmigung des Staates, vorbehalten.

Zum Bau der Bahn gehört die Einrichtung der zu ihrer künftigen Benutzung erforderlichen Gebäude und Anlagen.

§. 3.

Die Gesellschaft wird die Transporte auf der Bahn durch Dampfwagen oder andere Beförderungsmittel für eigene Rechnung übernehmen, auch wenn sie es ihrem Interesse gemäß findet, oder durch höhere Bestimmung dazu
(Nr. 2168.) 14* ver-

Statut

der

Berlin-Frankfurter Eisenbahn-Gesellschaft mit der Allerhöchsten Bestätigungs-Urkunde vom 15. Mai 1841 und der darin allegirten Allerhöchsten Kabinetsorder vom 28. März 1840.

De Dato Berlin, den 15. Mai 1841.

Gedruckt bei A. W. Hayn.

Berlin. Dieser hatte die Lage der Bahnanlagen innerhalb der Stadt, sowohl in sicherheits- und ordnungspolizeilicher Hinsicht, »aber mit Rücksicht auf den künftigen Bebauungsplan im Allgemeinen ...« genehmigt. Allerdings durften die Baulichkeiten keine Fenster auf beiden Seiten der Fruchtstraße haben. Im Mai und Juni folgten weitere Detailberatungen, die dann im Juli 1841 die Erlaubnis des Finanzministers zur Anlage des Bahnhofs innerhalb der Ringmauern zur Folge hatten.[61]

Am 13. Mai 1841 erhielt die Eisenbahngesellschaft ihre »Allerhöchste Bestätigungs-Urkunde«, verbunden mit der Genehmigung des Statuts (Bild 10). Noch einmal entfaltete der junkerlich-ständische Staat seinen ganzen Prunk. Im Äußeren noch dem 18. Jahrhundert verhaftet, wurde neben der mit dem großen Staatssiegel versehenen Urkunde (die sachlichen Bekanntmachungen standen in der »Gesetz-Sammlung der Königlichen Preußischen Staaten«) (Bild 11) ein besonderer Druck in großem Format ausgefertigt und verteilt (Bild 12).

Das Statut umfaßte 18 Seiten und regelte sehr detailliert Aufgabe und innere Struktur der Gesellschaft, als deren Sitz Berlin bestimmt wurde. Als Zweck war angegeben »für gemeinschaftliche Rechnung der Aktionairs eine Eisenbahn zur Verbindung mit Frankfurt a. O. zu erbauen, zu unterhalten und zum Transport von Personen, Waaren und anderen Gegenständen zu benutzen«.[62]

Der Aktieninhaber erhielt seine Aktie nach Bezahlung aller Raten – bei dieser Gesellschaft wurden die Aktionäre in zehn Raten zur Bezahlung aufgerufen (Bild 13). Die Aktien lauteten auf den Inhaber, ein Verkauf der Aktie war aber möglich. Für jede Teilzahlung erhielt der Einzahler eine Eintragung auf einem Quittungsbogen, den er nach Belieben verkaufen konnte. Da dieser Quittungsbogen ebenfalls auf den Namen lautete, haftete sein erster Besitzer bis zur Einzahlung der Gesamtsumme der Aktie (§ 8). Die persönliche Verbindlichkeit konnte nach Beschluß der Generalversammlung aber bereits vorher aufgehoben werden (Bild 14). Jeder Aktionär erhielt nach dem Statut 5 Prozent Zinsen jährlich sowie eine Dividende, die abhängig vom Gewinn des Unternehmens war. Das stellte einen hohen Profit für den Aktionär dar, der auf 100 Taler jährlich mindestens 5 Taler plus Dividende erhielt. Der Gewinn lag höher als bei der Staatsschuldverschreibung, die insgesamt nur mit 4 Prozent verzinst wurde. Daraus erklärt sich z. T. auch die hinhaltende Taktik der Staatsbehörden gegenüber den Aktiengesellschaften, denn das zur Verfügung stehende Kapital wanderte bei diesen Bedingungen zu den lukrativeren Kapitalgesellschaften.

Oberstes Entscheidungsgremium der Gesellschaft war die Generalversammlung der Aktionäre, die den Verwaltungsrat und die Direktion wählte – in Preußen ein ungewöhnlicher und unbekannter demokratischer Vorgang. Die Generalversammlung mußte einmal im Jahr stattfinden, und sie konnte beschließen:

Berlin-Frankfurter Eisenbahn.

In der am 30sten März c. statt gefundenen General-Versammlung der Aktionairs der Berlin-Frankfurter Eisenbahn sind von den Eigenthümern der dazu angemeldeten 17,172 Quittungsbogen mit 1096 Stimmen nur die Vertreter von 14,859 Quittungsbogen mit 921 Stimmen erschienen, und haben also nicht ¾ der Stimmen des ganzen Aktien-Kapitals repräsentirt, wie es statutenmäßig bei einem Beschlusse über die Vermehrung des Aktien-Kapitals erforderlich ist.

Zufolge des §. 34. des Statuts werden daher die Aktionairs der Gesellschaft **zu einer neuen General-Versammlung am 20sten Mai d. J., Nachmittags 4 Uhr, im Lokal des hiesigen Börsenhauses,** hierdurch mit dem Bemerken eingeladen, daß in dieser Versammlung über die Vermehrung des Aktien-Kapitals durch absolute Stimmenmehrheit der anwesenden Aktionairs statutenmäßig definitiv entschieden wird.

Zur Theilnahme an dieser General-Versammlung sind nach §. 28. des Statuts nur diejenigen berechtigt, welche spätestens 8 Tage vor der Versammlung die auf ihren Namen lautenden oder ihnen gehörig cedirten Quittungsbogen in dem Büreau der Gesellschaft, Oberwallstraße No. 3., das mit Ausnahme der Sonn- und Festtage, Morgens von 9 bis 1 Uhr und Nachmittags von 4 bis 6 Uhr, geöffnet ist, niedergelegt, und dadurch die Zahl der Stimmen, zu welcher sie berechtigt sind, nachgewiesen haben. Die hierüber zu ertheilende Bescheinigung dient zugleich als Einlaßkarte für die Versammlung. Außer dieser Bescheinigung werden bei Niederlegung der Quittungsbogen zugleich Stimmmarken an diejenigen Aktionairs ausgegeben, die nach §. 27. des Statuts stimmfähig, d. h. Eigenthümer von wenigstens 10 Quittungsbogen sind.

Die Rückgabe der deponirten Quittungsbogen erfolgt am nächsten Tage nach dem Schlusse der General-Versammlung gegen Aushändigung der darüber ertheilten Bescheinigung.

Abwesende Aktionairs können sich nur durch andere mit beglaubigter Vollmacht versehene Aktionairs vertreten lassen, und müssen die Vollmachten nach §. 29. des Statuts gleichzeitig mit den Quittungsbogen selbst im Büreau der Gesellschaft niedergelegt werden.

Berlin, den 11ten April 1842.

Der Verwaltungs-Rath der Berlin-Frankfurter Einsenbahn-Gesellschaft.
von Buddenbrock, als Vorsitzender.

Berlin-Frankfurter Eisenbahn.

Nachdem nunmehr vierzig Procent auf unsere Aktien eingezahlt worden sind, werden mit Genehmigung des Verwaltungsraths (§. 39. 5. der Statuten) die ursprünglichen Aktionairs aus der ferneren persönlichen Verbindlichkeit entlassen, (§. 8. ibid) und es treten bei ferneren Einzahlungen die Bestimmungen des §. 11. des Statuts in Kraft. Berlin, den 12ten September 1841.

Die Direktion der Berlin-Frankfurter Eisenbahn-Gesellschaft.

11 Erste Seite des Statuts der Berlin-Frankfurter Eisenbahn-Gesellschaft (Ratsb.)

12 Titelseite des Königlichen Patents (ZStAM)

13 Aufruf an die Aktionäre zur Einzahlung auf die Aktien (aus: Vossische Zeitung)

14 Bekanntmachung über die Aufhebung der persönlichen Verbindlichkeit für die Aktionäre (aus: Vossische Zeitung)

[61] Ebenda, Bl. 107ff.

[62] Gesetzessammlung für die Königlichen Preußischen Staaten. –1842. – S. 95

»1) über Ausdehnung der Geschäfte der Gesellschaft durch Anlage von Zweig- und Verbindungsbahnen;
2) über Vermehrung des Gesellschafts-Kapitals durch Ausgabe von Aktien oder Kontrahierungen von Darlehen;
3) über Ergänzungen und Abänderungen des Statuts;
4) über solche Rechnungs-Erinnerungen des Verwaltungsraths, in Betreff welcher derselbe sich mit der Rechnung legenden Direktion nicht einigen kann, vorbehaltlich der weiteren schiedsrichterlichen Berufung;
5) über die vom Verwaltungsrathe vorläufig ausgesprochene Suspension seiner eigenen Mitglieder oder der Mitglieder der Direktion;
6) über alle Angelegenheiten oder Interessen der Gesellschaft, die ihr vom Verwaltungsrathe, von der Direktion oder von einzelnen Aktionairs zur Entscheidung vorgelegt werden;
7) zur Aufhebung der Beschlüsse früherer Generalversammlungen;
8) über Auflösung der Gesellschaft«.[63]

Damit nun dieses demokratische Element nicht zu stark wurde, bestimmte das Statut, daß für die unter 1, 2, 3 und 8 genannten Gegenstände die Genehmigung des Staates erforderlich ist.

Der Verwaltungsrat bestand aus elf Aktionären der Gesellschaft, von denen acht in Berlin wohnen mußten. Alljährlich schieden vier Mitglieder dieses Rates aus, sie konnten aber erneut gewählt werden. Seine Aufgabe bestand in

15 Stempel der Direktion der Berlin-Frankfurter Eisenbahn-Gesellschaft (StAB)

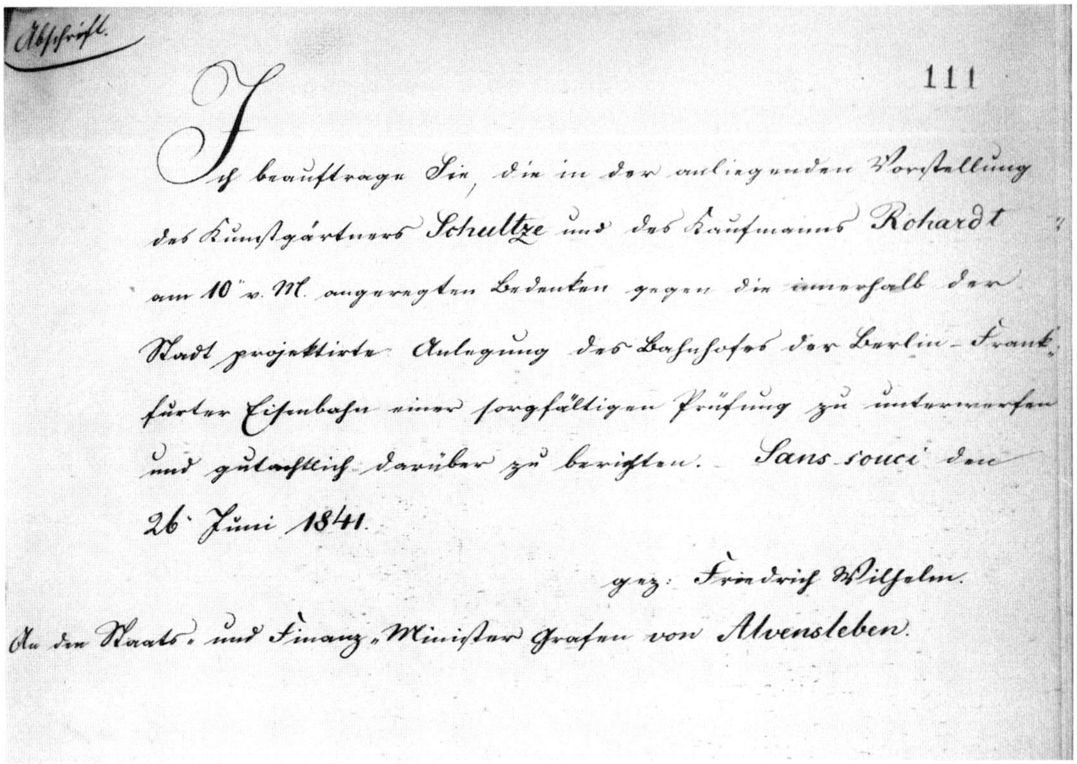
Abschrift.

111

Ich beauftrage Sie, die in der anliegenden Vorstellung des Kunstgärtners Schultze und des Kaufmanns Rohardt am 10ten v. M. angeregten Bedenken gegen die innerhalb der Stadt projektirte Anlegung des Bahnhofes der Berlin-Frankfurter Eisenbahn einer sorgfältigen Prüfung zu unterwerfen und gutachtlich darüber zu berichten. Sanssouci den 26 Juni 1841.

gez. Friedrich Wilhelm.

An den Staats- und Finanz-Minister Grafen von Alvensleben.

16 Weisung König Friedrich Wilhelm IV. an den preußischen Finanzminister, Eingaben wegen der Anlage des Bahnhofs der Frankfurter Eisenbahn in Berlin zu prüfen (ZStAM)

der Erledigung aller Geschäfte der Gesellschaft, wie Feststellung des Etats, des Bauplans, der Einberufung der Generalversammlung, der Abnahme der Betriebsrechnungen, der Festlegung der Tarife usw. Er war quasi eine verkleinerte Generalversammlung, die über der Direktion der Bahn stand. Diese Direktion (Bild 15), ebenfalls gewählt, bestand aus fünf in Berlin wohnenden Aktionären. Möglich war die Wahl eines Direktionsmitglieds aus Fürstenwalde und eines weiteren aus Frankfurt (Oder). Sie »vertritt allein und vollständig die Gesellschaft nach Außen und leitet deren Angelegenheiten im Allgemeinen nach Maßgabe dieses Statuts und der statutenmäßigen Beschlüsse der Generalversammlung des Verwaltungsrathes«[64], hieß es. Mit dieser Gesellschaftsspitze und der im Juni 1840 gewählten Direktion und dem Verwaltungsrat ging die Gesellschaft an die Verwirklichung des Bauplans.

Mit der »Allerhöchsten Bestätigung« hörten die Eingaben gegen den Bahnbau in Berlin und Frankfurt (Oder) innerhalb der Stadt nicht auf (Bild 16). Wir kennen nicht alle Einzelheiten aus den unvollständig überlieferten Akten für Berlin. Die Widersprüche lagen im wesentlichen in der Einschränkung der Nutzung der Grundstücke, die in und bei Berlin durch die Bahn durchschnitten wurden. Aber es gab auch Auffassungen, die sich gegen den technischen Fortschritt überhaupt richteten. So schrieben Bürger aus Frankfurt (Oder) an den Landrat – natürlich anonym – u. a.: »Der tolle Plan, den Hof der Berliner Eisenbahn mitten in der hiesigen Stadt anzulegen, an dem kein vernünftiger Mensch bis jetzt hat glauben können, wirklich realisiert werden soll, so muß man mit Besorgnis fragen; wie den vielen dadurch veranlaßt werdenden Gefahren begegnet werden kann …«[65] Ironisch meinte ein anderer anonymer Einsender aus Frankfurt (Oder): »Wir, die Ochsen, Kühe und Kälber aus der Gubener-Vorstadt, haben mit tausend Schrecken erfahren, daß wir auf unserem Wege nach den jenseitigen Fluren der Oder künftig ein Hindernis zu passieren haben werden, welches Eisenbahn genannt werden soll. Auf dieser Bahn soll ein furchtbares Geschöpf sein unmenschliches We-

[63] Ebenda, S. 100f.
[64] Ebenda, S. 108
[65] StAP, Pr. Br. Rep. 3 B, Regierung Frankfurt/Oder, I. Präs., Nr. 1105, o. Bl.

sen treiben, welches von Feuer und siedendem Wasser sich nähert, und Rauch und Funken mit schrecklichem Getöse von sich gibt, welches der Teufel gezeugt und die Hölle haben soll. Wir leben deshalb in der größten Furcht und werden in unserer Herzensangst nach allen Winden entfliehen und was uns in den Weg kommt umrennen, wenn wir mit diesem Höllenthiere zusammentreffen sollten. Wir bitten daher den lieben Gott Tag und Nacht, daß er uns davor gnädig bewahren möge.«[66] Stil und Sprache sowie Anlage des Briefes lassen auf einen Befürworter der Eisenbahn schließen, der über die in den Alltagsgesprächen geäußerten Argumente seiner Mitbürger seinen Spott ausgießt.

Ähnliches – wenn auch nicht so drastisch – muß auch aus Berlin vorgelegen haben, so daß im November 1841 ein Immediatsbericht für den König zusammengestellt werden mußte, den er am 15. November erhielt. Alle Beschwerden wurden summarisch behandelt. Der Vorschlag des Innenministers zur Lösung der Probleme lautete, nur auf den Bebauungsplan Rücksicht zu nehmen, d. h. die Bahn innerhalb der Stadt so anzulegen, daß der Bebauungsplan nicht geändert zu werden brauchte. Es hatte zur Folge, daß die Streckenführung innerhalb der Stadt in ihrem Verlauf den Festlegungen dieses Plans folgen mußte. Ein vorgesehener Platz, der Platz G, mußte erhalten bleiben, d. h. umfahren werden. Bis in die Gegenwart hinein hatte sich die Anlage gemäß der Planung in ihrem Verlauf erhalten. Der Bahnkörper hat auch heute noch zwischen dem Bahnhof Warschauer Straße und dem Hauptbahnhof einen etwas geglätteten Knick. Nach Norden zu wäre der Platz G angelegt worden.

Der Immediatsbericht enthielt den sachlichen Extrakt der Eingaben und die Forderungen der Haus- und Grundbesitzer. Unter anderem hatten die Grundbesitzer ausgeführt, daß »die Concurrenz der Eisenbahn…allerhand Gesindel und Diebe dort hin(zieht)«.[67] Andere Forderungen bezogen sich darauf, daß der Dampf der Lokomotiven die Gartenkulturen zerstöre ... Der Innenminister beantwortete die Eingaben mit dem Hinweis auf die Erfahrungen bei anderen Bahnlinien. Interessant ist der Umstand, daß mehrfach in der Literatur aus diesem Bericht zitiert wird, aber immer so, als ob den Forderungen der Eingaben mit Auflagen an die Bahngesellschaft nachgekommen sei. Sie wurden jedoch durch den König am 17. November 1841 sämtlichst abgelehnt.

Am 17. Dezember folgte eine Königliche Kabinetts-Ordre, die die Lage des Bahnhofs der »Berlin-Frankfurter Eisenbahn und die derselben von da zu gebenden Richtung« genehmigte.[68] Wichtig blieb die Feststellung, daß der Bahnhof sich »dem Mittelpunkt der Stadt möglichst nähern (sollte), und sie (die Bahn, der Verf.) mit der Spree in Verbindung zu bringen« hätte.[69] Weiterhin wurde auf die Entwässerung größter Wert gelegt und die Bahn verpflichtet, Wasserdurchlässe anzulegen, deren Bau bis zum Jahre 1843 immer wieder vom Innenministerium angemahnt werden mußte. Damit waren alle Hindernisse beseitigt, der begonnene Bau der Bahnlinie konnte intensiv verfolgt werden.

Das Ergebnis der erwähnten Konferenz vom 8. März 1841 über den Standort des Bahnhofsgebäudes kann aus den Akten dieser Jahre im Detail nicht völlig rekonstruiert werden. Aus dem Schriftverkehr des Jahres 1854 ist aber zu entnehmen, daß die Gesellschaft neben den feuerpolizeilichen Auflagen und der Einhaltung der Festlegung des Bauplans weitere erhielt. Die Gesellschaft hatte die Grundstücke zwischen der Koppengasse und der Fruchtstraße sowie weitere, die sich in ungefährer Ost-West-Richtung bis auf den beschriebenen Knick in der Mühlenstraße hinzogen, aufgekauft. Der Bauplatz für den Bahnhof lag inmitten der Gärtnereien, und dieser hatte keinen direkten Zugang bzw. keine Anbindung an die bebaute Stadtfläche.

Am 26. März 1854 schrieb die Nachfolgeinstitution dieser Bahngesellschaft: »Bei Feststellung des Projekts, betreffend die Anlegung des Bahnhofs der vormaligen Berlin-Frankfurter-Eisenbahn zu Berlin innerhalb der Ringmauern der Stadt ist von der Direktion der genannten Eisenbahn-Gesellschaft die Verpflichtung übernommen worden, unter Berücksichtigung des Bebauungs-Planes von Berlin die zur Herstellung bequemer Zugänge nach dem Bahnhof nöthig werdenden neuen Straßen und Plätze auf ihre Kosten anzulegen, auch die vorhandenen unmittelbar nach dem Bahnhof führenden Straßen, wo es nöthig, zu verbreitern, und den hierzu erforderlichen Grund und Boden unentgeldlich herzugeben.

Es sind demzufolge neu angelegt worden:
1. Die Breslauer Straße zwischen der Krautsstraße und der Koppenstraße, mit einem Vorplatz zwischen Krautsstraße und Holzmarktstraße;
2. ein Platz vor dem zum Bahnhof gehörigen Haupt-Verwaltungsgebäude, welcher von der Koppenstraße durchschnitten wird und
3. zwei neue Straßen zu beiden Seiten des Bahnhofs zwischen der Koppenstraße und Fruchtstraße.

Außerdem hat die Eisenbahn-Gesellschaft das Terrain zu der nach dem Bebauungs-Plane projektierten neuen Straße zwischen dem Stralauer Platz, gegenüber der Schillingsbrücke, und der Frankfurter Straße, soweit das Eigenthum der Gesellschaft ging, liegen lassen, und endlich eine Verbreiterung der Koppenstraße von der nördlichen Grenze des Eisenbahn-Terrains bis zum Stralauer Platz und der Krautsstraße auf der Länge des an dieselben grenzenden Eisenbahn-Terrains bewirkt«.[70]

Diese Verpflichtungen kamen die Gesellschaft sehr teuer, denn sie mußte den ehemaligen Krautsgarten in seiner ganzen Ausdehnung aufkaufen und einen großen Teil dieses Terrains kostenlos an den Fiskus abtreten (Bilder 17 und 18). Die Kosten in Höhe von 36 200 Taler hoffte die Direktion durch Parzellierung von Baugrundstücken wenigstens z. T. wieder einzubringen. Nach dem Erwerb dieses großen Grundstücks mit den Baulichkeiten zog die Direktion im Frühjahr 1841 in die Gebäude Krautsgasse Nr. 30, eine alte Stahlwarenfabrik, und leitete von dort die Geschäfte.

Die »Vossische Zeitung« vom 14. Juli 1841 enthielt eine Anzeige mit der Auslobung des Abbruchs dieser und anderer Gebäude, um mit dem Bahnhofsbau und der Anlage der neuen Straße zu beginnen (Bild 20).

Nach Erteilung der Konzession und der Wahl der leitenden Gremien der Gesellschaft begann im Oktober 1840 die öffentliche Ausschreibung zum Ankauf der benötigten Materialien. Auch hier stellten sich neue Schwierigkeiten ein, deren Lösung angesichts der Bedin-

[66] Ebenda, o. Bl.
[67] ZStAM, Rep. 77, Tit., 258a, Nr. 6, Bl. 216
[68] StAB, Liegenschaftsdienst, Hypothekensache Königsstadt, Vol. 30, Nr. 2141
[69] ZStAM, Rep. 77, Tit. 258a, Nr. 6, Bl. 218f.
[70] StAB, Liegenschaftsdienst, Hypothekensache Königsstadt, Vol. 25, Nr. 1860, Bl. 100f.

gungen des damaligen Verkehrs kaum vorstellbar waren. Zunächst begann die Auslobung des Schwellenmaterials (Bild 21). Am 9. November 1840 bereits folgte die Ausschreibung wegen der Lieferung von »4 bis 5000 tons« Eisenbahnschienen (Bild 22). Niemand meldete sich, denn es gab in Preußen noch keinen Produzenten von Eisenbahnschienen in der benötigten Menge. Erst 1842 wurde voller Stolz gemeldet, daß die ersten größeren Mengen von Schienen in der Laura-Hütte hergestellt worden seien (Bild 23).

Die Eisenbahn erwies sich aufgrund ihres konstanten und großen Bedarfs als ein Motor zum Ankurbeln der preußischen Industrie. Mit ihr war insbesondere für die Berliner Industrie der Abnehmer entstanden, der es ihr erlaubte, von den noch manufakturmäßigen und handwerklichen Methoden zur kapitalistischen Großproduktion überzugehen. Es begann mit kleinen Aufträgen, denen die Betriebe bereits nachkommen konnten. So baute Borsig 1841 seine erste Lokomotive. Er war nicht der erste,

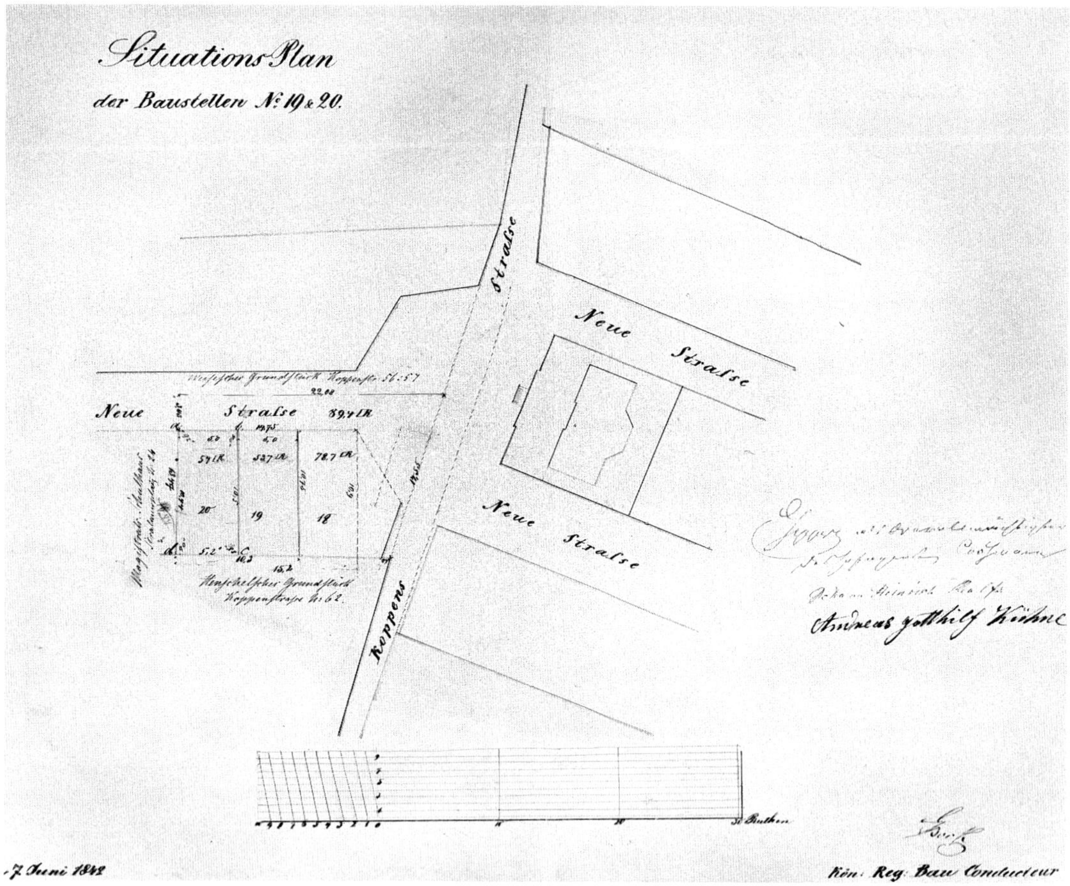

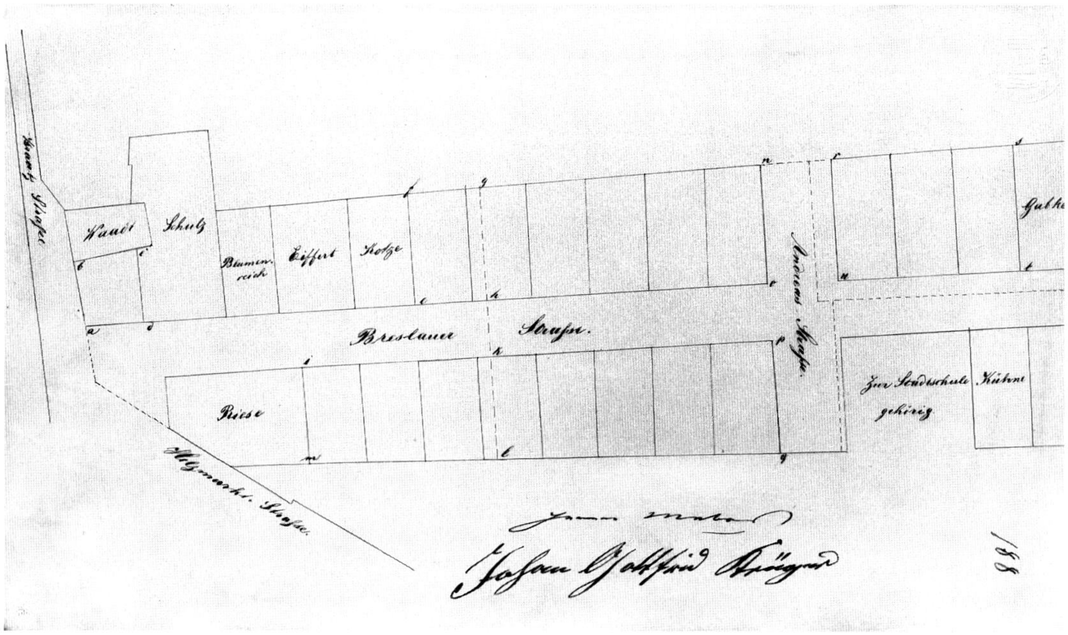

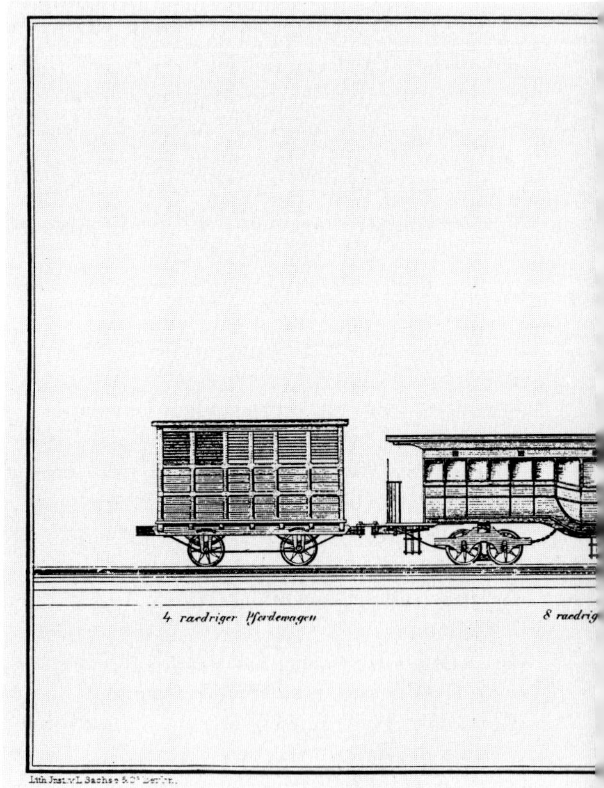

17 Situationsplan vom 7. Juni 1842 mit dem Grundriß des Kopfgebäudes des Bahnhofs und der Koppenstraße, deren neue Fluchtlinie eingetragen ist. Die alten Baulichkeiten sind vermerkt, ebenso der neu angelegte Vorplatz vor dem Bahnhof und der Verlauf der anzulegenden, späteren Breslauer Straße. (StAB)

18 Situationsplan aus dem Jahre 1853 zur Anlage der Breslauer Straße und der Andreasstraße mit dem Bahnhofsgebäude (StAB)

19 »Personen-Wagen-Zug auf der Berlin-Frankfurter Eisenbahn in ihrer größten Steigung von 1 in 114« (Beilage zum Bericht der Direktion vom 17. März 1842)

der in Berlin Lokomotiven gebaut hatte, aber seiner Firma gelang der Durchbruch.

Die Frankfurter Eisenbahngesellschaft mußte ihre Schienen noch aus dem Ausland beziehen. Sie kamen von der Fabrik GUEST LEWIS AND COMP. in Dowlais (Großbritannien). Die zu diesem Zeitpunkt in England vorhandene Überproduktion von Eisenbahnmaterial ermöglichte es auch, daß die Schienen relativ billig erworben werden konnten. Kompliziert war jedoch der Transport, der ebenfalls auf dem Wege der

Im Auftrage der Direktion der Berlin-Frankfurter Eisenbahn-Gesellschaft sollen nachstehend verzeichnete Häuser am Sonnabend den 17ten Juli 1841, Vormittags von 9 Uhr ab, an Ort und Stelle gegen gleich baare Zahlung zum Abbruch öffentlich versteigert werden, als: die Gebäude in der Koppenstraße No. 6. 7. 9. 10 und 59., in der Fruchtstr. 5 und 7. und in der Krautsgasse No. 30.
Die nähern Bedingungen sind zur Einsicht der Kauflustigen im Direktions-Büreau der Gesellschaft, Oberwallstraße No. 3. und im technischen Büreau, Krautsgasse No. 30. ausgelegt, und werden außerdem von dem unterzeichneten Commissarius im Termin mitgetheilt. Diejenigen, welche die Gebäude vorher besehen wollen, haben sich wegen des Grundstücks Krautsgasse No. 30. beim technischen Direktor Herrn Zimpel daselbst und wegen der übrigen Häuser beim Aufseher Rabenhorst, Koppenstraße 7., zu melden. Mit dem Gebäude Krautsgasse No. 30. wird der Anfang gemacht.
Resener, Königl. gerichtl. Auktions-Commissarius.

Berlin-Frankfurter Eisenbahn.
In Folge unserer Bekanntmachung vom 27sten Oktober c., betreffend die Einreichung von Submissionen auf Holzlieferungen zum Bau der Berlin-Frankfurter Eisenbahn, ist mehrseitig der Wunsch ausgesprochen worden, die mit dem 15ten d. Mts. abgelaufene Frist zu verlängern. Wir haben daher die bisher eingegangenen Submissionen uneröffnet gelassen, und wiederholen unsere Bekanntmachung, daß folgende Holzlieferungen den Mindestfordernden übertragen werden sollen:
1) circa 60,000 Stück kieferne Querschwellen à 8 Fuß lang, bestehend aus Halbholz, das am Zopfende bei 6 Zoll Stärke eine untere Schnittfläche von 13 Zoll und eine obere von 6 Zoll Breite enthält und an den Seiten mit der Baumkante versehen ist;
2) circa 300,000 lauf. Fuß kief. Langschwellen in Stücken von 24 oder 30 Fuß Länge, 6 Zoll Höhe, 2 geschnittenen Flächen oben und unten jede 9 Zoll breit am Zopf, an beiden Seiten rund mit der Baumkante.
Die näheren Bedingungen dieser ganz oder theilweise zu übernehmenden Lieferung sind in unserm Bureau, Oberwallstraße No. 3., entgegen zu nehmen, und werden darauf bezügliche versiegelte Offerten mit der Aufschrift „Submission zur Holzlieferung" spätestens bis zum 10ten December c. erbeten.
Berlin, den 17ten November 1840.
Die Direction der Berlin-Frankfurter Eisenbahngesellschaft.

Berlin-Frankfurter Eisenbahn.
Wir beabsichtigen die Lieferung von 4000 bis 5000 tons Eisenbahn-Schienen dem Mindestfordernden zu überlassen, und erwarten desfallsige schriftliche Anerbietungen versiegelt und mit der Aufschrift: „Schienenlieferung", versehen, bis spätestens den 15ten Dezember d. J. Die näheren Bedingungen sind in unserem Bureau, Oberwallstraße No. 3., entgegen zu nehmen.
Berlin, den 9ten November 1840.
Die Direktion der Berlin-Frankfurter Eisenbahn-Gesellschaft.
von Kräwel.

Eisenbahnen.
Breslau, den 18ten April. Auf dem von den Gebrüdern Oppenfeld in Berlin nach den Entwürfen des Königl. Fabriken-Commissionsraths Wedding errichteten, zu den gräflich Hugo Henkel'schen Besitzungen in Oberschlesien gehörenden Eisenhüttenwerk Laurahütte, eine Meile von Königshütte belegen, wurden in dieser Woche die ersten Eisenbahnschienen in Schlesien gewalzt. Dieselben sind vortrefflich gerathen, und hat sich herausgestellt, daß dieses Eine Werk im Stande ist, jährlich bis 130,000 Ctr. Eisenbahnschienen zu fertigen, also den ungefähren Bedarf für 15 Meilen Eisenbahnen. Ein gleiches Quantum wird ohne Zweifel von dem in der Nähe der Laurahütte belegenen, jetzt der Vollendung entgegengehenden Werke Alvenslebenhütte geliefert werden können, so daß nun endlich in den östlichen Provinzen des preußischen Staats auch hierin Unabhängigkeit vom Auslande erreicht wäre. Glück auf!

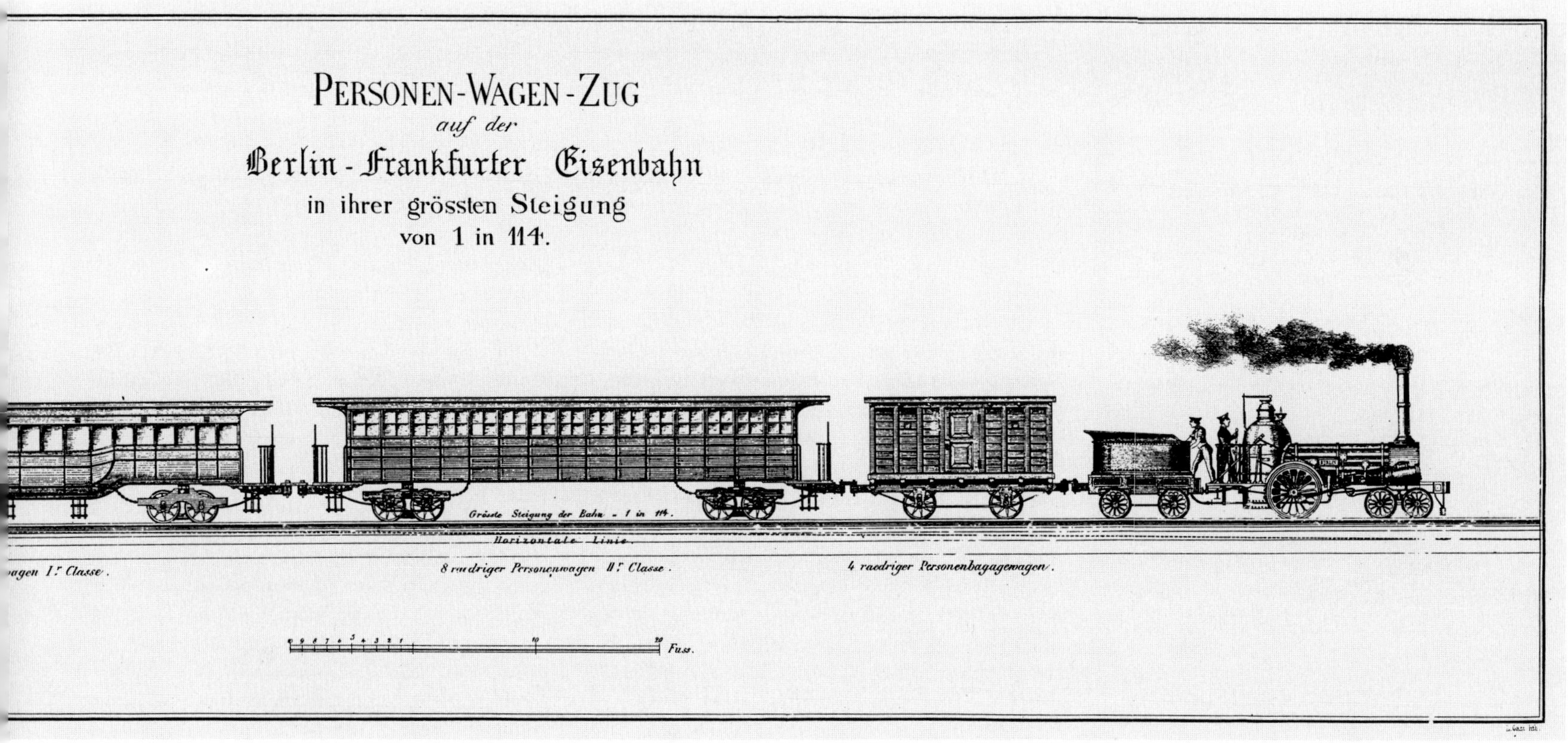

20 *Anzeige wegen des Abbruchs der Baulichkeiten auf den von der Eisenbahn für den Bahnbau erworbenen Grundstücken (aus: Vossische Zeitung)*

21 *Auslobung für die Lieferung von Schwellen für den Bau der Berlin-Frankfurter Eisenbahn vom 17. November 1840 (aus: Vossische Zeitung)*

22 *Auslobung der Lieferungsangebote für Eisenbahnschienen vom 9. November 1840 (aus: Vossische Zeitung)*

23 *Notiz in der Vossischen Zeitung vom 25. April 1842 über die Möglichkeit der Herstellung von Eisenbahnschienen*

Submission in den Zeitungen ausgelobt wurde.

Am 1. August 1841 berichtete die Direktion dem Verwaltungsrat über den Fortgang der Arbeiten. ZIMPELS Leistungen erhielten höchstes Lob, und über den Grunderwerb wurden lange Ausführungen gemacht. Zu diesem Zeitpunkt waren die notwendigen 4650 t Schienen in Cardiff gekauft und von dem Bankhaus der Gebrüder VEIT & CO. in Berlin finanziert worden. 3100 t lagerten an der Strecke bzw. waren auf dem Transport. Von den Lokomotiven nebst Tendern waren vier von der Firma NORRIS in Philadelphia geliefert worden, sie standen auf dem ehemaligen Pulvermühlengelände bzw. auf dem Berliner Packhof unter Verschluß. Zwei weitere waren von Hamburg aus unterwegs. Als Modell kamen aus Amerika »zwei achträdrige Personenwagen« sowie drei Untergestelle für Frachtwagen. Die Eisenbahn bezog ihre Ausrüstung fast vollständig aus dem Ausland, vor allem aus Amerika. Das erklärt die Konstruktion der Personen- und Güterwagen der ersten Generation, die abweichend von den anderen Gesellschaften angefertigt wurden (Bild 19). Ein Probewagen nach diesen Modellen soll nach den Berichten bereits im Sommer 1841 in Arbeit gewesen sein, d. h., die Waggons wurden in Berlin gefertigt, wahrscheinlich aber in Werkstätten auf dem Bahnhof.[71]

Mit Hochdruck und Intensität vollzogen sich die Arbeiten. Allerdings gab es noch zahlreiche langwierige Streitigkeiten wegen der Änderung des Verlaufs der Bahnlinie, und ZIMPEL bekam gehässige Denunziationen von Spekulanten – insbesondere aus Friedrichshagen –, die sich um ihren Spekulationsgewinn betrogen sahen.

Kompliziert war der Landerwerb innerhalb der Stadt auf den Grundstücken, die sich etwa von Nord nach Süd hinzogen, und auf den der Stadt bzw. Pächtern gehörenden Ländereien außerhalb der Ringmauer bis Rummelsburg (Bilder 24 und 25). Die Eisenbahn benötigte von diesen Grundstücken nur kleine Teile, die sie von den Eigentümern bzw. dem Magistrat zu erwerben gedachte. Beide verhielten sich jedoch zurückhaltend, ihre Eingaben liefen, und sie dachten nicht daran, ihre Grundstücke durch die Eisenbahn teilen zu lassen. Diese Teilung war für sie nur von Nachteil, denn ihre Häuser lagen in der Mühlenstraße, und die Bahnlinie schnitt ihre Grundstücke im oberen Drittel. Das abgeschnittene Teilstück im Norden konnten sie später nur über einen Umweg durch die »Communication« innerhalb der Ringmauer (heute: Warschauer Straße) und dann von der heutigen Marchlewskistraße aus betreten.

Auch für den Bodenerwerb bereitete die Konferenz vom 8. März 1841 die notwendigen Schritte vor. Das Eisenbahngesetz vom November 1838 sah die Besitzveränderung auf dem Wege der Enteignung vor. Am 17. Februar 1842 lag das von der Gesellschaft beantragte Enteignungs-Resolut des Polizeipräsidiums vor. Die Eigentümer mußten die von ZIMPEL abgesteckten Grundstreifen sofort an die Gesellschaft übergeben, die den Wert durch Gutachter schätzen ließ und den Gegenwert den Eigentümern in Geld aushändigen lassen wollte. In der Regel weigerten sich diese, da sie wegen des von ihnen anders veranschlagten Wertes des Bo-

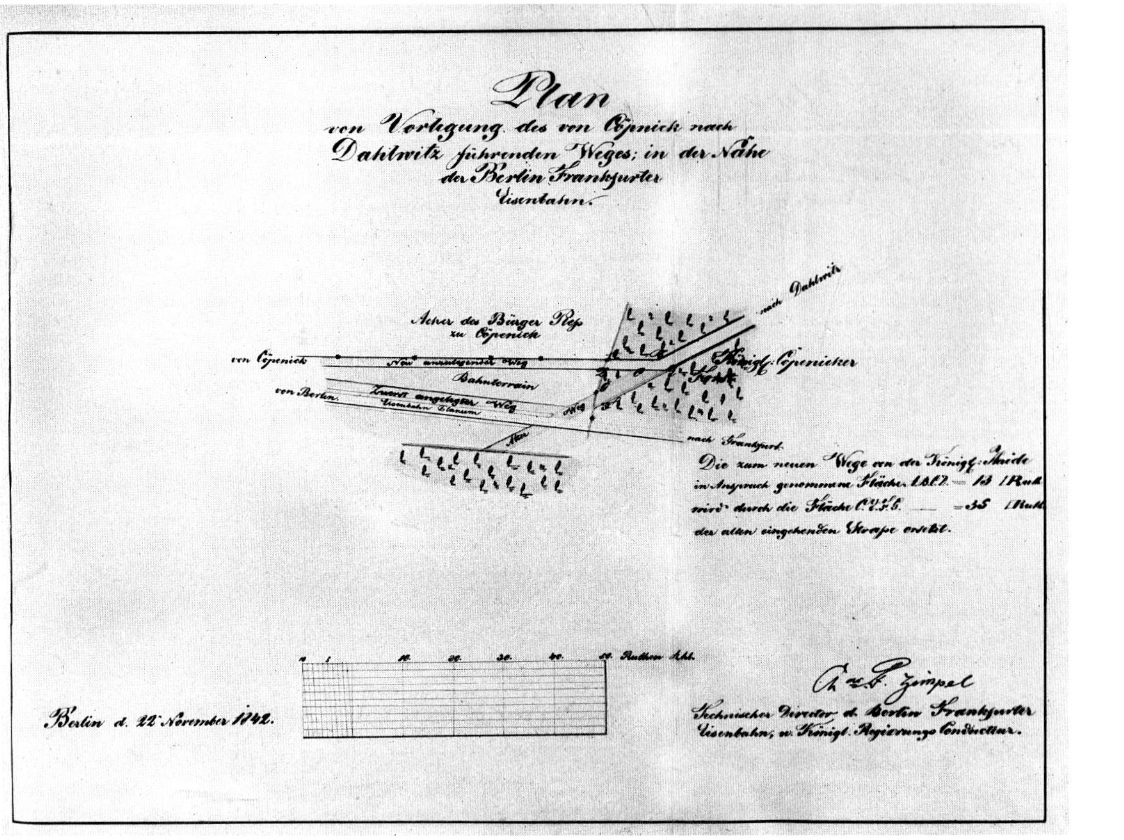

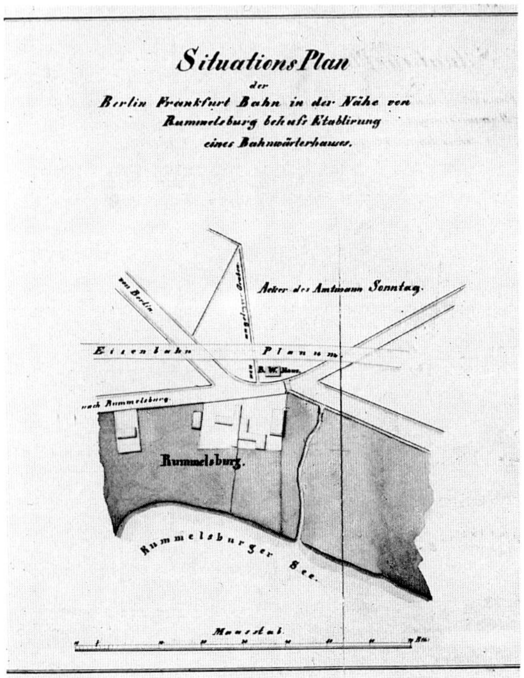

24 »Situations Plan der Berlin-Frankfurt Bahn in der Nähe von Rummelsburg behufs Etablirung eines Bahnwärterhauses« (des ersten Ansatzes zum heutigen Bahnhof Ostkreuz), aufgestellt von ZIMPEL (StAB)

25 »Plan zur Verlegung des von Cöpenick nach Dahlwitz führenden Weges in der Nähe der Berlin Frankfurter Eisenbahn« – ein Beleg für die zahlreichen Veränderungen der Verkehrsbeziehungen, die durch den Eisenbahnbau hervorgerufen wurden (StAP)

[71] Eine eindeutige Klärung ist unmöglich, obwohl in dem Maschinenhaus ab 1. Januar 1842 die Arbeit aufgenommen werden konnte. Möglicherweise – und es gibt darauf in dem angezogenen Geschäftsbericht von 1842 einen Hinweis – wurden die Werkstätten zweier noch kleiner kapitalistischer Betriebe genutzt, die von GOTTLIEB FRIEDRICH ZOLLER und die von W. PFLUG. So in dem angegebenen Bericht S. 28 und S. 30.

dens und der Unbequemlichkeiten, die ihnen entstanden, sowie aus Spekulationsgründen einen höheren Preis herausschlagen wollten. Die Bahn mußte das Geld bei der Gerichtskasse hinterlegen, und die rechtlichen Auseinandersetzungen zogen sich z. T. bis 1845/46 hin. Hinzu kamen Auseinandersetzungen mit Erben, mit denen man sich einigen mußte.[72]

Weniger kompliziert vollzog sich die Enteignung auf dem Kavelland zwischen der Warschauer Straße und Rummelsburg sowie dem Eigentum der Grundbesitzers SONNTAG. Der Magistrat mußte widerwillig das Gelände verkaufen. Er hatte in der Folge die Auseinandersetzung mit den Bürgern wegen der Senkung der Abgaben an die Kämmerei-Verwaltung zu führen. Eines aber mußte bleiben: ein Feldweg über die Eisenbahn, der über den heutigen S-Bahnhof Warschauer Straße lief. Eingaben gab es auch hier, z. B. wegen mangelhafter Entwässerung und Beeinträchtigung der Fischerei-Rechte, die sich ebenfalls bis 1845/46 hinzogen.

Der Bahnhofsbau in Berlin konnte am 1. Sep-

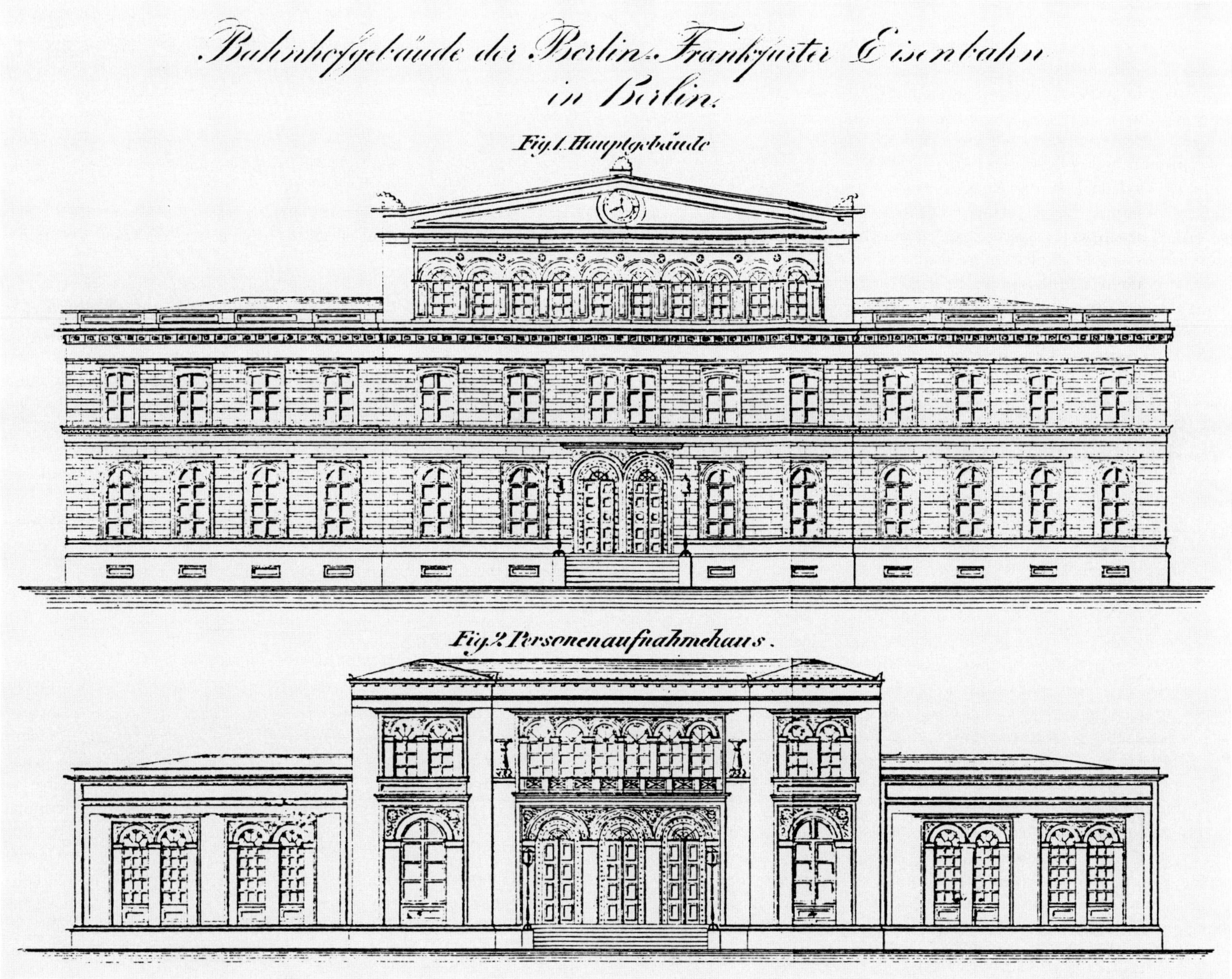

26 Hauptverwaltungsgebäude – hier als Hauptgebäude bezeichnet – und Personenaufnahmehaus der Berlin-Frankfurter Eisenbahn in Berlin (aus: Berliner Gewerbe-, Industrie- und Handelsblatt, 1841)

[72] Die benutzten Hypothekenunterlagen belegen diesen Zustand, der durch noch nicht vollzogene Separation noch komplizierter wurde.

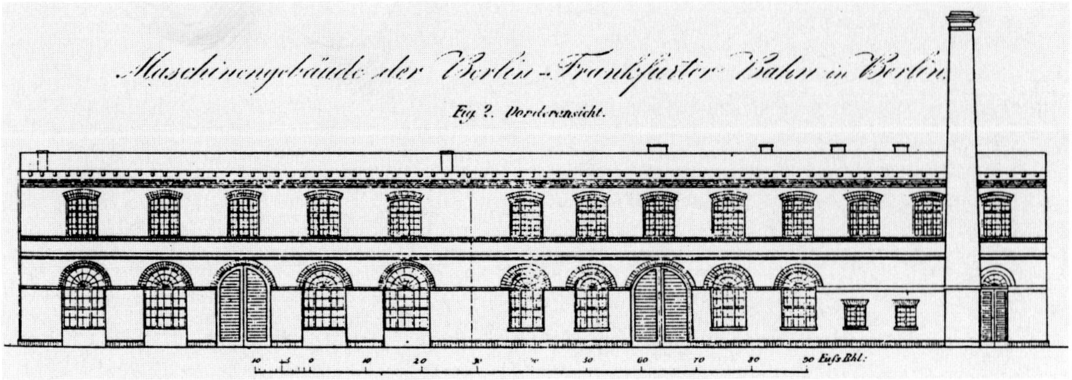

tember 1841 beginnen. Bis zum Dezember des gleichen Jahres waren fertig: das Hauptverwaltungsgebäude, die Warenremise, das Personen-Aufnahmehaus (Bild 26), der Personenwagenschuppen sowie das Maschinengebäude (Bilder 27 und 28), in dem seit dem 1. Januar 1842 gearbeitet werden konnte. Ein Lageplan (Bild 29) zeigt die Stellung der Gebäude zueinander. Die Anlage der Trasse innerhalb der Stadt konnte erst im Mai 1842 beginnen, nachdem mittels des Resolut des Polizeipräsidenten der Grund und Boden enteignet wurde.

Der Generalversammlung der Aktionäre am 30. März 1842 lag ein überaus positiver gedruckter Bericht der Direktion vor, der den Umfang der bisher geleisteten Arbeit auswies (Bild 30) und der Versammlung den Vorschlag zu unterbreiten hatte, das Aktienkapital zu erhöhen. Sachlich war der Vorschlag damit begründet, daß der technischen Seite des Bahnbaus und den dabei anfallenden Kosten – angesichts der im Vordergrund stehenden Profitinteressen – bis zum Jahre 1840 nur geringe Aufmerksamkeit geschenkt worden war und ganze Positionen fehlten. Dem Bericht lag eine Gegenüberstellung bei, die die angenommenen Kosten nach dem überschlägigen Entwurf von 1840 mit den tatsächlichen verglich (Bild 31). Es blieb die bittere Erkenntnis, daß das Aktienkapital um 600 000 Taler erhöht werden mußte, um die Strecke in Betrieb zu nehmen. Ein derartiger Beschluß wurde gefaßt, aber er war nicht statutengemäß, da nicht drei Viertel der notwendigen Stimmen anwesend waren. Eine neue, außerordentliche Generalversammlung mußte einberufen werden, die stimmfähig war. Nach dem Statut mußten nun die Staatsorgane befragt werden. Am 26. August 1842 lag ein Nachtrag zum Statut der Gesellschaft vor, der die Verausgabung von 600 000 Reichstaler Prioritäts-Aktien vorsah. Diese neuen Aktien sollten mit 4 Prozent verzinst werden. An einer Verteilung der möglicherweise anfallenden Dividende nahmen sie jedoch nicht teil. Auch hatten die Aktienbesitzer keine Stimme in der Generalversammlung. Trotzdem erhielten die Besitzer dieser Vorzugs-Aktien zahlreiche Vergünstigungen. Zum einen stand ihnen das erste Recht bei der Verzinsung zu, d. h., wenn nicht genügend Gewinn vorhanden war, mußten ihre Aktien zuerst verzinst werden. Zum zweiten bekamen sie eine Sicherheit in der Verpfändung des Grund und Bodens, auf dem die Bahn stand und der Eigentum der Gesellschaft war – eine Sperrfrist verbot den Verkauf –, und zum dritten mußten diese Aktien amortisiert werden. Beginnend mit dem 1. Juli 1845 und endend mit dem Jahre 1901 mußten die Aktien aus einem zu bildenden Amortisationsfonds von jährlich 3000 Talern zum Nennwert zurückgekauft werden.[73] Die Nummern der zurückzukaufenden Aktien wurden durch Los bestimmt.

Ebenso wie das Statut wurden dieser Nachtrag und die »Allerhöchste Bestätigungs-Ur-

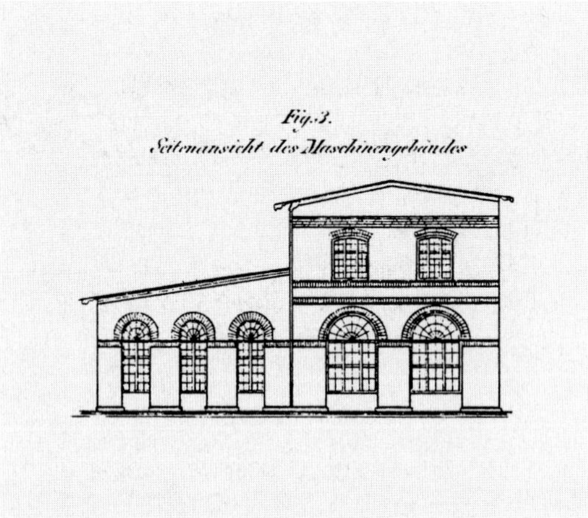

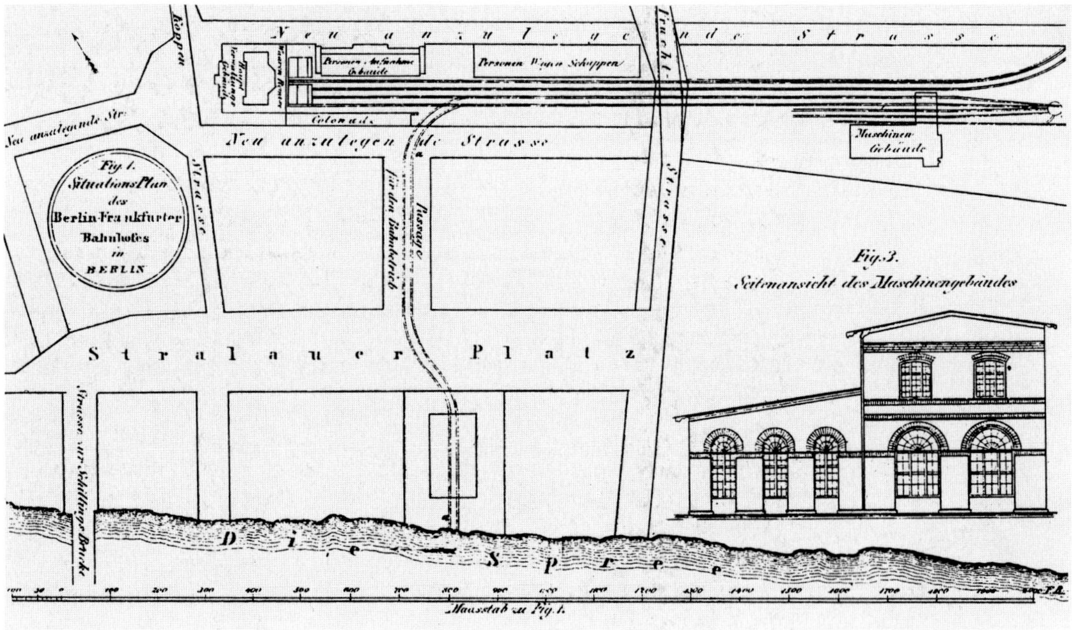

27 Maschinengebäude der Berlin-Frankfurter Bahn in Berlin (ebenda)
28 Seitenansicht des Maschinengebäudes (ebenda)
29 Situationsplan des Frankfurter Bahnhofs in Berlin (ebenda)

[73] Gesetzessammlung für die Königlichen Preußischen Staaten. –1842. – S. 302

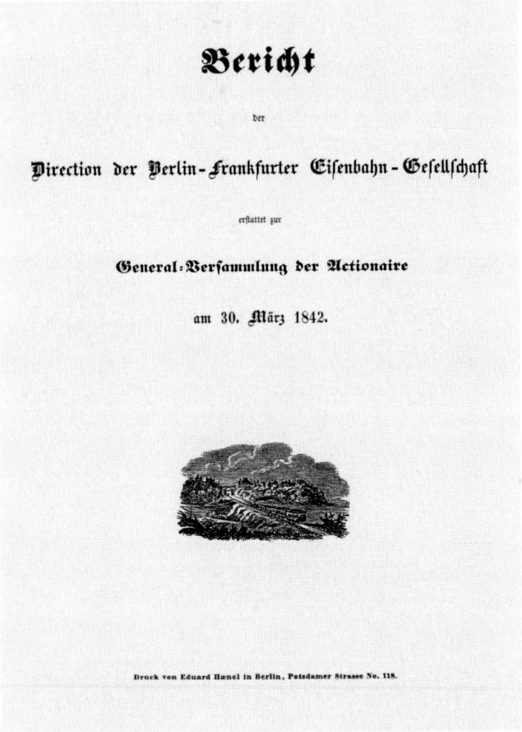
Bericht

der

Direction der Berlin-Frankfurter Eisenbahn-Gesellschaft

erstattet zur

General-Versammlung der Actionaire

am 30. März 1842.

Druck von Eduard Hænel in Berlin, Potsdamer Strasse No. 118.

№.	Gegenstand.	Geldbetrag nach dem früheren überschläglichen Entwurf.			Geldbetrag der bei der Ausführung gebraucht wird.			mehr als nach dem alten Project.			weniger		
		Rt.	Sgr.	Pf.	Rt.	Sgr.	Pf.	Rt.	Sgr.	Pf.	Rt.	Sgr.	Pf.
1	Grunderwerb	181,055	—	—	335,586	28	1	154,531	28	1	—	—	—
2	Erdbewegung	320,270	—	—	328,672	—	—	8,402	—	—	—	—	—
3	Brücken, Durchlässe und Viaducte	40,200	—	—	95,622	11	1	55,422	11	1	—	—	—
4	Fundamentirung	—	—	—	65,997	15	—	65,997	15	—	—	—	—
5	Oberbau, umfassend Holzunterlagen und Schienen mit deren Befestigungsmittel	866,962	—	9	687,104	10	4	—	—	—	179,857	20	5
6	Ausweichungsvorrichtungen	6,000	—	—	5,500	—	—	—	—	—	500	—	—
7	Barrièren und Uebergänge	21,000	—	—	45,041	15	4	24,041	15	4	—	—	—
8	Signale, Telegraphen ꝛc.	—	—	—	8,000	—	—	8,000	—	—	—	—	—
9	Abtheilungszeichen	—	—	—	1,479	5	—	1,479	5	—	—	—	—
10	Einfriedigung der Bahn	—	—	—	4,000	—	—	4,000	—	—	—	—	—
11	Stationsplätze:												
	a) in Berlin	83,300	—	—	232,449	7	3	149,149	7	3	—	—	—
	b) „ Frankfurt	84,400	—	—	77,107	—	—	—	—	—	7,293	—	—
	c) „ Fürstenwalde	27,000	—	—	16,621	29	6	—	—	—	10,378	—	6
	d) „ Cöpenick				12,004	9	3						
	e) „ Erkner				11,729	27	7						
	f) „ Briesen	5,960	—	—	9,850	—	—	37,075	5	10	—	—	—
	g) „ Hangelsberg				4,726	13	2						
	h) „ Rosengarten				4,724	15	10						
12	Bahnwärterhäuser	21,000	—	—	15,248	14	—	—	—	—	5,751	16	—
13	Bahnwärterbuden	4,500	—	—	5,306	20	10	806	20	10	—	—	—
14	Transportmittel:												
	Locomotiven	214,500	—	—	144,076	18	5	—	—	—	70,423	11	7
	Personenwagen	28,000	—	—	72,638	7	6	44,638	7	6	—	—	—
	Güter- oder Frachtwagen	57,600	—	—	60,127	—	—	2,527	—	—	—	—	—
	Viehwagen	9,600	—	—	12,100	—	—	2,500	—	—	—	—	—
	Pferde-, Equipage- und Bagagewagen	8,000	—	—	14,665	—	—	6,665	—	—	—	—	—
	Leiterwagen	600	—	—	—	—	—	—	—	—	600	—	—
	Pferde	17,640	—	—	—	—	—	—	—	—	17,640	—	—
15	Drehscheiben und Schiebeplattformen	9,000	—	—	25,800	—	—	16,800	—	—	—	—	—
16	Inventarien der Büreaux	—	—	—	14,266	6	4	14,266	6	4	—	—	—
17	Technische Bauleitung	62,900	—	—	70,129	19	2	36,238	22	2	—	—	—
18	Administrationskosten				29,009	3	—						
19	Zinsen der Actien	104,779	—	6	130,645	20	—	25,866	19	6	—	—	—
20	Insgemein worunter Uniformen	23,000	—	—	44,916	20	—	21,916	20	—	—	—	—
21	Einrichtung der Werkstätten	3,100	—	—	—	—	—	—	—	—	3,100	—	—
22	Innere Ausstattung der Gebäude	—	—	—	5,000	—	—	5,000	—	—	—	—	—
	Summa	2,200,366	1	3	2,590,146	16	8	685,324	3	11	295,443	18	6
	Von der Mehrausgabe von	—	—	—	—	—	—	685,324	3	11	—	—	—
	die Minderausgabe abgerechnet	—	—	—	—	—	—	295,543	18	6	—	—	—
	bleibt Mehrausgabe	—	—	—	—	—	—	389,780	15	5	—	—	—

Daß durch die Unzuverlässigkeit und bloße Schätzung sämmtlicher Ansätze im überschläglichen Entwurfe, diese Mehrausgabe motivirt ist, ergiebt sich aus Nachstehendem:

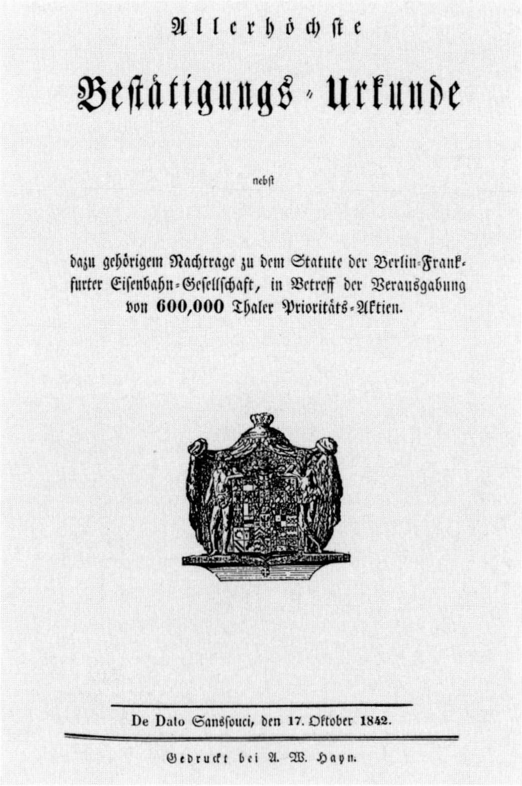
Allerhöchste

Bestätigungs-Urkunde

nebst

dazu gehörigem Nachtrage zu dem Statute der Berlin-Frankfurter Eisenbahn-Gesellschaft, in Betreff der Verausgabung von 600,000 Thaler Prioritäts-Aktien.

De Dato Sanssouci, den 17. Oktober 1842.

Gedruckt bei A. W. Hayn.

kunde vom 17. Oktober 1842« in der »Gesetzes-Sammlung« sowie durch eine besonders gestaltete Urkunde bekanntgegeben (Bild 32). Dem Nachtrag war ein Muster der Aktien und der Zinskupons beigefügt (Bilder 33 und 36). Da die Aktien im allgemeinen bei der Einlösung unter juristischer Aufsicht verbrannt wurden, gehören so frühe Wertpapiere kaum zu den überlieferten Dokumenten, so daß selbst ihre Muster kulturgeschichtlichen Wert besitzen.

Nach Beseitigung dieses letzten Hindernisses konnte der Betrieb auf der neuen Eisenbahnlinie am 23. Oktober 1842 eröffnet werden. Die

30 Titelblatt »Bericht der Direction der Berlin-Frankfurter Eisenbahn-Gesellschaft erstattet zur Generalversammlung der Actionäire am 30. März 1842« (Ratsb.)

31 Gegenüberstellung der Kosten nach dem überschlägigen Entwurf von 1840 und der tatsächlich gebrauchten Mittel (Ratsb.)

32 Titelblatt »Allerhöchste Bestätigungs-Urkunde ...« vom 17. Oktober 1842 (ZStAM)

PRIORITÆTS-ACTIE
DER
Berlin-Frankfurter-Eisenbahn-Gesellschaft

Jeder Actie sind 20 Coupons auf 10 Jahre beigegeben.

№ […]

Wegen Erneuerung der Coupons nach Ablauf von 10 Jahren erfolgen jedesmal besondere Bekanntmachungen.

über

100 Thaler Preuss: Courr:

Inhaber dieser Actie hat auf Höhe des obigen Betrages von Ein-Hundert Thaler Preuss: Courr: Antheil an dem in Gemäfsheit Allerhöchster Genehmigung und nach den Bestimmungen des umstehenden Planes und Bedingungen emittirten Capitale von Sechs Hundert Tausend Thalern Prioritats-Actien der Berlin-Frankfurter-Eisenbahn-Gesellschaft.

Berlin, den 1. September 1842.

Die Direction der Berlin-Frankfurter-Eisenbahn-Gesellschaft.
Carl Treu. Herrmann Henoch. Schüttler. Jacob. Liebert.
(Stempel.)

Der Rendant

Eingetragen
im Actienbuche Fol: […]
(Namen)

Prioritäts-Actie der Berlin-Frankfurter-Eisenbahn-Gesellschaft.

Prioritäts-Actie
der
Berlin-Frankfurter-Eisenbahn-Gesellsch.
№ […]
Angefertigt am
Eingetragen Fol. […]
Beigegeben
Zwanzig Coupons.

Berlin-Frankfurter Eisenbahn.

Betriebs-Reglement.

Druck von E. Hänel in Berlin.

Formular Nr. 125.

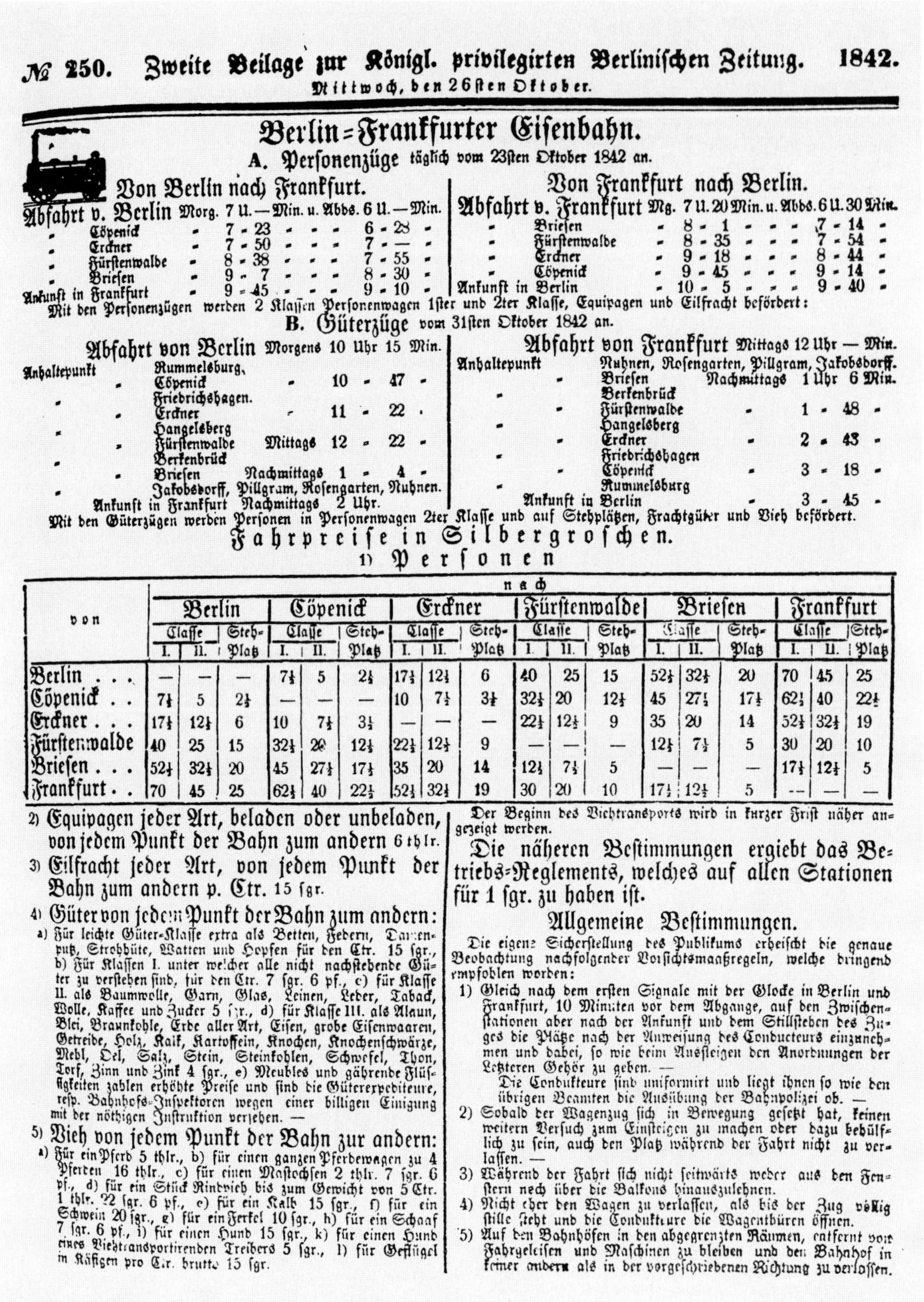

№ 250. Zweite Beilage zur Königl. privilegirten Berlinischen Zeitung. 1842.
Mittwoch, den 26sten Oktober.

Berlin=Frankfurter Eisenbahn.

A. Personenzüge täglich vom 23sten Oktober 1842 an.

Von Berlin nach Frankfurt.
Abfahrt v. Berlin Morg. 7 U. — Min. u. Abds. 6 U. — Min.
" Cöpenick " 7 - 23 " " " 6 - 28 "
" Erckner " 7 - 50 " " " 7 - — "
" Fürstenwalde " 8 - 38 " " " 7 - 55 "
" Briesen " 9 - 7 " " " 8 - 30 "
Ankunft in Frankfurt " 9 - 45 " " " 9 - 10 "

Von Frankfurt nach Berlin.
Abfahrt v. Frankfurt Mg. 7 U. 20 Min. u. Abds. 6 U. 30 Min.
" Briesen " 8 - 1 " " " 7 - 14 "
" Fürstenwalde " 8 - 35 " " " 7 - 54 "
" Erckner " 9 - 18 " " " 8 - 44 "
" Cöpenick " 9 - 45 " " " 9 - 14 "
Ankunft in Berlin " 10 - 5 " " " 9 - 40 "

Mit den Personenzügen werden 2 Klassen Personenwagen 1ster und 2ter Klasse, Equipagen und Eilfracht befördert:

B. Güterzüge vom 31sten Oktober 1842 an.

Abfahrt von Berlin Morgens 10 Uhr 15 Min.
Anhaltepunkt Rummelsburg,
" Cöpenick " 10 - 47 "
" Friedrichshagen.
" Erckner " 11 - 22 "
" Hangelsberg
" Fürstenwalde Mittags 12 - 22 "
" Berkenbrück
" Briesen Nachmittags 1 - 4 "
" Jakobsdorff, Pillgram, Rosengarten, Nuhnen.
Ankunft in Frankfurt Nachmittags 2 Uhr.

Abfahrt von Frankfurt Mittags 12 Uhr — Min.
Anhaltepunkt Nuhnen, Rosengarten, Pillgram, Jakobsdorff.
" Briesen Nachmittags 1 Uhr 6 Min.
" Berkenbrück
" Fürstenwalde " 1 - 48 "
" Hangelsberg
" Erckner " 2 - 43 "
" Friedrichshagen
" Cöpenick " 3 - 18 "
" Rummelsburg
Ankunft in Berlin " 3 - 45 "

Mit den Güterzügen werden Personen in Personenwagen 2ter Klasse und auf Stehplätzen, Frachtgüter und Vieh befördert.

Fahrpreise in Silbergroschen.

1) Personen

von	nach Berlin Classe I.	Berlin Classe II.	Berlin Steh-Platz	Cöpenick Classe I.	Cöpenick Classe II.	Cöpenick Steh-Platz	Erckner Classe I.	Erckner Classe II.	Erckner Steh-Platz	Fürstenwalde Classe I.	Fürstenwalde Classe II.	Fürstenwalde Steh-Platz	Briesen Classe I.	Briesen Classe II.	Briesen Steh-Platz	Frankfurt Classe I.	Frankfurt Classe II.	Frankfurt Steh-Platz
Berlin . . .	—	—	—	7½	5	2½	17½	12½	6	40	25	15	52½	32½	20	70	45	25
Cöpenick . .	7½	5	2½	—	—	—	10	7½	3½	32½	20	12½	45	27½	17½	62½	40	22½
Erckner . . .	17½	12½	6	10	7½	3½	—	—	—	22½	12½	9	35	20	14	52½	32½	19
Fürstenwalde	40	25	15	32½	20	12½	22½	12½	9	—	—	—	12½	7½	5	30	20	10
Briesen . . .	52½	32½	20	45	27½	17½	35	20	14	12½	7½	5	—	—	—	17½	12½	5
Frankfurt . .	70	45	25	62½	40	22½	52½	32½	19	30	20	10	17½	12½	5	—	—	—

2) Equipagen jeder Art, beladen oder unbeladen, von jedem Punkt der Bahn zum andern 6 thlr.

3) Eilfracht jeder Art, von jedem Punkt der Bahn zum andern p. Ctr. 15 sgr.

4) Güter von jedem Punkt der Bahn zum andern:
a) Für leichte Güter-Klasse extra als Betten, Federn, Damenputz, Strohhüte, Watten und Hopfen für den Ctr. 15 sgr., b) Für Klassen I. unter welcher alle nicht nachstehende Güter zu verstehen sind, für den Ctr. 7 sgr. 6 pf., c) für Klasse II. als Baumwolle, Garn, Glas, Leinen, Leder, Taback, Wolle, Kaffee und Zucker 5 sgr., d) für Klasse III. als Alaun, Blei, Braunkohle, Erde aller Art, Eisen, grobe Eisenwaaren, Getreide, Holz, Kalk, Kartoffeln, Knochen, Knochenschwärze, Mehl, Oel, Salz, Stein, Steinkohlen, Schwefel, Thon, Torf, Zinn und Zink 4 sgr., e) Meubles und gährende Flüssigkeiten zahlen erhöhte Preise und sind die Güterexpediteure, resp. Bahnhofs-Inspektoren wegen einer billigen Einigung mit der nöthigen Instruktion versehen. —

5) Vieh von jedem Punkt der Bahn zur andern:
a) Für ein Pferd 5 thlr., b) für einen ganzen Pferdewagen zu 4 Pferden 16 thlr., c) für einen Mastochsen 2 thlr. 7 sgr. 6 pf., d) für ein Stück Rindvieh bis zum Gewicht von 5 Ctr. 1 thlr. 22 sgr. 6 pf., e) für ein Kalb 15 sgr., f) für ein Schwein 20 sgr., g) für ein Ferkel 10 sgr., h) für ein Schaaf 7 sgr. 6 pf., i) für einen Hund 15 sgr., k) für einen Hund eines Viehtransportirenden Treibers 5 sgr., l) für Geflügel in Käfigen pro Ctr. brutto 15 sgr.

Der Beginn des Viehtransports wird in kurzer Frist näher angezeigt werden.

Die näheren Bestimmungen ergiebt das Betriebs=Reglements, welches auf allen Stationen für 1 sgr. zu haben ist.

Allgemeine Bestimmungen.

Die eigene Sicherstellung des Publikums erheischt die genaue Beobachtung nachfolgender Vorsichtsmaaßregeln, welche dringend empfohlen worden:

1) Gleich nach dem ersten Signale mit der Glocke in Berlin und Frankfurt, 10 Minuten vor dem Abgange, auf den Zwischenstationen aber nach der Ankunft und dem Stillstehen des Zuges die Plätze nach der Anweisung des Conducteurs einzunehmen und dabei, so wie beim Aussteigen den Anordnungen der Letzteren Gehör zu geben. —
Die Condukteure sind uniformirt und liegt ihnen so wie den übrigen Beamten die Ausübung der Bahnpolizei ob. —
2) Sobald der Wagenzug sich in Bewegung gesetzt hat, keinen weitern Versuch zum Einsteigen zu machen oder dazu behülflich zu sein, auch den Platz während der Fahrt nicht zu verlassen. —
3) Während der Fahrt sich nicht seitwärts weder aus den Fenstern noch über die Balkons hinauszulehnen.
4) Nicht eher den Wagen zu verlassen, als bis der Zug völlig stille steht und die Condukteure die Wagenthüren öffnen.
5) Auf den Bahnhöfen in den abgegrenzten Räumen, entfernt vom Fahrgeleisen und Maschinen zu bleiben und den Bahnhof in keiner andern als in der vorgeschriebenen Richtung zu verlassen.

33 Muster der »Prioritaets-Actie der Berlin-Frankfurter Eisenbahn-Gesellschaft« vom 1. September 1842 (Ratsb.)

34 Titelblatt des ersten Betriebs-Reglements der Berlin-Frankfurter Eisenbahn vom 21. Oktober 1842 (Ratsb.)

35 Fahrplan der Berlin-Frankfurter Eisenbahn für die Personenzüge ab 23. Oktober 1842 (aus: Vossische Zeitung)

Erster Zins-Coupon
der Berlin-Frankfurter-Eisenbahn-Prioritäts-Actie
№

Zahlbar am 1. Juli 1843.

Inhaber dieses empfängt am 1. Juli 1843 die Zinsen der oben benannten Prioritäts-Actie über 100 Thaler mit Zwei Thaler.

Berlin, den 1. September 1842.

Die Direction etc.

§ 3. des Plans.

Eingetragen im Couponbuche
№

u. s. f. 1. Januar 1844 etc. etc.

Tageszeitungen veröffentlichten den ersten Fahrplan (Bild 35), das erste Betriebs-Reglement (Bild 34) und Angaben zu den Fahrpreisen. Als Dinge des täglichen Gebrauchs, denen kein historischer oder kulturgeschichtlicher Wert beigemessen wurde, hat sich von den Unterlagen dieser Bahngesellschaft wenig erhalten. Um so wertvoller ist das wenige Überlieferte. Dazu gehört z. B. ein auf den Bahnhöfen ausgehängtes Plakat mit den Preisen der Fahrt auf der Bahn (Bild 37).

Nach 1843 wurden die Bahnhöfe in Berlin und Köpenick auch Gegenstand der Kunst. Zwei Zeichnungen zeigen den Frankfurter Eisenbahnhof in Berlin (Bilder 38 und 39), und ein Aquarell aus dem Jahre 1845 stellt den Bahnhof in Köpenick (Bild 40) dar. Diese Blätter sind für die Nachwelt außerordentlich wertvoll, denn es sind gegenwärtig die einzigen bisher bekanntgewordenen Abbildungen der aufrecht stehenden Architektur dieser Eisenbahn-Anlage.

Fahrpreise

nach

von	Berlin						Cöpnick					
	Classe						Classe					
	I.		II.		III.		I.		II.		III.	
	Rth.	Sgr.	Rth.	Sgr.	Rth.	Sgr.	Rth.	Sgr.	Rth.	Sgr.	Rth.	Sgr.
Berlin	—	—	—	—	—	—	—	12½	—	7½	—	4
Cöpnick	—	12½	—	7½	—	4	—	—	—	—	—	—
Erkner	—	27½	—	17½	—	10	—	15	—	10	—	6
Fürstenwalde	1	22½	1	2½	—	20	1	10	—	25	—	16
Briesen	2	10	1	12½	—	25	1	27½	1	5	—	21
Frankfurt	3	—	1	25	1	2½	2	17½	1	17½	—	28½

von	Erkner						Fürstenwalde					
	Classe						Classe					
	I.		II.		III.		I.		II.		III.	
	Rth.	Sgr.	Rth.	Sgr.	Rth.	Sgr.	Rth.	Sgr.	Rth.	Sgr.	Rth.	Sgr.
Berlin	—	27½	—	17½	—	10	1	22½	1	2½	—	20
Cöpnick	—	15	—	10	—	6	1	10	—	25	—	16
Erkner	—	—	—	—	—	—	—	25	—	15	—	10
Fürstenwalde	—	25	—	15	—	10	—	—	—	—	—	—
Briesen	1	12½	—	25	—	15	—	17½	—	10	—	5
Frankfurt	2	2½	1	7½	—	22½	1	7½	—	22½	—	12½

von	Briesen						Frankfurt					
	Classe						Classe					
	I.		II.		III.		I.		II.		III.	
	Rth.	Sgr.	Rth.	Sgr.	Rth.	Sgr.	Rth.	Sgr.	Rth.	Sgr.	Rth.	Sgr.
Berlin	2	10	1	12½	—	25	3	—	1	25	1	2½
Cöpnick	1	27½	1	5	—	21	2	17½	1	17½	—	28½
Erkner	1	12½	—	25	—	15	2	2½	1	7½	—	22½
Fürstenwalde	—	17½	—	10	—	5	1	7½	—	22½	—	12½
Briesen	—	—	—	—	—	—	—	20	—	12½	—	7½
Frankfurt	—	20	—	12½	—	7½	—	—	—	—	—	—

36 »Erster Zins-Coupon der Berlin-Frankfurter Eisenbahn-Prioritaets-Actie« vom 1. September 1842 (Ratsb.)

37 Aushang auf den Bahnhöfen mit den Fahrpreisen auf der Berlin-Frankfurter Eisenbahn (StAP)

38 Ansicht des Frankfurter Bahnhofs in Berlin, Lithografie von W. Loeillot nach einer Zeichnung von Hintze (1843). Deutlich erkennbar sind das Hauptverwaltungsgebäude, der Ansatz der Kolonnade, das Personenaufnahmehaus und die Wagenremise. Die Bauten im Hintergrund und südlich des Bahnhofs sind Phantasiegebilde. (MM)

39 »Berlin-Frankfurter Eisenbahn-Hof« – Stahlstich von Hans Fincke nach W. Loeillot (1843). Links im Bild das Personenaufnahmehaus, rechts die Rückfront des Hauptverwaltungsgebäudes. (MM)

40 Der Bahnhof in Köpenick – Aquarell von Leopold Zielke (1845) (MM)

Neue Planungen

Zu der Ansicht des Hauptverwaltungsgebäudes gehört ein weiteres Bild, das einen sehr detaillierten Lageplan der gesamten Anlage und seiner Umgebung aus dem Jahre 1843 zeigt (Bild 41). Hier werden Funktionen und Beziehung der einzelnen Teile der Anlage zueinander deutlich. Der Lageplan belegt auch – im Vergleich mit den älteren Stadtplänen –, welchen Wandlungen dieses Stadtgebiet durch die Eisenbahn unterlag. Die »Neu anzulegende Straße«, die spätere Breslauer Straße, schuf eine Zufahrt zum Bahnhof, und ein kleiner Vorplatz lag vor dem Hauptverwaltungsgebäude. Baustellen waren in den drei oben beschriebenen Straßen abgesteckt, aber sie verkauften sich nur langsam. Im Norden des Bahnhofs sollte die eine der drei neu entstandenen Straßen über die Fruchtstraße hinaus – entlang der Bahnlinie – verlängert werden. Der Anschluß der Gleisanlage zu einem Packhof an der Spree über den Stralauer Platz deutete eine Erweiterung des Bahnhofs an, dessen Struktur auf dem Plan deutlich erkennbar ist. Einschneidend für den Verkehr der Stadt war die Tatsache, daß die Fruchtstraße zwischen den westlichen und östlichen Teilen des Bahnhofs lag und so die Lokomotiven bei ihren Rangierfahrten die Straße passieren mußten. Überliefert ist die Festlegung des Polizeipräsidiums, daß »zu den Probierfahrten der Lokomotive, die zeitig vor dem Abgang des Zuges vorgenommen werden müssen, um die Überzeugung zu gewinnen, daß sie zum Abfahren tauglich sei« die Überfahrt über die Fruchtstraße nicht benutzt werden durfte.[74]

Nicht auf dem Plan enthalten und in seinem Standort nachgewiesen ist das Frankfurter Eisenbahntor. Die Bahnstrecke durchschnitt die Akzise- oder Stadtmauer direkt unter der heutigen Warschauer Brücke. An dem Durchbruch

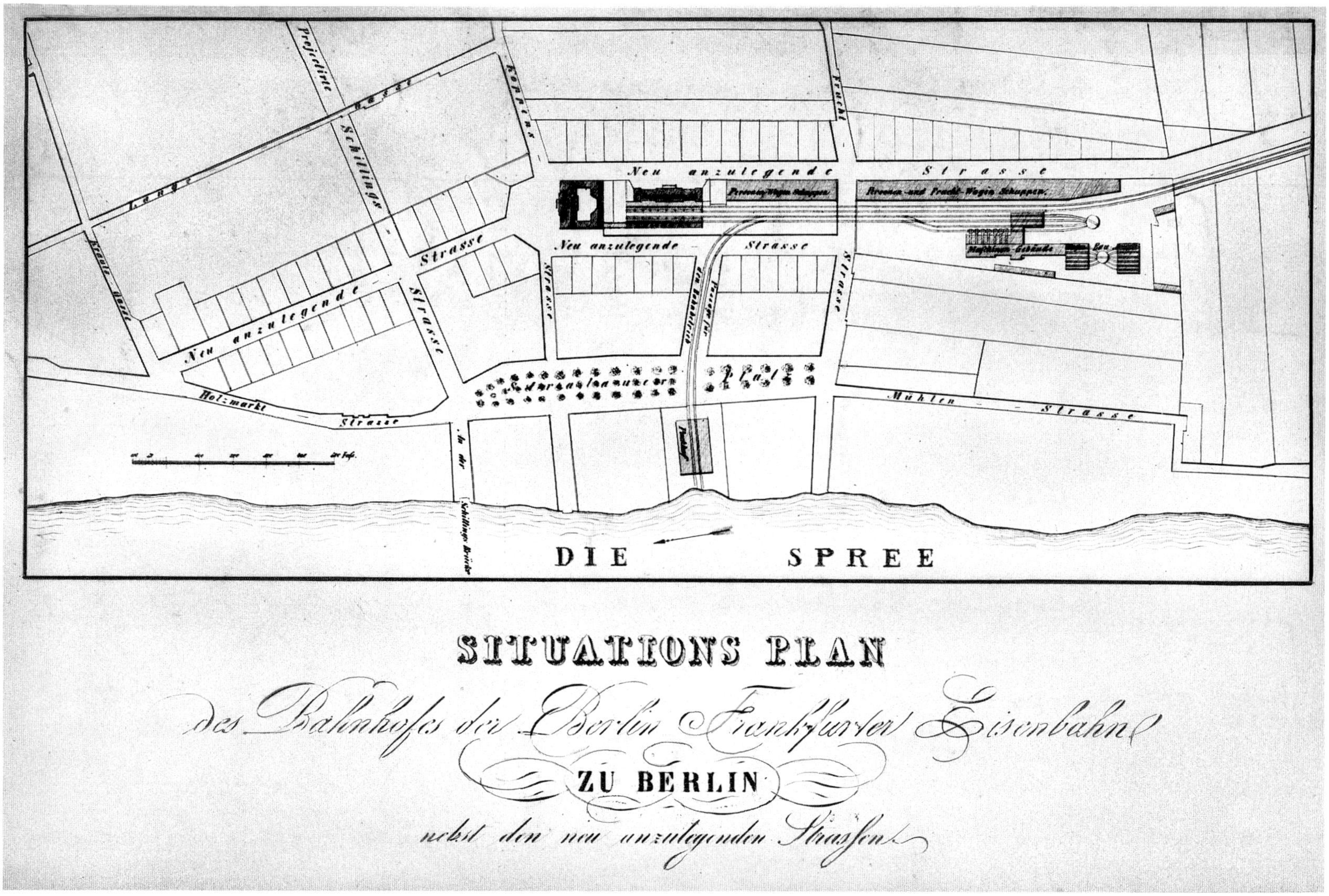

41 Situationsplan des Frankfurter Bahnhofs in Berlin (MM)

[74] Zitiert nach: Berger, M.: Historische Bahnhofsbauten I. – Berlin, 1980. – S. 167

durch die Stadtmauer hatte ein Tor mit einem Kontrollgebäude einschließlich Beamtenwohnhaus auf Kosten der Bahn für eine dort einzurichtende Zollstation zu entstehen. Das Gebäude kam nördlich des Tores, innerhalb der Stadt zur Aufstellung.

Diese Anlagen zogen eine Veränderung der Bebauungsplanung des Stralauer Viertels nach sich, die von LENNÉ vorzunehmen war. Die Anlage des Bahnhofs – und das ist vielleicht das Kuriose – ermöglichte es, die geplante Straße, die spätere Andreasstraße, überhaupt erst anzulegen. In keiner Weise hatte der bereits beschriebene große Planungsansatz von LENNÉ Folgerungen gehabt. Sie traten erst mit dem Bahnbau und der kostenlosen Überlassung von Straßenland an den Fiskus durch die Eisenbahngesellschaft ein. LENNÉ bekam so die Möglichkeit, das Stralauer Viertel an die Planung des Cöpenicker Feldes (heute zum Verwaltungsbezirk Kreuzberg gehörig) anzubinden und seinen geplanten Ring der Grünzüge zu beginnen. Die Straße X erhielt nun, ausgehend von der Schillingbrücke an der Spree, ihren geraden Verlauf über den Stralauer Platz bis zum Andreasplatz. Von da aus führte eine weitere Straße nach Osten (Grüner Weg genannt, heute Paul-Singer-Straße) auf einen Platz zu, den Platz D aus der Planung von SCHMID (später Küstriner Platz, heute Franz-Mehring-Platz). Von da aus – so belegt es der Plan (Bild 42) – sollte entlang der Fruchtstraße der Grünzug nach Norden verlaufen. Die Straßen wurden zwar angelegt, aber ein Grünzug wurden sie nie.

Völlig unberücksichtigt von jedem Planungsansatz blieb das Gelände östlich und nördlich der Bahnanlage. Seine Neugestaltung nahm LENNÉ in den im Februar 1843 vorgelegten Plan der »Schmuck- und Bauanlagen der Residenz Berlin« auf. Hier wurde die am Platz D ankommende Straße weiter nach Osten gezogen und von einem großzügig geplanten, aber nie ausgeführten Park unterbrochen. Als weitere Neuerung zogen sich zwei Straßen in der Nord-

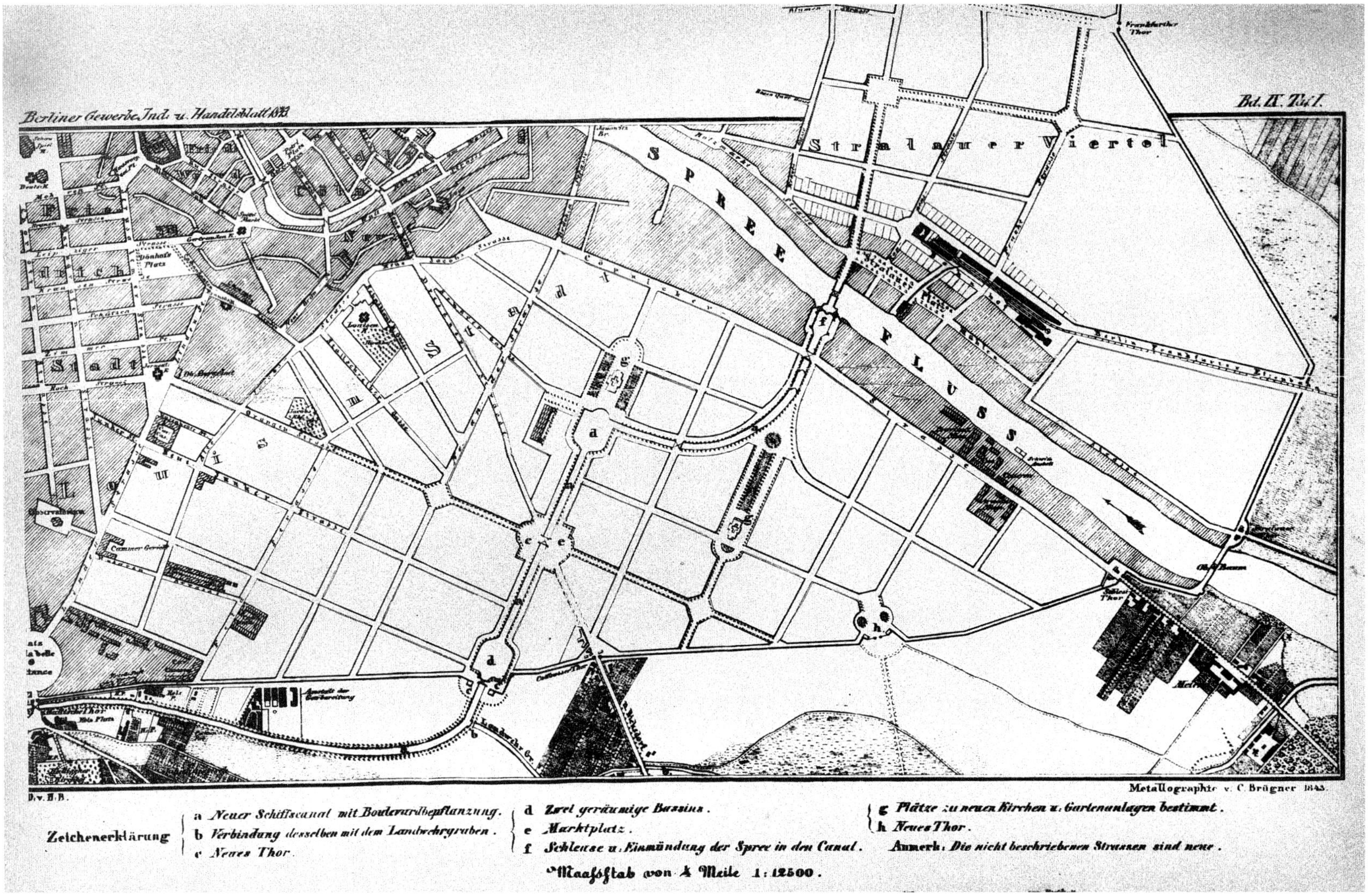

42 »Bebauungsplan des Cöpenicker Feldes zu Berlin« – von JOSEF PETER LENNÉ (aus: Berliner Gewerbe-, Industrie- und Handelsblatt, 1842)

Süd-Richtung über das bisher umgestaltete Gelände. Der lieblose und trockene Entwurf erhielt seine königliche Bestätigung, und jede weitere Baumaßnahme hatte sich an dieser Planungsidee zu orientieren. Den Grundbesitzern wurde mitgeteilt, daß die Straßen geplant seien und sie das Land nur noch eingeschränkt nutzen könnten. Konsequenzen hatte auch dieser Vorschlag nicht, die ergaben sich erst aus der weiteren Entwicklung der Eisenbahn.

Bilanz und Vergleich

Am 15. April 1844 versammelten sich die Aktionäre erneut zu einer Generalversammlung. Der ihr vorgelegte Bericht gestattete einen Einblick in den Geschäftsbetrieb der Gesellschaft. Danach betrugen die Baukosten insgesamt 2 506 855 Taler, 2 Silbergroschen und 11 Pfennig. Hinzu kamen die Zinsen für die Stamm- und Prioritätsaktien in Höhe von 127 600 Taler, 20 Sibergroschen und 10 Pfennig sowie die Administrationskosten in Höhe von 33 816 Taler und 7 Groschen. Zusammen mit einem Posten »Insgemein« über 8421 Taler, 9 Silbergroschen und 8 Pfennig belief sich die Gesamtrechnung auf 2 676 693 Taler[75], sie lag also über der mit dem Bericht aus dem Jahre 1842 veranschlagten Summe (Bild 31).

Berlin-Frankfurter Eisenbahn.

Außer den regelmäßigen Dampfwagenzügen zwischen Berlin und Frankfurt nach dem bekannt gemachten Sommer-Fahrplan werden vom 28sten Mai c. ab jeden Sonntag und Mittwoch Vergnügungsfahrten von Berlin nach Rummelsburg, Cöpenick, Friedrichshagen und Erkner hin und zurück gegen ermäßigte Fahrpreise nach §. 3. des Betriebsreglements — nach Rummelsburg und Cöpenick hin und zurück I. Klasse 12½ sgr., II. Klasse 7½ sgr., nach Friedrichshagen und Erkner hin und zurück I. Klasse 25 sgr., II. Klasse 15 sgr., jedoch ohne Mitnahme von Passagiergepäck — von Berlin Nachmittags 2 Uhr 30 Minuten und von Erkner Abends 9 Uhr abgehen.

Es wird die Veranstaltung getroffen, daß diejenigen Personen, welche von Friedrichshagen aus die Müggelberge so wie vom Erkner die Kranichberge und Rüdersdorfer Kalkberge besuchen wollen, Gondeln und Kähne zu Friedrichshagen und Erkner zu mäßigen Fahrpreisen antreffen.

Berlin, den 25sten Mai 1843.
Die Direktion der Berlin-Frankfurter Eisenbahn-Gesellschaft.

43 Anzeige in der Vossischen Zeitung vom 25. Mai 1843 mit der Ankündigung von Vergnügungsfahrten

Ausführlich ging der Bericht auf die Frequenz der Bahn ein, und er analysierte die Zahl der durch die Lokomotiven und einzelnen Personen- und Güterwagen zurückgelegten Meilen. Für das Jahr 1843 konnten im Personenverkehr folgende Werte festgestellt werden:[76]

Station	Abgegangen	Angekommen	Summa
Berlin	112 107	108 507	206 614
Cöpenick	33 304	34 364	67 668
Erkner	15 118	14 525	26 943
Fürstenwalde	20 610	20 854	41 464
Briesen	5 514	5 682	11 196
Frankfurt	60 575	63 296	123 871
	247 228	247 228	494 456

Eine ähnliche Statistik legte die Direktion für den Güterverkehr vor. Sie enthielt allerdings die Werte für die Zeit vom 23. Oktober 1842 bis zum 1. Januar 1844:[77]

Station	Hat abgesandt		Hat empfangen		Summa der Frachtfrequenz	
	Ctr.	Pfd.	Ctr.	Pfd.	Ctr.	Pfd.
Berlin	138 600	77	191 814	19	330 414	96
Cöpenick	647	51	1 339	66	2 087	7
Erkner	3 094	69	10 220	20	3 242	89
Fürstenwalde	22 282	43	10 220	12	32 502	55
Briesen	39 119	40	764	81	39 884	11
Frankfurt	135 855	98	135 213	70	271 069	58
Summe	339 000	48	339 000	48	679 200	96

Bevor nun ein Vergleich zwischen den Prognosen CRELLES aus dem Jahre 1836 mit diesem Verkehrsaufkommen gezogen werden soll, muß auf ein kulturgeschichtlich interessantes Detail verwiesen werden. Es erklärt in gewisser Weise einen Teil der Werte der Personenfrequenz. Am 25. Mai 1843 ließ die Direktion der Eisenbahngesellschaft durch Annoncen in den Berliner Tageszeitungen kundtun, daß ab 28. Mai »jeden Sonntag und Mittwoch Vergnügungsfahrten von Berlin nach Rummelsburg, Cöpenick, Friedrichshagen und Erkner« stattfänden (Bild 43). Sie folgte damit einem Beispiel der Berlin-Potsdamer Eisenbahn, die ähnliche Vergnügungsfahrten zu Feuerwerken und Theaterbesuchen schon vorher ins Leben gerufen hatte. Sie galten dem »besser gestellten Publikum«, das neue Möglichkeiten des Amüsements suchte. Mit den jetzt angebotenen Fahrten wurde eine andere Schicht der Berliner Bevölkerung angesprochen, und sie berührten im Gegensatz zu den im Westen von Berlin liegenden Orten (Charlottenburg, Steglitz und Potsdam) keine bereits von dem Eisenbahnbau erschlossenen Orte. Mit der geplanten Fahrt am 28. Mai begann die Erschließung des Ostens von Berlin für die – modern ausgedrückt – Naherholung. Die ersten Fahrten müssen auf ein großes Interesse gestoßen sein, so daß bereits am 31. Mai für Pfingsten 1843 zusätzliche angekündigt wurden (Bild 44).

Die Bahn erschloß neue Lebensbereiche: Die Müggelberge, die Kranichberge und die Rüdersdorfer Kalkberge, deren Namen in Berlin bisher nur vom Hörensagen bekannt waren, kamen durch die Eisenbahn in den Gesichtskreis des »Berliner Ostens«. In der ersten Zeit begleitete eine Kapelle die Extrazüge. Die Reisenden nahmen Butterbrot und Fleisch mit, denn Gastwirte, die auf die Naherholung eingestellt waren, gab es nicht. Freilich hält die Zahl der Reisenden in diesen »Extra-Vergnügungszügen« keinem Vergleich mit späteren Zeiten stand. Im Jahre 1843 aber fuhren bereits 5282 Personen mit diesen Zügen nach Köpenick und 7106 nach Erkner.[78]

Ihre Zahl muß in den Vergleich einbezogen werden, obwohl diese Fahrten 1836 überhaupt nicht als Vorstellungswert vorhanden waren. Der Vergleich zeigt folgendes Bild:

	CRELLES Ansatz 1836	Bericht 1843
Personenverkehr	61 000	494 456
Güterverkehr	1 250 000 Ctr.	339 000 Ctr.

[75] Bericht der Direction der Berlin-Frankfurter Eisenbahn-Gesellschaft, erstattet zur General-Versammlung der Actionaire am 15. April 1844. – Berlin, 1844. – S. 27f.

[76] Ebenda, S. 11

[77] Ebenda, S. 13

[78] Ebenda, S. 9f.

Berlin=Frankfurter Eisenbahn.

Außer den nach unserer Bekanntmachung vom 25sten d. M. an jeden Mittwoch und Sonntag stattfindenden Vergnügungsfahrten von Berlin nach Rummelsburg, Cöpenick, Friedrichshagen und Erkner hin und zurück, werden auch gleiche Fahrten an dem bevorstehenden 2ten und 3ten Pfingstfeiertage zu denselben ermäßigten Preisen, nämlich nach Rummelsburg und Cöpenick hin und zurück I. Klasse 12½ sgr., II. Klasse 7½ sgr., nach Friedrichshagen und Erkner hin und zurück I. Klasse 25 sgr., II. Klasse 15 sgr, jedoch ohne Mitnahme von Passagiergepäck, stattfinden. Die Züge gehen von Berlin Nachmittags um 2 Uhr 30 Minuten und von Erkner Abends 9 Uhr ab. Vom 4. Juni c. an können auch diese für die Hin- und Herfahrt von Berlin nach Cöpenick und Erkner gelösten Billets zu den gewöhnlichen Morgen- und Abend-Personenzügen von Berlin aus bis Cöpenick und Erkner benutzt werden.

Es ist die Veranstaltung getroffen, daß diejenigen Personen, welche von Friedrichshagen aus die Müggelberge, so wie von Erkner die Kranichberge und Rüdersdorfer Kalkberge besuchen wollen, Gondeln und Kähne zu Friedrichshagen und Erkner zu mäßigen Fahrpreisen antreffen.

Berlin, den 31. Mai 1843.

Die Direktion der Berlin-Frankfurter Eisenbahn=Gesellschaft.

Berlin=Frankfurter Eisenbahn.

Tägliche Dampfwagenzüge

A. Personenzüge.

Abfahrt v. Berlin	Morg. 6 U. 30 M.,	Abds. 6 U. 30 Min.
„ Frankfurt	„ 6 „ 45 „	„ 7 — „
Ankunft in Frankfurt	„ 9 „ 15 „	„ 9 „ 40 „
„ in Berlin	„ 9 „ 30 „	„ 10 „ 10 „

Mit den Personenzügen werden 2 Klassen von Personenwagen I. und II. Klasse, Equipagen und Eilfracht befördert.

B. Güterzüge.

Abfahrt von Berlin:	Morgens 11 U. — Minuten.
„ von Frankfurt:	Mittags 11 U. 20 „
Ankunft in Frankfurt:	Nachmitt. 2 „ 45 „
„ in Berlin:	„ 3 „ 15 „

Mit den Güterzügen werden Personen in Personen=Wagen II. Klasse und auf Stehplätzen, so wie Frachtgüter u. Vieh befördert.

Der Verkauf der Passagier-Billets geschieht bis 5 Minuten vor dem Abgang der Züge; die Passagiere auf den Zwischenstationen haben sich jedoch ¼ Stunde vor der bestimmten Abfahrt einzufinden; das Passagier=Gepäck muß in jedem Falle mit dem Namen des Eigenthümers und dem Bestimmungsort deutlich bezeichnet, eine halbe Stunde vor Abgang der Züge unter Vorzeigung des Fahrbillets in die Passagier=Gepäck=Expedition abgeliefert werden; die Einlieferung der Equipagen und Eilfracht muß eine Stunde, diejenigen der Güter in die Wagen-Magazine auf den Bahnhöfen zur Versendung mit den Güterzügen, jedoch am Abend vor Abgang der betreffenden Züge, erfolgen.

Die näheren Bestimmungen ergiebt das Betriebs-Reglement, welches auf allen Stationen für 1 sgr. zu haben ist.

Berlin, den 1sten Mai 1843.

Die Direktion der Berlin-Frankfurter Eisenbahn-Gesellschaft.

Diese Zahlen belegen die verändernde Kraft der Eisenbahn. Während der Personenverkehr achtmal größer war als von Crelle angenommen (Tagesfrequenz auf dem Bahnhof Berlin 506 Personen und 905 Zentner oder 45,25 t Fracht), erbrachte der Güterverkehr nur ein Viertel der geplanten Frequenz. Nach Crelle hätte die Bahn jährlich 272 998 Taler einnehmen können, tatsächlich waren es im ersten Betriebsjahr 340 374 Taler. Trotzdem, die Aktionäre der Stammaktien erhielten mehr als die von Crelle zugesicherten 6 Prozent Zinsen: nämlich 5 Prozent nach dem Statut und 2 Prozent Dividende. Der Besitzer einer Aktie von 100 Talern besaß am Ende des Jahres 1843 also bereits 107 Taler.

Dem Bericht der Direktion an die Aktionäre lag ein Schriftverkehr über die Vereinigung dieser Bahnlinie mit einer neuen – weiter unten behandelten – Gesellschaft bei, die den Bau einer Eisenbahn nach Breslau in Angriff genommen hatte. Danach wollte eine Verhandlungskommission der Frankfurter Eisenbahn bei der Vereinigung mit der neuen Bahnlinie einen möglichen Umtausch der Aktien der alten Gesellschaft in die der neuen zum »Course von Hundert und Zwanzig Procent« erzwingen.[79] Zunächst wurde nichts daraus, denn das wäre doch ein zu hoher Gewinn gewesen. Ohne die Hände zu rühren 20 Taler zu verdienen, das überstieg die bisherige Norm. In Wirklichkeit war dieser Gewinn später dann doch höher, als man sich ihn bis dahin vorstellen konnte.

Ein weiterer Vergleich ist möglich geworden. Im Laufe der Forschungen konnte eine Bauzeichnung für einen Umbau des Stettiner Bahnhofs in Berlin nach dem Bauantrag vom 17. Dezember 1856 ermittelt werden, die die Konturen des ersten Baues dokumentierte (Bild 45). Eine derartige Zeichnung hatte die Forschung zur Berliner Eisenbahngeschichte bisher schmerzlich vermißt. Vergleicht man nun die Bauzeichnung des Frankfurter Bahnhofs (Bild 26) sowie die bereits länger bekannte des Anhalter Bahnhofs (Bild 46) und die des Potsdamer Bahnhofs (Bild 47), so ist erstmalig ein Vergleich der Architektur der Berliner Bahnhöfe der ersten Generation möglich. Folgende Punkte können verallgemeinert werden:

a) Die Bahnhofsbauten der ersten Generation zeichneten sich noch nicht durch eine spezielle Bahnhofsarchitektur aus, es gab sie noch nicht. Ihr äußeres Bild und ihre innere Funktion entsprangen mehr dem Zeitgeist, ohne Intention der Architektur als funktionale Aufgabe.

b) Da die Bahnhöfe und ihre Anlagen alle ebenerdig angelegt waren, bedurfte ihre Konstruktion noch keiner besonderen ingenieur-

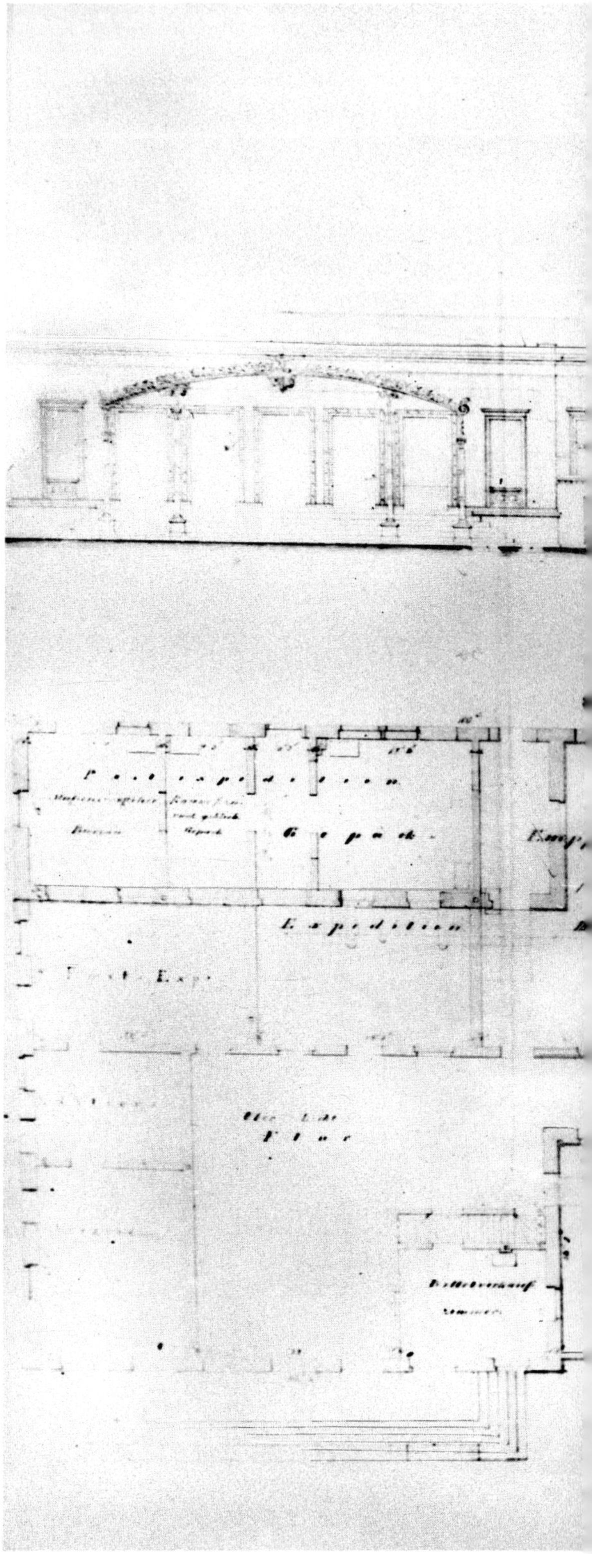

[79] Ebenda, S. 20

44 Anzeige in der Vossischen Zeitung vom 31. Mai 1843 mit der Ankündigung von Vergnügungsfahrten zu Pfingsten

45 Ansicht des Stettiner Bahnhofs in Berlin, Erweiterung des Empfangsgebäudes aus den fünfziger Jahren (StAB)

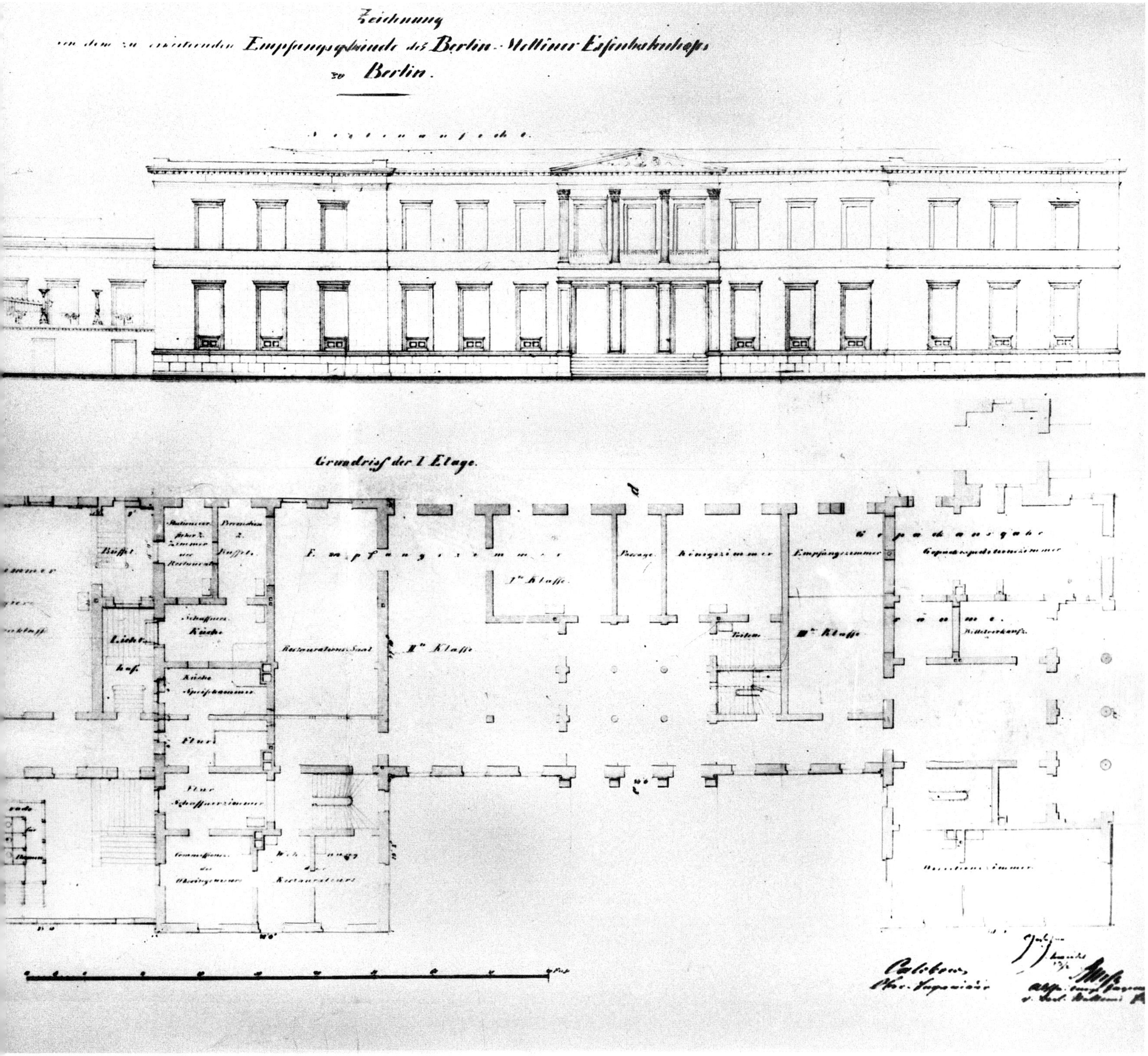
Zeichnung
Empfangsgebäude des Berlin-Stettiner Eisenbahnhofs
zu Berlin.
Grundriß der 1 Etage.
Restaurations Saal
Passage
Königszimmer
Empfangszimmer

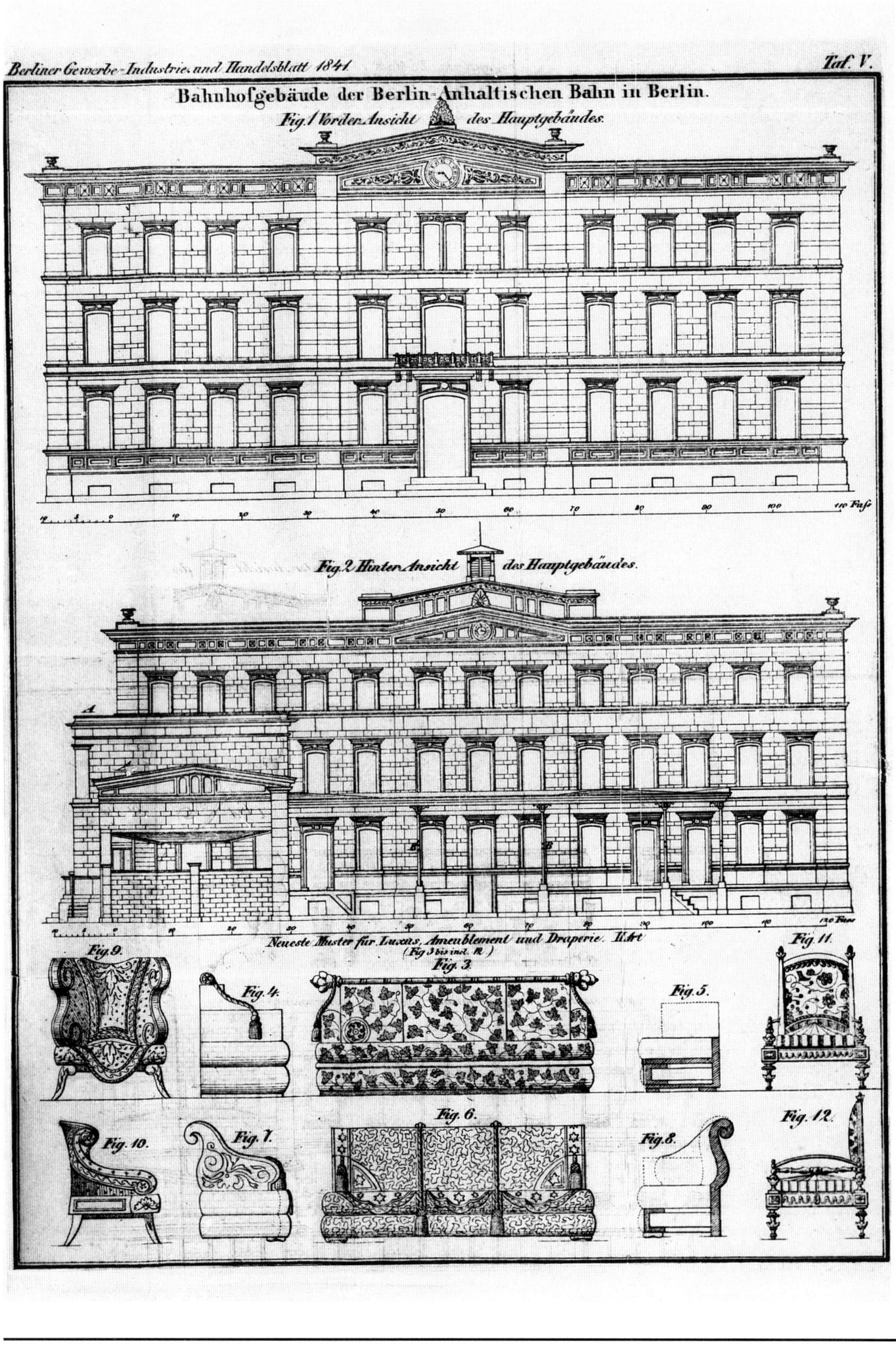

technischen Leistungen, sondern sie folgte Überlegungen im Äußeren, die im wesentlichen dem Geschmack des Baumeisters verpflichtet waren. Bahnhöfe galten für Architekten noch nicht als eigenständige Aufgabe.

c) Der sich in den Ansichten äußernde Ge-

46 Bahnhofsgebäude der Berlin-Anhaltischen Bahn in Berlin (aus: Berliner Gewerbe-, Industrie- und Handelsblatt, 1841)

47 Der Potsdamer Bahnhof in Berlin (ebenda)

schmack und das Stilempfinden der Ausführenden reichten von einem antiken Tempel (Stettiner Bahnhof) über ein Verwaltungsgebäude mit Dutzendarchitektur (Potsdamer und Anhalter Bahnhof) bis zu einem Bau, der einem Gymnasium in einer preußischen Kleinstadt zur Ehre gereicht hätte.

d) In allen Entwürfen aber drückte sich das Suchen nach einer dem neuen Verkehrsmedium angepaßten Architektur aus, nämlich die Frage, wie neue Entwicklungen mit herkömmlichen Strukturen einer restaurativen Gesellschaft in Einklang zu bringen wären. Daraus resultierte die besondere Betonung der Baulichkeiten für die Abreise. Eine Sehnsucht »nach der Ferne« schwingt in ihnen noch nicht mit, sondern mehr das Element der Bewahrung und der Tradition.

№ 2.

Niederschlesisch-Märkische Eisenb

Tägliche Dampfwagenzüge vom 1. Mai 1847 ab.

a. Abfahrt in der Richtung Berlin und Görlitz nach Breslau von S

(Each time cell reads U. M. = hours and minutes.)

Benennung der Züge	Berlin	Cöpenick	Erckner	Fürstenwalde	Briesen	Frankfurt	Fürstenberg	Neuzelle	Wellmitz	Guben	Jeßnitz	Sommerfeld	Sor-ansdorf	Halbau	Rauscha	Kohlfurt	Siegersdorf	Bunzlau	Hainau	Liegnitz	Spittelndorf	Maltsch	Neumarkt
1. Nacht-Personenzug zum unmittelbaren Anschluß an die durchgehenden Züge von Hamburg resp. Stettin nach Wien	Abends 10 45	11 8	11 33	12 19	12 48	1 42	2 22	2 37	2 49	3 16	3 52	4 7	5 5 24	5 38	6 1	6 53	7 15	7 45	8 34	9 11	9 35	9 59	10 15
2. Von Görlitz nach Kohlfurt (Anschlußzüge an den Zug No. 1.)	. .	. .	. .	. .	. .	. .	. .	. .	. .	. .	. .	. .	. .	. .	. .	. .	. .	. .	. .	. .	. .	. .	. .
3. Von Kohlfurt nach Görlitz (Anschlußzüge an den Zug No. 1.)	. .	. .	. .	. .	. .	. .	. .	. .	. .	. .	. .	. .	. .	. .	. .	. .	. .	. .	. .	. .	. .	. .	. .
X 4. Tag-Personenzug von Berlin nach Breslau	Morgens 7 —	7 23	7 48	8 32	9 1	9 57	10 37	10 52	11 4	11 31	12 7	12 27	12 46	2 —	2 23	3 15	3 37	4 9	5 3	6 10	6 34	6 58	7 16
5. Von Görlitz nach Kohlfurt (Anschlußzüge an den Zug No. 4.)	. .	. .	. .	. .	. .	. .	. .	. .	. .	. .	. .	. .	. .	. .	. .	. .	. .	. .	. .	. .	. .	. .	. .
6. Von Kohlfurt nach Görlitz (Anschlußzüge an den Zug No. 4.)	. .	. .	. .	. .	. .	. .	. .	. .	. .	. .	. .	. .	. .	. .	. .	. .	. .	. .	. .	. .	. .	. .	. .
7. Lokal-Personenzug von Berlin nach Frankfurt	Abends 6 —	6 23	6 48	7 32	8 1	Ankunft 8 35	. .	. .	. .	. .	. .	. .	. .	. .	. .	. .	. .	. .	. .	. .	. .	. .	. .
8. Güterzug von Berlin nach Breslau	Abends 6 45	7 16	7 48	8 46	9 23	Ankunft 10 8 Abends; fährt am andern Morgen weiter. Abfahrt 7 5 Morgens	7 57	8 15	8 31	9 8	9 49	10 10	11 11 37	11 55	12 27	1 15	1 42	2 20	3 23	4 10	4 37	5 20	5 45

b. Abfahrt in der Richtung Breslau nach Berlin und Görlitz von S

Benennung der Züge	Breslau	Lissa	Nimkau	Neumarkt	Maltsch	Spittelndorf	Liegnitz	Hainau	Bunzlau	Siegersdorf	Kohlfurt	Rauscha	Hal-ansdorf	Sorau	Sommerfeld	Jeßnitz	Guben	Wellmitz	Neuzelle	Fürstenberg	Frankfurt	Briesen	Fürstenwalde
9. Nacht-Personenzug zum unmittelbaren Anschluß an die durchgehenden Züge von Wien nach Hamburg resp. Stettin	Nachmittg. 4 —	4 21	4 44	5 3	5 26	5 44	6 14	6 50	7 39	8 3	8 53	9 20	9 40 2	10 22	11 11	11 23	12 2	12 26	12 41	12 53	2 20	2 59	3 33
10. Von Kohlfurt nach Görlitz (Anschlußzüge an den Zug No. 9.)	- -	- -	- -	- -	- -	- -	- -	- -	- -	- -	- -	- -	- -	- -	- -	- -	- -	- -	- -	- -	- -	- -	- -
11. Von Görlitz nach Kohlfurt (Anschlußzüge an den Zug No. 9.)	- -	- -	- -	- -	- -	- -	- -	- -	- -	- -	- -	- -	- -	- -	- -	- -	- -	- -	- -	- -	- -	- -	- -
12. Tag-Personenzug von Breslau nach Berlin	Morgens 7 -	7 21	7 47	8 6	8 29	8 47	9 17	9 56	10 45	11 9	11 59	12 26	12 4[illegible] 8	1 31	2 20	2 32	3 11	3 35	3 50	4 2	4 55	5 34	6 6
13. Von Kohlfurt nach Görlitz (Anschlußzüge an den Zug No. 12.)	- -	- -	- -	- -	- -	- -	- -	- -	- -	- -	- -	- -	- -	- -	- -	- -	- -	- -	- -	- -	- -	- -	- -
14. Von Görlitz nach Kohlfurt (Anschlußzüge an den Zug No. 12.)	- -	- -	- -	- -	- -	- -	- -	- -	- -	- -	- -	- -	- -	- -	- -	- -	- -	- -	- -	- -	- -	- -	- -
15. Lokal-Personenzug von Frankfurt nach Berlin	- -	- -	- -	- -	- -	- -	- -	- -	- -	- -	- -	- -	- -	- -	- -	- -	- -	- -	- -	- -	Morgens 7 15	7 54	8 26
16. Güterzug von Breslau nach Berlin	Morgens 8 —	8 28	8 55	9 18	9 55	10 18	10 52	11 42	1 —	1 43	2 50	3 23	3 51 14	4 41	5 36	5 52	Ankunft 6 30 Abends; fährt am andern Morgen weiter. Abfahrt 5 — Morgens	5 37	5 55	6 11	8 8	9 3	9 43

Bemerkungen.

1. Mit den Personenzügen werden Personen in der I., II. und III. Wagenklasse, Equipagen, Pferde, Hunde und Eilfracht befördrt. Mit den Güterzügen werden keine Personen, sondern nur ordinaire Fr
2. An den Haltestellen zu Rummelsburg, Friedrichshagen, Hangelsberg, Berkenbrück und Rosengarten halten : die Lokal-Personenzüge zwischen Berlin und Frankfurt No. 7. und 15
3. Der Verkauf der Passagierbillets geschieht auf den Anfangspunkten der Züge bis 5 Minuten vor der Abfahrt, auf den Zwischstationen aber nur bis 10 Minuten vor der Abgangszeit der Züge.
4. Das Passagiergepäck muß in jedem Falle mit dem Namen des Eigenthümers und dem Bestimmungsorte deutlich bezeichnet, vsiegelt oder verschlossen, frei von alten Nummern, 1/4 Stunde vor Abg Passagier-Gepäck-Expedition abgeliefert werden.
5. Die Einlieferung der Equipagen, Eilfracht und Pferde muß 1 Stunde, diejenige der Güter in die Waarenmagazine auf den Bnhöfen zur Versendung mit den Güterzügen jedoch am Abende vor Abga
6. Die Nacht-Personenzüge schließen sich unmittelbar an Züge an, welche auf den betreffenden Bahnen, resp. von Hamburg u Stettin in Berlin, sowie von Wien in Breslau anlangen sollen Züge. Ebenso findet ein unmittelbarer Anschluß der Züge der betreffenden Bahnen nach Hamburg, resp. Stettin und Wi an die diesseitigen Nacht-Personenzüge Statt.
7. Die nähern Bestimmungen ergiebt das Betriebs-Reglement, welches auf allen Stationen für 1 Sgr. zu haben ist.

Berlin, den 23. April 1847.

Die Direktion der Niederschlesisch-

Form. No. 35.

Berlin, gedruckt bei C. Feister.

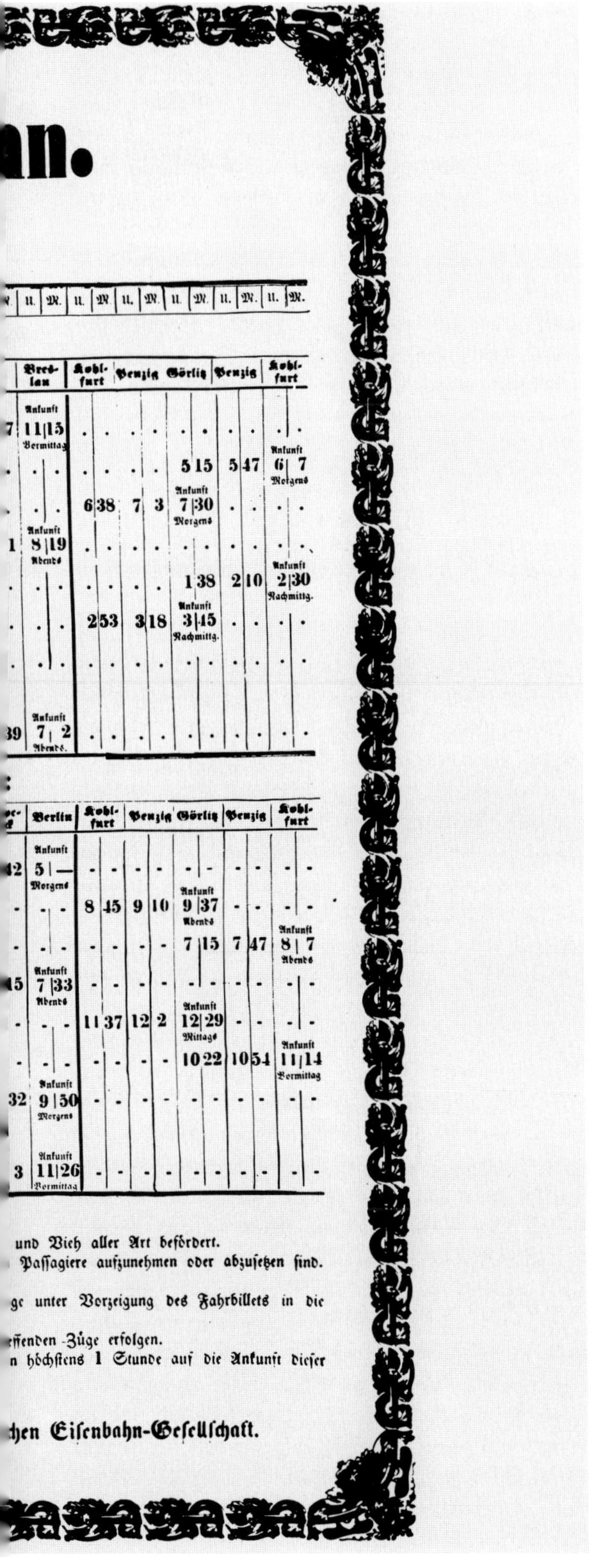
an.

und Vieh aller Art befördert.
Passagiere aufzunehmen oder abzusetzen sind.
ge unter Vorzeigung des Fahrbillets in die
effenden Züge erfolgen.
n höchstens 1 Stunde auf die Ankunft dieser

chen Eisenbahn-Gesellschaft.

2. DIE NIEDER-SCHLESISCH-MÄRKISCHE EISENBAHN-GESELLSCHAFT AUF AKTIEN (1843 bis 1849)

Vorgeschichte

Bei diesem Unternehmen, dessen Anfänge gegenwärtig noch sehr schwer zu fassen sind, begann die Entwicklung ebenfalls mit einer Ausarbeitung des erwähnten Dr. LEOPOLD CRELLE. Er legte am 3. Juni 1838 eine 51 Seiten starke Ausarbeitung (Bild 48) mit dem Titel: »Zum überschlägigen Entwurf einer Eisenbahn zwischen Frankfurt a.d.O. und Breslau« vor; das gefundene Exemplar aus dem Besitz von HEINRICH KEIBEL scheint offensichtlich das einzig erhaltene Exemplar zu sein.[1] Diese Ausarbeitung war anders aufgebaut als die Denkschrift zum Bau der Eisenbahn nach Frankfurt (Oder), und sie begann mit dem Kapitel »Allgemeine Übersicht der Zwecke der Bahn«. Darin spiegelten sich die allgemeinen Veränderungen, die das Thema Eisenbahn hervorgerufen hatte, wider, denn CRELLE begründete darin das Projekt der Bahn mit den vorhandenen und möglich werdenden wirtschaftlichen Vorteilen. Er schrieb: »Die projektierte Eisenbahn zwischen Frankfurt a.d.O. und Breslau ist die directe Fortsetzung der schon früher projectierten Bahn zwischen Berlin und Frankfurt a.d.O. Die eine wird den Nutzen und der Ertrag der anderen, wechselseitig, bedeutend erhöhen. Die beiden Bahnen sind zusammen gleichsam als ein Ganzes zu betrachten. Die weitere directe Fortsetzung von Berlin über Frankfurt a.d.O. nach Breslau ist die ebenfalls schon projectierte und vorbereitete Eisenbahn von Breslau aufwärts durch Oberschlesien bis zum Anschluß an die Kaiser-Ferdinands-Nordbahn im Marchthale nach Wien, die bekanntlich schon gebaut wird«.[2]

Diesen sich in den ersten Sätzen andeutenden internationalen Charakter der Bahnlinie baute CRELLE an anderer Stelle aus und inspirierte damit den möglich werdenden grenzüberschreitenden Handel und Kapitalexport: »In weiterer Ausdehnung durch Oberschlesien aber, ..., wird die Eisenbahnstraße in der Folge die Ostsee mit der Donau und folglich, vermöge der Donauschiffahrt, weiter mit der Levante in Verbindung bringen und so dem Levante-Handel quer durch Europa einen Weg öffnen, der beinahe in keiner anderen Richtung so bequem

Zum

überschläglichen Entwurf

einer

E i s e n b a h n

zwischen

Frankfurt a. d. O. und Breslau.

(Als Manuscript gedruckt.)

MAGISTRATS BIBLIOTHEK ZU BERLIN

Berlin, 1838.

Gedruckt bei G. Reimer.

und passend möglich ist«.[3] Derartige Perspektiven, so phantasievoll sie für das Jahr 1838 auch noch gewesen sein mögen, berührten den traditionellen Wunsch sowohl der preußischen Staatsbehörden als auch der Handelsbourgeoisie, gerade eine derartige Verbindung nach Südosteuropa politisch und wirtschaftlich in die Hände zu bekommen. Sie müssen als der Beginn der traditionellen Beziehungen des Berliner Kapitals und der Industrie nach Südosteuropa gewertet werden.

Auch die unmittelbare Wirkung wußte CRELLE gut zu begründen: »Für die Zukunft also, die inzwischen gar nicht mehr so fern liegt ..., eröffnen sich für eine Eisenbahn durch Schlesien ..., fast unabsehliche Aussichten auf Frequenz und Ergiebigkeit. Aber auch noch näher und unmittelbar, bloß durch die Straße bis Breslau, ist schon der große Nutzen zu erreichen, den ein stets fahrbarer ..., durch die Verbindung der an Erzeugnissen so reichen, aber wegen Mangel an Communication noch so wenig ausgebeuteten Provinz Schlesien und ihrer Hauptstadt mit Berlin und der Ostsee gewähren muß«.[4] Das war die sich noch nicht verschleiernde, sondern unmittelbare Sprache der frühen Kapitalisten, direkt und ohne Umschweife auf das Ziel des Gewinns orientiert.

In den folgenden Abschnitten legte CRELLE die zu diesem Zeitpunkt möglichen Erkenntnisse für den Bau der Eisenbahn minutiös nieder. Für die vorliegende Betrachtung sind die Abschnitte über die Kosten und den errechneten Gewinn wichtig. Er ging von einer 44 $^1/_2$ Meile langen Linie aus, die aus der Strecke nach Breslau und einer Bahn zu den schlesischen Kohlengruben zu bestehen habe. Letztere sollte mit Pferdekraft betrieben werden. Nach CRELLES Berechnungen sollten die Kosten betragen:

»1. Zu der mit Dampfkraft betriebenen Hauptstraße	4 906 173 Rthlr.
2. Zu der mit Pferdekraft betriebenen Kohlenstraße	903 349 Rthlr.«[5]

Als Berechnungsgrundlagen gab er Vergleiche mit den anderen von Berlin ausgehenden und projektierten Anlagen sowie mit englischen Eisenbahnanlagen und den Augenschein an, weiterhin Kartenmaterial mit einem ungefähren Verlauf der Strecke, um mögliche Brückenwerke, Bahnhöfe usw. feststellen zu können. Sehr detailliert behandelte er dann die Frequenz des Verkehrs auf der Landstraße und die Einnahmen der Chausseegelder, um die mögliche Nutzung der vorgeschlagenen Bahnlinie, die Preise für den Personen- und Güterverkehr und die möglichen Gewinne zu errechnen.

Als sehr prognostisch erwiesen sich CRELLES Berechnungen über den Transport von Kohle auf der Eisenbahn. Offensichtlich sah er in der Verwendung von Kohle den Weg, um die schon lange schwelende Brennstoffkrise in Preußen und insbesondere in Berlin zu lösen. CRELLE setzte den Transport an Kohle mit jährlich 1 125 000 Zentner an. Nach seinen Berechnungen schlug er – um im Personenverkehr die Post und das Lohnfuhrengewerbe aus dem Feld zu schlagen – vor, für die Meile nur 4 Silbergroschen Fahrgeld pro Person zu erheben, im Gegensatz zu den 11 Silbergroschen bei der Extrapost. Der Zentner Fracht sollte nur mit 16 $^1/_2$ Silbergroschen statt bisher 25 bis 28 auf der Landstraße berechnet werden. Nach allen Erwägungen und Beweisführungen legte CREL-

[1] CRELLE, L.: Zum überschlägigen Entwurf einer Eisenbahn zwischen Frankfurt a. d. O. und Breslau. – Berlin, 1838. Benutzt wurde ein Exemplar in der Ratsbibliothek Berlin, das der Stadtrat HEINRICH KEIBEL zusammen mit anderen Berichten ähnlicher Art einst der Magistrats-Bibliothek geschenkt hat. In den Akten ist bisher kein weiteres Exemplar ermittelt worden, wahrscheinlich ist dies das einzig erhaltene Exemplar dieser Auflage.

48 Titelblatt »Zum überschläglichen Entwurf einer Eisenbahn zwischen Frankfurt a.d.O. und Breslau« von Dr. LEOPOLD CRELLE aus dem Jahre 1838 (Ratsb.)

[2] Ebenda, S. 4
[3] Ebenda
[4] Ebenda, S. 6
[5] Ebenda, S. 27

LE dann seine Auffassung zum möglichen Umfang des Verkehrs vor, den er wie folgt annahm: » 500 000 Personen,
1 400 000 Centner bisherige Landfracht,
500 000 Centner bisherige Wasserfracht an Rohstoffen«.[6]

Daraus wäre eine Einnahme von 733 333 Reichstaler und 10 Silbergroschen entstanden. Davon abgezogen die jährlichen Betriebskosten in Höhe von 448 540 Reichstaler, ergäbe das nach CRELLE einen Reinertrag von 284 793 Reichstaler. Bei einem »Anlage-Capital von 5 925 768 Rthlr.« wäre eine Verzinsung von $4\,^1/_2$ Prozent möglich. CRELLE stellte dann eine weitere Rechnung auf: »Falls die Menge der zu transportierenden Kohle stiege, ergäbe das bei 2 Mill. Ctr. $4\,^4/_5$ %, bei 3 Mill. Ctr. $8\,^1/_2$ % und bei 4 Mill. Ctr. sogar $11\,^2/_5$ Prozent Gewinn pro 100 Taler Aktienkapital«.[7] Das waren zu diesem Zeitpunkt utopische Zahlen, die aber verfingen, da keine Erfahrungen über die tatsächlichen Bedürfnisse und Möglichkeiten vorlagen. Die Gewinnaussichten mußten jedoch so hoch geschraubt werden, um einen zusätzlichen Anreiz für die Zukunft als möglich erscheinen zu lassen, denn die geforderte Kapitalmenge von fast 6 Millionen Taler überstieg den Geldbedarf im Vergleich zu allen bisher projektierten Eisenbahnunternehmungen. Planung und spätere Ausführung belegten, daß es sich um das bis zu diesem Zeitpunkt größte Kapitalunternehmen im preußischen Staat handelte.

Die Zeitersparnis im Güter- und Personenverkehr war das gewichtigste Argument bei dieser Entfernung. Statt bisher in 3 bis 8 Wochen auf dem Wasser könnten Güter nun in einem Tag über die gesamte Strecke befördert werden. Und für den Personenverkehr merkte CRELLE an: »Da nehmlich z. B. eine Reise von Berlin nach Breslau, die jetzt mindestens 2 Tage und 1 Nacht oder 2 Nächte und 1 Tag erfordert, auf der Eisenbahn in 10 bis 12 Tagesstunden wird zurückgelegt werden können, so ist sie auf der letzteren offenbar bequemer und für die Gesundheit und das Wohlsein der Reisenden zuträglicher. Die Ersparung an Zeit ist häufig aber schon auch directe Geld-Ersparung ..., weil Zehrungskosten gespart werden«.[8] Ob und inwieweit CRELLE die oben zitierte Bemerkung des Königs FRIEDRICH WILHELM II. über die Zeitersparnis und fehlende Gemütlichkeit kannte und hiermit eine Antwort geben wollte, sei dahingestellt. Auf jeden Fall schloß er mit den Worten: »Das Resultat ist, daß jedenfalls diese Bahn für die Unternehmer einträglich und für den Staat in hohem Grade nützlich sein werde«.[9]

Schnellere und umfangreichere Transporte erbrachten einen höheren Gewinn, der sich auch in der in diesem Jahrzehnt aufgekommenen Redewendung »Zeit ist Geld» ausdrückte. Eine Euphorie nicht mehr nachzuvollziehender Art erwuchs aus der Eisenbahn. Die Reisenden meinten, wenn sie nur die Eisenbahn bestiegen, sparten sie Zeit. Der Dampfwagen wurde »Zeitverlängerungsmaschine« genannt. Tausende neuer Möglichkeiten schienen sich zu eröffnen, die so erworbene Zeit zu nutzen. Der Raum, der sich in dieser zeitlichen Bewegung erschloß, war so groß geworden, daß die bisher gekannten Maßstäbe nicht ausreichten, um das neue Verhältnis von Raum und Zeit zu erklären. Gerade diese Zeitersparnis erwies sich als ein mächtiger Motor der kapitalistischen Entwicklung. Und das galt ebenso für das Militär, das mit der Eisenbahn große Truppen schneller und ohne die Belastung des ermüdenden Marschierens an den Bestimmungsort transportieren konnte. (Als Beispiel sei an die Rolle der Eisenbahn beim Aufmarsch der preußischen Truppen im Krieg gegen Österreich im Jahre 1866 erinnert.)

Die Vorgeschichte der Bahn nach Breslau liegt weitgehend im dunkeln. Der Bankier ARONS WOLF aus Berlin sammelte während des Baus der Berlin-Potsdamer Eisenbahn gegen ein halbes Prozent Provision Aktienzeichnungen für eine derartige Gesellschaft. Er bekam die Summe von 6 840 000 Taler zusammen, d. h. feste Zusagen, falls es mit dieser Kapitalgesellschaft etwas werde. Am 24. Mai 1837 traten diese künftigen Aktionäre zur ersten Versammlung zusammen. In ihr wählten sie den Geheimen Ober Bau Rath CRELLE, den Major VON KRÄWEL, später bei der Berlin-Frankfurter Eisenbahngesellschaft, den Geheimen Justizrath JORDAN und den Oberst a. D. VON REUSS zum Vorstand, den Justizkommissar ROBERT zum Rechtsbeistand, und der Rechnungsrat a. D. DOUSSIN übernahm die schriftlichen Geschäfte des Unternehmens. Da einige der Personen später bei der Berlin-Frankfurter Eisenbahngesellschaft auftauchten, liegt die Vermutung nahe, daß das Projekt einer Eisenbahn von Frankfurt (Oder) nach Breslau zuerst Gegenstand der Überlegungen war, dann aber die Variante einer Bahn von Berlin aus ausgeführt wurde.

Am 30. Juni 1837 forderte der Vorstand in einem Rundschreiben dazu auf, ein halbes Prozent der zugesagten Beiträge zwischen dem 24. und 29. Juli einzuzahlen, um die weiteren Kosten der Planung tragen zu können. Die preußischen Staatsbehörden nahmen dies zur Kenntnis und warnten in einem öffentlichen Ministerial-Erlaß ausdrücklich »vor unvorsichtiger Einlassung in nicht genehmigte Aktien-Unternehmungen«. Trotzdem wurde für 3 579 500 Taler das halbe Prozent gezahlt.[10] Das war eine Art Kraftprobe zwischen den sich entwickelnden kapitalistischen Kräften und der Staatsbürokratie. Vor diesem Hintergrund sind die Ausführungen in dem »überschlägigen Entwurf« zu sehen, der am 21. Juli 1838 an die Personen gesandt wurde, die das halbe Prozent eingezahlt hatten. Deshalb hat er sich nicht in den Akten preußischer Behörden erhalten und ist nur durch die Sammlung des HEINRICH KEIBEL in der Berliner Ratsbibliothek überliefert.

Am 17. September 1837 endete dieses Unternehmen am Widerstand der Staatsautorität. Das halbe Prozent wurde berechnet, ausgezahlt, und die Gesellschaft ging ohne Ergebnis auseinander. Der Hof-Agent STEIN bemühte sich am 21. Dezember 1838 erneut, eine Konzession mit einem beim Innenministerium und beim Finanzministerium eingereichten »Proportium zum Bau einer Eisenbahn von Berlin nach Breslau«[11] zu erhalten. Er teilte mit, daß er einen Verein repräsentiere, der 11 Millionen Taler zusammenbringen könne und den Aktionären 5 Prozent Zinsen pro Jahr garantiere. Das Unternehmen nannte sich "Berlin-Breslauer-Eisenbahn-Actiengesellschaft«.[12] Das Unternehmen scheiterte am Widerstand der Staatsbehörden. Am 30. September 1840 forderte der Justizkommissar ROBERT die ehemaligen Aktienzeichner auf, sich erneut zusammenzufinden und rief für den 21. Oktober 1840 zu einer Beratung ein. Inzwischen aber war die Planung für die Eisenbahn nach Frankfurt (Oder) im

[6] Ebenda, S. 39
[7] Ebenda, S. 48
[8] Ebenda, S. 31
[9] Ebenda, S. 9
[10] Vossische Zeitung. – Berlin. – 23. Mai 1843
[11] ZStAM, Rep. 77, Fot. 258a, Nr. 23, Vol. 1, S. 6
[12] Ebenda

Gange und band das Kapital, so daß es zunächst zu keinen Folgerungen kam.

Ein erneuter Vorstoß ging von der Direktion der Berlin-Frankfurter Eisenbahngesellschaft aus, die die Konzessionierung der Bahn, das Projekt der Verlängerung über Frankfurt (Oder) hinaus, energisch betrieb. Es bildete sich ein Komitee unter Justizrat GEPPERT und dem Bankier HERMANN HENOCH, das sich »Frankfurt Breslauer Eisenbahn« nannte.

Die Staatsbehörden prüften den von diesem Komitee ausgehenden Vorschlag sehr genau und forderten die Oberpräsidenten, Regierungspräsidenten, die Landräte sowie die Bürgermeister der von der Eisenbahn eventuell berührten Orte auf, Stellung zu nehmen und Unterlagen über die wirtschaftliche Leistung und den Verkehr vorzulegen.[13] Die Prüfung führte zu einer Änderung der Position des Finanzministeriums. Im Zusammenhang mit dem Bau der Eisenbahnen in Richtung auf die österreichische Grenze deutete sich eine Internationalisierung des Verkehrs an, und die preußischen Behörden erkannten die strategische und innenpolitische Bedeutung dieser möglich gewordenen Bahnlinie.

Bereits am Ende des Jahres 1841 bildete sich unter der Bezeichnung »Niederschlesische Eisenbahn« ein weiteres Komitee, das ebenfalls den Bau einer entsprechenden Eisenbahn in Angriff nehmen wollte. Am 9. Dezember 1841 entstand unter maßgeblicher Mitwirkung des Rechnungsrates a. D. DOUSSIN das entsprechende Komitee, dem u. a. der Privat-Baumeister ACHILLES, der Ober-Tierarzt Professor DIETRICHS, der Kaufmann JANNOWITZ, der Fabrikbesitzer SCHUMANN und ein gewisser TRAUN angehörten.[14] Auch diese Geselleschaft suchte um die Genehmigung zur Bearbeitung des Projekts nach. Der Finanzminister machte in einem Reskript (schriftlicher, amtlicher Bescheid) vom 12. Januar 1842 diesen Umstand beiden Gesellschaften bekannt und verwies darauf, daß die Bahnlinie, die die »Niederschlesische Eisenbahn« vorschlug, nach des »Königs Majestät Allerhöchster Sicht« Vorrang habe. Gleichzeitig machte er dieser Gesellschaft zur Bedingung, die Aktivitäten beider zusammenzufassen.

Die Konkurrenz zweier Gesellschaften war für die zentralen Staatsbehörden ein neuer Zustand, und diese mußten – entsprechend dem preußischen Eisenbahngesetz – nicht nur vermittelnd eingreifen, sondern den ganzen Vorgang steuern. Die Eisenbahnen hatten in der Praxis ihre Position behauptet und bewiesen, daß sie keine Spielereien darstellten. Der fortschreitende Eisenbahnbau veränderte die volkswirtschaftlichen Aktivitäten in Preußen. Die Widersprüche verstummten, das Kriterium Praxis veränderte das hinhaltende Wollen. Das Militär begann, sich mehr und mehr mit der Eisenbahn zu befassen und über seine Rolle für Truppentransporte laut nachzudenken. Alles zielte darauf hin,daß die Regierung stärker als bisher in die Planung der Eisenbahnstrecken und deren Verflechtung eingreifen sollte. Im Jahre 1842 entwarf das Staatsministerium sodann die Grundzüge eines den ganzen Staat umfassenden Eisenbahnnetzes[15], nach dem sich die kapitalistischen Initiativen zu richten hatten. Der Gedanke, den Bau von Eisenbahnen in die Hände des Staates zu nehmen, gewann immer mehr Fürsprecher.

Die Einnahmen des preußischen Staates stiegen u. a. durch die neuen industriellen Aktivitäten, so daß es Kräfte gab, die die Verwendung von Finanzmitteln aus dem Staatshaushalt für den Eisenbahnbau für angebracht hielten. Am 21. Februar 1843 hatte Minister ROTHER die große Denkschrift »Zur Förderung des Eisenbahnbaus« vorgelegt. Er ging in ihr von der staatsrechtlichen Prämisse aus, daß der Staat ohne die Zustimmung des »Vereinigten Landtages« keine Anleihen zum Eisenbahnbau aufnehmen könnte. Aber er kann mit seinen Mitteln in die Linienführung eingreifen und die Strecken unter seiner Aufsicht herstellen lassen. Mit 2 Millionen Taler jährlich sollte er sich an den Gesellschaften beteiligen, nötigenfalls einen festen Zinssatz von 3 1/2 Prozent verbürgen, die Zinsen der eigenen Aktien in einem Eisenbahnfonds sammeln und langfristig – etwa in 20 Jahren – die Bahnen aufkaufen. Damit wäre der Staat immer nur Gläubiger und nie Schuldner, verstöße nicht gegen das Staatsschuldengesetz, der »Vereinigte Landtag« brauche nicht zusammenzutreten und doch könnte der Staat eigene Eisenbahnen aufbauen.[16] Diese anfechtbare Auffassung wurde nun zur Leitlinie der Eisenbahnpolitik. Die Niederschlesische Eisenbahn umging aus Spekulationsgründen die o.g. Bestimmung des Finanzministeriums, indem sie beteuerte, daß sie Zeichnungen für die als notwendig erachtete Summe von 8 700 000 Taler besäße. So schlug sie die Frankfurt-Breslauer Eisenbahn zunächst aus dem Feld.

Eine für den 11. Februar 1842 einberufene Generalversammlung der Aktionäre der Niederschlesischen Eisenbahn belegte die aus Konkurrenzgründen entstandene Hast des ganzen Unternehmens. Ein Statut wurde angenommen, das im wesentlichen dem der Frankfurter Bahn entsprach. Die Wahl eines Verwaltungsrates und einer Direktion folgte. Bei dem Ausweis der Kapitalbasis zeigte sich, daß nur Zeichnungen auf 1 143 500 Taler Aktien vorgenommen worden waren. Die Konkurrenz gab nicht auf und machte diesen Zustand öffentlich, so daß der Finanzminister erneut gefordert war. In einem weiteren Reskript vom 10. April 1842 forderte er die Gesellschaft nochmals auf, sich mit dem Komitee der Frankfurt-Breslauer Eisenbahn zu vereinigen und bis zum 7. Januar 1843 die notwendigen Unterlagen für eine Konzession zu erarbeiten.

Die Generalversammlung der Niederschlesischen Eisenbahngesellschaft änderte am 4. September 1842 das Bauprojekt und erweiterte die Linie durch eine Zweigbahn von Görlitz nach der sächsischen Grenze, um dort Anschluß an das sich ausbildende sächsische Eisenbahnnetz zu erhalten. Das erhöhte den Kapitalbedarf auf 12 Millionen Taler. Eine weitere Generalversammlung am 17. Oktober sah die Gesellschaft zerrissen, der Verwaltungsrat erschien nicht auf dieser Versammlung und trat somit zurück. Die Aktionärsversammlung beschloß daraufhin die Verlagerung der Direktion ab sofort nach Breslau. Zwar konnte stolz verkündet werden, daß weitere Aktien gezeichnet worden seien, aber bis zum Jahresende wurden nur 2 Millionen Taler Zeichnungen ausgewiesen.[17]

Die Bahnlinie galt dem preußischen Staat als wichtig, der sich durch seinen Kommissar in alle Angelegenheiten der Eisenbahn einschaltete. Immer stärker wurden Forderungen laut, daß der Staat sich an der Bahn beteiligen und – um weitere Aktienzeichnungen zu stimulieren – eine Zinsgarantie übernehmen sollte. Derartiges forderte u. a. am 7. Oktober 1842 der Magi-

[13] StAP, Pr. Br., Regierung Frankfurt/Oder, Rep. 3B, Nr. 385, o. Bl.
[14] Vossische Zeitung. – Berlin. – 23. Mai 1843
[15] Vgl. dazu: TREITSCHKE, H.: Deutsche Geschichte im Neunzehnten Jahrhundert. Fünfter Teil. Bis zur Märzrevolution. – Berlin, 1928. – S. 484
[16] Ebenda, S. 485f.
[17] Vossische Zeitung. – Berlin. – 23. Mai 1843

strat der Stadt Breslau.[18] Die in Aussicht genommene Zinsgarantie des Staates blieb in der Diskussion, bewirkte aber zunächst keine weiteren Aktienzeichnungen, denn sie wurden amtlich nicht bestätigt. Die »Vossische Zeitung« meldete im November, daß die Ausführung dieser, im Vergleich mit den bereits bestehenden Eisenstraßen, längsten und größten »Bahn sich wahrscheinlich noch nicht so bald realisieren dürfte«.[19] Zu dem vom Finanzminister anberaumten Termin vom 7. Januar 1843 konnte die Gesellschaft zwar umfängliche technische Unterlagen übergeben, sie waren aber nicht vollständig. Und da nur reichlich 2 Millionen Taler Aktienzeichnungen nachgewiesen werden konnten, zog der Finanzminister sich sehr schnell von seiner Zusage zurück.

Die Konkurrenz der aus der Frankfurter Bahn hervorgegangenen ehemaligen Frankfurt-Breslauer Gesellschaft hatte – auch ausgewiesen durch den Betrieb auf ihrer Bahn – weitergearbeitet, offensichtlich auch potentielle Aktienzeichner an sich gebunden bzw. von der Niederschlesischen Bahn abgehalten. Sie nutzte die Diskussion in den Staatsbehörden in allen Fragen der kapitalistischen Spekulation durch eine bewegliche Politik. Aus den Akten ist zwar vieles nicht ersichtlich, aber kaum hatte der Finanzminister seine Zusage an die Niederschlesische Gesellschaft zurückgezogen, lag ein Projekt mit einer Untersuchung über den Verlauf und den möglichen Verkehr auf dieser Linie in sechs Teilen vor. Besonders sauber war der von ZIMPEL ausgearbeitete sechste (technische) Teil ausgeführt.[20] Am 18. März 1843 wurde das »Project auf private Rechnung des Zimpel und der Direction Berlin-Frankfurter Eisenbahn« dem Königlichen Bau-Conducteur WIEBE (der später maßgeblichen Anteil am Bau der Ostbahn hatte) zur Prüfung übergeben.[21]

Nun überstürzten sich die Ereignisse, auch unter der Wirkung des Schrittes ROTHERS vom Januar 1843, so daß hier längerfristige Überlegungen vermutet werden dürften. Die Prüfung war noch in keiner Weise abgeschlossen, als sich bereits am 29. April 1843 ein »Comité der Niederschlesisch-Märkischen-Eisenbahn-Gesellschaft« bildete. In einer allgemeinen Ankündigung vom 7. Mai des gleichen Jahres wandte es sich an die Aktienzeichner der Frankfurt-Breslauer und der Niederschlesischen Eisenbahn mit der Aufforderung, »sich behufs ihrer Erklärung über ihre Betheiligung an der neuen Gesellschaft« zu äußern (Bild 49). Gesondert wandte sich das Komitee der neuen Gesellschaft am 23. Mai in einer zweiten Aufforderung an die Aktienzeichner der Niederschlesischen Gesellschaft, um ihnen den Übertritt zu erleichtern und das dort mobilisierte Kapital zu gewinnen (Bild 50). Die Zusammensetzung des neuen Komitees belegte die Herkunft aus der Frankfurter Eisenbahngesellschaft. Sie ging mit wohlwollender Unterstützung der Staatsbehörden offensichtlich als Sieger aus dieser der kapitalistischen Konkurrenz entsprungenen Kabale hervor.

Der Plan des Finanzministers (Bild 51) enthielt die schon erwähnten neuen Momente der preußischen Eisenbahnpolitik. Bereits am 22. November 1842 hatte eine Allerhöchste Kabinettsordre, »wegen der verheißenden Steuererlasse und der Beförderung einer umfassenden Eisenbahn-Verbindung zwischen den verschiedenen Provinzen der Monarchie« den Kurswechsel signalisiert. Der König erhöhte die in »Aussicht gestellte Abgaben-Ermäßigung« auf zwei Millionen Taler. Entscheidend war der zweite Punkt: »Ich bestimme daher, in Übereinstimmung mit dem Gutachten der vereinigten ständischen Ausschüsse, daß die Ausführung solcher, von denselben für ein dringendes Bedürfnis erachteten Eisenbahn-Verbindungen durch die vom Staate zu Gebote stehenden Mittel und insbesondere auch durch Übernahme einer Garantie für die Zinsen der Anlage-Kapitalien mit Kraft und Nachdruck befördert werden soll und will darüber von Ihnen, dem Finanzminister, baldmöglichst nähere Anträge erwarten«.[22]

Die Bahnlinie nach Breslau galt als ein »Dringendes Bedürfnis«, und die neue Gesellschaft erhielt als erste diese Vergünstigung. Der Plan

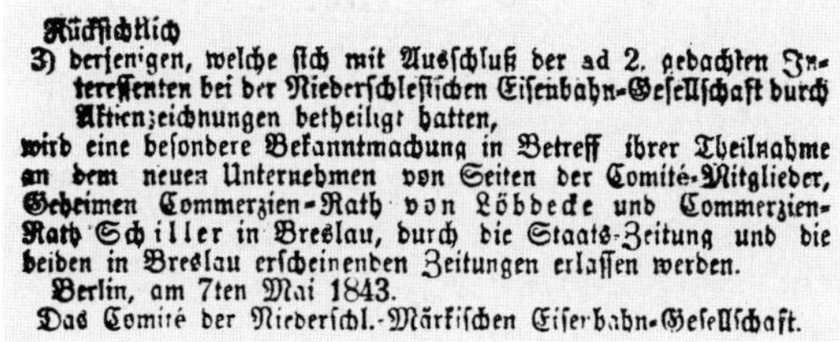

Rücksichtlich

3) derjenigen, welche sich mit Ausschluß der ad 2. gedachten Interessenten bei der Niederschlesischen Eisenbahn-Gesellschaft durch Aktienzeichnungen betheiligt hatten,

wird eine besondere Bekanntmachung in Betreff ihrer Theilnahme an dem neuen Unternehmen von Seiten der Comité-Mitglieder, Geheimen Commerzien-Rath von Löbbecke und Commerzien-Rath Schiller in Breslau, durch die Staats-Zeitung und die beiden in Breslau erscheinenden Zeitungen erlassen werden.

Berlin, am 7ten Mai 1843.

Das Comité der Niederschl.-Märkischen Eisenbahn-Gesellschaft.

49 Ankündigung in der Vossischen Zeitung vom 7. Mai 1843 über die Bildung der »Niederschlesisch-Märkischen Eisenbahn-Gesellschaft«

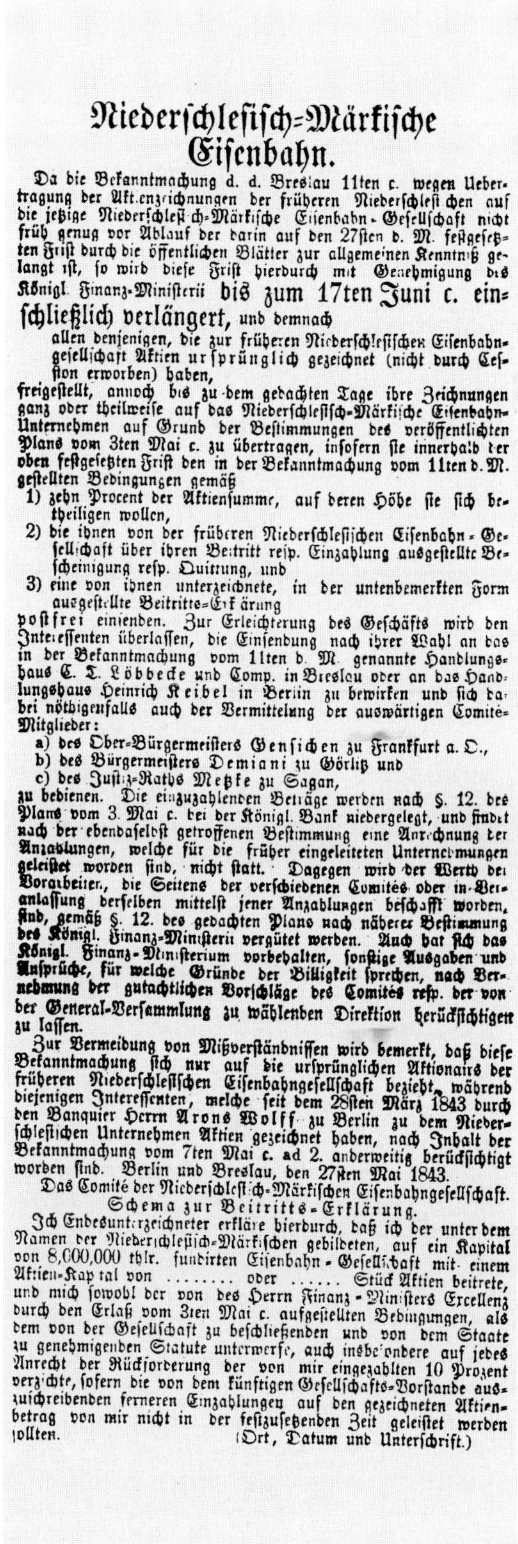

Niederschlesisch-Märkische Eisenbahn.

Da die Bekanntmachung d. d. Breslau 11ten c. wegen Uebertragung der Aktienzeichnungen der früheren Niederschlesischen auf die jetzige Niederschlesisch-Märkische Eisenbahn-Gesellschaft nicht früh genug vor Ablauf der darin auf den 27sten d. M. festgesetzten Frist durch die öffentlichen Blätter zur allgemeinen Kenntniß gelangt ist, so wird diese Frist hierdurch mit Genehmigung des Königl. Finanz-Ministerii **bis zum 17ten Juni c. einschließlich verlängert,** und demnach

allen denjenigen, die zur früheren Niederschlesischen Eisenbahngesellschaft Aktien ursprünglich gezeichnet (nicht durch Cession erworben) haben,

freigestellt, annoch bis zu dem gedachten Tage ihre Zeichnungen ganz oder theilweise auf das Niederschlesisch-Märkische Eisenbahn-Unternehmen auf Grund der Bestimmungen des veröffentlichten Plans vom 3ten Mai c. zu übertragen, insofern sie innerhalb der oben festgesetzten Frist den in der Bekanntmachung vom 11ten d. M. gestellten Bedingungen gemäß

1) zehn Procent der Aktiensumme, auf deren Höhe sie sich betheiligen wollen,
2) die ihnen von der früheren Niederschlesischen Eisenbahn-Gesellschaft über ihren Beitritt resp. Einzahlung ausgestellte Bescheinigung resp. Quittung, und
3) eine von ihnen unterzeichnete, in der untenbemerkten Form ausgestellte Beitritts-Erklärung

postfrei einsenden. Zur Erleichterung des Geschäfts wird den Interessenten überlassen, die Einsendung nach ihrer Wahl an das in der Bekanntmachung vom 11ten d. M. genannte Handlungshaus E. T. Löbbecke und Comp. in Breslau oder an das Handlungshaus Heinrich Keibel in Berlin zu bewirken und sich dabei nöthigenfalls auch der Vermittelung der auswärtigen Comité-Mitglieder:

a) des Ober-Bürgermeisters Gensichen zu Frankfurt a. O.,
b) des Bürgermeisters Demiani zu Görlitz und
c) des Justiz-Raths Metzke zu Sagan,

zu bedienen. Die einzuzahlenden Beträge werden nach §. 12. des Plans vom 3. Mai c. bei der Königl. Bank niedergelegt, und findet nach der ebendaselbst getroffenen Bestimmung eine Anrechnung der Anzahlungen, welche für die früher eingeleiteten Unternehmungen geleistet worden sind, nicht statt. Dagegen wird der Werth der Vorarbeiten, die Seitens der verschiedenen Comités oder in Veranlassung derselben mittelst jener Anzahlungen beschafft worden sind, gemäß §. 12. des gedachten Plans nach näherer Bestimmung des Königl. Finanz-Ministerii vergütet werden. Auch hat sich das Königl. Finanz-Ministerium vorbehalten, sonstige Ausgaben und Ansprüche, für welche Gründe der Billigkeit sprechen, nach Vernehmung der gutachtlichen Vorschläge des Comités resp. der von der General-Versammlung zu wählenden Direktion berücksichtigen zu lassen.

Zur Vermeidung von Mißverständnissen wird bemerkt, daß diese Bekanntmachung sich nur auf die ursprünglichen Aktionairs der früheren Niederschlesischen Eisenbahngesellschaft bezieht, während diejenigen Interessenten, welche seit dem 28sten März 1843 durch den Banquier Herrn Arons Wolff zu Berlin zu dem Niederschlesischen Unternehmen Aktien gezeichnet haben, nach Inhalt der Bekanntmachung vom 7ten Mai c. ad 2. anderweitig berücksichtigt worden sind. Berlin und Breslau, den 27sten Mai 1843.

Das Comité der Niederschlesisch-Märkischen Eisenbahngesellschaft.

Schema zur Beitritts-Erklärung.

Ich Endesunterzeichneter erkläre hierdurch, daß ich der unter dem Namen der Niederschlesisch-Märkischen gebildeten, auf ein Kapital von 8,000,000 thlr. fundirten Eisenbahn-Gesellschaft mit einem Aktien-Kapital von .... oder ...... Stück Aktien beitrete, und mich sowohl der von des Herrn Finanz-Ministers Excellenz durch den Erlaß vom 3ten Mai c. aufgestellten Bedingungen, als dem von der Gesellschaft zu beschließenden und von dem Staate zu genehmigenden Statute unterwerfe, auch insbesondere auf jedes Anrecht der Rückforderung der von mir eingezahlten 10 Prozent verzichte, sofern die von dem künftigen Gesellschafts-Vorstande auszuschreibenden ferneren Einzahlungen auf den gezeichneten Aktienbetrag von mir nicht in der festzusetzenden Zeit geleistet werden sollten.

(Ort, Datum und Unterschrift.)

50 Anzeige in der Vossischen Zeitung vom 23. Mai 1843 über den Beitritt der Aktienzeichner der ehemaligen Niederschlesischen Eisenbahngesellschaft

[18] Vossische Zeitung. – Berlin. – 10. Oktober 1842
[19] Ebenda, 29. November 1842
[20] StAP, Pr. Br. Rep. 3 B, Regierung Frankfurt/Oder, Nr. 385, o. Bl.
[21] Ebenda
[22] Gesetzessammlung für die Königlichen Preußischen Staaten. – 1842. – S. 264, 23. Mai 1843

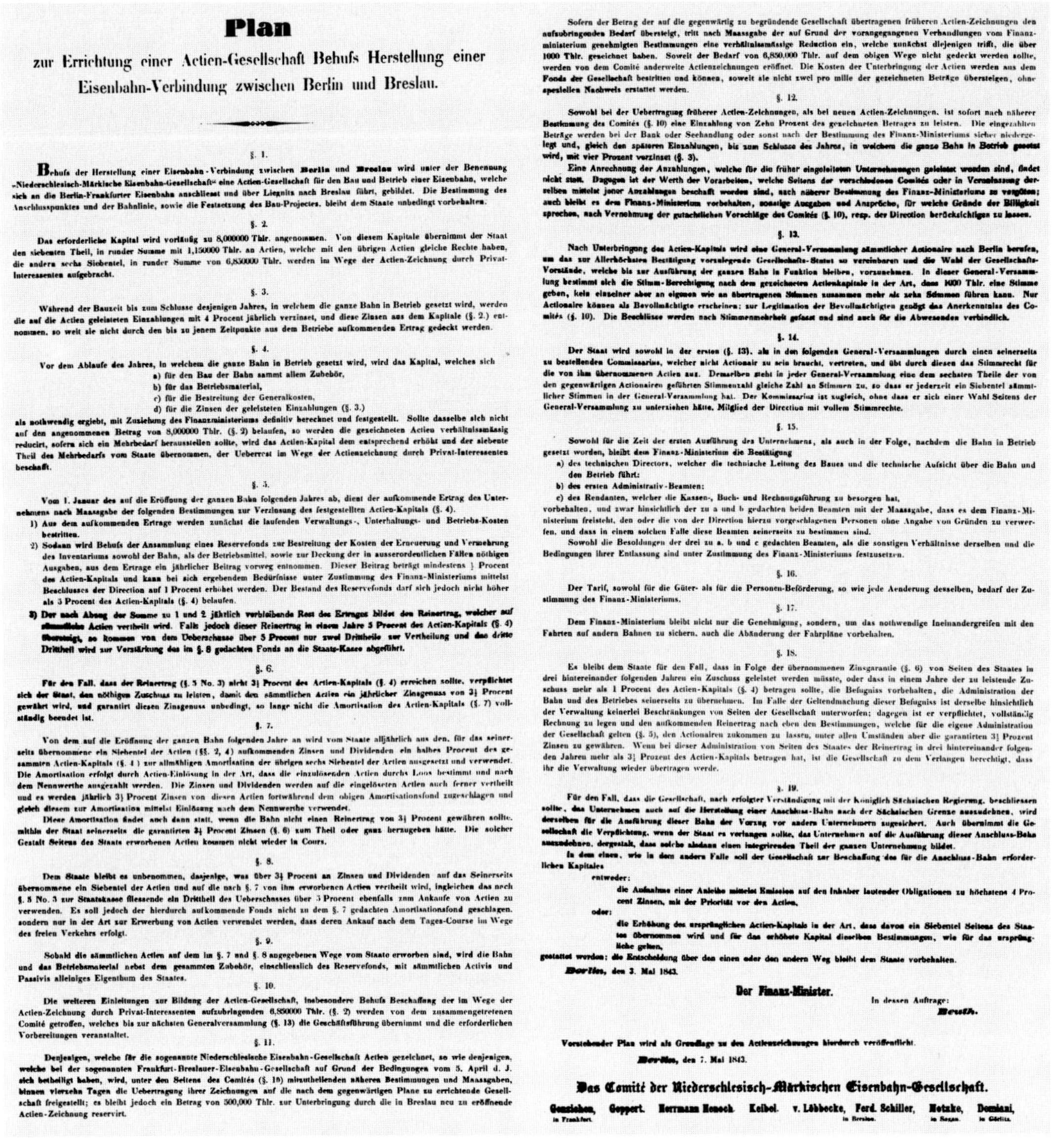

Plan

zur Errichtung einer Actien-Gesellschaft Behufs Herstellung einer Eisenbahn-Verbindung zwischen Berlin und Breslau.

§. 1.

Behufs der Herstellung einer Eisenbahn-Verbindung zwischen **Berlin** und **Breslau** wird unter der Benennung „Niederschlesisch-Märkische Eisenbahn-Gesellschaft" eine Actien-Gesellschaft für den Bau und Betrieb einer Eisenbahn, welche sich an die Berlin-Frankfurter Eisenbahn anschliesst und über Liegnitz nach Breslau führt, gebildet. Die Bestimmung des Anschlusspunktes und der Bahnlinie, sowie die Festsetzung des Bau-Projectes, bleibt dem Staate unbedingt vorbehalten.

§. 2.

Das erforderliche Kapital wird vorläufig zu 8,000000 Thlr. angenommen. Von diesem Kapitale übernimmt der Staat den siebenten Theil, in runder Summe mit 1,150000 Thlr. an Actien, welche mit den übrigen Actien gleiche Rechte haben, die andern sechs Siebentel, in runder Summe von 6,850000 Thlr. werden im Wege der Actien-Zeichnung durch Privat-Interessenten aufgebracht.

§. 3.

Während der Bauzeit bis zum Schlusse desjenigen Jahres, in welchem die ganze Bahn in Betrieb gesetzt wird, werden die auf die Actien geleisteten Einzahlungen mit 4 Procent jährlich verzinset, und diese Zinsen aus dem Kapitale (§. 2.) entnommen, so weit sie nicht durch den bis zu jenem Zeitpunkte aus dem Betriebe aufkommenden Ertrag gedeckt werden.

§. 4.

Vor dem Ablaufe des Jahres, in welchem die ganze Bahn in Betrieb gesetzt wird, wird das Kapital, welches sich

a) für den Bau der Bahn sammt allem Zubehör,
b) für das Betriebsmaterial,
c) für die Bestreitung der Generalkosten,
d) für die Zinsen der geleisteten Einzahlungen (§. 3.)

als nothwendig ergiebt, mit Zuziehung des Finanzministeriums definitiv berechnet und festgestellt. Sollte dasselbe sich nicht auf den angenommenen Betrag von 8,000000 Thlr. (§. 2) belaufen, so werden die gezeichneten Actien verhältnissmässig reducirt, sofern sich ein Mehrbedarf herausstellen sollte, wird das Actien-Kapital dem entsprechend erhöht und der siebente Theil des Mehrbedarfs vom Staate übernommen, der Ueberrest im Wege der Actienzeichnung durch Privat-Interessenten beschafft.

§. 5.

Vom 1. Januar des auf die Eröffnung der ganzen Bahn folgenden Jahres ab, dient der aufkommende Ertrag des Unternehmens nach Maassgabe der folgenden Bestimmungen zur Verzinsung des festgestellten Actien-Kapitals (§. 4).

1) Aus dem aufkommenden Ertrage werden zunächst die laufenden Verwaltungs-, Unterhaltungs- und Betriebs-Kosten bestritten.
2) Sodann wird Behufs der Ansammlung eines Reservefonds zur Bestreitung der Kosten der Erneuerung und Vermehrung des Inventariums sowohl der Bahn, als der Betriebsmittel, sowie zur Deckung der in ausserordentlichen Fällen nöthigen Ausgaben, aus dem Ertrage ein jährlicher Beitrag vorweg entnommen. Dieser Beitrag beträgt mindestens ½ Procent des Actien-Kapitals und kann bei sich ergebendem Bedürfnisse unter Zustimmung des Finanz-Ministeriums mittelst Beschlusses der Direction auf 1 Procent erhöhet werden. Der Bestand des Reservefonds darf sich jedoch nicht höher als 5 Procent des Actien-Kapitals (§. 4) belaufen.
3) Der nach Abzug der Summe zu 1 und 2 jährlich verbleibende Rest des Ertrages bildet den Reinertrag, welcher auf sämmtliche Actien vertheilt wird. Falls jedoch dieser Reinertrag in einem Jahre 5 Procent des Actien-Kapitals (§. 4) übersteigt, so kommen von dem Ueberschusse über 5 Procent nur zwei Drittheile zur Vertheilung und das dritte Drittheil wird zur Verstärkung des im §. 8 gedachten Fonds an die Staats-Kasse abgeführt.

§. 6.

Für den Fall, dass der Reinertrag (§. 5 No. 3) nicht 3½ Procent des Actien-Kapitals (§. 4) erreichen sollte, verpflichtet sich der Staat, den nöthigen Zuschuss zu leisten, damit den sämmtlichen Actien ein jährlicher Zinsgenuss von 3½ Procent gewährt wird, und garantirt diesen Zinsgenuss unbedingt, so lange nicht die Amortisation des Actien-Kapitals (§. 7) vollständig beendet ist.

§. 7.

Von dem auf die Eröffnung der ganzen Bahn folgenden Jahre an wird vom Staate alljährlich aus den, für das seinerseits übernommene ein Siebentel der Actien (§§. 2, 4) aufkommenden Zinsen und Dividenden ein halbes Procent des gesammten Actien-Kapitals (§. 4) zur allmähligen Amortisation der übrigen sechs Siebentel der Actien ausgesetzt und verwendet. Die Amortisation erfolgt durch Actien-Einlösung in der Art, dass die einzulösenden Actien durchs Loos bestimmt und nach dem Nennwerthe ausgezahlt werden. Die Zinsen und Dividenden werden auf die eingelöseten Actien auch ferner vertheilt und es werden jährlich 3½ Procent Zinsen von diesen Actien fortwährend dem obigen Amortisationsfond zugeschlagen und gleich diesem zur Amortisation mittelst Einlösung nach dem Nennwerthe verwendet.

Diese Amortisation findet auch dann statt, wenn die Bahn nicht einen Reinertrag von 3½ Procent gewähren sollte, mithin der Staat seinerseits die garantirten 3½ Procent Zinsen (§. 6) zum Theil oder ganz herzugeben hätte. Die solcher Gestalt Seitens des Staats erworbenen Actien kommen nicht wieder in Cours.

§. 8.

Dem Staate bleibt es unbenommen, dasjenige, was über 3½ Procent an Zinsen und Dividenden auf das Seinerseits übernommene ein Siebentel der Actien und auf die nach §. 7 von ihm erworbenen Actien vertheilt wird, ingleichen das nach §. 5 No. 3 zur Staatskasse fliessende ein Drittheil des Ueberschusses über 5 Procent ebenfalls zum Ankaufe von Actien zu verwenden. Es soll jedoch der hierdurch aufkommende Fonds nicht zu dem §. 7 gedachten Amortisationsfond geschlagen, sondern nur in der Art zur Erwerbung von Actien verwendet werden, dass deren Ankauf nach dem Tages-Course im Wege des freien Verkehrs erfolgt.

§. 9.

Sobald die sämmtlichen Actien auf dem im §. 7 und §. 8 angegebenen Wege vom Staate erworben sind, wird die Bahn und das Betriebsmaterial nebst dem gesammten Zubehör, einschliesslich des Reservefonds, mit sämmtlichen Activis und Passivis alleiniges Eigenthum des Staates.

§. 10.

Die weiteren Einleitungen zur Bildung der Actien-Gesellschaft, insbesondere Behufs Beschaffung der im Wege der Actien-Zeichnung durch Privat-Interessenten aufzubringenden 6,850000 Thlr. (§. 2) werden von dem zusammengetretenen Comité getroffen, welches bis zur nächsten Generalversammlung (§. 13) die Geschäftsführung übernimmt und die erforderlichen Vorbereitungen veranstaltet.

§. 11.

Denjenigen, welche für die sogenannte Niederschlesische Eisenbahn-Gesellschaft Actien gezeichnet, so wie denjenigen, welche bei der sogenannten Frankfurt-Breslauer-Eisenbahn-Gesellschaft auf Grund der Bedingungen vom 5. April d. J. sich betheiligt haben, wird, unter den Seitens des Comités (§. 10) mitzutheilenden näheren Bestimmungen und Maassgaben, binnen vierzehn Tagen die Uebertragung ihrer Zeichnungen auf die nach dem gegenwärtigen Plane zu errichtende Gesellschaft freigestellt; es bleibt jedoch ein Betrag von 500,000 Thlr. zur Unterbringung durch die in Breslau neu zu eröffnende Actien-Zeichnung reservirt.

Sofern der Betrag der auf die gegenwärtig zu begründende Gesellschaft übertragenen früheren Actien-Zeichnungen den aufzubringenden Bedarf übersteigt, tritt nach Maassgabe der auf Grund der vorangegangenen Verhandlungen vom Finanzministerium genehmigten Bestimmungen eine verhältnissmässige Reduction ein, welche zunächst diejenigen trifft, die über 1000 Thlr. gezeichnet haben. Soweit der Bedarf von 6,850,000 Thlr. auf dem obigen Wege nicht gedeckt werden sollte, werden von dem Comité anderweite Actienzeichnungen eröffnet. Die Kosten der Unterbringung der Actien werden aus dem Fonds der Gesellschaft bestritten und können, soweit sie nicht zwei pro mille der gezeichneten Beträge übersteigen, ohne speziellen Nachweis erstattet werden.

§. 12.

Sowohl bei der Uebertragung früherer Actien-Zeichnungen, als bei neuen Actien-Zeichnungen, ist sofort nach näherer Bestimmung des Comités (§. 10) eine Einzahlung von Zehn Prozent des gezeichneten Betrages zu leisten. Die eingezahlten Beträge werden bei der Bank oder Seehandlung oder sonst nach der Bestimmung des Finanz-Ministeriums sicher niedergelegt und, gleich den späteren Einzahlungen, bis zum Schlusse des Jahres, in welchem die ganze Bahn in Betrieb gesetzt wird, mit vier Prozent verzinset (§. 3).

Eine Anrechnung der Anzahlungen, welche für die früher eingeleiteten Unternehmungen geleistet worden sind, findet nicht statt. Dagegen ist der Werth der Vorarbeiten, welche Seitens der verschiedenen Comités oder in Veranlassung derselben mittelst jener Anzahlungen beschafft worden sind, nach näherer Bestimmung des Finanz-Ministeriums zu vergüten; auch bleibt es dem Finanz-Ministerium vorbehalten, sonstige Ausgaben und Ansprüche, für welche Gründe der Billigkeit sprechen, nach Vernehmung der gutachtlichen Vorschläge des Comités (§. 10), resp. der Direction berücksichtigen zu lassen.

§. 13.

Nach Unterbringung des Actien-Kapitals wird eine General-Versammlung sämmtlicher Actionaire nach Berlin berufen, um das zur Allerhöchsten Bestätigung vorzulegende Gesellschafts-Statut zu vereinbaren und die Wahl der Gesellschafts-Vorstände, welche bis zur Ausführung der ganzen Bahn in Funktion bleiben, vorzunehmen. In dieser General-Versammlung bestimmt sich die Stimm-Berechtigung nach dem gezeichneten Actienkapitale in der Art, dass 1000 Thlr. eine Stimme geben, kein einzelner aber an eigenen wie an übertragenen Stimmen zusammen mehr als zehn Stimmen führen kann. Nur Actionaire können als Bevollmächtigte erscheinen; zur Legitimation der Bevollmächtigten genügt das Anerkenntniss des Comités (§. 10). Die Beschlüsse werden nach Stimmenmehrheit gefasst und sind auch für die Abwesenden verbindlich.

§. 14.

Der Staat wird sowohl in der ersten (§. 13), als in den folgenden General-Versammlungen durch einen seinerseits zu bestellenden Commissarius, welcher nicht Actionair zu sein braucht, vertreten, und übt durch diesen das Stimmrecht für die von ihm übernommenen Actien aus. Demselben steht in jeder General-Versammlung eine dem sechsten Theile der von den gegenwärtigen Actionairen geführten Stimmenzahl gleiche Zahl an Stimmen zu, so dass er jederzeit ein Siebentel sämmtlicher Stimmen in der General-Versammlung hat. Der Kommissarius ist zugleich, ohne dass er sich einer Wahl Seitens der General-Versammlung zu unterziehen hätte, Mitglied der Direction mit vollem Stimmrechte.

§. 15.

Sowohl für die Zeit der ersten Ausführung des Unternehmens, als auch in der Folge, nachdem die Bahn in Betrieb gesetzt worden, bleibt dem Finanz-Ministerium die Bestätigung

a) des technischen Directors, welcher die technische Leitung des Baues und die technische Aufsicht über die Bahn und den Betrieb führt;
b) des ersten Administrativ-Beamten;
c) des Rendanten, welcher die Kassen-, Buch- und Rechnungsführung zu besorgen hat,

vorbehalten, und zwar hinsichtlich der zu a und b gedachten beiden Beamten mit der Maassgabe, dass es dem Finanz-Ministerium freisteht, den oder die von der Direction hierzu vorgeschlagenen Personen ohne Angabe von Gründen zu verwerfen, und dass in einem solchen Falle diese Beamten seinerseits zu bestimmen sind.

Sowohl die Besoldungen der drei zu a, b und c gedachten Beamten, als die sonstigen Verhältnisse derselben und die Bedingungen ihrer Entlassung sind unter Zustimmung des Finanz-Ministeriums festzusetzen.

§. 16.

Der Tarif, sowohl für die Güter- als für die Personen-Beförderung, so wie jede Aenderung desselben, bedarf der Zustimmung des Finanz-Ministeriums.

§. 17.

Dem Finanz-Ministerium bleibt nicht nur die Genehmigung, sondern, um das nothwendige Ineinandergreifen mit den Fahrten auf andern Bahnen zu sichern, auch die Abänderung der Fahrpläne vorbehalten.

§. 18.

Es bleibt dem Staate für den Fall, dass in Folge der übernommenen Zinsgarantie (§. 6) von Seiten des Staates in drei hintereinander folgenden Jahren ein Zuschuss geleistet werden müsste, oder dass in einem Jahre der zu leistende Zuschuss mehr als 1 Procent des Actien-Kapitals (§. 4) betragen sollte, die Befugniss vorbehalten, die Administration der Bahn und des Betriebes seinerseits zu übernehmen. Im Falle der Geltendmachung dieser Befugniss ist derselbe hinsichtlich der Verwaltung keinerlei Beschränkungen von Seiten der Gesellschaft unterworfen; dagegen ist er verpflichtet, vollständig Rechnung zu legen und den aufkommenden Reinertrag nach eben den Bestimmungen, welche für die eigene Administration der Gesellschaft gelten (§. 5), den Actionairen zukommen zu lassen, unter allen Umständen aber die garantirten 3½ Prozent Zinsen zu gewähren. Wenn bei dieser Administration von Seiten des Staates der Reinertrag in drei hintereinander folgenden Jahren mehr als 3½ Prozent des Actien-Kapitals betragen hat, ist die Gesellschaft zu dem Verlangen berechtigt, dass ihr die Verwaltung wieder übertragen werde.

§. 19.

Für den Fall, dass die Gesellschaft, nach erfolgter Verständigung mit der Königlich Sächsischen Regierung, beschliessen sollte, das Unternehmen auch auf die Herstellung einer Anschluss-Bahn nach der Sächsischen Grenze auszudehnen, wird derselben für die Ausführung dieser Bahn der Vorzug vor andern Unternehmern zugesichert. Auch übernimmt die Gesellschaft die Verpflichtung, wenn der Staat es verlangen sollte, das Unternehmen auf die Ausführung dieser Anschluss-Bahn auszudehnen, dergestalt, dass solche alsdann einen integrirenden Theil der ganzen Unternehmung bildet.

In dem einen, wie in dem andern Falle soll der Gesellschaft zur Beschaffung des für die Anschluss-Bahn erforderlichen Kapitales

entweder:

die Aufnahme einer Anleihe mittelst Emission auf den Inhaber lautender Obligationen zu höchstens 4 Procent Zinsen, mit der Priorität vor den Actien,

oder:

die Erhöhung des ursprünglichen Actien-Kapitals in der Art, dass davon ein Siebentel Seitens des Staates übernommen wird und für das erhöhete Kapital dieselben Bestimmungen, wie für das ursprüngliche gelten,

gestattet werden; die Entscheidung über den einen oder den andern Weg bleibt dem Staate vorbehalten.

Berlin, den 3. Mai 1843.

Der Finanz-Minister.

In dessen Auftrage:
Beuth.

Vorstehender Plan wird als Grundlage zu den Actienzeichnungen hierdurch veröffentlicht.

Berlin, den 7. Mai 1843.

Das Comité der Niederschlesisch-Märkischen Eisenbahn-Gesellschaft.

Gonsichen, in Frankfurt. Geppert. Herrmann Henoch. Keibel. v. Löbbecke, Ferd. Schiller, in Breslau. Hotzke, in Sagan. Demiani, in Görlitz.

des Finanzministers nahm das erforderliche Kapital auf 8 000 000 Taler an, von denen der Staat »in runder Summe 1 500 000 Thlr. an Actien« zeichnete. Das war eine großzügige Kapitalbereitstellung, und der Staat band sich dadurch zugleich an das kapitalistische Gewinnstreben einer Aktiengesellschaft. Des weiteren übernahm der Staat eine Zinsgarantie auf die Aktien. Während der Bauzeit waren es zunächst 4 Prozent, was üblich war und von allen Gesellschaften garantiert wurde. Entscheidend war der § 5: »Für den Fall, daß der Reinertrag(...) nicht $3\,^{1}/_{2}$ Procent des Aktien-Kapitals (§ 1) erreichen sollte, verpflichtet sich der Staat, den nöthigen Zuschuss zu leisten, damit den sämtlichen Actien ein jährlicher Zinsgenuss von $3\,^{1}/_{2}$Procent gewährt wird und garantiert diesen Zinsgenuss unbedingt...«

Aus dem preußischen Eisenbahngesetz von 1838 sowie aus der Denkschrift ROTHERS rührte die weitere Bestimmung her, daß der Staat nach der Eröffnung der Bahn aus seinem Gewinn-Anteil jährlich ein halbes Prozent der Aktien aufkauft, um dann nach und nach alle Aktien zu erwerben und Alleinbesitzer der Bahn zu werden. Die zum Nennwert zu kaufenden Aktien sollten durch Los bestimmt werden. Diese Bestimmung bedeutete für den Aktienbesitzer vor allem keinen Verlust.

Aufgrund seines hohen Anteils griff der Staat dann stärker als bei anderen Bahnen in die Geschäfte der Gesellschaft ein. Verwiesen sei nur auf sein Recht, den Fahrplan und die Tarife zu gestalten. Interessant aber bleibt, daß die Staatsbehörden einen Kommissar bestellten, der keine Order gab, sondern nur über sein Sechstel Aktien-Kapital als Vertreter des Aktienbesitzers mitbestimmte. Die Anerkennung dieser bürgerlichen Spielart beim Verfolg der Ziele des feudalen Staatsapparats sei hier besonders vermerkt.

Die Zeitungen würdigten dieses Vorgehen und sprachen von »einem bedeutenden Opfer des Staates«, der sich »neue Ansprüche auf den Dank des Publikums« verdient habe und bestimmt noch weitere Opfer tragen werde, um das »Zustandebringen des projektierten Eisenbahn-Netzes« in Bewegung zu bringen.[23] Um Protesten vorzubeugen, schrieben die Zeitungen aber auch, daß die Aktionäre sich nicht bereichern könnten. Das war Zweckoptimismus und hatte seinen Grund darin, daß Rückschläge und Wirtschaftskrisen noch nicht bekannt waren. Derartigen Aussagen wurde heftig widersprochen, und es wurde darauf verwiesen, daß die Sicherheit des angelegten Kapitals im Gegensatz zu anderen Gesellschaften auf jeden Fall garantiert sei.[24] Trotz weiterer Proteste der ehemaligen Aktienzeichner bei der Niederschlesischen Bahn wurde diese Gesellschaft am 22. Juni 1843 liquidiert.[25]

Der erwähnte Bericht der Direktion der Frankfurter Eisenbahngesellschaft an die Generalversammlung der Aktionäre am 15. April 1843 merkte an, daß der bisherige stellvertretende Direktor dieser Gesellschaft, Bankier B. RUBENS, aus der Direktion ausgeschieden sei, da er zum »Directionsmitglied der Niederschlesisch-Märkischen Eisenbahn-Gesellschaft» gewählt worden sei. Für den weiteren Vorgang ist das ein nicht unwichtiges Detail, das aber zugleich den Zusammenhang zwischen Frankfurter und Niederschlesisch-Märkischer Eisenbahn beleuchtet.

51 »Plan zur Errichtung einer Actien-Gesellschaft Behufs Herstellung einer Eisenbahn-Verbindung zwischen Berlin und Breslau« vom 7. Mai 1843 (StAP)

[23] Vossische Zeitung. – Berlin. – 15. Mai 1843
[24] Ebenda
[25] Ebenda, 26. Juni 1843

Die weitere Entwicklung der Gesellschaft stieß auf keine wesentlichen Hindernisse. Am 3. August 1843 versammelten sich die Aktionäre im »hiesigen Bahnhofsgebäude der Berlin-Frankfurter Eisenbahn« zu einer Generalversammlung, um über das Statut zu beraten und die Gesellschaftsvorstände zu wählen.[26] Der Entwurf dieses Dokuments wurde angenommen und bei den Behörden eingereicht. Am 27. November 1843 nahm diese Gesellschaft mit der »Konzessions- und Bestätigungsurkunde« offiziell die Geschäfte auf (Bild 52). Als deren Ziel hielt das Dokument fest: »Herstellung einer Eisenbahnverbindung zwischen Berlin und Breslau«.[27] Mit einem Aktienkapital von 8 Millionen Taler sollte ein erster Zweck erreicht und zugleich die Möglichkeit einer Eisenbahnverbindung über Liegnitz nach Dresden im Auge behalten werden. Dafür waren weitere 2 Millionen Taler in Aussicht genommen.

Das Statut beschrieb diesen Zweck ausführlicher und folgte im wesentlichen dem bereits bei der Frankfurter Eisenbahn behandelten Aufbau der Kapitalgesellschaft (Bild 53). Zahlreiche Änderungen ergaben sich aber infolge der Übernahme der Zinsgarantie durch den Staat. Der § 14 bestimmte: »Sollte der Staat in Folge der von ihm übernommenen Zinsgarantie (§ 25) genöthigt seyn, in drei auf einander folgenden Jahren einen Zuschuß zu leisten, oder sollte der Zuschuß in einem Jahr mehr als ein Prozent des Aktienkapitals übersteigen, so bleibt dem Königlichen Finanzministerio die Befugnis vorbehalten, die Administration der Bahn und des Betriebes seiner Seite zu übernehmen.«[28] Genauso war es möglich, daß die Administration nach drei weiteren, nun erfolgreichen Jahren an die Gesellschaft zurückgegeben werden mußte.

Die Auflösung der Gesellschaft sollte durch die beschriebene Amortisation der Aktien herbeigeführt werden. Allerdings konnte auch die Generalversammlung dies beschließen, aber nur unter Zustimmung des Finanzministers. Auch diesem Statut lagen die Muster einer Aktie (Bild 54), des ersten Zinskoupons (Bild 55) und das Schema der Dividendenscheine bei. Mit diesem Statut und als ein Teil der Konzession wurden auch »Bedingungen in Betreff der Benutzung der Eisenbahnen für militärische

Konzessions- und Bestätigungs-Urkunde für die Niederschlesisch-Märkische Eisenbahngesellschaft.

(Nebst Anlage, enthaltend: „Bedingungen in Betreff der Benutzung der Eisenbahnen für militairische Zwecke.")

De Dato Charlottenburg, den 27. November 1843.

Gedruckt bei A. W. Hayn.

Statut der Niederschlesisch-Märkischen Eisenbahngesellschaft.

De Dato Berlin, den 26. August 1843.

Gedruckt bei A. W. Hayn.

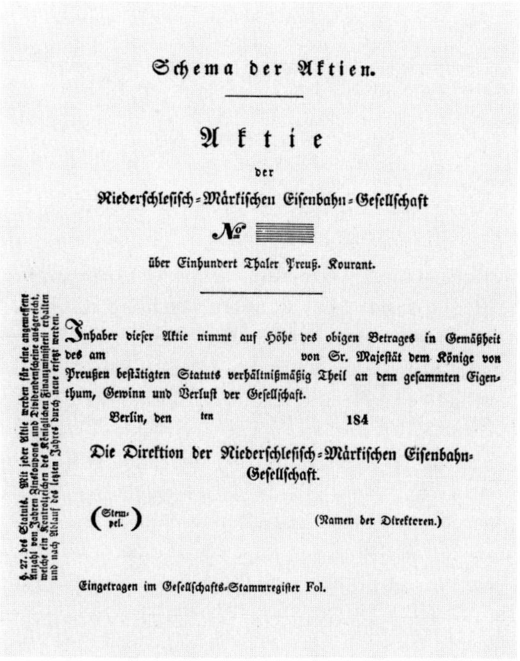
Schema der Aktien.

Aktie der Niederschlesisch-Märkischen Eisenbahn-Gesellschaft

№

über Einhundert Thaler Preuß. Kourant.

§. 27. des Statuts. Mit jeder Aktie werden für eine angemessene Anzahl von Jahren Zinskoupons und Dividendenscheine ausgereicht, welche ein Kontrolzeichen des Königlichen Finanzministerii erhalten und nach Ablauf des letzten Jahres durch neue ersetzt werden.

Inhaber dieser Aktie nimmt auf Höhe des obigen Betrages in Gemäßheit des am von Sr. Majestät dem Könige von Preußen bestätigten Statuts verhältnißmäßig Theil an dem gesammten Eigenthum, Gewinn und Verlust der Gesellschaft.

Berlin, den ten 184

Die Direktion der Niederschlesisch-Märkischen Eisenbahn-Gesellschaft.

(Stempel.) (Namen der Direkteren.)

Eingetragen im Gesellschafts-Stammregister Fol.

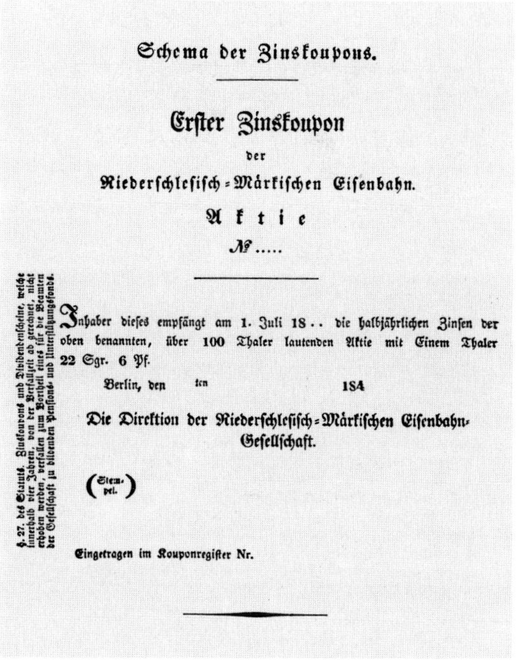
Schema der Zinskoupons.

Erster Zinskoupon der Niederschlesisch-Märkischen Eisenbahn.

Aktie

№.....

§. 27. des Statuts. Zinskoupons und Dividendenscheine, welche innerhalb vier Jahren, von der Verfallzeit ab gerechnet, nicht erhoben werden, verfallen zum Vortheil eines für die Beamten der Gesellschaft zu bildenden Pensions- und Unterstützungsfonds.

Inhaber dieses empfängt am 1. Juli 18.. die halbjährlichen Zinsen der oben benannten, über 100 Thaler lautenden Aktie mit Einem Thaler 22 Sgr. 6 Pf.

Berlin, den ten 184

Die Direktion der Niederschlesisch-Märkischen Eisenbahn-Gesellschaft.

(Stempel.)

Eingetragen im Kouponregister Nr.

52 Titelblatt »Konzessions- und Bestätigungs-Urkunde für die Niederschlesisch-Märkische Eisenbahngesellschaft« vom 27. November 1843 (ZStAM)

53 Titelblatt »Statut der Niederschlesisch-Märkischen Eisenbahngesellschaft« (ZStAM)

54 Muster der Aktien der Niederschlesisch-Märkischen Eisenbahngesellschaft (Ratsb.)

55 Muster des ersten Zinskupons (Ratsb.)

[26] Ebenda, 8. August 1843
[27] Gesetzessammlung für die Königlichen Preußischen Staaten. –1843. – S. 374
[28] Ebenda, S. 378

Zwecke« verabschiedet, die die neue Stellung des Staates, insbesondere des Militärs, zur Eisenbahn sinnfällig dokumentieren. Diese Bedingungen (Bild 56) enthielten die Verpflichtung, daß die Bahn »auf Verlangen der Militärbehörden« Transporte von »Waffen, Kriegs- und Verpflegungsbedürfnissen, sowie von Militäreffekten jeglicher Art« zu leisten habe. Die Militärverwaltung konnte sich dazu »eigener Transport- und Dampfwagen« bedienen. Es bleibt festzuhalten, daß derartige »Bedingungen« hier zum ersten Male vorlagen und die Eisenbahngesellschaft verpflichteten, ihre Einrichtungen darauf abzustimmen. Auch wenn die Militärbehörden noch keine eigenen Betriebs- und Transportmittel besaßen, so wurde diese Möglichkeit doch bereits erwogen.

Mit den notwendigen staatlichen Dokumenten und Verpflichtungen ausgerüstet, ging die Gesellschaft an die Verwirklichung des Bauplans. Am 29. November 1843 gab es die erste Auslobung des Angebots von Eisenbahnschienen (Bild 57), weitere folgten in den Zeitungen. Die Realisierung des Projekts soll hier nicht weiter verfolgt werden, da sie keinerlei Auswirkungen auf den Bahnhofsausbau in Berlin hatte.

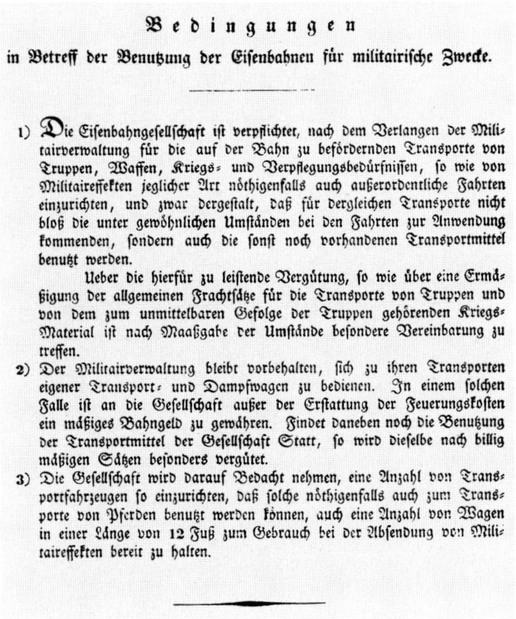

Bedingungen

in Betreff der Benutzung der Eisenbahnen für militairische Zwecke.

1) Die Eisenbahngesellschaft ist verpflichtet, nach dem Verlangen der Militairverwaltung für die auf der Bahn zu befördernden Transporte von Truppen, Waffen, Kriegs- und Verpflegungsbedürfnissen, so wie von Militaireffekten jeglicher Art nöthigenfalls auch außerordentliche Fahrten einzurichten, und zwar dergestalt, daß für dergleichen Transporte nicht bloß die unter gewöhnlichen Umständen bei den Fahrten zur Anwendung kommenden, sondern auch die sonst noch vorhandenen Transportmittel benutzt werden.

Ueber die hierfür zu leistende Vergütung, so wie über eine Ermäßigung der allgemeinen Frachtsätze für die Transporte von Truppen und von dem zum unmittelbaren Gefolge der Truppen gehörenden Kriegs-Material ist nach Maaßgabe der Umstände besondere Vereinbarung zu treffen.

2) Der Militairverwaltung bleibt vorbehalten, sich zu ihren Transporten eigener Transport- und Dampfwagen zu bedienen. In einem solchen Falle ist an die Gesellschaft außer der Erstattung der Feuerungskosten ein mäßiges Bahngeld zu gewähren. Findet daneben noch die Benutzung der Transportmittel der Gesellschaft Statt, so wird dieselbe nach billig mäßigen Sätzen besonders vergütet.

3) Die Gesellschaft wird darauf Bedacht nehmen, eine Anzahl von Transportfahrzeugen so einzurichten, daß solche nöthigenfalls auch zum Transporte von Pferden benutzt werden können, auch eine Anzahl von Wagen in einer Länge von 12 Fuß zum Gebrauch bei der Absendung von Militaireffekten bereit zu halten.

56 »Bedingungen in Betreff der Benutzung der Eisenbahnen für militairische Zwecke« (Ratsb.)

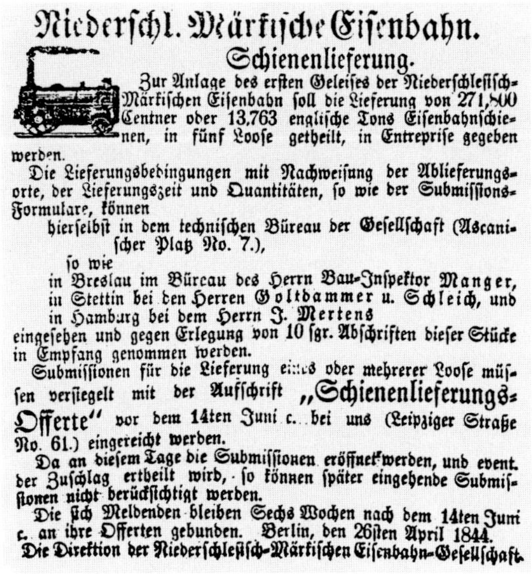

Niederschl. Märkische Eisenbahn.

Schienenlieferung.

Zur Anlage des ersten Geleises der Niederschlesisch-Märkischen Eisenbahn soll die Lieferung von 271,800 Centner oder 13,763 englische Tons Eisenbahnschienen, in fünf Loose getheilt, in Entreprise gegeben werden.

Die Lieferungsbedingungen mit Nachweisung der Ablieferungsorte, der Lieferungszeit und Quantitäten, so wie der Submissions-Formulare, können
hierselbst in dem technischen Büreau der Gesellschaft (Ascanischer Platz No. 7.),
so wie
in Breslau im Büreau des Herrn Bau-Inspektor Manger,
in Stettin bei den Herren Goltdammer u. Schleich, und
in Hamburg bei dem Herrn J. Mertens
eingesehen und gegen Erlegung von 10 sgr. Abschriften dieser Stücke in Empfang genommen werden.

Submissionen für die Lieferung eines oder mehrerer Loose müssen versiegelt mit der Aufschrift „Schienenlieferungs-Offerte" vor dem 14ten Juni c. bei uns (Leipziger Straße No. 61.) eingereicht werden.

Da an diesem Tage die Submissionen eröffnet werden, und event. der Zuschlag ertheilt wird, so können später eingehende Submissionen nicht berücksichtigt werden.

Die sich Meldenden bleiben Sechs Wochen nach dem 14ten Juni c. an ihre Offerten gebunden. Berlin, den 26sten April 1844.

Die Direktion der Niederschlesisch-Märkischen Eisenbahn-Gesellschaft.

57 Auslobung von Materialien für den Bahnbau (aus: Vossische Zeitung)

Die große Spekulation

Bereits der Plan des Finanzministers vom 7. Mai 1843 sprach von einer Eisenbahnverbindung zwischen Berlin und Breslau, und das Statut vom 27. November verpflichtete die NME, »sich an die Berlin-Frankfurter Eisenbahn« anzuschließen. Beide logisch klingenden Bestimmungen zwangen die Direktion der NME in ein Korsett, das zu einer der größten Aktienspekulationen im Preußen der vierziger Jahre des 19. Jahrhunderts führte.

Noch bevor das Statut die königliche Bestätigung erhalten hatte, begannen sich die Spekulanten in den Tageszeitungen zu melden, um andere an sich zu ziehen oder zu übereilten Aktienkäufen zu verleiten. Die Aktienspekulation wurde infolge des Baus dieser Bahn zum Hauptthema in den Handelsnachrichten der Tageszeitungen. Und die Direktion der Frankfurter Eisenbahngesellschaft leistete ihren Beitrag, indem sie die Preise in die Höhe trieb. Nach Bekanntwerden des Planes des Finanzministers stieg an der Berliner Börse der Kurs pro Aktie dieser Gesellschaft auf 128 Prozent. Angesichts dieser Tatsache und der noch unsicheren Geschäftslage riet ein nicht genannter Spekulant am 19. Juli 1843 allen Aktienbesitzern zum Verkauf der Aktien der Frankfurter Eisenbahngesellschaft.[29] Ihm antwortete am 4. August ein anderer, ebenfalls anonymer Spekulant, indem er warnend die Hände hob. Er betonte, daß die NME noch gar nicht konzessioniert sei und die Aktieneinzahlungen nur zu 10 Prozent geleistet worden seien und schon treibe die Spekulation die Quittungsbogen von $105\,^1/_2$ auf $107\,^1/_2$ Prozent. Weiterhin machte er darauf aufmerksam, daß die Köln-Mindener Eisenbahn 13 Millionen Taler brauchte, die Potsdam-Magdeburger 9 Millionen Taler usw. Insgesamt würden für die Kapitalgesellschaften im Eisenbahnbau 35 bis 40 Millionen preußische Taler gebraucht.[30] Aber diese Argumente fruchteten nicht. Sie konnten es auch nicht, denn für die Gesellschaften stand nicht so sehr der Bau der Bahnen im Vordergrund, als vielmehr der Gewinn und die Spekulation. Bau und Betrieb galten nur als das Mittel, rasch Profit zu machen. Den Kritiken der Befürworter der Staatsbahnprojekte an diesem Verhalten kann auch heute noch zugestimmt werden, denn die kapitalistische Wirtschaft konnte sich bei dem Wesen des preußischen Staates nicht anders durchsetzen. Entsprechend den noch halbfeudalen Produktionsverhältnissen konnte nur dieser Weg gegangen werden. Er stärkte die bürgerlichen Kräfte und unterminierte die Position des Adels. Diese historische Konstellation am Schnittpunkt zweier gesellschaftlicher Prozesse drängte nach einer Lösung.

Am 5. Dezember 1843 analysierte ein Einsender in der »Vossischen Zeitung« das Geschäftsgebahren der Berlin-Frankfurter Eisenbahngesellschaft. Auch wenn er mit seinen Berechnungen aufgrund mangelnden Zahlenmaterials nicht immer das Richtige traf, machte er sehr wohl darauf aufmerksam, daß die Bahn so rentabel nicht sei, wie die Direktion verkünde, und daß die 5 Prozent Zinsen sowie eine Dividende von der Bahn gar nicht getragen werden könnten. So »mancher Privatmann (wird) veranlaßt ... Aktien zu dem jetzigen hohen Course zu kaufen ...«, aber das diene nur der Spekulation.[31]

Das war richtig, aber die Spekulation hatte den Zweck, den Verkaufspreis der Bahn an die NME in die Höhe zu treiben, die Ursache dafür

[29] Vossische Zeitung. – Berlin. – 19. Juli 1843
[30] Ebenda, 4. August 1843
[31] Ebenda, 5. Dezember 1843

lag im Statut. Der Wert der Anlagen stellte eine einschätzbare Größe dar, doch mußte der Ertrag bei der kurzen Betriebszeit mit noch wenig Erfahrungen schwer berechenbar bleiben. Alles tendierte dahin, den Kurs der Aktien an der Börse als Größe des wirtschaftlichen Wertes anzuerkennen. Trieb man diesen Kurs in die Höhe – als Ausdruck der wirtschaftlichen Bedeutung der Bahn –, dann müßte der Verkaufserlös für die Aktionäre ebenfalls steigen.

Auch andere Kapitalgesellschaften dachten im Hinblick auf mögliche Erweiterungen der Anlagen und einen sich nur langsam abzeichnenden Verkehrsverbund einzelner Gesellschaften in die gleiche Richtung. So registrierte die Börse in Berlin im Februar 1844 folgende Kursentwicklung für eine Aktie von 100 Taler:

155 % bei Berlin-Frankfurter Eisenbahnaktien und 7 % Dividende,
145 % bei Berlin-Anhalter Eisenbahnaktien und 6 % Dividende,
170 % bei Berlin-Potsdamer Eisenbahnaktien und 6 % Dividende,
140 % bei Österreichischer Nordbahn-Eisenbahnaktien und 5 % Dividende.[32]

Die Hektik der Spekulanten nahm von Monat zu Monat zu. Es gab Anzeichen von Kapitalmangel, und trotzdem bildeten sich neue Gesellschaften. So trat im Februar 1844 ein »Verein zur Vorbereitung und Förderung einer Eisenbahn-Verbindung von Berlin mit Königsberg« an die Öffentlichkeit (Bild 58).

Wie eine Antwort auf Vermutungen um die Betriebsergebnisse der Berlin-Frankfurter Eisenbahn veröffentlichte diese am 24. Februar 1844 die Ankündigung der Auszahlung von 2 Prozent Dividende zusätzlich zu den 5 Prozent Zinsen (Bild 59). Die Generalversammlung am 15. April 1844 stand dann auch nur unter einem Thema: der Vereinigung beider Bahngesellschaften. Zwischen den Zeilen der Berichterstattung klang jedoch durch, daß das Angebot, die Bahnlinie für den Preis der Anlagen und 20 Prozent Aufschlag auf die Aktien zu verkaufen, deshalb abgelehnt wurde, weil »der wirkliche Wert der Aktien beider Bahnen zur Zeit noch nicht festzustellen gewesen sei«.[33]

Im Juli 1844 stiegen die Aktien der Berlin-Frankfurter Bahn auf 147 Prozent, die der NME auf 111. Das führte zu öffentlichen Anfragen, da die nun fast feststehende Vereinigung doch beiden Gesellschaften Vorteile brächte. Aber dabei wurde vergessen, daß die NME aus der Frankfurter Gesellschaft hervorgegangen war und ihre Aktionäre und selbst verschiedene Direktionsmitglieder aus dem gleichen Kreis der Berliner Geschäftswelt kamen. Zudem konnte nur mit der Frankfurter Bahn spekuliert werden, denn der Weg nach Breslau führte nun einmal über Frankfurt (Oder), und so hatten ihn die staatlichen Stellen festgelegt. Eine zweite Bahnlinie war nicht zu bauen und die Frage des Übergangs von einer Bahn zur anderen in Frankfurt (Oder) kaum zu klären. Im November 1844 stiegen die Aktien der Berlin-Frankfurter Bahn auf 159 Prozent. Am 15. November meldete die »Vossische Zeitung«, daß die Direktion und der Verwaltungsrat der Frankfurter Eisenbahngesellschaft bereit wären, die Stammaktien ihrer Gesellschaft in neu aufzulegende Prioritätsaktien der NME zu 162 1/2 Prozent umzuwandeln und so die Bahn zu verkaufen. Einzelnen war dies noch nicht genug, sie meinten, so auf weitere Möglichkeiten zu verzichten und forderten die Umwandlung der Stammaktie zu 100 Taler in Prioritätsaktien der NME mit einem Gegenwert von 200 Taler bei Zusicherung einer Zinsgarantie durch den Staat.[34]

Angesichts dieser überhöhten Forderungen mußte schnell gehandelt werden, da sonst die Spekulation ins uferlose zu steigen drohte. Am 18. November kam es auf einer Konferenz der Verwaltungsräte beider Gesellschaften zu einer Einigung über den Umtausch der Stammaktien der Frankfurter Gesellschaft in Prioritätsaktien der NME zum Kurs von 162 1/2 Prozent. Am 14. Dezember folgte die Generalversammlung der Aktionäre der Frankfurter Gesellschaft, die unter diesen Bedingungen ihre Auflösung beschließen sollte. Zu dieser Versammlung erschienen jedoch nur Besitzer von 13 968 Aktien, die über 1116 Stimmen verfügten. Die Versammlung war stimmunfähig und mußte am 7. Januar 1845 wiederholt werden. Auf ihr muß es zu heftigen Auseinandersetzungen gekommen sein, denn einige der Spekulanten versuchten, ihre Forderungen nach höherem Profit auch weiterhin durchzusetzen. Der Vorsitzende des Verwaltungsrats, Major VON BUDDENBROCK, faßte den Verhandlungsstandpunkt nach einem Zeitungsbericht wie folgt zusammen: »Der Frankfurter Bahn erwächst der Vortheil einer sicheren Rente statt einer variablen, und somit das Vermeiden aller künftigen Wechselfälle. Nicht immer dürfte auch auf eine Direktion zu zählen sein, welche sich ihrem Beruf mit solchem Eifer hingäbe«.[35] Dahinter lag eine leise Drohung, den Bogen nicht zu überspannen, denn das Geld für die Umwandlung der Aktien mußte die Gesellschaft der NME auf dem Kapitalmarkt ja noch beschaffen. Interessant ist jene Stelle des Berichts, aus der hervorgeht, daß die Direktion ursprünglich nur 50 Prozent verlangt hätte, was der Finanzminister

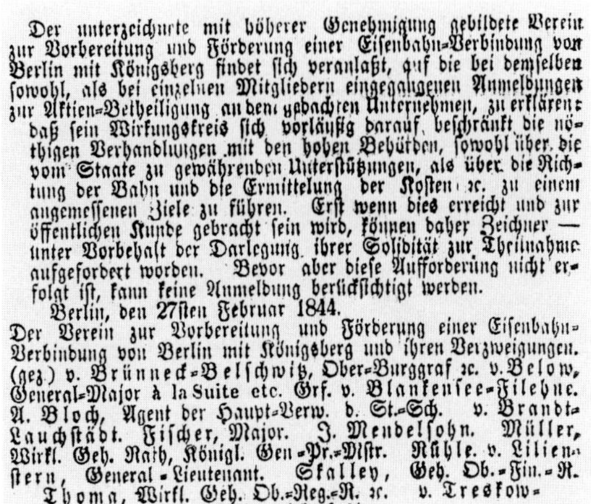
Der unterzeichnete mit höherer Genehmigung gebildete Verein zur Vorbereitung und Förderung einer Eisenbahn-Verbindung von Berlin mit Königsberg findet sich veranlaßt, auf die bei demselben sowohl, als bei einzelnen Mitgliedern eingegangenen Anmeldungen zur Aktien-Betheiligung an dem gedachten Unternehmen, zu erklären: daß sein Wirkungskreis sich vorläufig darauf beschränkt die nöthigen Verhandlungen mit den hohen Behörden, sowohl über die vom Staate zu gewährenden Unterstützungen, als über die Richtung der Bahn und die Ermittelung der Kosten rc. zu einem angemessenen Ziele zu führen. Erst wenn dies erreicht und zur öffentlichen Kunde gebracht sein wird, können daher Zeichner — unter Vorbehalt der Darlegung ihrer Solidität zur Theilnahme aufgefordert worden. Bevor aber diese Aufforderung nicht erfolgt ist, kann keine Anmeldung berücksichtigt werden.

Berlin, den 27sten Februar 1844.

Der Verein zur Vorbereitung und Förderung einer Eisenbahn-Verbindung von Berlin mit Königsberg und ihren Verzweigungen. (gez.) v. Brünneck-Belschwitz, Ober-Burggraf rc. v. Below, General-Major à la Suite etc. Grf. v. Blankensee-Filehne. A. Bloch, Agent der Haupt-Verw. d. St.-Sch. v. Brandt-Lauchstädt. Fischer, Major. J. Mendelsohn. Müller, Wirkl. Geh. Rath, Königl. Gen.-Pr.-Mstr. Rühle v. Lilienstern, General-Lieutenant. Skalley, Geh. Ob.-Fin.-R. Thoma, Wirkl. Geh. Ob.-Reg.-R. rc. v. Treskow-Friedrichsfelde.

58 Anzeige in der Vossischen Zeitung über die Bildung des Vereins zur Vorbereitung und Förderung einer Eisenbahn-Verbindung von Berlin mit Königsberg

Berlin-Frankfurter Eisenbahn.

Auf den Antrag der Direktion unserer Gesellschaft (§. 55. des Statuts) haben wir aus den Betriebs-Ueberschüssen, außer den bereits für die Coupons berichtigten 5 pCt. Zinsen, noch die Bezahlung einer Dividende von 2 pCt. auf den Dividendenschein pro 1843 beschlossen. (§. 39. ibidem.) Die Aktionaire werden daher ersucht, in unserer Haupt-Kasse auf dem hiesigen Bahnhofe in den Tagen vom 1sten bis 15ten April, mit Ausnahme der Sonn- und Festtage, Morgens 9 bis 1 Uhr, die Dividendenscheine pro 1843 mit einem, nach den Nummern geordneten Verzeichnisse einzureichen, und den Betrag mit 2 thlr. für das Stück sofort dafür in Empfang zu nehmen. Die bis zum 15ten April c. nicht abgehobenen Dividenden, können erst im nächsten gewöhnlichen Zinszahlungstermine im August c. erhoben werden.

Der Bericht der Direktion zur bevorstehenden gewöhnlichen General-Versammlung wird die Nachweisung der Betriebs-Rechnung so wie diejenige Summe, welche ultimo Dezember 1843 in den Reserve-Fonds gelegt worden ist, zur Kenntniß der Aktionaire bringen. Berlin, den 24sten Februar 1844.

Der Verwaltungsrath der Berlin-Frankfurter Eisenbahngesellschaft.
v. Buddenbrock, als Vorsitzender.

59 Ankündigung der Berlin-Frankfurter Eisenbahn-Gesellschaft in der Vossischen Zeitung zur Auszahlung der Dividende

[32] Ebenda, 6. Februar 1844
[33] Ebenda, 18. April 1844
[34] Ebenda, 15. November 1844
[35] Ebenda, 10. Januar 1845

aber »entschieden abgelehnt« habe. Offensichtlich wollte man nun zu Ende kommen und den als für den preußischen Staat wichtig angesehenen Bahnbau vorantreiben und ihn nicht durch weitere Spekulationen gefährden. Der Antrag zur Umwandlung fand mit 1021 von 1022 Stimmen seine Zustimmung. Damit fiel die wichtigste Entscheidung zur Vereinigung beider Gesellschaften.

Zum 17. April 1845 erhielten die Aktionäre der NME eine Einladung zur Generalversammlung. Auch sie hatten über den Verkauf abzustimmen: »Inhalt dessen die Berlin-Frankfurter Eisenbahn mit ihrem ganzen Vermögen der Berlin-Frankfurter Eisenbahn Gesellschaft dem diesseitigen Gesellschaftsvermögen einverleibt, und dagegen die Berlin-Frankfurter Stamm-Aktien zum Course von 162 $^1/_2$ pCt. in Prioritäts-Aktien der Niederschlesisch-Märkischen Eisenbahn-Gesellschaft umgeschrieben werden sollen« (Bild 60). Die Versammlung beschloß demgemäß. Am 27. Juni 1845 erhielt dieser Vertrag seine »Allerhöchste Genehmigungs- und Bestätigungsurkunde« (Bild 61). Sie enthielt zugleich die Genehmigung, daß für die Beschaffung des notwendigen Kapitals (2 200 000 Taler Stammaktien, 600 000 Taler Prioritätsaktien der Frankfurter Gesellschaft sowie 62 $^1/_2$ Prozent Spekulationsgewinn) Prioritätsaktien im Werte von 4 175 000 Reichstaler aufgelegt werden sollten. Ein Nachtrag zum Statut der NME nahm diese Bestimmung auf und wies aus, daß die Prioritätsaktien der Frankfurter Gesellschaft gekündigt worden waren und ihre Besitzer solche der NME erhielten. Beide Arten von Prioritätsaktienbesitzern hatten die gleichen Rechte und erhielten 4 Prozent Zinsen pro Jahr garantiert. Die Aktien unterlagen der Amortisation bis zum Jahre 1906. Dem Nachtrag zum Statut lag das Schema der neuen Prioritätsaktie bei (Bild 62).

Betrachtet man diesen Vorgang von der finanziellen Seite, so hat ein Aktienbesitzer der Berlin-Frankfurter Eisenbahngesellschaft grob gerechnet folgendes Geschäft gemacht: drei Jahre 5 Prozent Zinsen = 15 Taler; zwei

Niederschlesisch=Märkische Eisenbahn.

Bei Konstituirung der Niederschlesisch-Märkischen Eisenbahn-Gesellschaft ist bereits von der General=Versammlung eine Vereinigung der Berlin=Frankfurter mit der Niederschlesisch=Märkischen Eisenbahn als höchst wünschenswerth anerkannt und in Folge dessen im §. 3. der Statuten den Vorständen der Gesellschaft die Befugniß beigelegt worden, die Bedingungen der Vereinigung mit Zustimmung des Königl. Finanz=Ministerii festzustellen. Es sind deshalb zur Erreichung dieses Zweckes Unterhandlungen mit der Berlin=Frankfurter Eisenbahn=Gesellschaft angeknüpft worden, die zur Verabredung eines Vertrages geführt haben, Inhalts dessen die Berlin=Frankfurter Eisenbahn mit dem gesammten Vermögen der Berlin=Frankfurter Eisenbahn=Gesellschaft dem diesseitigen Gesellschafts=Vermögen einverleibt, und dagegen die Berlin=Frankfurter Stamm=Aktien zum Course von 162½ pCt. in Prioritäts=Aktien der Niederschlesisch=Märkischen Eisenbahn=Gesellschaft umgeschrieben werden sollen.

Um über die Genehmigung dieses Vertrages zu beschließen, laden wir die Aktionaire der Niederschlesisch=Märkischen Eisenbahn=Gesellschaft hierdurch zu einer außerordentlichen General=Versamlung ein, die

am 17ten April d. J.,

Nachmittags 5 Uhr, im hiesigen Börsenhause

abgehalten werden soll.

Nach §. 42. der Statuten der Niederschlesisch=Märkischen Eisenbahn=Gesellschaft sind dieser General=Versammlung beizuwohnen und darin die Rechte der Aktionaire auszuüben nur diejenigen berechtigt, welche spätestens 8 Tage vor der Versammlung die auf ihren Namen lautenden oder ihnen gehörig cedirten Quittungsbogen in dem Bureau der Gesellschaft, zu Berlin, Leipziger Straße No. 61., oder sonst auf eine der Direktion genügende Weise niederlegen und dadurch die Zahl der Stimmen, zu welchen sie berechtigt sind, nachweisen. Hierüber empfangen sie eine Bescheinigung, welche zugleich als Einlaßkarte in die Versammlung dient und gegen deren Rückgabe die deponirten Quittungsbogen in den nächsten Tagen nach der General=Versammlung im Gesellschafts=Bureau in Empfang genommen werden können. — Es steht jedoch den Aktionairen auch frei, ihre Quittungsbogen spätestens acht Tage vor der General=Versammlung bei dem Rendanten Riese im hiesigen Gesellschafts=Bureau, Leipziger Str. 61., anzumelden und vorzuzeigen, die Quittungsbogen selbst aber in ihrem Besitz zu behalten. Dieselben empfangen über die geschehene Anmeldung eine Bescheinigung, die gleichfalls als Einlaßkarte in die Generalversammlung dient, sie sind aber schuldig, alsdann außer der Bescheinigung die Quittungsbogen selbst beim Eintritt in die Versammlung dem Rendanten Riese, der dieselben nach den Nummern des bei der Anmeldung aufgenommenen Verzeichnisses vergleichen wird, vorzuzeigen.

Berlin, den 14. März 1845.

Die Direktion der Niederschlesisch=Märkischen Eisenbahngesellschaft.

60 *Einladung zur Generalversammlung der Aktionäre der Niederschlesisch-Märkischen Eisenbahngesellschaft am 17. April 1845 (aus: Vossische Zeitung)*

Allerhöchste

Genehmigungs=

und

Bestätigungsurkunde

die

Vereinigung der Berlin=Frankfurter mit der Niederschlesisch=Märkischen Eisenbahngesellschaft betreffend.

De Dato Charlottenhof, den 27. Juni 1845.

Gedruckt in der Deckerschen Geheimen Ober=Hofbuchdruckerei.

61 *Titelblatt »Allerhöchste Genehmigungs- und Bestätigungsurkunde ...« vom 27. Juni 1845 (ZStAM)*

PRIORITÄTS - ACTIE
der
Niederschlesisch-Märkischen Eisenbahn-Gesellschaft.

Ser.

Jeder Actie sind zwanzig Coupons auf zehn Jahre beigefügt.

No.

Wegen Erneuerung der Coupons nach Ablauf von zehn Jahren erfolgen jedesmal besondere Bekanntmachungen.

über

100 Thaler Preuß. Courant.

Inhaber dieser Actie hat auf Höhe des obigen Betrages von *Einhundert Thaler Preufs. Courant* Antheil an dem in Gemäfsheit Allerhöchster Genehmigung und nach den Bestimmungen des umstehenden Planes emittirten Capitale von Vier Millionen, Einhundert fünf und siebenzig Tausend Thalern Prioritäts-Actien der Niederschlesisch-Märkischen Eisenbahn-Gesellschaft.

Berlin, den ten 184

Die Direction der Niederschlesisch-Märkischen Eisenbahn-Gesellschaft.

von Maassen. Mannkopff. Rubens. Schimmelfennig. Fournier. Riedel. Furbach.

(Stempel.)

Der Rendant.

. . . .

Eingetragen

im Actienbuche Fol.

62 *Schema der Prioritätsaktie der Niederschlesisch-Märkischen Eisenbahngesellschaft zum Ankauf der Berlin-Frankfurter Eisenbahn-Gesellschaft (Ratsb.)*

Jahre 2 Prozent Dividende = 4 Taler; Umwandlung der Aktien = $62\,^1/_2$ Taler; zusammen also mindestens $81\,^1/_2$ Taler Gewinn auf 1 Aktie zu 100 Taler. Der Aktienbesitz blieb garantiert und weiterhin zu 4 Prozent verzinst. Das mußte im preußischen Behördenapparat Gegenkräfte hervorrufen, die die Gewinnmöglichkeit für den Staat sichern wollten. Diese einmalige und große Aktienspekulation beleuchtet die ungebändigte Kraft kapitalistischer Gesellschaften gegenüber dem noch halbfeudalen preußischen Staatsapparat, der dem hilflos gegenüberstand.

»In Geldsachen hört die Gemütlichkeit auf«

Die Niederschlesisch-Märkische Eisenbahngesellschaft bestand seit dem Juni 1845 aus zwei Abteilungen, der ehemaligen Frankfurter Bahn und der Baustelle der neuen Linie. Auf dem Bahnhof in Berlin vollzogen sich keine Änderungen, die Anlagen bis Frankfurt (Oder) galten zunächst als ausreichend. Infolge der Einrichtung einer Postexpedition erhielt die Bahnhofsanlage in Berlin den Namen »Frankfurter Bahnhof«. Dieser Name galt etwa seit Oktober 1843 bis zum Jahre 1881. Zwar hatte sich umgangssprachlich der neue Name »Niederschlesisch-Märkischer Bahnhof« eingebürgert, doch war das nicht die korrekte Bezeichnung. Im Geschäftsverkehr hieß die Anlage »Berliner Bahnhof der Niederschlesisch-Märkischen Eisenbahn«. Diese scheinbare Verwirrung, die zu vielen unkorrekten Bezeichnungen bis in die Gegenwart Anlaß gegeben hat, beruht auf der damals üblichen Art der Namensgebung der Berliner Bahnhöfe. Es gab – wie überall in der Anfangsphase der Eisenbahnen – in den Städten, die von mehreren Eisenbahnstrecken berührt wurden, keinen Zentralbahnhof, und die Kopfbahnhöfe als Endpunkte erhielten die Bezeichnung der Bahnlinien (Anhaltinische), oder sie waren nach den anderen Endpunkten (Stettiner, Potsdamer usw.) der Linie benannt. Das ist umgangssprachlich auch auf diese Bahnanlage übertragen worden, vom dokumentarischen Beleg aber nicht haltbar.

Die NME hatte den Bahnbau im Frühjahr 1843 in Breslau begonnen, da die Einleitung des Verkehrs über Frankfurt (Oder) nach Berlin noch offen war. Er lag in den Händen des Königlichen Bauinspektors und Baudirektors der NME, HENZ. Die Einzelheiten dieser Bauphase sollen nicht Gegenstand dieses Buches sein, hier kommt es nur auf die allgemeinen Konturen an. Als erstes Teilstück der Strecke konnte am 19. Oktober 1844 der Abschnitt Breslau—Liegnitz in Betrieb genommen werden. Der »Bericht über den Stand des Niederschlesisch-Märkischen Eisenbahn-Unternehmens«, erstattet im September 1846 (es war der dritte Bericht dieser Art, frühere waren bisher nicht zu ermitteln), konnte feststellen, daß der Betrieb auf der Strecke von Berlin nach Frankfurt (Oder) rückwirkend seit dem 1. Januar 1845 in die Regie dieses Unternehmens übergegangen und der Streckenabschnitt von Liegnitz nach

No. 3.

Bericht

über

den Stand des Niederschlesisch-Märkischen Eisenbahn-Unternehmens,

erstattet

im September 1846.

Form. No. 190

63 *Titelblatt »Bericht über den Stand des Niederschlesisch-Märkischen Eisenbahn-Unternehmens« vom September 1846 (StAP)*

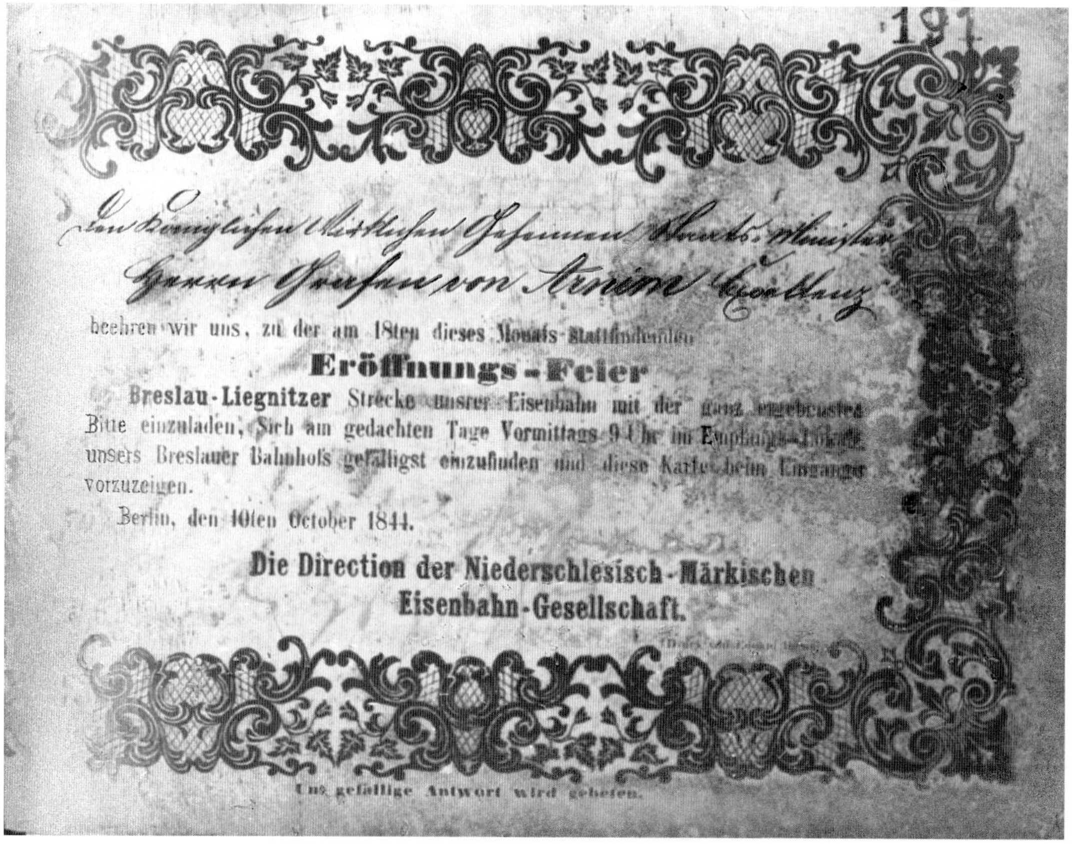

191

Dem Königlichen Wirklichen Geheimen Staats-Minister Herrn Grafen von Arnim Excellenz

beehren wir uns, zu der am 18ten dieses Monats stattfindenden

Eröffnungs-Feier

der Breslau-Liegnitzer Strecke unserer Eisenbahn mit der ganz ergebensten Bitte einzuladen, Sich am gedachten Tage Vormittags 9 Uhr im Empfangs-Lokale unsers Breslauer Bahnhofs gefälligst einzufinden und diese Karte beim Eingange vorzuzeigen.

Berlin, den 10ten October 1844.

Die Direction der Niederschlesisch-Märkischen Eisenbahn-Gesellschaft.

Um gefällige Antwort wird gebeten.

64 *Einladungskarte zur Eröffnungsfahrt auf der Strecke Liegnitz–Bunzau am 1. Oktober 1845 (ZStAM)*

Bunzlau am 10. Oktober 1844 dem Betrieb übergeben worden war (Bild 63).[36]

Der 1. Oktober 1845 gilt als das Eröffnungsdatum der Strecke, eine feierliche Fahrt des Verwaltungsrats, der Direktion und zahlreicher Ehrengäste fand statt. LUDWIG RELLSTAB hat darüber einen emphatischen Bericht in der »Vossischen Zeitung« veröffentlicht. Der preußische Innenminister, der ebenfalls geladen war, konnte an dieser Fahrt nicht teilnehmen und hat seine Einladungskarte zu den Akten genommen (Bilder 64 und 65).

Die Fahrpläne wurden in der Presse veröffentlicht und auf den Bahnhöfen an Plakaten angeschlagen. Das erste Fahrplanplakat der NME hat sich in den Akten erhalten (Bild 66).

Es dürfte zu den ältesten überlieferten Fahrplanplakaten überhaupt gehören. Ein älteres ist z. B. von der Anhaltinischen Eisenbahn aus dem Jahre 1842 bekannt geworden. Bemerkenswert ist die Aufteilung des Fahrplans in zwei Streckenabschnitte. Als Personenzüge galten Züge, die nur Personen und Eilfracht beförderten. Die Fahrzeit von Berlin nach Frankfurt (Oder) betrug 2 h 45 min, bei den Güterzügen mit Personenbeförderung 3 h 45 min. Damit betrug die Durchschnittsgeschwindigkeit bei einer Streckenlänge von 79 km für Personenzüge 28,7 km/h und für Güterzüge mit Personenbeförderung 21 km/h, Werte, die durchaus mit den anderen, damals in Betrieb befindlichen Bahnen Schritt hielten. Der Fahrplan sollte bis zum 15. April 1846 gelten. Am 21. März 1846 erschien dann ein zweiter Fahrplan, der den Verkehr ab 1. April regelte (Bild 67). Seine Gel-

Niederschlesisch-Märkische Eisenbahn.

No. 11.

Bahnstrecke zwischen Berlin und Frankfurt.

Tägliche Dampfwagenzüge vom 15. October 1845 bis 15. April 1846.

A. Personenzüge

von Berlin:

Abfahrt	Morgens	Abends
von Berlin	7 Uhr 40 Min.	6 Uhr — Min.
— Cöpnick ...	8 = 5 =	6 = 28 =
— Erkner	8 = 32 =	7 = — =
— Fürstenwalde	9 = 18 =	7 = 55 =
— Briesen	9 = 47 =	8 = 30 =

Ankunft in Frankfurt

Morgens 10 Uhr 25 Minuten, Abends 9 Uhr 10 Min.

von Frankfurt:

Abfahrt	Morgens	Abends
von Frankfurt ..	8 Uhr — Min.	6 Uhr 30 Min.
— Briesen	8 = 41 =	7 = 13 =
— Fürstenwalde	9 = 15 =	7 = 52 =
— Erkner	9 = 58 =	8 = 41 =
— Cöpnick....	10 = 25 =	9 = 13 =

Ankunft in Berlin

Morgens 10 Uhr 45 Minuten, Abends 9 Uhr 40 Min.

Mit den Personenzügen werden Personen in der I., II. und III. Wagenklasse, Equipagen und Eilfracht befördert.

B. Güterzüge

von Berlin:

Abfahrt von Berlin	Morgens	11 Uhr 30 Min.
Anhaltepunkt Rummelsburg.		
Abfahrt von Cöpnick	Mittags	12 = 2 =
Anhaltepunkt Friedrichshagen.		
Abfahrt von Erkner	—	12 = 37 =
Anhaltepunkt Hangelsberg.		
Abfahrt von Fürstenwalde	Nachmitt.	1 = 39 =
Anhaltepunkt Berkenbrück.		
Abfahrt von Briesen	—	2 = 19 =
Anhaltepunkt Jacobsdorf.		
— Pillgram.		
— Rosengarten.		
— Ruhnen.		
Ankunft in Frankfurt ...	—	3 = 15 =

von Frankfurt:

Abfahrt von Frankfurt ..	Nachmitt.	12 Uhr — Min.
Anhaltepunkt Ruhnen.		
— Rosengarten.		
— Pillgram.		
— Jacobsdorf.		
Abfahrt von Briesen	—	1 = 6 =
Anhaltepunkt Berkenbrück.		
Abfahrt von Fürstenwalde	—	1 = 46 =
Anhaltepunkt Hangelsberg.		
Abfahrt von Erkner	—	2 = 45 =
Anhaltepunkt Friedrichshagen.		
Abfahrt von Cöpnick....	—	3 = 17 =
Anhaltepunkt Rummelsburg.		
Ankunft in Berlin	—	3 = 45 =

Mit den Güterzügen werden Personen in der II. und III. Wagenklasse, sowie Equipagen, Frachtgüter, Pferde und Vieh befördert.

Der Verkauf der Passagierbillets geschieht in Berlin und Frankfurt bis 5 Minuten, auf den Zwischenstationen aber bis 15 Minuten vor der bestimmten Abfahrtszeit. Das Passagiergepäck muß in jedem Falle, mit dem Namen des Eigenthümers und dem Bestimmungsort deutlich bezeichnet, eine halbe Stunde vor Abgang der Züge unter Vorzeigung des Fahrbillets in die Passagiergepäck-Expeditionen abgeliefert werden. Die Einlieferung der Equipagen und Eilfracht muß eine Stunde, diejenige der Güter in die Waarenmagazine auf den Bahnhöfen zur Versendung mit den Güterzügen jedoch am Abend vor Abgang der betreffenden Züge erfolgen.

Die näheren Bestimmungen ergiebt das Betriebs-Reglement Nr. 3. vom 4. März c., welches auf allen Stationen für 1 Sgr. zu haben ist.

Berlin, den 16. September 1845.

Die Direktion der Niederschlesisch-Märkischen Eisenbahn-Gesellschaft.

No. 1.

Bahnstrecke zwischen Breslau und Bunzlau.

Tägliche Dampfwagenzüge vom 1. October 1845 bis 15. April 1846.

A. Personenzüge

von Breslau:

Abfahrt	Morgens	Abends
von Breslau ..	7 Uhr 30 Min.	4 Uhr 45 Min.
— Lissa	7 = 48 =	5 = 5 =
— Rimkau ..	8 = 8 =	5 = 27 =
— Neumarkt.	8 = 26 =	5 = 47 =
— Maltsch ..	8 = 45 =	6 = 7 =
— Liegnitz ..	9 = 27 =	6 = 53 =
— Hainau ..	9 = 57 =	7 = 27 =

Ankunft in Bunzlau

Morgens 10 Uhr 36 Minuten, Abends 8 Uhr 11 Min.

von Bunzlau:

Abfahrt	Morgens	Abends
von Bunzlau ..	8 Uhr 15 Min.	5 Uhr 30 Min.
— Hainau ..	8 = 58 =	6 = 19 =
— Liegnitz ..	9 = 32 =	6 = 58 =
— Maltsch ..	10 = 10 =	7 = 39 =
— Neumarkt.	10 = 28 =	7 = 59 =
— Rimkau ..	10 = 46 =	8 = 19 =
— Lissa....	11 = 4 =	8 = 39 =

Ankunft in Breslau

Morgens 11 Uhr 19 Minuten, Abends 8 Uhr 56 Min.

Mit den Personenzügen werden Personen in der I., II. und III. Wagenklasse, Equipagen, Pferde, Hunde und Eilfracht befördert.

Extrazüge können nur gewährt werden, wenn dieselben den regelmäßigen Fahrzügen nicht hinderlich sind und auf den Stationen so zeitig angemeldet werden, daß der Betriebs-Inspektor zu Breslau im Stande ist, den betreffenden Bestimmungen des Bahnpolizei-Reglements zu genügen. Bei Nachtzeiten werden Extrazüge nicht gewährt.

B. Güterzüge

von Breslau:

Abfahrt von Breslau...	Mittags	11 Uhr 45 Min.
— — Lissa.....	Nachmittags	12 = 9 =
— — Rimkau ..	—	12 = 32 =
— — Neumarkt .	—	12 = 54 =
— — Maltsch ..	—	1 = 17 =
— — Parchwitz (Spittelndorf)	—	1 = 36 =
— — Liegnitz ...	—	2 = 12 =
— — Hainau ...	—	2 = 46 =
Ankunft in Bunzlau...	—	3 = 30 =

von Bunzlau:

Abfahrt von Bunzlau ..	Nachmittags	12 Uhr 45 Min.
— — Hainau...	—	1 = 35 =
— — Liegnitz...	—	2 = 18 =
— — Parchwitz (Spittelndorf)	—	2 = 42 =
— — Maltsch ..	—	3 = 6 =
— — Neumarkt.	—	3 = 27 =
— — Rimkau ..	—	3 = 49 =
— — Lissa	—	4 = 12 =
Ankunft in Breslau ...	—	4 = 30 =

Mit den Güterzügen werden Personen in der II. und III. Wagenklasse, sowie Equipagen, Frachtgüter, Pferde und Vieh befördert.

Der Verkauf der Passagierbillets geschieht in Breslau und Bunzlau bis 5 Minuten vor der Abfahrtszeit, auf den Zwischenstationen aber bis 10 Minuten vor der bestimmten Ankunftszeit der Züge. Das Passagiergepäck muß in jedem Falle mit dem Namen des Eigenthümers und dem Bestimmungsorte deutlich bezeichnet, in Breslau und Bunzlau spätetens eine Viertelstunde vor der festgesetzten Abfahrtszeit, auf den Zwischenstationen aber spätestens eine Viertelstunde vor der festgesetzten Ankunftszeit der Züge unter Vorzeigung des Fahrbillets an die Passagiergepäck-Expedition abgeliefert werden. Equipagen werden nur in Breslau, Maltsch, Liegnitz, Hainau und Bunzlau zur Beförderung angenommen. In Breslau, Liegnitz und Bunzlau muß die Ablieferung der Equipagen eine Stunde vor Abgang des Zuges erfolgen. Auf den Zwischenstationen Maltsch und Hainau kann die Annahme nur auf länger vorhergangene Anzeige erfolgen. Die Eilfracht muß mindestens eine Stunde vor Abgang der Züge eingeliefert werden.

Die näheren Bestimmungen ergiebt das Betriebs-Reglement vom 19. August d. J., welches auf allen Stationen für 1 Sgr. zu haben ist.

Berlin, den 13. September 1845.

Die Direktion der Niederschlesisch-Märkischen Eisenbahn-Gesellschaft.

[36] StAP, Pr. Br. Rep. 2A, Reg. Potsdam, Nr. 2122

65 Stempel der Direktion der Niederschlesisch-Märkischen Eisenbahngesellschaft (StAP)

66 Fahrplanplakat der Niederschlesisch-Märkischen Eisenbahngesellschaft vom 13. September 1845, für die Strecke von Berlin nach Frankfurt (Oder) mit Nr. 11 und für die Strecke von Breslau nach Bunzau mit Nr. 1 bezeichnet (StAP)

tungsdauer »bis auf weiteres« wies auf die bevorstehende Eröffnung der Gesamtstrecke hin.

Davor lag aber noch eine wichtige Entscheidung. Wie bei der Frankfurter Eisenbahn und vielen anderen Unternehmungen dieser Art stellte sich heraus, daß der Kapitalbedarf viel zu gering angesetzt worden war. Erneut mußte der Kapitalmarkt in Anspruch genommen werden, diesmal mit 3 500 000 Reichstaler »behufs der vollständigen Ausführung des Unternehmens der Erbauung und Benutzung einer Eisenbahn von Frankfurt nach Breslau mit einer Zweigbahn nach Görlitz«. Damit hatte sich der Kapitalbedarf von ursprünglich 10 000 000 auf 17 675 000 Taler erhöht. Mit den später benötigten Geldern bedeutete das, daß für eine preußische Meile 405 659 Taler aufgewendet werden mußten. Das war ein hoher Wert, aber wohl auf die solidere Ausführung der Bahnbauten zurückzuführen. Die Durchschnittswerte der Kosten für die anderen, in Betrieb befindlichen Bahnen lagen wesentlich niedriger, so z. B. im Jahre 1844 bei 250 718 Taler pro preußische Meile und im Jahre 1846 bei 308 983. Wohl gemerkt, das waren Durchschnittsangaben für alle in diesen Jahren in Betrieb befindlichen Strecken.

Bei dem Stand der Bauarbeiten blieb den Behörden kein anderer Weg, als die beantragten 3,5 Millionen Taler durch ein »Privilegium wegen Emission auf den Inhaber lautender Prioritäts-Obligationen« durch den König am 26. Ju-

(Nr. 2720.) Privilegium wegen Emission auf den Inhaber lautender Prioritätsobligationen über eine Anleihe der Niederschlesisch-Märkischen Eisenbahngesellschaft von 3,500,000 Rthlr. Vom 26. Juni 1846.

Wir Friedrich Wilhelm, von Gottes Gnaden, König von Preußen rc. rc.

Nachdem von Seiten der unterm 27. November 1843. von Uns bestätigten Niederschlesisch-Märkischen Eisenbahngesellschaft auf Grund des in der Generalversammlung vom 15. April 1846. gefaßten Beschlusses darauf angetragen worden ist, derselben Behufs der vollständigen Ausführung des Unternehmens der Erbauung und Benutzung einer Eisenbahn von Frankfurt nach Breslau mit einer Zweigbahn nach Görlitz die Aufnahme eines Darlehns von 3,500,000 Rthlr., geschrieben: Drei Millionen Fünfmal Hundert Tausend Thalern Kurant, gegen Ausstellung auf den Inhaber lautender und mit Zinskupons versehener Prioritätsobligationen und zwar von 17,500 Stück zu 100 Rthlr. und 35,000 Stück zu 50 Rthlr. zu gestatten, so ertheilen Wir, in Berücksichtigung der Gemeinnützigkeit jenes Unternehmens in Gemäßheit des §. 2. des Gesetzes vom 17. Juni 1833. und der §§. 7. und 8. des Gesellschaftsstatuts vom 27. November 1843. durch gegenwärtiges Privilegium Unsere landesherrliche Genehmigung zur Emission der gedachten Obligationen, indem Wir zugleich den, die näheren Bedingungen und Maaßgaben enthaltenden, unter dem 5. und 6. Juni 1846. gerichtlich vollzogenen anliegenden zweiten Nachtrag zum Statute mit dem Zusatze hierdurch bestätigen, daß die Gesellschaftsvorstände befugt sein sollen, dem Beschluß der Generalversammlung gemäß, diejenigen Prioritäts-Obligationen, welche durch Zeichnung von den Inhabern der Stammaktien nicht gedeckt werden möchten, bestmöglichst zu verkaufen.

Die gegenwärtige Genehmigungs- und Bestätigungsurkunde ist mit dem Statutnachtrage durch die Gesetzsammlung bekannt zu machen.

Gegeben Sanssouci, den 26. Juni 1846.

(L. S.) Friedrich Wilhelm.

Flottwell.

Niederschlesisch-Märkische Eisenbahn.

No. 12.

Bahnstrecke zwischen Berlin und Frankfurt.

Tägliche Dampfwagenzüge vom 1. April 1846 bis auf Weiteres.

A. Personenzüge

von Berlin:

Abfahrt	Morgens	Abends
von Berlin	7 Uhr 30 Min.	6 Uhr — Min.
— Cöpnick . . .	7 = 53 =	6 = 25 =
— Erkner	8 = 20 =	6 = 55 =
— Fürstenwalde	9 = 8 =	7 = 47 =
— Briesen	9 = 37 =	8 = 20 =

Ankunft in Frankfurt

Morgens 10 Uhr 15 Minuten, Abends 9 Uhr — Min.

von Frankfurt:

Abfahrt	Morgens	Abends
von Frankfurt . .	7 Uhr 15 Min.	6 Uhr 30 Mi[n.]
— Briesen	8 = 26 =	7 = 13 =
— Fürstenwalde	9 = — =	7 = 49 =
— Erkner	9 = 43 =	8 = 36 =
— Cöpnick . . .	10 = 10 =	9 = 6 =

Ankunft in Berlin

Morgens 10 Uhr 30 Minuten, Abends 9 Uhr 30 Mi[n.]

Mit den Personenzügen werden Personen in der I., II. und III. Wagenklasse, Equipagen und Eilfrach[t] befördert.

B. Extrazüge

vom 17. Mai ab jeden Sonntag zwischen Berlin und Erkner,

von Berlin:

Abfahrt von Berlin . .	Nachmittags	2 Uhr —	Minuten.
= = Cöpnick .	=	2 = 23	=
Ankunft in Erkner . .	=	2 = 45	=

von Erkner:

Abfahrt von Erkner . . .	Abends	8 Uhr —	Minuten
= = Cöpnick . . .	=	8 = 32	=
Ankunft in Berlin	=	8 = 57	=

Mit den Extrazügen, die auch in Rummelsburg und Friedrichshagen Passagiere absetzen oder aufnehmen, so wie an de[n] Tagen, an welchen diese stattfinden, auch mit den Zügen ad A. und außerdem täglich Abends mit den Personenzügen, treten in Berli[n] nach Cöpnick und Erkner hin und zurück ermäßigte Fahrpreise für die 2. und 3. Klasse nach §. 3. des Betriebs-Reglements ein. Die Extrazüge befördern kein Passagiergepäck. In Friedrichshagen und Erkner sind Kähne und Gondeln zum Besuche der Müggelberge, Kranichberge und Rüdersdorfer Kalkberge zu mäßigen Fahrpreisen anzutreffen.

C. Güterzüge

von Berlin:

Abfahrt von Berlin	Nachmitt.	12 Uhr	30 Min.
Anhaltepunkt Rummelsburg.			
Abfahrt von Cöpnick	—	1 =	2 =
Anhaltepunkt Friedrichshagen.			
Abfahrt von Erkner	—	1 =	37 =
Anhaltepunkt Hangelsberg.			
Abfahrt von Fürstenwalde	—	2 =	39 =
Anhaltepunkt Berkenbrück.			
Abfahrt von Briesen	—	3 =	19 =
Anhaltepunkt Jacobsdorf.			
— Pillgram.			
— Rosengarten.			
— Ruhnen.			
Ankunft in Frankfurt . . .	—	4 =	15 =

von Frankfurt:

Abfahrt von Frankfurt . . .	Nachmitt.	1 Uhr	— Min.
Anhaltepunkt Ruhnen.			
— Rosengarten.			
— Pillgram.			
— Jacobsdorf.			
Abfahrt von Briesen	—	2 =	6 =
Anhaltepunkt Berkenbrück.			
Abfahrt von Fürstenwalde	—	2 =	46 =
Anhaltepunkt Hangelsberg.			
Abfahrt von Erkner	—	3 =	45 =
Anhaltepunkt Friedrichshagen.			
Abfahrt von Cöpnick	—	4 =	17 =
Anhaltepunkt Rummelsburg.			
Ankunft in Berlin	—	4 =	45 =

Mit den Güterzügen werden Personen in der II. und III. Wagenklasse, sowie Equipagen, Frachtgüter, Pferde und Vieh befördert.

Der Verkauf der Passagierbillets geschieht in Berlin und Frankfurt bis 5 Minuten, auf den Zwischenstationen aber bis 15 Minuten vor der bestimmten Abfahrtszeit. Das Passagiergepäck muß in jedem Falle, mit dem Namen des Eigenthümers und dem Bestimmungsort deutlich bezeichnet, eine halbe Stunde vor Abgang der Züge unter Vorzeigung des Fahrbillets in die Passagiergepäck-Expedition abgeliefert werden. Die Einlieferung der Equipagen und Eilfracht muß eine Stunde, diejenige der Güter in die Waarenmagazine auf den Bahnhöfen zur Versendung mit den Güterzügen jedoch am Abend vor Abgang der betreffenden Züge erfolgen. — Die näheren Bestimmungen ergiebt das Betriebs-Reglement Nr. 3. vom 4. März 1844., welches auf allen Stationen für 1 Sgr. zu haben ist. Berlin, den 21. März 1846.

Die Direktion der Niederschlesisch-Märkischen Eisenbahn-Gesellschaft.

No. 2.

Bahnstrecke zwischen Breslau und Bunzlau.

Tägliche Dampfwagenzüge vom 1. April 1846 bis auf Weiteres.

A. Personenzüge

von Breslau:

Abfahrt	Morgens	Abends
von Breslau. . . .	7 Uhr 20 Min.	6 Uhr 15 Min.
— Lissa	7 = 38 =	6 = 33 =
— Rimkau. . . .	7 = 58 =	6 = 53 =
— Neumarkt . .	8 = 15 =	7 = 8 =
— Maltsch . . .	8 = 36 =	7 = 32 =
— Liegnitz	9 = 22 =	8 = 16 =
— Hainau	9 = 57 =	8 = 47 =

Ankunft in Bunzlau

Morgens 10 Uhr 40 Minuten, Abends 9 Uhr 22 Min.

von Bunzlau:

Abfahrt	Morgens	Abends
von Bunzlau . . .	8 Uhr 15 Min.	7 Uhr — Min.
— Hainau . . .	8 = 56 =	7 = 41 =
— Liegnitz . . .	9 = 32 =	8 = 17 =
— Maltsch . . .	10 = 12 =	8 = 57 =
— Neumarkt. .	10 = 29 =	9 = 16 =
— Rimkau . . .	10 = 46 =	9 = 33 =
— Lissa	11 = 4 =	9 = 54 =

Ankunft in Breslau

Morgens 11 Uhr 19 Minuten, Abends 10 Uhr 9 Min.

Mit den Personenzügen werden Personen in der I., II. und III. Wagenklasse, Equipagen, Pferde, Hunde und Eilfracht befördert.

Extrazüge können nur gewährt werden, wenn dieselben den regelmäßigen Fahrzügen nicht hinderlich sind und auf den Stationen so zeitig angemeldet werden, daß der Betriebs-Inspektor zu Breslau im Stande ist, den betreffenden Bestimmungen des Bahnpolizei-Reglements zu genügen. Bei Nachtzeiten werden Extrazüge nicht gewährt.

B. Güterzüge

von Breslau:

Abfahrt von Breslau . . .	Nachmittags	1 Uhr	30 Min.
— — Lissa	—	1 =	56 =
— — Rimkau . .	—	2 =	22 =
— — Neumarkt .	—	2 =	46 =
— — Maltsch . .	—	3 =	22 =
— — Parchwitz (Spittelndorf)	—	3 =	44 =
— — Liegnitz . . .	—	4 =	16 =
— — Hainau . . .	—	4 =	56 =
Ankunft in Bunzlau . . .	—	5 =	45 =

von Bunzlau:

Abfahrt von Bunzlau . .	Nachmittags	12 Uhr	30 Min.
— — Hainau . .	—	1 =	21 =
— — Liegnitz . .	—	1 =	59 =
— — Parchwitz (Spittelndorf)	—	2 =	27 =
— — Maltsch . .	—	3 =	5 =
— — Neumarkt	—	3 =	29 =
— — Rimkau . .	—	3 =	51 =
— — Lissa	—	4 =	17 =
Ankunft in Breslau . . .	—	4 =	37 =

Mit den Güterzügen werden Personen in der II. und III. Wagenklasse, sowie Equipagen, Frachtgüter, Pferde und Vieh befördert.

Der Verkauf der Passagierbillets geschieht in Breslau und Bunzlau bis 5 Minuten vor der Abfahrtszeit, auf den Zwischenstationen aber bis 10 Minuten vor der bestimmten Ankunftszeit der Züge. Das Passagiergepäck muß in jedem Falle, mit dem Namen des Eigenthümers und dem Bestimmungsorte deutlich bezeichnet, in Breslau und Bunzlau spätestens eine Viertelstunde vor der festgesetzten Abfahrtszeit, auf den Zwischenstationen aber spätestens eine Viertelstunde vor der festgesetzten Ankunftszeit der Züge unter Vorzeigung des Fahrbillets an die Passagiergepäck-Expedition abgeliefert werden. Equipagen werden nur in Breslau, Maltsch, Liegnitz, Hainau und Bunzlau zur Beförderung angenommen. In Breslau, Liegnitz und Bunzlau muß die Ablieferung der Equipagen eine Stunde vor Abgang des Zuges erfolgen. Auf den Zwischenstationen Maltsch und Hainau kann die Annahme nur auf länger vorhergegangene Anzeige erfolgen. Die Eilfracht muß mindestens eine Stunde vor Abgang der Züge eingeliefert werden.

Die näheren Bestimmungen ergiebt das Betriebs-Reglement vom 19. August 1845., welches auf allen Stationen für 1 Sgr. zu haben ist.

Berlin, den 21. März 1846.

Die Direktion der Niederschlesisch-Märkischen Eisenbahn-Gesellschaft.

67 Fahrplanplakat der Niederschlesisch-Märkischen Eisenbahngesellschaft vom 21. März 1846, für die Strecke von Berlin nach Frankfurt (Oder) mit Nr. 12 und für die Strecke von Breslau nach Bunzau mit Nr. 2 bezeichnet (StAP)

68 »Privilegium wegen Emission auf den Inhaber lautender Prioritätsobligationen …« vom 28. Juni 1846 (ZStAM)

ni 1846 ausstellen zu lassen (Bild 68). Auch diesen Obligationen war ein Schema der Aktie und des Zinskupons beigegeben (Bilder 69 und 70).

Der steigende Bedarf an Geld hatte bei allen Kapitalgesellschaften Konsequenzen. Der Markt erschöpfte sich zusehends, Verluste traten auf, die erwarteten Gewinne flossen langsamer. Der schon erwähnte Verein zum Bau einer Eisenbahn nach Königsberg (Ostbahn) erhielt keinen Zuspruch. Bei dem Kapitalmangel sahen sich die einflußreichsten Kapitalgeber, unter ihnen das Bankhaus J. Mendelssohn, nicht in der Lage, die benötigten 32 bis 40 Millionen Taler durch Aktienzeichnung aufzubringen. Den Kapitalbesitzern erschien diese Bahn zudem wenig Rentabilität zu versprechen, sie war nicht lukrativ und wegen der langen Bauzeit als Spekulationsobjekt kaum geeignet. Damit war der preußische Staat an seiner Achillesferse getroffen, denn er benötigte diese Bahn, weniger aus wirtschaftlichen, als vielmehr aus politischen und strategischen Gründen. Die Länder der Monarchie sollten stärker zusammenrükken und im Kriegsfalle die militärischen Ressourcen dieses Gebiets schneller nutzen können. Die Bahnlinie hatte also in jeder Hinsicht strategische Bedeutung für den preußischen Staat.

Die Eisenbahn begann, ihre objektive Rolle zur Veränderung der Gesellschaft immer stärker auszuprägen. Dazu bedurfte es neuer Entscheidungen. Am 16. März 1847 beschloß die preußische Staatsregierung, die Ostbahn in eigener Regie zu bauen. Das nötige Geld dafür konnte nur der Vereinigte Landtag in Form einer Anleihe bewilligen. Damit stand die Einlösung des Versprechens in der Verfassungsfrage auf der Tagesordnung, und das Debakel des halbfeudalen Preußens wurde offenkundig. Beide Elemente waren nun miteinander verknüpft. Der König rief den Vereinigten Landtag mit einem Patent vom 3. Februar 1847 für den 11. April zusammen. In ihm hatte das liberale Bürgertum die Mehrheit. Die Gesetzesvorlagen der Regierung über die Errichtung von Landrentenbanken, die staatliche Finanzierung der Ostbahn und die Reform der indirekten Steuern verfielen der Ablehnung, denn die liberale Mehrheit forderte konstitutionelle Garantien und die Periodizität der Sitzung des Landtags. Hansemann forderte die Regierung auf, den Kriegsschatz anzugreifen und für den Eisenbahnbau zu verwenden. Dabei nutzte er das zum Leitspruch der Bourgeoisie gewordene Wort: »In Geldsachen hört die Gemütlichkeit auf«. Die politische Krise des preußischen Staates war da, eine revolutionäre reifte heran. Die Eisenbahnen als Motor industrieller und wirtschaftlicher Veränderungen hatten ihren Anteil daran.

Die Oppositionsbewegung in fast allen Staaten des Deutschen Bundes hatte seit 1840 nicht nur an Stärke gewonnen, sondern sie verfügte auch über eine neue Qualität. An der Spitze der Auseinandersetzung stand nun die wirtschaftlich erstarkte Bourgeoisie, die sich für die Beseitigung der halbabsolutistischen Verhältnisse

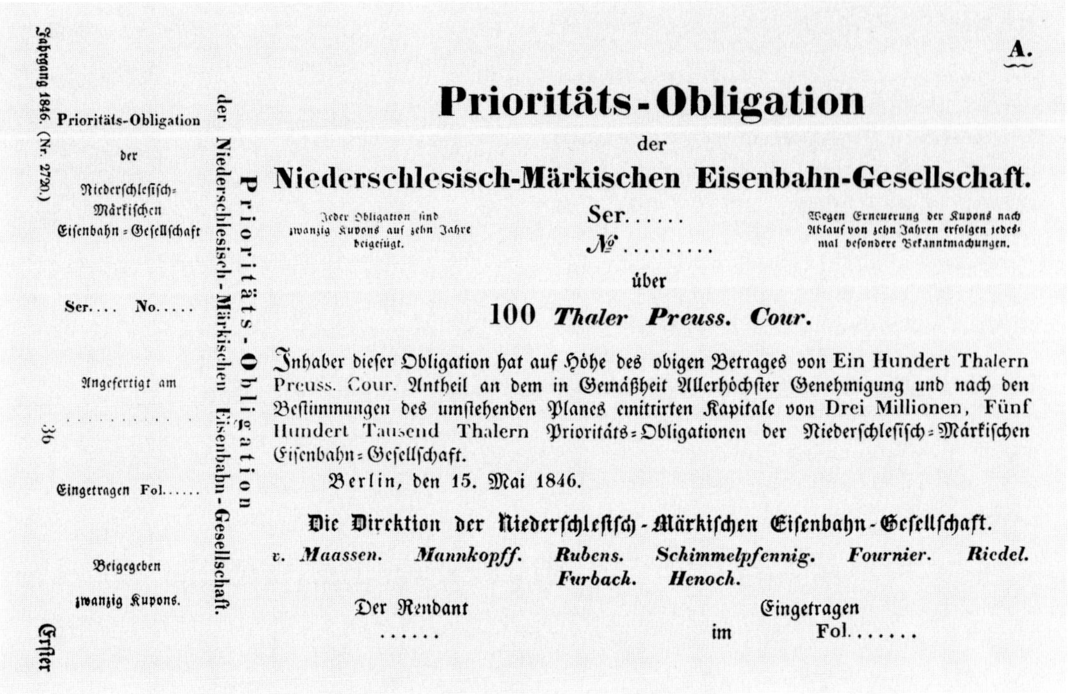

Jahrgang 1846. (Nr. 2720.)

Prioritäts-Obligation
der
Niederschlesisch-Märkischen
Eisenbahn-Gesellschaft

Ser.... No.....

Angefertigt am
....

36

Eingetragen Fol.....

Beigegeben
zwanzig Kupons.

Erster

Prioritäts-Obligation
der Niederschlesisch-Märkischen Eisenbahn-Gesellschaft.

A.

Prioritäts-Obligation
der
Niederschlesisch-Märkischen Eisenbahn-Gesellschaft.

Jeder Obligation sind zwanzig Kupons auf zehn Jahre beigefügt.

Ser.....
№ ....

Wegen Erneuerung der Kupons nach Ablauf von zehn Jahren erfolgen jedesmal besondere Bekanntmachungen.

über
100 ***Thaler Preuss. Cour.***

Inhaber dieser Obligation hat auf Höhe des obigen Betrages von Ein Hundert Thalern Preuss. Cour. Antheil an dem in Gemäßheit Allerhöchster Genehmigung und nach den Bestimmungen des umstehenden Planes emittirten Kapitale von Drei Millionen, Fünf Hundert Tausend Thalern Prioritäts-Obligationen der Niederschlesisch-Märkischen Eisenbahn-Gesellschaft.

Berlin, den 15. Mai 1846.

Die Direktion der Niederschlesisch-Märkischen Eisenbahn-Gesellschaft.

v. Maassen. Mannkopff. Rubens. Schimmelpfennig. Fournier. Riedel. Furbach. Henoch.

Der Rendant
......

Eingetragen
im Fol.......

Schluß des §. 3. des Plans.
Zinsen von Prioritäts-Obligationen, deren Erhebung innerhalb vier Jahren von dem in den betreffenden Kupons bezeichneten Zahlungs-Tage nicht geschehen ist, verfallen zum Vortheil der Gesellschaft.

Erster Zins-Kupon
der Niederschlesisch-Märkischen Eisenbahn-Prioritäts-Obligation

Ser......... № .... zahlbar am 1. Januar 1847.

Inhaber dieses empfängt am 1. Januar 1847. die halbjährlichen Zinsen der oben benannten Prioritäts-Obligation über 100 Thaler mit

Zwei Thaler Funfzehn Silbergroschen.

Berlin, den.................

Die Direktion der Niederschlesisch-Märkischen Eisenbahn-Gesellschaft.

Eingetragen im Kuponbuche Fol.......

69 Schema der Prioritätsobligationen (Ratsb.)
70 Schema des ersten Zinskupons (Ratsb.)

einsetzte. Sie verlangte Mitsprache in den Staatsgeschäften in einem einheitlichen deutschen Staat mit bürgerlich-demokratischen Freiheiten. Insbesondere die Rolle Preußens im politischen Kampf wuchs. Hier standen an der Spitze der Bewegung die rheinischen Industriellen und Bankiers, die eine besonders bewußte Fraktion innerhalb der Bourgeoisie darstellten. DAVID HANSEMANN, in Eisenbahnfragen engagiert, war einer ihrer Sprecher. Diese Kräfte wandten sich offen gegen die bestehenden Herrschaftsverhältnisse, gegen Standesvorrechte, gegen Gängelei und Bevormundung und für demokratische Rechte und wirtschaftliche Freiheiten.

Auf diese neue Entwicklung wirkte auch der 1846 zu Ende gehende Bau der Strecke zwischen Liegnitz und Frankfurt (Oder) durch die NME ein. Ihr im September 1846 vorliegender Geschäftsbericht enthielt zahlreiche Angaben über die »Berlin-Frankfurter Bahnabteilung«, deren Bau endlich abgerechnet werden konnte. Die Kosten der Bahnhofsgebäude in Berlin veränderten sich gegenüber dem Jahre 1844 etwas und beliefen sich auf 242 004 Taler, 21 Groschen und 8 Pfennig. Die Abrechnung (Bild 71) enthält zahlreiche Angaben und Erklärungen über die Struktur, auf die hier allerdings nur indirekt geschlossen werden kann. Die Transportleistungen auf der Bahn hatten sich nur minimal erhöht. Zwei Übersichten dieses Geschäftsberichts (Bilder 72 und 73) belegen dies und lassen einige Schlüsse auf den Verkehrsumfang zu. Im Personenverkehr des Jahres 1845 begann die Verkehrsspitze mit dem Monat Mai. In ihm erhöhte sich die Zahl der Passagiere um fast 10 000, Höhepunkt war dann der Juni. Diese Steigerung ist wohl vor allem auf die wiederholte Aufnahme der »Extra-Vergnügungszüge« zurückzuführen. Der Vergleich der Zahl der Fahrten mit den beförderten Personen, durchschnittlich auf den Tag bezogen, wies auf eine für heutige großstädtische Verhältnisse geringe Verkehrsdichte hin. (Berlin besaß zu diesem Zeitpunkt etwa 380 000 Einwohner.) Die gesamte Anlage wurde z. B. im Monat Februar 1845 im Durchschnitt von 215 Personen pro Tag genutzt und im Juni von 709. Auch die durchschnittliche Auslastung der Züge war relativ gering. Von einem wirklichen Massenverkehr konnte noch keine Rede sein, obwohl die Verkehrsfrequenz bereits über der der Postkutsche lag.

Am 29. August 1846 fand auf der ganzen Strecke eine Probefahrt statt, an der die Direktion und der Verwaltungsrat teilnahmen. LUDWIG RELLSTAB berichtete davon am 2. September in überschwenglicher Art. Am 1. September nahm die Bahn den vollen fahrplanmäßigen Betrieb auf der gesamten Strecke zwischen Berlin und Breslau auf. Fahrpläne erschienen in den Berliner Tageszeitungen (Bild 74). Damit war das bisher größte Eisenbahnprojekt in Preußen abgeschlossen und die bis dahin längste Eisenbahnstrecke in Betrieb gegangen. Eine Eisenbahnverbindung in europäischen Dimensionen deutete sich an, als die Oberschlesische Bahn mit ihrem Anschluß an die österreichische Kaiser Ferdinands Nordbahn über Ohlau—Brieg—Oderberg eröffnet und damit

Nachweis der Baukosten

der

Berlin-Frankfurter Abtheilung der Niederschlesisch-Märkischen Eisenbahn.

Gegenstände.		Summa der Baukosten. thlr.	sgr.	pf.
I. Grunderwerb nach spezieller Berechnung:				
bezahlt bis ult. December 1845	509945 Thlr. 19 Sgr. 6 Pf.			
noch zu zahlen	28544 „ 9 „ 4 „			
	538489 Thlr. 28 Sgr. 10 Pf.			
Davon ab der Werth der disponiblen Grundstücke:				
a) zu Berlin für 62 Baustellen 3133,⁹⁶⁵ □Ruthen à 50 Thlr. pro □Ruthe 156698 Thlr. 7 Sgr. 6 Pf.				
b) zu Frankfurt für 6 bei und in Frankfurt belegene ganz oder theilweise disponibel gebliebene Grundstücke mit Gebäuden . . . 65240 „ — „ — „				
c) für verschiedene in der Bahnstrecke über den Bedarf gekaufte Wiesen- und Ackerparzellen und zwar bei Berlin 3302,⁶⁶ □Rth. Stadtwiesen à 1 Thlr. pro □Ruthe . . . 3302 „ 20 „ 6 „				
d) zu Cöpenick, Erkner, Berkenbruck, Kersdorf, Briesen u. Jacobsdorf diverse Ackerstücke 854 „ 11 „ 8 „				
	226095 „ 9 „ 7 „			
Bleiben Grunderwerbskosten für den Bau der Bahn		312394	19	3
Latus		312394	19	3

10*

71 *Auszug aus dem »Bericht über den Stand des Niederschlesisch-Märkischen Eisenbahn-Unternehmens« vom September 1846 (StAP)*

In den einzelnen Monaten wurden befördert:

Laufende №		vom 19. bis ultimo October 1844	November 1844	December 1844	Januar 1845	Februar 1845	März 1845	April 1845	Mai 1845	Juni 1845	Juli 1845	August 1845	September 1845	October 1845	November 1845	December 1845	Summa
1.	auf Billets	5760	9922	8735	8324	6024	8285	9996	19449	21282	19889	20928	19663	24127	20336	17482	220,202
2.	auf Requisitions-scheine &c. mit Extrafahrten	—	—	—	—	—	—	—	—	—	—	—	—	—	—	—	1,262
	Summa	5760	9922	8735	8324	6024	8285	9996	19449	21282	19889	20928	19663	24127	20336	17482	221,464

72 *Übersicht über die Beförderungsleistungen auf der Teilstrecke Berlin–Frankfurt (Oder) vom 19. Oktober 1844 bis Dezember 1845 (StAP)*

Berechnung der durchschnittlichen Personenfrequenz.

Laufende №	Monat	Anzahl der Tage, an denen gefahren wurde	Anzahl der gemachten Fahrten	Anzahl der beförderten Personen	Durchschnittliche Frequenz pro Tag	Durchschnittliche Frequenz pro Fahrt
1.	vom 19. bis ult. Oktober 1844	13	54	5,760	443	106
2.	November 1844	30	124	9,922	331	80
3.	December 1844	31	130	8,735	281	67
4.	Januar 1845	31	124	8,324	268	67
5.	Februar 1845	28	112	6,024	215	53
6.	März 1845	31	124	8,285	267	66
7.	April 1845	30	120	9,996	333	83
8.	Mai 1845	31	196	19,449	627	99
9.	Juni 1845	30	190	21,282	709	112
10.	Juli 1845	31	194	19,889	641	102
11.	August 1845	31	196	20,928	675	111
12.	September 1845	30	188	19,663	655	104
13.	October 1845	31	194	24,127	778	124
14	November 1845	30	180	20,336	677	112
15.	December 1845	31	186	17,482	564	94
16.	Auf Requisitions-Scheine überhaupt		—	1,262	—	—
	Summa	439	2,312	221,464	504	95

Es betrug die Einnahme für Personen 118,108 Thlr. 8 Sgr. 8 Pf. und für jede Person durchschnittlich 16 Sgr. 0,0 Pf.; für eine Person und Meile durchschnittlich 2 Sgr. 11,34 Pf.

Wird für jede Person 1½ Ctr. incl. Gepäck angenommen, so sind vom 19. October 1844 bis ult. des Jahres 1845 = 18,044,891 Ctr. eine Meile weit befördert worden und ist für einen solchen Meilen-Centner eingenommen 1 Sgr. 11,56 Pf.

Es sind befördert worden:

in der I. Wagen-Klasse 2,206 Personen
— II. — 46,110 „
— III. — 173,148 „

Das Verhältniß der Fahrgäste in den bestehenden drei Klassen stellt sich daher wie 1 : 20,9 : 78,9.

73 *Berechnung der durchschnittlichen Personenfrequenz auf der Teilstrecke Berlin–Frankfurt (Oder) vom 19. Oktober 1844 bis Dezember 1845 (Ratsb.)*

Niederschlesisch-Märkische Eisenbahn.
Eröffnung der Dampfwagenzüge zwischen Berlin und Breslau, täglich vom 1sten September 1846 bis 1sten April 1847.
I. In der Richtung von Berlin nach Breslau.
A. Personenzüge.
Abfahrt von Berlin Morgens 7 Uhr — Minuten, Ankunft in Breslau Abends 8 Uhr 9 Minuten.
= = Berlin Abends 6 = — = , = = Guben = 10 = 16 =
= = Guben Morgens 6 = — = , = = Breslau Mittags 1 = — =
B. Güterzüge.
Abfahrt von Berlin Mittags 1 Uhr 30 Minuten, Ankunft in Sorau Abends 8 Uhr 25 Minuten.
= = Sorau Morgens 10 = 16 = = = Berslau Nachm. 4 = 38 =
II. In der Richtung von Breslau nach Berlin.
A. Personenzüge.
Abfahrt von Breslau Morgens 7 Uhr 30 Minuten, Ankunft in Berlin Abends 8 Uhr 46 Minuten
= = Breslau = 10 = 33 = = = Frankfurt = 8 = 13 =
= = Frankfurt = 7 = 15 = = = Berlin Morgens 10 = — =
B. Güterzüge.
Abfahrt von Breslau Abends 5 Uhr 30 Minuten, Ankunft in Bunzlau Abends 9 Uhr 11 Minuten,
= = Bunzlau Morgens 7 = 45 = , = = Berlin Nachmitt. 4 = 45 =
Mit den Personen- und Güterzügen werden Personen in der I., II. u. III. Wagenklasse, Equipagen, Pferde, Hunde und Eilfracht, mit den letztgenannten Zügen aber außerdem ordinaire Frachtgüter und Vieh befördert. Der Tag, von welchem ab die Beförderung von Frachtgütern und Vieh auf der Bahnstrecke zwischen Frankfurt und Bunzlau beginnen wird, soll noch besonders bekannt gemacht werden. Die näheren Bestimmungen ergiebt das Betriebs-Reglement No. 3. vom 17. Juli c, welches auf allen Stationen für 1 sgr. zu haben. Berlin, den 26. August 1846.
Die Direktion der Niederschlesisch-Märkischen Eisenbahn-Gesellschaft.

Bekanntmachung.
Für die hiesige Königl Artillerie-Werkstatt sollen die nachbenannten Nutzhölzer, als: 7 mittlere eichene Achsen; 250 rüsterne oder eichene Arme, 56 5"ge eichene Bohlen a 16 Fuß lang; 168 5½"ge dergl. a 14 F. lang; 43 7½"ge dergl. a 14 F. lang; 60 13½"ge dergl. a 8 F. lang; 3 eichene Sattelbäume; 28 eichene Unterbäume; 100 große rüsterne oder eichene Brackhölzer; 150 kleine dergl.; 150 birkene Deichselstangen, 50 große birkene Hebebäume; 50

eine Verbindung nach Wien geschaffen wurde.

Der Fahrplan wies einige Eigentümlichkeiten auf. Wie bisher verkehrten zwei Züge – morgens und abends – von den jeweiligen Endpunkten aus. Wegen der Länge der Strecke und der damit verbundenen Fahrzeit mußten die abends von den Endpunkten ausgehenden Züge unterwegs Station machen, während die Morgenzüge durchfahren konnten, obwohl auch sie erst in der Dunkelheit an ihrem Bestimmungsort ankamen (Bild 75). Der abends von Berlin ausgehende Zug machte in Guben Station, während der von Breslau kommende in Frankfurt (Oder) die Nacht über stehenblieb. Von den Endpunkten fuhr pro Verkehrstag jeweils ein Güterzug mit Personenbeförderung. Der von Berlin ausgehende hielt die Nacht über in Sorau, der von Breslau kommende in Bunzlau. Bei allen neuen Möglichkeiten des Verkehrs mußte sich diese Festlegung als störend erweisen.

Am 25. Mai 1848 lag ein »Bericht der Direktion der Niederschlesisch-Märkischen Eisenbahn-Gesellschaft über den Stand des Niederschlesisch-Märkischen Eisenbahn-Unternehmens am Schlusse des Jahres 1847« vor.[37] Danach waren bei der Bahngesellschaft 96 Personenwagen, 478 Güterwagen und 66 Lokomotiven im Einsatz. Der Bericht vermerkt u. a., daß in diesem Jahre wegen des niedrigeren Preises zum erste Male »Coaks« anstelle von Holz zur Feuerung der Lokomotiven Verwendung fand.

Im Jahre 1846 hatten 590 961 Personen z. T. noch die zwei Abteilungen der Bahn benutzt, 1847 waren es schon 618 738. Im Vergleich zur Annahme von Crelle aus dem Jahre 1838 war das eine beträchtliche Steigerung. In keiner Weise hatten sich aber die Prognosen Crelles über den Umfang des Güterverkehrs bewahrheitet: 1846 waren 962 880 Zentner (also 48 144 t) und 1847 1 595 307 Zentner Fracht (gleich 79 765,35 t) transportiert worden. Jede Lokomotive hatte im Durchschnitt 146 860 Nutzmeilen durchlaufen, und durchschnittlich hatte jede Person im Jahre 1847 9,98 und jeder Zentner Fracht 25,59 Meilen zurückgelegt. Das waren bei einer Gesamtlänge der Bahn von 51,706 Meilen nur geringe Leistungen.

Die Betriebsergebnisse für die Jahre 1846 und 1847 zeigten folgendes Bild (später wurden andere Ergebnisse vorgelegt, deren Differenz aber nicht aufgelöst werden konnte):

Einnahmen 1846	732 925 Taler	7 Silbergroschen 10 Pfennig
Einnahmen 1847	1 395 789 Taler	19 Silbergroschen 9 Pfennig
Summe	2 128 714 Taler	27 Silbergroschen 7 Pfennig[38]

Das war beachtlich, doch reichten diese Ergebnisse nicht aus, um die hohen Verbindlichkeiten aus dem Bau der Bahn und der Verzinsung des Kapitals zu begleichen.

Eine Aufstellung vom Februar 1847 über den Bestand an Lokomotiven nennt 53 in Betrieb befindliche. Die Übersicht (Bild 76) gewährt als ein frühes Dokument preußischer Eisenbahngeschichte interessante Einblicke in die Herkunft der Lokomotiven. 15 waren von der Frankfurter Eisenbahngesellschaft übernommen worden, die noch ihre alten Namen trugen und erst später auch Nummern erhielten. 1844 hatte die NME 2 Lokomotiven von der Firma Stephenson, 1 von der Berliner Maschinenbauanstalt Franz Anton Egells und 3 von der Maschinenbauanstalt August Borsig gekauft. Die Lokomotive des Berliner Industriepioniers Egells war in den Geschäftsberichten der Bahn bis 1859 nachweisbar. Sie war von dem preußischen Eisenbahnpionier Dr. Ludwig Kufahl, einst Privatdozent für Geschichte der Berliner Universität, als zweite Lokomotive im Jahre 1842 konstruiert worden.[39] Nach den Lokomotiven aus Berlin kaufte die NME weitere bei Stephenson und bei den Sharps Brothers & Comp., und erst im Oktober 1845 folgten wieder welche von Borsig. Es ist nicht bekannt, warum zunächst keine weiteren Lokomotiven von Borsig gekauft wurden. Möglicherweise reichten ihre Leistungen für den Verkehr auf der langen Strecke anfangs nicht aus. 1846 folgten Ankäufe bei der Societät Cockerill und Seraing (Brüssel) sowie bei Stephenson, und dann wurden – das Dokument weist es aller-

74 Anzeige in der Vossischen Zeitung vom 26. August 1846 mit dem Fahrplan nach Eröffnung der gesamten Strecke der Niederschlesisch-Märkischen Eisenbahn

[37] Ebenda

[38] Ebenda

[39] Vgl. dazu: Demps, L.: Revolution und Lokomotiven – Dr. Ludwig Kufahl – ein preußischer Eisenbahnpionier. In: modelleisenbahner. – Berlin (1988) 1. – S. 12f.

№ 1.

Niederschlesisch-Märkische Eisenbahn.

Tägliche Dampfwagenzüge vom 1. September 1846 bis 1. April 1847.

Abfahrt in der Richtung von Berlin nach Breslau von Station:

Benennung der Züge	Berlin	Cöpenick	Erckner	Fürstenwalde	Briesen	Frankfurt	Neuzelle	Guben	Sommerfeld	Soran	Hansdorf	Kohlfurt	Bunzlau	Hainau	Liegnitz	Maltsch	Neumarkt	Nimkau	Lissa	Breslau	
	Uhr Min.	Uhr Min.	Uhr Min.	Uhr Min.	Uhr Min.	Uhr Min.	Uhr Min.	Uhr Min.	Uhr Min.	Uhr Min.	Uhr Min.	Uhr Min.	Uhr Min.	Uhr Min.	Uhr Min.	Uhr Min.	Uhr Min.	Uhr Min.	Uhr Min.	Uhr Min.	
Personenzug von Berlin bis Breslau	Morgens 7 —	7 23	7 48	8 34	9 3	10 15	11 12	Mittags 12 16	1 6	2 9	2 31	3 54	4 47	5 35	6 12	6 56	7 15	7 31	7 53	Ankunft 8 9	Abends
do. : Berlin : Guben	Abends 6 —	6 23	6 48	7 34	8 3	8 55	9 46	Ankunft 10 16 Abends, fährt am andern Morgen weiter.					. .	. .	. .	. .	. .	. .	. .	. .	
do. : Guben : Breslau	. .	. .	. .	. .	. .	. .	. .	Morgens 6 —	6 47	7 32	7 52	8 57	9 44	10 32	11 7	11 49	12 7	12 23	12 44	Ankunft 1 —	Mittags
Güterzug : Berlin : Soran	Mittags 1 30	1 58	2 27	3 16	3 49	5 5	6 --	6 46	7 41	Ankunft 8 25 Abends, fährt am andern Morgen weiter.					. .	. .	. .	. .	. .	. .	
do. : Soran : Breslau	. .	. .	. .	. .	. .	. .	. .	. .	. .	Morgens 10 16	10 39	Mittags 12 3	12 59	1 51	2 31	3 21	3 39	3 57	4 20	Ankunft 4 38	Nachmittags

Abfahrt in der Richtung von Breslau nach Berlin von Station:

Benennung der Züge	Breslau	Lissa	Nimkau	Neumarkt	Maltsch	Liegnitz	Hainau	Bunzlau	Kohlfurt	Hansdorf	Soran	Sommerfeld	Guben	Neuzelle	Frankfurt	Briesen	Fürstenwalde	Erckner	Cöpenick	Berlin	
Personenzug von Breslau bis Berlin	Morgens 7 30	7 54	8 16	8 37	9 .	9 46	10 24	11 16	Mittags 12 29	1 31	2 .	2 42	3 33	4 5	6 —	6 46	7 26	8 5	8 29	Ankunft 8 46	Abends
do. : Breslau : Frankfurt	Morgens 10 33	10 56	11 16	11 34	12 —	Mittags 12 55	1 47	2 39	3 36	4 38	5 .	5 42	6 52	7 24	Ankunft 8 13 Abends, fährt am andern Morgen weiter.					. .	
do. : Frankfurt : Berlin	. .	. .	. .	. .	. .	. .	. .	. .	. .	. .	. .	. .	. .	. .	Morgens 7 15	8 2	8 36	9 17	9 42	Ankunft 10 —	Morgens
Güterzug : Breslau : Bunzlau	Abends 5 30	5 55	6 15	6 34	6 58	7 49	8 25	Ankunft 9 11 Abends, fährt am andern Morgen weiter.					. .	. .	. .	. .	. .	. .	. .	. .	
do. : Bunzlau : Berlin	. .	. .	. .	. .	. .	. .	. .	Morgens 7 45	8 48	9 59	10 24	11 9	Mittags 12 11	12 50	1 52	2 37	3 14	3 57	4 24	Ankunft 4 45	Nachmittags

Bemerkungen.

1. Mit den Personenzügen werden Personen in der I., II. und III. Wagenklasse, Equipagen, Pferde, Hunde und Eilfracht befördert.
2. Mit den Güterzügen werden Personen in der I., II. und III. Wagenklasse, Equipagen, Frachtgüter, Pferde und anderes Vieh befördert; sie halten außer an den genannten Stationen auch an den Haltestellen zu Rummelsburg, Friedrichshagen, Hangelsberg, Berkenbrück, Rosengarten, Fürstenberg, Wellmitz, Jesnitz, Halbau, Rauscha, Siegersdorf und Spittelndorf an, jedoch nur um Passagiere aufzunehmen und abzusetzen.
3. Der Verkauf der Passagierbillets geschieht auf den Anfangspunkten der Züge bis 5 Minuten vor der Abfahrt, auf den Zwischenstationen aber nur bis 10 Minuten vor der Ankunftszeit der Züge.
4. Das Passagiergepäck muß in jedem Falle mit dem Namen des Eigenthümers und dem Bestimmungsorte deutlich bezeichnet, versiegelt oder verschlossen, frei von alten Nummern, ¼ Stunde vor Abgang der Züge unter Vorzeigung des Fahrbillets in die Passagier-Gepäck-Expedition abgeliefert werden.
5. Die Einlieferung der Equipagen, Eilfracht und Pferde muß 1 Stunde, diejenige der Güter in die Waarenmagazine auf den Bahnhöfen zur Versendung mit den Güterzügen jedoch am Abende vor Abgang der betreffenden Züge erfolgen.
6. Extrazüge können nur gewährt werden, wenn dieselben den regelmäßigen Fahrzügen nicht hinderlich sind, und bei den betreffenden Betriebs-Inspectoren zu Berlin, Breslau und Görlitz so zeitig angemeldet werden, daß den betreffenden Bestimmungen des Bahn-Polizei-Reglements genügt werden kann. Bei Nachtzeiten werden Extrazüge nicht gewährt.
7. Die näheren Bestimmungen ergiebt das Betriebs-Reglement No. 3. vom 17. Juli 1846, welches auf allen Stationen für 1 Sgr. zu haben ist.

Berlin, den 21. August 1846.

Die Direktion der Niederschlesisch-Märkischen Eisenbahn-Gesellschaft.

Form. No. 35.

75 Fahrplanplakat der Niederschlesisch-Märkischen Eisenbahngesellschaft vom 21. August 1846 mit dem Fahrplan nach Eröffnung der gesamten Strecke am 1. September 1846, mit Nr. 1 bezeichnet (StAP)

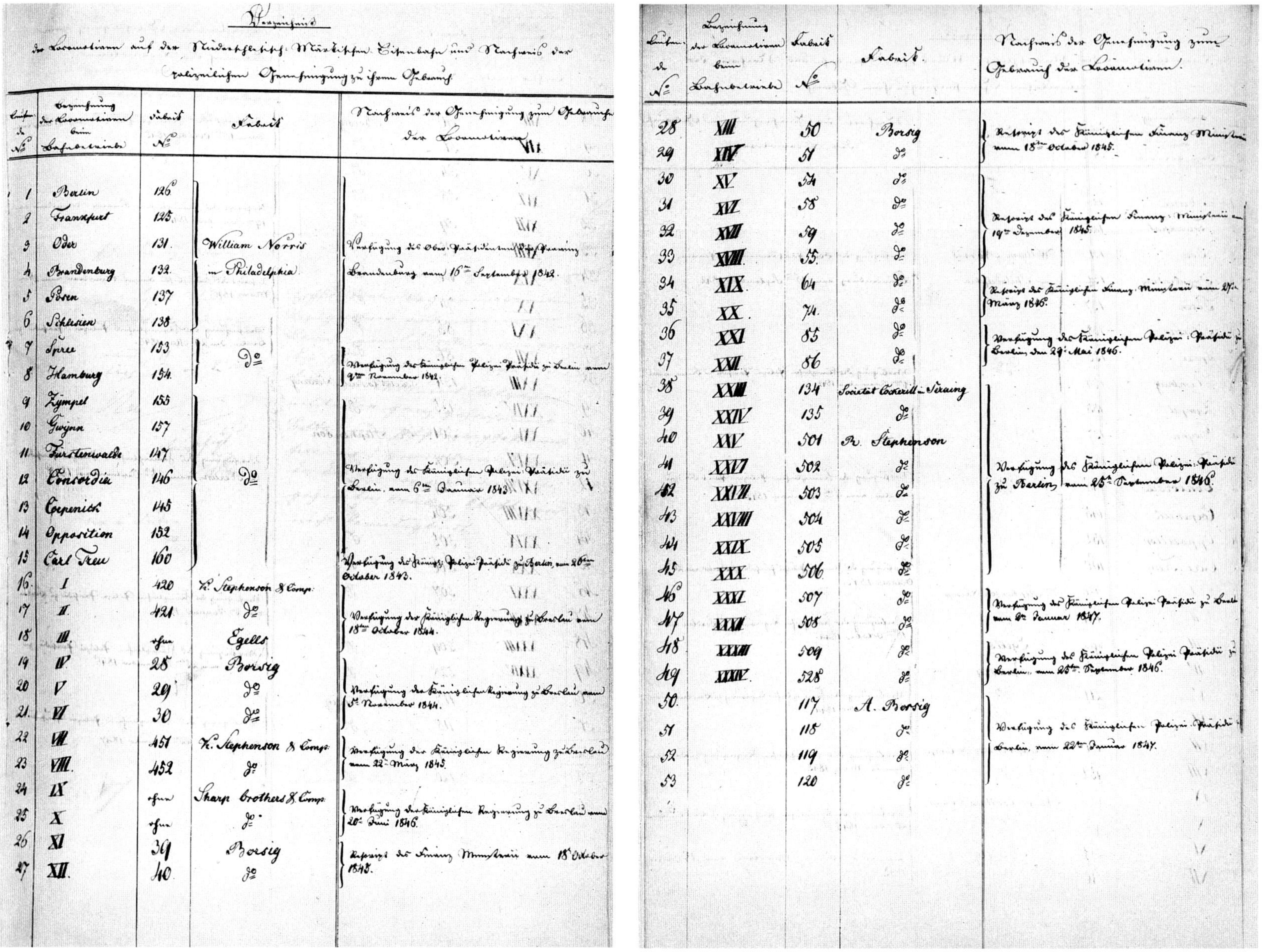

Verzeichniß der Locomotiven auf der Niederschlesisch-Märkischen Eisenbahn und Nachweis der polizeilichen Genehmigung zu ihrem Gebrauch

Laufende No	Benennung der Locomotiven beim Bahnbetriebe	Fabrik No	Fabrik	Nachweis der Genehmigung zum Gebrauche der Locomotiven
1	Berlin	126	William Norris in Philadelphia	Verfügung des Ober-Präsidiums der Provinz Brandenburg vom 16ten September 1842.
2	Frankfurt	125		
3	Oder	131		
4	Brandenburg	132		
5	Posen	137		
6	Schlesien	138		
7	Spree	153	Do	Verfügung des Königlichen Polizei-Präsidii zu Berlin vom 9ten November 1842.
8	Hamburg	154		
9	Zympel	155	Do	Verfügung des Königlichen Polizei-Präsidii zu Berlin vom 6ten Januar 1843.
10	Gwynn	157		
11	Fürstenwalde	147		
12	Concordia	146		
13	Coepenick	145		
14	Opposition	152		
15	Carl Treu	160		Verfügung des Königl. Polizei-Präsidii zu Berlin vom 26ten October 1843.
16	I	420	R. Stephenson & Comp.	
17	II	421	Do	Verfügung der Königlichen Regierung zu Breslau vom 18ten October 1844.
18	III	ohne	Egells	
19	IV	28	Borsig	
20	V	29	Do	Verfügung der Königlichen Regierung zu Breslau vom 5ten November 1844.
21	VI	30	Do	
22	VII	451	R. Stephenson & Comp.	Verfügung der Königlichen Regierung zu Breslau vom 22ten März 1845.
23	VIII	452	Do	
24	IX	ohne	Sharp brothers & Comp.	Verfügung der Königlichen Regierung zu Breslau vom 20ten Juni 1846.
25	X	ohne	Do	
26	XI	39	Borsig	Rescript des Finanz-Ministerii vom 18 October 1845.
27	XII	40	Do	
28	XIII	50	Borsig	Rescript des Königlichen Finanz-Ministerii vom 18ten October 1845.
29	XIV	51	Do	
30	XV	54	Do	
31	XVI	58	Do	Rescript des Königlichen Finanz-Ministerii vom 19ten December 1845.
32	XVII	59	Do	
33	XVIII	55	Do	
34	XIX	64	Do	Rescript des Königlichen Finanz-Ministerii vom 27ten März 1846.
35	XX	74	Do	
36	XXI	85	Do	Verfügung des Königlichen Polizei-Präsidii zu Berlin den 29ten Mai 1846.
37	XXII	86	Do	
38	XXIII	134	Societät Cockerill in Seraing	
39	XXIV	135	Do	
40	XXV	501	R. Stephenson	
41	XXVI	502	Do	Verfügung des Königlichen Polizei-Präsidii zu Berlin vom 25ten September 1846.
42	XXVII	503	Do	
43	XXVIII	504	Do	
44	XXIX	505	Do	
45	XXX	506	Do	
46	XXXI	507	Do	Verfügung des Königlichen Polizei-Präsidii zu Berlin vom 8ten Januar 1847.
47	XXXII	508	Do	
48	XXXIII	509	Do	Verfügung des Königlichen Polizei-Präsidii zu Berlin vom 25ten September 1846.
49	XXXIV	528	Do	
50		117	A. Borsig	Verfügung des Königlichen Polizei-Präsidii zu Berlin vom 22ten Januar 1847.
51		118	Do	
52		119	Do	
53		120	Do	

dings nicht aus – nur noch Lokomotiven von Borsig bezogen.

In den Akten sind zahlreiche Atteste über die Prüfung der Lokomotiven überliefert (Bild 77) so daß weitere Forschungen möglich sind. Trotz intensiver Bemühungen bleiben aber viele wichtige Details des Betriebs auf der NME gegenwärtig noch im dunkeln, so die Gestaltung der Fahrkarten und der Signale sowie die Ansicht der Bahnanlage. Das war noch nicht zu klären.

Die Nachtfahrten

Ein bisher wenig beachteter Vorgang in der Frühzeit der Eisenbahnen stellte die Gestaltung des Fahrplans dar. Er richtete sich zunächst nach den Verkehrsbedürfnissen und war so aufgebaut, daß zwei Züge in jeder Richtung (morgens und abends) verkehrten. Bei der relativ kurzen Streckenlänge stellte diese Betriebsweise noch geringe Anforderungen an den Betrieb, und das Verkehrsaufkommen rechtfertigte dieses Vorgehen. Als die Strecken jedoch länger wurden und die Bahnlinien in Berlin und an anderen sich ausbildenden Verkehrsknotenpunkten miteinander in Verbindung traten, mußte sich die Betriebsweise ändern, denn nun traten die besseren Verkehrsmöglichkeiten – auch im internationalen Maßstab – in das Blickfeld der Öffentlichkeit. Wollte man die Vorteile der

76 Verzeichnis der Lokomotiven auf der Niederschlesisch-Märkischen Eisenbahn (StAP)

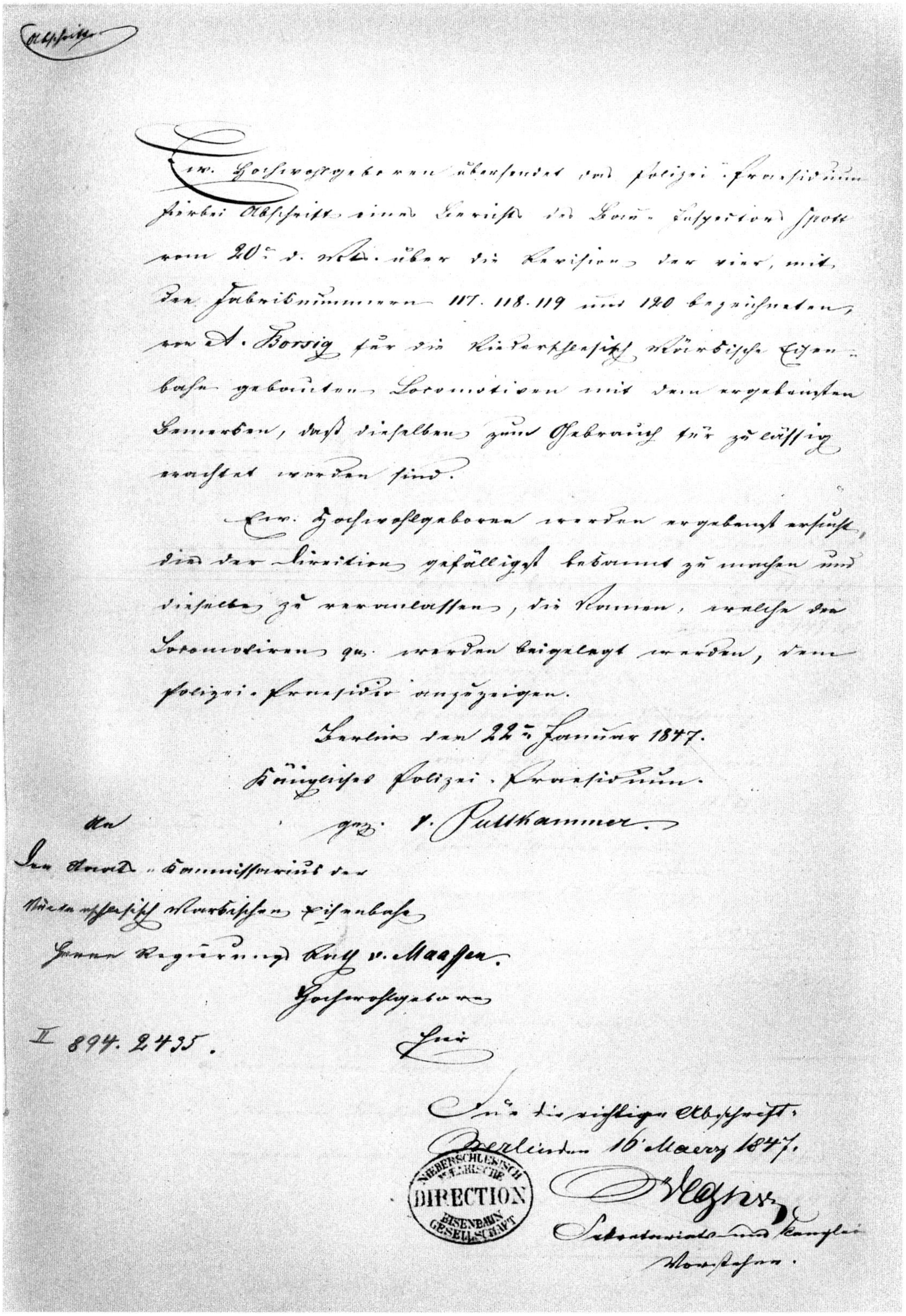
Abschrift

Ew. Hochwohlgeboren übersendet das Polizei-Präsidium hierbei Abschrift eines Berichts des Bau-Inspectors Stolle vom 20ten d. Mts. über die Revision der vier, mit den Fabriknummern 117. 118. 119 und 120 bezeichneten, von A. Borsig für die Niederschlesisch Märkische Eisenbahn gebauten Locomotiven mit dem ergebensten Bemerken, daß dieselben zum Gebrauch für zulässig erachtet worden sind.

Ew. Hochwohlgeboren werden ergebenst ersucht, dies der Direction gefälligst bekannt zu machen und dieselbe zu veranlassen, die Namen, welche den Locomotiven qu. werden beigelegt werden, dem Polizei-Präsidio anzuzeigen.

Berlin den 22ten Januar 1847.
Königliches Polizei-Präsidium.
gez. v. Puttkammer.

An
den Herrn Commissarius der
Niederschlesisch Märkischen Eisenbahn
Herrn Regierungs Rath v. Maaßen.
Hochwohlgeboren
Hier

II 894. 2435.

Für die richtige Abschrift.
Berlin den 16. Maerz 1847.

NIEDERSCHLESISCH MÄRKISCHE DIRECTION EISENBAHN GESELLSCHAFT

Secretariats und Kanzlei Vorsteher.

schnelleren Überwindung des Raumes durch die Eisenbahnen nutzen, mußte auch zu einem Verkehr bei Nacht übergegangen werden. Eine 1844 vom König trotz »schwerster moralischer Bedenken« ausgesprochene Erlaubnis, in der Dunkelheit zu fahren, d. h. den Verkehr in der Dämmerung und den Abendstunden aufrechtzuerhalten, reichte nicht mehr aus.

Bisher in keiner Weise behandelt worden ist die Tatsache, daß dieser für den Eisenbahnverkehr wichtige Schritt gegen den Willen der Eisenbahngesellschaft auf der NME als erster preußischer Bahnlinie gegangen werden mußte. Der Anstoß dazu kam aus dem Ausland und belegte zugleich die gesellschaftsbeeinflussende Kraft des neuen Verkehrsmittels. Auch wenn gegenwärtig noch nicht alle Einzelheiten dargelegt werden können, so steht doch fest, daß der Anstoß für den Nachtverkehr auf dieser Bahn durch Intervention der Reisegesellschaft Londons Lloyd ausging. Auch wenn sich erst am 3. Dezember 1847 in Hamburg Vertreter verschiedener Eisenbahngesellschaften, des Finanz- und des Innenministeriums Preußens sowie dieses Reisebüros trafen, um über »einen regelmäßigen Transport-Verkehr zwischen England und dem Orient« zu verhandeln, so muß doch davon ausgegangen werden, daß dieser Konferenz längere Absprachen vorausgegangen waren.[40] Deren Ergebnis war insbesondere für den preußischen Staat von großem Wert, denn Londons Lloyd verpflichtete sich, den gesamten Nord-Süd-Verkehr von London über Hamburg und Stettin in den Orient über die preußischen Eisenbahnen laufen zu lassen, sofern die preußischen Behörden dazu bereit waren, einen Nachtverkehr auf der NME einzurichten. Denn nur so war die kürzeste und vor allem schnellste Verbindung von London in den Orient möglich.[41] Diese Überlegung traf sich mit Forderungen industrieller und handeltreibender Kreise in Preußen, vor allem in Berlin.

Bereits nach Aufnahme des durchgehenden Verkehrs zwischen Berlin und Breslau am 1. September 1846 (eine der Voraussetzungen für einen derartigen internationalen Verkehr) gab es in den Tageszeitungen Proteste, daß die mögliche höhere Schnelligkeit im Postverkehr, den die Eisenbahn z. B. mit sich brachte, nicht genutzt werden konnte. Die Abendzüge von Ber-

77 Mitteilung des Königlichen Polizei-Präsidiums in Berlin vom 22. Januar 1847 über die Genehmigung der Inbetriebnahme der Borsig-Lokomotiven Nr. 117 bis 120 (StAP)

[40] ZStAM, Rep. 77, Tit. 258, No 1, Band 3, Bl. 43
[41] Ebenda, Bl. 44

lin und Breslau machten unterwegs halt und blieben über Nacht stehen. Die Reisenden, die Post und die Güter konnten die Fahrt erst am nächsten Morgen fortsetzen. Damit wurde ein wesentlicher Vorteil dieser neuen Eisenbahnverbindung, schneller in den Besitz von Nachrichten, Gütern usw. zu kommen, nicht voll wirksam.

Angesichts dieses sich auch international durchsetzenden Wunsches gab die preußische Verwaltung ihre Vorbehalte gegen den als »unmoralisch« geltenden Nachtverkehr auf und wies die Direktion der Gesellschaft an, vom 1. Mai 1847 an (Bild 78) Nachtfahrten zuzulassen. Offensichtlich war diese Maßnahme eine Vorleistung der preußischen Staatsorgane für die erwähnte Konferenz am 3. Dezember 1847.

Dieser Schritt kam für die Direktion nicht unerwartet, denn es hatte Absprachen und Verhandlungen gegeben, und trotzdem sperrte sie sich. Sie legte ständig Widersprüche ein, so daß es zu einer Weisung des preußischen Finanzministeriums »unter Androhung von Zwangs-Maßregeln« zur Aufnahme des Nachtverkehrs am

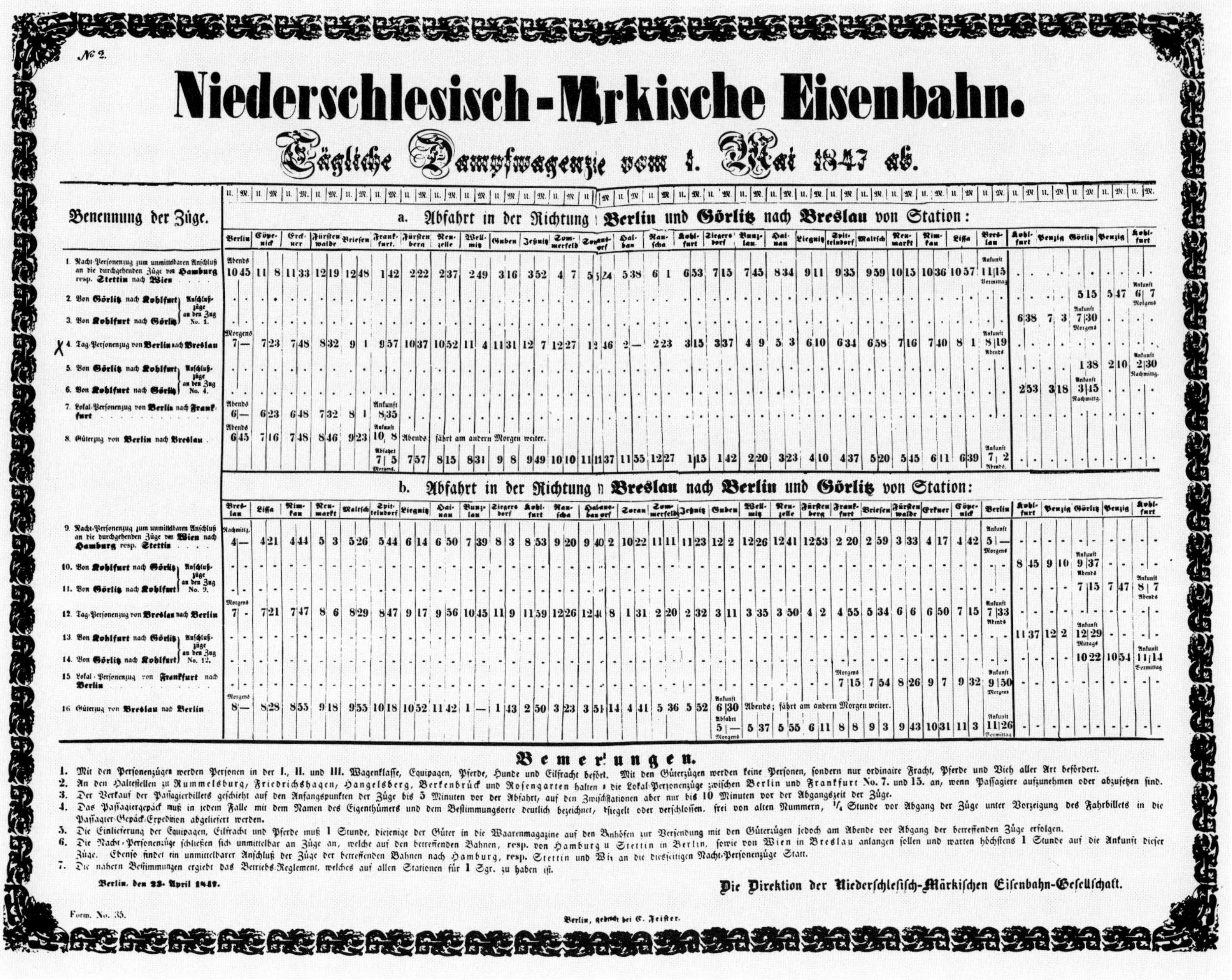

No. 2.

Niederschlesisch-Märkische Eisenbahn.

Tägliche Dampfwagenzüge vom 1. Mai 1847 ab.

a. Abfahrt in der Richtung Berlin und Görlitz nach Breslau von Station:

Benennung der Züge.	Berlin	Cöpenick	Erkner	Fürstenwalde	Briesen	Frankfurt	Fürstenberg	Neuzelle	Wellmitz	Guben	Jeßnitz	Sommerfeld	Sorau / Hansdorf	Halbau	Rauscha	Kohlfurt	Siegersdorf	Bunzlau	Hainau	Liegnitz	Spittelndorf	Maltsch	Neumarkt	Nimkau	Lissa	Breslau	Kohlfurt	Penzig	Görlitz	Penzig	Kohlfurt
1. Nacht-Personenzug zum unmittelbaren Anschluß an die durchgehenden Züge von Hamburg resp. Stettin nach Wien	Abends 10 45	11 8	11 33	12 19	12 48	1 42	2 22	2 37	2 49	3 16	3 52	4 7	5 5 24	5 38	6 1	6 53	7 15	7 45	8 34	9 11	9 35	9 59	10 15	10 36	10 57	Ankunft 11 15 Vormittag	.	.	.	.	.
2. Von Görlitz nach Kohlfurt (Anschlußzüge an den Zug No. 1.)	.	.	.	.	.	.	.	.	.	.	.	.	.	.	.	.	.	.	.	.	.	.	.	.	.	.	.	.	5 15	5 47	Ankunft 6 7 Morgens
3. Von Kohlfurt nach Görlitz (Anschlußzüge an den Zug No. 1.)	.	.	.	.	.	.	.	.	.	.	.	.	.	.	.	.	.	.	.	.	.	.	.	.	.	.	6 38	7 3	Ankunft 7 30 Morgens	.	.
4. Tag-Personenzug von Berlin nach Breslau	Morgens 7 —	7 23	7 48	8 32	9 1	9 57	10 37	10 52	11 4	11 31	12 7	12 27	1 2 46	2 —	2 23	3 15	3 37	4 9	5 3	6 10	6 34	6 58	7 16	7 40	8 1	Ankunft 8 19 Abends	.	.	.	.	.
5. Von Görlitz nach Kohlfurt (Anschlußzüge an den Zug No. 4.)	.	.	.	.	.	.	.	.	.	.	.	.	.	.	.	.	.	.	.	.	.	.	.	.	.	.	.	.	1 38	2 10	Ankunft 2 30 Nachmittg.
6. Von Kohlfurt nach Görlitz (Anschlußzüge an den Zug No. 4.)	.	.	.	.	.	.	.	.	.	.	.	.	.	.	.	.	.	.	.	.	.	.	.	.	.	.	2 53	3 18	Ankunft 3 45 Nachmittg.	.	.
7. Lokal-Personenzug von Berlin nach Frankfurt	Abends 6 —	6 23	6 48	7 32	8 1	Ankunft 8 35	.	.	.	.	.	.	.	.	.	.	.	.	.	.	.	.	.	.	.	.	.	.	.	.	.
8. Güterzug von Berlin nach Breslau	Abends 6 45	7 16	7 48	8 46	9 23	Ankunft 10 8 Abends; fährt am andern Morgen weiter. Abfahrt 7 5 Morgens	7 57	8 15	8 31	9 8	9 49	10 10	11 11 37	11 55	12 27	1 15	1 42	2 20	3 23	4 10	4 37	5 20	5 45	6 11	6 39	Ankunft 7 2 Abends.	.	.	.	.	.

b. Abfahrt in der Richtung Breslau nach Berlin und Görlitz von Station:

Benennung der Züge.	Breslau	Lissa	Nimkau	Neumarkt	Maltsch	Spittelndorf	Liegnitz	Hainau	Bunzlau	Siegersdorf	Kohlfurt	Rauscha	Halbau / Hansdorf	Sorau	Sommerfeld	Jeßnitz	Guben	Wellmitz	Neuzelle	Fürstenberg	Frankfurt	Briesen	Fürstenwalde	Erkner	Cöpenick	Berlin	Kohlfurt	Penzig	Görlitz	Penzig	Kohlfurt
9. Nacht-Personenzug zum unmittelbaren Anschluß an die durchgehenden Züge von Wien nach Hamburg resp. Stettin	Nachmittg. 4 —	4 21	4 44	5 3	5 26	5 44	6 14	6 50	7 39	8 3	8 53	9 20	9 40 2	10 22	11 11	11 23	12 2	12 26	12 41	12 53	2 20	2 59	3 33	4 17	4 42	Ankunft 5 — Morgens	-	-	-	-	-
10. Von Kohlfurt nach Görlitz (Anschlußzüge an den Zug No. 9.)	-	-	-	-	-	-	-	-	-	-	-	-	-	-	-	-	-	-	-	-	-	-	-	-	-	-	8 45	9 10	Ankunft 9 37 Abends	-	-
11. Von Görlitz nach Kohlfurt (Anschlußzüge an den Zug No. 9.)	-	-	-	-	-	-	-	-	-	-	-	-	-	-	-	-	-	-	-	-	-	-	-	-	-	-	-	-	7 15	7 47	Ankunft 8 7 Abends
12. Tag-Personenzug von Breslau nach Berlin	Morgens 7 -	7 21	7 47	8 6	8 29	8 47	9 17	9 56	10 45	11 9	11 59	12 26	12 40 8	1 31	2 20	2 32	3 11	3 35	3 50	4 2	4 55	5 34	6 6	6 50	7 15	Ankunft 7 33 Abends	-	-	-	-	-
13. Von Kohlfurt nach Görlitz (Anschlußzüge an den Zug No. 12.)	-	-	-	-	-	-	-	-	-	-	-	-	-	-	-	-	-	-	-	-	-	-	-	-	-	-	11 37	12 2	Ankunft 12 29 Mittags	-	-
14. Von Görlitz nach Kohlfurt (Anschlußzüge an den Zug No. 12.)	-	-	-	-	-	-	-	-	-	-	-	-	-	-	-	-	-	-	-	-	-	-	-	-	-	-	-	-	10 22	10 54	Ankunft 11 14 Vormittag
15. Lokal-Personenzug von Frankfurt nach Berlin	-	-	-	-	-	-	-	-	-	-	-	-	-	-	-	-	-	-	-	-	Morgens 7 15	7 54	8 26	9 7	9 32	Ankunft 9 50 Morgens	-	-	-	-	-
16. Güterzug von Breslau nach Berlin	Morgens 8 —	8 28	8 55	9 18	9 55	10 18	10 52	11 42	1 —	1 43	2 50	3 23	3 51 14	4 41	5 36	5 52	Ankunft 6 30 Abends; fährt am andern Morgen weiter. Abfahrt 5 — Morgens	5 37	5 55	6 11	8 8	9 3	9 43	10 31	11 3	Ankunft 11 26 Vormittag	-	-	-	-	-

Bemerkungen.

1. Mit den Personenzügen werden Personen in der I., II. und III. Wagenklasse, Equipagen, Pferde, Hunde und Eilfracht beförd. Mit den Güterzügen werden keine Personen, sondern nur ordinaire Fracht, Pferde und Vieh aller Art befördert.
2. An den Haltestellen zu Rummelsburg, Friedrichshagen, Hangelsberg, Berkenbrück und Rosengarten halten die Lokal-Personenzüge zwischen Berlin und Frankfurt No. 7. und 15. an, wenn Passagiere aufzunehmen oder abzusetzen sind.
3. Der Verkauf der Passagierbillets geschieht auf den Anfangspunkten der Züge bis 5 Minuten vor der Abfahrt, auf den Zwischstationen aber nur bis 10 Minuten vor der Abgangszeit der Züge.
4. Das Passagiergepäck muß in jedem Falle mit dem Namen des Eigenthümers und dem Bestimmungsorte deutlich bezeichnet, besiegelt oder verschlossen, frei von alten Nummern, 1/4 Stunde vor Abgang der Züge unter Vorzeigung des Fahrbillets in die Passagier-Gepäck-Expedition abgeliefert werden.
5. Die Einlieferung der Equipagen, Eilfracht und Pferde muß 1 Stunde, diejenige der Güter in die Waarenmagazine auf den Bahnhöfen zur Versendung mit den Güterzügen jedoch am Abende vor Abgang der betreffenden Züge erfolgen.
6. Die Nacht-Personenzüge schließen sich unmittelbar an Züge an, welche auf den betreffenden Bahnen, resp. von Hamburg u Stettin in Berlin, sowie von Wien in Breslau anlangen sollen und warten höchstens 1 Stunde auf die Ankunft dieser Züge. Ebenso findet ein unmittelbarer Anschluß der Züge der betreffenden Bahnen nach Hamburg, resp. Stettin und Wien an die diesseitigen Nacht-Personenzüge Statt.
7. Die nähern Bestimmungen ergiebt das Betriebs-Reglement, welches auf allen Stationen für 1 Sgr. zu haben ist.

Berlin, den 23. April 1847.

Die Direktion der Niederschlesisch-Märkischen Eisenbahn-Gesellschaft.

Form. No. 35.

Berlin, gedruckt bei C. Feister.

78 Fahrplanplakat der Niederschlesisch-Märkischen Eisenbahngesellschaft ab 1. Mai 1847, mit Nr. 2 bezeichnet (StAP)

1. Mai 1847 kam.[42] Am 23. Juni faßte die außerordentliche Generalversammlung den Beschluß: »Die Direction wird verpflichtet, sofort bei Sr. Majestät dem Könige wegen Anordnung der Nachtzüge Beschwerde zu führen und Entschädigung in Anspruch zu nehmen, event. aber den Rechtsweg zu betreten und einstweilen den mit Androhung der Exekution vom Ministerio angeordneten Fahrplan, jedoch unter Protest und Vorbehalt aller Rechte, in Ausführung zu bringen«.[43]

In mehrfacher Hinsicht war dieser Beschluß bedeutungsvoll. Sachlich gerechtfertigt, bezog sich die Direktion auf die höher werdenden Kosten, denn nun hatte sie Personal in zwei Schichten zu beschäftigen bzw. das vorhandene Personal so einzuteilen, daß auch des Nachts die Sicherheit auf der Bahn gewährleistet werden konnte. Zudem waren Mittel für die Ausrüstung der Eisenbahnwagen notwendig, denn bisher waren diese nicht für eine Nachtfahrt bzw. nur kurze Fahrten des Abends ausgestattet. Angesichts der wirtschaftlichen Lage Preußens, das von der ersten kapitalistischen Wirtschaftskrise geschüttelt wurde, waren das zusätzliche Lasten, die die Gesellschaft nicht widerspruchslos tragen wollte.

Die sich hinter dieser sachlichen Argumentation verbergende Auseinandersetzung zwischen den wirtschaftlich erstarkenden bürgerlichen Kräften und dem Adel erwies sich als bedeutungsvoll. Die Direktion und die Generalversammlung der Gesellschaft wehrten sich mit Vehemenz gegen den Eingriff des Staates in ihre Angelegenheiten, gegen die Verfügung über ihren Besitz. Dementsprechend wandte sich die Direktion mit einer Immediat-Vorstellung (unter Umgehung des Dienstweges) am 17. Dezember 1847 an den König und nutzte das juristische Instrumentarium zu einer Auseinandersetzung mit dem preußischen Staat und mit den anmaßend auftretenden Vertretern des Adels. Diese Eingabe und der folgende Prozeß wurden zu einer Grundsatzauseinandersetzung mit juristischen Mitteln. Die Direktion betonte: »Auf Veranlassung des Königlichen Finanz-Ministerii wurden im Anfange dieses Jahres Verhandlungen wegen Einrichtung durchgehender Eisenbahnzüge zwischen Wien einerseits und Hamburg und Stettin anderseits eröffnet, die dahin geführt haben, daß uns ein Fahrplan vorgeschrieben worden ist, bei welchem wir ... Eisenbahn-Personenzüge ... zum bei weitem größten Theile während der Nacht befördern lassen müssen«.[44] Nun folgt die sachliche Argumentation wegen der damit verbundenen höheren Kosten. Bereits in der Generalversammlung am 29. April war der Beschluß gefaßt worden, deshalb »einstweilen und bis zum 1. Juli die Nachtfahrten mit Dampf (einzurichten), während dieser Zeit aber die Ansprüche auf Entschädigung kräftigst« zu betreiben. Nach dem 1. Juli sollten zu den Nachtfahrten Pferde benutzt werden.[45]

Die Eingabe an das Finanzministerium mit dem Hinweis auf den Beschluß der Aktionärsversammlung wurde am 14. Mai 1847 abgesandt. Das Finanzministerium bestimmte am 1. Juni, daß »es sich vollkommen befugt halte, die Nachtzüge, wie geschehen, anzuordnen, und deshalb der Anspruch auf Entschädigung ein für alle Mal und das Bestimmteste abgelehnt werde«. Der Transport mit Pferden verfiel der Ablehnung, und die Mitglieder der Direktion wurden »vorbehaltlich der Anwendung geeigneter Zwangs Maßregeln ... persönlich für allen Schaden und Nachtheile verantwortlich gemacht«. Zugleich verwies der Finanzminister auf den Rechtsweg, denn so ganz sicher war er sich seiner Sache wohl nicht.[46]

Dieses Schreiben mußte Protest hervorrufen, und so kam es zu der bereits erwähnten außerordentlichen Generalversammlung der Aktionäre und dem zitierten Beschluß. Gegenüber dem König argumentierte die Direktion nun sehr geschickt. Dabei reichte der Bogen von geringer Frequenz der Nachtzüge bis hin zu den – insbesondere im Winter – Verspätungen, die es unmöglich machten, die Anschlüsse, z. B. der Oberschlesischen Eisenbahn, pünktlich zu erreichen. Der Nachtverkehr, gegen den die Bahn sich im übrigen nicht sperre, liege wegen der geringen Einnahmen und der damit verbundenen hohen Kosten nicht im Interesse der privaten Gesellschaft, sondern im öffentlichen Interesse. Und deshalb müßten die dabei entstehenden Kosten zusätzlich von der öffentlichen Hand erstattet werden.

Und nun kommt der entscheidende Teil der Eingabe: die in den Augen der Gesellschaft durch das Finanzministerium vorgenommene Rechtsbeugung; denn das Ministerium berief sich auf das Eisenbahngesetz und die dortige Bestimmung, daß die Eisenbahnen ihren Betrieb mit den Bedürfnissen des Postverkehrs in Übereinstimmung zu bringen haben. Aus dieser Bestimmung könne nämlich nicht abgeleitet werden, daß die Bahn neue Züge einrichten muß, sie könne nur so gedeutet werden, daß die fahrenden Züge auf die Bedürfnisse der Post abgestimmt werden. Das schlagendst e Argument aber war, daß diese Bestimmung nicht zutreffen kann, da »zur Zeit der Vereinbarung des Statuts Nachtfahrten auf Preußischen Eisenbahnen überall noch nicht einmal zulässig, am wenigsten aber in Gebrauch waren ...«.[47] Das Schreiben schloß mit der in dieser Zeit vorgeschriebenen Formel, daß die »allerunterthänigste und gehorsamste Direction der Niederschlesisch-Märkischen Eisenbahngesellschaft« in »tiefster Submission« die »unterthänigste Bitte (habe): um Zusicherung einer Entschädigung für die durch die Ausführung der von dem Königlichen Finanz-Ministerii angeordneten Nachtfahrten ... entstehenden Nachtheile huldreich zu deferieren geruhen wollen«.[48]

Am 28. Januar 1848 antwortete der König, daß »er sich nicht Bewogen finden (kann), der Gesellschaft eine Entschädigung für die mit jener Anordnung angeblich verbundenen Nachtheile zu bewilligen. ... Glaubt die Direction einen rechtlich begründeten Anspruch auf eine solche Entschädigung zu haben, so bleibt es ihr unbenommen, denselben in dem gesetzlichen Wege gegen den Staat geltend zu machen«.[49]

Bei der Betrachtung der weiteren Entwicklung ist stets die geschichtliche Situation zu berücksichtigen. Es war die Zeit des Vormärz, nur knapp zwei Monate vor der Märzrevolution. Beide Parteien, der Adel und das aufstrebende Bürgertum, setzten sich auseinander, und das Vorgehen der Direktion muß als ein Versuch gewertet werden, die gegenseitigen Standpunkte zu regulieren. Am 3. März 1848 reichte die Direktion beim Königlichen Kammergericht die Klage ein, »den Fiscus, in Vertretung des Königlichen Finanz-Ministerii, zu verurtheilen,der Niederschlesisch-Märkischen Eisenbahn-Gesellschaft den in Folge der geschehenen Anordnung von Nachtzügen und die dadurch herbeigeführte Vermehrung der Betriebskosten entstandenen

[42] Ebenda, Bl. 46
[43] StAP, Rep. 2 A IV, Reg. Potsdam, Nr. 2122, Bericht der NME für das Jahr 1847, S. 6
[44] Ebenda, S. 6f.
[45] Ebenda, S. 6
[46] Ebenda, S. 8
[47] Ebenda, S. 9
[48] Ebenda, S. 10
[49] Ebenda

und noch entstehenden, in separato zu ermittelnden Schaden zu ersetzen, und demselben die Prozeßkosten resp. deren Erstattung aufzuerlegen«.[50] Die Ablehnung folgte am 11. April lakonisch: »Die Klage kann als zur Mittheilung geeignet nicht angesehen werden«.[51]

Angesichts der Märzrevolution zog es die Direktion zunächst vor, sich zurückzuhalten. Die Spannungen hatten sich auf den Barrikaden in Berlin entladen, und die Staatsmacht verlor zunächst. Die Bourgeoisie mußte sich neu einrichten, zu der weiter schwelenden Auseinandersetzung mit dem preußischen Staat kam die neue Furcht vor den Arbeitern. Deshalb bezog sich die Direktion auf die bereits am 23. Juni 1847 geäußerte Meinung des Rechtsberaters, »daß sich die Klage mit Hoffnung auf günstigen Erfolg nicht begründen lasse« und schlug vor, auf der Generalversammlung am 30. Mai 1848 erneut zu verhandeln.[52]

Die Mehrheit der Aktionäre dieser Generalversammlung war dafür, den Rechtsweg weiter zu beschreiten. Aber erst nach einer längeren Pause der politischen Neuorientierung trat die Di-

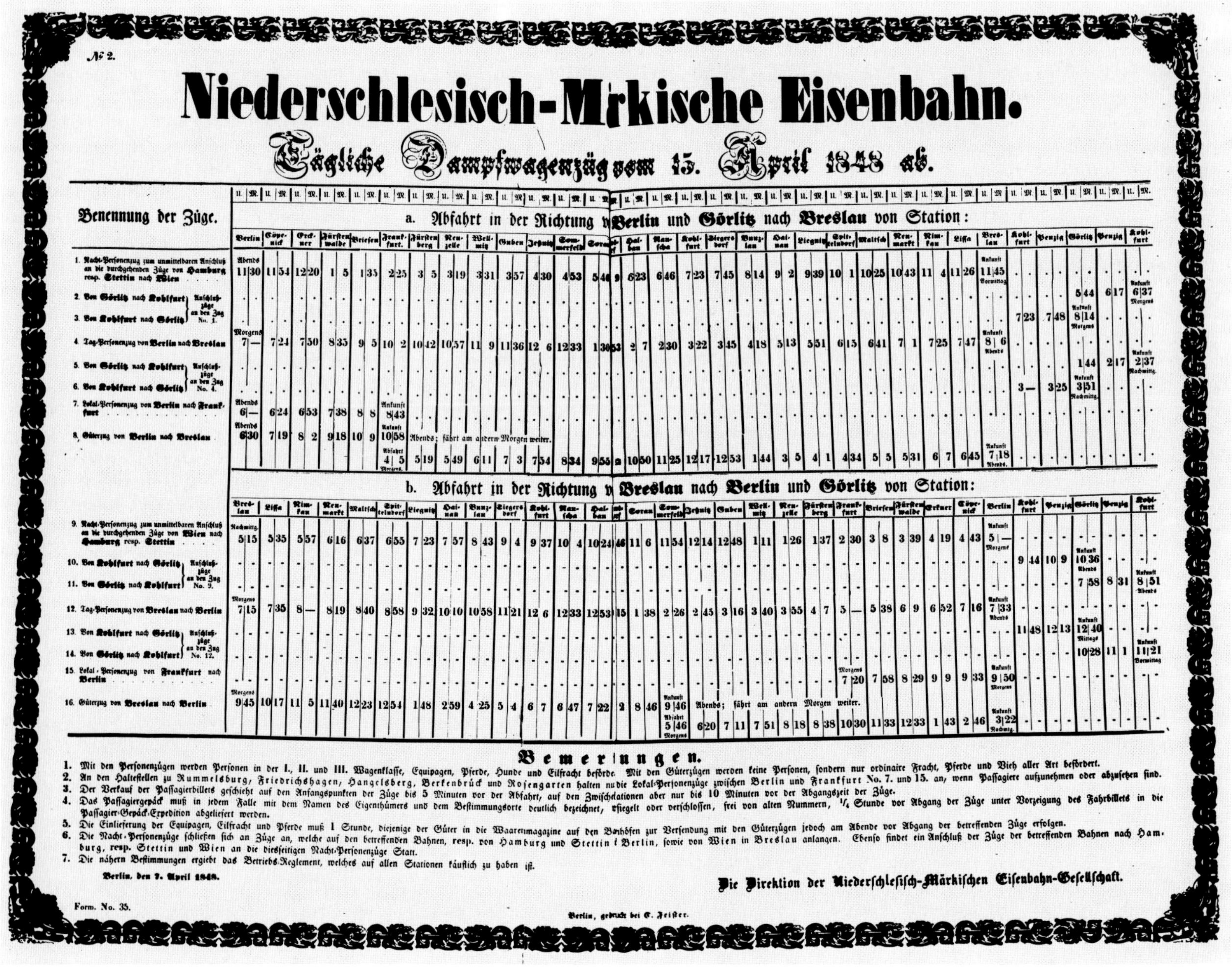

№ 2.

Niederschlesisch-Märkische Eisenbahn.

Tägliche Dampfwagenzüge vom 15. April 1848 ab.

a. Abfahrt in der Richtung von Berlin und Görlitz nach Breslau von Station:

Benennung der Züge.	Berlin	Cöpenick	Erkner	Fürstenwalde	Briesen	Frankfurt	Fürstenberg	Neuzelle	Wellmitz	Guben	Jeßnitz	Sommerfeld	Sorau	[illegible]	Halbau	Nauscha	Kohlfurt	Siegersdorf	Bunzlau	Hainau	Liegnitz	Spittelndorf	Maltsch	Neumarkt	Nimkau	Lissa	Breslau	Kohlfurt	Penzig	Görlitz	Penzig	Kohlfurt
1. Nacht-Personenzug zum unmittelbaren Anschluß an die durchgehenden Züge von Hamburg resp. Stettin nach Wien	Abends 11 30	11 54	12 20	1 5	1 35	2 25	3 5	3 19	3 31	3 57	4 30	4 53	5 46	9	6 23	6 46	7 23	7 45	8 14	9 2	9 39	10 1	10 25	10 43	11 4	11 26	Ankunft 11 45 Vormittag					
2. Von Görlitz nach Kohlfurt (Anschlußzüge an den Zug No. 1.)																														5 44	6 17	Ankunft 6 37 Morgens
3. Von Kohlfurt nach Görlitz (Anschlußzüge an den Zug No. 1.)																												7 23	7 48	Ankunft 8 14 Morgens		
4. Tag-Personenzug von Berlin nach Breslau	Morgens 7 —	7 24	7 50	8 35	9 5	10 2	10 42	10 57	11 9	11 36	12 6	12 33	1 30	53	2 7	2 30	3 22	3 45	4 18	5 13	5 51	6 15	6 41	7 1	7 25	7 47	Ankunft 8 6 Abends					
5. Von Görlitz nach Kohlfurt (Anschlußzüge an den Zug No. 4.)																														1 44	2 17	Ankunft 2 37 Nachmittg.
6. Von Kohlfurt nach Görlitz (Anschlußzüge an den Zug No. 4.)																												3 —	3 25	Ankunft 3 51 Nachmittg.		
7. Lokal-Personenzug von Berlin nach Frankfurt	Abends 6 —	6 24	6 53	7 38	8 8	Ankunft 8 43																										
8. Güterzug von Berlin nach Breslau	Abends 6 30	7 19	8 2	9 18	10 9	Ankunft 10 58 Abends; fährt am andern Morgen weiter. Abfahrt 4 5 Morgens	5 19	5 49	6 11	7 3	7 54	8 34	9 55	[illegible]	10 50	11 25	12 17	12 53	1 44	3 5	4 1	4 34	5 5	5 31	6 7	6 45	Ankunft 7 18 Abends.					

b. Abfahrt in der Richtung von Breslau nach Berlin und Görlitz von Station:

Benennung der Züge.	Breslau	Lissa	Nimkau	Neumarkt	Maltsch	Spittelndorf	Liegnitz	Hainau	Bunzlau	Siegersdorf	Kohlfurt	Nauscha	Halbau	[illegible]	Sorau	Sommerfeld	Jeßnitz	Guben	Wellmitz	Neuzelle	Fürstenberg	Frankfurt	Briesen	Fürstenwalde	Erkner	Cöpenick	Berlin	Kohlfurt	Penzig	Görlitz	Penzig	Kohlfurt
9. Nacht-Personenzug zum unmittelbaren Anschluß an die durchgehenden Züge von Wien nach Hamburg resp. Stettin	Nachmittg. 5 15	5 35	5 57	6 16	6 37	6 55	7 23	7 57	8 43	9 4	9 37	10 4	10 24	46	11 6	11 54	12 14	12 48	1 11	1 26	1 37	2 30	3 8	3 39	4 19	4 43	Ankunft 5 — Morgens					
10. Von Kohlfurt nach Görlitz (Anschlußzüge an den Zug No. 9.)																												9 44	10 9	Ankunft 10 36 Abends		
11. Von Görlitz nach Kohlfurt (Anschlußzüge an den Zug No. 9.)																														7 58	8 31	Ankunft 8 51 Abends
12. Tag-Personenzug von Breslau nach Berlin	Morgens 7 15	7 35	8 —	8 19	8 40	8 58	9 32	10 10	10 58	11 21	12 6	12 33	12 53	15	1 38	2 26	2 45	3 16	3 40	3 55	4 7	5 —	5 38	6 9	6 52	7 16	Ankunft 7 33 Abends					
13. Von Kohlfurt nach Görlitz (Anschlußzüge an den Zug No. 12.)																												11 48	12 13	Ankunft 12 40 Mittags		
14. Von Görlitz nach Kohlfurt (Anschlußzüge an den Zug No. 12.)																														10 28	11 1	Ankunft 11 21 Vormittag
15. Lokal-Personenzug von Frankfurt nach Berlin																						Morgens 7 20	7 58	8 29	9 9	9 33	Ankunft 9 50 Morgens					
16. Güterzug von Breslau nach Berlin	Morgens 9 45	10 17	11 5	11 40	12 23	12 54	1 48	2 59	4 25	5 4	6 7	6 47	7 22	2	8 46	Ankunft 9 46 Abends; fährt am andern Morgen weiter. Abfahrt 5 46 Morgens	6 20	7 11	7 51	8 18	8 38	10 30	11 33	12 33	1 43	2 46	Ankunft 3 22 Nachmittg.					

Bemerkungen.

1. Mit den Personenzügen werden Personen in der I., II. und III. Wagenklasse, Equipagen, Pferde, Hunde und Eilfracht befördert. Mit den Güterzügen werden keine Personen, sondern nur ordinaire Fracht, Pferde und Vieh aller Art befördert.
2. An den Haltestellen zu Rummelsburg, Friedrichshagen, Hangelsberg, Berkenbrück und Rosengarten halten nur die Lokal-Personenzüge zwischen Berlin und Frankfurt No. 7. und 15. an, wenn Passagiere aufzunehmen oder abzusetzen sind.
3. Der Verkauf der Passagierbillets geschieht auf den Anfangspunkten der Züge bis 5 Minuten vor der Abfahrt, auf den Zwischstationen aber nur bis 10 Minuten vor der Abgangszeit der Züge.
4. Das Passagiergepäck muß in jedem Falle mit dem Namen des Eigenthümers und dem Bestimmungsorte deutlich bezeichnet, versiegelt oder verschlossen, frei von alten Nummern, 1/4 Stunde vor Abgang der Züge unter Vorzeigung des Fahrbillets in die Passagier-Gepäck-Expedition abgeliefert werden.
5. Die Einlieferung der Equipagen, Eilfracht und Pferde muß 1 Stunde, diejenige der Güter in die Waarenmagazine auf den Bahnhöfen zur Versendung mit den Güterzügen jedoch am Abende vor Abgang der betreffenden Züge erfolgen.
6. Die Nacht-Personenzüge schließen sich an Züge an, welche auf den betreffenden Bahnen, resp. von Hamburg und Stettin in Berlin, sowie von Wien in Breslau anlangen. Ebenso findet ein Anschluß der Züge der betreffenden Bahnen nach Hamburg, resp. Stettin und Wien an die diesseitigen Nacht-Personenzüge Statt.
7. Die nähern Bestimmungen ergiebt das Betriebs-Reglement, welches auf allen Stationen käuflich zu haben ist.

Berlin, den 7. April 1848.

Die Direktion der Niederschlesisch-Märkischen Eisenbahn-Gesellschaft.

Form. No. 35.

Berlin, gedruckt bei C. Feister.

79 Fahrplanplakat der Niederschlesisch-Märkischen Eisenbahngesellschaft ab 15. April 1848, ebenfalls mit Nr. 2 bezeichnet. Dieser Plan dokumentiert die Aufnahme des Nachtverkehrs von Berlin aus. (StAP)

[50] Ebenda
[51] Ebenda, S. 11
[52] Ebenda, Bl. 13

rektion im Spätherbst an den Oberappellations-Senat des Königlichen Kammergerichts heran. Am 4. Dezember verfügte dieser in einer Resolution die Ablehnung.[53] Nun wandte sich die Direktion am 3. März 1849 in einer Beschwerde an das Königliche Geheime Obertribunal, und dieser höchste Gerichtshof Preußens verfügte am 29. März die Annahme der Klage vor dem Königlichen Stadtgericht zu Berlin.[54]

Aus anderen Gränden, die später behandelt werden, kam es dann doch nicht zu einem Prozeß, aber die Vorgänge beleuchten auf ihre Art den Weg des Berliner Bürgertums und die Entwicklung des Eisenbahnwesens in Preußen. Eindeutig war festgelegt worden, daß Eisenbahnen von Privatgesellschaften zu bauen sind, allerdings behielt der Staat sich das größte Verfügungsrecht über diese Eisenbahnen vor. Er griff relativ willkürlich in den Betrieb ein, und das Bürgertum wehrte sich mit dem Kampfmittel der Klage vor einem Gericht. Der König selbst wies diesen Weg. Zuerst war das aber vor allem in der Absicht geschehen, neben dem Abweisen der Eingabe der Kapitalgesellschaft auch einen juristischen Mißerfolg zu bescheren. Nach der Revolution von 1848 rückte die Bourgeoisie von ihren politischen Zielen ab und suchte den Frieden mit der sich wieder etablierenden Staatsmacht. Streitpunkte blieben aber wirtschaftliche Fragen, von denen die Bourgeoisie erwartete, daß sie in ihrem Sinne gelöst werden. Die Gerichte erwiesen sich zunehmend als Instrumente, mit deren Hilfe derartiger »Sprengstoff« der Gesellschaft beseitigt werden konnte.

Unabhängig von diesem Rechtsstreit fuhren die Züge auf der Niederschlesisch-Märkischen Eisenbahn als der ersten preußischen Eisenbahnlinie bei Nacht. Der 1. Mai 1847 ist somit als ein wichtiges Datum in der Eisenbahngeschichte festzuhalten, wobei allerdings der tatsächliche Nachtverkehr von Berlin aus erst mit dem Fahrplan vom 15. April 1848 begann (Bild 79).

Doch damit nicht genug. Die mächtige Kapitalgesellschaft, sich ihres Wertes und ihrer wirtschaftlichen Kraft bewußt, legte sich im Jahre 1847 in einer zweiten Angelegenheit mit dem Staat an. In der Generalversammlung vom 29. April 1847 erhielt die Direktion den Auftrag, »behufs Vermehrung der Betriebsmittel, Ausführung und Vergrößerung mehrerer Bahnhofsbauten, Anlegung eines electro-magnetischen Telegraphen und namentlich zur Anlegung eines Doppelgleises« 4 500 000 Taler neu aufzunehmen. Davon sollten 2 300 OOO Taler sofort in fünfprozentigen Prioritätsobligationen emittiert werden.[55] In einer zweiten Versammlung erhielt die Direktion den weiteren Auftrag, die »Frage: ob der Staat verpflichtet sei, die Garantie des Staates auf 3 $^1/_2$Procent Zinsen auch auf ein größeres als das ursprüngliche Stammkapital der 10 000 000 Taler zu extendieren (ausweiten, d. Verf.), zur prozessualen Erörterung zu bringen«.[56]

Am 15. Dezember 1848 wandte sich deshalb die Direktion klagend an das Königliche Kammergericht mit dem Ziel, »das Königliche Finanz-Ministerium, in Vertretung des Fiskus, schuldig zu erkennen, seine Zustimmung dazu, daß das zur Vermehrung des Stammkapitals der Niederschlesisch-Märkischen Eisenbahn-Gesellschaft für nöthig erachtete Kapital von 2 300 000 Thl. Cour. durch Emission neuer Stamm-Aktien gegen Einzahung der zur Dekkung dieses Kapitals einstweilen emitirten fünfprocentigen 2 300 000 Thlr. Prioritäts-Obligationen aufgebracht werden, zu ertheilen und für die solchergestalt zu kreierenden neuen Stamm-Aktien die Zinsgarantie auf Höhe von 3 $^1/_2$ Procent pro anno zu gewähren«.[57]

Hier wird deutlich, daß es sich um die im Jahre 1846 ausgegebenen Prioritätsobligationen handelte, die nun in Stamm-Aktien umgewandelt werden sollten. Die Klage wurde durch Verfügung des Kammergerichts am 3. Januar 1838 angenommen. Der Fiskus sträubte sich und erhob den »Kompetenz-Konflikt«, d. h., bevor er sich zur Klage äußern wollte, sollte erst einmal gerichtlich festgestellt werden, ob die Gerichte die Kompetenz haben, darüber zu entscheiden.[58] 1849 lag noch keine Entscheidung vor, die weitere Entwicklung ging über diesen gerichtlichen Streit hinweg.

Diese zwei Vorgänge belegen eindeutig, daß die sich herausbildende preußische Bourgeoisie als neuer Faktor des gesellschaftlichen Lebens nicht daran dachte, sich vom Staat bevormunden zu lassen. Die Kapitalgesellschaft erwies sich zumindest teilweise als schwer beherrschbar, und sie suchte ihr Recht vor Gericht, wohl wissend, daß die Anerkennung und die Austragung dieser Prozesse durch die Organe der Justiz eine mittelbare Beteiligung an der Macht zur Folge haben mußten. Das war den Staatsbehörden ebenfalls bewußt, so daß die anfängliche Ablehnung, die Verzögerung und das schließliche Einlenken nur unter der Wirkung der revolutionären Ereignisse des Jahres 1848 zu erklären sind.

[53] StAP, Pr. Br. Rep. 3 B I. Präs., Nr. 1105, Bericht der NME für das Jahr 1848, S. 22
[54] Ebenda, S. 24
[55] StAP, Rep. 2 A IV. Reg. Potsdam, Nr. 2122, Bericht der NME für das Jahr 1847, S. 11
[56] Ebenda
[57] Ebenda, S. 12
[58] StAP, Pr. Br. Rep. 3 B I. Präs., Nr. 1105, Bericht der NME für das Jahr 1848, S. 24

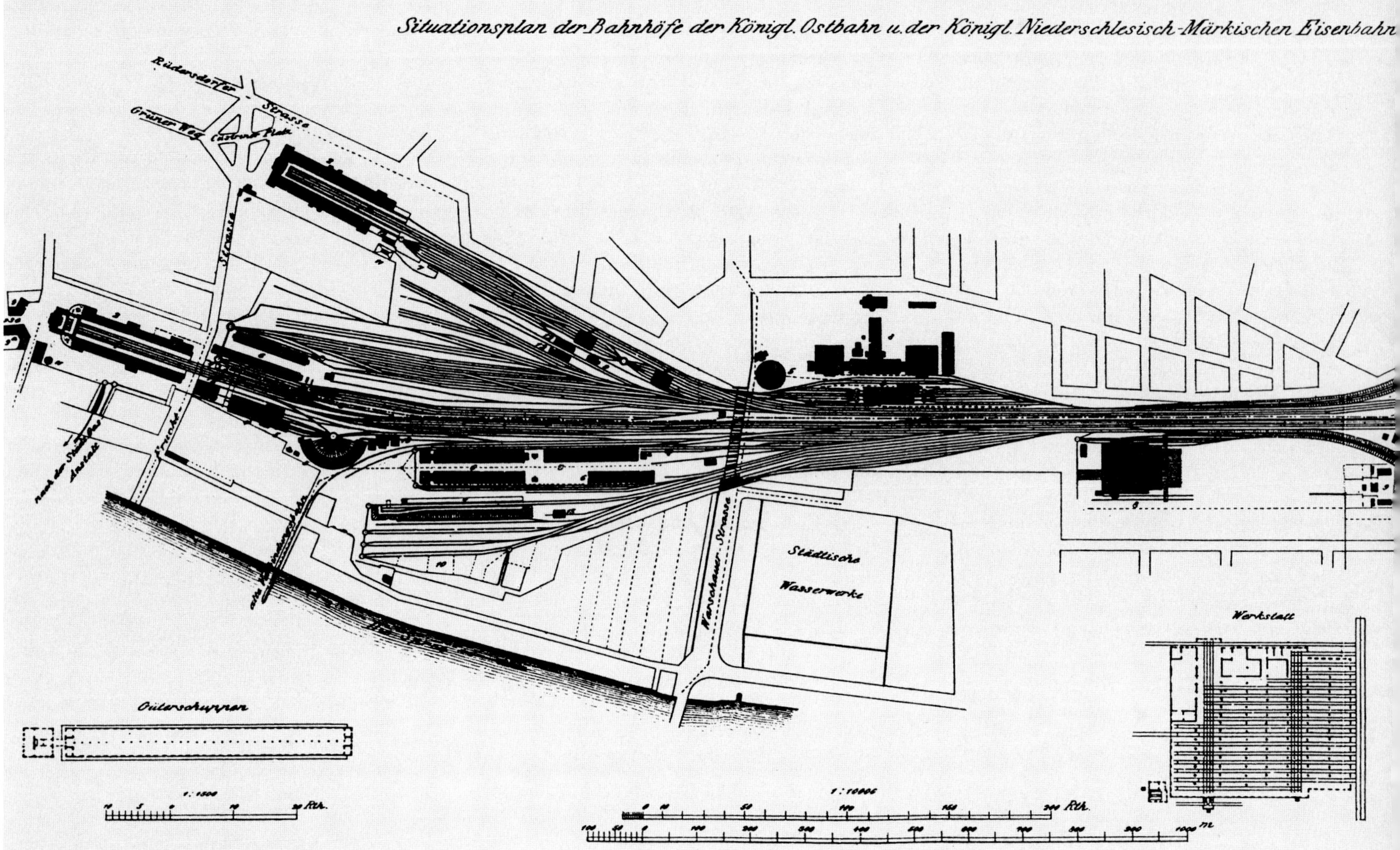
Situationsplan der Bahnhöfe der Königl. Ostbahn u. der Königl. Niederschlesisch-Märkischen Eisenbahn
Rüdersdorfer Strasse
Grüner Weg
Strasse
Warschauer Strasse
Städtische Wasserwerke
Werkstatt
Güterschuppen
1 : 1500
Rth.
1 : 10000
Rth.

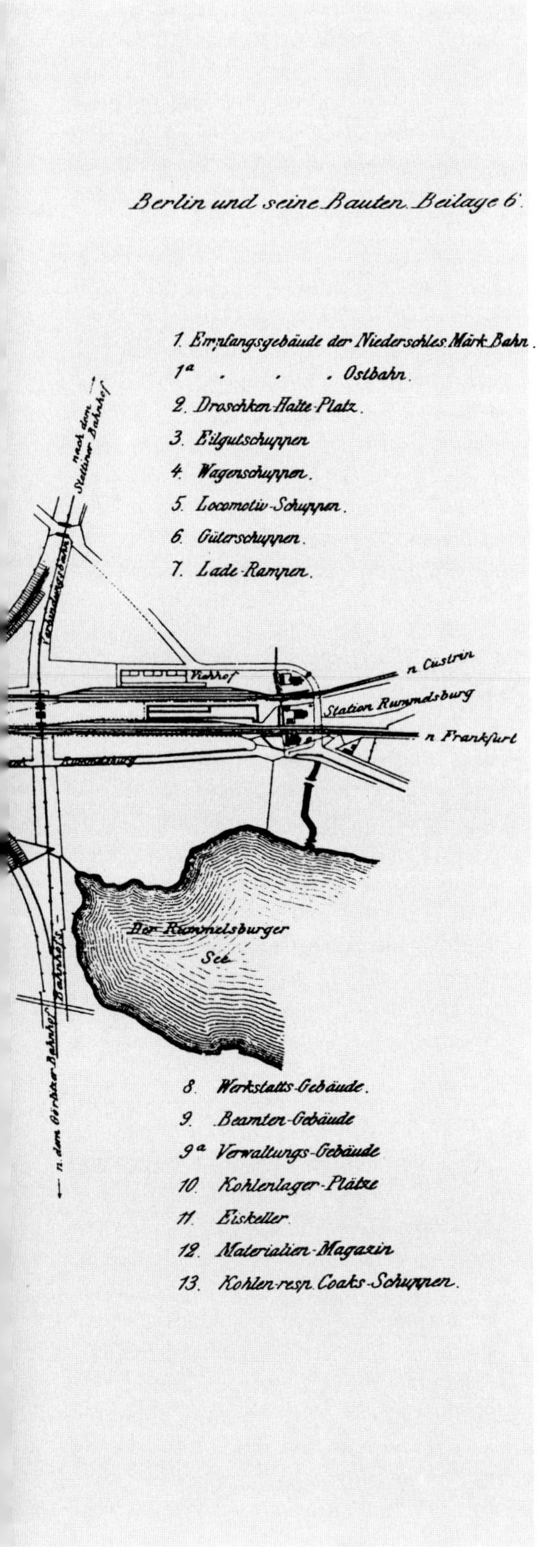

3.

ENTEIGNUNG ODER VERSTAATLICHUNG – ZWISCHEN AKTIEN-GESELLSCHAFT UND STAATSBAHN (1850 bis 1852)

Neue Bedingungen

Mit dem Jahre 1846 – die Bahn war gerade in ihrer ganzen Länge dem Verkehr übergeben worden – begannen die wirtschaftlichen Schwierigkeiten der Niederschlesisch-Märkischen Eisenbahngesellschaft. Bereits in dem im September 1846 erstatteten »Bericht über den Stand des Niederschlesisch-Märkischen Eisenbahn-Unternehmens« an die Generalversammlung hieß es: »Das Jahr 1845 ist für die Frequenz auf fast allen Eisenbahnen mit vielen ungünstigen Umständen verknüpft gewesen«.[1] Obwohl die Einnahmen gerade nach dem September 1846 stiegen, blieben sie doch hinter den Erwartungen zurück. Erste Anzeichen einer kapitalistischen Wirtschaftskrise zeigten sich. Sie lähmte nicht nur die Industrie, sondern vor allem auch den Handel und den Transport von Personen und Gütern.

Die Euphorie der Anfangsjahre der Eisenbahn wich nüchternen Überlegungen. Zu hoch geschraubte Erwartungen konnten sich nicht in so kurzer Zeit erfüllen – es fehlten noch zu viele Voraussetzungen. Die Krise verlangsamte das Entwicklungstempo und wirkte sich zwangsläufig auf die Eisenbahngesellschaften aus. Die NME stand aufgrund ihrer Größe zunächst noch etwas günstiger da, denn sie konnte ihre Einnahmen infolge des Transports von Vieh und Frachtgut zeitweise etwa halten. Aber der leichte Rückgang der Einnahmen im immer noch entscheidenden Personenverkehr mußte auf ein Projekt, das mit dem Prestige des Staates verbunden war, seine besonderen Wirkungen haben.

Die Bilanzen für die Jahre 1846 bis 1848 zeigten folgende Einnahmen[2]:

Jahr	Taler	Groschen	Pfennig
1846	732 925	7	10
1847	1 395 789	19	9
1848	1 350 382	12	7

Von 1847 auf 1848 gingen die Einnahmen also um mehr als 45 000 Taler zurück. Bei der Zahl der Reisenden betrug die Abnahme 47 572 Personen. Einnahmen und Ausgaben waren 1847 noch ausgeglichen, so daß aus den Überschüssen (sie betrugen 209 959 Taler und 9 Groschen) die garantierten Gewinne ausgeschüttet werden konnten, aber zugleich schwand der Reservefonds. Für die Jahre 1848/49 mußte der Staat die vorgeschriebene Zinsgarantie auf die Aktien aus den Haushaltsmitteln leisten. Diese Summe betrug in den Jahren von 1848 bis 1850 608 515 Reichstaler.[3]

In diesen Jahren hatte das Ringen demokratischer Kräfte mit den im absolutistischen Denken verhafteten Staatsbeamten eine Reizschwelle überschritten. In der Phase der Niederschlagung der bürgerlich-demokratischen Revolution von 1848 mußten sie einerseits an bürgerliche Kreise, aus denen die Aktionäre dieser Kapitalgesellschaft z. T. stammten, aus dem Staatssäckel erhebliche Geldbeträge zahlen. Andererseits konnten sie nur über die Akionärsversammlung mittelbaren Einfluß auf das Geschäftsgebahren der Gesellschaft nehmen. Hinzu kam, daß die Beamten und Angestellten dieser Bahnlinie revolutionärer Umtriebe leicht zu verdächtigen waren. In Unkenntnis des Wirkens ökonomischer Gesetze und voller Ablehnung gegenüber demokratischen Bestrebungen dachten Staatsbeamte über die Übernahme der Verwaltung der NME als Beginn der Verstaatlichung aller preußischen Eisenbahnen laut nach.

Im August 1848 entstand im preußischen Innenministerium eine »Denkschrift den Erwerb und den Bau von Eisenbahnen betreffend«, die mit folgenden Worten begann: »Wenn man bedenkt, daß die Eisenbahnen, als der mächtigste Hebel zur Befriedigung des Verkehrs in Handel und Industrie erachtet werden müssen, und daß bei dem gegenwärtigen kritischen Zustand aller finanziellen Verhältnisse die Auflösung und der Untergang einiger inländischen Eisenbahn-Unternehmungen zu befürchten ist, so kann dennoch kein Zweifel sein, daß die Regierung unverweilt mit kräftiger Hilfe einschreiten müsse«.[4]

Mehreres ist an dieser Wertung bedeutungsvoll, vor allem aber die hohe Wertschätzung der Eisenbahnen bei hohen Staatsbeamten nach nur 10 Jahren Existenz und nach 13 Jahren Diskussion. Hervorzuheben bleibt weiterhin der Ansatzpunkt, daß angesichts nicht näher bezeichneter kritischer Zustände Aktivitäten der Staatsorgane ausgelöst werden sollten. Obwohl sich die Wertung in erster Linie auf die Wirtschaftslage dieser Jahre bezieht, kann nicht ausgeschlossen werden, daß auch die politische Krisensituation des preußischen Staates angesprochen werden sollte. Das wurde etwas deutlicher in den folgenden Worten: »... die Eisenbahnen müssen allmählich Staats-Eigenthum werden«, denn es besteht die Gefahr eines »faktischen Verkehrsmonopols. Ein solches Transport-Monopol kann auf die Dauer nur dann ohne Nachtheil sein, wenn es sich in den Händen des Staates befindet ...«.[5] Der Autor dieser Denkschrift führte dann aus, daß bei allen preußischen Eisenbahnen ein Gesamt-Anlagekapital von 107 191 300 Reichstaler festlag. Der Staatsanteil in Aktien betrug infolge der Übernahme der Staatsgarantie 6 354 800 Reichstaler, und zusätzlich hatte der Staat Aktien im Werte von 639 650 Reichstaler erworben. Auf die Widersprüche zur Aussage des Handelsministeriums für das Jahr 1849 kann nicht eingegangen werden, obwohl diese erheblich waren. Das Handelsministerium gab nämlich ein Gesamt-Anlagekapital, zusammengestellt nach den jährlichen Berichten der Direktionen an die Aktionäre der einzelnen Gesellschaften, von 150 215 584 Taler an, also einen wesentlich höheren Einsatz kapitalistischer Aktionäre.[6] Offensichtlich wurde man sich in der preußischen Bürokratie am Beispiel der Eisenbahngesellschaften erst jetzt bewußt, über welche Finanzmittel das Bürgertum verfügte und daß seine wirtschaftliche Leistungskraft bisher unterschätzt worden war.

In beiden Aussagen bleibt der Einsatz von Staatsmitteln aber insgesamt gering (entweder 6,5 oder 4,6 Prozent). Ersetzt man nun einige der scheinbar ökonomischen Argumente durch politische, wird verständlich, was hinter dem »faktischen Verkehrsmonopol« stand. Die in kurzer Zeit zum wichtigsten inneren Verkehrsmittel Preußens gewordenen Eisenbahnen, von denen auch die weitere wirtschaftliche Entwicklung des Landes abhing, befanden sich im Besitz bürgerlicher Kreise, denen nach der Märzrevolution nicht zu trauen war. Die Frage, die die Denkschrift mit dem Begriff des »Verkehrsmonopols« aufwarf, hätte auch anders gestellt werden können: Ein Monopol in der Verfügung

[1] Bericht über den Stand des Niederschlesisch-Märkischen Eisenbahn-Unternehmens, erstattet September 1846. – StAP, Pr. Br. Rep. 2 A IV, Reg. Potsdam, Nr. 2122, o. Bl.
[2] Ebenda, Berichte für das Jahr 1847 und für das Jahr 1848
[3] ZStAM, Rep. 77, Tit. 258a, Nr. 23, Vol. II, o. Bl.
[4] Ebenda, Rep. 77, Tit. 258, Nr. 1, Band 3, Bl. 65
[5] Ebenda, Bl. 67
[6] ZStAM, Rep. 93C, Abb. E, Nr. 3360, o. Bl.

bürgerlicher Kräfte, das gegen die Adelsherrschaft auftreten könnte, und der Staat hätte derem Diktat in Verkehrsangelegenheiten zu folgen.

Ferner bleibt der Hinweis auf die Höhe des mobilisierten Kapitals bemerkenswert. Der Staat konnte in den dreißiger Jahren kein Geld für die Eisenbahn aufbringen und ging sogar davon aus, daß dieses Kapital im Lande nicht vorhanden war. Und nun diese wirtschaftliche Größe, die einen Hinweis auf die ökonomische Kraft des Bürgertums, das in den Tagen der Märzrevolution 1848 noch gegen den Staat auftrat, gab. Das konnten alarmierende Zeichen sein, die angesichts des geringen Kapitaleinsatzes des Staates dessen geringe Wirkungsmöglichkeit bewiesen; denn mit den wenigen aus Staatsbeständen kommenden Mitteln konnte er nur einen beschränkten Einfluß auf den »mächtigsten Hebel« ausüben. Die Antwort des Verfassers aus dem preußischen Innenministerium bestand in dem Vorschlag, ein »Gesetz über die Erwerbung der von Aktien-Gesellschaften gebauten, und noch im Bau begriffenen Eisenbahnen« zu verabschieden. Der der Denkschrift beigefügte Entwurf ging von dem angesichts der Wirtschaftslage Preußens unrealistischen Vorschlag aus, die Anlagen-Kapitalien der Kapitalgesellschaften kraft Gesetz in Staatsschuldscheine umzuschreiben. Dazu wäre die Zustimmung der preußischen Nationalversammlung notwendig gewesen, die wohl selbst die kühnsten Optimisten in diesen Jahren nicht erwarten konnten.

Auch wenn dem Vorschlag insgesamt noch keine Aussicht auf Erfolg beschieden war, blieb er nicht nur in den Akten, sondern im Bewußtsein der Beteiligten, vor allem der Beamten des Finanz- und des Handelsministeriums, die angesichts der tatsächlichen Gegebenheiten nicht auf den schnellen, sondern auf den langsamen Weg der Verstaatlichung setzten.

Die Staatsregierung konnte 1849 – nach einem langsamen Prozeß der Zurückdrängung der demokratischen Kräfte – ihr Haupt heben. Die Bourgeoisie schreckte vor einer Weiterführung der Revolution zurück und machte ihren Frieden mit dem preußischen Staat, der ihr in der Verfassung vom 5. Dezember 1848 ökonomische Zugeständnisse einräumte.

Am 10. November 1849 zogen preußische Truppen wieder in die königliche Residenz. Sie umstellten auch das Schauspielhaus auf dem Gendarmenmarkt. Eine Auseinandersetzung zwischen dem Kommandeur der Berliner Bürgerwehr, Major RIMPLER, und Feldmarschall WRANGLER über die Auflösung der Nationalversammlung endete mit den Worten RIMPLERS: »Wir weichen nur der Gewalt!«[7]

Mag dieses Wort im politischen Bereich papieren gewesen sein, denn niemand rief die Menschen, die die Nationalversammlung gewählt hatten, zu ihrem Schutz auf, im ökonomischen Bereich ehrte es das Bürgertum. Und hier stellten die Vorgänge um die NME und ihre von Staatsorganen geplante Enteignung einen Einschnitt dar.

Die versuchte Enteignung der Bahn

In der preußischen Regierung, insbesondere im Finanz- und im Innenministerium, gewannen mit dem Vormarsch der Konterrevolution jene Kräfte die Oberhand, die angesichts der politischen Niederlage der bürgerlich-demokratischen Revolution das Bürgertum auch ökonomisch schwächen und seinen wirtschaftlichen Einfluß zurückdrängen wollten. Das war ein Unterfangen, das den sich andeutenden Kompromiß zwischen Adel und Bürgertum berührte und zu heftigen Auseinandersetzungen zwischen diesen beiden, aber auch innerhalb der beteiligten Institutionen und Geschäftskreise führte. Das Wort HANSEMANNS: »In Geldangelegenheiten hört die Gemütlichkeit auf!« galt nach wie vor. Der Spielraum, den sich das Bürgertum in wirtschaftlichen Fragen vor der Revolution erkämpft hatte, mußte zumindest gehalten werden. Zugleich aber versuchten Kräfte im Handelsministerium, die NME als Ansatzpunkt einer Verstaatlichung mittels Enteignung zu nutzen. Das war aber genau der Bereich, den das Bürgertum nicht aufgeben konnte, sondern zäh verteidigen mußte.

Gegenüber der NME machte sich diese Position im Staatsapparat durch ein neues Gesicht bemerkbar. Der bisherige vom Staat bestellte Kommissar, der zugleich Mitglied des Verwaltungsrats war, übernahm eine neue Funktion, und an seine Stelle trat ein gewisser COSTENOBLE (Bild 80). Als Vertreter der Enteignungspolitik begann er sofort entsprechende Schritte einzuleiten.

Die Bilanzen der Gesellschaften belegten, daß das Verhältnis zwischen Einnahmen und Ausgaben immer ungünstiger wurde. In einem späteren Bericht hieß es, daß »das Jahr 1848 das erste volle Betriebsjahr« gewesen war und daß nach Abzug aller Verbindlichkeiten, Kosten und Prozente auf die Aktien aus Staatsmitteln ein Zuschuß von 350 000 Taler geleistet werden mußte. Im Reservefonds blieben nur noch 21 385 Taler, 5 Silbergroschen und 5 Pfennig;[8] für ein Millionenunternehmen ein nicht nur unmöglicher, sondern auch die Substanz gefährdender Zustand. 1849 betrug der Zuschuß aus Staatsmitteln 182 933 Taler, 12 Silbergroschen und 5 Pfennig, 1850 allerdings nur noch 75 251 Taler, 15 Silbergroschen und 6 Pfennig.[9]

Direktion und Verwaltungsrat begriffen sehr schnell, daß entsprechend dem Statut (§ 14)

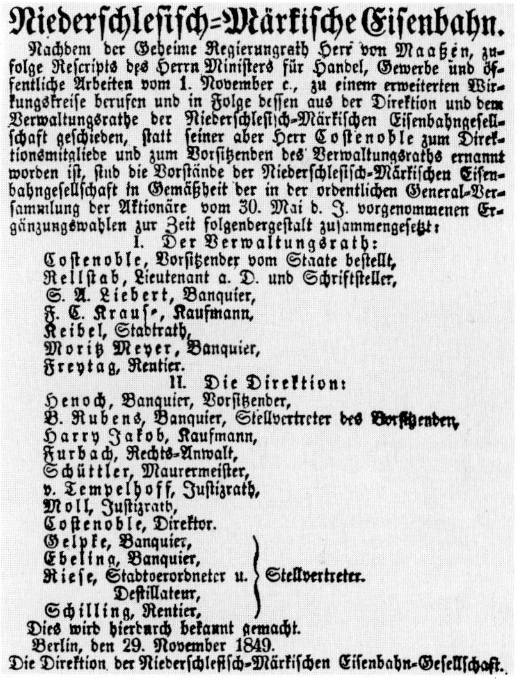

Niederschlesisch-Märkische Eisenbahn.

Nachdem der Geheime Regierungrath Herr von Maaßen, zufolge Rescripts des Herrn Ministers für Handel, Gewerbe und öffentliche Arbeiten vom 1. November c., zu einem erweiterten Wirkungskreise berufen und in Folge dessen aus der Direktion und dem Verwaltungsrathe der Niederschlesisch-Märkischen Eisenbahngesellschaft geschieden, statt seiner aber Herr Costenoble zum Direktionsmitgliede und zum Vorsitzenden des Verwaltungsraths ernannt worden ist, sind die Vorstände der Niederschlesisch-Märkischen Eisenbahngesellschaft in Gemäßheit der in der ordentlichen General-Versammlung der Aktionäre vom 30. Mai d. J. vorgenommenen Ergänzungswahlen zur Zeit folgendergestalt zusammengesetzt:

I. Der Verwaltungsrath:

Costenoble, Vorsitzender vom Staate bestellt,
Rellstab, Lieutenant a. D. und Schriftsteller,
S. A. Liebert, Banquier,
F. C. Krause, Kaufmann,
Keibel, Stadtrath,
Moritz Meyer, Banquier,
Freytag, Rentier.

II. Die Direktion:

Henoch, Banquier, Vorsitzender,
B. Rubens, Banquier, Stellvertreter des Vorsitzenden,
Harry Jakob, Kaufmann,
Furbach, Rechts-Anwalt,
Schüttler, Maurermeister,
v. Tempelhoff, Justizrath,
Moll, Justizrath,
Costenoble, Direktor.
Gelpke, Banquier,
Ebeling, Banquier,
Riese, Stadtverordneter u. Destillateur,
Schilling, Rentier,
} Stellvertreter.

Dies wird hierdurch bekannt gemacht.
Berlin, den 29. November 1849.
Die Direktion der Niederschlesisch-Märkischen Eisenbahn-Gesellschaft.

80 Ankündigung in der Vossischen Zeitung vom 29. November 1849 über die Neuzusammensetzung von Verwaltungsrat und Direktion der Niederschlesisch-Märkischen Eisenbahngesellschaft

[7] STRECKFUSS, A.: 500 Jahre Berliner Geschichte. – Berlin, 1886. – S. 1172
[8] ZStAM, Rep. 77, Tit. 258a, Nr. 23, Vol. II, o. Bl.
[9] Ebenda

nun der Staat die Verwaltung und die Administration der Bahn übernehmen konnte. Deshalb hielten sie zunächst die Bilanz für die Jahre 1848 und 1849 zurück (Bild 81). Danach hätte die Bahn im Jahre 1849 1 564 146 Taler, 29 Silbergroschen und 4 Pfennig eingenommen. Gegenüber dem Jahre 1848 war das eine Mehreinnahme von 120 249 Taler, 24 Silbergroschen und 7 Pfennig. Das war Zweckoptimismus und sollte die Tendenz der wirtschaftlichen Erholung belegen. Aber diese Zahlen waren unkorrigierte Werte, und zudem fehlten die Angaben über die Ausgaben, die trotz leicht zunehmender Einnahmen gerade 1849 weiter angestiegen waren.

Der Minister für Handel, Gewerbe und öffentliche Arbeiten schritt im Dezember 1849 zur Offensive und bekräftigte seine Absicht, die Verwaltung der Bahn und des Betriebs ab 1. Januar 1850 in seine Hände zu übernehmen. Um seinen Willen durchzusetzen, drohte er mit der Exekution, d. h. mit der gewaltsamen Übernahme ohne Gesellschaftsbeschluß. Sofort riefen Verwaltungsrat und Direktion für den 21. Dezember eine Aktionärsversammlung ein, um einen Gegenbeschluß herbeizuführen. Die Versammlung stimmte über einen Antrag der Direktion »Wegen Übergabe der Verwaltung an den Staat« ab. 430 Stimmen waren dagegen, 306 dafür. Unter den letzteren befanden sich die 201 Stimmen, über die der Staat in der Aktionärsversammlung verfügte. 424 Stimmen ermächtigten in einer zweiten Abstimmung Direktion und Verwaltungsrat der Gesellschaft »zu jedem gesetzlichen Widerstande«[10]. Die Be-

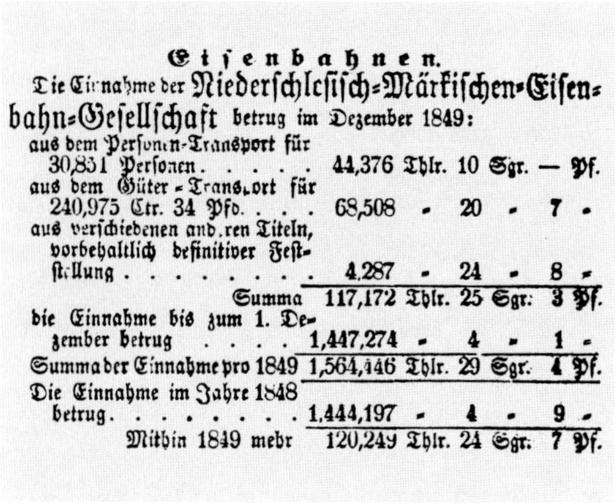

Eisenbahnen.

Die Einnahme der Niederschlesisch-Märkischen-Eisenbahn-Gesellschaft betrug im Dezember 1849:

aus dem Personen-Transport für 30,851 Personen	44,376	Thlr.	10	Sgr.	—	Pf.
aus dem Güter-Transport für 240,975 Ctr. 34 Pfd. . . .	68,508	-	20	-	7	-
aus verschiedenen anderen Titeln, vorbehaltlich definitiver Feststellung	4,287	-	24	-	8	-
Summa	117,172	Thlr.	25	Sgr.	3	Pf.
die Einnahme bis zum 1. Dezember betrug	1,447,274	-	4	-	1	-
Summa der Einnahme pro 1849	1,564,446	Thlr.	29	Sgr.	4	Pf.
Die Einnahme im Jahre 1848 betrug.	1,444,197	-	4	-	9	-
Mithin 1849 mehr	120,249	Thlr.	24	Sgr.	7	Pf.

81 Anzeige in der Vossischen Zeitung mit der Bilanz der Einnahmen der Niederschlesisch-Märkischen Eisenbahngesellschaft für die Jahre 1848 und 1849

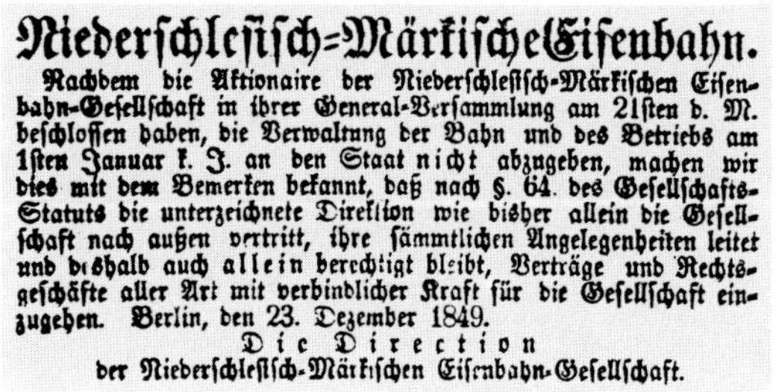

Niederschlesisch=Märkische Eisenbahn.

Nachdem die Aktionaire der Niederschlesisch-Märkischen Eisenbahn-Gesellschaft in ihrer General-Versammlung am 21sten d. M. beschlossen haben, die Verwaltung der Bahn und des Betriebs am 1sten Januar k. J. an den Staat nicht abzugeben, machen wir dies mit dem Bemerken bekannt, daß nach §. 64. des Gesellschafts-Statuts die unterzeichnete Direktion wie bisher allein die Gesellschaft nach außen vertritt, ihre sämmtlichen Angelegenheiten leitet und deshalb auch allein berechtigt bleibt, Verträge und Rechtsgeschäfte aller Art mit verbindlicher Kraft für die Gesellschaft einzugehen. Berlin, den 23. Dezember 1849.

Die Direction
der Niederschlesisch-Märkischen Eisenbahn-Gesellschaft.

82 Anzeige in der Vossischen Zeitung vom Dezember 1849, daß nur die Direktion der Niederschlesisch-Märkischen Eisenbahngesellschaft die Geschäfte führt

rufung auf den gesetzlichen Widerstand war nach den revolutionären Ereignissen von besonderer Bedeutung, sie hatte eigentlich Signalwirkung, wurde aber von den auf Exekution zielenden Kräften nicht beachtet. Die Staatsorgane kamen in Zugzwang.

Die Direktion ließ nun in der »Vossischen Zeitung» eine Bekanntmachung abdrucken (Bild 82) und legte gegen die beabsichtigte Exekution Protest ein, der aber gerichtlich verworfen wurde. Die Aktionäre spürten, daß es gar nicht um die nach dem Statut mögliche Übernahme der Verwaltung durch den Staat ging, sondern daß die wirtschaftliche Stärke des Bürgertums geschwächt werden sollte. Der Protest hatte sich auf die Tatsache gestützt, daß der Kommissar der Bahn auf der Generalversammlung mit abgestimmt habe und unterlegen sei. Durch seine Teilnahme an dieser Abstimmung habe sich der Staat »der Entscheidung der Majorität unterworfen ... und daher ... die Frage in rechtsverbindlicher Weise entschieden«.[11] Formal fühlte sich die Direktion im Recht.

Mit dem Bemerken, daß »der Staatscommissarius zu einer Verzichtsleistung auf die Rechte des Staates nicht autorisiert gewesen sei ...« verwarf der Minister die Eingabe (Bild 83). Daraufhin klagte die Direktion vor dem Königlichen Stadtgericht »wegen Besitzstörung«. Diese Klage wurde am 26. Dezember 1849 gegen die Gesellschaft entschieden, denn das Ministerium habe die Befugnis, »in allen Vertragsverhältnissen mit Privaten ohne Unterschied die nach seinem Ermessen ihm zustehenden Rechte im Wege der Exekution zur Aufführung zu bringen.«[12] Das war die Sprache derjenigen, die die bürgerlichen Kräfte schwächen wollten. Eine gegen diese Entscheidung des Königlichen Stadtgerichts beim Ober-Tribunal eingelegte Beschwerde blieb ohne Erfolg.

Noch bevor diese Entscheidungen gefallen waren, hatte der zuständige Minister in einem Rundschreiben die Einsetzung einer Königlichen Verwaltung ab 1. Januar 1850 angekündigt. Die Direktion erhielt die Mitteilung, daß sie ab diesem Zeitpunkt nicht mehr existiere und die Königliche Verwaltung ihre Funktion übernehmen werde, zugleich aber die Gesellschaftsvorstände – Verwaltungs- und Aktionärsversammlung – weiterbestehen.[13] Die Direktion protestierte, da dies eine einseitige Änderung des Statuts war und sie durch den Beschluß der Generalversammlung gebunden sei, eine andere Position einzunehmen. »Schlimmstenfalls wolle man die Direktion aber nur als Verwalter fremden Gutes« ansehen. Der Staatskommissar bestellte daraufhin die Direktion zum 1. Januar 1850 auf den Frankfurter Bahnhof zur Übergabe »der Bahn nebst allem Zubehör an die Königliche Verwaltung«. Die Direktion verweigerte ihr Erscheinen. Nun benachrichtigte der Kommissar die Direktion, daß er den 2. Januar »zur Einweisung der Königlichen Behörde in den Besitz der Bahn anberaumt habe«[14], die Direktion lud er dazu aber nicht ein. Aller Protest half nichts, die Staatsbehörde verstieß gegen das Statut und vollzog eine nicht ausgesprochene Exekution, die gerichtlich zu stützen gewesen wäre. Am 2. Januar abends nahm der Staatskommissar die Bahn in Besitz – nicht nur in Verwaltung –, er enteignete sie und drohte der Direktion der NME mit erheblichen Geldstrafen, falls sie sich in die Verwaltung und den Betrieb durch Anweisungen an ihre ehemaligen Beschäftigten

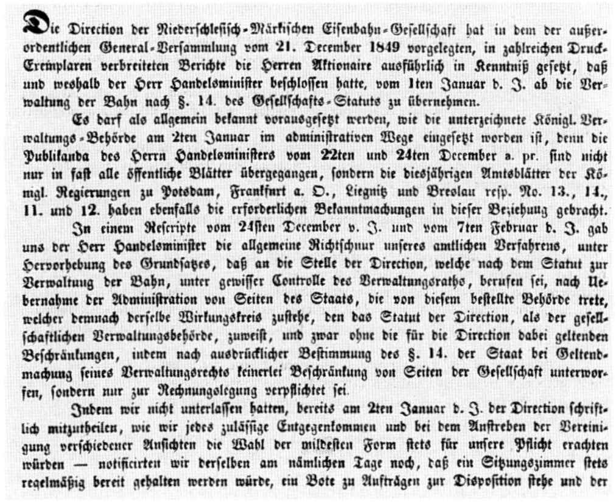

Die Direction der Niederschlesisch-Märkischen Eisenbahn-Gesellschaft hat in dem der außerordentlichen General-Versammlung vom 21. December 1849 vorgelegten, in zahlreichen Druck-Exemplaren verbreiteten Berichte die Herren Aktionaire ausführlich in Kenntniß gesetzt, daß und weshalb der Herr Handelsminister beschlossen hatte, vom 1ten Januar d. J. ab die Verwaltung der Bahn nach §. 14. des Gesellschafts-Statuts zu übernehmen.

Es darf als allgemein bekannt vorausgesetzt werden, wie die unterzeichnete Königl. Verwaltungs-Behörde am 2ten Januar im administrativen Wege eingesetzt worden ist, denn die Publikanda des Herrn Handelsministers vom 22ten und 24ten December a. pr. sind nicht nur in fast alle öffentliche Blätter übergegangen, sondern die diesjährigen Amtsblätter der Königl. Regierungen zu Potsdam, Frankfurt a. O., Liegnitz und Breslau resp. No. 13., 14., 11. und 12. haben ebenfalls die erforderlichen Bekanntmachungen in dieser Beziehung gebracht.

In einem Rescripte vom 24sten December v. J. und vom 7ten Februar d. J. gab uns der Herr Handelsminister die allgemeine Richtschnur unseres amtlichen Verfahrens, unter Hervorhebung des Grundsatzes, daß an die Stelle der Direction, welche nach dem Statut zur Verwaltung der Bahn, unter gewisser Controlle des Verwaltungsraths, berufen sei, nach Uebernahme der Administration von Seiten des Staats, die von diesem bestellte Behörde trete, welcher demnach derselbe Wirkungskreis zustehe, den das Statut der Direction, als der gesellschaftlichen Verwaltungsbehörde, zuweist, und zwar ohne die für die Direction dabei geltenden Beschränkungen, indem nach ausdrücklicher Bestimmung des §. 14. der Staat bei Geltendmachung seines Verwaltungsrechts keinerlei Beschränkung von Seiten der Gesellschaft unterworfen, sondern nur zur Rechnungslegung verpflichtet sei.

Indem wir nicht unterlassen hatten, bereits am 2ten Januar d. J. der Direction schriftlich mitzutheilen, wie wir jedes zulässige Entgegenkommen und bei dem Anstreben der Vereinigung verschiedener Ansichten die Wahl der mildesten Form stets für unsere Pflicht erachten würden — notificirten wir derselben am nämlichen Tage noch, daß ein Sitzungszimmer stets regelmäßig bereit gehalten werden würde, ein Bote zu Aufträgen zur Disposition stehe und der

83 Auszug aus »Publikandam des Preußischen Handelsministers« vom 22. und 24. Dezember 1849 (Ratsb.)

[10] Vossische Zeitung. – Berlin. – 26. Dezember 1849

[11] Ebenda

[12] Ebenda, 12. Januar 1850

[13] Ebenda

[14] Ebenda

einmische. Alle Akten, Papiere, Bücher sowie die Schlüssel zu den Kassenschränken übernahm die Königliche Verwaltung gewaltsam.[15]

Unter Nutzung juristischer Instrumentarien sowie durch die einseitige Auslegung bestimmter Regeln versuchten die Staatsorgane Tatsachen zu schaffen, um eine bisher privatkapitalistisch arbeitende Gesellschaft zu verstaatlichen und damit ein Zeichen für die beginnende Umwandlung von Privateigentum in Staatseigentum auf dem Gebiet des Eisenbahnwesen zu setzen. Allerdings mußte dabei das Eigentum einer privaten Gesellschaft am Anlagekapital gewahrt bleiben. Dieser Schritt unterhöhlte den sich anbahnenden Kompromiß zwischen Adelsreaktion und Bürgertum nach der Revolution von 1848 und mußte schärfsten Protest hervorrufen.

Die Direktion der Kapitalgesellschaft existierte allerdings weiterhin, denn das Kapital blieb in Verfügung der Aktionäre. Der Minister gab ihnen aber keinen Geschäftskreis. Das Statut verlangte es so, und die Auflösung der Direktion wäre offener Rechtsbruch gewesen. Die Königliche Verwaltung warf die Direktion aus ihren Geschäftsräumen im Verwaltungsgebäude. Die Direktion erklärte öffentlich, daß der Minister nach der Entscheidung der Gerichte zwar formal im Recht gewesen sei, das »materielle Recht« dieser Entscheidung könne aber nicht anerkannt werden. »Die Direktion hat der Gewalt weichen müssen«, so lautete ihre abschließende Wertung am 12. Januar 1850.[16] Ganz bewußt wiederholte hier die Direktion die Worte RIMPLERS nach der Vertreibung der Nationalversammlung. Zugleich kündigte sie die Klage vor den Gerichten des preußischen Staates an. Die Direktion wollte und mußte sich wehren, da durch diesen Schritt in die Verfügungs- und Besitzrechte der Aktionäre eingegriffen worden war.

Die folgenden Ereignisse sind nur z. T. zu rekonstruieren, da bisher keine Akten zu diesem Vorgang gefunden werden konnten. Aber bereits im Januar 1850 trat bei den Staatsbehörden eine gewisse Ernüchterung ein. Im Frühsommer 1850 legte die Königliche Verwaltung einen Geschäftsbericht für das Jahr 1849 der Aktionärsversammlung vor und lenkte ein (Bild 84). Es wurde nun nicht mehr vom Besitz der Bahn, sondern nur noch von der »Administration von seiten des Staates« gesprochen. Die Versammlung konnte so dem Bericht ohne größere Diskussion zustimmen, behielt sich aber nach wie vor den Klageweg vor.

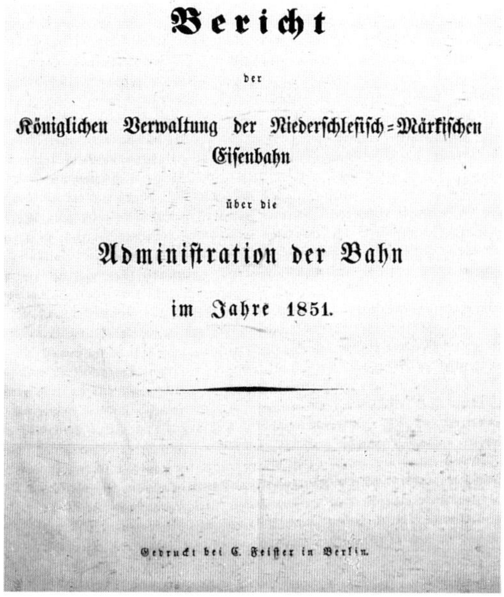

Bericht
der
Königlichen Verwaltung der Niederschlesisch-Märkischen Eisenbahn
über die
Administration der Bahn
im Jahre 1851.

Gedruckt bei C. Feister in Berlin.

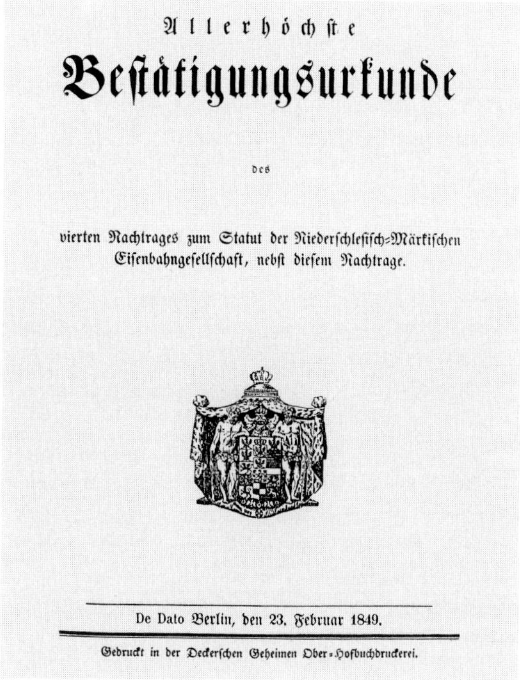

Allerhöchste
Bestätigungsurkunde
des
vierten Nachtrages zum Statut der Niederschlesisch-Märkischen Eisenbahngesellschaft, nebst diesem Nachtrage.

De Dato Berlin, den 23. Februar 1849.

Gedruckt in der Deckerschen Geheimen Ober-Hofbuchdruckerei.

84 Erste Seite vom »Bericht der Königlichen Verwaltung der Niederschlesisch-Märkischen Eisenbahn ...« (StAP)

85 Titelblatt »Allerhöchste Bestätigungsurkunde des vierten Nachtrages zum Statut der Niederschlesisch-Märkischen Eisenbahngesellschaft ...« vom 23. Februar 1849 (ZStAM)

Die mächtige Kapitalgesellschaft gab nicht auf, im Bewußtsein ihrer ökonomischen Macht – auch dadurch gekränkt, daß sie im eigenen Direktionsgebäude nur ein leeres Zimmer nutzen konnte – beschritt sie den Rechtsweg und verklagte den Staat. In der Generalversammlung am 26. Mai 1851 unterrichtete die Direktion die Aktionäre davon, daß der Prozeß wegen Rückgabe der Eisenbahn an die kapitalistische Verwaltung der NME in der ersten Instanz vor dem Berliner Stadtgericht abgewiesen worden sei. Das war jedoch kein Sieg für die Behörden, denn das Gericht hatte festgestellt, daß die »fortdauernde Funktion der Gesellschaftsdirektion und die Überwachung der Rechte und des Vermögens der Gesellschaft«[17] erhalten geblieben waren, die Direktion also weiterbestand. Im Klartext bedeutete das nichts anderes, als daß die staatliche Verwaltung gemäß dem »Statut im Auftrag der Kapitalgesellschaft und ihrer Vorstände zu handeln hätte und nicht im Auftrag des Staates. Damit entstand eine Pattsituation: Die einen besaßen und andere verfügten, durften dies aber nur im Auftrag. Damit war das eigentliche Ziel nicht erreicht und auch nicht erreichbar. Die Kontrahenten mußten sich anderweitig einigen. Und wie um diesen Zustand zu dokumentieren und die Macht der Kapitalgesellschaft gegenüber der Königlichen Verwaltung zu demonstrieren, faßte die Aktionärsversammlung am 26. Mai 1851 einen Beschluß zur Erhöhung des Aktienkapitals. Es hatte sich herausgestellt, daß die Gleise der Strecke nach Frankfurt (Oder) und die hölzernen Brücken an ihr umgebaut werden mußten, sie entsprachen nicht mehr dem Verkehrsaufkommen. Da die Königliche Verwaltung – wie sie selbst ausgeführt hatte – an die Stelle der Direktion der Gesellschaft getreten war, mußte sie im Sinne dieses Beschlusses, dem die Vertreter des staatlichen Aktienbesitzes nicht widersprochen hatten, handeln.

Am 25. Juni lag das »Privilegium wegen Emission von Prioritäts-Obligationen der Niederschlesisch-Märkischen Eisenbahngesellschaft zum Gesamtbetrage von 1 000 000 Reichsthalern« (Bild 85) vor.[18] Um das Geld bei dem Kapitalmangel aufzutreiben, wurden die Aktien zu 5 Prozent verzinst, ansonsten galten die Bestimmungen für die bisherigen Priori-

[15] Ebenda
[16] Ebenda
[17] Vossische Zeitung. – Berlin. – 1. Juni 1851
[18] Gesetzessammlung für die Königlichen Preußischen Staaten. –1851 – S. 442ff.

tätsobligationen. Auch diesem Privilegium war ein Schema der Obligation und des ersten Zinskupons beigegeben (Bilder 86 und 87). Die Amortisation sollte sich ebenfalls bis weit über das Jahr 1900 hinziehen.

Die Obligationen wurden rasch gekauft, die Spekulanten witterten die Möglichkeit eines neuen Geschäfts. Dem folgte eine nachhaltige Diskussion innerhalb der staatlichen Behörden. Am 16. Oktober 1851 legte der Direktor der Königlichen Verwaltung, Costenoble, nochmals nachdrücklich seinen Standpunkt fest: »... daß der Staat sich nach und nach, in den Besitz sämtlicher Eisenbahnen setze, damit diese so höchst wichtigen, für das Staatsleben unentbehrlichen Kommunikationsmittel nicht mehr in der gegenwärtig für selbstsüchtige Interessen ausgebeutet, sondern zum Nutzen und Frommen der Allgemeinheit gelenkt und verwaltet werden«.[19] Um diesem Standpunkt Nachdruck zu verleihen und das Urteil der ersten Instanz des Stadtgerichts zu unterlaufen, hatte die Königliche Verwaltung eine Klage beim preußischen Kammergericht eingereicht.

In den Monaten nach dem März 1851 suchten Vertreter der Verwaltung die im Grundbuch als Besitzer eingetragenen Eigentümer der Grundstücke auf. Es waren die Eigentümer, die seinerzeit im Auftrag der Direktion der Berlin-Frankfurter Eisenbahn-Gesellschaft diese Geländestreifen innerhalb der Stadt Berlin für die Bahn erworben hatten. In einem Schreiben vom 15. September 1850 an die »Königliche General-Direction der Steuern« hatte Costenoble um die Genehmigung nachgesucht, diesen Weg beschreiten zu können. Er formulierte: »Als im Jahre 1840 der Bau der Berlin-Frankfurter Eisenbahn beginnen sollte, war die damalige Direction derselben zur Verhütung von Speculationen genöthigt, sich verschiedener Personen zu bedienen, die den Auftrag erhielten, in ihrem Namen die Kaufverträge mit den betreffenden Grundstücksbesitzern abzuschließen. Dies ist geschehen und sind auf diese Weise unter anderem erworben worden ....«[20] Es folgten eine Aufstellung der betreffenden Grundstücke und der Wunsch, diese umzuschreiben. Am 5. Oktober 1850 antwortete die »General-Direction der Steuern« und ver-

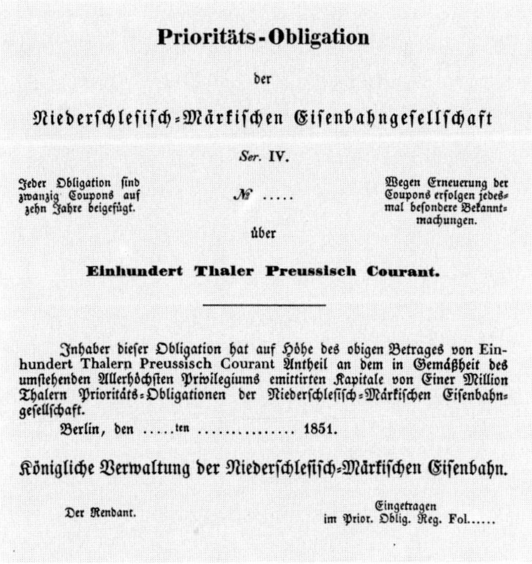
Prioritäts-Obligation

der

Niederschlesisch-Märkischen Eisenbahngesellschaft

Ser. IV.

Jeder Obligation sind zwanzig Coupons auf zehn Jahre beigefügt.

№ .....

Wegen Erneuerung der Coupons erfolgen jedesmal besondere Bekanntmachungen.

über

Einhundert Thaler Preussisch Courant.

Inhaber dieser Obligation hat auf Höhe des obigen Betrages von Einhundert Thalern Preussisch Courant Antheil an dem in Gemäßheit des umstehenden Allerhöchsten Privilegiums emittirten Kapitale von Einer Million Thalern Prioritäts-Obligationen der Niederschlesisch-Märkischen Eisenbahngesellschaft.

Berlin, den .....ten .... 1851.

Königliche Verwaltung der Niederschlesisch-Märkischen Eisenbahn.

Der Rendant.

Eingetragen im Prior. Oblig. Reg. Fol......

Erster Zins-Coupon

der

Niederschlesisch-Märkischen Prioritäts-Obligation

Ser. IV. № ...... zahlbar am 2. Januar 1852.

Inhaber dieses empfängt am 2. Januar 1852. die halbjährigen Zinsen der oben genannten Prioritäts-Obligation über 100 Thaler mit zwei Thalern funfzehn Silbergroschen.

Berlin, den .... ten .... 1851.

Königliche Verwaltung der Niederschlesisch-Märkischen Eisenbahn.

Prior.-Oblig.-Coupon-Reg. Fol. ......

wies darauf, daß erneute Kaufverträge ausgefertigt werden müssen.[21] Sie wurden ausgestellt, aber von der Hypotheken-Abteilung des Berliner Stadtgerichts nicht anerkannt, da die Königliche Verwaltung keine Kauflegitimation für sie besäße.

Dagegen klagte die Verwaltung, und das Kammergericht entschied am 29. Oktober 1851, daß die Klage »für begründet nicht erachtet werden« kann.

Dieses Urteil trug grundlegenden Charakter für die Verstaatlichung der Eisenbahn in dieser Phase der Entwicklung. Es bestätigte die partielle Niederlage der preußischen Staatsbehörden und machte die Fortsetzung des von ihnen eingeschlagenen Weges unmöglich.

Das Gericht stützte sich darauf, daß die Königliche Verwaltung nur den Auftrag habe, »Administration der Bahn und des Betriebes zu übernehmen«. Daraus »folgt aber ... (nicht) ... die Befugniß zur Veräußerung der zur Substanz des Gesellschafts-Vermögens gehörigen Grundstücke«.[22] Costenoble hatte übersehen, daß diese Geländestreifen als Sicherheit für Obligationspapiere der Aktionäre in den Nachträgen der Statuten festgeschrieben waren. Damit war die Niederlage komplett, zugleich aber auch die beiderseitige Bewegungsmöglichkeit festgeschrieben. Hinzu kam, daß mit dem Betriebsjahr 1851 nach Abzug aller Verbindlichkeiten und der nach dem Statut notwendigen Auszahlung der Zinsen erstmals ein Überschuß von 25 000 Taler zu erwarten war.[23] Damit war – ebenfalls nach dem Statut – die Rückgabe der Verwaltung an die Gesellschaft nicht nur eine theoretische Möglichkeit, eine zweite Klage der Gesellschaft hatte nun eine wesentlich günstigere rechtliche und wirtschaftliche Basis.

Die außerordentliche Generalversammlung der Aktionäre der Niederschlesisch-Märkischen Eisenbahngesellschaft hatte, um dem Patt ein Ende zu bereiten, am 16. Oktober 1851 Verhandlungsbereitschaft signalisiert. Die Direktion unterbreitete den Vorschlag, die Eisenbahn an den Staat zu verkaufen, wenn dieser sich dazu bereit erklärte, die Stamm-Aktien mit 4 Prozent jährlich zu verzinsen. Dieser Satz lag um ein halbes Prozent höher als die Zinsgarantie, aber das Entgegenkommen wollte man sich schon bezahlen lassen. Der Antrag wurde mit 846 gegen 192 Stimmen angenommen und eine Kommission, bestehend aus den Mitgliedern der Direktion Furbach, Henoch, Jacob, Moll, Rubens, Schüttler und Tempelhof sowie denen des Verwaltungsrates Keibel, Könen und Rellstab, gewählt.[24]

Die Mehrzahl der Trümpfe in der Hand haltend, hatte sich das Bürgertum durchgesetzt. Es zeigte nun Kompromißbereitschaft, um die Staatsorgane, derer sie politisch dringend bedurfte, nicht weiter zu verprellen. Dieser Schritt war für alle Verstaatlichungsprojekte von grundsätzlicher Bedeutung und besiegelte das Schicksal aller Aktiengesellschaften. Das Bürgertum verzichtete auf eine Kapitalgesellschaft, bei Garantie der eingezahlten Beiträge, die nun – unabhängig vom Gewinn oder Ver-

[19] ZStAM, Rep. 77, Tit. 258a, Nr. 23, Vol. II, o. Bl.

[20] StAB, Liegenschaftsdienst, Hypothekensache Königsstadt, Vol. 28, Band 265, o. Bl.

86 Schema der Prioritätsobligation (Ratsb.)

87 Schema des ersten Zinskupons (Ratsb.)

[21] Ebenda

[22] Ebenda, Vol. 25, Band 1860, Bl. 172ff.

[23] ZStAM Rep. 77, Tit. 258a, Nr. 23, Vol. II, o. Bl.

[24] Vossische Zeitung. – Berlin. – 22. Oktober 1851

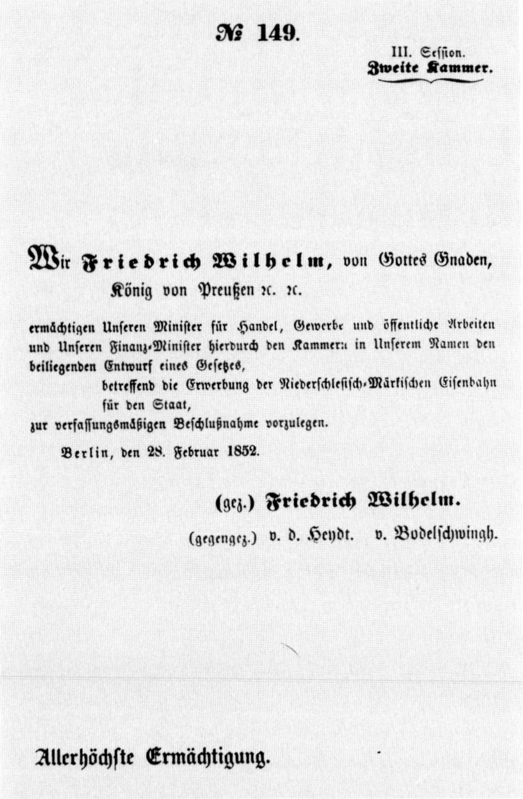

№ 149.

III. Session.
Zweite Kammer.

Wir Friedrich Wilhelm, von Gottes Gnaden, König von Preußen ꝛc. ꝛc.

ermächtigen Unseren Minister für Handel, Gewerbe und öffentliche Arbeiten und Unseren Finanz-Minister hierdurch den Kammern in Unserem Namen den beiliegenden Entwurf eines Gesetzes,

betreffend die Erwerbung der Niederschlesisch-Märkischen Eisenbahn für den Staat,

zur verfassungsmäßigen Beschlußnahme vorzulegen.

Berlin, den 28. Februar 1852.

(gez.) Friedrich Wilhelm.

(gegengez.) v. d. Heydt. v. Bodelschwingh.

Allerhöchste Ermächtigung.

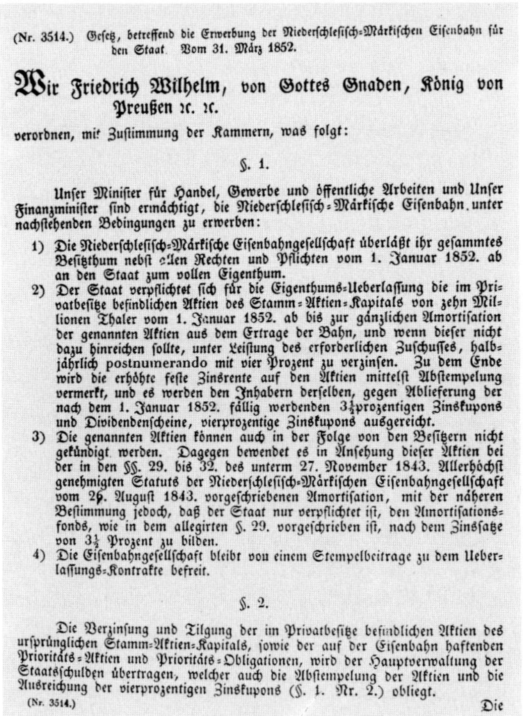

(Nr. 3514.) Gesetz, betreffend die Erwerbung der Niederschlesisch-Märkischen Eisenbahn für den Staat. Vom 31. März 1852.

Wir Friedrich Wilhelm, von Gottes Gnaden, König von Preußen ꝛc. ꝛc.

verordnen, mit Zustimmung der Kammern, was folgt:

§. 1.

Unser Minister für Handel, Gewerbe und öffentliche Arbeiten und Unser Finanzminister sind ermächtigt, die Niederschlesisch-Märkische Eisenbahn unter nachstehenden Bedingungen zu erwerben:

1) Die Niederschlesisch-Märkische Eisenbahngesellschaft überläßt ihr gesammtes Besitzthum nebst allen Rechten und Pflichten vom 1. Januar 1852. ab an den Staat zum vollen Eigenthum.
2) Der Staat verpflichtet sich für die Eigenthums-Ueberlassung die im Privatbesitze befindlichen Aktien des Stamm-Aktien-Kapitals von zehn Millionen Thaler vom 1. Januar 1852. ab bis zur gänzlichen Amortisation der genannten Aktien aus dem Ertrage der Bahn, und wenn dieser nicht dazu hinreichen sollte, unter Leistung des erforderlichen Zuschusses, halbjährlich postnumerando mit vier Prozent zu verzinsen. Zu dem Ende wird die erhöhte feste Zinsrente auf den Aktien mittelst Abstempelung vermerkt, und es werden den Inhabern derselben, gegen Ablieferung der nach dem 1. Januar 1852. fällig werdenden 3½prozentigen Zinskupons und Dividendenscheine, vierprozentige Zinskupons ausgereicht.
3) Die genannten Aktien können auch in der Folge von den Besitzern nicht gekündigt werden. Dagegen bewendet es in Ansehung dieser Aktien bei der in den §§. 29. bis 32. des unterm 27. November 1843. Allerhöchst genehmigten Statuts der Niederschlesisch-Märkischen Eisenbahngesellschaft vom 26. August 1843. vorgeschriebenen Amortisation, mit der näheren Bestimmung jedoch, daß der Staat nur verpflichtet ist, den Amortisationsfonds, wie in dem allegirten §. 29. vorgeschrieben ist, nach dem Zinssatze von 3½ Prozent zu bilden.
4) Die Eisenbahngesellschaft bleibt von einem Stempelbeitrage zu dem Ueberlassungs-Kontrakte befreit.

§. 2.

Die Verzinsung und Tilgung der im Privatbesitze befindlichen Aktien des ursprünglichen Stamm-Aktien-Kapitals, sowie der auf der Eisenbahn haftenden Prioritäts-Aktien und Prioritäts-Obligationen, wird der Hauptverwaltung der Staatsschulden übertragen, welcher auch die Abstempelung der Aktien und die Ausreichung der vierprozentigen Zinskupons (§. 1. Nr. 2.) obliegt.

(Nr. 3514.) Die

lust der Bahn – als Staatsschuldscheine zur Auszahlung kamen. Insoweit reihte sich diese Auseinandersetzung in die Umwandlung der Verhältnisse in Preußen zugunsten des Bürgertums ein. Der Finanzminister äußerte sich nach dem Angebot der Gesellschaft und dem Gerichtsurteil am 22. November 1851 über seine »politischen Bedenken«, »... welche die Verwandlung von Aktionären, die sich als Miteigentümer der Eisenbahn betrachten, in bloße Staatsgläubiger«. Er meinte, daß »die Absorption mehr oder weniger selbständiger Gesellschafts- und Coporations-Interessen und Existenzen durch die Staatsverwaltung ... endlich auch die Rückwirkung haben mußte, welche das mit allen Mitteln erfolgte Bestreben des Staates, die Eisenbahnen in seinen Besitz zu bringen und die Gesellschaften zu deren Abtretung geneigt zu machen, auf derartige Privatunternehmungen überhaupt ausüben mußte.«[25] Also kein weiteres forciertes Vorgehen, da sonst das benötigte Kapital nicht mehr zu beschaffen war.

Der Finanzminister nahm das Angebot der Gesellschaft an. Am 14. Januar 1852 faßte das Staatsministerium den Beschluß, die Niederschlesisch-Märkische Eisenbahn käuflich zu erwerben.[26] Die Verhandlungskommissionen traten zusammen. Die Königliche Verwaltung war vertreten durch COSTENOBLE, VON GLÜMER und den Baurat SCHWEDLER. Ein Vertragsentwurf wurde ausgehandelt, dessen Ergebnis in dem am 31. März erlassenen »Gesetz, betreffend die Erwerbung der Niederschlesisch-Märkischen Eisenbahn für den Staat« seinen ersten Niederschlag fand (Bilder 88 und 89). Neben der Ermächtigung zum Kauf der Bahnlinie enthielt es die Bestimmung, daß die »Aktien des Stamm-Aktien-Kapitals von zehn Millionen Thalern vom 1. Januar 1852 ab bis zur gänzlichen Amortisation der genannten Aktien aus dem Ertrag der Bahn, und wenn dieser nicht dazu hinreichen sollte, unter Leistung des erforderlichen staatlichen Zuschusses, halbjährlich postnumerando mit vier Prozent zu verzinsen sein«. Ähnliches, wenn auch abgestuft, traf für die Prioritätsaktien zu. Alle Aktien – nun auch die Stamm-Aktien – unterlagen der Amortisation bei Garantie der ausgesprochenen Zinsen und sollten Staatsschuldpapieren gleichgesetzt

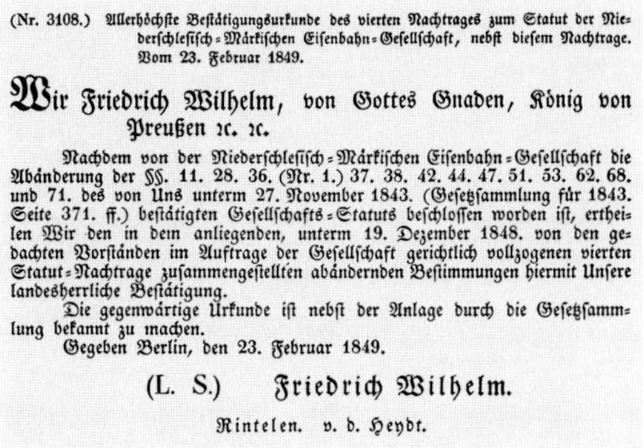

(Nr. 3108.) Allerhöchste Bestätigungsurkunde des vierten Nachtrages zum Statut der Niederschlesisch-Märkischen Eisenbahn-Gesellschaft, nebst diesem Nachtrage. Vom 23. Februar 1849.

Wir Friedrich Wilhelm, von Gottes Gnaden, König von Preußen ꝛc. ꝛc.

Nachdem von der Niederschlesisch-Märkischen Eisenbahn-Gesellschaft die Abänderung der §§. 11. 28. 36. (Nr. 1.) 37. 38. 42. 44. 47. 51. 53. 62. 68. und 71. des von Uns unterm 27. November 1843. (Gesetzsammlung für 1843. Seite 371. ff.) bestätigten Gesellschafts-Statuts beschlossen worden ist, ertheilen Wir den in dem anliegenden, unterm 19. Dezember 1848. von den gedachten Vorständen im Auftrage der Gesellschaft gerichtlich vollzogenen vierten Statut-Nachtrage zusammengestellten abändernden Bestimmungen hiermit Unsere landesherrliche Bestätigung.

Die gegenwärtige Urkunde ist nebst der Anlage durch die Gesetzsammlung bekannt zu machen.

Gegeben Berlin, den 23. Februar 1849.

(L. S.) Friedrich Wilhelm.

Rintelen. v. d. Heydt.

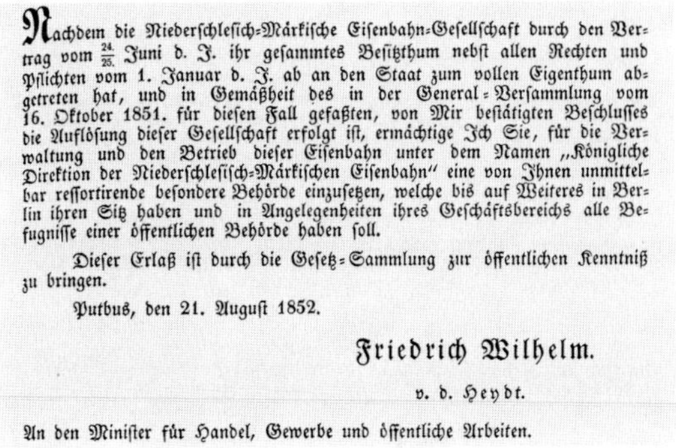

Nachdem die Niederschlesich-Märkische Eisenbahn-Gesellschaft durch den Vertrag vom 24./25. Juni d. J. ihr gesammtes Besitzthum nebst allen Rechten und Pflichten vom 1. Januar d. J. ab an den Staat zum vollen Eigenthum abgetreten hat, und in Gemäßheit des in der General-Versammlung vom 16. Oktober 1851. für diesen Fall gefaßten, von Mir bestätigten Beschlusses die Auflösung dieser Gesellschaft erfolgt ist, ermächtige Ich Sie, für die Verwaltung und den Betrieb dieser Eisenbahn unter dem Namen „Königliche Direktion der Niederschlesisch-Märkischen Eisenbahn" eine von Ihnen unmittelbar ressortirende besondere Behörde einzusetzen, welche bis auf Weiteres in Berlin ihren Sitz haben und in Angelegenheiten ihres Geschäftsbereichs alle Befugnisse einer öffentlichen Behörde haben soll.

Dieser Erlaß ist durch die Gesetz-Sammlung zur öffentlichen Kenntniß zu bringen.

Putbus, den 21. August 1852.

Friedrich Wilhelm.

v. d. Heydt.

An den Minister für Handel, Gewerbe und öffentliche Arbeiten.

werden. Die Verwaltung und die Auszahlung der Schuldscheine übernahm die preußische Staatsschuldenverwaltung, an die die Erträge der Bahnlinie abzuführen waren. Dafür überließ die Gesellschaft die gesamte Anlage dem Staat.

Der Vertrag wurde am 26. Mai 1852 in der 50. Sitzung der zweiten Kammer des Landtags behandelt. Noch war die Erinnerung an die Aktienspekulationen der Jahre 1844/45 nicht verblaßt. Es gab zahlreiche Stimmen gegen den Kauf, da weitere Spekulationen befürchtet wurden. Aber mit 195 Ja-Stimmen gegen 55 Nein-Stimmen konnte die Zustimmung zum Kauf der Bahnlinie erwirkt werden.[27] Am 24. Juni 1852 wurde der Vertrag von den Verhandlungskommissionen unterschrieben, am 25. Juni stimmten ihm der Finanzminister und der Minister für Handel, Gewerbe und öffentliche Arbeiten zu. Am 21. August des gleichen Jahres lag die Zustimmung des Königs zur Auflösung der Kapitalgesellschaft vor (Bild 90), und zugleich trat an die Stelle der Königlichen Verwaltung eine »Königliche Direktion der Niederschlesisch-Märkischen Eisenbahn« (Bild 91).

88 Allerhöchste Ermächtigung zum Erwerb der Niederschlesisch-Märkischen Eisenbahn (ZStAM)
89 Erste Seite des Gesetzes vom 31. März 1852 zum Erwerb der Niederschlesisch-Märkischen Eisenbahn (Ratsb.)

[25] ZStAM, Rep. 77, Tit. 258a, Nr. 23, Vol. II, o. Bl.
[26] Ebenda
[27] Ebenda

90 Genehmigung zur Auflösung der Niederschlesisch-Märkischen Eisenbahngesellschaft vom 21. August 1852 (Ratsb.)
91 »Allerhöchster Erlaß vom 21. August 1852 betreffend die Einsetzung einer Behörde unter dem Namen ›Königliche Direktion der Niederschlesisch-Märkischen Eisenbahn‹« (Ratsb.)

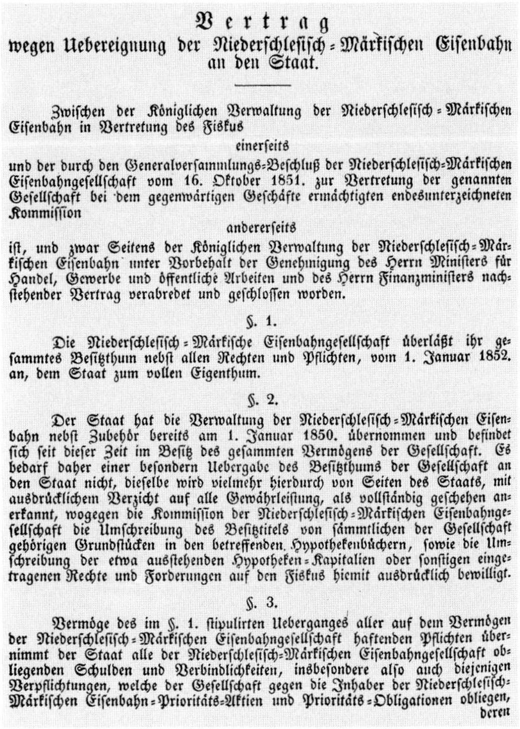

Vertrag
wegen Uebereignung der Niederschlesisch-Märkischen Eisenbahn an den Staat.

Zwischen der Königlichen Verwaltung der Niederschlesisch-Märkischen Eisenbahn in Vertretung des Fiskus

einerseits

und der durch den Generalversammlungs-Beschluß der Niederschlesisch-Märkischen Eisenbahngesellschaft vom 16. Oktober 1851. zur Vertretung der genannten Gesellschaft bei dem gegenwärtigen Geschäfte ermächtigten endesunterzeichneten Kommission

andererseits

ist, und zwar Seitens der Königlichen Verwaltung der Niederschlesisch-Märkischen Eisenbahn unter Vorbehalt der Genehmigung des Herrn Ministers für Handel, Gewerbe und öffentliche Arbeiten und des Herrn Finanzministers nachstehender Vertrag verabredet und geschlossen worden.

§. 1.

Die Niederschlesisch-Märkische Eisenbahngesellschaft überläßt ihr gesammtes Besitzthum nebst allen Rechten und Pflichten, vom 1. Januar 1852. an, dem Staat zum vollen Eigenthum.

§. 2.

Der Staat hat die Verwaltung der Niederschlesisch-Märkischen Eisenbahn nebst Zubehör bereits am 1. Januar 1850. übernommen und befindet sich seit dieser Zeit im Besitz des gesammten Vermögens der Gesellschaft. Es bedarf daher einer besondern Uebergabe des Besitzthums der Gesellschaft an den Staat nicht, dieselbe wird vielmehr hierdurch von Seiten des Staats, mit ausdrücklichem Verzicht auf alle Gewährleistung, als vollständig geschehen anerkannt, wogegen die Kommission der Niederschlesisch-Märkischen Eisenbahngesellschaft die Umschreibung des Besitztitels von sämmtlichen der Gesellschaft gehörigen Grundstücken in den betreffenden Hypothekenbüchern, sowie die Umschreibung der etwa ausstehenden Hypotheken-Kapitalien oder sonstigen eingetragenen Rechte und Forderungen auf den Fiskus hiemit ausdrücklich bewilligt.

§. 3.

Vermöge des im §. 1. stipulirten Ueberganges aller auf dem Vermögen der Niederschlesisch-Märkischen Eisenbahngesellschaft haftenden Pflichten übernimmt der Staat alle der Niederschlesisch-Märkischen Eisenbahngesellschaft obliegenden Schulden und Verbindlichkeiten, insbesondere also auch diejenigen Verpflichtungen, welche der Gesellschaft gegen die Inhaber der Niederschlesisch-Märkischen Eisenbahn-Prioritäts-Aktien und Prioritäts-Obligationen obliegen, deren

92 *»Vertrag wegen Uebereignung der Niederschlesisch-Märkischen Eisenbahn an den Staat« (Ratsb.)*

Der Vertrag wiederholte die Bestimmungen des Gesetzes vom 31. März 1852, nahm die Übernahme bzw. Übergabe der Bahn als gegeben an und setzte den Staat als Rechtsnachfolger ein (Bild 92). Entscheidend blieb nach diesen gesamten Regelungen der § 6: »Der zwischen der Niederschlesisch-Märkischen Eisenbahngesellschaft einerseits und dem Königlichen Handelsministrerio anderseits bei dem Königlichen Stadtgerichte hieselbst verhandelte und gegenwärtig in die zweite Instanz gediehene Prozeß wegen Rückgabe der Verwaltung der Niederschlesisch-Märkischen Eisenbahn an die Gesellschaft und eventuell wegen Feststellung der Functionen der Gesellschaftsvorstände gegenüber der vom Staate eingesetzten Königlichen Verwaltung wird aufgehoben. Beide Theile entsagen der gegen das erste Urteil eingelegten Appellation, und erkennen die Wirkungen dieses Urteils selbst als durch den gegenwärtigen Vertrag erloschen an«.[28] Die Behörden erkannten die Gesellschaft als verantwortlichen Teil des Staates, als Teilhaber an der staatlichen Gewalt an. § 2 gab dem Staat die Möglichkeit der »Umschreibung der Besitztitel«. Die Übergabe der Bahn an den Staat konnte vollzogen werden, die erste von einer privaten Kapitalgesellschaft errichtete Bahnlinie ging in Staatsbesitz über. Der Sieg der preußischen Behörden blieb aber ein scheinbarer, denn auf diese Weise konnte ein staatliches Eisenbahnnetz nicht gebildet werden. Und zwar aus folgenden Gründen:

a) Die Kapitalgesellschaft hatte, im Interesse und wohl auch mit der Unterstützung der gesamten Bourgeoisie handelnd, den Staat in seine Schranken gewiesen. Sie hatte ihren wirtschaftlichen Bestand gewahrt.
b) Die Gerichte des preußischen Staates waren Ort der Auseinandersetzung geworden, in denen die bürgerlichen Kräfte ihre Interessen durchsetzen konnten und mit deren Hilfe sie mittelbar an der Macht beteiligt wurden.
c) Staatliche Behörden und Kapitalgesellschaften kamen in einem langsamen Prozeß aufeinander zu, indem sie ihre gegenseitigen Interessen abwogen und in Einklang brachten.

Die Bourgeoisie ging diesen langen Weg der Umwandlung der Gesellschaft. Die Staatsbehörden erkannten nach und nach die gemeinsamen Interessen, obwohl dabei noch viele Auseinandersetzungen zu führen waren, bis durch die Bismarcksche Politik der »Revolution von oben« die kapitalistische Umgestaltung der Gesellschaft abgeschlossen werden konnte. Entsprechend der Bedeutung des Themas Eisenbahn in den dreißiger und vierziger Jahren des 19. Jahrhunderts fanden diese Auseinandersetzungen nicht zufällig statt. Kein anderer Bereich hatte derartige Kapitalien aus den verschiedensten Quellen zusammengebracht, die die Bourgeoisie zu bewahren trachtete, und kein anderer Bereich besaß in den Jahren der industriellen Revolution eine so große Bedeutung für die Verkehrserschließung und die Ankurbelung der Industrie. Deshalb ist der hier beschriebene Vorgang nicht von lokaler Bedeutung.

Beim Umtausch der verschiedenen Arten von Aktien vernichtete die Staatsschuldenverwaltung (um Mißbrauch auszuschließen) die Wertpapiere, so daß sich derartige Dokumente im Original nicht erhalten haben. Die überlieferten Schemata der Wertpapiere erhalten so ihren besonderen Wert.

Soziale Spannungen und die Unterdrückung demokratischer Kräfte

In die geschilderten Vorgänge griffen politische Ereignisse und soziale Auseinandersetzungen nicht unwesentlich ein. Die bis dahin größte Bahnlinie Preußens mit ihrer schnellen Verbindung nach Breslau warf Mitte der vierziger Jahre für die Staatsogane bei der Beherrschung einer für den Bau notwendigen großen Anzahl von Arbeitskräften Probleme auf; Konzentrationen in dieser Größenordnung waren bis dahin unbekannt. Neue Formen der Arbeit und der Arbeitsorganisation sowie vor allem die wöchentliche Abrechnung der geleisteten Tagewerke und die Auszahlung in Geld schufen für die einstigen Gutsleute, Scharwerker, Tagelöhner und Knechte Perspektiven, die sie in der landwirtschaftlichen Arbeit auf den Gütern nicht hatten. Auch die Gutsbesitzer bekamen Probleme, denn ihre primitiv gehaltenen Arbeitskräfte drängten zum Bahnbau. Diese Arbeit war zwar ebenso schwer wie die auf dem Feld oder im Stall, aber dafür bekamen sie sofort Geld und nicht nur Deputate. Bestimmte Formen bisheriger Arbeit und gewohnter Ausbeutung begannen sich aufzulösen. Zugleich aber konnte die bisherige Bindung der Arbeitskräfte an den Gutsherren überwunden werden. Es gab einen Gedankenaustausch über die eigene Lage und die Möglichkeit, Geld zu verdienen. Die Arbeiter lernten schnell, die neue Lage zu erkennen. Die Zahl der beim Bahnbau zusammenströmenden Arbeitskräfte warf neue Fragen auf: Wie sollten diese Menschen beherrscht werden, allein ihre Konzentration schuf Überlegenheit. Ein Funke – das hatten die Aufstände der schlesischen Weber im Jahre 1844 gezeigt –, und die Massen waren angesichts der unbeschreiblichen Not und des heute unvorstellbaren Elends nicht mehr zu halten.

Am 25. November 1843 kam es z. B. in Ma-

[28] Gesetzessammlung für die Königlichen Preußischen Staaten. –1852, S. 164

serwitz (Schlesien) zu einem Protest von 200 beim Bahnbau beschäftigten Arbeitern, die gegen den niedrigen Lohn und die Art seiner Auszahlung aufstanden.[29] Sie erhielten 11 Silbergroschen Lohn pro Tag. Weitere Proteste kamen aus Maltsch, Camoese und Saarawenze (Schlesien).[30] Zunächst lehnte die Direktion der NME den Einsatz von Militär ab, da sie die Ursache dieser spontanen Proteste in dem willkürlichen und absolutistisch geprägten Auftreten der Bauführer sah. Für diese war der Arbeiter faul, unwillig – kurz »Dreck«. Das verstärkte sich noch, wenn diese die deutsche Sprache nur unvollkommen beherrschten. Unverständlich blieb den Bauführern die Tatsache, daß von 11 Silbergroschen pro Tag – bei Lösung vom herkömmlichen Prinzip der landwirtschaftlichen Selbstversorgung einschließlich bisher nicht notwendiger Mietzahlungen – Familien versorgt werden mußten.

Die preußischen Behörden ermahnten die Arbeiter und verwiesen durch öffentliche Bekanntmachung (Bild 93) auf die Gesetzeslage. Die Strafandrohungen und der Hinweis, daß auch Militär eingesetzt werden könnte, sollten die Arbeiter hindern, sich zusammenzufinden und ihre Überlegenheit, die in ihrer Zahl bestand, in die Auseinandersetzung einzubringen. Lohnforderungen konnten nach dieser Bekanntmachung zwar noch geäußert werden, aber nur von jedem einzeln. So sollte die Stärke der Arbeiter zerschlagen und zersplittert werden.

Die Haltung der Eisenbahngesellschaft änderte sich aber sehr bald. Polizei und Militär kamen zum Einsatz, weniger in der direkten Konfrontation, mehr als Drohung gegenüber den widerspenstigen Arbeitern. Indem die Bourgeoisie Zusammenkünfte der Arbeiter als »Zusammenrottung« und »Auflauf« disqualifizierte, versuchte sie, die Staatsbehörden gegen die Ausgebeuteten zu lenken. Das Militär, die Hauptstütze der Junker, wurde zum Hüter des Gewinnstrebens der kapitalistischen Eisenbahngesellschaften. Nicht mehr bei der NME, sondern bei der Niederschlesischen Zweigbahn kam es im November 1845 zum Einsatz von Militär. An die 1 500 Arbeiter protestierten gegen Lohndrückerei und verweigerten die Annahme des Lohnes. Sie wurden auf dem Glogauer Exer-

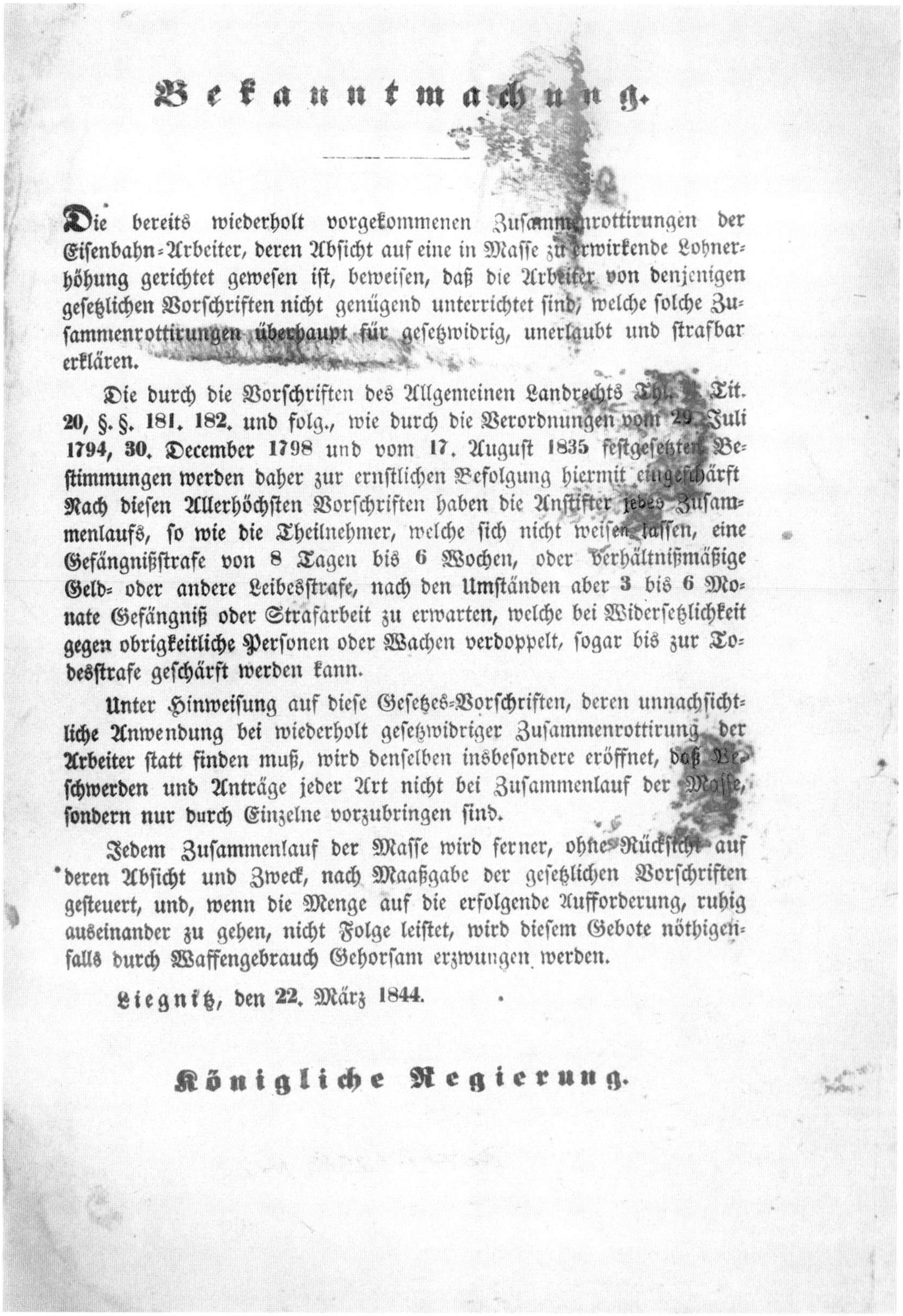

Bekanntmachung.

Die bereits wiederholt vorgekommenen Zusammenrottirungen der Eisenbahn-Arbeiter, deren Absicht auf eine in Masse zu erwirkende Lohnerhöhung gerichtet gewesen ist, beweisen, daß die Arbeiter von denjenigen gesetzlichen Vorschriften nicht genügend unterrichtet sind, welche solche Zusammenrottirungen überhaupt für gesetzwidrig, unerlaubt und strafbar erklären.

Die durch die Vorschriften des Allgemeinen Landrechts Thl. II. Tit. 20, §. §. 181. 182. und folg., wie durch die Verordnungen vom 29. Juli 1794, 30. December 1798 und vom 17. August 1835 festgesetzten Bestimmungen werden daher zur ernstlichen Befolgung hiermit eingeschärft. Nach diesen Allerhöchsten Vorschriften haben die Anstifter jedes Zusammenlaufs, so wie die Theilnehmer, welche sich nicht weisen lassen, eine Gefängnißstrafe von 8 Tagen bis 6 Wochen, oder verhältnißmäßige Geld- oder andere Leibesstrafe, nach den Umständen aber 3 bis 6 Monate Gefängniß oder Strafarbeit zu erwarten, welche bei Widersetzlichkeit gegen obrigkeitliche Personen oder Wachen verdoppelt, sogar bis zur Todesstrafe geschärft werden kann.

Unter Hinweisung auf diese Gesetzes-Vorschriften, deren unnachsichtliche Anwendung bei wiederholt gesetzwidriger Zusammenrottirung der Arbeiter statt finden muß, wird denselben insbesondere eröffnet, daß Beschwerden und Anträge jeder Art nicht bei Zusammenlauf der Masse, sondern nur durch Einzelne vorzubringen sind.

Jedem Zusammenlauf der Masse wird ferner, ohne Rücksicht auf deren Absicht und Zweck, nach Maaßgabe der gesetzlichen Vorschriften gesteuert, und, wenn die Menge auf die erfolgende Aufforderung, ruhig auseinander zu gehen, nicht Folge leistet, wird diesem Gebote nöthigenfalls durch Waffengebrauch Gehorsam erzwungen werden.

Liegnitz, den 22. März 1844.

Königliche Regierung.

93 Bekanntmachung der Königlichen Regierung Liegnitz vom 22. März 1844 wegen »gesetzwidriger Zusammenrottungen« (ZStAM)

[29] ZStAM, Rep. 77, CCLVIIIa, Nr. 23, Vol. 1, Bl. 151
[30] Ebenda, Bl. 153

zierplatz zusammengetrieben und erhielten ihr Geld zwangsweise im Angesicht der Bajonette der Soldaten der Garnison.[31]

Die Staatsbehörden engagierten sich im Interesse der Bourgeoisie gegen die aufbegehrenden Eisenbahnarbeiter. Die traditionellen Gegensätze zwischen Junkern und Bourgeoisie erhielten im »Interesse der allgemeinen Sicherheit« insofern neue Nahrung, als die Staatsbehörden meinten, die Eisenbahngesellschaften überwachten ihre Arbeiter nicht genügend. Junker und Bourgeoisie – so gegensätzlich ihre Interessen auch waren – mußten aufeinander zukommen. Als Vertreter zweier verschiedener Richtungen einigte sie doch das gemeinsame Interesse an der Niederhaltung der Arbeiter. Auf diesem Gebiet prägte sich ein Zusammengehen aus. Hier lag ein grundsätzlicher Ansatz für die Entwicklung nach der Revolution von 1848, auch wenn sich gerade in dieser Zeit die Auseinandersetzungen zwischen Junkern und Bourgeoisie enorm verschärften.[32]

Hilflos nahmen sich zunächst die Versuche bei der NME aus, Praktiken zu entwickeln, um sozialen Protest auszuschließen. Die an die Bürgermeister gerichtete Aufforderung, nur »persönlich saubere und fromme Arbeitskräfte« zum Bahnbau zu entsenden,[33] klingt noch recht naiv. Bei der Eröffnung der Gesamtstrecke Berlin–Breslau im Jahre 1846 kam es zu keinen ausgeprägten Auseinandersetzungen, wie z. B. bei der Köln-Mindener Eisenbahn, bei der im Juli 1845 fast 2000 Arbeiter streikten.[34]

Bisher nicht ausreichend untersucht und wegen der schlechten Überlieferung des Aktenmaterials auch kaum mehr möglich ist die Nutzung der Eisenbahn durch das Militär während der revolutionären Märzkämpfe im Jahre 1848. Es ist zu vermuten, daß der Transport von Soldaten aus der Provinz nach Berlin auf der Eisenbahn geschah, aber es gibt dafür gegenwärtig keinen dokumentarischen Beleg. Ebenso unbekannt blieb bisher, ob die preußischen Truppen auf der NME bis in das Stadtgebiet transportiert worden sind. Das kann aber nach der Kenntnis des Verlaufs der Kampfhandlungen ausgeschlossen werden.

Nach der Übernahme der Bahnlinie in die Königliche Verwaltung begann der preußische Staat eine fieberhafte Suche nach »demokrati-

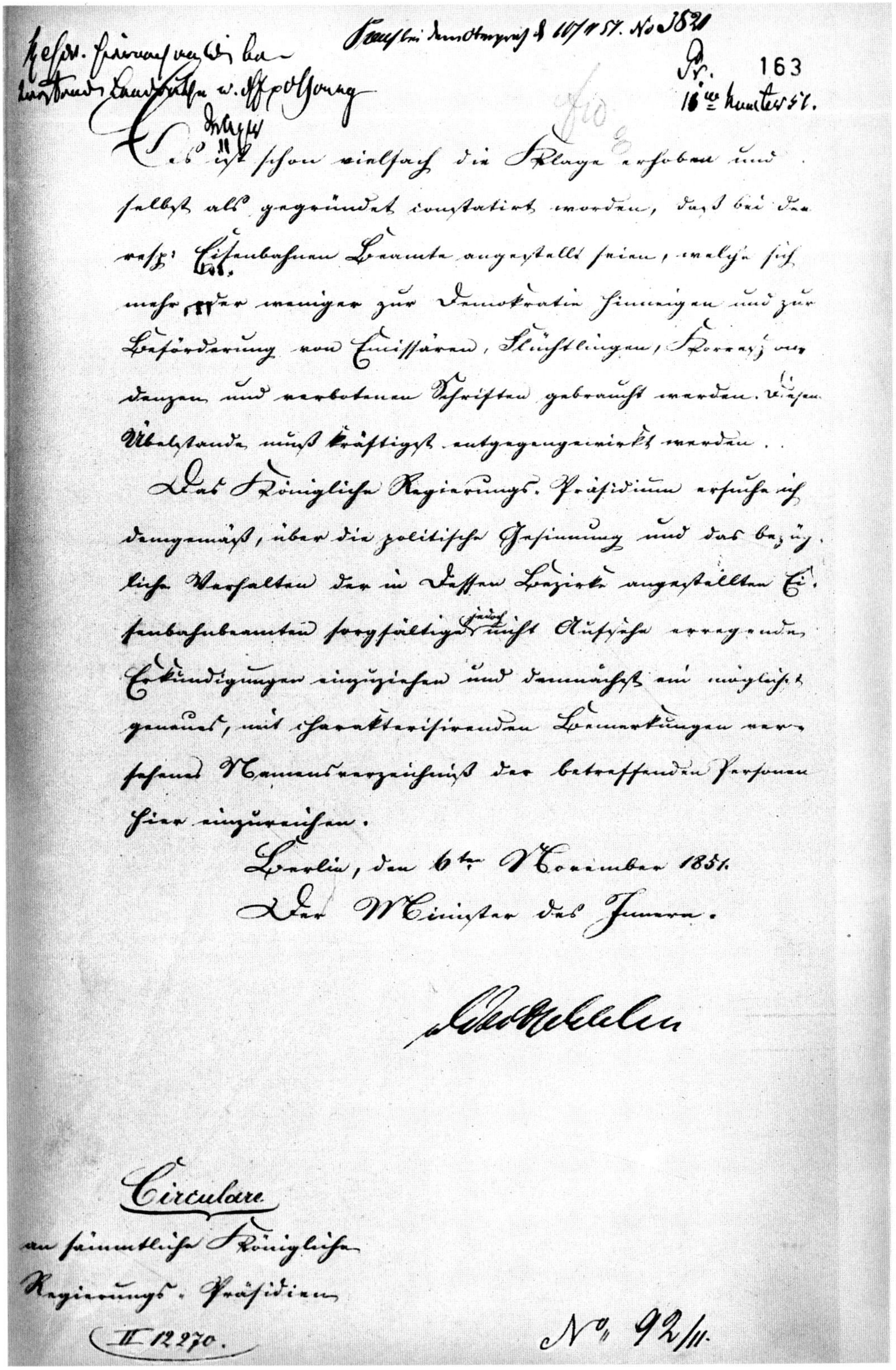

163

Es ist schon vielfach die Klage erhoben und selbst als gegründet constatirt worden, daß bei den verschiedenen Eisenbahnen Beamte angestellt seien, welche sich mehr oder weniger zur Demokratie hinneigen und zur Beförderung von Emissären, Flüchtlingen, Korrespondenzen und verbotenen Schriften gebraucht worden. Diesem Übelstande muß kräftigst entgegengewirkt werden.

Das Königliche Regierungs-Präsidium ersuche ich demgemäß, über die politische Gesinnung und das bezügliche Verhalten der in dessen Bezirk angestellten Eisenbahnbeamten sorgfältige, auch nicht Aufsehen erregende Erkundigungen einzuziehen und demnächst ein möglichst genaues, mit charakterisirenden Bemerkungen versehenes Namenverzeichniß der betreffenden Personen hier einzureichen.

Berlin, den 6ten November 1851.
Der Minister des Innern.

Westphalen

Circulare
an sämmtliche Königliche
Regierungs-Präsidien

II 12270.

No 92/11.

94 Anweisung des preußischen Innenministers vom 6. November 1851 mit dem Auftrag, »zur Demokratie« neigende Eisenbahner festzustellen (StAP)

[31] Eichholtz, D.: Junker und Bourgeoisie vor 1848 in der preußischen Eisenbahngeschichte. – Berlin, 1962. – S. 192
[32] Ebenda, S. 197 ff.
[33] ZStAM, Rep. 77, CCLVIII a, Nr. 23, Vol. 1, Bl. 173
[34] Eichholtz, D.: a. a. O. – S. 193

schen Elementen« unter den bei dieser Gesellschaft beschäftigt gewesenen Beamten und Arbeitern. In einem Rundschreiben wandte sich der preußische Innenminister am 6. November 1851 an alle Regierungspräsidenten und wies die Feststellung derartiger Personen mit »charakterisierenden Bemerkungen« in einem Namensverzeichnis an (Bild 94). Nur ein Vierteljahr später, am 9. Februar 1852, folgte der Minister für Handel, Gewerbe und öffentliche Arbeiten, dem die in Staatsbesitz übergegangenen Bahnen unterstanden, mit der speziellen Weisung, daß »bei der großen politischen Wichtigkeit der Eisenbahnen ... es von besonderer Wichtigkeit (ist), daß nur politisch zuverlässige Individuen bei deren Betrieb und Verwaltung beschäftigt werden ...«

Ein ausgeprägt reaktionärer Zug im Dienstbetrieb der Eisenbahn kann mit dem Übergang der Bahn in die Verwaltung und dann in den Besitz des Staates verzeichnet werden. Die Angst vor Demokraten und Emissären derartiger Ideen, die durch das Bahnpersonal befördert werden könnten, und die Furcht vor Nachrichten, die die verschiedenen, zur Demokratie neigenden Kräfte mittels der Bahn schneller austauschen könnten, beunruhigten die preußische Staatsverwaltung. Das Medium Eisenbahn brachte neue Dimensionen in die politischen Auseinandersetzungen, aber es deuteten sich zugleich auch neue Möglichkeiten an, die aus der Verfügung über sie für die Sicherheit und die Beherrschung des Staatsgebildes zu gewinnen waren.

4.
DIE KÖNIGLICHE DIREKTION DER NIEDER-SCHLESISCH-MÄRKISCHEN EISENBAHN (1852 bis 1872)

Unter staatlicher Regie

Bereits in den ersten Monaten ihrer Tätigkeit mußte die Königliche Verwaltung feststellen, daß viele Betriebsmittel, Streckenabschnitte, Brücken usw. den dauerhaften Anforderungen des Betriebs nicht gewachsen waren. Entweder waren die Bauwerke in Hast und Eile errichtet worden oder mangelnde Erfahrungen ließen unter dem Aspekt des höchstmöglichen Gewinns nach dem billigsten Material greifen. Insbesondere traf dies auf den Berlin-Frankfurter Streckenabschnitt zu, dessen Betriebsmittel, verschiedene Streckenabschnitte und Brücken nun ergänzt bzw. erneuert werden mußten, ein Vorgang, der typisch für viele Eisenbahngesellschaften war. Einen detaillierten Einblick in die am Ende des Jahres 1847 vorhandenen Transportmittel gab eine Übersicht, die dem Bericht der NME für das Jahr 1848 beigefügt war (Bild 95). Der Bericht für das Jahr 1851 – die Königliche Direktion behielt diese jährliche Berichtsform bis etwa 1876 bei – vermeldete dann, daß die Norris-Lokomotiven Nr. 43, 44, 47 und 48 dienstunfähig geworden seien.[1] Es konnte nicht festgestellt werden, um welche Lokomotiven es sich gehandelt hat, da die Umnumerierung der ursprünglich mit Namen versehenen Lokomotiven nicht festgehalten worden ist.

Die anderen amerikanischen Lokomotiven schieden ebenfalls aus dem aktiven Dienst aus: 2 kamen zur Verbindungsbahn, 3 zum Rangieren, 3 zum Ziehen von Arbeitszügen und 3 blieben in Reserve.[2] Die Norris-Lokomotiven hatten sich insgesamt nicht bewährt, sie waren nur kurze Zeit im regulären Verkehr. Die ausschließlich für die Feuerung mit Holz eingerichteten Lokomotiven waren für den Verkehr auf dieser Strecke zu leicht, zu langsam, zu störanfällig, und sie hatten keinen ruhigen Lauf.

Alle Brücken zwischen Berlin und Frankfurt mußten grundlegend überholt, z. T. neu gebaut, vor allem aber für die neuen Lasten verstärkt werden. Von zwei Brücken sind aus dem Jahre 1852 die Zeichnungen erhalten geblieben: von der Wuhle-Brücke (Bild 96) und der

Anlage D.

Uebersicht

sämmtlicher Ende 1847 vorhanden gewesenen

Transportmittel.

№	Benennung der Fahrzeuge.	Stückzahl.	Summa.
I.	**Lokomotiven**	66	66 Stück Lokomotiven.
II.	**Personenwagen.**		
	8rädrige I. Klasse und I. u. II. Klasse	9	(Von der Berlin-Frankfurter Bahn übernommen.)
	" II u. III. Klasse	4	
	" III Klasse	11	
	6rädrige I. u. II. Klasse	23	
	" I. u. III. Klasse	9	
	" III. Klasse	40	96 Stück Personenwagen.
III.	**Passagier-Gepäckwagen.**		
	8 rädrige	18	
	6 rädrige	6	24 Stück Passagier-Gepäckwagen. (davon 8 Stück von der Berlin-Frankfurter Bahn übernommen.)
IV.	**Güterwagen**		
	8 rädrige bedeckte	138	
	8 rädrige offene	5	
	6 rädrige bedeckte	22	
	6 rädrige offene	75	
	4 rädrige bedeckte	5	
	4 rädrige offene	102	347 Stück Güterwagen. (Davon 30 Stück von der Berlin-Frankfurter Bahn.)
V.	**Equipagewagen.**		
	8 rädrige	9	
	4 rädrige	21	30 Stück Equipagewagen. (Davon 9 Stück von der Berlin-Frankfurter Bahn.)
VI.	**Pferdewagen**		
	8 rädrige	8	
	4 rädrige	10	18 Stück Pferdewagen. (Davon 4 Stück von der Berlin-Frankfurter Bahn.)
VII.	**Viehwagen.**		
	8 rädrige	12	
	4 rädrige	16	28 Stück Viehwagen. (davon 12 Stck. von der Berlin-Frankf. Bahn)
VIII	**Arbeitswagen.**		
	4 rädrige	33	33 Stück Arbeitswagen. (davon 8 Stück von der Berlin-Frankf. Bahn.)
IX.	**Postwagen**	9	9 Stück Postwagen.
X	**Schneepflüge.**		
	6 rädrige	6	
	4 rädrige	1	7 Stück Schneepflüge. (davon 2 Stück von der Berlin-Frankf. Bahn)

95 Übersicht über die Ende 1847 vorhandenen Transportmittel (StAP)

[1] ZStAM, Rep. 77, Tit. 258a, Nr. 23, Vol. II, Bericht für das Jahr 1851, o. Bl.
[2] Ebenda

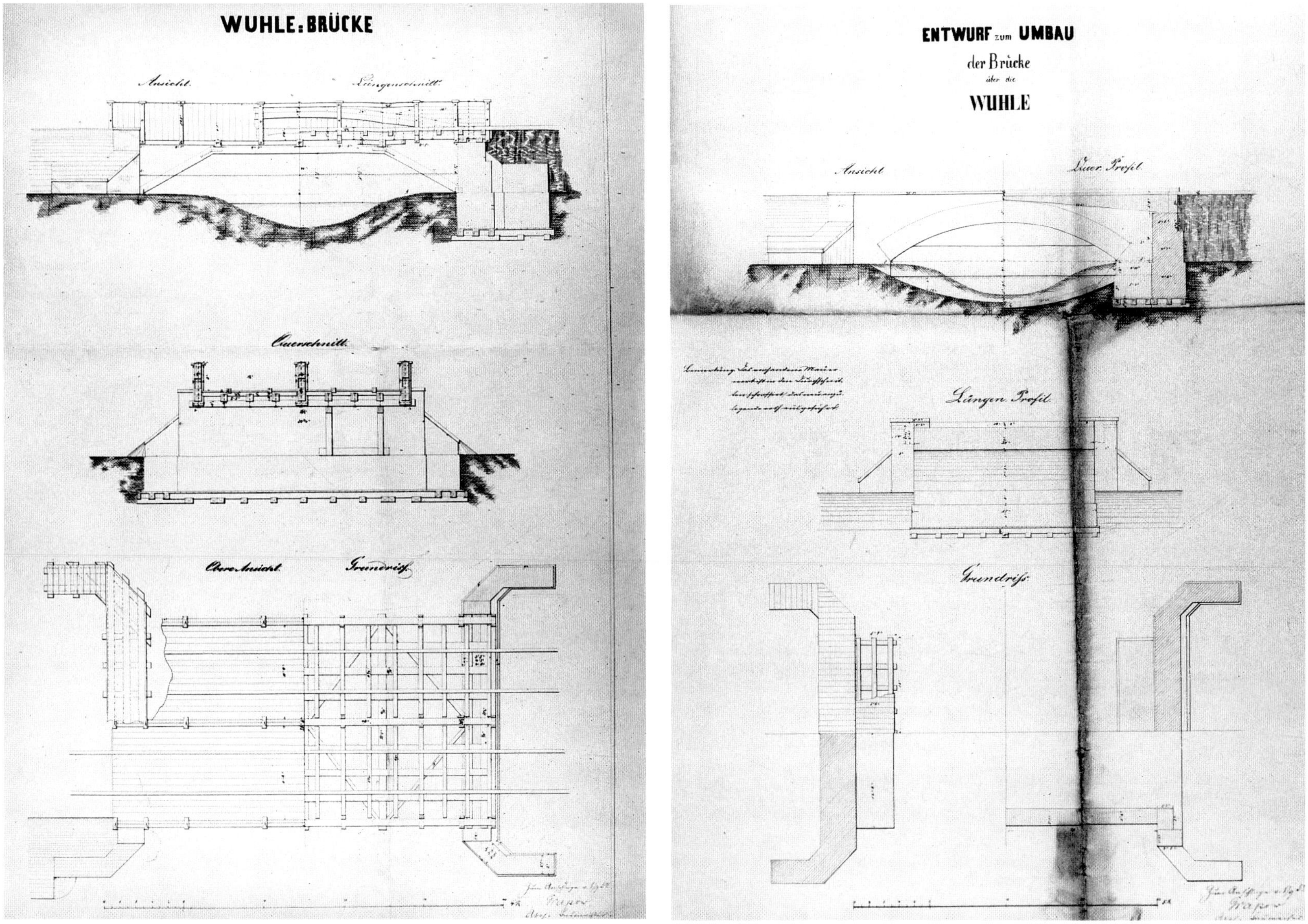

Brücke über den Rahnsdorfer Mühlenfließ (Bild 97). Sie waren zwar zweigleisig angelegt worden, doch reichte ihre Tragfähigkeit nicht mehr aus.

Ebenso verhielt es sich mit den Schienen. In den Jahren vor 1850 begann man, die vorhandenen Schienen nach und nach auszutauschen. Ab 1852 wurde das von den Frankfurter Eisenbahngesellschaften verwendete Material durchgreifend erneuert. Der Bericht der Königlichen Direktion der NME für das Jahr 1858 nennt dazu folgende Einzelheiten: 1851 mußte festgestellt werden, daß das Gleis zwischen Berlin und Frankfurt (Oder) schadhaft war, und 1852 mußten die Teilabschnitte zwischen Berlin und Erkner sowie zwischen Rosengarten und Frankfurt (Oder) erneuert werden. Im Jahre 1857 wurde die gesamte Strecke Berlin–Frankfurt (Oder) ausgebaut und in folgenden Teilabschnitten in Betrieb genommen:

22. September 1857 Berlin–Köpenick
24. September 1857 Fürstenwalde–Frankfurt (Oder)
9. Oktober 1857 Köpenick–Fürstenwalde.[3]

Die Erweiterung der Gleisanlagen hatte sich notwendig gemacht, da die »Allerhöchste Kabinetts-Ordre betreffend die Erweiterung der Königlichen Kommission für den Bau der Kreuz-Cüstriner-Frankfurter Eisenbahn« die Anbindung der Königlichen Ostbahn an die Strecke Frankfurt (Oder)–Berlin bestimmt hatte. Am 12. Oktober 1857 war diese Verbindung hergestellt, und über sie rollte der Verkehr von Berlin nach Königsberg.[4]
Aus dem Jahre 1859 liegt eine genaue Aufstellung vor (Bild 98)[5]:

96 Zeichnungen zum Umbau der Wuhlebrücke bei Köpenick aus dem Jahre1852 (StAP)

[3] StAP, Pr. Br. Rep. 2 A, Nr. 2126, Bericht der KNME für das Jahr 1858, o. Bl.

[4] Ebenda

[5] Ebenda

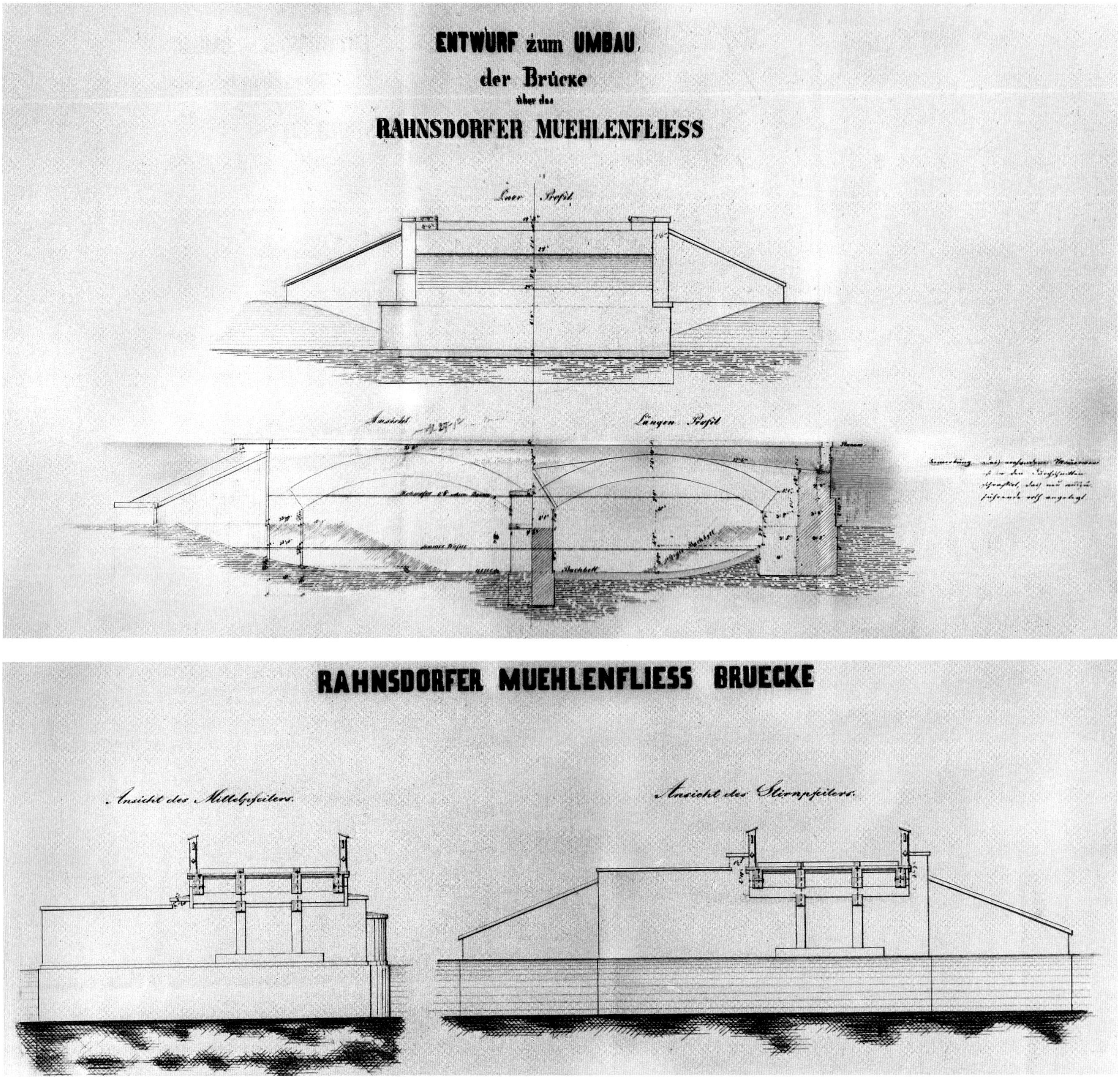

97 Zeichnungen zum Umbau der Brücke über den Rahnsdorfer Mühlenfließ aus dem Jahre 1852 (StAP)

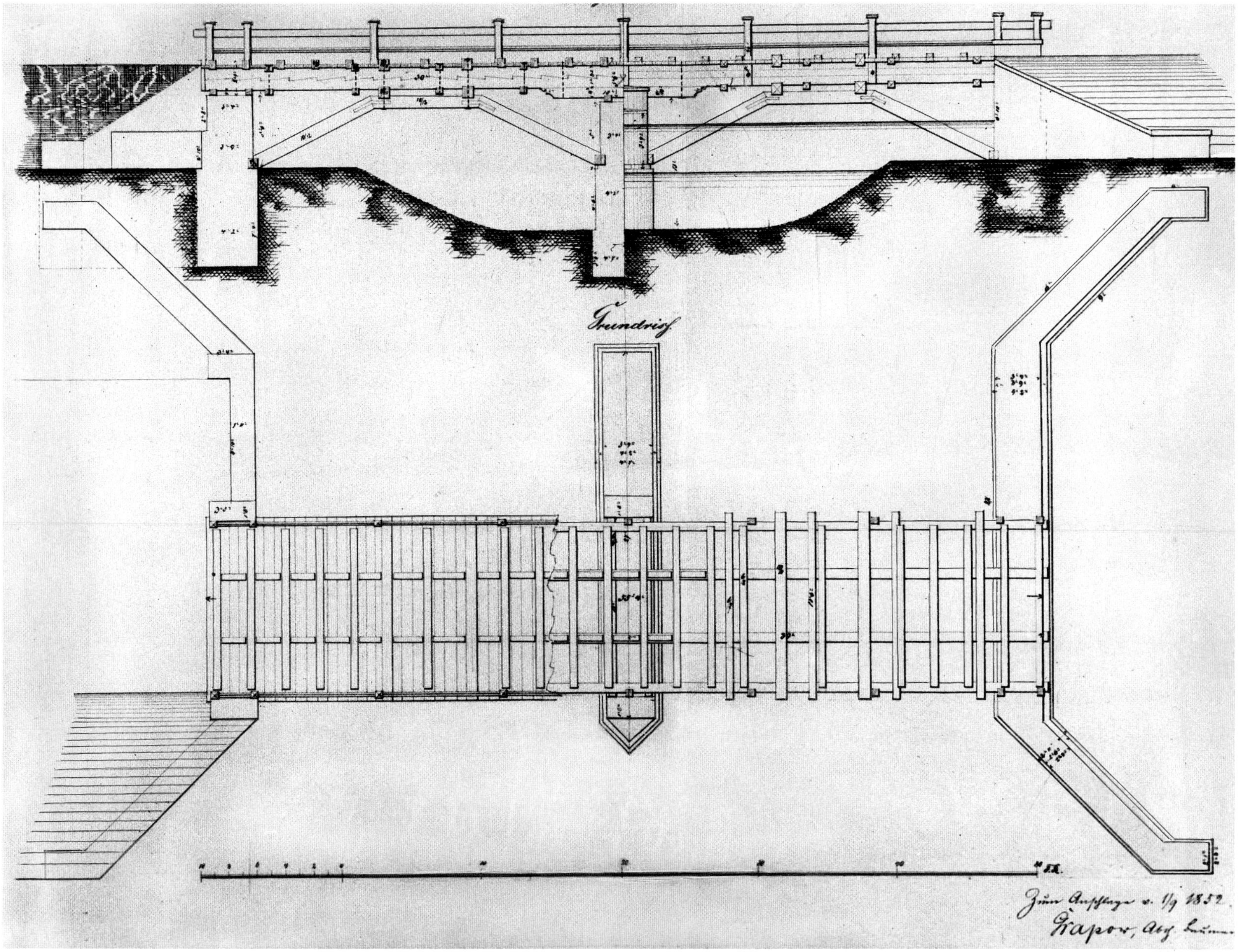

I.	Flachschienen der ehem. Frankfurter Bahn, jetzt in Lokschuppen auf Nebengleisen usw.; Hersteller: Guest, Lewis u. Co., Dowlais Werk in South Wales	129,85 lfd. Ruthen
II.	Brückenschienen der Frankfurter Bahn, jetzt in Schuppen usw.; Hersteller: w. o.	843,10 lfd. Ruthen
III.	Brückenschienen hohen Profils, jetzt auf Nebengleisen; Hersteller: w. o.	2 922,10 lfd. Ruthen
IV.	Breitbeinige Schienen niedrigen Profils von 1842 bis 1846 für die Linie Frankfurt (Oder)–Breslau; Hersteller: Baily Brothers u. Co. in South Wales	36 213,09 lfd. Ruthen
V.	Breitbeinige Schienen mittleren Profils 1852 bis 1853 Hersteller: u. a. Laurahütte	66 038,14 lfd. Ruthen
VI.	Breitbeinige Schienen hohen Profils 1857 für das zweite Gleis Berlin–Frankfurt (Oder); Hersteller: u. a. Laurahütte, Minerva aber auch engl. Firmen«	88 881,28 lfd. Ruthen

Es ist erstaunlich, daß noch bis 1846 das gesamte Schienenmaterial für diese Bahn aus England bezogen wurde. Auch der große Auftrag für die Verlängerung der Strecke bis nach Breslau ging nach England, da die Kapazitäten der einheimischen Schienenhersteller nicht ausreichten. Erst für die gründliche Erneuerung ab 1852 gingen große Aufträge z. B. an die Laurahütte, aber noch 1857 wurden Angebote eng-

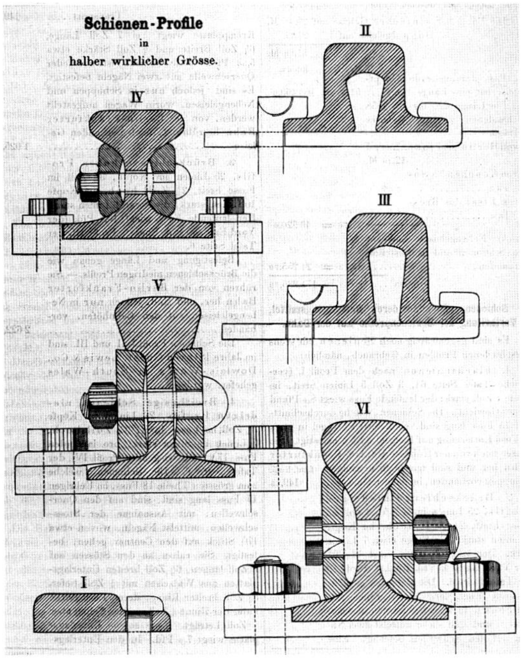

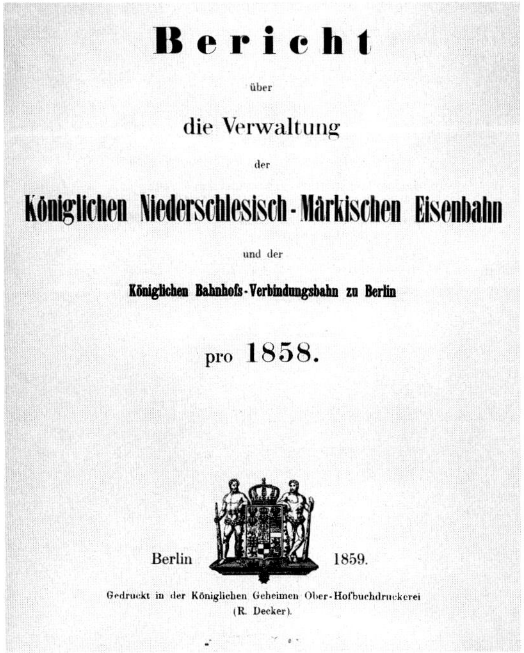

Bericht

über

die Verwaltung

der

Königlichen Niederschlesisch-Märkischen Eisenbahn

und der

Königlichen Bahnhofs-Verbindungsbahn zu Berlin

pro 1858.

Berlin 1859.

Gedruckt in der Königlichen Geheimen Ober-Hofbuchdruckerei
(R. Decker).

Bericht

über

die Verwaltung

der

Königlichen Niederschlesisch-Märkischen Eisenbahn

und der Königlichen Bahnhofs-Verbindungsbahn zu Berlin

im Jahre

1859.

Berlin 1860.

Gedruckt in der Königlichen Geheimen Ober-Hofbuchdruckerei
(R. Decker).

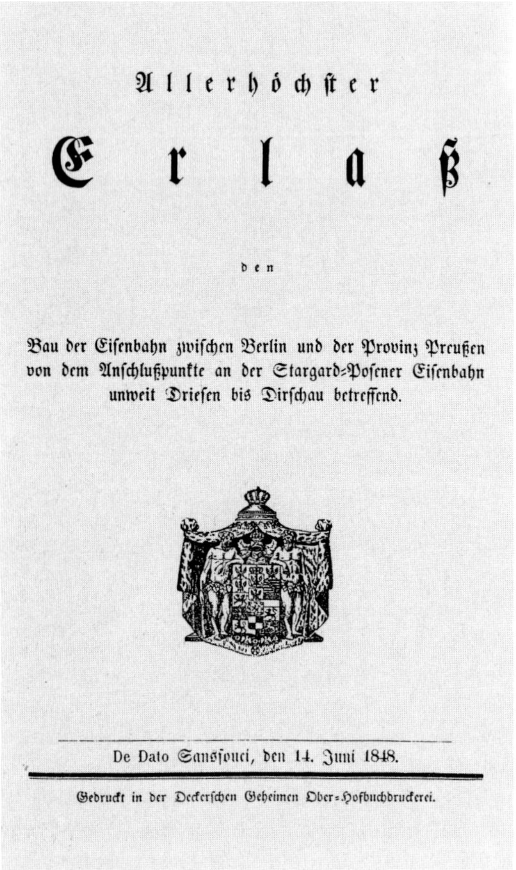

Allerhöchster

Erlaß

den

Bau der Eisenbahn zwischen Berlin und der Provinz Preußen von dem Anschlußpunkte an der Stargard-Posener Eisenbahn unweit Driesen bis Dirschau betreffend.

De Dato Sanssouci, den 14. Juni 1848.

Gedruckt in der Deckerschen Geheimen Ober-Hofbuchdruckerei.

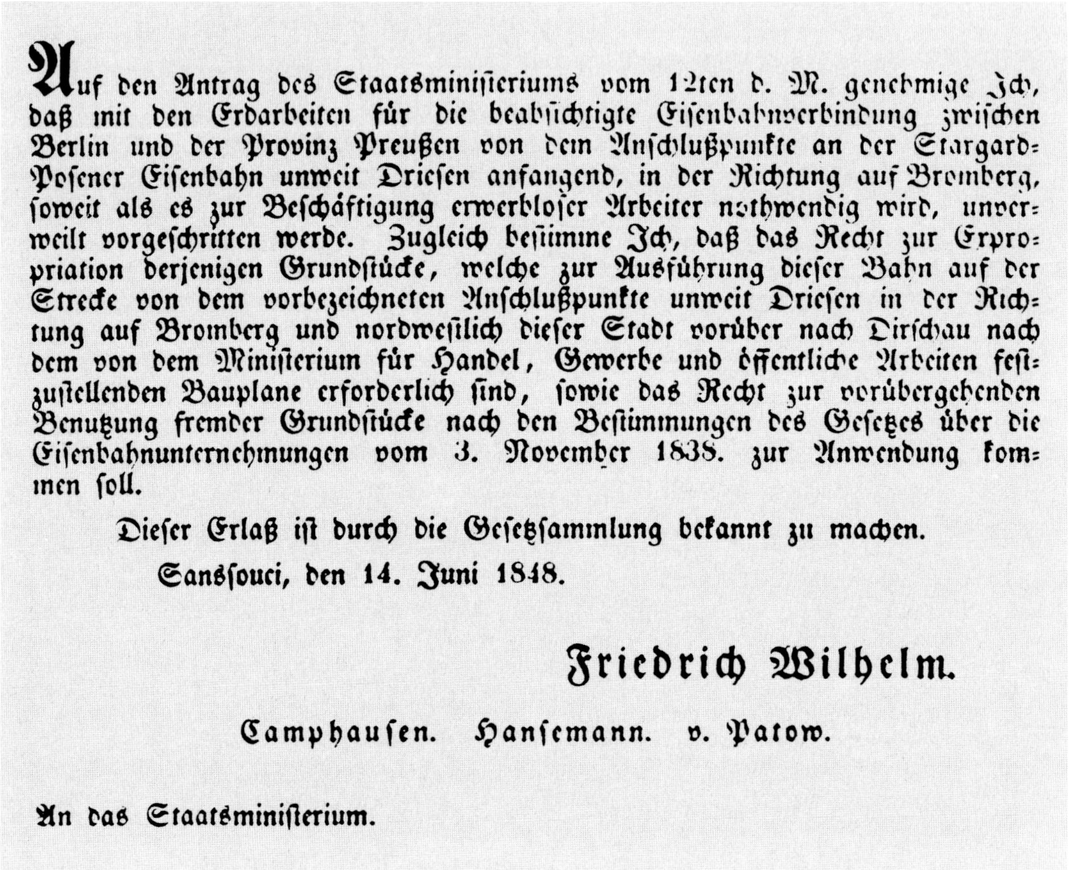

Auf den Antrag des Staatsministeriums vom 12ten d. M. genehmige Ich, daß mit den Erdarbeiten für die beabsichtigte Eisenbahnverbindung zwischen Berlin und der Provinz Preußen von dem Anschlußpunkte an der Stargard-Posener Eisenbahn unweit Driesen anfangend, in der Richtung auf Bromberg, soweit als es zur Beschäftigung erwerbloser Arbeiter nothwendig wird, unverweilt vorgeschritten werde. Zugleich bestimme Ich, daß das Recht zur Expropriation derjenigen Grundstücke, welche zur Ausführung dieser Bahn auf der Strecke von dem vorbezeichneten Anschlußpunkte unweit Driesen in der Richtung auf Bromberg und nordwestlich dieser Stadt vorüber nach Dirschau nach dem von dem Ministerium für Handel, Gewerbe und öffentliche Arbeiten festzustellenden Bauplane erforderlich sind, sowie das Recht zur vorübergehenden Benutzung fremder Grundstücke nach den Bestimmungen des Gesetzes über die Eisenbahnunternehmungen vom 3. November 1838. zur Anwendung kommen soll.

Dieser Erlaß ist durch die Gesetzsammlung bekannt zu machen.

Sanssouci, den 14. Juni 1848.

Friedrich Wilhelm.

Camphausen. Hansemann. v. Patow.

An das Staatsministerium.

98 Schienenprofile aus dem Jahre 1859 (StAP)
101 Titelblatt und Text »Allerhöchster Erlaß den Bau der Eisenbahn … betreffend« vom 14. Juni 1848 (ZStAM)

99 Titelblatt vom »Bericht über die Verwaltung der Königlichen Niederschlesisch-Märkischen Eisenbahn … pro 1858« (StAP)

100 Titelblatt vom »Bericht über die Verwaltung der Königlichen Niederschlesisch-Märkischen Eisenbahn … im Jahre 1859« (StAP)

lischer Firmen angenommen. Die Quantität, vor allem aber die Qualität des einheimischen Materials wurden nur sehr langsam dem ausländischen gleichwertig. Als die deutschen Schienenproduzenten jedoch soweit waren, verdrängten sie die ausländische Konkurrenz nicht nur vom deutschen Markt. Die einheimischen Hersteller hatten auch deshalb so langsam Anschluß gefunden, weil die Wirtschaft Preußens sich nur allmählich von der ersten zyklischen Wirtschaftskrise und der Revolution erholt hatte.

Die Königliche Direktion hatte mit zahlreichen Schwierigkeiten zu kämpfen, vor allem mit wirtschaftlichen, die sich in den jährlichen Berichten nachhaltig widerspiegelten. In den Jahren 1858 und 1859 (Bilder 99 und 100) legte sie dann zwei Berichte vor, die belegten, daß diese Schwierigkeiten überwunden waren und die Erträge der Bahn enorm stiegen. Einen Hinweis auf die Abhängigkeit der Bahn von der wirtschaftlichen Entwicklung des Landes gibt die Aufnahme des Kohletransports. Seit Februar 1850 transportierte die Bahn Kohle aus Schlesien nach Berlin.[6] Mit diesen Transporten und der damit verbundenen Ablösung von Holz durch Kohle und Koks wurde die in Berlin seit Jahrzehnten schwelende Brennstoffkrise gelöst; Kohle wurde zum Haupttransportgut der Bahn. Dieser Prozeß dauerte allerdings vom Februar 1850 bis etwa 1862/63. Erst zu diesem Zeitpunkt war der Bedarf so hoch, daß der Transport von Kohle die absolute Spitze im Gütertransport ausmachte.[7]

Währenddessen vollzog sich der 1848 begonnene Bau der Königlichen Ostbahn, der ersten auf Kosten des preußischen Staates gebauten Strecke (Bild 101). Am 27. Juli 1851 konnte die Verbindung von Schneidemühl nach Berlin hergestellt werden. Sie benutzte die Berlin-Stettiner Eisenbahn und deren Bahnhof in Berlin. Von Stettin aus verlief die Strecke über Stargard–Kreuz–Schneidemühl. Am 6. August 1852 folgte die Inbetriebnahme bis Dirschau und Danzig. Vor dem Weiterbau nach Königsberg mußten große Brücken über die Weichsel bei Dirschau und die Nogat bei Marienburg gebaut werden, die 1857 fertig wurden. Militärische Erwägungen, aber auch die wirtschaftliche Erschließung Pommerns und der Neumark führten zum Bau einer Strecke von Kreuz nach Küstrin und Frankfurt (Oder). Dadurch verkürzte sich die Gesamtstrecke nach Königsberg um 62 km, und der Umweg über Stettin fiel

2. Betriebsmittel.

Ueber die anfängliche Ausrüstung der Bahn mit Betriebsmitteln und deren jährliche Vermehrung giebt die folgende chronologische Uebersicht Rechenschaft.

Jahr.	Zeitige Benennung der Eisenbahn.	Anzahl der vorhanden gewesenen: Locomotiven	Personen-Wagen: I. Kl.	II. Kl.	III. Kl.	IV. Kl.	combinirt: I. und II. Kl.	I. II. und III. Kl.	I. und III. Kl.	I. II. III. und IV. Kl.	II. und III. Kl.	III. und IV. Kl.	Summa der Anzahl: Wagen	Achsen	Lasten-Wagen: Güter-Wagen: bedeckte	offene	Viehwagen	Pferdewagen	Equipagewagen	Gepäckwagen	Arbeitswagen	Postwagen	Summa der Anzahl: Wagen	Achsen	Bemerkungen.
ult. 1841	Berlin-Frankfurter Eisenbahn	6	7	15	.	.	.	.	.	.	.	.	22	88	30	.	6	4	8	4	.	.	52	176	
„ 1842	do do.	14	9	15	.	.	.	.	.	.	.	.	24	96	40	.	6	4	17	4	.	.	71	252	Eröffnung des Betriebes auf der Berlin-Frankfurter Bahn am 23. October 1842.
„ 1843	do. do.	15	9	15	.	.	.	.	.	.	.	.	24	96	40	.	6	4	17	4	.	4	75	264	
„ 1844	do. do.	15	1	1	10	.	8	.	.	.	4	.	24	96	40	.	6	4	17	4	.	4	75	264	
„ 1845	do. do.	15	1	1	10	.	8	.	.	.	4	.	24	96	30	9	6	4	14	8	.	4	75	264	Eröffnung der Strecke Breslau-Liegnitz am 19. October 1844 für den Personen-Verkehr.
do.	Niederschlesich-Märkische Eisenbahn	12	.	.	29	.	18	.	8	.	.	.	55	165	10	30	4	6	10	8	25	3	96	223	Eröffnung der Strecke Liegnitz-Bunzlau am 1. October 1845 und Einführung des Güter-Verkehrs von Breslau bis Bunzlau.
do.	Berlin-Frankfurter und Niederschlesich-Märkische Bahn zusammen	27	1	1	39	.	26	.	8	.	4	.	79	161	40	39	10	10	24	16	25	7	171	487	
1. September 1846	Niederschlesisch-Märkische Eisenbahn	48	1	1	39	.	26	.	8	.	4	.	79	161	40	104	22	18	31	16	25	7	263	683	Eröffnung der ganzen Strecke Berlin-Breslau am 1. September 1846 für Personen und Güter-Verkehr. Eröffnung der Strecke Kohlfurt-Görlitz am 15. October 1846.
ult. 1847	do. do. do.	66	.	.	51	.	32	.	9	.	4	.	96	312	165	182	28	18	30	24	33	9	489	1 470	
„ 1848	do do do.	70	.	.	69	.	47	.	9	.	4	.	129	411	192	211	42	34	30	24	33	10	576	1 740	
„ 1849	do. do do. 1)	70	.	.	81	.	47	.	9	.	4	.	141	447	191	188	46	30	30	23	60	9	577	1 739	
„ 1850	do. do, do. 1)	75	.	.	81	.	47	.	9	.	4	.	141	447	192	185	44	29	29	23	60	11	573	1 734	Vom 1. Januar 1850 ab Königliche Verwaltung. Vom Februar 1850 an Einführung des Kohlen-Transports aus Schlesien.
„ 1851	do. do. do. 2)	78	.	.	80	.	47	.	9	.	3	.	139	439	207	211	42	29	29	24	60	11	613	1 867	
1852	do. do. do. 2)	78	.	.	79	.	47	.	9	.	3	.	138	435	337	255	43	29	25	24	60	14	787	2 252	Am 1. Januar 1852 Uebergang der Bahn in Staats-Eigenthum.
„ 1853	do. do. do. 2)	87	.	.	84	.	47	2	7	.	2	.	142	443	353	364	43	29	25	24	61	14	913	2 554	
„ 1854	do. do. do. 3)	93	.	.	83	.	47	2	8	.	2	.	142	443	348	560	42	28	24	30	58	14	1 104	2 931	
„ 1855	do. do. do.	99	.	.	84	.	48	8	.	.	2	.	142	443	438	555	42	28	24	29	60	17	1 193	3 113	
„ 1856	do. do. do.	105	.	.	83	2	48	8	.	.	1	.	142	443	573	534	42	28	24	38	75	17	1 331	3 396	Am 31. December 1856 Anschluss der Königszelt-Liegnitzer Bahnstrecke.
„ 1857	do. do. do.	114	.	.	76	3	48	6	.	.	1	.	142	443	806	687	42	28	24	38	81	17	1 723	4 178	Am 11. October 1857 Anschluss der Ostbahn durch die Kreuz-Cüstrin-Frankfurter Eisenbahn.
„ 1858	do. do. do.	134	.	.	80	15	55	6	.	.	1	.	168	521	824	612	42	28	24	38	154	17	1 739	4 210	

Bemerkungen. 1. Von den aufgeführten Locomotiven waren 4 Stück, amerikanischer Construction, ausser Betrieb.
2. Von den aufgeführten Locomotiven waren 5 Stück ausser Betrieb.
3. Es wurden die unter 2. erwähnten 5 Stück Locomotiven und noch eine 6te definitiv ausrangirt, dagegen 12 Stück neue angeschafft, so dass sich die Zahl auf 93 Stück stellte.

[6] Ebenda
[7] Ebenda

102 Übersicht über die Entwicklung der Betriebsmittel von 1841 bis 1858 (StAP)

weg. Der Verkehr nach Berlin lief nun über die alte Strecke von Frankfurt (Oder), und der Endpunkt dieser Bahn in Berlin war der Frankfurter Bahnhof. Er erhielt auf Kosten der Königlichen Ostbahn ein fünftes Gleis, dessen genaue Lage ebenso nicht nachgewiesen werden konnte, wie die anderen für diesen Verkehr notwendigen Einrichtungen.

Neben der direkten internationalen Verbindung nach Wien kam am 15. August 1860 die ebenso wichtige nach St. Petersburg hinzu, und zwar durch den Anschluß an die Russischen Eisenbahnen. Der alte Frankfurter Bahnhof vermittelte nun den gesamten Eisenbahnverkehr Preußens mit zwei wichtigen europäischen Großmächten: mit Rußland und mit Österreich; eine Tatsache, die nicht ohne Folgen für den Bahnhof bleiben konnte.

Dem Geschäftsbericht der Königlichen Direktion der NME für das Jahr 1859 (Abschluß Dezember 1858) war eine Übersicht über die Betriebsmittel beigegeben (Bild 102). Bei der Zahl der Lokomotiven gab es zunächst eine rasche Zunahme, ehe 1849 die ersten abgestellt wurden. Bis 1854 war dann nur ein langsames weiteres Ansteigen zu verzeichnen. Von den 1854 vorhandenen 93 Lokomotiven waren 12 neu beschafft und 6 alte – die von NORRIS – ausrangiert worden.

Interessant ist die Entwicklung der Zahl der Personenwagen. 1841 gab es bei der Frankfurter Bahn 7 Wagen I. Klasse, ihre Zahl erhöhte sich rasch auf 9, 1847 gab es keinen ausgesprochenen Wagen I. Klasse mehr. 1844 kamen die ersten 10 Wagen III. Klasse zum Bestand, ihre Zahl erhöhte sich bis Ende 1858 auf 80. Im Jahre 1856 kamen ausgesprochene IV.-Klasse-Wagen hinzu. Die I. und die II. Klasse wurden in den Personenwagen kombiniert. Hinter diesen Zahlen steht der langsame Prozeß der Ausprägung der Eisenbahn als Verkehrsmittel für die Mehrheit der Bevölkerung, die das Geld im Personenverkehr einbrachte.

Im Güterverkehr zeigten sich ähnliche Tendenzen. Der Transportwagen für Equipagen do-

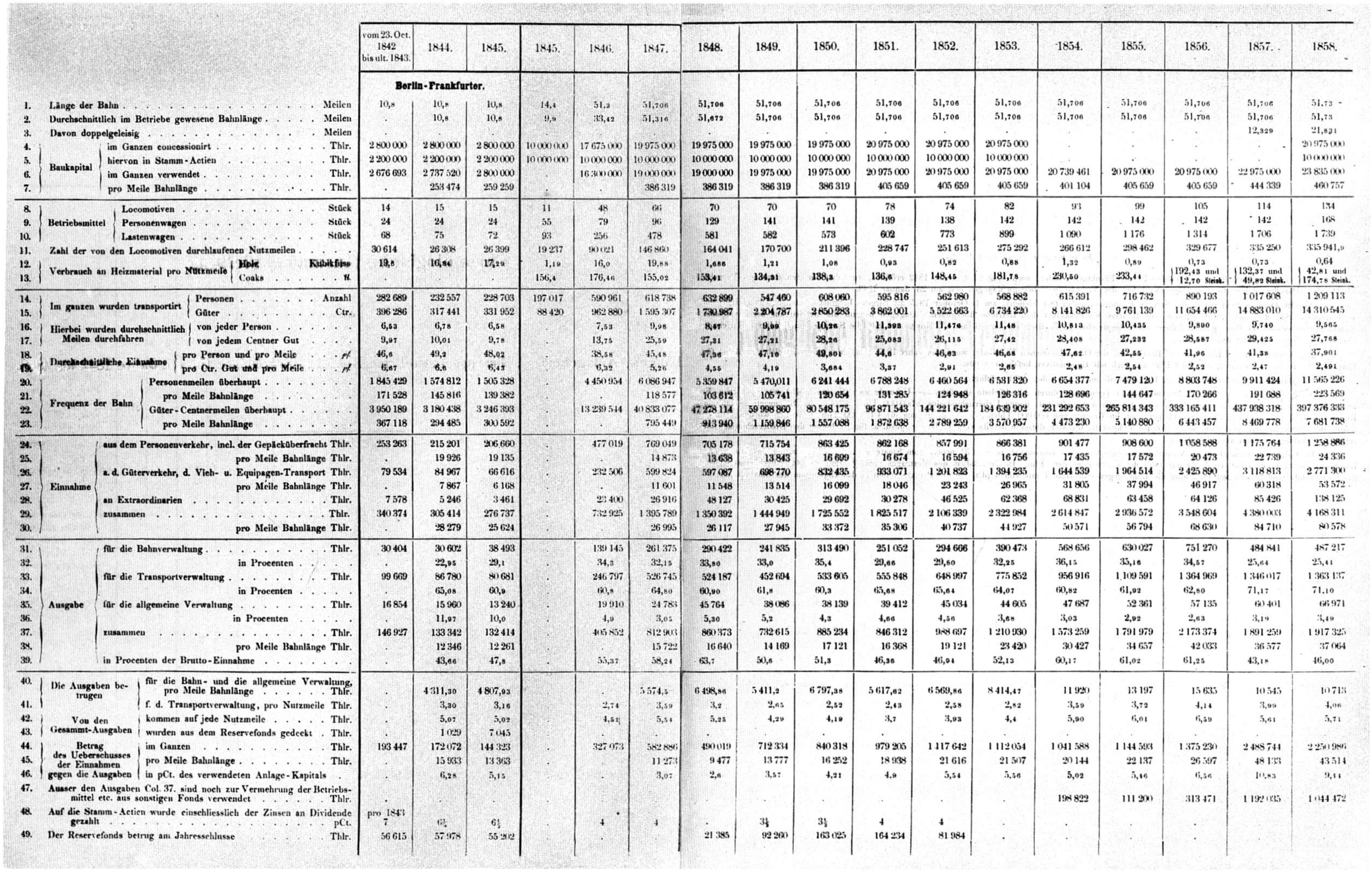

Berlin-Frankfurter.

Nr.	Bezeichnung	Einheit	vom 23. Oct. 1842 bis ult. 1843.	1844.	1845.	1845.	1846.	1847.	1848.	1849.	1850.	1851.	1852.	1853.	1854.	1855.	1856.	1857.	1858.
1.	Länge der Bahn	Meilen	10,8	10,8	10,8	14,4	51,3	51,706	51,706	51,706	51,706	51,706	51,706	51,706	51,706	51,706	51,706	51,706	51,73
2.	Durchschnittlich im Betriebe gewesene Bahnlänge	Meilen	.	10,8	10,8	9,9	33,42	51,316	51,672	51,706	51,706	51,706	51,706	51,706	51,706	51,706	51,706	51,706	51,73
3.	Davon doppelgeleisig	Meilen	.	.	.	.	.	.	.	.	.	.	.	.	.	.	.	12,329	21,831
4.	Baukapital: im Ganzen concessionirt	Thlr.	2 800 000	2 800 000	2 800 000	10 000 000	17 675 000	19 975 000	19 975 000	19 975 000	19 975 000	20 975 000	20 975 000	20 975 000	.	.	.	.	20 975 000
5.	Baukapital: hiervon in Stamm-Actien	Thlr.	2 200 000	2 200 000	2 200 000	10 000 000	10 000 000	10 000 000	10 000 000	10 000 000	10 000 000	10 000 000	10 000 000	10 000 000	.	.	.	.	10 000 000
6.	Baukapital: im Ganzen verwendet	Thlr.	2 676 693	2 737 520	2 800 000	.	16 300 000	19 000 000	19 000 000	19 975 000	19 975 000	20 975 000	20 975 000	20 975 000	20 739 461	20 975 000	20 975 000	22 975 000	23 835 000
7.	Baukapital: pro Meile Bahnlänge	Thlr.	.	253 474	259 259	.	.	386 319	386 319	386 319	386 319	405 659	405 659	405 659	401 104	405 659	405 659	444 339	460 757
8.	Betriebsmittel: Locomotiven	Stück	14	15	15	11	48	66	70	70	70	78	74	82	93	99	105	114	134
9.	Betriebsmittel: Personenwagen	Stück	24	24	24	55	79	96	129	141	141	139	138	142	142	142	142	142	168
10.	Betriebsmittel: Lastenwagen	Stück	68	75	72	93	256	478	581	582	573	602	773	899	1 090	1 176	1 314	1 706	1 739
11.	Zahl der von den Locomotiven durchlaufenen Nutzmeilen		30 614	26 308	26 399	19 237	90 021	146 860	164 041	170 700	211 396	228 747	251 613	275 292	266 612	298 462	329 677	335 250	335 941,9
12.	Verbrauch an Heizmaterial pro Nutzmeile: Holz	Kubikfuss	19,8	16,84	17,29	1,19	16,0	19,88	1,686	1,21	1,08	0,93	0,82	0,88	1,32	0,89	0,73	0,73	0,64
13.	Verbrauch an Heizmaterial pro Nutzmeile: Coaks	℔	.	.	.	156,4	176,46	155,02	153,41	134,31	138,3	136,6	148,45	181,78	230,50	233,44	192,43 und 12,70 Steink.	132,37 und 49,82 Steink.	42,81 und 174,78 Steink.
14.	Im ganzen wurden transportirt: Personen	Anzahl	282 689	232 557	228 703	197 017	590 961	618 738	632 899	547 460	608 060	595 816	562 980	568 882	615 391	716 732	890 193	1 017 608	1 209 113
15.	Im ganzen wurden transportirt: Güter	Ctr.	396 286	317 441	331 952	88 420	962 880	1 595 307	1 730 987	2 204 787	2 850 283	3 862 001	5 522 663	6 734 220	8 141 826	9 761 139	11 654 466	14 883 010	14 310 545
16.	Hierbei wurden durchschnittlich Meilen durchfahren: von jeder Person		6,53	6,78	6,58	.	7,53	9,98	8,47	9,09	10,26	11,392	11,476	11,48	10,813	10,435	9,890	9,740	9,565
17.	Hierbei wurden durchschnittlich Meilen durchfahren: von jedem Centner Gut		9,97	10,01	9,78	.	13,75	25,59	27,31	27,21	28,26	25,083	26,115	27,42	28,408	27,232	28,587	29,425	27,768
18.	Durchschnittliche Einnahme: pro Person und pro Meile	₰	46,6	49,2	48,02	.	38,58	45,48	47,36	47,10	49,801	44,6	46,03	46,68	47,62	42,55	41,96	41,38	37,901
19.	Durchschnittliche Einnahme: pro Ctr. Gut und pro Meile	₰	6,67	6,8	6,43	.	6,32	5,26	4,55	4,19	3,684	3,37	2,91	2,65	2,48	2,54	2,52	2,47	2,491
20.	Frequenz der Bahn: Personenmeilen überhaupt		1 845 429	1 574 812	1 505 328	.	4 450 954	6 086 947	5 359 847	5 470,011	6 241 444	6 788 248	6 460 564	6 531 320	6 654 377	7 479 120	8 803 748	9 911 424	11 565 226
21.	Frequenz der Bahn: pro Meile Bahnlänge		171 528	145 816	139 382	.	.	118 577	103 612	105 741	120 654	131 285	124 948	126 316	128 696	144 647	170 266	191 688	223 569
22.	Frequenz der Bahn: Güter-Centnermeilen überhaupt		3 950 189	3 180 438	3 246 393	.	13 239 544	40 833 077	47 278 114	59 998 860	80 548 175	96 871 543	144 221 642	184 639 902	231 292 653	265 814 343	333 165 411	437 938 318	397 376 333
23.	Frequenz der Bahn: pro Meile Bahnlänge		367 118	294 485	300 592	.	.	795 449	913 940	1 159 846	1 557 088	1 872 638	2 789 259	3 570 957	4 473 230	5 140 880	6 443 457	8 469 778	7 681 738
24.	Einnahme: aus dem Personenverkehr, incl. der Gepäcküberfracht	Thlr.	253 263	215 201	206 660	.	477 019	769 049	705 178	715 754	863 425	862 168	857 991	866 381	901 477	908 600	1 058 588	1 175 764	1 258 886
25.	Einnahme: pro Meile Bahnlänge	Thlr.	.	19 926	19 135	.	.	14 873	13 638	13 843	16 699	16 674	16 594	16 756	17 435	17 572	20 473	22 739	24 336
26.	Einnahme: a. d. Güterverkehr, d. Vieh- u. Equipagen-Transport	Thlr.	79 534	84 967	66 616	.	232 506	599 824	597 087	698 770	832 435	933 071	1 201 823	1 394 235	1 644 539	1 964 514	2 425 890	3 118 813	2 771 300
27.	Einnahme: pro Meile Bahnlänge	Thlr.	.	7 867	6 168	.	.	11 601	11 548	13 514	16 099	18 046	23 243	26 965	31 805	37 994	46 917	60 318	53 572
28.	Einnahme: an Extraordinarien	Thlr.	7 578	5 246	3 461	.	23 400	26 916	48 127	30 425	29 692	30 278	46 525	62 368	68 831	63 458	64 126	85 426	138 125
29.	Einnahme: zusammen	Thlr.	340 374	305 414	276 737	.	732 925	1 395 789	1 350 392	1 444 949	1 725 552	1 825 517	2 106 339	2 322 984	2 614 847	2 936 572	3 548 604	4 380 003	4 168 311
30.	Einnahme: pro Meile Bahnlänge	Thlr.	.	28 279	25 624	.	.	26 995	26 117	27 945	33 372	35 306	40 737	44 927	50 571	56 794	68 630	84 710	80 578
31.	Ausgabe: für die Bahnverwaltung	Thlr.	30 404	30 602	38 493	.	139 145	261 375	290 422	241 835	313 490	251 052	294 666	390 473	568 656	630 027	751 270	484 841	487 217
32.	Ausgabe: in Procenten		.	22,95	29,1	.	34,3	32,15	33,80	33,0	35,4	29,66	29,80	32,25	36,15	35,16	34,57	25,64	25,41
33.	Ausgabe: für die Transportverwaltung	Thlr.	99 669	86 780	80 681	.	246 797	526 745	524 187	452 694	533 605	555 848	648 997	775 852	956 916	1 109 591	1 364 969	1 346 017	1 363 137
34.	Ausgabe: in Procenten		.	65,08	60,9	.	60,8	64,80	60,90	61,8	60,3	65,68	65,64	64,07	60,82	61,92	62,80	71,17	71,10
35.	Ausgabe: für die allgemeine Verwaltung	Thlr.	16 854	15 960	13 240	.	19 910	24 783	45 764	38 086	38 139	39 412	45 034	44 605	47 687	52 361	57 135	60 401	66 971
36.	Ausgabe: in Procenten		.	11,97	10,0	.	4,9	3,05	5,30	5,2	4,3	4,66	4,56	3,68	3,03	2,92	2,63	3,19	3,49
37.	Ausgabe: zusammen	Thlr.	146 927	133 342	132 414	.	405 852	812 903	860 373	732 615	885 234	846 312	988 697	1 210 930	1 573 259	1 791 979	2 173 374	1 891 259	1 917 325
38.	Ausgabe: pro Meile Bahnlänge	Thlr.	.	12 346	12 261	.	.	15 722	16 640	14 169	17 121	16 368	19 121	23 420	30 427	34 657	42 033	36 577	37 064
39.	Ausgabe: in Procenten der Brutto-Einnahme		.	43,66	47,8	.	55,37	58,24	63,7	50,6	51,3	46,36	46,94	52,13	60,17	61,02	61,25	43,18	46,00
40.	Die Ausgaben betrugen: für die Bahn- und die allgemeine Verwaltung, pro Meile Bahnlänge	Thlr.	.	4 311,30	4 807,93	.	.	5 574,5	6 498,86	5 411,2	6 797,38	5 617,62	6 569,86	8 414,47	11 920	13 197	15 635	10 545	10 713
41.	Die Ausgaben betrugen: f. d. Transportverwaltung, pro Nutzmeile	Thlr.	.	3,30	3,16	.	2,74	3,59	3,2	2,65	2,52	2,43	2,58	2,82	3,59	3,72	4,14	3,99	4,06
42.	Von den Gesammt-Ausgaben: kommen auf jede Nutzmeile	Thlr.	.	5,07	5,02	.	4,51	5,54	5,25	4,29	4,19	3,7	3,93	4,4	5,90	6,01	6,59	5,61	5,71
43.	Von den Gesammt-Ausgaben: wurden aus dem Reservefonds gedeckt	Thlr.	.	1 029	7 045	.	.	.	.	.	.	.	.	.	.	.	.	.	.
44.	Betrag des Ueberschusses der Einnahmen gegen die Ausgaben: im Ganzen	Thlr.	193 447	172 072	144 323	.	327 073	582 886	490 019	712 334	840 318	979 205	1 117 642	1 112 054	1 041 588	1 144 593	1 375 230	2 488 744	2 250 986
45.	Betrag des Ueberschusses der Einnahmen gegen die Ausgaben: pro Meile Bahnlänge	Thlr.	.	15 933	13 363	.	.	11 273	9 477	13 777	16 252	18 938	21 616	21 507	20 144	22 137	26 597	48 133	43 514
46.	Betrag des Ueberschusses der Einnahmen gegen die Ausgaben: in pCt. des verwendeten Anlage-Kapitals		.	6,28	5,15	.	.	3,07	2,6	3,57	4,21	4,9	5,54	5,56	5,02	5,46	6,56	10,83	9,44
47.	Ausser den Ausgaben Col. 37. sind noch zur Vermehrung der Betriebsmittel etc. aus sonstigen Fonds verwendet	Thlr.	.	.	.	.	.	.	.	.	.	.	.	.	198 822	111 200	313 471	1 192 035	1 044 472
48.	Auf die Stamm-Actien wurde einschliesslich der Zinsen an Dividende gezahlt	pCt.	pro 1843 7	6½	6½	.	4	4	.	3½	3½	4	4	.	.	.	.		
49.	Der Reservefonds betrug am Jahresschlusse	Thlr.	56 615	57 978	55 202	.	.	.	21 385	92 260	163 025	164 234	81 984	.	.		.		.

103 Übersicht über 17 Betriebsjahre der Königlichen Niederschlesisch-Märkischen Eisenbahn (StÄP)

minierte in den Anfangsjahren eindeutig und stellte im Jahre 1844 mit 17 Einheiten die absolute Spitze unter den »Last-Wagen« dar. Zwar erhöhte sich die Zahl bis zum Jahre 1847 auf 30, aber durch die Veränderung der gesellschaftlichen Verhältnisse nach 1848 sank sie auf 24. Offene Güterwagen kamen erstmals 1845 zum Einsatz, ihre Zahl stieg insbesondere unter der Wirkung der Kohletransporte auf 612. Absoluter Spitzenreiter aber waren die gedeckten Güterwagen.

Die Netzbildung, d. h. der Übergang von Gütern von einer Bahnlinie auf die andere, prägte sich zunehmend aus. Im Jahre 1858 nahm er folgenden Umfang an[8]:

Name der Bahngesellschaft	Empfing von der NME Ctr.	Sandte nach der NME Ctr.
Königliche Ostbahn, einschl. Kreuz–Cüstrin–Frankfurt	428 348	744 214
Breslau-Freiburg-Schweidnitzer Bahn	202 391	155 770
Außerdem Kohle	–	1 335 923
Oberschlesische Eisenbahn	52 407	409 155
Außerdem Kohle	–	2 251 445
Kaiser-Ferdinands-Nordbahn	41 777	17 890
Sächsisch-Schlesische Eisenbahn	102 798	176 865
Breslau-Posener Eisenbahn	4 978	91 859
Stargard-Posener Eisenbahn	73 427	177 734
Löbau-Zittauer Eisenbahn	28 198	–
Niederschlesische Zweigbahn	124 696	282 621
Berlin-Hamburger-Eisenbahn	–	428 027
Insgesamt	1 345 915	6 071 503

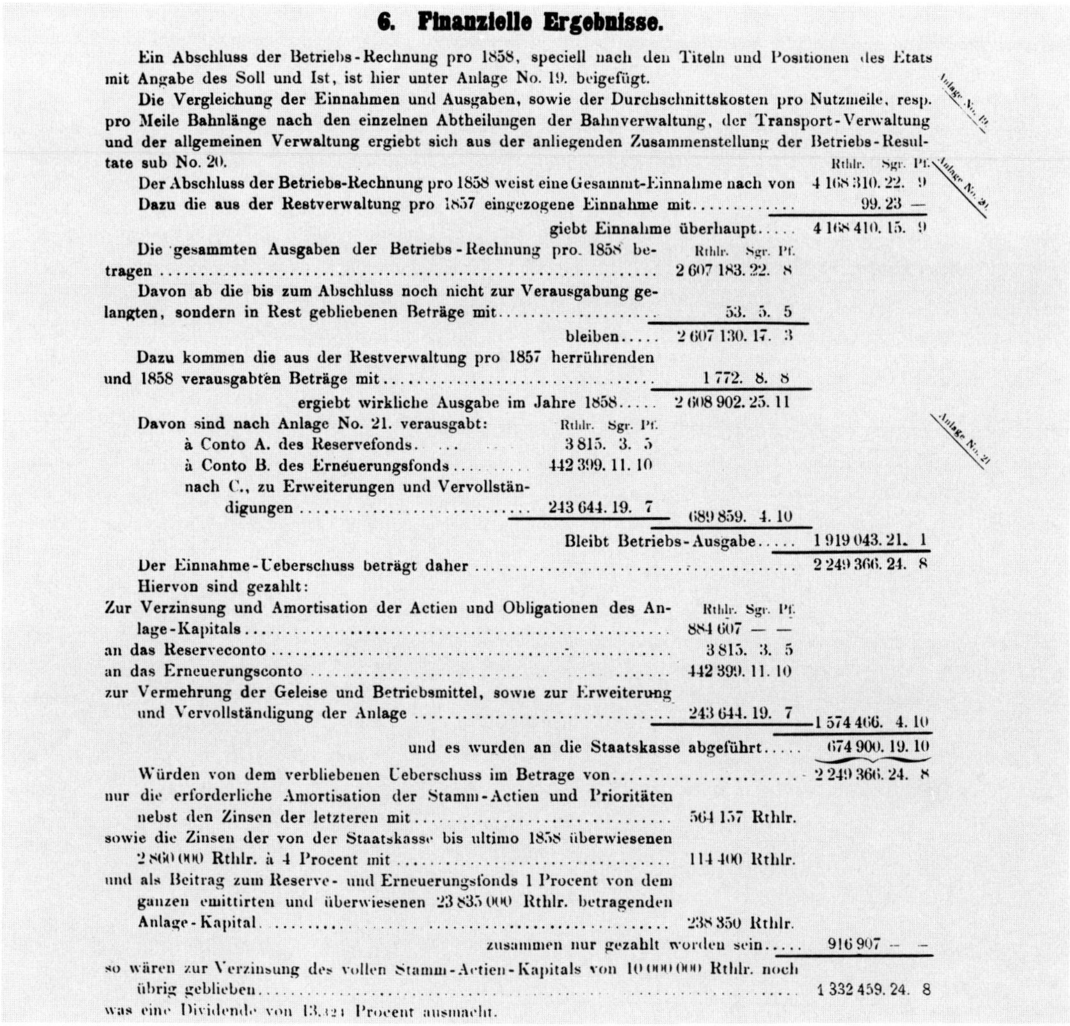

6. Finanzielle Ergebnisse.

Ein Abschluss der Betriebs-Rechnung pro 1858, speciell nach den Titeln und Positionen des Etats mit Angabe des Soll und Ist, ist hier unter Anlage No. 19. beigefügt. (Anlage No. 19)

Die Vergleichung der Einnahmen und Ausgaben, sowie der Durchschnittskosten pro Nutzmeile, resp. pro Meile Bahnlänge nach den einzelnen Abtheilungen der Bahnverwaltung, der Transport-Verwaltung und der allgemeinen Verwaltung ergiebt sich aus der anliegenden Zusammenstellung der Betriebs-Resultate sub No. 20. (Anlage No. 20)

Rthlr. Sgr. Pf.
Der Abschluss der Betriebs-Rechnung pro 1858 weist eine Gesammt-Einnahme nach von 4 168 310. 22. 9
Dazu die aus der Restverwaltung pro 1857 eingezogene Einnahme mit ... 99. 23 —
giebt Einnahme überhaupt ... 4 168 410. 15. 9

Die gesammten Ausgaben der Betriebs-Rechnung pro. 1858 betragen ... 2 607 183. 22. 8
Davon ab die bis zum Abschluss noch nicht zur Verausgabung gelangten, sondern in Rest gebliebenen Beträge mit ... 53. 5. 5
bleiben ... 2 607 130. 17. 3
Dazu kommen die aus der Restverwaltung pro 1857 herrührenden und 1858 verausgabten Beträge mit ... 1 772. 8. 8
ergiebt wirkliche Ausgabe im Jahre 1858 ... 2 608 902. 25. 11
Davon sind nach Anlage No. 21. verausgabt: (Anlage No. 21)
à Conto A. des Reservefonds ... 3 815. 3. 5
à Conto B. des Erneuerungsfonds ... 442 399. 11. 10
nach C., zu Erweiterungen und Vervollständigungen ... 243 644. 19. 7
689 859. 4. 10
Bleibt Betriebs-Ausgabe ... 1 919 043. 21. 1

Der Einnahme-Ueberschuss beträgt daher ... 2 249 366. 24. 8
Hiervon sind gezahlt:
Zur Verzinsung und Amortisation der Actien und Obligationen des Anlage-Kapitals ... 884 607 — —
an das Reserveconto ... 3 815. 3. 5
an das Erneuerungsconto ... 442 399. 11. 10
zur Vermehrung der Geleise und Betriebsmittel, sowie zur Erweiterung und Vervollständigung der Anlage ... 243 644. 19. 7
1 574 466. 4. 10
und es wurden an die Staatskasse abgeführt ... 674 900. 19. 10

Würden von dem verbliebenen Ueberschuss im Betrage von ... 2 249 366. 24. 8
nur die erforderliche Amortisation der Stamm-Actien und Prioritäten nebst den Zinsen der letzteren mit ... 564 157 Rthlr.
sowie die Zinsen der von der Staatskasse bis ultimo 1858 überwiesenen 2 860 000 Rthlr. à 4 Procent mit ... 114 400 Rthlr.
und als Beitrag zum Reserve- und Erneuerungsfonds 1 Procent von dem ganzen emittirten und überwiesenen 23 835 000 Rthlr. betragenden Anlage-Kapital ... 238 350 Rthlr.
zusammen nur gezahlt worden sein ... 916 907 – –
so wären zur Verzinsung des vollen Stamm-Actien-Kapitals von 10 000 000 Rthlr. noch übrig geblieben ... 1 332 459. 24. 8
was eine Dividende von 13,324 Procent ausmacht.

104 Übersicht über die finanziellen Ergebnisse der Königlichen Niederschlesisch-Märkischen Eisenbahn im Jahr 1858 (StAP)

Die NME war die Bahn, die von anderen Bahngesellschaften mehr Güter empfing, als sie an diese versandte. Hier dominierte Berlin als Empfänger von Waren, insbesondere von Kohle, die mit mehr als 3,5 Millionen Zentner die Spitzenposition im Güterverkehr innehatte. Die Eisenbahn konnte Steinkohle in großem Umfang und relativ billig nach Berlin transportieren. Das war eine entscheidende Voraussetzung für die Lösung der über Berlin schwebenden Brennstoffkrise. Die Industrie, die immer mehr Dampfmaschinen einsetzte, bekam einen Brennstoff von hoher Qualität und Leistungsfähigkeit, den sie so dringend benötigte. Und die Haushalte konnten das teure und nur noch in geringem Umfang vorhandene Holz durch den wesentlich besseren Koks oder die Steinkohle ersetzen.

Ein Überblick über 17 Betriebsjahre (Bild 103) zeigt den Umbruch des Verkehrs, der für die Entwicklung der Verkehrsverhältnisse typisch war. In den Anfangsjahren war die Vorherrschaft des Personenverkehrs deutlich. 1843 betrugen die Einnahmen aus dem Güterverkehr nur etwa ein Drittel der aus dem Personenverkehr. Mit der Betriebsaufnahme auf der ganzen Strecke im Jahre 1846 begann sich das Verhältnis zu ändern: Die Einnahmen aus dem Güterverkehr waren ebenso hoch, wie die aus dem Personenverkehr. Im Jahre 1851 überholten die Einnahmen aus dem Güterverkehr die aus dem Personenverkehr, und von nun an dominierte der Gütertransport.

[8] Ebenda

In den Jahren 1846 bis 1849 und 1854 bis 1856 waren die Ausgaben im Vergleich zu den Einnahmen relativ hoch. Die Ursachen dafür sind nur zu vermuten. Sie lagen nach 1850 wohl außerhalb der eigentlichen Transportaufgaben und in der Verwaltung anderer, nun ebenfalls in das Staatseigentum übergegangener Eisenbahnen. Im Jahre 1858 wurden aber immer noch 46 Prozent der Einnahmen für die Bahnverwaltung gebraucht. Bei der Köln-Mindener-Eisenbahn waren es zum gleichen Zeitpunkt nur knapp 40 Prozent.[9]

Dem Bericht von 1859 lag eine Übersicht über die finanziellen Ergebnisse für das Jahr 1858 bei (Bild 104). Sie wirkt wie eine jubelnde Bestätigung für die Richtigkeit des Kaufs der Bahn durch den Staat. COSTENOBLE ließ eine Aufstellung darüber vorlegen, welche Verbindlichkeiten aus dem Betriebsergebnis zu leisten waren und was nach ihrem Abzug und den Abführungen an den Staat übrigblieb. Er kam zu folgendem Ergebnis: »So wären zur Verzinsung des vollen Stamm-Actien-Kapitals von 10 000 000 Rthlr. noch übrig geblieben 1 332 459 Taler, 24 Silbergroschen und 8 Pfennige, was eine Dividende von 13,324 Procent ausmacht«. Es war nicht nur Stolz auf die eigene Leistung, sondern auch der Hinweis darauf, daß diese Dividende nicht an die bürgerlichen Aktionäre ausgezahlt werden mußte, sondern in den Staatshaushalt floß.

Ein Vergleich der Betriebsergebnisse für die Jahre 1858 zurück bis 1849 belegt, daß diese Zeit für die Entwicklung dieser Bahnlinie entscheidend war. Deutlich sichtbar ist die Rolle der Eisenbahn im preußischen Staat und in der Wirtschaft im allgemeinen sowie für die Mobilität der Bewohner des Landes im besonderen (Bild 105). Vergleicht man die Zahl der Reisenden in der I. Wagenklasse mit denen in der IV., so wird das einleuchtend. 1849 z. B. reisten 5182 Personen in der I. Wagenklasse, 1858 14 065. Obwohl sich diese Zahl fast verdreifachte, nahm ihr Anteil an der Gesamtzahl der Reisenden nur von 0,9 auf 1,16 Prozent zu. In der III. und IV. Wagenklasse reisten 438 891 Fahrgäste. Während sich diese Zahl bis 1858 auf 976 458 erhöhte, blieb der Anteil der III. und IV. Klasse konstant bei etwa 80 Prozent.

Eine aus den Unterlagen zentraler preußischer Verwaltungsorgane gewonnene Übersicht belegt, daß das Verhältnis der Einnahmen aus dem Personen- und Güterverkehr sich immer weiter zugunsten des letzteren verschob. So verzeichnete die KNME in den Jahren von 1860 bis 1866 folgende Einnahmen (in Taler)[10]:

Personen-Verkehr

Jahr	Beförderte Personenzahl in der I. Wagenklasse	II.	III.	IV.	Summa	Beförderte Personen-Meilen	Einnahme für Personen Rthlr.	Sgr	pf	Befördertes Passagier-Gepäck-Übergewicht Zoll-Ctr.	Einnahme für Gepäck-Übergewicht Rthlr.	Sgr	pf	Summa der Einnahme aus dem Personen-Verkehr Rthlr.	Sgr	pf	Durchschnittliche Einnahme pro Person und Meile Sgr
1858	14 065	218 593	496 494	479 961	1 209 113	11 565 226	1 218 996	23	2	35 387,55	39 889	14	1	1 258 886	7	3	3,266
1857	13 764	225 287	659 418	119 139	1 017 608	9 911 424	1 139 374	25	4	31 886,33	36 388	26	.	1 175 763	21	4	3,558
1856	11 461	211 674	613 471	53 587	890 193	8 803 748	1 031 354	4	.	28 246,36	27 233	22	6	1 058 587	26	6	3,607
1855	7 930	191 181	517 621	.	716 732	7 479 120	885 362	28	11	24 761,04	23 237	4	3	908 600	3	2	3,644
1854	7 087	190 497	417 807	.	615 391	6 654 377	880 265	4	8	21 341,18	21 211	24	6	901 476	29	2	4,006
1853	6 022	149 867	412 993	.	568 882	6 531 320	854 596	12	6	22 167,50	20 292	24	7	874 889	7	1	4,018
1852	5 881	129 331	427 768	.	562 980	6 460 564	836 881	22	8	22 019,00	21 109	13	.	857 991	5	8	3,984
1851	5 566	123 966	466 284	.	595 816	6 788 248	840 935	17	4	19 155,11	21 232	18	10	862 168	6	2	3,810
1850	5 553	117 280	485 227	.	608 060	6 241 444	839 318	22	7	16 873,88	24 106	24	8	863 425	17	3	4,150
1849	5 182	103 387	438 891	.	547 460	5 470 011	695 384	5	.	14 999,38	20 370	1	10	715 754	6	10	3,925
Die Ergebnisse des Jahres 1858 betragen:																	
gegen 1857 mehr	301	.	.	360 822	191 505	1 653 802	79 621	27	10	3 501,22	3 500	18	1	83 122	15	11	.
gegen 1857 weniger	.	6 694	162 924	.	.	.	.	.	.	.	.	.	.	.	.	.	0,292
gegen 1856 mehr	2 604	6 919	.	426 374	318 920	2 761 478	187 642	19	2	7 141,19	12 655	21	7	200 298	10	9	.
gegen 1856 weniger	.	.	116 977	.	.	.	.	.	.	.	.	.	.	.	.	.	0,341
gegen 1855 mehr	6 135	27 412	.	479 961	492 381	4 086 106	333 633	24	3	10 626,51	16 652	9	10	350 286	4	1	.
gegen 1855 weniger	.	.	21 127	.	.	.	.	.	.	.	.	.	.	.	.	.	0,378
gegen 1854 mehr	6 978	28 096	78 687	479 961	593 722	4 910 849	338 731	18	6	14 046,37	18 677	19	7	357 409	8	1	.
gegen 1854 weniger	.	.	.	.	.	.	.	.	.	.	.	.	.	.	.	.	0,740
gegen 1853 mehr	8 043	68 726	83 501	479 961	640 231	5 033 906	364 400	10	8	13 220,05	19 596	19	6	383 997	.	2	.
gegen 1853 weniger	.	.	.	.	.	.	.	.	.	.	.	.	.	.	.	.	0,752
gegen 1852 mehr	8 184	89 262	68 726	479 961	646 133	5 104 662	382 115	.	6	13 368,55	18 780	1	1	400 895	1	7	.
gegen 1852 weniger	.	.	.	.	.	.	.	.	.	.	.	.	.	.	.	.	0,718
gegen 1851 mehr	8 499	94 627	30 210	479 961	613 297	4 776 978	378 061	5	10	16 232,44	18 656	25	3	396 718	1	1	.
gegen 1851 weniger	.	.	.	.	.	.	.	.	.	.	.	.	.	.	.	.	0,544
gegen 1850 mehr	8 512	101 313	11 267	479 961	601 053	5 323 782	379 678	.	7	18 513,67	15 782	19	5	395 460	20	.	.
gegen 1850 weniger	.	.	.	.	.	.	.	.	.	.	.	.	.	.	.	.	0,884
gegen 1849 mehr	8 883	115 206	57 603	479 961	661 653	6 095 215	523 612	18	2	20 388,17	19 519	12	3	543 132	.	5	.
gegen 1849 weniger	.	.	.	.	.	.	.	.	.	.	.	.	.	.	.	.	0,659

Güter-Verkehr

Jahr	Beförderte Güter Zoll-Ctr.	Beförderte Meilen-Centner	Einnahme für Güter Rthlr.	Sgr	pf	Durchschnittliche Einnahme pro Meilen-Ctr. pf	Befördertes Vieh Zoll-Ctr.	Einnahme für Vieh Rthlr.	Sgr	pf	Beförderte Equipagen Stück	Einnahme für Equipagen Rthlr.	Sgr	pf	Summa der Einnahme aus dem Güter-Verkehr Rthlr.	Sgr	pf	Gesammt Einnahme aus dem Personen- und Güter-Verkehr Rthlr.	Sgr	pf
1858	14 094 315,1	393 597 819	2 705 821	22	4	2,475	235 087,2	58 101	6	9	521	7 376	20	.	2 771 299	19	1	4 030 185	26	4
1857	14 883 010	437 938 318	3 064 161	3	7	2,519	117 776,20	47 486	26	4	421	7 165	3	6	3 118 813	3	5	4 294 576	24	9
1856	11 654 465,50	333 165 410	2 379 993	5	.	2,571	95 269,80	39 651	17	.	458	6 244	20	6	2 425 889	12	6	3 484 477	9	.
1855	9 761 138,90	265 814 342	1 924 198	29	7	2,606	86 136,40	35 061	5	6	348	5 253	8	6	1 964 513	13	7	2 873 113	16	9
1854	8 141 826,39	231 292 653	1 603 748	8	.	2,496	97 504,60	38 838	10	9	155	1 952	13	6	1 644 539	2	3	2 546 016	1	5
1853	6 734 220,25	184 639 902	1 358 346	3	4	2,648	86 759,79	33 751	12	9	203	2 137	26	6	1 394 235	12	7	2 269 124	19	8
1852	5 522 663,40	144 221 642	1 168 116	4	6	2,915	85 918,00	29 229	25	9	305	4 477	3	.	1 201 823	3	3	2 059 814	8	11
1851	3 862 001,14	96 871 543	906 291	14	9	3,368	68 025,23	22 896	4	5	317	3 883	7	6	933 070	26	8	1 795 239	2	10
1850	2 802 490,45	79 991 813	805 704	19	6	3,620	47 793,27	21 657	5	3	342	5 073	2	.	832 434	26	9	1 695 860	14	.
1849	2 160 769,61	59 417 509	677 241	23	5	4,100	44 017,28	16 626	18	4	326	4 901	4	10	698 769	16	7	1 414 523	23	5
Die Ergebnisse des Jahres 1858 betragen:																				
gegen 1857 mehr	.	.	.	.	.	.	117 311	10 614	10	5	100	211	16	6	.	.	.	.	.	.
gegen 1857 weniger	788 694,9	44 340 499	358 339	11	3	0,044	.	.	.	.	.	.	.	.	347 513	14	4	264 390	28	5
gegen 1856 mehr	2 439 849,60	60 432 409	325 828	17	4	.	139 817,40	18 449	19	9	63	1 131	29	6	345 410	6	7	545 708	17	4
gegen 1856 weniger	.	.	.	.	.	0,096	.	.	.	.	.	.	.	.	.	.	.	.	.	.
gegen 1855 mehr	4 333 176,20	127 783 477	781 622	22	9	.	148 950,80	23 040	1	3	173	2 123	11	6	806 786	5	6	1 157 072	9	7
gegen 1855 weniger	.	.	.	.	.	0,131	.	.	.	.	.	.	.	.	.	.	.	.	.	.
gegen 1854 mehr	5 952 488,71	162 305 166	1 102 073	14	4	.	137 582,60	19 262	26	.	366	5 424	6	6	1 126 760	16	10	1 484 169	24	11
gegen 1854 weniger	.	.	.	.	.	0,021	.	.	.	.	.	.	.	.	.	.	.	.	.	.
gegen 1853 mehr	7 360 094,87	208 957 917	1 347 475	19	.	.	148 327,41	24 349	24	.	318	5 238	23	6	1 377 064	6	6	1 761 061	6	8
gegen 1853 weniger	.	.	.	.	.	0,173	.	.	.	.	.	.	.	.	.	.	.	.	.	.
gegen 1852 mehr	8 571 651,70	249 376 177	1 537 705	17	10	.	149 169,20	28 871	11	.	216	2 899	17	.	1 569 476	15	10	1 970 371	17	5
gegen 1852 weniger	.	.	.	.	.	0,440	.	.	.	.	.	.	.	.	.	.	.	.	.	.
gegen 1851 mehr	10 232 313,98	296 726 276	1 799 530	7	7	.	167 061,97	35 205	2	4	204	3 493	12	6	1 838 228	22	5	2 234 946	23	6
gegen 1851 weniger	.	.	.	.	.	0,893	.	.	.	.	.	.	.	.	.	.	.	.	.	.
gegen 1850 mehr	11 291 824,65	313 606 006	1 900 117	2	10	.	187 293,93	36 444	1	6	179	2 303	18	.	1 938 864	22	4	2 334 325	12	4
gegen 1850 weniger	.	.	.	.	.	1,145	.	.	.	.	.	.	.	.	.	.	.	.	.	.
gegen 1849 mehr	11 933 545,49	334 180 310	2 028 579	28	11	.	191 069,92	41 474	18	5	195	2 475	15	2	2 072 530	2	6	2 615 662	2	11
gegen 1849 weniger	.	.	.	.	.	1,625	.	.	.	.	.	.	.	.	.	.	.	.	.	.

105 Vergleich der Betriebsergebnisse des Jahres 1858 mit denen früherer Jahre (StAP)

[9] ZStAM, Rep. 93 C, Abt. E, Nr. 3300, o. Bl.

[10] Ebenda, Rep. 93C, Abt. E, Nr. 3286, Bl. 36

Jahr	Personenverkehr	Güterverkehr
1860	1 296 178	2 683 064
1861	1 356 113	2 855 305
1862	1 495 246	3 956 246
1863	1 569 644	3 782 171
1864	1 872 936	4 060 956
1865	1 748 217	4 731 164
1866	2 339 595	4 915 778

Bei insgesamt zunehmenden Einnahmen – dabei blieben Schwankungen unberücksichtigt – stiegen die Erträge aus dem Gütertransport immer schneller an. Ein am Ende der siebziger Jahre angefertigter Vergleich bringt – nun in Mark – folgende Werte[11]:

	1876	1879
Einnahmen Personenverkehr	7 220 996	8 689 184
Einnahmen Güterverkehr	28 136 143	27 274 541
Summe sonstiger Einnahmen	38 773 549	40 625 569
Ausgaben	22 111 505	23 784 323
Überschuß	16 662 044	18 841 246

Es waren also der Massenverkehr und die höhere Mobilität im Ergebnis der kapitalistischen Entwicklung für die »kleineren Leute«, die die Gewinne der Eisenbahn im Personenverkehr erbrachten. Das exklusive Reisen wurde zum Nebenprodukt, das man mittragen mußte. Im reaktionären Preußen besaß die Nutzung der Eisenbahn einen »demokratischen Charakter«, und der wäre wohl auch von den Reisenden erkannt worden, wenn sie die Fahrten nicht zur Sicherung ihrer Existenz gebraucht, sondern auch Erholungsfahrten unternommen hätten.

Ein Vergleich der Angaben über den Gütertransport in den Jahren von 1862 bis 1865 weist auf einen bemerkenswerten Umstand hin. Von Jahr zu Jahr erhöhte sich die Menge der transportierten Güter: von 24 965 618 Zentner im Jahre 1862 (oder rund 1 248 280 t) auf 32 260 691 Zentner (oder rund 1 613 035 t). Die Erhöhung der Gütertransportmenge zeichnete sich seit 1861 ab und veranlaßte die preußischen Behörden, diesem Umstand höhere Aufmerksamkeit zu schenken. Die Zunahme des Kohleverkehrs führten sie darauf zurück, daß die Steinkohle sich als Brennmaterial in Berlin durchsetzte. 1864 konnte die KNME 13 587 177 Zentner Steinkohle (oder rund 679 360 t) befördern. Die Summe steigerte sich weiter, im Jahre 1879 wurden folgende Mengen Kohle nach Berlin transportiert[12]:

– englische Kohle	94 421 t
– Ruhrkohle aus Westfalen	79 103 t
– Zwickauer Kohle	8 358 t
– Oberschlesische Kohle	675 213 t.

Daran war die NME maßgebend beteiligt, und die 1864 auf der ganzen Strecke versandte bzw. z. T. auch ausgeladene Kohlenmenge wurde vor allem in Berlin verbraucht. Der von Crelle im Jahre 1838 mit unvollkommenen Mitteln prognostizierte Zustand war also eingetreten, wenn auch mit unvergleichlich höheren Transportmengen.

Die große, nun im Staatsbesitz befindliche Bahngesellschaft bot den Behörden die Möglichkeit, Erfahrungen aus dem Betrieb zu sammeln sowie Überlegungen über seine weitere Gestaltung anzustellen. Der Umgang mit dem neuen Verkehrsmittel schlug sich auch in dem Versuch nieder, erste Regelwerke abzufassen. Von diesen Regeln haben einige – selbstverständlich den Gegebenheiten angepaßt – bis in die Gegenwart Bestand. So erließen die preußischen Behörden u. a. am 28. März 1848 ein »Bahn-Polizei-Regelement für die Niederschlesisch-Märkische, die Oberschlesische, die Breslau-Schweidnitz-Freiburger und die Neisse-Brieger Eisenbahn, desgleichen für die Wilhelms-Bahn und die Niederschlesische Zweigbahn«. Der § 48 forderte: »Zugführer, Locomotivführer und Bahnwärter müssen im Dienst beständig eine Uhr bei sich tragen, welche nach einer bestimmten, von der Eisenbahn-Direction ein für allemal festzusetzenden Normal-Uhr reguliert ist.«[13] Jeder kann in den Fahrdienstvorschriften der Deutschen Reichsbahn diese nach wie vor gültige Bestimmung nachlesen! Aber für die damalige Zeit war diese Forderung ein tiefgreifender Einschnitt in die Lebensgewohnheiten; denn eine Uhr, bisher Luxusartikel gehobener Schichten, nahm nun den Charakter eines Arbeits- und Bedarfsgegenstands an.

Von vielleicht noch größerer Bedeutung erwies sich der § 49 des Bahn-Polizei-Reglements. Die Bahnlinie war für einen zweigleisigen Ausbau vorgesehen, so daß eine Festlegung getroffen werden mußte, auf welchem Gleis in welcher Richtung zu fahren sei. Für eine solche Festlegung gab es keine Zwänge, sie mußte aber für alle Zeit ihren Bestand beweisen. Sie hatte jedoch auch Bedeutung für den Verkehr in den Städten. In Berlin gab es seit dem Ende des 18. Jahrhunderts eine Diskussion unter Architekten über eine eindeutige Festlegung der Verkehrsrichtung. Von den Polizeibehörden wurde gefordert, z. B. in der Straße Unter den Linden die Verkehrsrichtung auf der jeweils rechten Seite der Straße festzulegen. Das Bahn-Polizei-Reglement von 1848 schrieb fest: »Wenn die Bahn doppelgleisig sein wird, so sollen die Züge immer das, von der Richtung des Zuges rechts liegende Gleis befahren. Diese Ordnung muß strenge aufrecht erhalten werden, und kann als Ausnahme nur der Fall gelten, wenn eine Hülfsmaschine von der Station gerufen worden, nach welcher der Zug bestimmt ist, und wenn es außer Zweifel ist, daß der Zug, welcher Hülfe verlangt, ein ankommender ist und anhält«.[14] Mit dem Bahnpolizei-Reglement für die Eisenbahnen Deutschlands vom 1. April 1875 wurde diese Festlegung für alle deutschen Eisenbahnen verbindlich.

Der Rechtsverkehr begann auf dem Frankfurter Bahnhof mit der Eröffnung des zweiten Gleises zwischen Berlin und Köpenick am 22. September 1857, und die Schwierigkeiten bei der überkommenen Struktur des Bahnhofs traten zutage.

Jedes neue Betriebsjahr mit seinen Erfahrungen und die wirtschaftliche Entwicklung mit ihren sich ändernden Warenströmen führten zur Formulierung tarifrechtlicher Bestimmungen und des Betriebs-Reglements. Es muß als für die ersten Jahre typisch gelten, daß gerade die Betriebs-Reglements laufenden Veränderungen unterlagen. So hatte die alte Frankfurter Bahn in der kurzen Zeit ihrer Existenz allein vier verschiedene Reglements der Öffentlichkeit vorgelegt. Auch in den ersten Jahren der NME änderten sich die Betriebsbestimmungen laufend. Das war Ausdruck des Suchens, des sich langsamen Vortastens nach den günstig-

[11] Ebenda

[12] Ebenda, Bl. 42

[13] Amtsblatt der Königlichen Regierung zu Potsdam und der Stadt Berlin. – 1848. – S. 140

[14] Ebenda, S. 140f.

Betriebs-Reglement

für die

Niederschlesisch-Märkische Eisenbahn.

Vom 1. Februar 1849 ab gültig.

(Hierbei eine Karte der Eisenbahn.)

Berlin, gedruckt bei C. Feister.

Form. No. 84.

sten Bestimmungen, um sowohl der Verkehrsaufgabe als auch dem Gewinnstreben Ausdruck zu verleihen.

Der Begriff Betriebs-Reglements faßte allerdings den Inhalt dieser Druckschriften nur ungenau. Sie enthielten Bestimmungen für das Publikum und die Nutzer über die Preise für den Güter- und Personenverkehr (Bilder 106 und 107) sowie Festlegungen über die Transportbedingungen und das Verhalten auf der Bahn usw. In den fünfziger und sechziger Jahren wurden diese Reglements bei der KNME beständiger, allerdings wurden die Tarifbestimmungen und ihre Änderungen nun im Amtsblatt der Königlichen Regierung zu Potsdam und der Stadt Berlin veröffentlicht. Im Jahre 1857 folgte ein spezielles »Reglement für die Beförderung von Truppen, Militär-Effecten und sonstigen Armee-Bedürfnissen auf den Staatseisenbahnen« (Bild 108), das die Nutzung von Eisenbahnen im Mobilmachungsfall und für die Truppenbeförderung regelte. Typisch für alle Einzelbestimmungen blieb, daß die Armee den absoluten Vorrang auf den Eisenbahnen hatte und die Betriebsbestimmungen und der Fahrplan nicht nur im Mobilmachungsfall geändert werden konnten. So wurden während der Kriege von 1864 und 1866 sowohl der Personen- als auch der Güterverkehr eingeschränkt, Züge fielen zugunsten von Militärtransporten aus. Die tariflichen Festlegungen begünstigten das Militär. Der dem Reglement beigelegte »Meilenzeiger für Militär-Transporte« (Bild 109) enthielt eine genaue tarifliche Festlegung der Entfernung zwischen den einzelnen Bahnhöfen. Das als Muster beigelegte »Fahrbillet« (Bild 110) stellt als eines der wenigen erhaltenen Dokumente für die Gestaltung von Fahrkarten und Beförderungsscheinen eine wichtige kulturgeschichtliche Rarität dar, da sich im allgemeinen Fahrkarten aus dieser Periode des Eisenbahnverkehrs nicht erhalten haben.

Ebenso ungenügend sind wir gegenwärtig über weitere Seiten des Dienstbetriebs auf der Eisenbahn informiert. Bekannt ist, daß die Angestellten und Beamten der Frankfurter Eisen-

§. 97. Station Berlin.

nach Station	für Personen I. Cl. Rt.	I. Cl. Sg.	II. Cl. Rt.	II. Cl. Sg.	III. Cl. Rt.	III. Cl. Sg.	Für jede 25 ℔ Gepäckübergew. Sg.	für Equipagen I. Cl. Rthlr.	II. Cl. Rthlr.	für Vieh: Pferde 1. Rt.	2. Rt.	Pferde 3. Rt.	4. Rt.	Hund Sg.	Mastochse Rt.	Rindvieh unter 5 Ctr Rt.	Kalb Sg.	Fettes Schwein Sg.	mageres do. Ferkel, Schaf Sg.	1 Ctr. Geflügel, sowie überhaupt kleine lebende Thiere in Käfigen. Sgr.	für Güter pro Centner: Eilfracht Sg.	Klasse: Erhöhte Sg.	Normal Sg.	Ermäßigte Sg.
Cöpenick	—	10	—	7	—	5½	½	5⅙	3⅔	3⅔	7⅓	9⅙	10	10	1½	1¼	10	14	7	10	9	7	3½	2½
Erkner	—	22½	—	14½	—	11½	1	5⅙	3⅔	3⅔	7⅓	9⅙	10	10	1½	1¼	10	14	7	10	9½	7½	4	3
Fürstenwalde	1	12½	—	28	—	22	2	5⅙	3⅔	3⅔	7⅓	9⅙	10	10	1½	1¼	10	14	7	10	10	8	4½	3½
Briesen	1	27½	1	7½	—	29	3	7⅔	5⅔	5½	11	13⅔	14⅔	15	2¼	1⅚	15	20	11	15	14½	12	6	4½
Frankfurt	2	15	1	18½	1	7½	4	7⅔	5⅔	5½	11	13⅔	14⅔	15	2¼	1⅚	15	20	11	15	15	13½	7½	4½
Fürstenberg	3	5	2	2	1	18½	5	10	7⅔	7⅓	14⅔	18½	19⅚	20	3	2½	20	26	15	20	17½	14½	8	5
Neuzelle	3	12½	2	5½	1	21	5½	10	7⅔	7⅓	14⅔	18½	19⅚	20	3	2½	20	26	15	20	18	15	8½	5½
Wellmitz	3	20	2	9½	1	24	6	11¾	9	8⅔	17⅓	21¾	23¼	24	3½	3	22½	31	18	24	21½	16½	9	6
Guben	4	—	2	17	2	—	6½	11¾	9	8⅔	17⅓	21¾	23¼	24	3½	3	22½	31	18	24	22	17	9	6½
Jesnitz	4	15	2	26½	2	7½	7	14⅙	10¾	10½	21	26⅙	28	29	4¼	3½	27	37½	22	29	24	19	10	7
Sommerfeld	4	27½	3	3½	2	12½	7½	14⅙	10¾	10½	21	26⅙	28	29	4¼	3½	27	37½	22	29	25½	19½	10½	7½
Sorau	5	20	3	19	2	25	8½	16½	12½	12¼	24½	30½	32⅔	33	5	4⅙	31	45	25	33	29	22½	12	9
Hansdorf	5	27½	3	24½	2	29	9	20⅙	15⅙	15	30	37½	40	40	6	5	37½	52½	30	40	30	23½	12½	9
Halbau	6	5	3	29	3	2½	9½	20⅙	15⅙	15	30	37½	40	40	6	5	37½	52½	30	40	34	26½	13	9
Rauscha	6	15	4	5½	3	7½	10	20⅙	15⅙	15	30	37½	40	40	6	5	37½	52½	30	40	34½	27	13½	9½
Kohlfurt	6	27½	4	14	3	14	10½	20⅙	15⅙	15	30	37½	40	40	6	5	37½	52½	30	40	35	27½	14	10
Penzig	7	10	4	21	3	19½	11	22⅔	17	16⅚	33⅓	42⅙	45	45	6¾	5⅔	42½	60	34	45	39½	30½	14½	11½
Görlitz	7	25	5	1	3	27	12	22⅔	17	16⅚	33⅓	42⅙	45	45	6¾	5⅔	42½	60	34	45	40	31	15	12
Siegersdorf	7	10	4	21½	3	20	11	22½	17	16⅔	33⅓	41⅔	44½	45	6¾	5⅔	42½	60	34	45	39½	30½	14½	11½
Bunzlau	7	22½	4	29	3	26	11½	22½	17	16⅔	33⅓	41⅔	44½	45	6¾	5⅔	42½	60	34	45	40	31	15	12
Hainau	8	17½	5	15½	4	8½	12½	25	19	18½	37	46⅙	49⅓	50	7⅓	6⅙	47	65	37	50	43	31½	15½	12½
Liegnitz	9	5	5	26½	4	17	13½	26½	20	19⅔	39⅓	49⅙	52½	52½	8	6½	49	70	40	52½	45	31½	16	13
Spittelndorf	9	15	6	4½	4	23½	14	28½	21½	21⅙	42⅓	53	56½	57	8½	7	54	75	42½	57	46½	32½	16½	13
Maltsch	9	25	6	10½	4	28	14½	28½	21½	21⅙	42⅓	53	56½	57	8½	7	54	75	42½	57	47	33	17	13½
Neumarkt	10	2½	6	16	5	2½	15	32	24	23⅚	47⅔	59¾	63¾	65	9½	8	60	84	48	65	48	34½	17	13½
Nimkau	10	12½	6	21½	5	7	15½	32	24	23⅚	47⅔	59¾	63¾	65	9½	8	60	84	48	65	48½	35	17	13½
Lissa	10	22½	6	28	5	12	16	32	24	23⅚	47⅔	59¾	63¾	65	9½	8	60	84	48	65	49	35½	17½	14
Breslau	11	2½	7	5	5	17½	16½	32	24	23⅚	47⅔	59¾	63¾	65	9½	8	60	84	48	65	49½	36	18	14½

Reglement

für die

Beförderung von Truppen, Militair-Effecten und sonstigen Armee-Bedürfnissen

auf den

Staats-Eisenbahnen.

Berlin, 1857.

Verlag der Deckerschen Geheimen Ober-Hofbuchdruckerei.

106 Titelblatt »Betriebs-Reglement für die Niederschlesisch-Märkische Eisenbahn«, gültig ab 1. Februar 1849 (StAP)

107 Zusammenstellung der Fahrpreise der Königlichen Niederschlesisch-Märkischen Eisenbahn, gültig ab 1. Februar 1849 (StAP)

108 Titelblatt »Reglement für die Beförderung von Truppen ...« aus dem Jahre 1857 (ZStAM)

2. Königlich Niederschlesisch-Märkische Eisenbahn.

Meilenzeiger für Militair-Transporte.

Berlin
0,4	Rummelsburg
1,6	1,2	Cöpenick
2,0	1,6	0,4	Friedrichshagen
3,2	2,8	1,6	1,2	Erkner
4,9	4,5	3,3	2,9	1,7	Hangelsberg
6,3	5,9	4,7	4,3	3,1	1,4	Fürstenwalde
7,2	6,8	5,6	5,2	4,0	2,3	0,9	Birkenbrück
8,3	7,9	6,7	6,3	5,1	3,4	2,0	1,1	Briesen
10,0	9,6	8,4	8,0	6,8	5,1	3,7	2,8	1,7	Rosengarten
10,8	10,4	9,2	8,8	7,6	5,9	4,5	3,6	2,5	0,8	Frankfurt
12,2	11,8	10,6	10,2	9,0	7,3	5,9	5,0	3,9	2,2	1,4	Finkenheerd
13,9	13,5	12,3	11,9	10,7	9,0	7,6	6,7	5,6	3,9	3,1	1,7	Fürstenberg
14,6	14,2	13,0	12,6	11,4	9,7	8,3	7,1	6,3	4,6	3,8	2,4	0,7	Neuzelle
15,5	15,1	13,9	13,5	12,3	10,6	9,2	8,3	7,2	5,5	4,7	3,3	1,6	0,9	Wellmitz
17,2	16,8	15,6	15,2	14,0	12,3	10,9	10,0	8,9	7,2	6,4	5,0	3,3	2,6	1,7	Guben
19,3	18,9	17,7	17,3	16,1	14,4	13,0	12,1	11,0	9,3	8,5	7,1	5,4	4,7	3,8	2,1	Jeßnitz
20,8	20,4	19,2	18,8	17,6	15,9	14,5	13,6	12,5	10,8	10,0	8,6	6,9	6,2	5,3	3,6	1,5	Sommerfeld
21,5	21,1	19,9	19,5	18,3	16,6	15,2	14,3	13,2	11,5	10,7	9,3	7,6	6,9	6,0	4,3	2,2	0,7	Gassen
22,5	22,1	20,9	20,5	19,3	17,6	16,2	15,3	14,2	12,5	11,7	10,3	8,6	7,9	7,0	5,3	3,2	1,7	1,0	Liebsgen
24,4	24,0	22,8	22,4	21,2	19,5	18,1	17,2	16,1	14,4	13,6	12,2	10,5	9,8	8,9	7,2	5,1	3,6	2,9	1,9	Sorau
25,5	25,1	23,9	23,5	22,3	20,6	19,2	18,3	17,2	15,5	14,7	13,3	11,6	10,9	10,0	8,3	6,2	4,7	4,0	3,0	1,1	Hansdorf
26,4	26,0	24,8	24,4	23,2	21,5	20,1	19,2	18,1	16,4	15,6	14,2	12,5	11,8	10,9	9,2	7,1	5,6	4,9	3,9	2,0	0,9	Halbau
27,9	27,5	26,3	25,9	24,7	23,0	21,6	20,7	19,6	17,9	17,1	15,7	14,0	13,3	12,4	10,7	8,6	7,1	6,4	5,4	3,5	2,4	1,5	Rauscha
29,8	29,4	28,2	27,8	26,6	24,9	23,5	22,6	21,5	19,8	19,0	17,6	15,9	15,2	14,3	12,6	10,5	9,0	8,3	7,3	5,4	4,3	3,4	1,9	Kohlfurt
31,4	31,0	29,8	29,4	28,2	26,5	25,1	24,2	23,1	21,4	20,6	19,2	17,5	16,8	15,9	14,2	12,1	10,6	9,9	8,9	7,0	5,9	5,0	3,5	1,6	Siegersdorf
33,2	32,8	31,6	31,2	30,0	28,3	26,9	26,0	24,9	23,2	22,1	21,0	19,3	18,6	17,7	16,0	13,9	12,4	11,7	10,7	8,8	7,7	6,8	5,3	3,4	1,8	Bunzlau
35,2	34,8	33,6	33,2	32,0	30,3	28,9	28,0	26,9	25,2	24,4	23,0	21,3	20,6	19,7	18,0	15,9	14,4	13,7	12,7	10,8	9,7	8,8	7,3	5,4	3,8	2,0	Kaiserswaldau
36,8	36,4	35,2	34,8	33,6	31,9	30,5	29,6	28,5	26,8	26,0	24,6	22,9	22,2	21,3	19,6	17,5	16,0	15,3	14,3	12,4	11,3	10,4	8,9	7,0	5,4	3,6	1,6	Hainau
39,2	38,8	37,6	37,2	36,0	34,3	32,9	32,0	30,9	29,2	28,4	27,0	25,3	24,6	23,7	22,0	19,9	18,4	17,7	16,7	14,8	13,7	12,8	11,3	9,4	7,8	6,0	4,0	2,4	Liegnitz
40,9	40,5	39,3	38,9	37,7	36,0	34,6	33,7	32,6	30,9	30,1	28,7	27,0	26,3	25,4	23,7	21,6	20,1	19,4	18,4	16,5	15,4	14,5	13,0	11,1	9,5	7,7	5,7	4,1	1,7	Spittelndorf
42,2	41,8	40,6	40,2	39,0	37,3	35,9	35,0	33,9	32,2	31,4	30,0	28,3	27,6	26,7	25,0	22,9	21,4	20,7	19,7	17,8	16,7	15,8	14,3	12,4	10,8	9,0	7,0	5,4	3,0	1,3	Maltsch
43,3	42,9	41,7	41,3	40,1	38,4	37,0	36,1	35,0	33,3	32,5	31,1	29,4	28,7	27,8	26,1	24,0	22,5	21,8	20,8	18,9	17,8	16,9	15,4	13,5	11,9	10,1	8,1	6,5	4,1	2,4	1,1	Neumarkt
44,6	44,2	43,0	42,6	41,4	39,7	38,3	37,4	36,3	34,6	33,8	32,4	30,7	30,0	29,1	27,4	25,3	23,8	23,1	22,1	20,2	19,1	18,2	16,7	14,8	13,2	11,4	9,4	7,8	5,4	3,7	2,4	1,3	Nimkau.
46,0	45,6	44,4	44,0	42,8	41,1	39,7	38,8	37,7	36,0	35,2	33,8	32,1	31,4	30,5	28,8	26,7	25,2	24,5	23,5	21,6	20,5	19,6	18,1	16,2	14,6	12,8	10,8	9,2	6,8	5,1	3,8	2,7	1,4	Lissa
47,5	47,1	45,9	45,5	44,3	42,6	41,2	40,3	39,2	37,5	36,7	35,3	33,6	32,9	32,0	30,3	28,2	26,7	26,0	25,0	23,1	22,0	21,1	19,6	17,7	16,1	14,3	12,3	10,7	8,3	6,6	5,3	4,2	2,0	1,5	Breslau

Kohlfurt			
1,7	Penzig		
2,7	1,0	Hennersdorf	
3,7	2,0	1,0	Görlitz

109 Meilenzeiger für Militärtransporte auf der Königlichen Niederschlesisch-Märkischen Eisenbahn (ZStAM)

bahn bereits Uniform trugen. Die wenigen dokumentarischen Angaben reichen aber nicht aus, um diese Uniform, die wohl aus blauem Tuch mit gelben Aufschlägen bestand, zu rekonstruieren. Weiterhin konnten Unterlagen über Signaleinrichtungen nicht in dem Umfang ermittelt werden, daß verläßliche Aussagen möglich sind. Erst aus dem Jahre 1873 stammt die »Signalordnung für die Eisenbahnen Deutschlands« (Bild 115), die einheitliche Signale für alle Bahnlinien vorschrieb. Die wie ein kapitalistischer Großbetrieb verwaltete NME hatte sich seit 1852 enorm ausgedehnt und war nicht mehr auf die Strecke Berlin—Breslau beschränkt. 1876 gehörten zum Verwaltungsbereich der Königlichen Direktion[15]:

»a) folgende im Betrieb befindliche Bahn-Strecken:
- Berlin—Breslau: 358,05 km
- Gassen—Arsdorf: 92,59 km
- Kohlfurt—Görlitz: 28,41 km
- Kohlfurt—Lauban—Dittersbach—Altwasser: 129,46 km
- Görlitz—Lauban: 25,58 km
- Rubank—Lieban—Landesgrenze: 18,73 km
- Berliner Verbindungsbahn: 24,60 km (hiervon kommen nach Fertigstellung des Schlusses der Verbindungsbahn wegen Linien-Verlegung 2,6 km in Wegfall)
- Anschluß der NME an die Berliner Verbindungsbahn: 0,85 km
- desgl. der Königlichen Ostbahn: 0,76 km
- desgl. der Berlin-Anhalter-Bahn: 1,02 km
- Breslauer Verbindungsbahn: 4,44 km (mit der Oberschlesischen Bahn gemeinsam auf einer Länge von 2,93 km)

b) in Bau begriffene Strecken:
- Dittersbach—Görlitz: 53,55 km
- Berliner Nordbahn: 217,00 km

c) die verpachtete Strecke Görlitz—Ruhban: 14,68 km«.

Das Anlagekapital aller Strecken betrug 260 143 752 Mark, 1879 sogar 322 792 412 Mark.[16] Der Sitz der Direktion befand sich nach wie vor im alten Verwaltungsgebäude der Frankfurter Eisenbahngesellschaft, Koppenstraße 5 bis 7 und in anderen Gebäuden in unmittelbarer Nachbarschaft.[17]

Die Königliche Direktion der NME (Bilder 111 bis 114) hatte 1852 folgende Gliederung: Vorsitzender der Königlichen Direktion

[15] Kalender für den preußischen Hof und Staat für das Jahr 1876. – Berlin, 1876. – S. 132

[16] ZStAM, Rep. 93C, Abt. E, Nr. 3300, o. Bl.

[17] Kalender für den preußischen Hof und Staat. a. a. O., – S. 133

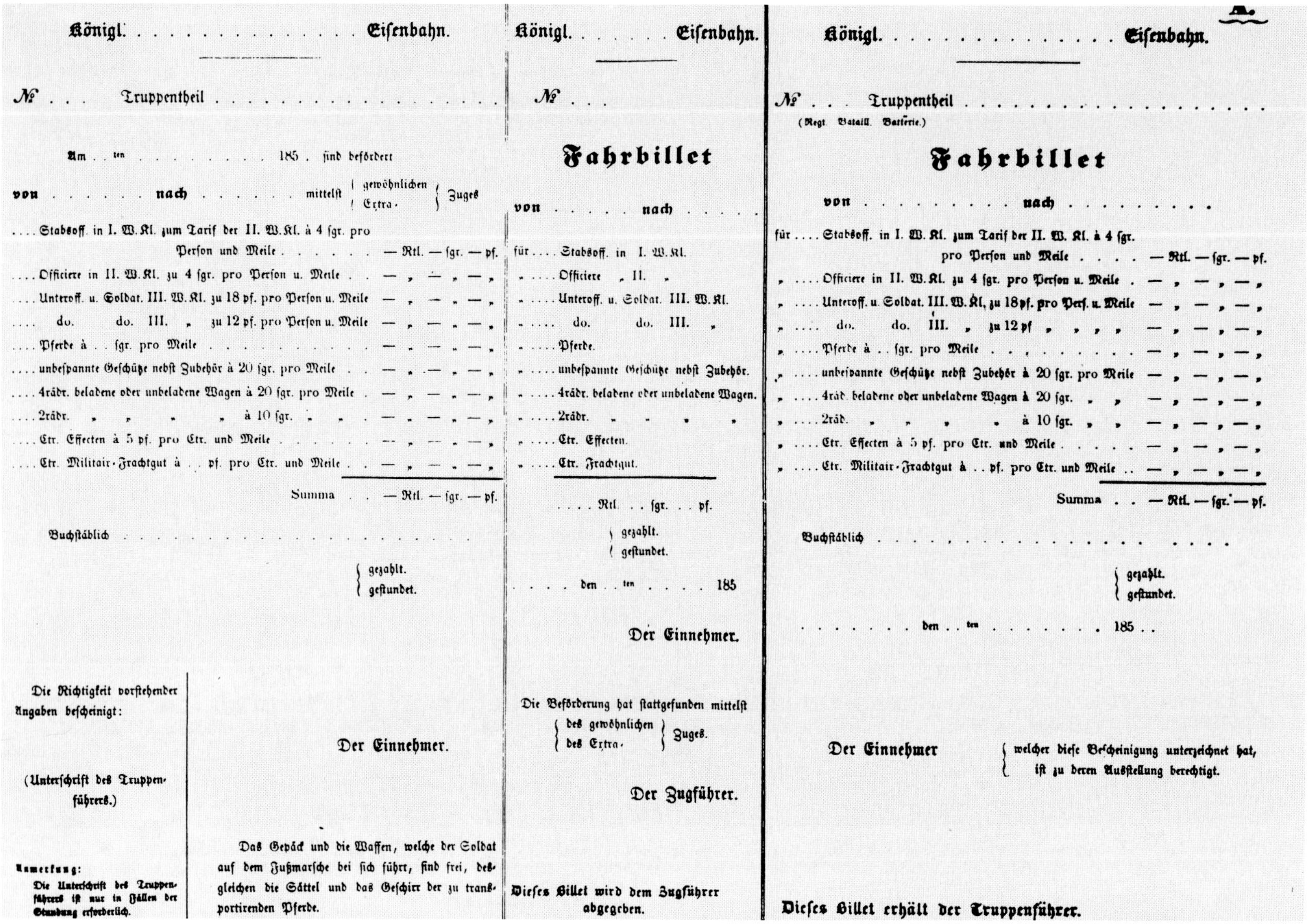

Königl. . . . . Eisenbahn.

№ . . . Truppentheil . . . .

Am . . ten . . . . 185 . sind befördert

von . . . . nach . . . . . . mittelst { gewöhnlichen / Extra- } Zuges

. . . . Stabsoff. in I. W.Kl. zum Tarif der II. W.Kl. à 4 sgr. pro Person und Meile	— Rtl. — sgr. — pf.
. . . . Officiere in II. W.Kl. zu 4 sgr. pro Person u. Meile . .	— „ — „ — „
. . . . Unteroff. u. Soldat. III. W.Kl. zu 18 pf. pro Person u. Meile	— „ — „ — „
. . . . do. do. III. „ zu 12 pf. pro Person u. Meile	— „ — „ — „
. . . . Pferde à . . sgr. pro Meile	— „ — „ — „
. . . . unbespannte Geschütze nebst Zubehör à 20 sgr. pro Meile . .	— „ — „ — „
. . . . 4rädr. beladene oder unbeladene Wagen à 20 sgr. pro Meile .	— „ — „ — „
. . . . 2rädr. „ „ „ „ à 10 sgr.	— „ — „ — „
. . . . Ctr. Effecten à 5 pf. pro Ctr. und Meile	— „ — „ — „
. . . . Ctr. Militair-Frachtgut à . . pf. pro Ctr. und Meile . .	— „ — „ — „
Summa . .	— Rtl. — sgr. — pf.

Buchstäblich . . . .

{ gezahlt. / gestundet.

Die Richtigkeit vorstehender Angaben bescheinigt:

(Unterschrift des Truppenführers.)

Anmerkung: Die Unterschrift des Truppenführers ist nur in Fällen der Stundung erforderlich.

Der Einnehmer.

Das Gepäck und die Waffen, welche der Soldat auf dem Fußmarsche bei sich führt, sind frei, desgleichen die Sättel und das Geschirr der zu transportirenden Pferde.

Königl. . . . . . . Eisenbahn.

№ . . .

Fahrbillet

von . . . . . . nach . . . . . .

für . . . . Stabsoff. in I. W.Kl.
„ . . . . Officiere „ II. „
„ . . . . Unteroff. u. Soldat. III. W.Kl.
„ . . . . do. do. III. „
„ . . . . Pferde.
„ . . . . unbespannte Geschütze nebst Zubehör.
„ . . . . 4rädr. beladene oder unbeladene Wagen.
„ . . . . 2rädr. „ „ „ „
„ . . . . Ctr. Effecten.
„ . . . . Ctr. Frachtgut.

. . . . Rtl. . . sgr. . . pf.

{ gezahlt. / gestundet.

. . . . den . . ten 185

Der Einnehmer.

Die Beförderung hat stattgefunden mittelst { des gewöhnlichen / des Extra- } Zuges.

Der Zugführer.

Dieses Billet wird dem Zugführer abgegeben.

Königl. . . . . Eisenbahn.

№ . . . Truppentheil . . . .
(Regt. Bataill. Batterie.)

Fahrbillet

von . . . . nach . . . .

für . . . . Stabsoff. in I. W. Kl. zum Tarif der II. W. Kl. à 4 sgr. pro Person und Meile	— Rtl. — sgr. — pf.
„ . . . . Officiere in II. W. Kl. zu 4 sgr. pro Person u. Meile .	— „ — „ — „
„ . . . . Unteroff. u. Soldat. III. W. Kl. zu 18 pf. pro Pers. u. Meile	— „ — „ — „
„ . . . . do. do. III. „ zu 12 pf „ „ „	— „ — „ — „
„ . . . . Pferde à . . sgr. pro Meile	— „ — „ — „
„ . . . . unbespannte Geschütze nebst Zubehör à 20 sgr. pro Meile	— „ — „ — „
„ . . . . 4rädr. beladene oder unbeladene Wagen à 20 sgr. „ „	— „ — „ — „
„ . . . . 2rädr. „ „ „ „ à 10 sgr. „ „	— „ — „ — „
„ . . . . Ctr. Effecten à 5 pf. pro Ctr. und Meile	— „ — „ — „
„ . . . . Ctr. Militair-Frachtgut à . . pf. pro Ctr. und Meile . .	— „ — „ — „
Summa . .	— Rtl. — sgr. — pf.

Buchstäblich . . . .

{ gezahlt. / gestundet.

. . . . den . . ten . . . . 185 . .

Der Einnehmer { welcher diese Bescheinigung unterzeichnet hat, ist zu deren Ausstellung berechtigt.

Dieses Billet erhält der Truppenführer.

KOENIGLICHE DIRECTION
DER
NIEDERSCHLESISCH-MAERKISCHEN
EISENBAHN.
Journ. № I. VI. II. 7255.
Es wird ersucht, in der Antwort das vorstehende Journal-Zeichen anzugeben.

110 Muster einer Militärfahrkarte (ZStAM)
111 Briefkopf der Direktion der Königlichen Niederschlesisch-Märkischen Eisenbahn (BauF)

112 Stempel der Königlichen Niederschlesisch-Märkischen Eisenbahn (StAB)

113 Klebemarke zum Verschließen von Briefen bei der Königlichen Niederschlesisch-Märkischen Eisenbahn (BauF)
114 Klebemarke der Kanzlei der Königlichen Niederschlesisch-Märkischen Eisenbahn (BauF)

der NME: »Hr. Costenoble, Eisenbahn-Director, Mitglieder Hr. von Glümer, Premier-Lieutnant a. D., und Schwedler, Baurath; Beamte: Hr. Grapow, Eisenbahn-Baumeister, und Hermann Gersdorf, ebenfalls Eisenbahn-Baumeister«.[18] In der Allgemeinen Verwaltung beschäftigte die Direktion 49 Mitarbeiter. Zur Bahnverwaltung zählten 37 Beamte, 446 Bahnwärter sowie 229 Hilfswärter gegen Tagegeld. Die Transportverwaltung beschäftigte 393 Beamte und 732 sonstige Arbeiter (160 Bahnhofs-Arbeiter, 57 Maschinenputzer, 413 Weichenwärter und sonstige technische Arbeiter, 66 Güterbodenarbeiter und 36 Arbeiter in den Kokskammern).[19]

Die Berliner Verbindungsbahn

Eine Geschichte des heutigen Hauptbahnhofs wäre ohne einige Bemerkungen zur Berliner Verbindungsbahn unvollständig. Diese Strecke in Berlin erfreute sich stets eines besonderen Interesses, allerdings muß auch hier auf unvollständige Überlieferung verwiesen werden.

Es waren Eingaben aus der Berliner Geschäftswelt, die die preußische Staatsverwaltung veranlaßten, an ein derartiges Bauwerk zu denken. Am 1. April 1851 schrieb z. B. der Kaufmann und Spediteur J. S. Henze, Prenzlauer Str. 35, an das Ministerium für Handel, Gewerbe und öffentliche Arbeiten und regte den Bau einer »Bahn um Berlin herum« an, um den Gütertransport zu beschleunigen. Er schlug vor, die Kopfbahnhöfe der Stadt durch eine einfache Gleisanlage miteinander zu verbinden.[20]

Diese Anregung stellte schon eine der letzten dar, die ersten hatten den preußischen Behörden bereits 1844 vorgelegen. Am 6. Oktober beantragte die Firma J. D. Stuhlmann eine Konzession zum Bau einer Bahn mit einer Länge von 22,5 km, die die fünf Berliner Bahnhöfe (Potsdamer, Anhalter, Frankfurter, Stettiner und Hamburger) miteinander verbinden sollte. Die Kosten wurden mit 540 000 Taler veranschlagt. Ein zweiter Vorstoß ging von J. W. Schmitz aus, der eine Verbindungsbahn auf ei-

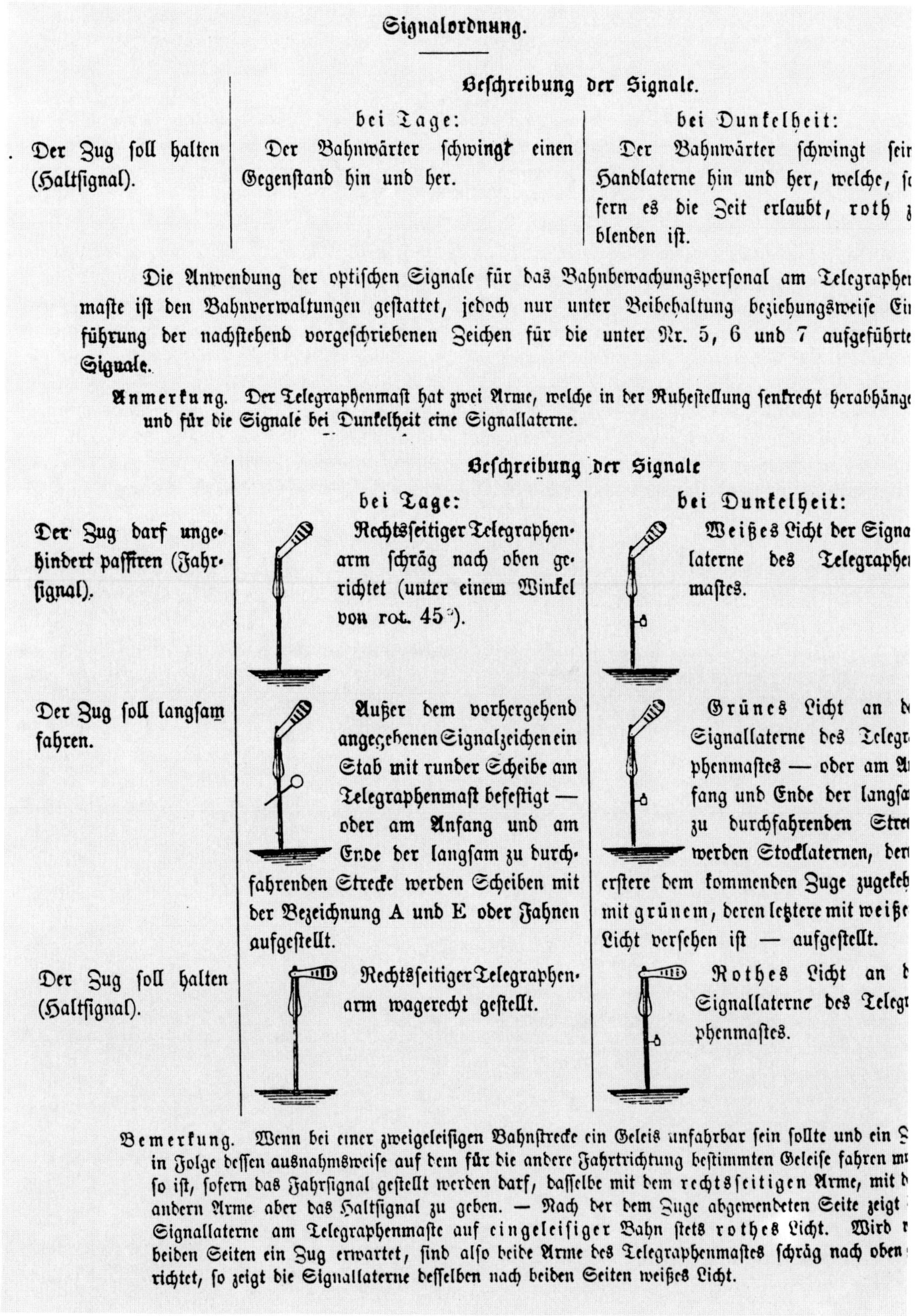

Signalordnung.

	Beschreibung der Signale.	
	bei Tage:	bei Dunkelheit:
. Der Zug soll halten (Haltsignal).	Der Bahnwärter schwingt einen Gegenstand hin und her.	Der Bahnwärter schwingt sein Handlaterne hin und her, welche, so fern es die Zeit erlaubt, roth z blenden ist.

Die Anwendung der optischen Signale für das Bahnbewachungspersonal am Telegraphe maste ist den Bahnverwaltungen gestattet, jedoch nur unter Beibehaltung beziehungsweise Ei führung der nachstehend vorgeschriebenen Zeichen für die unter Nr. 5, 6 und 7 aufgeführte Signale.

Anmerkung. Der Telegraphenmast hat zwei Arme, welche in der Ruhestellung senkrecht herabhänge und für die Signale bei Dunkelheit eine Signallaterne.

	Beschreibung der Signale	
	bei Tage:	bei Dunkelheit:
Der Zug darf ungehindert passiren (Fahrsignal).	Rechtsseitiger Telegraphenarm schräg nach oben gerichtet (unter einem Winkel von rot. 45°).	Weißes Licht der Signa laterne des Telegraphe mastes.
Der Zug soll langsam fahren.	Außer dem vorhergehend angegebenen Signalzeichen ein Stab mit runder Scheibe am Telegraphenmast befestigt — oder am Anfang und am Ende der langsam zu durchfahrenden Strecke werden Scheiben mit der Bezeichnung A und E oder Fahnen aufgestellt.	Grünes Licht an d Signallaterne des Telegr phenmastes — oder am A fang und Ende der langsa zu durchfahrenden Stre werden Stocklaternen, der erstere dem kommenden Zuge zugekeh mit grünem, deren letztere mit weiße Licht versehen ist — aufgestellt.
Der Zug soll halten (Haltsignal).	Rechtsseitiger Telegraphenarm wagerecht gestellt.	Rothes Licht an d Signallaterne des Telegr phenmastes.

Bemerkung. Wenn bei einer zweigeleisigen Bahnstrecke ein Geleis unfahrbar sein sollte und ein Z in Folge dessen ausnahmsweise auf dem für die andere Fahrtrichtung bestimmten Geleise fahren m so ist, sofern das Fahrsignal gestellt werden darf, dasselbe mit dem rechtsseitigen Arme, mit d andern Arme aber das Haltsignal zu geben. — Nach der dem Zuge abgewendeten Seite zeigt Signallaterne am Telegraphenmaste auf eingeleisiger Bahn stets rothes Licht. Wird n beiden Seiten ein Zug erwartet, sind also beide Arme des Telegraphenmastes schräg nach oben richtet, so zeigt die Signallaterne desselben nach beiden Seiten weißes Licht.

115 Eine Seite der Signalordnung für die Eisenbahnen Deutschlands (ZStAM)

[18] Ebenda, S. 132
[19] ZStAM, Rep. 77 Tit. 258a, Nr. 23, Vol. II, Bericht der Königlichen Verwaltung der NME für das Jahr 1851, o. Bl.
[20] Ebenda, Rep. 93, Nr. 3359 o. Bl.

nem Viadukt errichten wollte, der zugleich als Aquädukt für Berlin dienen sollte. Dieser Vorschlag verfiel am 31. Januar 1845 der »Allerhöchsten« Ablehnung. Beide Projekte basierten zwar auf einem öffentlichen Bedürfnis, hatten aber noch keine solide finanzielle Grundlage. Erst als am 16. Februar 1845 der Regierungsrat VON EGIDY und die Kaufleute LOUIS STEGMÜLLER, J. DENANT und A. SALINGER mit ihrem Vorschlag, niedergelegt in der Denkschrift »Erste Gedanken über das Projekt einer Berliner Umwallungsbahn«, an die Behörden herantraten, schien die notwendige finanzielle Solidität gegeben zu sein. Das Projekt sah eine 8,5 km lange normalspurige Linie vor, auf der die Wagen mit Pferden bewegt werden sollten. Kostenpunkt der Anlage: 900 000 Taler. Eine Königliche Kabinettsordre vom 28. März 1845 anerkannte die »Nützlichkeit einer Verbindung der verschiedenen Berliner Bahnhöfe unter sich und mit der Spree durch eine für Pferdebetrieb einzurichtende Eisenbahn« und verfügte, daß der Finanzminister das Projekt voranzutreiben habe. Der ließ die Angelegenheit zunächst erst einmal liegen. Ein weiterer Vorstoß vom 17. November 1846, mit einem Kapitalaufwand von 1 850 000 Taler eine Bahnlinie zu bauen, die vom Stettiner zum Hamburger und dann zum Potsdamer, Anhalter und Frankfurter Bahnhof verlaufen sollte, erhielt am 14. Juni 1847 die Befürwortung durch den Oberpräsidenten. Am 14. Dezember des gleichen Jahres faßte das preußische Staatsministerium den Beschluß zur Konzessionierung, und am 4. Februar 1848 folgte die Königliche Kabinettsordre zum Bau dieser Bahn. Die weitere Verfolgung dieses Projekts unterblieb wegen der Märzrevolution von 1848.

Unter gänzlich anderen Vorzeichen nahm der Oberpräsident der Provinz Brandenburg das Projekt wieder auf. Er schlug am 29. März 1848 vor, die Bahn auf Staatskosten zu erbauen, um Arbeitslose in Berlin zu beschäftigen. Damit sollten die Not gelindert und politischer Sprengstoff beseitigt werden. Aus diesem Grund erhielt der Königl. Baurat KNOBLAUCH bereits am 18. Mai 1848 den Auftrag zur Ausarbeitung des Bauplans. Eine Denkschrift vom August 1848 hielt über diese Angelegenheit fest: »Ein wahrhaftes Bedürfnis ist die baldige Herstellung der auf Pferdebetrieb berechneten *Berliner Stadtbahn*, welche eine immer fühlbarer werdende Lücke im Preußischen Eisenbahnnetz ausfüllen wird, indem sie bestimmt ist, die verschiedenen in Berlin einmündenden Eisenbahnen untereinander und mit der Spree und dem neuen Schiffahrtskanal in eine unmittelbare Schienenverbindung zu setzen. Es wird damit die mit einem raschen und billigen Transportsystem unvergleichliche Umladung der Güter vermieden, und die rasche Konzentrierung der Betriebsmittel auf *einem* Bahnhof möglich gemacht. Die Ausführbarkeit und Nützlichkeit einer solchen Anlage in kommerzieller und militärischer Hinsicht unterliegt keinem Zweifel.«[21]

Handelspolitische Überlegungen, die die Position des Staates stärkten, vermischten sich also mit militärischen: Konzentrierung der Betriebsmittel. Es war dann auch ein militärischer Aspekt, der diesen Bahnbau endgültig in Gang brachte. Am 5. November 1850 machte das preußische Heer mobil, eine akute Kriegsgefahr zwischen Österreich und Preußen zog herauf. Preußen war bemüht gewesen, eine nationalstaatliche Einigung Deutschlands unter seiner Führung voranzutreiben, scheiterte aber an der Politik Österreichs und Rußlands sowie am Widerstand der feudalen Adelspartei im eigenen Lande. In der Olmützer Punktation mit Österreich vom 29. November 1850 mußte Preußen diese Politik aufgeben und sein Heer demobilisieren.

Mobilisierung und Demobilisierung fanden zum erstenmal im größeren Stil mit der Eisenbahn statt, die sich als brauchbares Instrument zur schnelleren Konzentrierung der Truppen erwiesen hatte. Allerdings machte sich in Berlin als der Drehscheibe des Verkehrs der Mangel der nicht miteinander in Verbindung stehenden Bahnlinien bemerkbar. Es kam zu Stockungen im Transport der Truppen, die Zeitvorteile gingen in Berlin verloren bzw. wurden stark eingeschränkt. Das war der Anlaß, sofort mit dem Bau der Verbindungsbahn zu beginnen. Bereits im Dezember 1850 begann die Bauausführung zwischen dem Stettiner und dem Hamburger Bahnhof. Die Schienen und das Schwellenmaterial stellte in der Anfangsphase die Hamburger Bahn.[22]

Am 12. Mai 1851 lag das »Gesetz, betreffend die Herstellung einer die Bahnhöfe der von Berlin ausgehenden Eisenbahnen verbindenden Schienenbahn« ausgefertigt vor (Bild 116). Die Bauarbeiten für diese einfache Bahn gingen überraschend schnell voran, denn die Gleise wurden direkt auf die Straße verlegt. Zunächst sollten nur der Anhalter, der Potsdamer, der Hamburger und der Stettiner Bahnhof miteinander verbunden werden. Bereits am 15. September 1851 konnte die Strecke zwischen dem Stettiner und dem Anhalter Bahnhof in Betrieb genommen werden.

Die Verbindungsbahn entsprach einem öffentlichen Bedürfnis, denn die Gütermengen, die auf den einzelnen Berliner Bahnhöfen ankamen und weitertransportiert werden sollten, gelangten bisher nur mit großen Mühen und vor allem mit Verzögerung von einem Bahnhof zum anderen. Bei kleineren Mengen – wie Kisten, Koffern, Verschlägen usw. – mochte der Transport auf der Straße noch angehen, größere Mengen, vor allem Massengüter, konnten aber nur mit beträchtlichem Aufwand und hohen Kosten von einer Bahnlinie auf die andere übergehen. Unberücksichtigt blieb dabei noch der Versand von Gütern innerhalb der Stadt bzw. an Adressen, die in der Nähe einer anderen Bahnlinie lagen.

Am 26. August 1851 stellte der Handelsminister mancherlei Schwierigkeiten bei der Verwirklichung des Bauplans fest und übertrug – die NME unterstand bereits einer Königlichen Verwaltung – die »Ausführung des Betriebes« dieser Gesellschaft.[23] Am 11. Oktober fand die

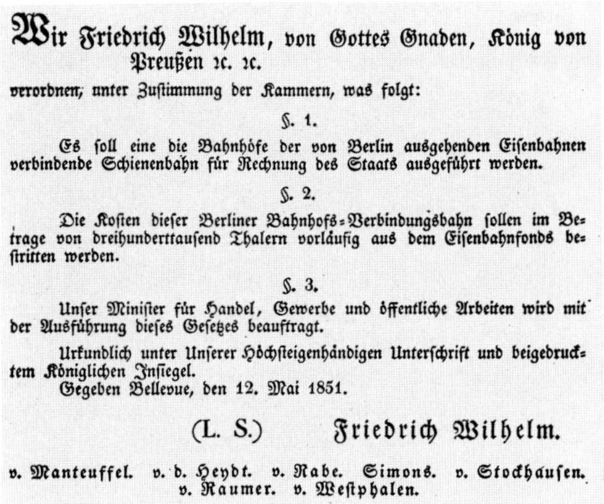

Wir Friedrich Wilhelm, von Gottes Gnaden, König von Preußen ꝛc. ꝛc.

verordnen, unter Zustimmung der Kammern, was folgt:

§. 1.

Es soll eine die Bahnhöfe der von Berlin ausgehenden Eisenbahnen verbindende Schienenbahn für Rechnung des Staats ausgeführt werden.

§. 2.

Die Kosten dieser Berliner Bahnhofs-Verbindungsbahn sollen im Betrage von dreihunderttausend Thalern vorläufig aus dem Eisenbahnfonds bestritten werden.

§. 3.

Unser Minister für Handel, Gewerbe und öffentliche Arbeiten wird mit der Ausführung dieses Gesetzes beauftragt.

Urkundlich unter Unserer Höchsteigenhändigen Unterschrift und beigedrucktem Königlichen Insiegel.

Gegeben Bellevue, den 12. Mai 1851.

(L. S.) Friedrich Wilhelm.

v. Manteuffel. v. d. Heydt. v. Rabe. Simons. v. Stockhausen. v. Raumer. v. Westphalen.

116 Gesetz vom 12. Mai 1851 über den Bau der Berliner Verbindungsbahn (Ratsb.)

[21] Ebenda, Rep. 77, Tit. 258, No. 1, Band 3, Bl. 72
[22] Berlin und seine Eisenbahnen 1846–1896. – Berlin, 1896. – Band 1, S. 272
[23] ZStAM, Rep. 93, Nr. 3359, o. Bl.

technisch-polizeiliche Abnahme statt. Trotz zahlreicher Bedenken gab das Polizeipräsidium die Strecke für den Verkehr frei, allerdings mit einigen Auflagen. Am 15. Oktober konnte der Betrieb in sehr einfachen Formen aufgenommen werden. Die Königliche Verwaltung hatte dazu am 23. September eine Art Stellenplan, der den Einsatz folgender Kräfte bei der Verbindungsbahn vorsah, festgelegt[24]:

1 Lokführer	500 Taler im Jahr
1 Feuermann	250 Taler im Jahr
1 Zugführer	300 bis 350 Taler im Jahr
1 Packmeister	250 Taler im Jahr
6 Arbeiter	15 Silbergroschen pro Tag
2 Bahnmeister	300 Taler im Jahr
Bahnwärter Weichensteller	} je 144 Taler im Jahr
1 Telegrafenbote	250 Taler im Jahr
1 Controlleur Buchhalter	} je 400 bis 500 Taler im Jahr
1 Gehilfe desselben	300 Taler im Jahr.

Zum Jahresende 1851 wurde eine erste Aufstellung der Einnahmen für die transportierten Güter in Wagen bzw. Kollis vorgelegt[25]:

Bahngesellschaft	Achsen für die ganze Strecke	halbe Strecke	Kolli für die ganze Strecke	halbe Strecke	Einnahmen Taler	Slgr.	Pfg.
a) NME	2 375	715	–	–	712	27	6
b) Anhaltinische	–	2 527			421	5	–
c) Hamburger	2 738	1 483	32	–	807	9	6
d) Stettiner	274	691	67	28	184	27	–
Summe	4 887	5 416	99	28			
für andere Beförderungen					20	–	–
Summe der Einnahmen					2 146	9	–

Die Ausgaben betrugen für die ersten Betriebswochen dagegen 3 138 Taler, 29 Silbergroschen und 11 Pfennig, so daß Mehrausgaben in Höhe von 992 Taler, 20 Silbergroschen und 11 Pfennig entstanden.[26]

Die Königliche Verwaltung drängte nun das Ministerium dazu, Einfluß auf die Eisenbahngesellschaften – insbesondere die Berlin-Potsdamer zu nehmen –, damit die Bahn stärker frequentiert werde. Im Jahre 1852 wurde der Transport von Lokomotiven und Personenwagen vom Hersteller zu dem Abnehmer über die Gleise der Verbindungsbahn gestattet, so daß die lästigen Transporte des rollenden Materials vom Hersteller zum Abnehmer durch die Straßen Berlins aufhörten.

Nach einer Beschreibung aus dem Geschäftsbericht von 1859 lag die Bahn völlig im Straßenniveau und hatte eine Länge von 2 681,25 Ruthen (2442,25 Ruthen für die Hauptgleise, 99,6 Ruthen für den Anschluß an den Hamburger Bahnhof, 41,0 Ruthen für den an den Potsdamer Bahnhof und 98,4 Ruthen für den Anschluß an den Anhalter Bahnhof). Dieser Bericht gab folgende Schilderung des Verlaufs der Bahn: »Sie beginnt am Bahnhofe der Berlin-Stettiner Eisenbahn in Berlin, folgt in der Richtung nach Westen der Invalidenstrasse, gelangt nach Ueberbrückung des Spandauer Schiffahrtskanals zum Bahnhofe der Berlin-Hamburger Eisenbahn, in welchen sie mittelst zweier Zweigleise einmündet, wendet sich dann nach Süden, durchschneidet das sogenannte Pulvermühlenterrain, überschreitet die Spree mittels einer Brücke, geht durch die sogenannten Holzplätze am Unterbaum, berührt von der Schifferstraße bis zum Brandenburger Thore die Grenze des Thiergartens, durchschneidet hier die Charlottenburger Chaussee im Niveau und gelangt mittels eines Thores in der Stadtmauer in die Brandenburger Communication. – Am Potsdamer Thore tritt sie mittels eines zweiten Thores aus der Brandenburger Communication, den Potsdamer Platz im Niveau durchschneidend, heraus und geht mittels eines dritten Thores in die Potsdamer Communication.«[27] Von einem Zug der Verbindungsbahn, der den Potsdamer Platz überquert, hat sich ein Bild ermitteln lassen, das die Verkehrssituation eindrucksvoll darstellt und begreifen läßt, daß diese Bahnstrecke nur einen vorübergehenden Charakter haben konnte (Bild 117).

Weiter heißt es in dem Bericht: »Hier verbindet sie sich mittels eines Zweiggleises, welches die Stadtmauer durchschneidet, mit dem Bahnhofe der Berlin-Potsdam-Magdeburger Eisenbahn. Nachdem sie innerhalb der Stadtmauer längs der Potsdamer Communication bis zum Anhaltinischen Thore fortgeführt ist, zweigt sie mittels eines Gleises, welches die Stadtmauer durchbricht, über den Askanischen Platz nach dem Bahnhof der Berlin-Anhalter Bahn ab. Sie geht ferner, die Anhaltstrasse durchschneidend, längs der Anhaltinischen Communication bis zum Halleschen Thor und von hier, sich ostwärts wendend, längs der Halleschen Communication bis zum Cottbuser Thor, in welcher letzteren sie am Wasserthor den Schiffahrtskanal mittels einer Drehbrücke überschreitet. Vom Cottbuser Thor folgt sie der Cottbuser Communication bis zum Lausitzer Platz, wendet sich dann südostwärts in die Eisenbahnstraße, durchschneidet die Wrangel- und Köpenickerstraße, überschreitet mittels einer Brücke die Spree, und gelangt, nachdem sie noch die Mühlenstraße durchschnitten hat, in den Bahnhof der Königlichen Niederschlesisch-Märkischen Eisenbahn«.

Ein 1856 unternommener Vorstoß, die Bahn nach Osten zu einem Ring weiterzuführen und zu schließen, verfiel der Ablehnung. Die Anlage stellte sich immer mehr als städtebauliches Hindernis heraus, so daß im Januar 1865 ein Plan für eine neue Verbindungsbahn entstand. Diese neue Bahn konnte am 17. Juli 1871 eröffnet werden, und die alte Bahn stellte ihren Betrieb ein. Bis 1895 hatte sich ein Stück dieser Linie erhalten, nämlich die Verbindung vom Bahnhof der KNME bis zu den Gasanstalten in der Gitschiner Straße.

Die Verkehrsfrequenz unterlag in der Zeit der Existenz der Verbindungsbahn starken Schwankungen, die mit der wirtschaftlichen Entwicklung der Stadt Berlin korrespondierten. Einnahmen und Ausgaben stellten so ein

[24] Ebenda
[25] Ebenda
[26] Ebenda
[27] StAP, Pr. Br. Rep. 2 A, Nr. 2126, Bericht der KNME für das Jahr 1859, o. Bl.

gewisses Spiegelbild dieser Vorgänge dar. Nach den Berichten der Direktion der NME entwickelten sie sich in der Zeit von 1852 bis 1866 wie folgt:

Jahr	Einnahmen			Ausgaben			Gewinn oder Verlust			
1852	15 973 Tlr.	14 Sgr.	0 Pfg.	16 075 Tlr.	23 Sgr.	1 Pfg.	-	102 Tlr.	9 Sgr.	1 Pfg.
1853	21 326 Tlr.	27 Sgr.	6 Pfg.	19 716 Tlr.	25 Sgr.	7 Pfg.	+	1 609 Tlr.	21 Sgr.	11 Pfg.
1854	29 192 Tlr.	17 Sgr.	11 Pfg.	22 106 Tlr.	23 Sgr.	8 Pfg.	+	7 085 Tlr.	24 Sgr.	3 Pfg.
1855	36 418 Tlr.	22 Sgr.	0 Pfg.	27 549 Tlr.	29 Sgr.	1 Pfg.	+	8 869 Tlr.	2 Sgr.	11 Pfg.
1856	42 246 Tlr.	7 Sgr.	6 Pfg.	35 487 Tlr.	29 Sgr.	3 Pfg.	+	6 558 Tlr.	8 Sgr.	3 Pfg.
1857	46 511 Tlr.	7 Sgr.	5 Pfg.	41 683 Tlr.	9 Sgr.	1 Pfg.	+	4 827 Tlr.	28 Sgr.	4 Pfg.
1858	41 350 Tlr.	3 Sgr.	6 Pfg.	38 782 Tlr.	26 Sgr.	11 Pfg.	+	2 567 Tlr.	6 Sgr.	7 Pfg.
1859	37 122 Tlr.	25 Sgr.	7 Pfg.	37 105 Tlr.	19 Sgr.	5 Pfg.	+	17 Tlr.	6 Sgr.	2 Pfg.
1860	48 336 Tlr.	–	–	38 533 Tlr.	–	–	+	9 673 Tlr.	–	–
1861	55 722 Tlr.	–	–	39 197 Tlr.	–	–	+	16 525 Tlr.	–	–
1862	73 407 Tlr.	–	–	48 823 Tlr.	–	–	+	24 584 Tlr.	–	–
1863	69 870 Tlr.	–	–	56 864 Tlr.	–	–	+	13 006 Tlr.	–	–
1864	91 134 Tlr.	–	–	65 199 Tlr.	–	–	+	25 935 Tlr.	–	–
1865	93 225 Tlr.	–	–	65 632 Tlr.	–	–	+	27 593 Tlr.	–	–
1866	108 163 Tlr.	–	–	90 187 Tlr.	–	–	+	18 976 Tlr.	–	–

Der Frankfurter Bahnhof in Berlin

Nur spärlich fließen die Quellen der fünfziger und sechziger Jahre über den Frankfurter Bahnhof. Das wenige läßt sich wie folgt zusammenfassen: Es gab bis 1859 nur geringe Veränderungen an den Bauten, die für den wachsenden Verkehr ausreichten. Der gedruckte Bericht der Direktion für das Jahr 1858 nennt im einzelnen folgende, seit 1852 eingetretene Veränderungen[28]:

1852 Bau eines kleinen Materialschuppens aus Fachwerk mit Zinkdach,

1853 Anlage von Kohleplätzen auf der Südseite des Bahnhofs nebst Bau von Kohlewärter-Häuschen neben diesen, Bau eines neuen Lokomotivschup-

117 Ein Zug der Verbindungsbahn auf dem Potsdamer Platz (Meßbildarchiv)

[28] ZStAM, Rep. 93, Nr. 3286, o. Bl.

pens und von Feuergruben für 3 Lokomotiven (Bild 118),
Bau einer massiven Rampe für die Verladung von Vieh und Equipagen,
Anlage einer eisernen Schiebebühne längs der Lokomotiv-Reparatur-Werkstatt,
Bau eines Eiskellers in der Nähe der Koppenstraße (Bild 119),

1854 Bau einer Feuergrube zum Reinigen der Lokomotiven, Einrichtung der Gasbeleuchtung in dem im Jahre 1853 gebauten Lokomotivschuppen,
Anlage eines Wasserbottichs nebst Wasserleitung für die Wasserstation,
Bau einer Brückenwaage zum Abwiegen der Federbelastung der Lokomotiven,

1855 Bau eines Koksschuppens von 217 Fuß Länge und 36 Fuß Tiefe auf dem Ausladeplatz an der Spree,
Anlage von Kohlelagerplätzen auf der Nordseite des Bahnhofs,

1856 Umbau des alten Güterschuppens auf dem Ausladeplatz an der Spree zum Betriebs-Materialien-Magazin (Bild 120),

1857 Anbau an den Güterschuppen für abgehende Güter, massiv, von 105 Fuß Länge und 62 Fuß Tiefe, Aufbau einer zweiten Etage auf einem Teil dieses Schuppens für Büroräume, 34 Fuß lang und 31 Fuß tief (Bilder 121, 122 und 124),
Anbau an den Güterschuppen für ankommende Güter bei 106 Fuß mittlerer Länge und $44\frac{1}{2}$ Fuß Tiefe, Aufbau einer zweiten Etage auf einem Teil der Büroräume von $36\frac{5}{12}$ Fuß Länge, $44\frac{1}{2}$ Fuß Tiefe, damit verbunden war die Verlegung der Büroräume an das westliche Ende des Bauwerks, Neubau eines massiven Lokomotivschuppens für 6 Lokomotiven, 109 Fuß lang, 49 Fuß tief, nebst zwei Wasserkränen mit Wasserleitung,
Anlage einer großen eisernen Drehscheibe von 38 Fuß Durchmesser,
Erweiterung des Bahnhofs durch Grunderwerb,

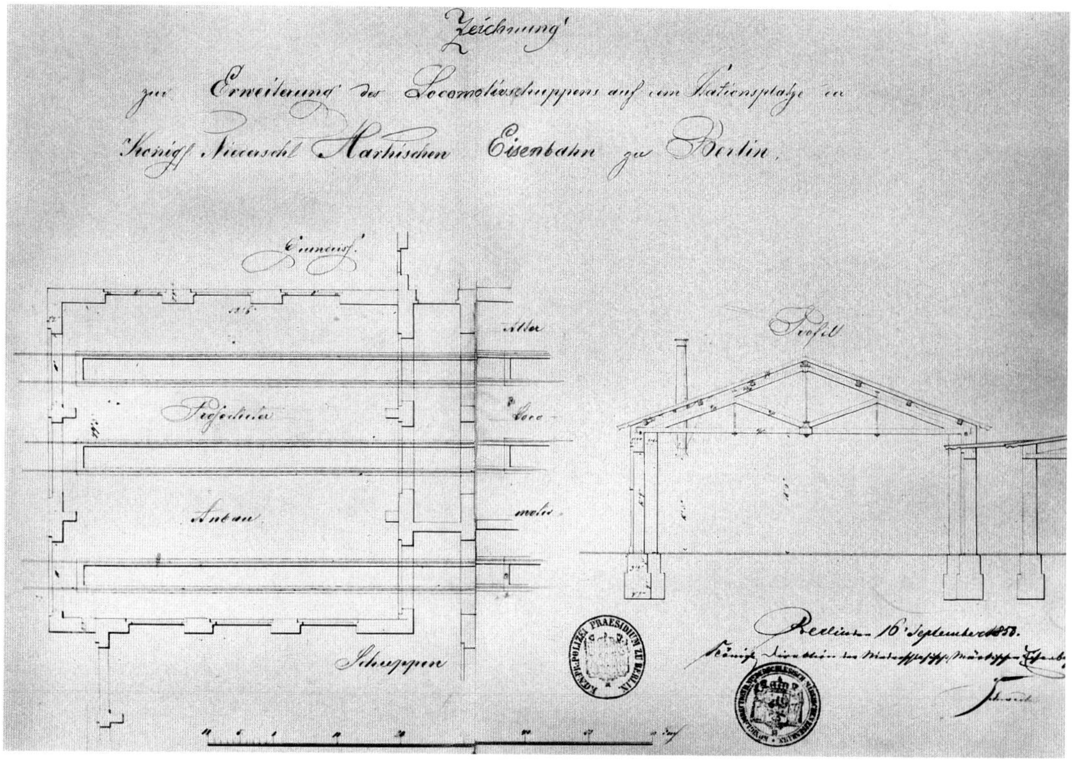

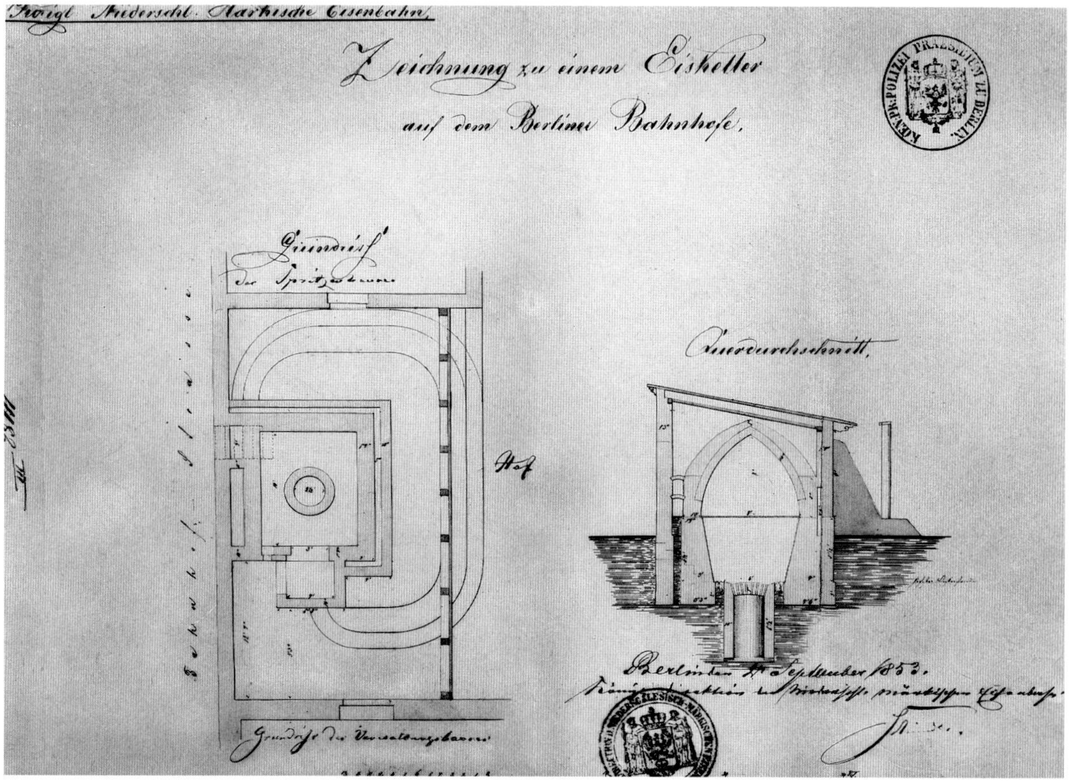

118 »Zeichnung zur Erweiterung des Locomotivschuppens auf dem Stationsplatz der Königl. Niederschl. Märkischen Eisenbahn zu Berlin« aus dem Jahre 1853 (BauF)
119 »Zeichnung zu einem Eiskeller auf dem Berliner Bahnhofe« aus dem Jahre 1853 (BauF)

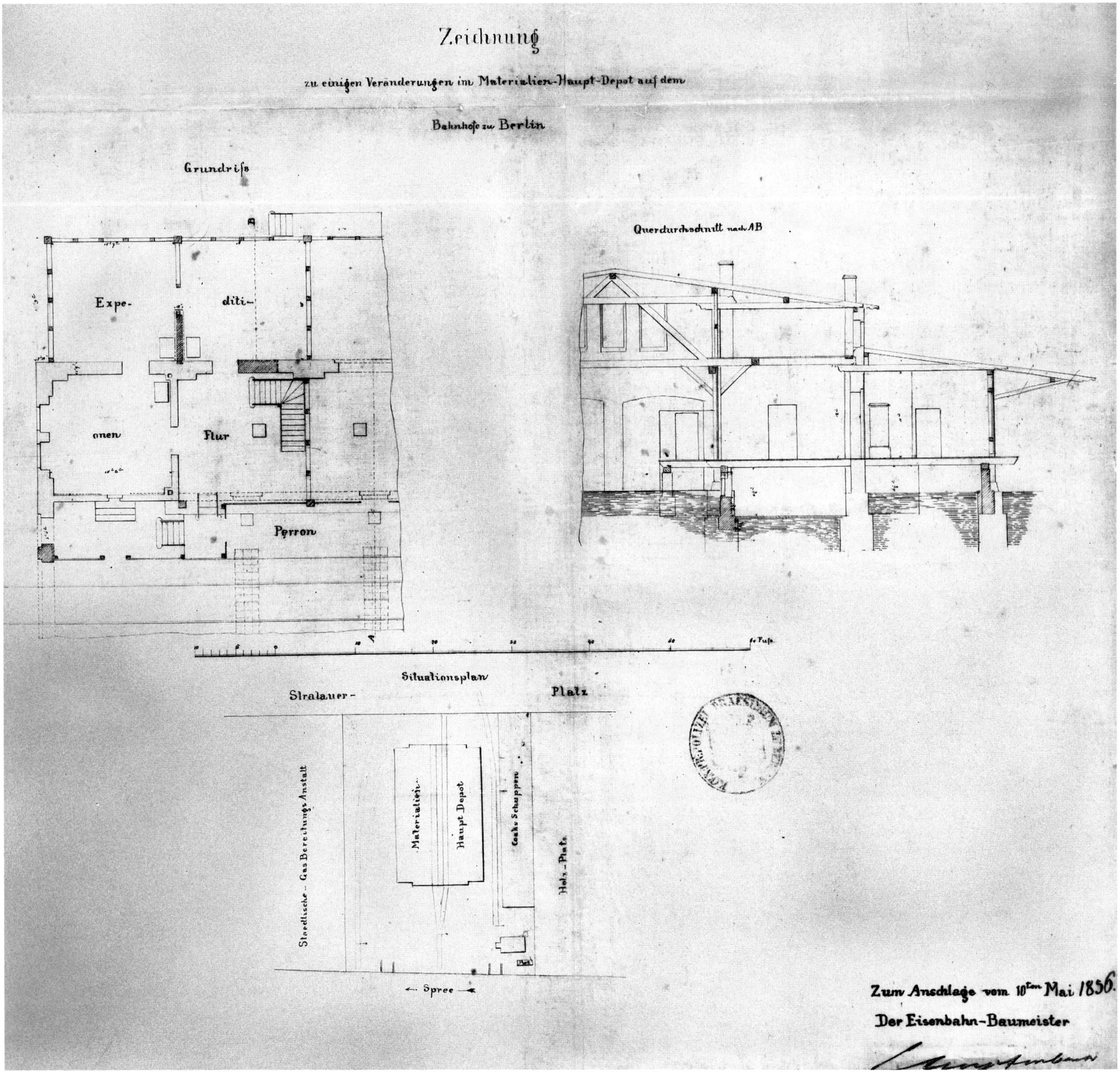

120 »Zeichnung zu einigen Veränderungen im Materialien-Haupt-Depot auf dem Bahnhofe zu Berlin« aus dem Jahre 1856 (BauF)

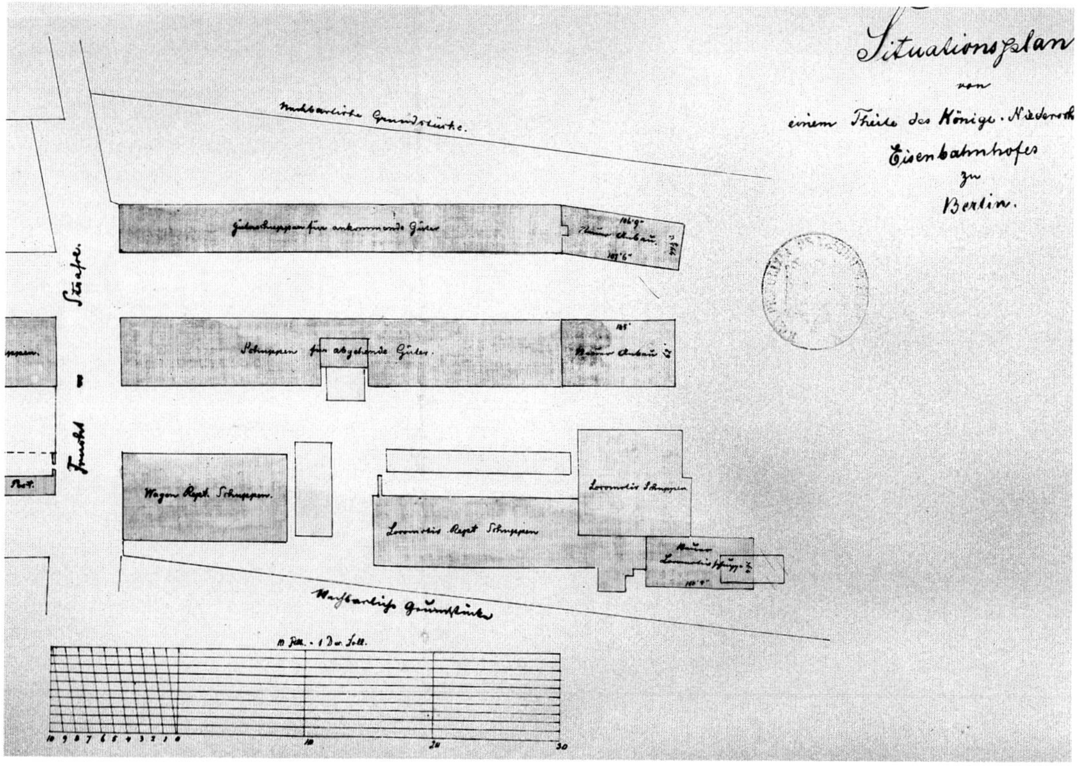

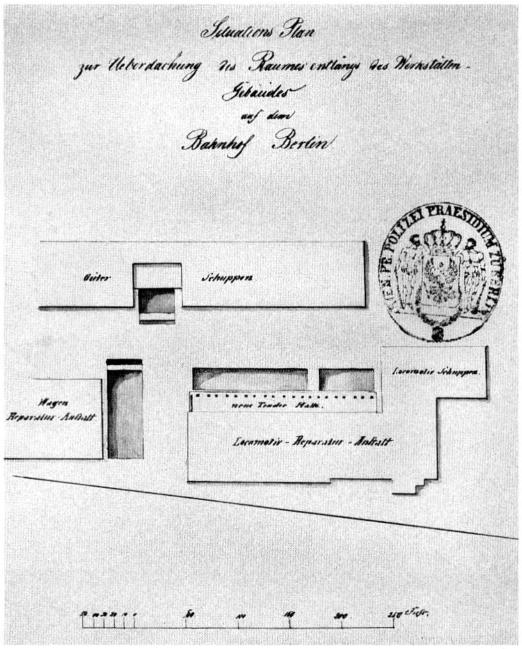

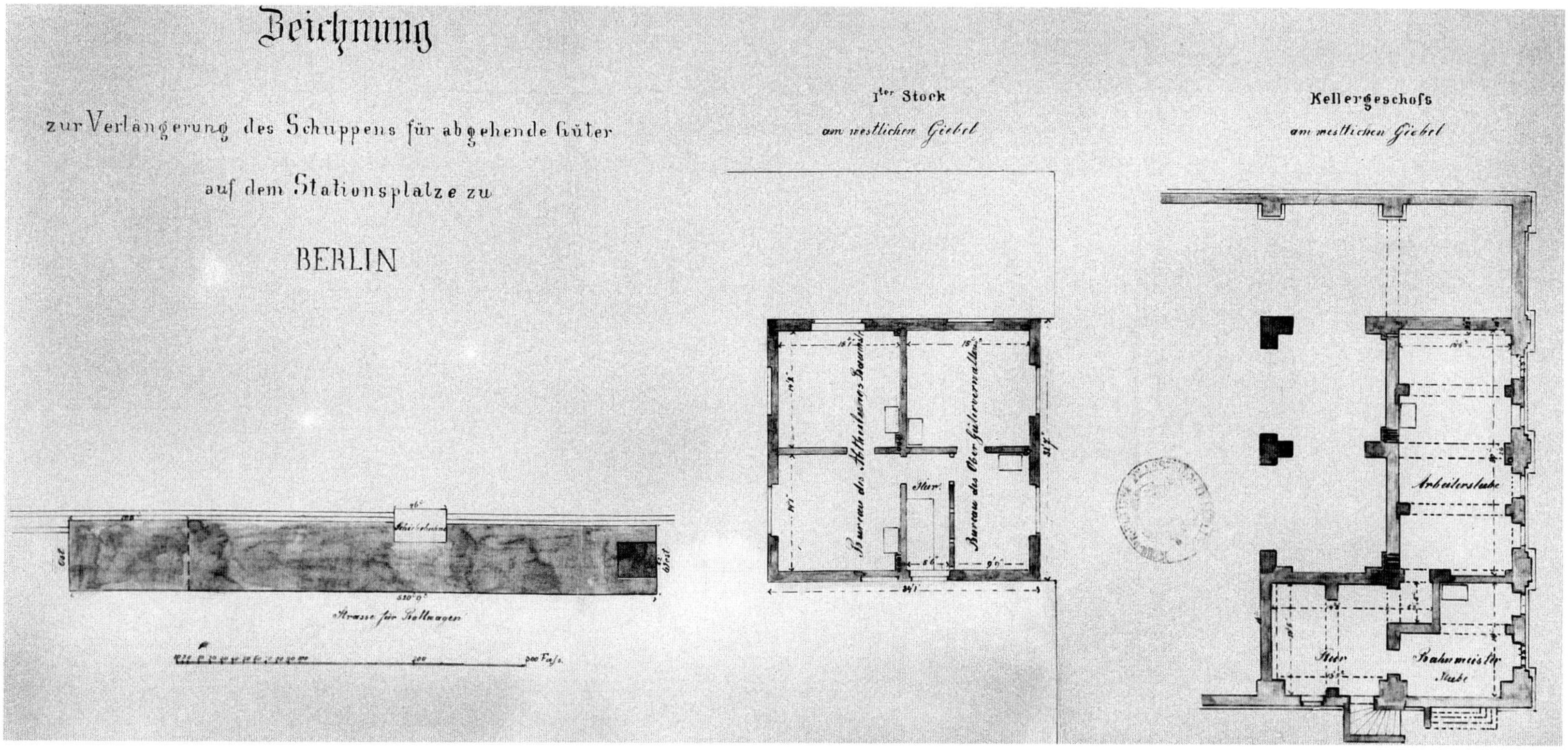

121 »Situationsplan von einem Theile des Königl. Niederschl. Märkischen Eisenbahnhofes zu Berlin« aus dem Jahre 1857 (BauF)

122 »Zeichnung zur Verlängerung des Schuppens für abgehende Güter …«, wobei die Grundrißzeichnung seitenverkehrt dargestellt ist. (BauF)

123 »Situations Plan zur Überdachung des Raumes entlängs des Werkstätten Gebäudes auf dem Bahnhof Berlin« (BauF)

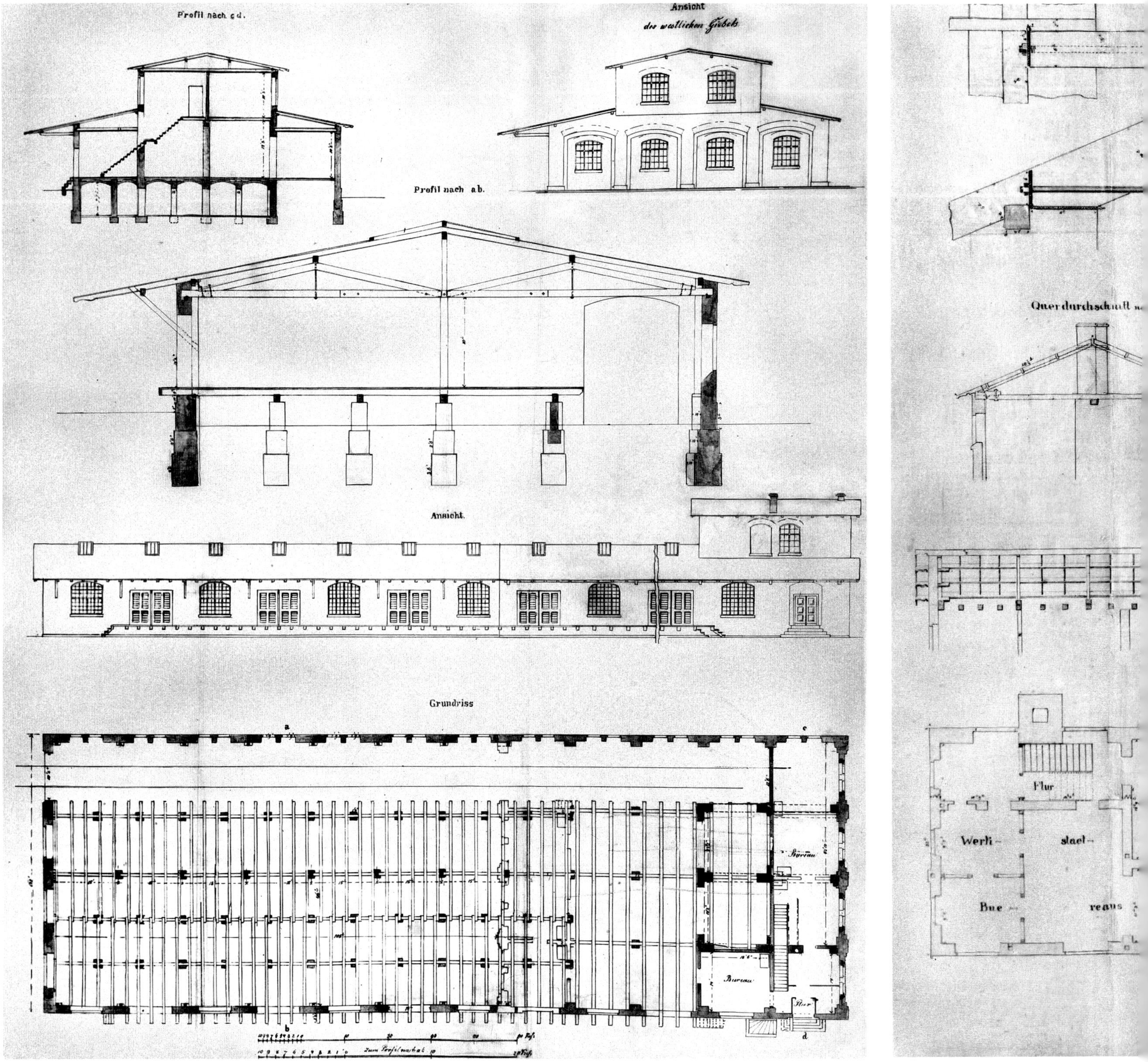

124 Oberer Teil der Zeichnung zur Verlängerung des Schuppens für abgehende Güter aus dem Jahre 1857 (BauF)

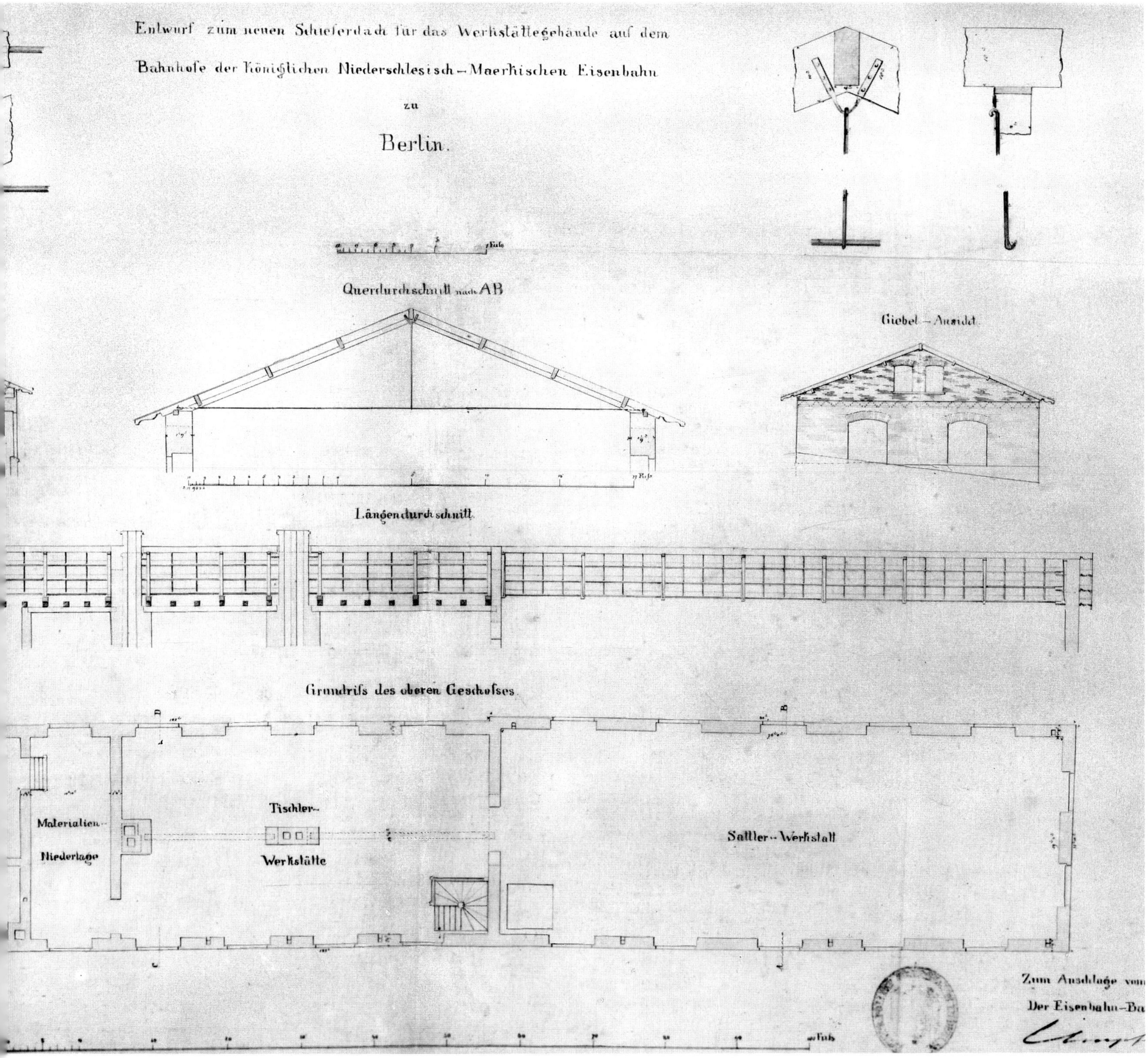

125 »Entwurf zu einem neuen Schieferdach für das Werkstättengebäude auf dem Bahnhofe der Königlichen Niederschlesisch-Märkischen Eisenbahn« aus dem Jahre 1856 (BauF)

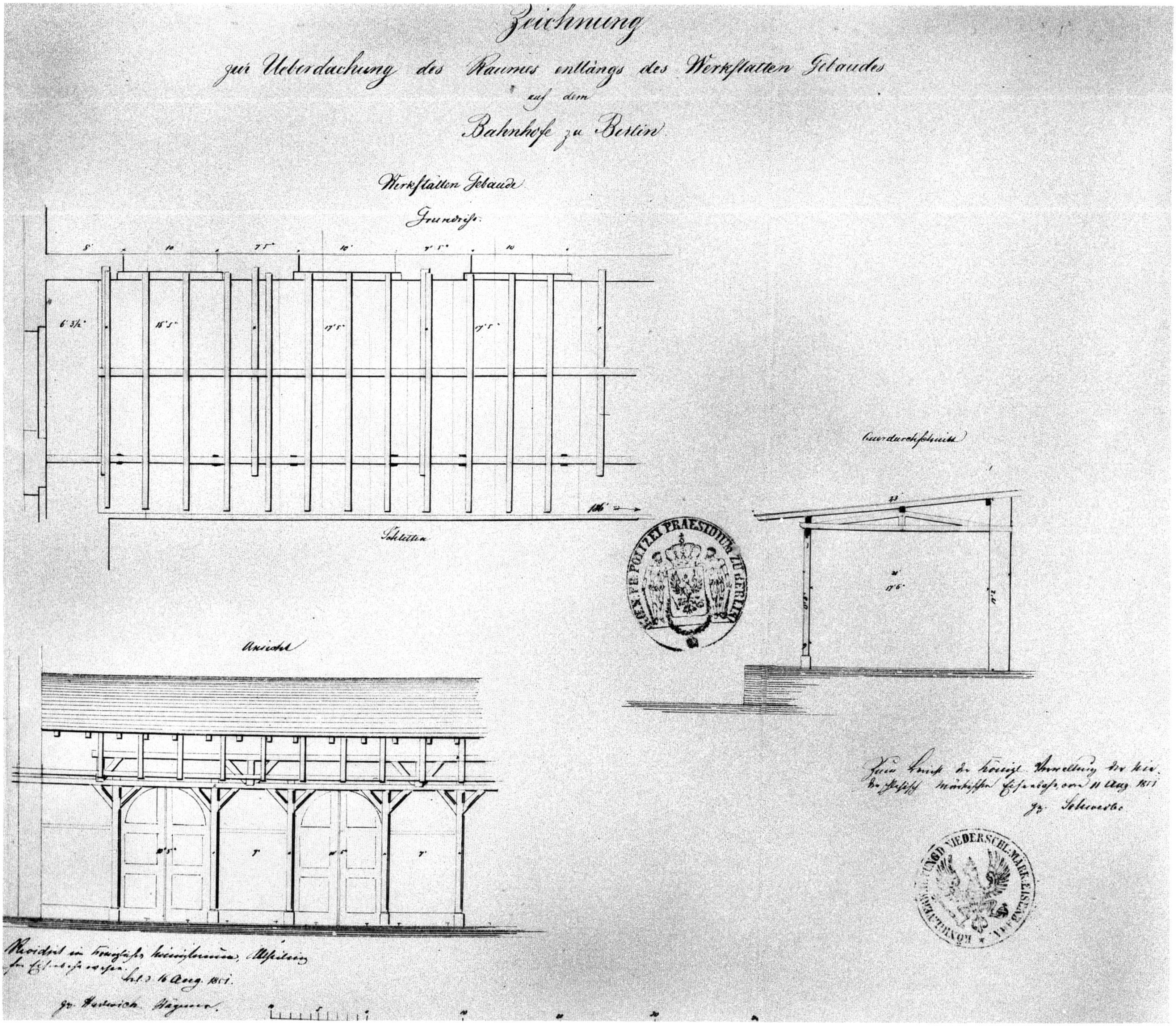

1858 Bau eines zweistöckigen massiven Beamten-Wohngebäudes mit Stall und Pumpe,
Einrichtung eines angekauften Wohnhauses in der Fruchtstraße zu einem Beamten-Wohnhaus,
Aufstellung eines Lastkrans von 150 Zentner Tragfähigkeit.

Nicht in diesem Bericht aufgeführt wurden die im Jahre 1851 vorgenommene Überdachung des Raumes entlang des Werkstätten-Gebäudes (Bilder 123 und 126) sowie die Aufbrin-

126 »Zeichnung zur Überdachung des Raumes entlängs des Werkstätten Gebäudes auf dem Bahnhofe zu Berlin« aus dem Jahre 1851 (BauF)

gung eines Schieferdachs auf dem Werkstätten-Gebäude (Bild 125). Ein ungeordnetes Konvolut der dafür notwendigen Bauzeichnungen hat sich teilweise in den Bauakten erhalten. Sie werden hier vorgelegt, da sie wichtige Eindrücke von den Bauten für technische Zwecke einer Bahn vermitteln und so das Wissen über die frühen Eisenbahnbauten erweitern.

Die aus dem Geschäftsbericht gewonnene detaillierte Aufstellung (eine spätere konnte bisher nicht ermittelt werden) zeigt, daß vor allem der Güterverkehr Veränderungen an den baulichen Anlagen des Bahnhofs erforderte. Die Anlagen für den Personenverkehr reichten aus, sieht man von der Anlage des Eiskellers und einer hier nicht dokumentierten Überdachung des Rinnsteins am Personenaufnahmehaus ab.

Der Bahnhof in Berlin hatte 1859 folgende Anlagen: 66 Weichen, 6 Drehscheiben, 9 Wasserkräne, 4 Rampen, 5 Schiebebühnen, 1 Stationsgebäude, 3 Lokomotiv-Schuppen für 18 Lokomotiven, 2 Werkstätten, 1 Wasserstation, 1 Koksschuppen, 1 Wagenschuppen für 21 Wagen, 2 Güterschuppen und 12 Nebengebäude. Auf dem Bahngelände lagen 310 461 Ruthen Schienen ohne die Hauptgleise.[29]

Auch in anderer Hinsicht gestattet der Bericht interessante Einblicke in das Verkehrsaufkommen. So waren 1857 auf dem Frankfurter Bahnhof 253 240 Personen angekommen und 262 604 abgereist. Das waren täglich 693,8 ankommende und 719,5 abreisende, zusammen also 1 413,3 Personen, die die Einrichtungen des Bahnhofs benutzten. Die Zahl war im Vergleich zu den Vorjahren zwar gestiegen, aber hierfür reichten die Anlagen aus. (Nicht untersucht werden konnte die Zahl der Reisenden auf der Königlichen Ostbahn, die das nördliche 5. Gleis benutzte. Sie dürfte nicht ganz so hoch gewesen sein, da die Vergnügungsfahrten entfielen.) Folgende Einzelwerte bringt der Bericht über den Verkehr auf dem Frankfurter Bahnhof[30]:

	Ankommende Personen	Abreisende Personen
I. Klasse	4 744	4 816
II. Klasse	60 634	62 804
III. Klasse	91 186	93 166
IV. Klasse	92 223	96 683
Militärpersonen	4 453	5 135

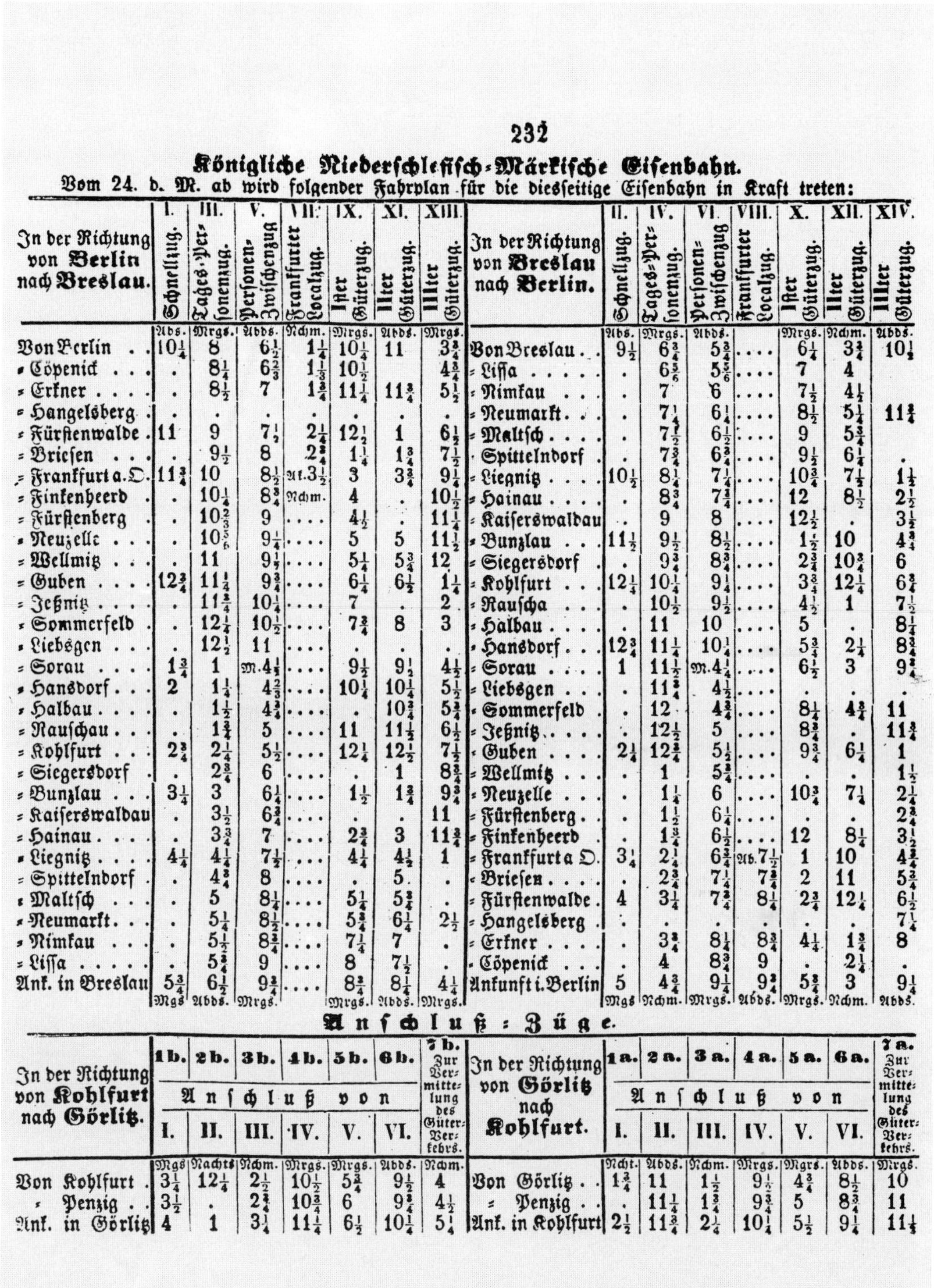

232

Königliche Niederschlesisch-Märkische Eisenbahn.

Vom 24. d. M. ab wird folgender Fahrplan für die diesseitige Eisenbahn in Kraft treten:

In der Richtung von **Berlin** nach **Breslau**.	I. Schnellzug.	III. Tages-Personenzug.	V. Personen-Zwischenzug	VII. Frankfurter Localzug.	IX. Ister Güterzug.	XI. IIter Güterzug.	XIII. IIIter Güterzug.
	Abs.	Mrgs.	Abds.	Nchm.	Mrgs.	Abds.	Mrgs.
Von Berlin . .	10¼	8	6½	1¼	10¼	11	3¾
" Cöpenick . . .	.	8¼	6⅔	1⅓	10½		4¾
" Erkner	.	8½	7	1¾	11¼	11¾	5½
" Hangelsberg .	.	.	.	.	.	.	.
" Fürstenwalde .	11	9	7½	2¼	12½	1	6½
" Briesen . . .	.	9½	8	2¾	1¼	1¾	7½
" Frankfurt a. O.	11¾	10	8½	Af. 3½	3	3¾	9¼
" Finkenheerd .	.	10¼	8¾	Nchm.	4	.	10½
" Fürstenberg .	.	10⅔	9	....	4½	.	11¼
" Neuzelle . . .	.	10⅚	9¼	....	5	5	11½
" Wellmitz . . .	.	11	9½	....	5¼	5¾	12
" Guben	12¾	11¼	9¾	....	6¼	6½	1¼
" Jeßnitz	.	11¾	10¼	....	7	.	2
" Sommerfeld .	.	12¼	10½	....	7¾	8	3
" Liebsgen . . .	.	12½	11	....	.	.	.
" Sorau	1¾	1	M. 4½	....	9½	9½	4½
" Hansdorf . . .	2	1¼	4⅔	....	10¼	10¼	5½
" Halbau	.	1½	4¾	....	.	10¾	5¾
" Rauschau . . .	.	1¾	5	....	11	11½	6½
" Kohlfurt . . .	2¾	2¼	5½	....	12¼	12½	7½
" Siegersdorf .	.	2¾	6	....	.	1	8¾
" Bunzlau . . .	3¼	3	6¼	....	1½	1¾	9¾
" Kaiserswaldau	.	3½	6¾	....	.	.	11
" Hainau	.	3¾	7	....	2¾	3	11¾
" Liegnitz	4¼	4¼	7½	....	4¼	4½	1
" Spittelndorf .	.	4¾	8	....	.	5.	.
" Maltsch . . .	.	5	8¼	....	5¼	5¾	.
" Neumarkt. . .	.	5¼	8½	....	5¾	6¼	2½
" Nimkau . . .	.	5½	8¾	....	7¼	7	.
" Lissa	.	5¾	9	....	8	7½	.
Ank. in Breslau	5¾	6½	9¾	....	8¾	8¼	4¼
	Mgs	Abds.	Mrgs.		Mrgs.	Abds.	Mrgs.

In der Richtung von **Breslau** nach **Berlin**.	II. Schnellzug.	IV. Tages-Personenzug.	VI. Personen-Zwischenzug	VIII. Frankfurter Localzug.	X. Ister Güterzug.	XII. IIter Güterzug.	XIV. IIIter Güterzug.
	Abs.	Mrgs.	Abds.		Mrgs.	Nchm.	Abds.
Von Breslau . .	9½	6¾	5¾	....	6¼	3¾	10½
" Lissa	.	6⅚	5⅚	....	7	4	
" Nimkau . . .	.	7	6	....	7½	4½	
" Neumarkt. . .	.	7¼	6¼	....	8½	5¼	11¾
" Maltsch	.	7½	6½	....	9	5¾	
" Spittelndorf .	.	7¾	6¾	....	9½	6¼	.
" Liegnitz	10½	8¼	7¼	....	10¾	7½	1½
" Hainau	.	8¾	7¾	....	12	8½	2½
" Kaiserswaldau	.	9	8	....	12½	.	3½
" Bunzlau . . .	11½	9½	8½	....	1½	10	4¾
" Siegersdorf .	.	9¾	8¾	....	2¾	10¾	6
" Kohlfurt . . .	12¼	10¼	9¼	....	3¾	12¼	6¾
" Rauscha . . .	.	10½	9½	....	4½	1	7½
" Halbau	.	11	10	....	5	.	8¼
" Hansdorf . . .	12¾	11¼	10¼	....	5¾	2¼	8¾
" Sorau	1	11½	M. 4¼	....	6½	3	9¾
" Liebsgen . . .	.	11¾	4½	....	.	.	.
" Sommerfeld .	.	12	4¾	....	8¼	4¾	11
" Jeßnitz	.	12½	5	....	8¾	.	11¾
" Guben	2¼	12¾	5½	....	9¾	6¼	1
" Wellmitz . . .	.	1	5¾	....	.	.	1½
" Neuzelle . . .	.	1¼	6	....	10¾	7¼	2¼
" Fürstenberg . .	.	1½	6¼	....	.	.	2¾
" Finkenheerd .	.	1¾	6½	....	12	8¼	3½
" Frankfurt a O.	3¼	2¼	6¾	Ab. 7½	1	10	4¾
" Briesen	.	2¾	7¼	7¾	2	11	5¾
" Fürstenwalde .	4	3¼	7¾	8¼	2¾	12¼	6½
" Hangelsberg .	.	.	.	.	.	.	7¼
" Erkner	.	3¾	8¼	8¾	4¼	1¾	8
" Cöpenick . . .	.	4	8¾	9	.	2¼	.
Ankunft i. Berlin	5	4¾	9¼	9¾	5¾	3	9¼
	Mgs	Nchm.	Mrgs.	Abds.	Mrgs.	Nchm.	Abds.

Anschluß-Züge.

In der Richtung von **Kohlfurt** nach **Görlitz**.	1b. Anschluß von I.	2b. Anschluß von II.	3b. Anschluß von III.	4b. Anschluß von IV.	5b. Anschluß von V.	6b. Anschluß von VI.	7b. Zur Vermittelung des Güter-Verkehrs.
	Mgs	Nachts	Nchm.	Mrgs.	Mrgs.	Abds.	Nchm.
Von Kohlfurt .	3¼	12¼	2½	10½	5¾	9½	4
" Penzig . .	3½	.	2¾	10¾	6	9¾	4½
Ank. in Görlitz	4	1	3¼	11¼	6½	10¼	5¼

In der Richtung von **Görlitz** nach **Kohlfurt**.	1a. Anschluß von I.	2a. Anschluß von II.	3a. Anschluß von III.	4a. Anschluß von IV.	5a. Anschluß von V.	6a. Anschluß von VI.	7a. Zur Vermittelung des Güter-Verkehrs.
	Ncht.	Abds.	Nchm.	Mrgs.	Mgrs.	Abds.	Mrgs.
Von Görlitz . .	1¾	11	1½	9½	4¾	8½	10
" Penzig . .	.	11¼	1¾	9¾	5	8¾	11
Ank. in Kohlfurt	2½	11¾	2¼	10¼	5½	9¼	11¼

127 Erste Seite des Fahrplans der Königlichen Niederschlesisch-Märkischen Eisenbahn, gültig ab 24. Juni 1854 (Ratsb.)

[29] StAP, Pr. Br. Rep. 2 A, Nr. 2126, Bericht der KNME für das Jahr 1859, o. Bl.
[30] Ebenda

Die Anbindung des Personen- und Güterverkehrs der Königlichen Ostbahn in Frankfurt (Oder) an die NME veränderte die Situation. Der Betrieb wurde am 12. Oktober 1857 aufgenommen, und die Direktion der Ostbahn hatte am 3. Oktober in einer Anzeige in den Tageszeitungen diesen Umstand den Fahrgästen und Nutzern mitgeteilt. Am 10. Oktober hatten in einer weiteren Anzeige der KNME die Abfahrts- und Ankunfszeiten beider Linien auf dem Bahnhof in Berlin vorgelegen[31]:

»A. Abgang

1)	6 Uhr Morgens	Personenzug nach Danzig und Königsberg
2)	$8^3/_4$ Uhr Morgens	Personenzug nach Breslau
3)	$12^3/_4$ Uhr Mittags	Lokalzug nach Frankfurt a. O.
4)	$6^1/_4$ Uhr Abends	Personenzug bis Sommerfeld und Sorau mit Anschluß nach Küstrin und Landsberg
5)	$10^1/_2$ Uhr Abends	Schnellzug nach Breslau
6)	11 Uhr Abends	Schnellzug nach Danzig und Königsberg

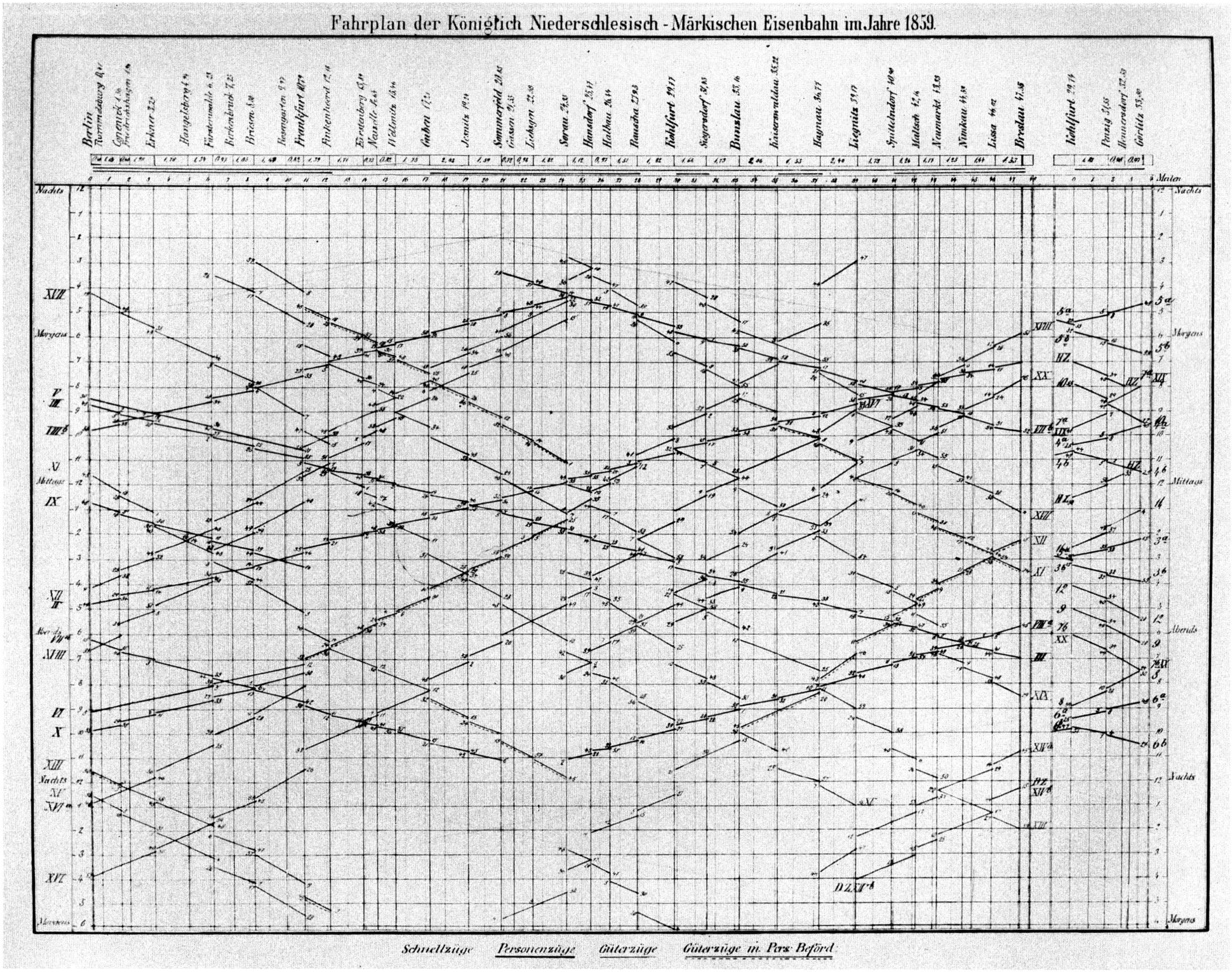

128 Bildfahrplan aus dem Jahre 1859 (StAP)

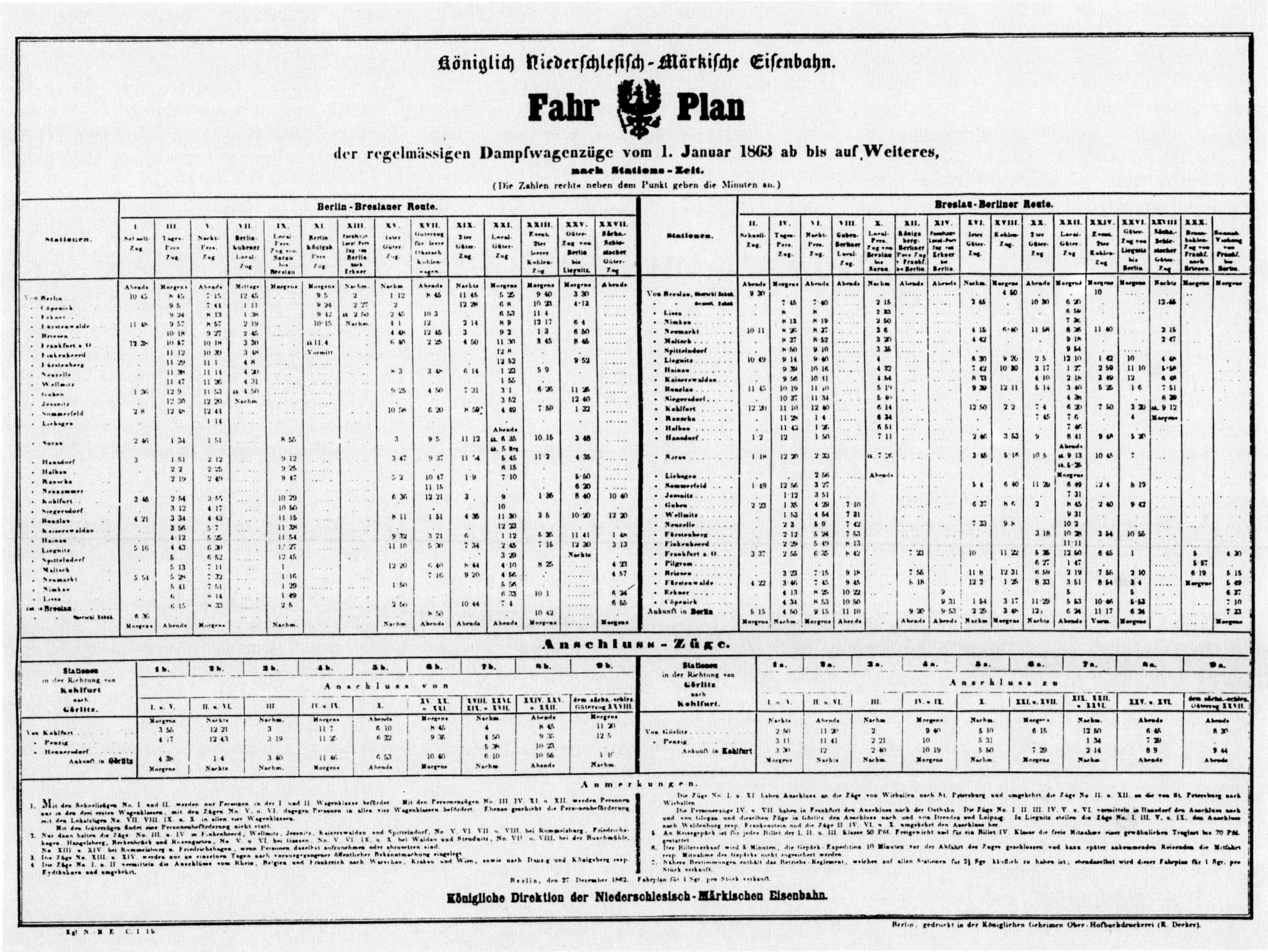
Königlich Niederschlesisch-Märkische Eisenbahn.

Fahr Plan

der regelmässigen Dampfwagenzüge vom 1. Januar 1863 ab bis auf Weiteres,

nach Stations-Zeit.

(Die Zahlen rechts neben dem Punkt geben die Minuten an.)

Berlin-Breslauer Route.

Breslau-Berliner Route.

Anschluss-Züge.

Anmerkungen.

Berlin, den 27. December 1862.

Königliche Direktion der Niederschlesisch-Märkischen Eisenbahn.

Berlin, gedruckt in der Königlichen Geheimen Ober-Hofbuchdruckerei (R. Decker).

B. Ankunft

7)	5 Uhr Morgens	Schnellzug von Danzig und Königsberg
8)	$5^1/_2$ Uhr Morgens	Schnellzug von Breslau
9)	$9^1/_2$ Uhr Morgens	Personenzug von Sorau mit Anschluß von Küstrin und Landsberg
10)	5 Uhr Nachmittags	Personenzug von Breslau
11)	$9^1/_2$ Uhr Abends	Lokalzug von Frankfurt
12)	$10^3/_4$ Uhr Abends	Personenzug von Danzig und Königsberg«

Weiter teilte die Direktion mit: »Der Gang der Güterzüge und die sonstigen näheren Bestimmungen werden aus dem unter der Presse befindlichen Fahrplane zu ersehen sein«[31].

Für sechs ankommende und sechs abgehende Züge reichten die Anlagen tatsächlich aus. Nicht veröffentlicht wurden die An- und Abfahrtzeiten der Güterzüge, die z. T. auch Personen in der III. und IV. Wagenklasse beförderten. Auf sie verwies die Anzeige durch den Hinweis auf den im Druck befindlichen Fahrplan, der aber nicht ermittelt werden konnte. Der am 24. Juni 1854 in Kraft getretene Fahrplan der KNME verzeichnete drei Güterzüge in jede Richtung (Bild 127). Der Fahrplan des Jahres 1857 übernahm die vier ausschließlich der Personenbeförderung dienenden Züge; die Verkehrsfrequenz hatte sich also noch nicht grundlegend verändert. Der Fahrplan der KNME für das Jahr 1859 (Bild 128) enthielt jeweils neun

[31] Vossische Zeitung. – Berlin. – 10. Oktober 1857

129 »Fahrplan der regelmässigen Dampfwagenzüge vom 1. Januar 1863 ab bis auf Weiteres« (ZStAM)

Der vom 1. Januar 1863 an gültige Fahrplan (zum Preis von 1 Silbergroschen zu kaufen) zeigte eine völlig veränderte Situation (Bild 129). Insgesamt dreißig Fahrplanpositionen unterschiedlicher Art brachten Neuerungen. Zum ersten entfiel die Personenbeförderung in Güterzügen, zum zweiten gab es nur noch einen direkten Zug der Ostbahn für den Personenverkehr von Berlin nach Königsberg und umgekehrt. Ansonsten begann der Verkehr nach Königsberg erst in Frankfurt (Oder), und die Schnellzüge I. und II. vermittelten ihn und den internationalen Verkehr. Zum dritten enthielt der Fahrplan drei ausgesprochene Güterzüge und mindestens einen Kohlezug bzw. einen Zug zum Abfahren der leeren Kohlewagen aus Berlin. Bei Bedarf konnte ein zweiter Zug pro Tag eingelegt werden. Die Vergnügungszüge nach Erkner waren ebenfalls verzeichnet, sie hießen nun »Facultative Local-Personenzüge« und wurden nur »nach vorausgegangener öffentlicher Bekanntmachung eingelegt«. Dieser Fahrplan verdeutlichte im Vergleich mit den anderen den angewachsenen Verkehr auf der KNME, der zu einer einschneidenden Veränderung der Bahnanlagen führen mußte.

Als Kuriosität sei angemerkt, daß die KNME im Jahre 1861 verpflichtet wurde, für ein besonderes Ereignis einen Bahnhof anzulegen. Friedrich Wilhelm IV. war am 2. Januar 1861 gestorben, und bereits am 12. Oktober 1858 hatte seine Bruder Wilhelm die Prinzregentschaft für den geisteskranken König übernommen. Nun wurde der Prinzregent Wilhelm preußischer König und ließ sich am 18. Oktober 1861 feierlich krönen. Für die Fahrt zu und von den Feierlichkeiten benutzte der Hof die Eisenbahn, und bei der Rückkehr sollte der neue König durch die Vertreter der königlichen Residenzstadt Berlin an einem Stadttor feierlich begrüßt werden. Die Bahn endete aber nicht an einem Tor, sondern mitten im Stralauer Viertel. Deshalb mußte die KNME vor dem Frankfurter Tor einen Bahnhof nur für diesen Anlaß errichten. Dieser »Krönungsbahnhof« hatte nur diesen einzigen Zweck, an einem Stadttor den König feierlich »einzuholen«. Von Rummelsburg zweigten die Behörden ein Gleis ab, das auf dem Straßenpflaster entlang der Boxhagener Straße angelegt wurde. Der Bahnhof selbst stand an der Stelle, an der Crelle einst den Frankfurter Bahnhof anlegen wollte, auf dem Gelände des Schlößchens.[32] Hoher Aufwand wurde getrieben für nichts!

Der Neubau des Bahnhofs

In den sechziger Jahren stellte sich nach der skizzierten Entwicklung des Personenverkehrs, vor allem aber nach der enormen Zunahme des Güterverkehrs immer stärker die Unzulänglichkeit der Bahnhofsanlagen heraus. Wie überall lagen nun mehrjährige Betriebserfahrungen vor, aus denen ebenfalls Forderungen nach Veränderung des Bahnhofs erwuchsen. Die erste Generation der Bahnhöfe war aus der Suche entstanden, dem neuen Verkehrsmittel eine Form zu geben. Es gab aber noch zu wenig Anhaltspunkte, nach denen sich die Architekten richten konnten. Sie hatten in eine bisher nicht bekannte Richtung experimentiert. Das mußte neben sich Bewährendem auch Unzulänglichkeiten hervorbringen, die aber erst nach Vorliegen entsprechender Erfahrungen verändert werden konnten. Und schließlich hatte die Eisenbahn auf jede neue Wirtschaftsentwicklung zu reagieren und sich deren Bedürfnissen anzupassen.

Beim Neubau des Frankfurter Bahnhofs (umgangssprachlich: Bahnhof der Niederschlesisch-Märkischen Eisenbahn zu Berlin) kam hinzu, daß dies das erste größere Projekt einer auf Staatsrechnung betriebenen Bahnanlage war. Es mußten also nicht nur Erfahrungen verwertet, sondern auch Tendenzen einer in die Zukunft reichenden Entwicklung beachtet werden. Zahlreiche neue Fragen waren perspektivisch zu lösen.

Ansatzpunkte des Neubaus blieben die Anlagen des Güterverkehrs, deren unsystematische Erweiterung zum einen dem gestiegenen Verkehrsbedürfnis nicht mehr entsprachen und zum anderen auch keine räumliche Entwicklung zuließen. Die Bestimmungen des neuen Bebauungsplans der Stadt Berlin von 1862 forderten außerdem Veränderungen. Gerade hierzu aber schweigen die Akten. Aus der Überlieferung der Königlichen Ostbahn konnte z. B. die Situation der Bahnlinie bei Überquerung der Fruchtstraße durch die Gütergleise geklärt werden. Nach 1860 entstand auf dem Gelände nördlich der Fruchtstraße der dritte, der bisher größte Güterschuppen, so daß neue Gleise zu verlegen waren. 1866 kam die nördliche Seite des Güterbahnhofs an die Königliche Ostbahn, die diese Anlagen interimistisch nutzte. Vom April 1866 hat sich eine Faustskizze erhalten, die die Gebäude und die vier Gleise zu dem Gü-

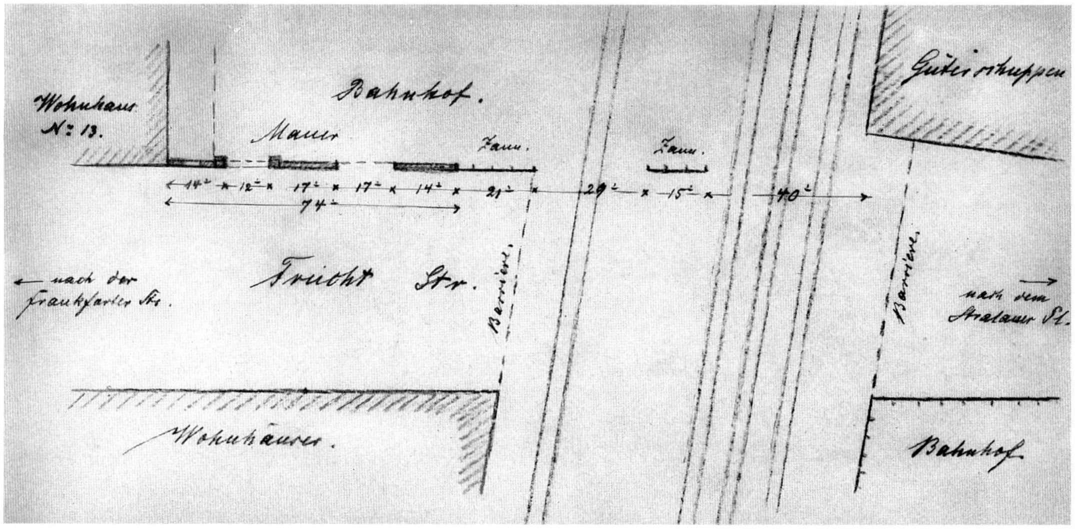

130 Skizze zur Situation in der Fruchtstraße an den Gütergleisen mit dem Güterschuppen, den Barrieren zur Sperrung der Straße und dem Verlauf der Gütergleise, nun zur Königlichen Ostbahn gehörig (BauF)

32 Hengstbach, A.: Der Krönungsbahnhof. – In: Verkehrsgeschichtliche Blätter. – Berlin, 1984. – H. 2, S. 149

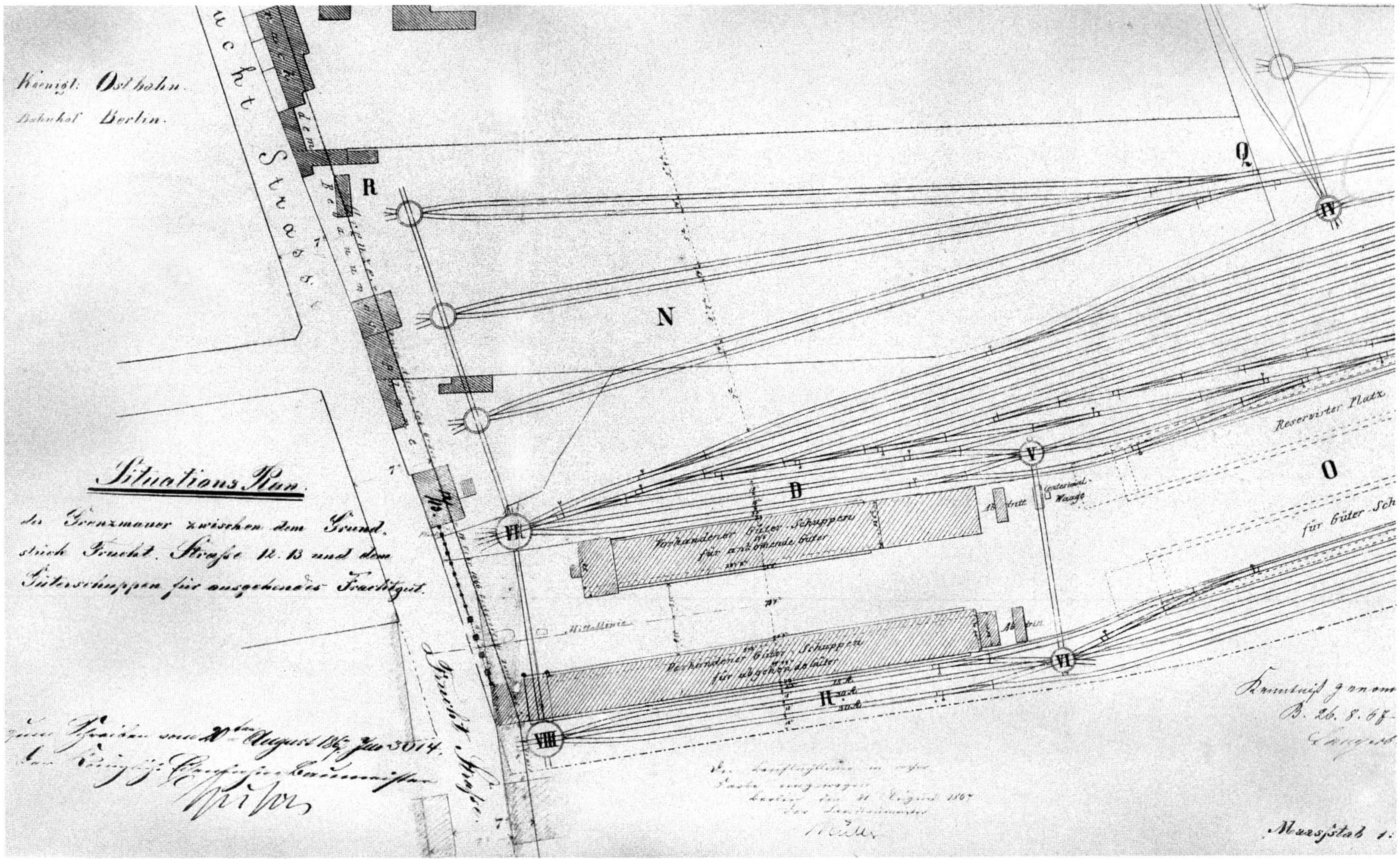

131 Grundrißzeichnung eines Teiles des Güterbahnhofs der Königlichen Ostbahn in der Fruchtstraße vom August 1867 (BauF)

tergelände nördlich des Bahnhofs der KNME einschließlich der Barrieren zur Absperrung der Fruchtstraße enthält (Bild 130). Ein sehr detaillierter Plan (Bild 131) zeigt die gesamte komplizierte Situation: Die Straße wurde von Güterzügen und Rangierfahrten ständig überquert, der Güterschuppen für abgehende Güter stand in der neu festgelegten Bauflucht der Fruchtstraße, und die Planung der Ostbahn griff nach dem Gelände. Auffallend ist die große Zahl an Drehscheiben auf diesem ehemaligen Güterbahnhofsgelände der KNME – fünf sind mit römischen Buchstaben bezeichnet und wohl auch in Betrieb gewesen, weitere fünf offensichtlich für den Güterbahnhof der Ostbahn geplant.

Diese Unterlagen zeigen, daß Güter- und Personenverkehr der KNME noch nicht voneinander getrennt waren. Alle Baumaßnahmen seit 1861 blieben deshalb Provisorien, eine grundsätzliche Neuregelung des gesamten Betriebs machte sich notwendig. Der gestiegene Umfang des Personenverkehrs und seine zunehmende Internationalität forderten ihren Tribut. Zunächst halfen auch hier kleinere – ebenfalls im Detail nicht dokumentierte – Baumaßnahmen. Aus der Literatur war zu entnehmen, daß »Kasse, Gepäckräume und Wartesäle nicht mehr zur Aufnahme des reisenden Publicums, sowie einer raschen und pünktlichen Expedition« ausreichten.[33] Noch schwieriger gestaltete sich die Situation im Bahnhof selbst, und zwar noch in der Aufnahme des zweigleisigen Verkehrs entsprechend den Bahnpolizei-Reglements von 1848. Die ankommenden Züge mußten vom rechten Gleis der Strecke innerhalb des Bahnhofs auf die südliche Seite und die abfahrenden von der nördlichen auf das entsprechende Gleis gebracht werden. Die Eingliederung des Verkehrs der Ostbahn tat ein übriges, um den Wunsch nach Vergrößerung und Änderung der Anlage laut werden zu lassen.

Im Jahre 1864 kamen die langen Verhandlungen unter Leitung des Geheimen Ober-Baurats Weishaupt zu einem gewissen Ende. Daraufhin konnte ein Programm mit folgenden umfangreichen Aufgaben verabschiedet werden[34]:

» 1. Trennung des Personenbahnhofs von dem Güterbahnhof.

[33] Zeitschrift für Bauwesen. – Berlin, 1870. – S. 151f.

[34] Ebenda, S. 153f.

2. Genügende Anzahl Gleise, so daß die beiden Hauptgleise für die ein- und auslaufenden Personenzüge frei bleiben, deshalb Abzweig der Gütergleise beim Eintritt in den Bahnhof.
3. Besondere Gleise für den Viehhof, der am Ende des Bahnhofs anzulegen ist.
4. Bei Anordnung der Rangiergleise, welche für das Ein-und Auslaufen der Güterzüge bequem liegen müssen, ist darauf Rücksicht zu nehmen, daß bei Steigerung des Verkehrs auf der Bahnhofs-Verbindungsbahn für diese Bahn ein besonderes Rangiersystem angeordnet werden kann.
5. Da die neue Verbindungsbahn noch nicht sobald dem Verkehr übergeben werden wird, so ist nicht allein auf eine zweckmäßige Verbindung der Gütergleise mit der neuen Verbindungsbahn Rücksicht zu nehmen, sondern auch die Verbindung mit der alten Verbindungsbahn so herzustellen, daß durch das Ein- und Auslaufen der Züge Störungen im Betriebe vermieden werden.
6. Für ausreichende Güterschuppen, sowie für eine freie aber überdeckte Rampe zum Umladen der Rohproducte und für eine Rampe für Militärtransporte ist Sorge zu tragen.
7. Lagerplätze für Steinkohle sind in ausreichender Zahl und Grösse anzulegen und mit den nothwendigen Gleisen zu versehen.
8. Die Locomotivschuppen sind so anzuordnen, dass dieselben sowohl für den Personen- und Güterverkehr, als auch für den Rangierdienst bequem liegen.
9. Bei Disposition der Werkstattgebäude ist darauf Rücksicht zu nehmen, dass später eine Verlegung der jetzt in Frankfurt a. O. befindlichen Centralwerkstatt ermöglicht werden kann.
10. Die Verbindung des Güterbahnhofs mit dem Personenbahnhofe soll durch vier Gleise ermöglicht werden«.

Dieser umfangreiche Forderungskatalog beruhte auf mehr als einem Jahrzehnt Erfahrungen im inzwischen gewachsenen Eisenbahnverkehr. Das mit ihm angestrebte Ziel der räumlichen Zuordnung von Bahnanlagen und ihre gegenseitige Verknüpfung stellte ein Programm für weitere Planungen dar, das hier zum ersten Male verwirklicht wurde. Die Dreiteilung in Personenbahnhof, Güterbahnhof mit Rangiermöglichkeiten sowie Werkstätten hat sich in ihrer Grundstruktur bis in die Gegenwart nicht nur auf diesem Gelände erhalten und im mehr als hundertjährigen Betrieb im wesentlichen bewährt.

Der Forderungskatalog des Jahres 1864 hatte freilich zahlreiche politische und rechtliche Konsequenzen. Von seinem Wesen her ausgeprägt bürgerlich, stellte er eine Entsprechung der BISMARCKschen Politik der »Revolution von oben« für die weitere Rolle der Eisenbahn im preußischen Staate dar. Die sich dabei andeutenden Folgerungen – hier mit neuer Verbindungsbahn umschrieben – mußten weit in die Zukunft reichende Konsequenzen für die Stellung gerade dieses Bahnhofs für die Verkehrsverhältnisse der Stadt Berlin haben.

Eine erste Konsequenz kam sofort zum Tragen. Bei der Auswahl des Geländes, auf dem sich die Bahnanlage nach diesen Forderungen erheben konnte, kam nur eine Ausweitung nach Osten in Richtung Rummelsburg sowie nach Süden zur Mühlenstraße in Frage. Die Ausweitung nach Osten stieß an die alte Zoll- oder Akzisegrenze der Stadt Berlin. Sie mußte fallen, sollte die Aufgabe gelöst werden. Am 1. Januar 1861 wurde eine neue Weichbildgrenze Berlins festgelegt. Der König veränderte die Stadtgrenzen, da »ein öffentliches Interesse bestand«. Für das uns interessierende Gebiet bedeutete das, daß die Stadtgrenze und damit die Steuergrenze nun bis Rummelsburg verlegt wurden. Somit war eine der ersten Voraussetzungen für die Bahnhofserweiterung gegeben. Die alte Akzisemauer fiel im Zusammenhang mit dem Bahnbau im Jahre 1868.

Das ging zwar nicht ohne Kampf ab, denn Widerstände und zähes Festhalten am Alten waren an der Tagesordnung. Aber die sich nun durchsetzende kapitalistische Gesellschaft begann die Stadt umzustülpen und überwand mit Hilfe der Staatsorgane alle Hindernisse. Selbstverständlich begünstigte die Tatsache, daß es sich um den Bau einer Staatseisenbahn handelte, die weitere Entwicklung. Aber im Grunde

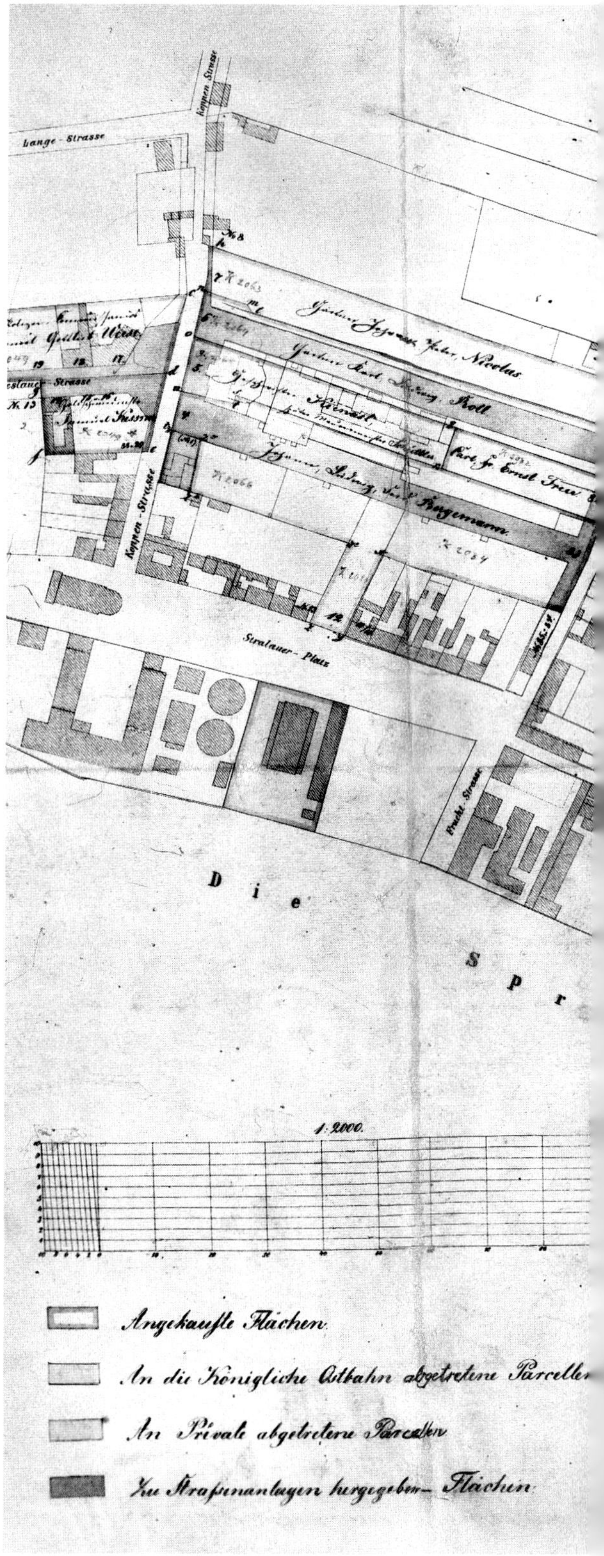

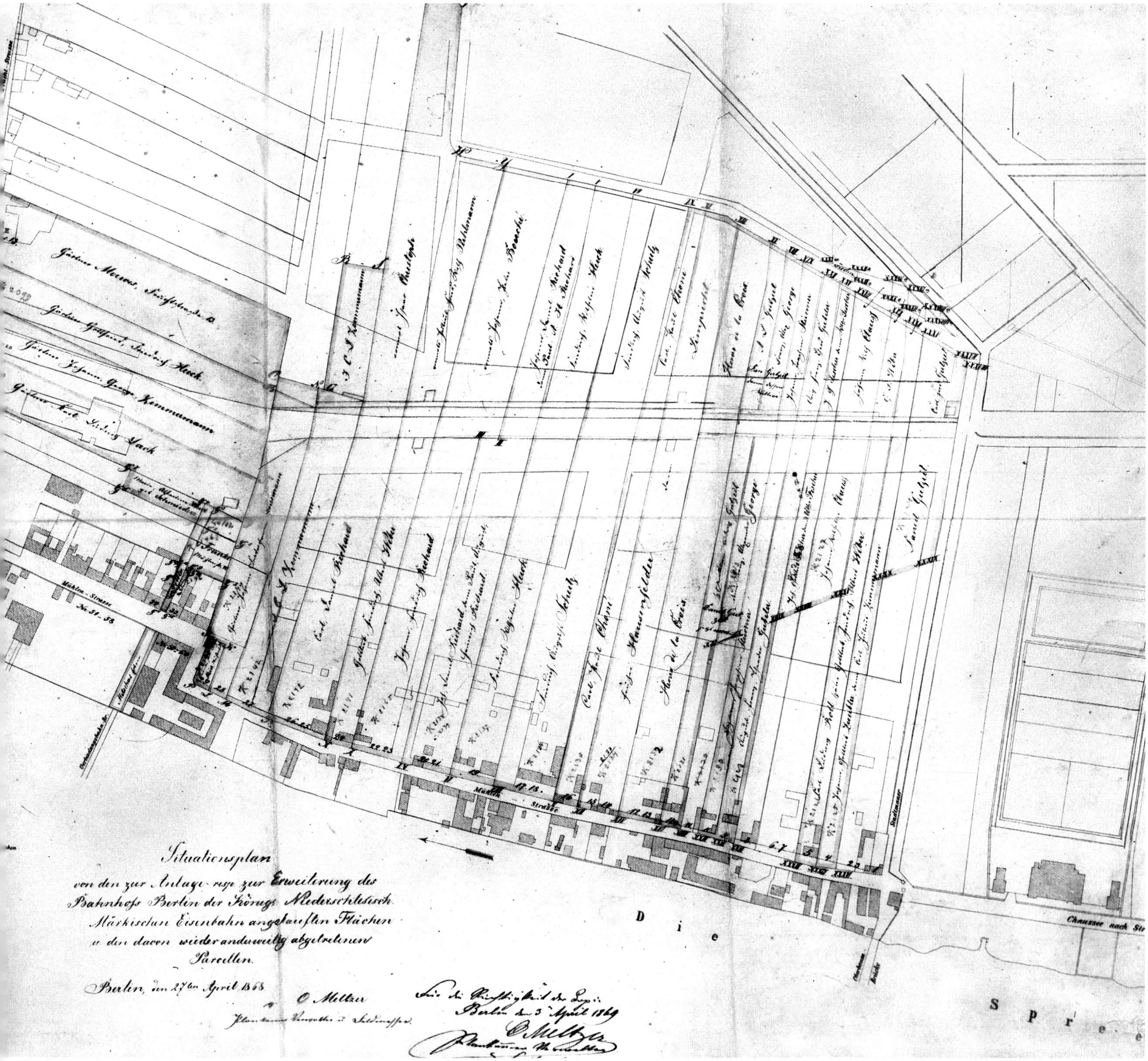

132 »Situationsplan von den zur Anlage resp. zur Erweiterung des Bahnhofs Berlin ... angekauften Flächen und den davon wieder anderweitig abgetretenen Parzellen« aus dem Jahre 1868 (StAB)

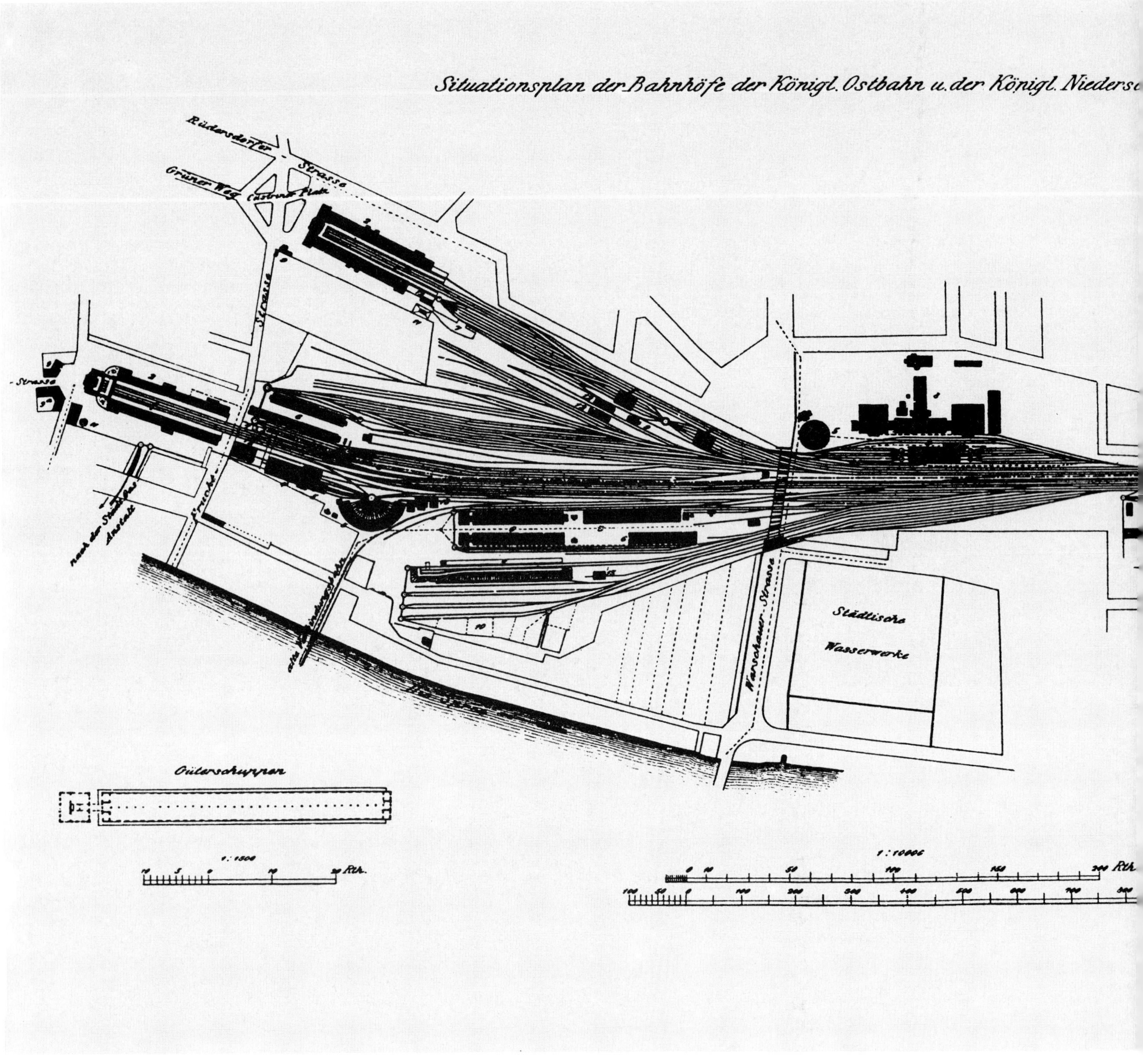

133 Gesamtübersicht über die Bahnhöfe in Berlin (aus: Berlin und seine Bauten, 1877)

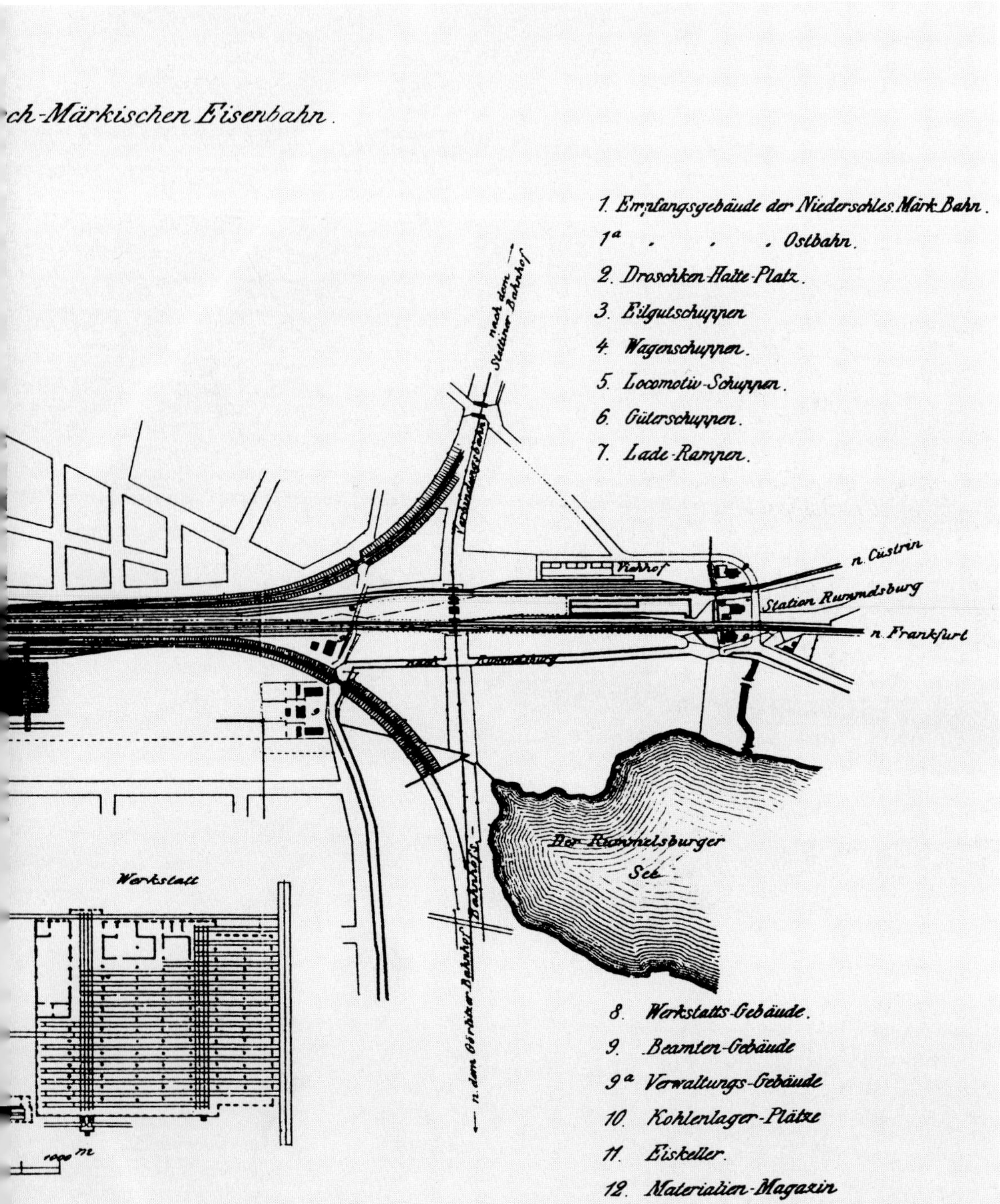

war ein derartiges Vorgehen nicht die Ausnahme, sondern die Regel, und die Staatseisenbahn gebärdete sich nicht anders, als die großen kapitalistischen Gesellschaften.

Die KNME erwarb den Grund und Boden, teils in langwierigen Verhandlungen durch Kauf, teils durch Enteignung. Am 27. April 1868 legte der Feldmesser MELTZER einen sehr detaillierten Plan über die Geländeerwerbung vom Bahnhofsgebäude bis kurz hinter die heutige Warschauer Brücke vor (Bild 132). Der Plan zeigt die Grundrißsituation der alten Frankfurter Bahnanlage und die bisherige Bebauung des Viertels um den Bahnhof, die immer noch als sehr spärlich bezeichnet werden kann. Aus den Akten und auch aus diesem Plan war zu entnehmen, daß die Königliche Ostbahn zugleich mit dem Neubau des Bahnhofs der KNME einen zweiten Bahnhof in unmittelbarer Nachbarschaft dieser Anlage errichten wollte. Der Verkehr der KNME sollte von dem der Ostbahn getrennt und der durchgehende Verkehr auf der Ostbahn bis Berlin zu einem eigenen Bahnhof herangeführt werden. Sehr genau hält der Plan die alten, in der vorkapitalistischen Zeit gestalteten Grundstücksflächen fest, z. T. sind die Nummern der Kavel – wahrscheinlich diejenigen, die an ein Grundstück in der Stadt gebunden waren – angegeben. Das belegt einerseits die zurückgelegten Wege und andererseits die Wirkung der neuen Kraft Eisenbahn, die rigoros überkommene Strukturen sprengte.

Unter den eingezeichneten Grundstücksgrenzen sind die von der Planung abgesteckten Straßen und Plätze des noch gültigen Bebauungsplans aus den fünfziger Jahren zu erkennen, der 1867 durch Kabinettsordre aufgegeben werden mußte. Das Materialien-Depot am Stralauer Platz wurde verkauft, für seine Verlegung stand genügend Gelände an der Mühlenstraße zur Verfügung. Andere, nicht von der Bahn zu nutzende Flächen kamen zum Verkauf. Insgesamt erhielt die Bahnanlage eine Länge von 3163,6 m und erstreckte sich auf einer Fläche von 495 321 m^2 (Bild 133).

In keiner Weise dokumentiert sind die außerhalb des eigentlichen Personenbahnhofs errichteten Gebäude. Aus späteren Unterlagen konnte nur wenig entnommen werden, so z. B. der Grundriß des neuen Werkstättengebäudes für

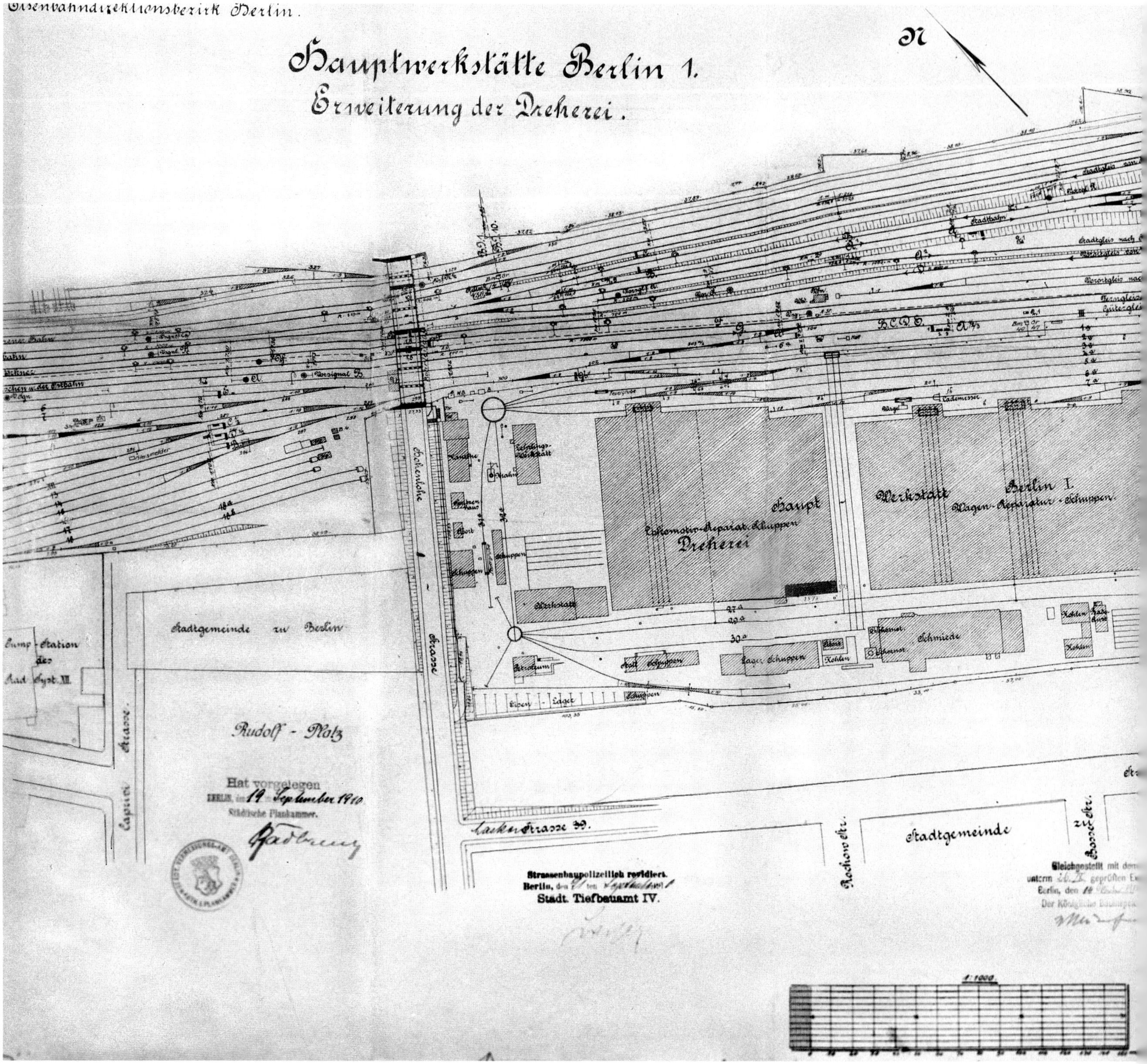

134 Situationsplan der Hauptwerkstätte Berlin 1 Markgrafendamm aus dem Jahre 1910. Der »Locomotiv-Reparatur-Schuppen« gehört zur Bauperiode 1868/69, der »Wagen-Reparatur-Schuppen« zur Bauperiode 1880/82. (BauF)

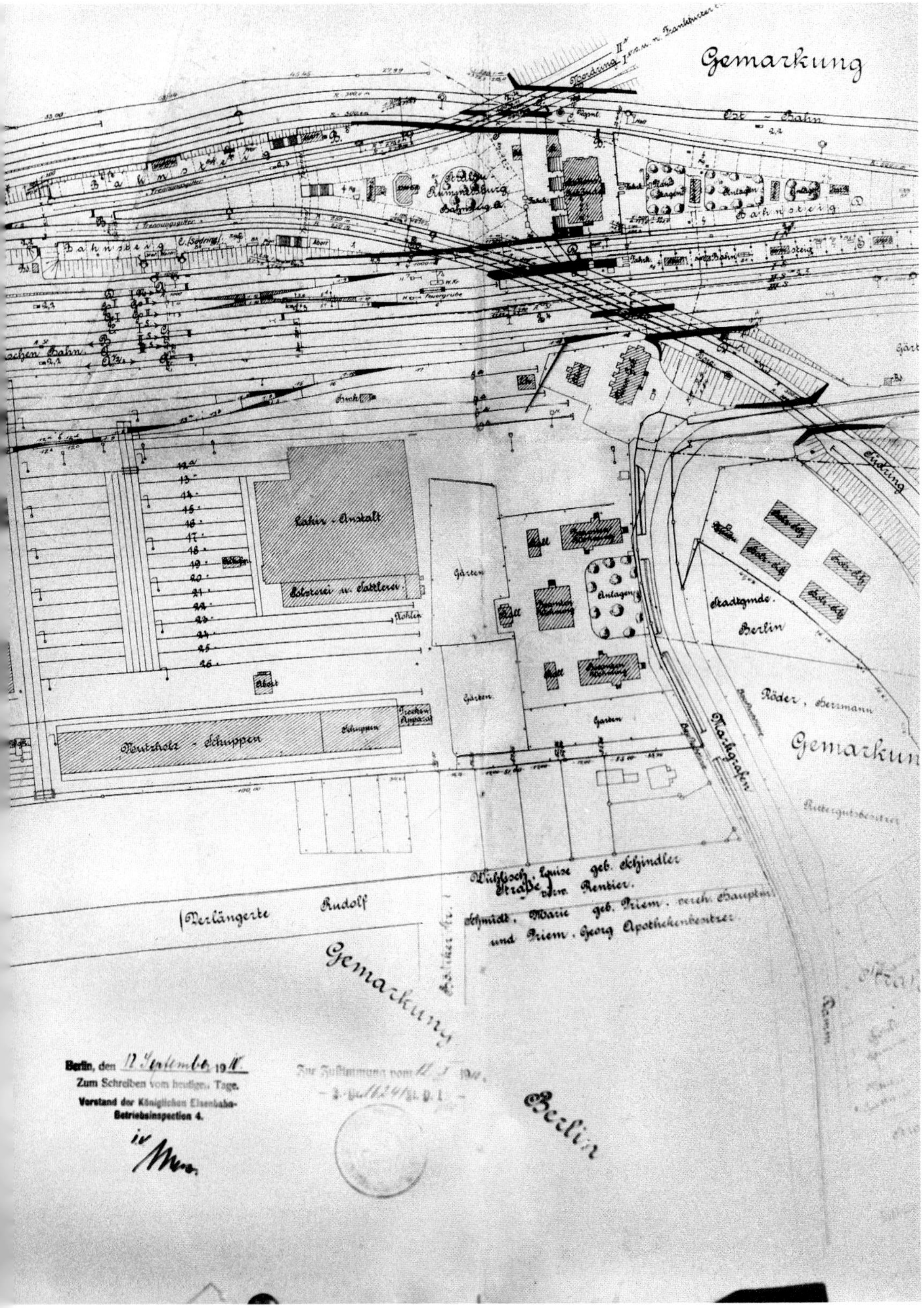

Lokomotiven aus dieser Zeit sowie eine Erweiterung für Wagen Ende der siebziger Jahre (Bilder 134 und 135). Ebenfalls aus späterer Zeit stammt eine Ansicht des Werkstättengebäudes (des ehemaligen Locomotiv-Reparatur-Schuppens), der späteren Hauptwerkstatt Berlin 1 (Bild 136). Reste dieser Architektur stecken in den heute dort noch stehenden Baulichkeiten. Gleiches gilt für das Beamtenwohnhaus an der Modersohnbrücke, ein weiteres am Markgrafendamm sowie die in der Folgezeit entlang der Strecke bis Frankfurt (Oder) entstandenen Bauten.

Die Vorarbeiten zum Bahnhofsbau kamen Ende 1866/Anfang 1867 zum Abschluß. Die »Übersicht über den Fortgang des Baues, beziehungsweise über die Ergebnisse des Betriebes der Preußischen Staatseisenbahnen im Jahre 1869« gibt einen Einblick in das Baugeschehen. Demnach waren im Jahre 1868 begonnen und 1869 vollendet worden[35]:

»– Einrichtung der Wasserleitungs- und Gastbeleuchtungsanlage im neuen Wagen-Revisions-Schuppen,
– 1 Schiebebühne für Personenwagen,
– 1 Centesimalwaage beim Lastkrahn,
– 1 Erweiterung der Gasbeleuchtungsanlagen auf dem Bahnhof,
– Umbau der alten Locomotiv-Reparatur-Werkstatt in einen Wagenschuppen,
– 1 Wohn- und Bureau-Gebäude am Markgrafendamm,
– 1 Familienhaus nebst Holzschuppen, 2 Ställen, 1 Schiebebühne, 2 Drehscheiben, 1 Centesimalwaage sowie Einfriedung,
– Bau des neuen Empfangsgebäudes mit Schiebebühne,
– 1 Eiskeller«.

Im Jahre 1869 wurden begonnen und vollendet:

»– Bau einer Kutschenrampe nebst Einfriedung,
– Erneuerung des Putzes und Oelanstriches des alten Verwaltungsgebäudes,
– Bau einer Schiebebühne und einer Drehscheibe zu den Gleisen nach der Gasanstalt Stralauer Platz.«

Damit sind die wenigen bisher ermittelten Belege angeführt.

[35] ZStAM, Rep. 93, Nr. 3286, o. Bl.

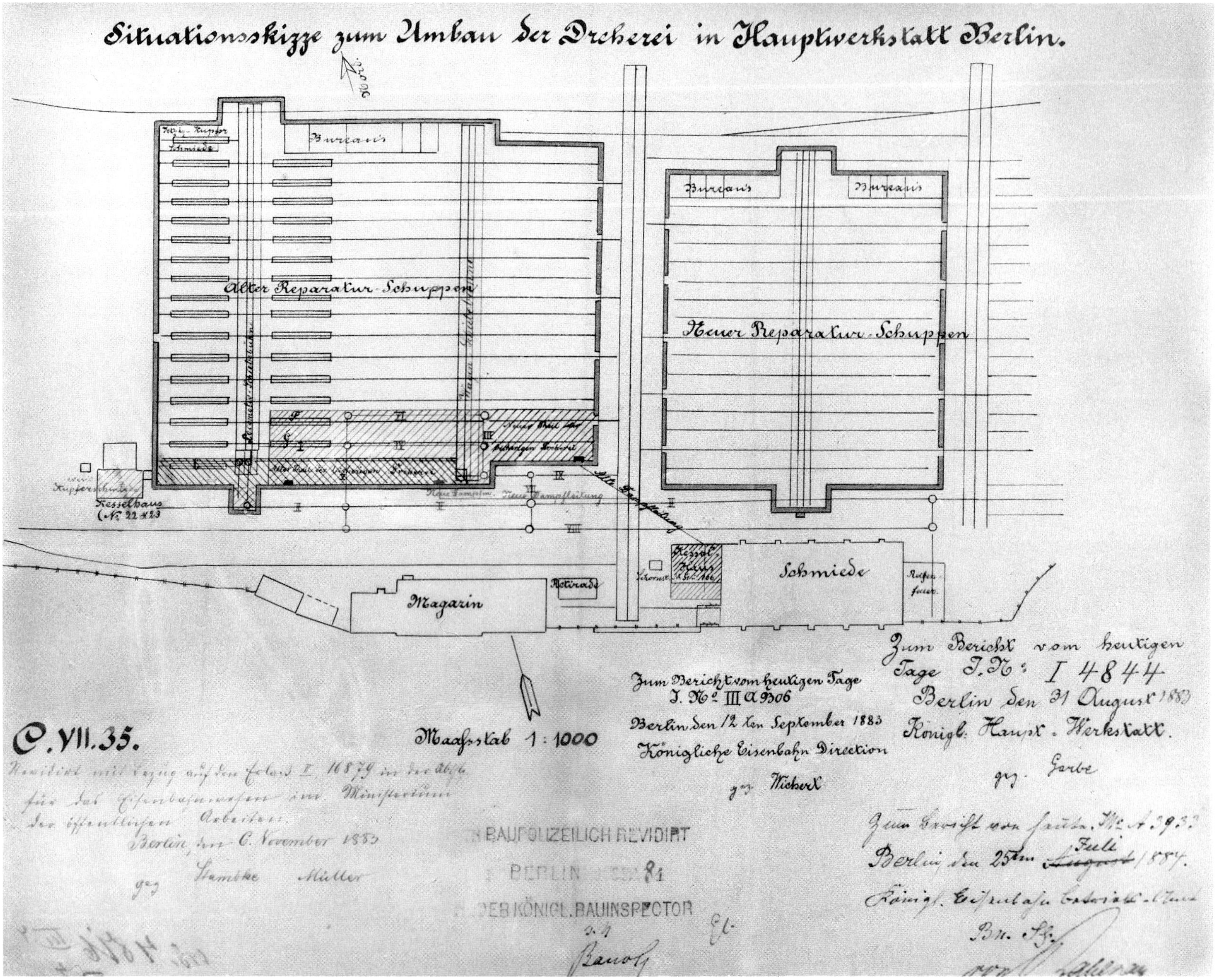

Am 2. Juli 1859 hatte der Prinzregent WILHELM von Preußen ein Gesetz, das die Mittel zum zweigleisigen Ausbau der gesamten Bahnstrecke der KNME in einer Höhe von 3 081 406 Taler bereitstellte, erlassen (Bild 137). Bereits dieses Gesetz band die KNME an die Königliche Ostbahn. Ein weiteres Gesetz vom 9. März 1867 bestätigte eine auf 24 Millionen Taler veranschlagte Summe für den Eisenbahnbau.

Darin waren u. a. als Aufgaben enthalten:

a) der Bau einer Reparaturwerkstätte für die Ostbahn in Berlin (heute RAW »Franz Stenzer«, Bilder 138 und 139),
b) den Bahnhof der Niederschlesisch-Märkischen Eisenbahn in Berlin den inzwischen gesteigerten Verkehrsbedürfnissen anzupassen und
c) die Berliner Verbindungsbahn (die spätere Ringbahn) in einem weiten Kreis um die Stadt zu verlegen (Bild 141).

135 »Situationsskizze zum Umbau der Dreherei in Hauptwerkstatt Berlin« (BauF)

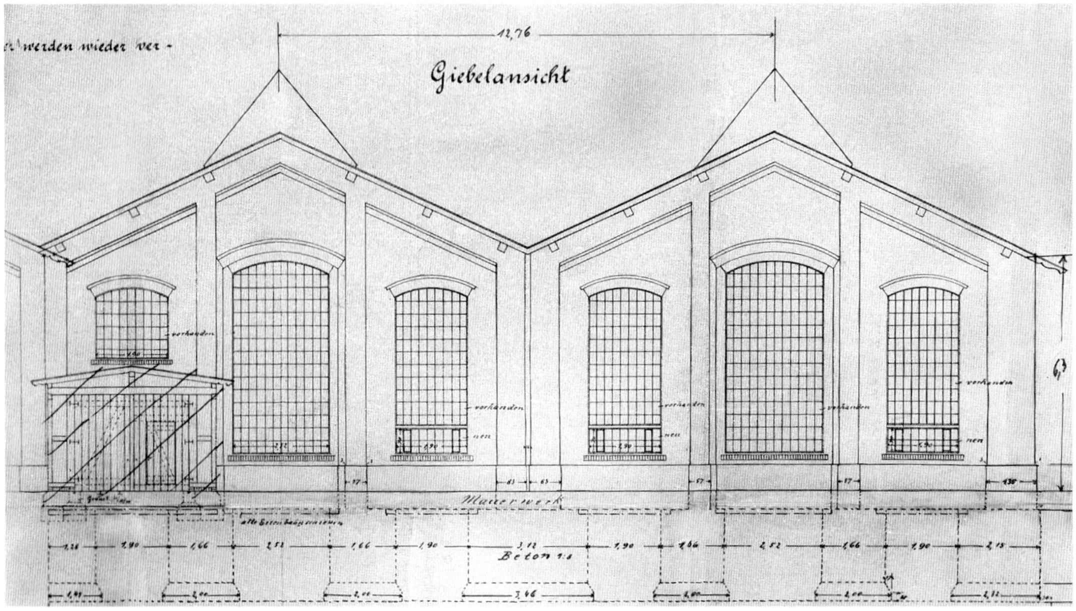

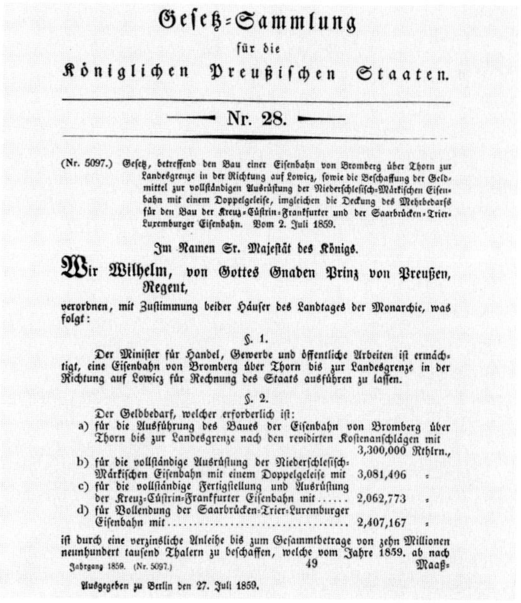

Gesetz-Sammlung
für die
Königlichen Preußischen Staaten.

— Nr. 28. —

(Nr. 5097.) Gesetz, betreffend den Bau einer Eisenbahn von Bromberg über Thorn zur Landesgrenze in der Richtung auf Lowicz, sowie die Beschaffung der Geldmittel zur vollständigen Ausrüstung der Niederschlesisch-Märkischen Eisenbahn mit einem Doppelgeleise, imgleichen die Deckung des Mehrbedarfs für den Bau der Kreuz-Cüstrin-Frankfurter und der Saarbrücken-Trier-Luxemburger Eisenbahn. Vom 2. Juli 1859.

Im Namen Sr. Majestät des Königs.

Wir Wilhelm, von Gottes Gnaden Prinz von Preußen, Regent,

verordnen, mit Zustimmung beider Häuser des Landtages der Monarchie, was folgt:

§. 1.

Der Minister für Handel, Gewerbe und öffentliche Arbeiten ist ermächtigt, eine Eisenbahn von Bromberg über Thorn bis zur Landesgrenze in der Richtung auf Lowicz für Rechnung des Staats ausführen zu lassen.

§. 2.

Der Geldbedarf, welcher erforderlich ist:

a) für die Ausführung des Baues der Eisenbahn von Bromberg über Thorn bis zur Landesgrenze nach den revidirten Kostenanschlägen mit 3,300,000 Rthlrn.,
b) für die vollständige Ausrüstung der Niederschlesisch-Märkischen Eisenbahn mit einem Doppelgeleise mit 3,081,496 =
c) für die vollständige Fertigstellung und Ausrüstung der Kreuz-Cüstrin-Frankfurter Eisenbahn mit ...... 2,062,773 =
d) für Vollendung der Saarbrücken-Trier-Luxemburger Eisenbahn mit .... 2,407,167 =

ist durch eine verzinsliche Anleihe bis zum Gesammtbetrage von zehn Millionen neunhundert tausend Thalern zu beschaffen, welche vom Jahre 1859. ab nach Maaß-

Jahrgang 1859. (Nr. 5097.) 49

Ausgegeben zu Berlin den 27. Juli 1859.

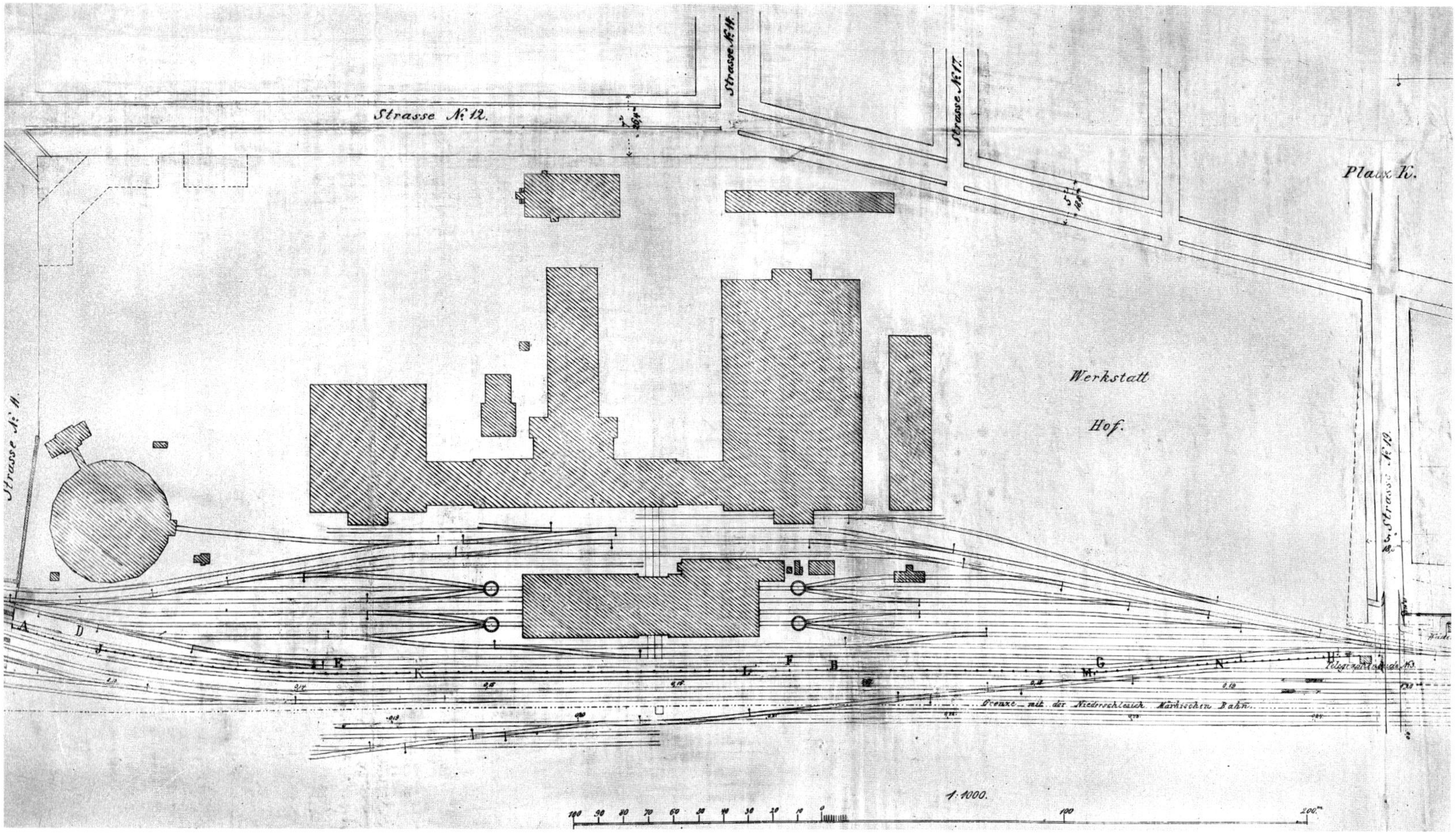

136 *»Entwurf zur Erweiterung der Dreherei in die Hauptwerkstatt Berlin 1« aus dem Jahre 1910 (BauF)*

137 *Erste Seite des Gesetzes vom 2. Juli 1859 (Ratsb.)*

138 *Grundrißzeichnung für die Werkstätten der Königlichen Ostbahn aus dem Jahre 1869 (BauF)*

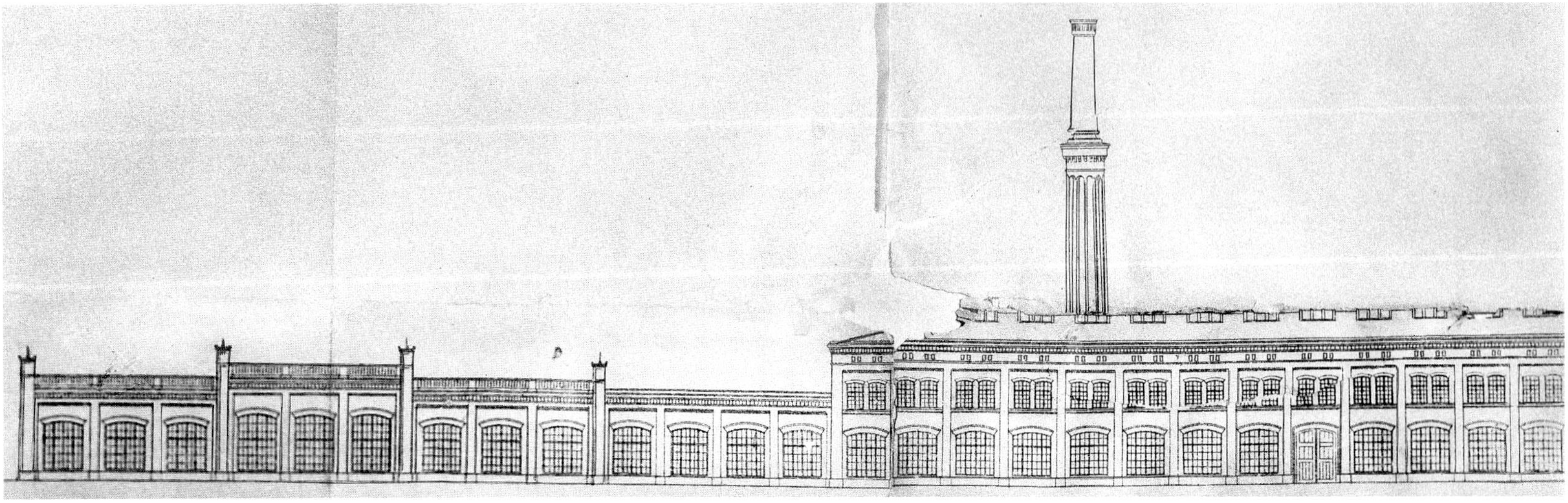

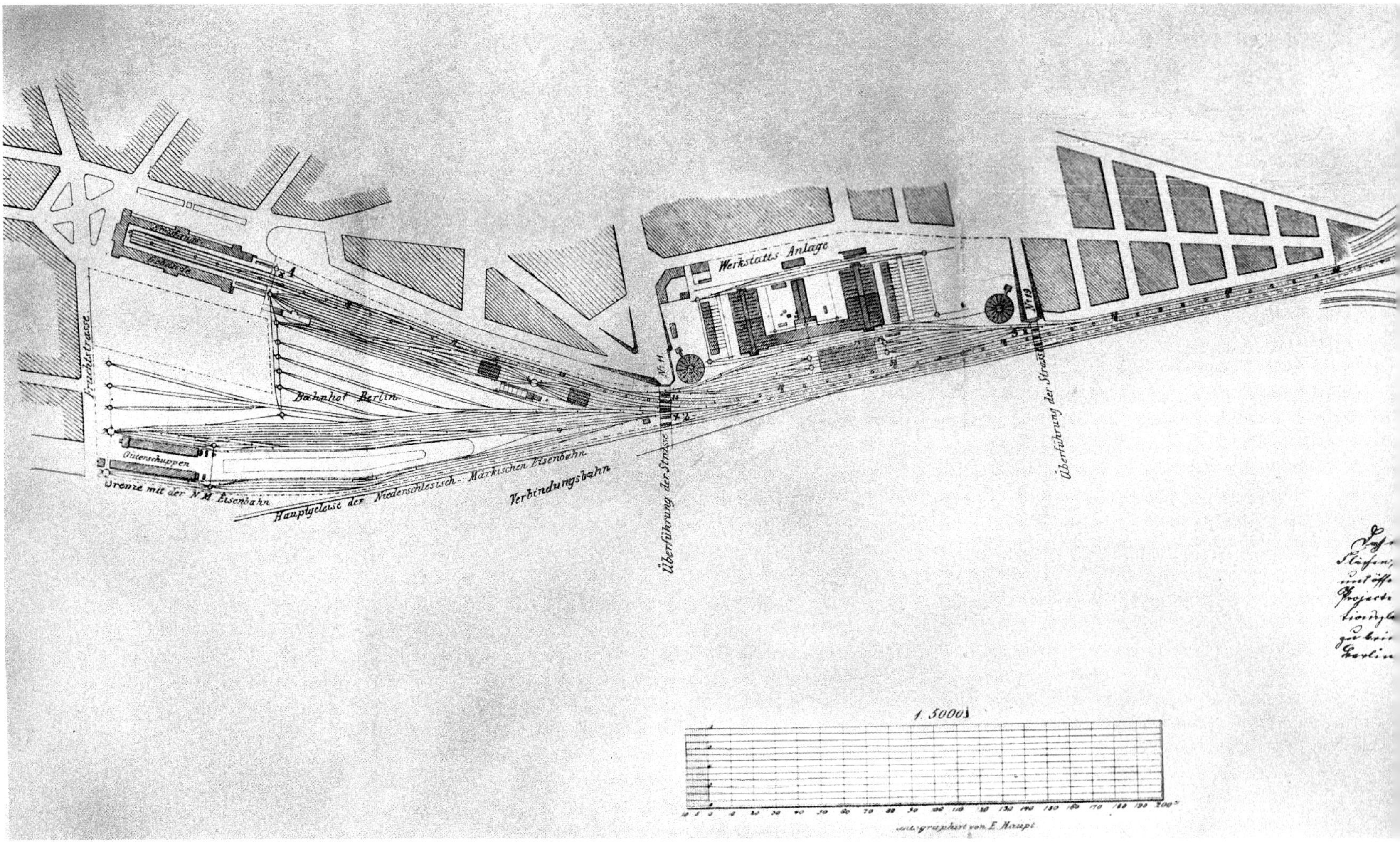

139 Teil der Bauzeichnung für die Reparaturwerkstatt auf dem Bahnhof Berlin der Königlichen Ostbahn aus dem Jahre 1868 (BauF)

140 »Situationsplan für die Einfahrt Signale pp. Bahnhof Berlin« mit der Viehausladestation und der in Entstehung befindlichen Ringbahn (BauF)

Die Aufgabe, den notwendigen Grund und Boden für alle drei Projekte zu erwerben, erhielt die KNME.

Als erster Bauabschnitt entstand außerhalb der bisherigen Anlage und der Steuergrenze von Berlin eine neue Abladestelle für Vieh, die am 1. Juni 1867 in Betrieb genommen werden konnte (Bild 140). Nach dem Übergang des KNME-Teils des Güterbahnhofs in das Eigentum der Königlichen Ostbahn stellte diese den Güterverkehr zeitweilig ein, um Raum und Zeit für den Neubau des Güterbahnhofs in der Mühlenstraße zu gewinnen. Dieser ging im Frühjahr 1867 in Betrieb, und die alten Baulichkeiten des Güterbahnhofs verfielen der Spitzhacke.[36]

Bevor nun der Neubau des Personenbahnhofsgebäudes in Angriff genommen werden konnte, entstand am Küstriner Platz »das Bahnhofs-Gebäude der Königlichen Berlin-Küstriner Eisenbahngesellschaft«, so die Beschreibung in den Akten. Die Arbeiten begannen im April 1866, und es kann nur vermutet werden, warum der früher konzipierte Neubau des Bahnhofsgebäudes der KNME nicht auch zuerst ausgeführt wurde. Offensichtlich hätte die Festlegung der Behörden, den Neubau auf dem Gelände des alten Bahnhofs zu errichten, zu Verkehrsschwierigkeiten geführt; denn der gesamte für den preußischen Staat so wichtige Verkehr nach Schlesien und Ostpreußen hätte während der Bauarbeiten in Berlin keinen Endpunkt gehabt. Und eine Ausweichmöglichkeit auf einen anderen Bahnhof in Berlin gab es nicht. Ein Um- oder Neubau des Bahnhofs der KNME verlangte also zunächst Antwort auf die Frage, wo der Verkehr aus den östlichen Provinzen in Berlin enden sollte. Folglich mußte zuerst der Bahnhof der Ostbahn gebaut werden, damit dieser nach seiner Inbetriebnahme auch den Verkehr der KNME übernehmen konnte.

In den Akten war kein Beleg über den Bahnhof der Ostbahn (umgangssprachlich später Ostbahnhof genannt) am Küstriner Platz zu ermitteln. Die Pläne und Bauzeichnungen des Architekten Geissler lagen zwar der Berliner Baupolizei vor, wurden aber von den Staatsbehörden aus Kostengründen stets zurückgefordert. So vermitteln nur Fotografien (Bilder 142 bis 145) einen Eindruck von diesem bemerkens-

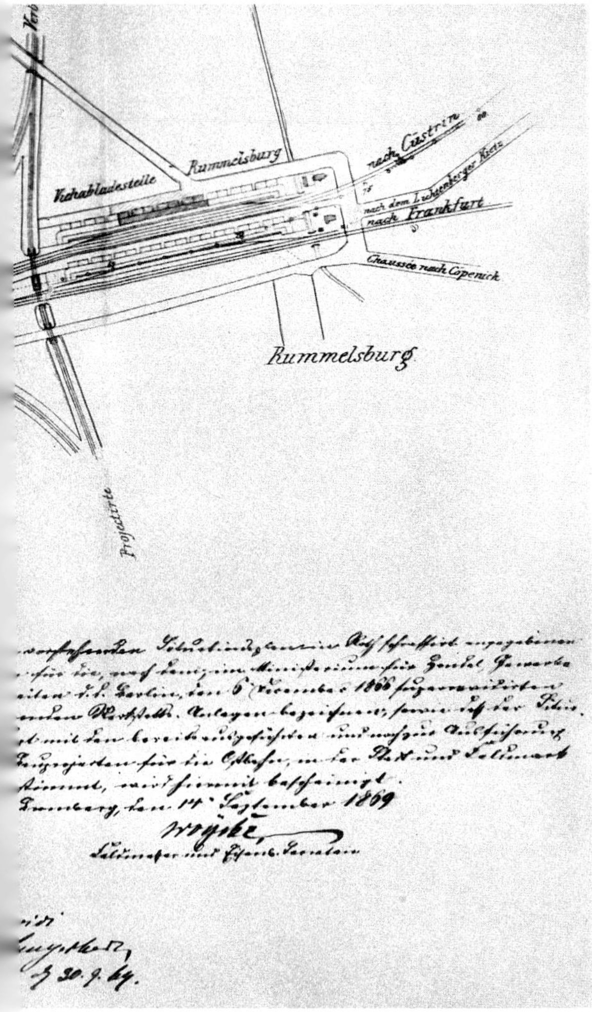

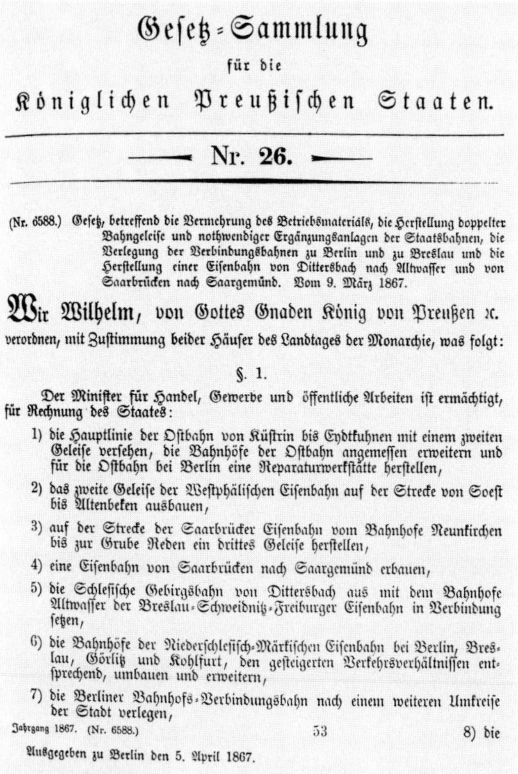

Gesetz-Sammlung
für die
Königlichen Preußischen Staaten.

Nr. 26.

(Nr. 6588.) Gesetz, betreffend die Vermehrung des Betriebsmaterials, die Herstellung doppelter Bahngeleise und nothwendiger Ergänzungsanlagen der Staatsbahnen, die Verlegung der Verbindungsbahnen zu Berlin und zu Breslau und die Herstellung einer Eisenbahn von Dittersbach nach Altwasser und von Saarbrücken nach Saargemünd. Vom 9. März 1867.

Wir Wilhelm, von Gottes Gnaden König von Preußen ꝛc.

verordnen, mit Zustimmung beider Häuser des Landtages der Monarchie, was folgt:

§. 1.

Der Minister für Handel, Gewerbe und öffentliche Arbeiten ist ermächtigt, für Rechnung des Staates:

1) die Hauptlinie der Ostbahn von Küstrin bis Eydtkuhnen mit einem zweiten Geleise versehen, die Bahnhöfe der Ostbahn angemessen erweitern und für die Ostbahn bei Berlin eine Reparaturwerkstätte herstellen,

2) das zweite Geleise der Westphälischen Eisenbahn auf der Strecke von Soest bis Altenbeken ausbauen,

3) auf der Strecke der Saarbrücker Eisenbahn vom Bahnhofe Neunkirchen bis zur Grube Reden ein drittes Geleise herstellen,

4) eine Eisenbahn von Saarbrücken nach Saargemünd erbauen,

5) die Schlesische Gebirgsbahn von Dittersbach aus mit dem Bahnhofe Altwasser der Breslau-Schweidnitz-Freiburger Eisenbahn in Verbindung setzen,

6) die Bahnhöfe der Niederschlesisch-Märkischen Eisenbahn bei Berlin, Breslau, Görlitz und Kohlfurt, den gesteigerten Verkehrsverhältnissen entsprechend, umbauen und erweitern,

7) die Berliner Bahnhofs-Verbindungsbahn nach einem weiteren Umkreise der Stadt verlegen,

Jahrgang 1867. (Nr. 6588.) 53 8) die

Ausgegeben zu Berlin den 5. April 1867.

141 Erste Seite des Gesetzes vom 9. März 1867, das u. a. den Neubau des Bahnhofs der Königlichen Niederschlesisch-Märkischen Eisenbahn in Berlin ermöglichte.

142 Ansicht des Ostbahnhofs der Königlichen Ostbahn in Berlin um 1880 (MM)

[36] BauF, Bauakten Ostbahnhof, umgezeichnet in Am Wriezener Bahnhof, Akte 2, o. Bl.

143 Außenansicht des Ostbahnhofs (Aufnahme von F. A. Schwartz, 4. 11. 1871) (Plankammer Charlottenburg)

144 Halle des Stationsgebäudes des Ostbahnhofs (Aufnahme von F. A. SCHWARTZ, 4. 11. 1871) (ebenda)

werten Bahnhof. Wie ein roter Faden zieht sich übrigens durch die Literatur, daß dem Architekten GEISSLER ein Entwurf oder eine Skizze von KARL FRIEDRICH SCHINKEL zugrunde gelegen haben soll. Die Akten vermelden darüber allerdings nichts.

Nachdem am 1. Oktober 1867 dieser Bahnhof dem Verkehr übergeben worden war, konnte der Bau des Frankfurter Bahnhofs beginnen. Die nördlich des alten Frankfurter Bahnhofs gelegenen Einrichtungen des Güterverkehrs verschwanden im Laufe des Jahres 1867. An der Südseite – der ehemaligen Ankunftsseite – wurden die Arbeiten bereits im Mai 1867 aufgenommen, an der Nordseite begannen sie am 1. Mai 1868. Der Zugverkehr war nun zeitweilig in den Ostbahnhof verlagert worden. Nachdem nun volle Baufreiheit bestand, begannen der Bau der Hallenwände und das Aufbringen der Dachkonstruktion.

Zu einem nicht ermittelten Zeitpunkt der Jahre 1868/69 entstanden die bereits erwähnten Fotos über den Bauablauf. Sie stammen von dem bekannten Berliner Fotografen F. A. SCHWARTZ, der als fotografischer Schilderer des alten Berlin in die Geschichte eingegangen ist. Dabei war das Fotografieren der Stadt nicht seine Haupterwerbsquelle, er war in erster Linie – modern ausgedrückt – Industriefotograf, der die neuesten technischen Errungenschaften wie Lokomotiven, Dampfmaschinen, Brückenkonstruktionen im Bild festhielt. Dazu hatte er feste Aufträge – er erwähnte sie in einem Schreiben aus dem Jahre 1865[37] –, und die Firmen wiesen mit diesen Bildern auf ihre Leistungen hin, warben mit ihnen für ihre Fertigkeiten. Die Ausführung der Hallenkonstruktion hatte die Eisenfabrik von L. SCHWARTZKOPFF in der Chausseestraße nach den Entwürfen des Baurats SCHWEDLER von der KNME übernommen, bei der SCHWARTZ mehrfach als »Werkfotograf« tätig war. Es ist also anzunehmen, daß sie auch bei den hier wiedergegebenen Bildern der Auftraggeber war.

Ein weiteres Foto zeigt das Aufbringen der Dachbinder (Bilder 146). Interessant die technische Lösung der Montage. Auf einfachen Gleiswagen wurden fünf Holzkonstruktionen errichtet, die die Bühnen für die Montage der Hallenbinder bildeten. Da die Gleiswagen mit den Holzaufbauten auf Schienen bewegt werden konnten, war es möglich, sie jeweils nach den einzelnen Arbeitsschritten zum Montagepunkt der nächsten Binder zu transportieren.

145 Ansicht des Hallenabschlusses (Aufnahme von F. A. SCHWARTZ, 4. 11. 1871) (ebenda)

[37] BROST, H.; DEMPS, L.: Berlin wird Weltstadt. Mit 277 Photografien von F. Albert Schwartz, Hof-Photograph. – Leipzig, 1981. S. 44. In einem Brief vom 22. Januar 1866 schreibt SCHWARTZ, daß er »Fabriken und deren Werkstätten von Borsig, Schwartzkopff, Borchert (Messingwerk), Rich. Lomase, Gußstahlfabrik Carlswerk etc. etc. ...« bereits fotografiert habe

Das nächste Foto (Bild 147) zeigt den zweiten Schritt. Die Hallenkonstruktion war fertig, ihre Ausfüllung begann, und dazu benutzten die Arbeiter die vorhandene Schiebebühne.

Ähnliche Fotografien sind bisher nur vom Bau des Potsdamer Bahnhofs 1870/71 und des Anhalter Bahnhofs aus dem Jahre 1879 bekannt.[38] Sie sind aber beileibe nicht so lebendig wie diese vom Bahnhofsbau der KNME. Beim Anhalter Bahnhof stand der technische Teil der Konstruktion im Mittelpunkt; die Arbeiter sind nur am Rande der Eisenkonstruktion zu erkennen.

Am 16. August 1869 ging der neue Bahnhof der KNME, der amtlich noch immer Frankfurter Bahnhof hieß, in Betrieb. Aus einigen Artikeln in Architekturzeitschriften kann ein lebendiger Eindruck von diesem Neubau, der als wichtiger Staatsbau höchste Aufmerksamkeit genoß, gewonnen werden. Die Zeitschrift für Bauwesen aus dem Jahre 1870 überlieferte die in den Bildern 148 bis 151 wiedergegebenen Einzelzeichnungen.

Die aus der Literatur gewonnenen Unterlagen ermöglichen eine relativ genaue Rekonstruktion dieses Bahnhofs. Abfahrts- und Ankunftsseite wurden entsprechend dem Rechtsverkehr auf dieser Bahn vertauscht, und die Abfahrtsseite im Süden erhielt eine besonders repräsentative Gestaltung. Der innere Grundriß zeigt fünf Hallengleise, die – an der Abfahrtsseite beginnend – mit a, b, c, d und e bezeichnet wurden. Die beiden nördlichen Gleise der Bahnlinie standen mit den Hallengleisen d und e in unmittelbarer Verbindung. Die Hallengleise a, b und c mündeten auf das zweite Hauptgleis. Gleis a erhielt mittels einer Weiche eine Verbindung mit der Drehscheibe des Lokomotivschuppens, so daß sich die Lokomotiven an die zur Abfahrt bereitstehenden Züge setzen konnten. Die Lokomotiven der ankommenden Züge konnten entweder über eine Weiche am Anfang der Halle oder über die Schiebebühne auf das Hallengleis d fahren, um dann rückwärts in den Lokomotivschuppen zu gelangen. Zwischen der Halle und der heutigen Warschauer Brücke lagen die Hauptgleise 3 bis 13. Nr. 3 und 4 nahmen die ankommenden Güterzüge und Nr. 5 und 6 die abgehenden Güterzüge auf. Gleis Nr. 7 diente als Reservegleis zum Auf-

146 Das Aufbringen der Dachbinder für das Hallendach (Aufnahme von F. A. Schwartz, 1868/69 (ebenda)

147 Weiterer Aufbau der Dachkonstruktion, im Hintergrund die Konturen des Verwaltungsgebäudes (Aufnahme von F. A. Schwartz, 1868/69 (ebenda)

[38] Siehe dazu: Berlin, Berlin – Die Ausstellung zur Geschichte der Stadt. Katalog. – Berlin, 1987. – S. 203. Der Historiker der Berliner Eisenbahnarchitektur, Helmut Maier, verzeichnet darüber hinaus Fotografien vom Bau des Potsdamer Bahnhof 1870 und 1871. Siehe dazu: Maier, H.: Berlin Anhalter Bahnhof. – Berlin, 1984. – S. 91 und 175

stellen leerer Wagen, Nr. 8 als Verbindungsgleis. Die weiteren Gleise waren für die Verbindungsbahn (Nr. 9 und 10) und zur Aufstellung der Güterwagen vorgesehen (Nr. 11 bis 13). Die Güterschuppen lagen am Gleis Nr. 13.[39]

Das Empfangsgebäude des Frankfurter Bahnhofs stand aufgrund seiner Funktion im Mittelpunkt aller Planungen. Zunächst soll der naheliegende Gedanke verfolgt worden sein, die Bahnhöfe der Ostbahn und der KNME in ei-

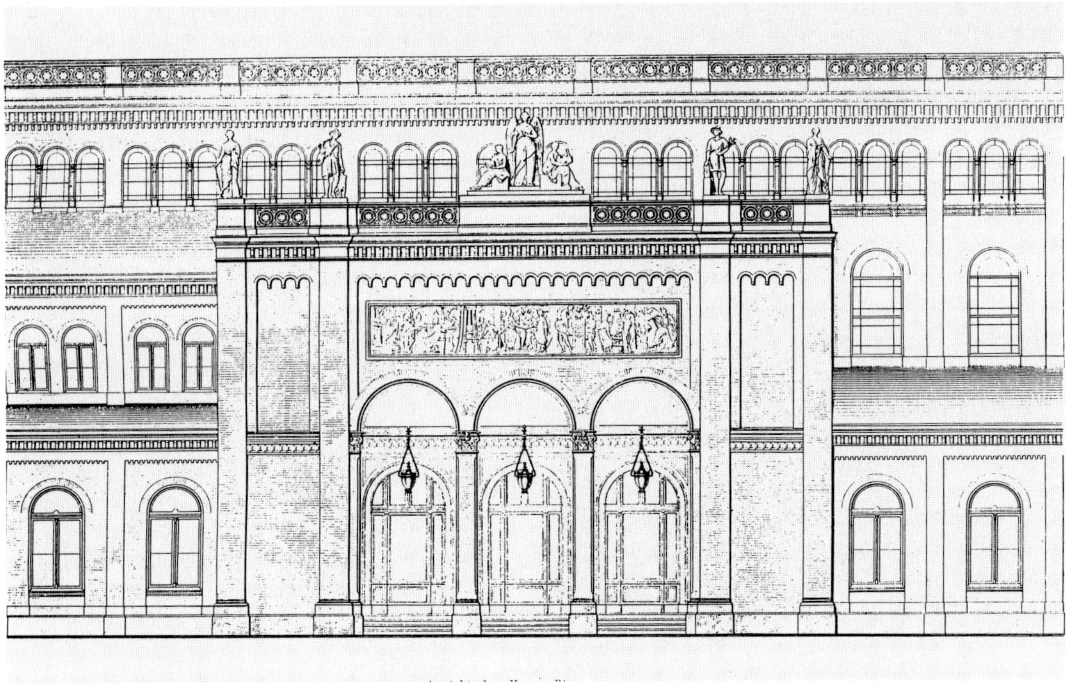

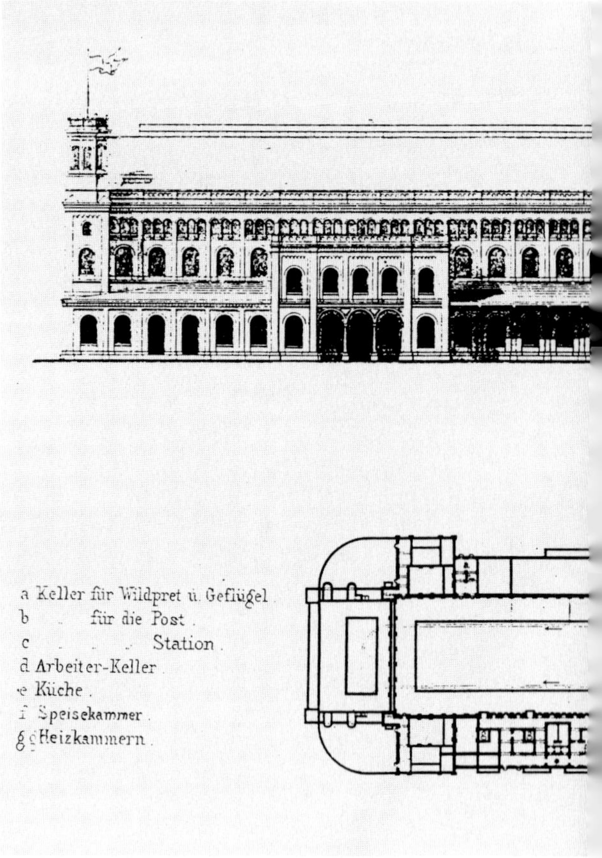

148 Perspektivische Ansicht der Vorderfront des neuen Bahnhofs der Königlichen Niederschlesisch-Märkischen Eisenbahn (aus: Deutsche Bauzeitung, 1869)

149 Ansicht des Haupteingangs auf der Südseite (aus: Zeitschrift für Bauwesen, 1870)

[39] Zeitschrift für Bauwesen. – Berlin, 1870. – S. 154f.

nem gemeinsamen Empfangsgebäude zusammenzufassen. Dem standen bei der dann notwendig gewordenen Ausdehnung des Empfangsgebäudes allerdings finanzielle Probleme entgegen, die damals nicht zu lösen waren. Nachdem dieser Gedanke aufgegeben worden war, stellten die Behörden einen umfangreichen Bedingungskatalog für diesen Neubau auf. Er reichte von der Forderung nach fünf Hallengleisen bis zur Aufgabe, für die »Polizei … in unmittelbarer Nähe des Ausgangs ein Zimmer zu projectieren«[40]. Der Katalog spiegelte auf seine Art die gesellschaftlichen Zustände wider, die sich dann auch in der Ausführung des Projekts äußerten. So war u. a. vorgesehen, daß die Wartesäle für jede Wagenklasse getrennt anzulegen waren. Für die Passagiere der I. und II. Klasse, »welche ihre Fahrbillets durch Bediente etc. besorgen lassen, muß ein besonderer Eingang angelegt werden, damit dieselben auf dem kürzesten Wege in die Wartesäle gelangen können«[41]. So entstand an der westlichen Seite der Abfahrtsseite der besonders betonte Eingang mit Vestibül, Königszimmer und den beiden Wartesälen I. und II. Klasse.

Auch die innere Gliederung der Abfahrtsseite war ein Spiegelbild der gesellschaftlichen Zustände im preußischen Königreich. Die Masse der Reisenden ging durch das große Hauptportal und fand dahinter ein relativ geräumiges Vestibül mit der Fahrkartenausgabe und der Gepäckannahme rechts davon vor. Hinter der Gepäckannahme befanden sich die für die Öffent-

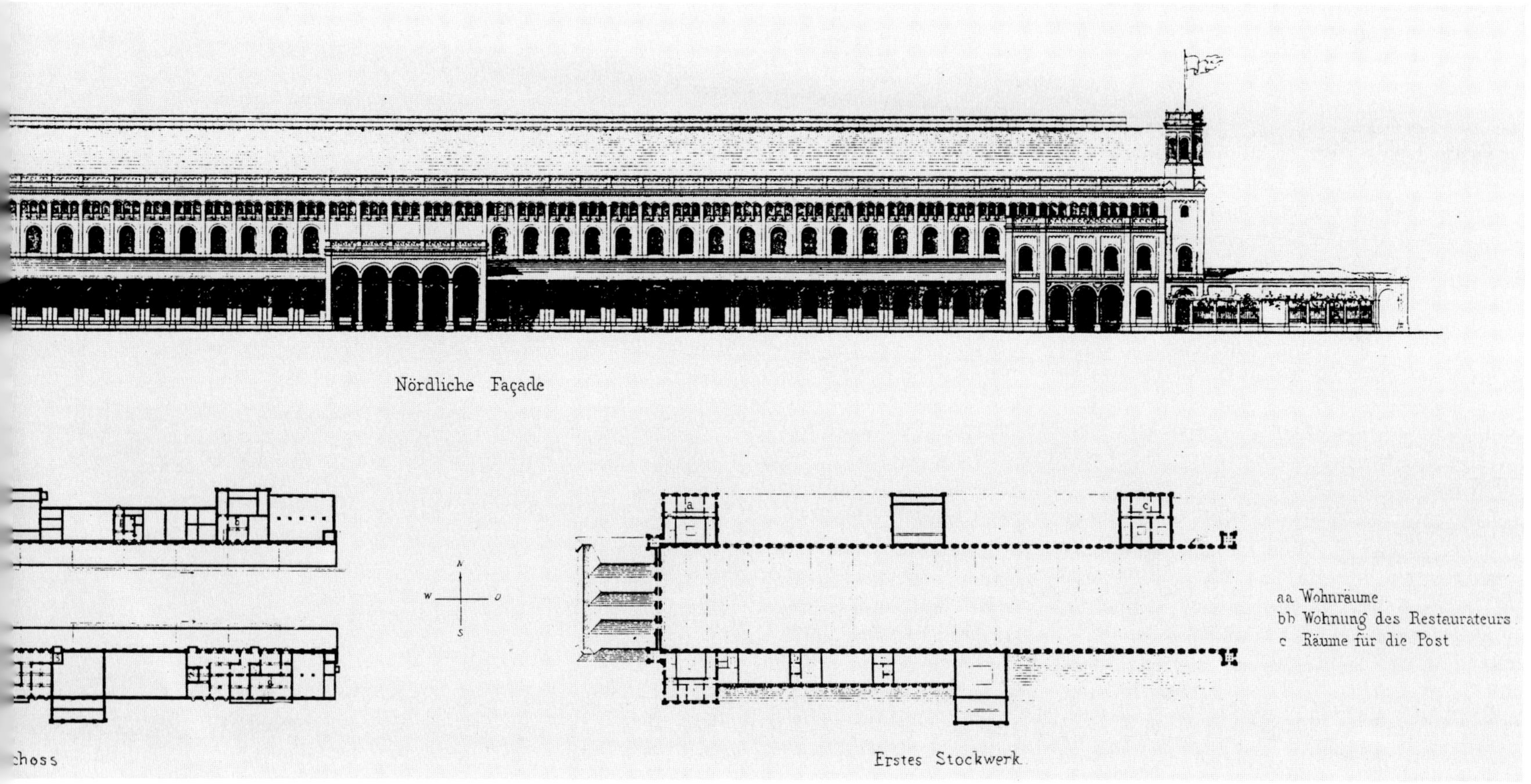

150 Südliche Seite – Abfahrtseite (ebenda)

151 Nördliche Seite – Ankunftseite (ebenda)

[40] Ebenda, S. 157f.
[41] Ebenda, S. 157

lichkeit nicht zugänglichen Diensträume. Links von der Fahrkartenausgabe lagen die Wartesäle, in die man durch einen langen Korridor gelangte. Er erhielt durch die Rundbogenfenster von außen Licht. Die Säle für die III. und IV. Klasse waren entsprechend groß, die anderen kleiner, aber wesentlich repräsentativer.

Die Ankunftsseite erhielt zwei Ausgänge zum raschen Verlassen des Bahnhofs. Der Ausgang in der Mitte war mit fünf Portalen der größte. An ihm lag ein Wartesaal für die Personen, die Reisende abholen wollten. Der westliche Ausgang diente nur den Personen, die den Bahnhof durch das Königszimmer verließen. Im Osten der Ankunftsseite – auch im äußeren Bild betont – lagen die Einrichtungen der Post, des Postamts »O 17 Frankfurter Bahnhof« (Bild 152).

Insgesamt war das Empfangsgebäude logisch und einfach gegliedert. Das äußere Bild zeigte lange, flache Flügelbauten, zunächst im wesentlichen eingeschossig. Nur der Teil der Südfassade, der die Wartesäle enthielt, hatte – zurückgesetzt – ein weiteres Geschoß. Die Südseite verfügte über zwei besonders betonte Portale, die Nordseite über drei. Als Baumaterial verwendete man hart gebrannte Mauersteine von »gelblich warmem Tone«. Sie fanden bei der unteren Etage bis zu dem durchlaufenden Gurtgesims und den hervortretenden Architekturteilen der oberen Etage Verwendung. Die Flächen dazwischen erhielten Putz, der violett eingefärbt und mit braunen Streifen abgesetzt wurde. Die inneren Hallenwände versah man bis zu einer Höhe von 5 Fuß mit einer Bekleidung aus Granit, um das Mauerwerk vor Beschädigungen durch Kisten, Koffer, Gepäckkarren usw. zu schützen. Alle Fassaden waren durch Pilaster, Lisenen[42] und Rundbogenfenster gestaltet. In der oberen Umfassung erhielt die Halle Bänder aus dreifach gekoppelten romanischen Fenstern, und sie war so insgesamt gut proportioniert. Da sich von diesem Bau die südliche Hallenwand bis in die Gegenwart erhalten hat, ist – trotz aller Änderungen – noch eine gewisse Vorstellung vom seinerzeitigen Aussehen möglich (Bilder 153 und 154).

Das Hauptportal an der Südseite war besonders reichlich geschmückt, was erst im zweiten Weltkrieg reduziert und offensichtlich verlorengegangen ist. Der Bildhauer AFINGER modellierte folgende Figuren und Reliefs:

- auf der Dachbrüstung vier allegorische Figuren – Handel, Industrie, Ackerbau und Viehzucht repräsentierend,
- in deren Mitte eine Figurengruppe, die die Vereinigung von Architektur und Ingenieurwissenschaften darstellen sollte,
- unterhalb der Brüstung rechts die symbolische Figur »Schlesien« sowie die Darstellung der dortigen Eisenindustrie, links die »Mark« mit den Symbolen der Maschinenbauindustrie und in der Mitte eine weitere allegorische Figur, die Eisenbahn darstellend, die die Städte Berlin und Breslau verband.

Da das alte Verwaltungsgebäude stehenblieb, konnte der westliche Abschluß des Kopfbahnhofs nicht zur Wirkung kommen. So waren zahlreiche Kompromisse nötig, um sowohl das Verwaltungsgebäude zu erhalten als auch dem Bedingungskatalog zu entsprechen. Die Halle mußte Personenzüge mit 55 Achsen aufnehmen können (Der zweite nach Eröffnung des Bahnhofs am 16. August 1869 einlaufende Zug hatte allerdings 56 Achsen.), der Lokomotivhof benötigte seinen Platz, und das Verwaltungsgebäude sollte ausreichend Licht haben.

Trotz alledem stellte sich der Bahnhof der Öffentlichkeit als respektabler Bau vor (Bild 155).

Als weiteres Kuriosum und weil sie schon

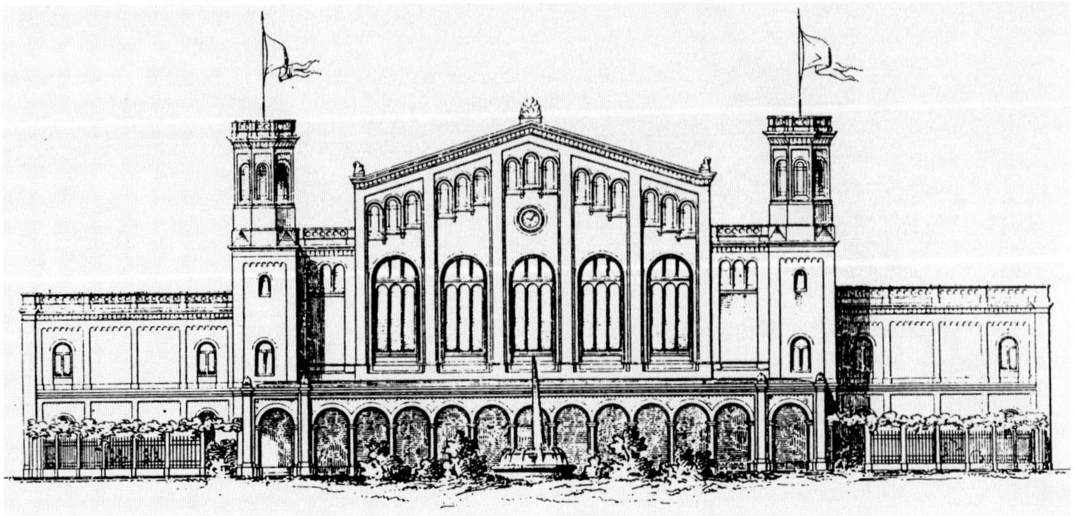

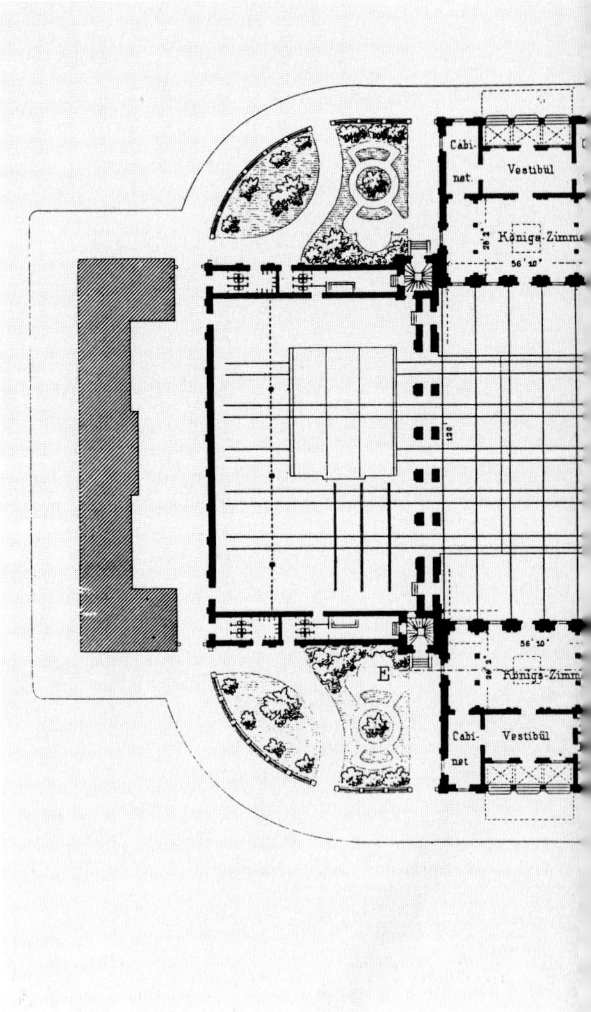

152 Westlicher Giebel nach dem geplanten, aber nicht vollzogenen Abbruch des Verwaltungsgebäudes der ehemaligen Frankfurter Bahn (ebenda)

[42] Pilaster: wie eine Säule gegliedert, flach aus der Wand heraustretender Pfeiler ohne konstruktive Funktion
Lisene: senkrechter, flach aus der Wand heraustretender Wandstreifen mit rein dekorativer Funktion

mehrfach abgebildet worden ist, muß eine Zeichnung des Frankfurter Bahnhofs erwähnt werden, die eine Anlage zeigt, die es in dieser Form nie gegeben hat (Bild 156). Auf der Zeichnung des Berliner Zeichners E. MÜLLER VON SONDERMÜHLEN fällt der Blick von der Koppenstraße auf das Empfangsgebäude des alten Frankfurter Bahnhofs. In die ehemals bestehende, beim Neubau abgerissene Architektur setzte MÜLLER eine Hallenkonstruktion, die so nie existierte. Eigentlich könnte auf diese Zeichnung verzichtet werden, aber ihre mehrmalige Veröffentlichung erfordert eine Richtigstellung. Sie korrespondiert in keiner Weise mit den Fotografien während des Baues und des tatsächlichen Zustands um 1871.

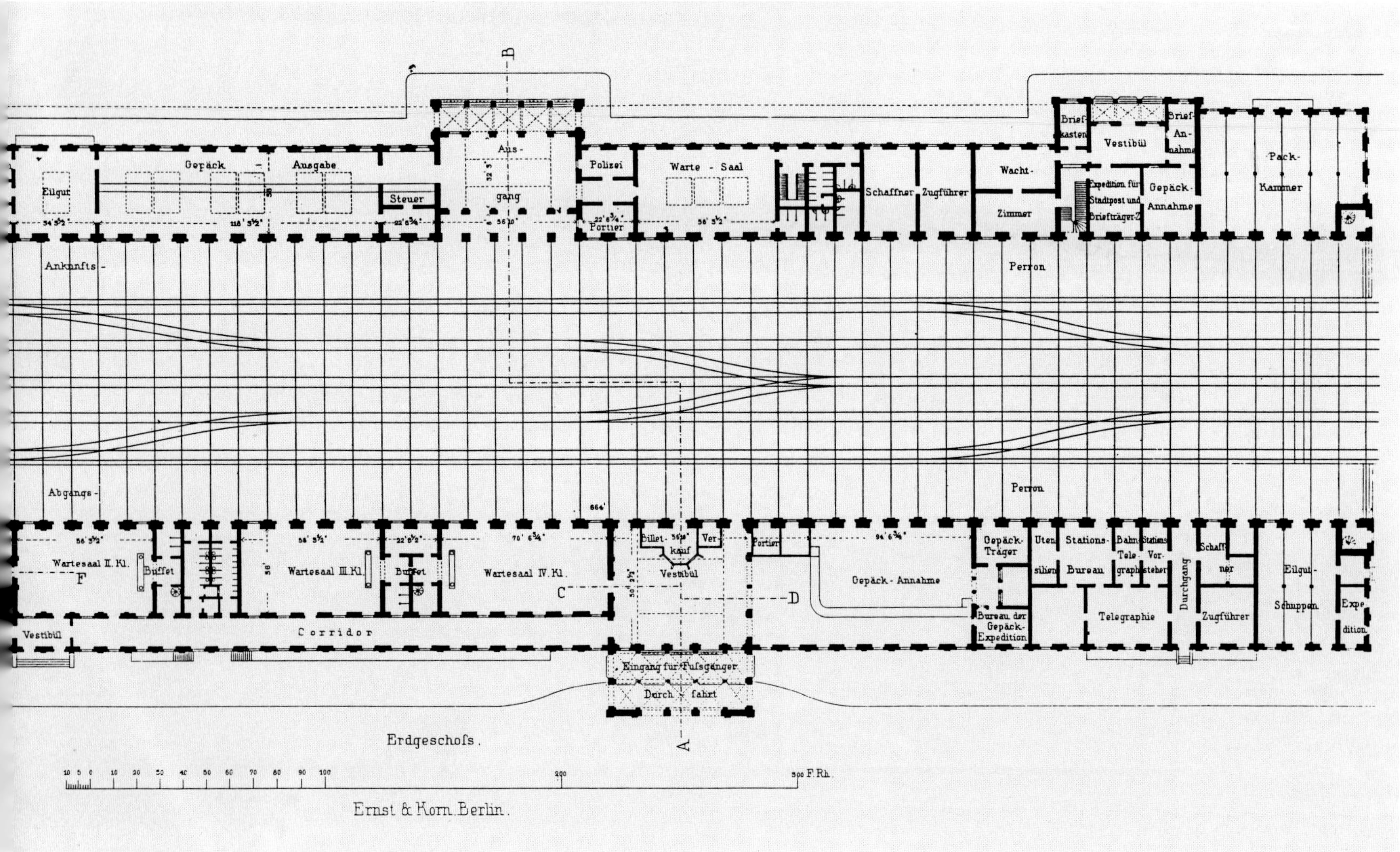

153 Innere Seitenansicht der großen Halle (ebenda)

154 Gliederung des Erdgeschosses der großen Halle (ebenda)

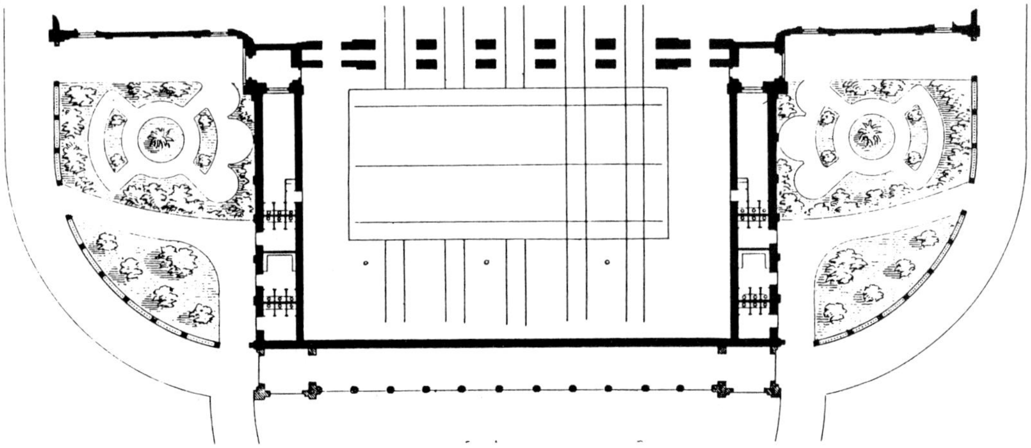

Stilvergleich

Baurat Römer leitete im Auftrag der KNME die Erarbeitung der Entwürfe, ihm oblag auch die Ausführung des Projekts. An seiner Seite standen der Baumeister Sendler sowie die Assistenten Lucas und Pescheck. Die Hallenkonstruktion entwarf der Geheime Baurat Schwedler von der KNME.

Römer hatte für die Erarbeitung des Projekts zahlreiche neu entstandene oder entstehende Bahnhofsbauten außerhalb Preußens studiert und über seine Erfahrungen im Architekten-Verein und in der Deutschen Bauzeitung berich-

155 Westliche Ansicht und Querschnitt des Schiebebühnenhofs (ebenda)

156 Grundriß des Lokomotivhofs und der Gartenanlagen (ebenda)

tet. Sein Streben – so offenbarte es der Bau – kam in der Vereinigung von Architektur und Ingenieurkunst zum Ausdruck. Als Architekt nahm er eine lange gepflegte Berliner Bautradition auf und vereinigte sie mit den neuesten Erkenntnissen der Ingenieurwissenschaften.

Die Zeichnungen und Fotografien sowie die lange Zeit noch vorhanden gewesenen Originalfenster im Untergeschoß der noch stehenden südlichen Hallenwand spiegeln deutlich diese lokale Bautradition wider: den Rundbogenstil, der Renaissance entlehnt. Er wurde zur adäquaten Formsprache des neuen bürgerlichen Zeitalters und der mit ihm aufkommenden neuen Verkehrsbedürfnisse.[43] Im wesentlichen ging dieser Stil auf die Architektur SCHINKELS zurück, die dieser vor allem beim Bau des Berliner Packhofs – eines Zweckbaus (später für die Bauten der Museumsinsel abgerissen) – anwendete. In Berlin entstanden sodann zahlreiche Bauten in diesem Stil, so das Rote Rathaus (Bild 157), die Synagoge in der Oranienburger Straße, die alte Universitäts-Bibliothek in der heutigen Clara-Zetkin-Straße, das Dorotheenstädtische Gymnasium sowie die Auktionshalle des Städtischen Schlacht- und Viehhofs.

Am 17. März 1836 hatten die Petersburger Zeitungen auch in deutscher Sprache eine »Anzeige an die Herren Architekten« mit einer Ausschreibung für den Bau eines Bahnhofs im Schloßpark zu Pawlowsk veröffentlicht. Er sollte Teil der ersten, dann am 30. Oktober 1837 offiziell eröffneten russischen Eisenbahn von St. Petersburg nach Zarskoje Selo und Pawlowsk werden. Elf russische und zwei deutsche Architekten beteiligten sich an diesem Wettbewerb. Die beiden Deutschen waren die SCHINKEL-Schüler AUGUST FRIEDRICH STÜLER und JOHANN HEINRICH STRACK. Aus Kostengründen konnte ihr Entwurf zwar nicht ausgeführt werden, doch veröffentlichten sie ihn im Jahre 1838 im »Architektonischen Album« und widmeten die Zeichnungen ihrem »Meister Herrn Carl Friedrich Schinkel«.[44] STÜLER und STRACK hatten sich den neuesten Bauaufgaben zu einer Zeit gestellt, da in Preußen noch niemand an eine Bahnhofsarchitektur dachte. Sie schufen, aus den Berliner Bautraditionen kommend, den Prototyp für die Fassade eines Kopfbahnhofs, der »stilbildend eine Epoche der europäischen Eisenbahnarchitektur beeinflußen sollte«[45], auch wenn die Bahnhöfe der ersten Generation noch nicht diesem Stil folgten.

Ein von dem Architektur-Historiker MAIER vorgenommener Vergleich (Bild 158) der schematisierten Ansichten von fünf Fassaden verschiedener Kopfbahnhöfe zeigt die Entwicklung von dem Entwurf aus dem Jahre 1836 mit einem Tor bis zur Fassade des Frankfurter Bahnhofs der KNME mit sieben Toren. Zugleich aber blieb die Grundstruktur der Architektur mit Tor und Turm erhalten. Sehr deutlich zeigte sich beim Bahnhof der KNME die von STÜLER und STRACK benutzte Symbolsprache: vier Türme, ein großes Eingangstor – Ferne und Reise assoziierend – und eine Loggia

157 Querschnitt des südlichen Teiles des Empfangsgebäudes mit dem Königspavillon und den Wartesälen I. und II. Klasse (ebenda)

[43] MAIER, H.: Berlin Anhalter Bahnhof. – Berlin, 1984. – S. 99ff.

[44] Ebenda, S. 81ff.

[45] MAIER, H.: Die erste russische Eisenbahn von Sankt Petersburg nach Zarskoje Selo und Pawlowsk. – Berlin, 1987. – S. 24

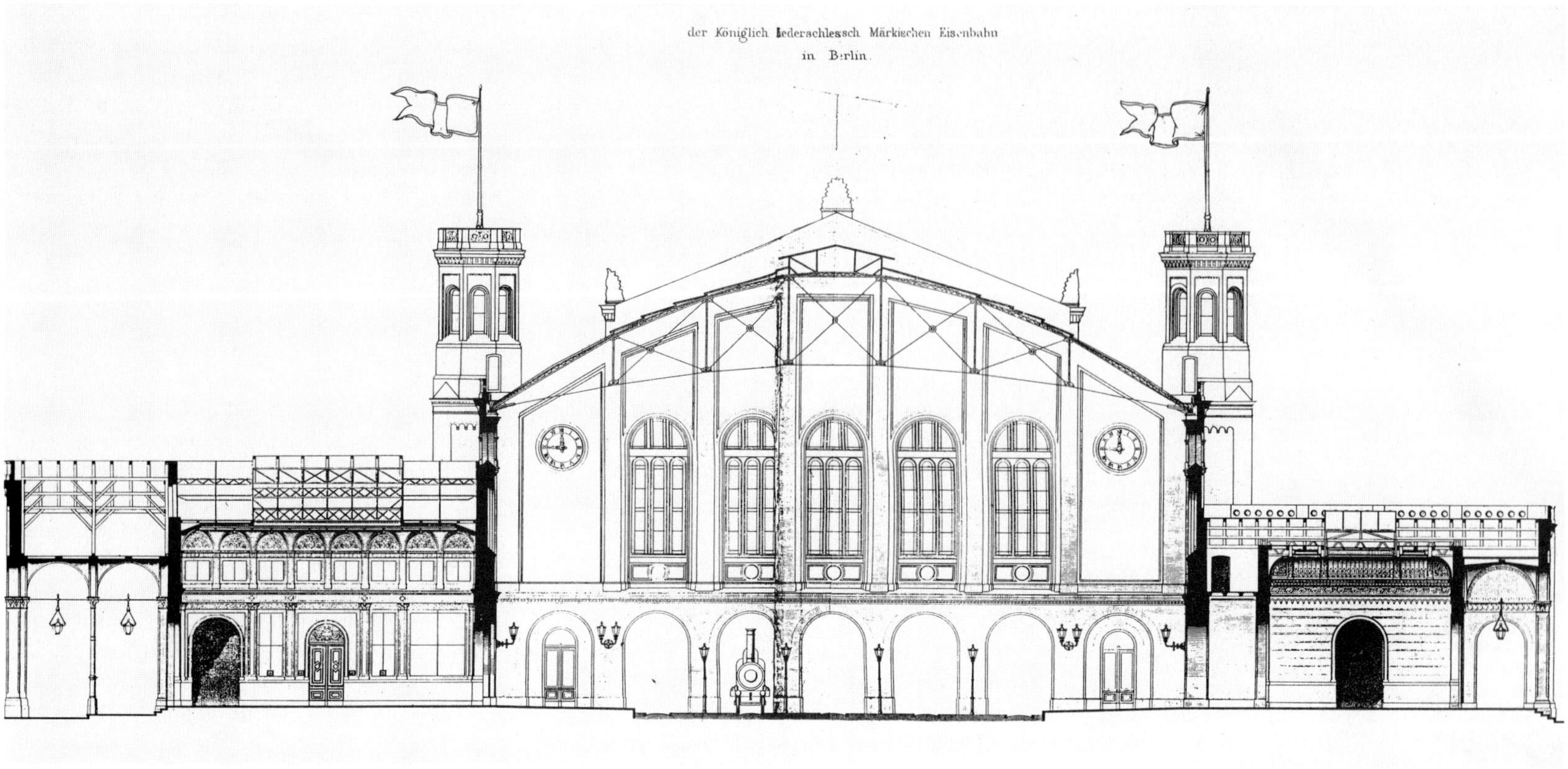

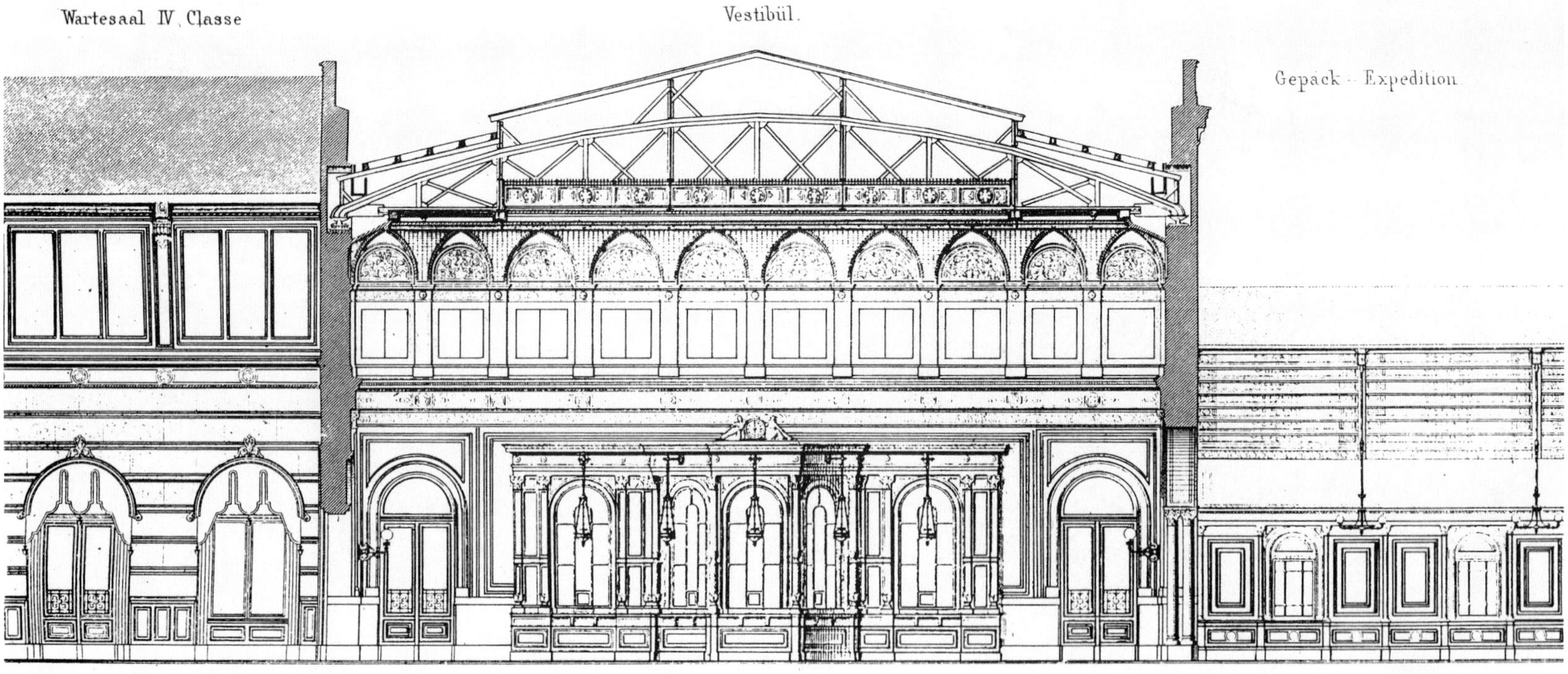

158 Blick auf den westlichen Abschluß des Empfangsgebäudes (ebenda)

159 Querschnitt durch das Vestibül hinter dem Eingangsportal (ebenda)

über dem Eingangsportal. Die Anspielung auf ein Tor wird auch in einer Fotografie von F. A. Schwartz deutlich (Bild 159): Öffnung des Raumes durch die Eisenbahn, und der Bahnhof erhielt einen Torcharakter, durch das in die Ferne gefahren oder aus ihr angekommen werden konnte. Und die Loggia stand für Weite, in die von ihr aus gesehen werden konnte.

Ein weiteres Kennzeichen dieser Berliner Variante der Bahnhofs- und Industriearchitektur ist die Verwendung des Backsteins als billiger vielseitiger Baustoff. Auch er ging auf Schinkel zurück, der ihn erstmals bei der Friedrichwerderschen Kirche und dann vor allem in seiner Bauakademie verwendete. Der Einsatz des Rundbogens in den neuen Architekturbereichen dokumentierte die beim Bürgertum vorhandene Ablehnung der Hofarchitektur. Die wichtigsten Beispiele der Verwendung dieses Stilmittels in Berlin waren das Krankenhaus Bethanien, die Fabrikhallen von Borsig und die bereits erwähnten Kommunalbauten.[46] Schinkel brachte zugleich eine der mittelalterlichen Architektur entlehnte Formsprache ein; denn das preußische Bürgertum träumte von der Wiedererrichtung des mittelalterlichen Kaiserreiches. Auch dafür finden wir am Bahnhof der KNME ein bezeichnendes Element: die dreibogige Fensterbank in den oberen Hallenwänden. Hier ist eine Wiederaufnahme der Architektur der Wartburg zu vermuten, denn es gibt kein anderes Vorbild. Und deshalb heißt der heute noch stehende Teil bei den Architekten, die den Neu- und Umbau zum Hauptbahnhof ausführen, »Wartburgwand«.

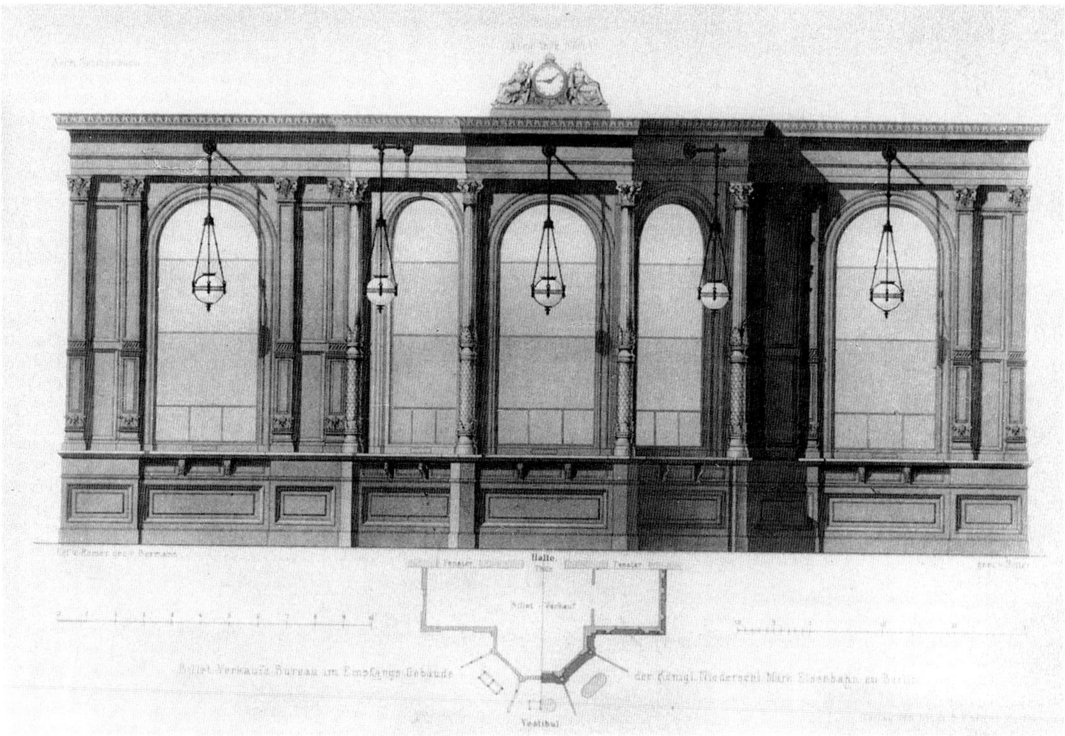

160 Zeichnung der Decke im Abfahrtsvestibül (aus: Architektonisches Skizzenbuch, 1871)
161 Zeichnung des Salons des Königs (ebenda)

162 Zeichnung des Billett-Verkaufs-Bureaus (ebenda, 1872)

[46] Maier, H.: Berlin Anhalter Bahnhof, S. 75

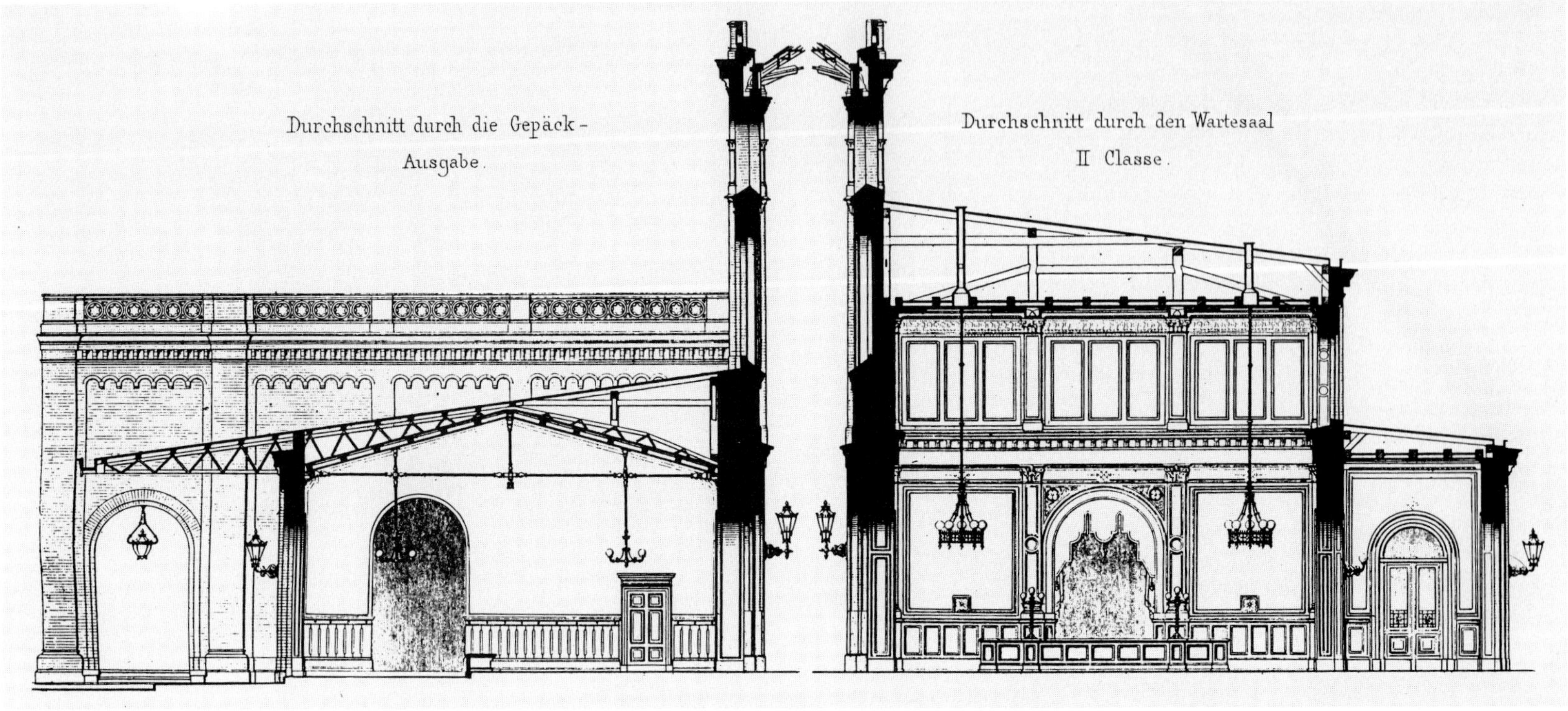

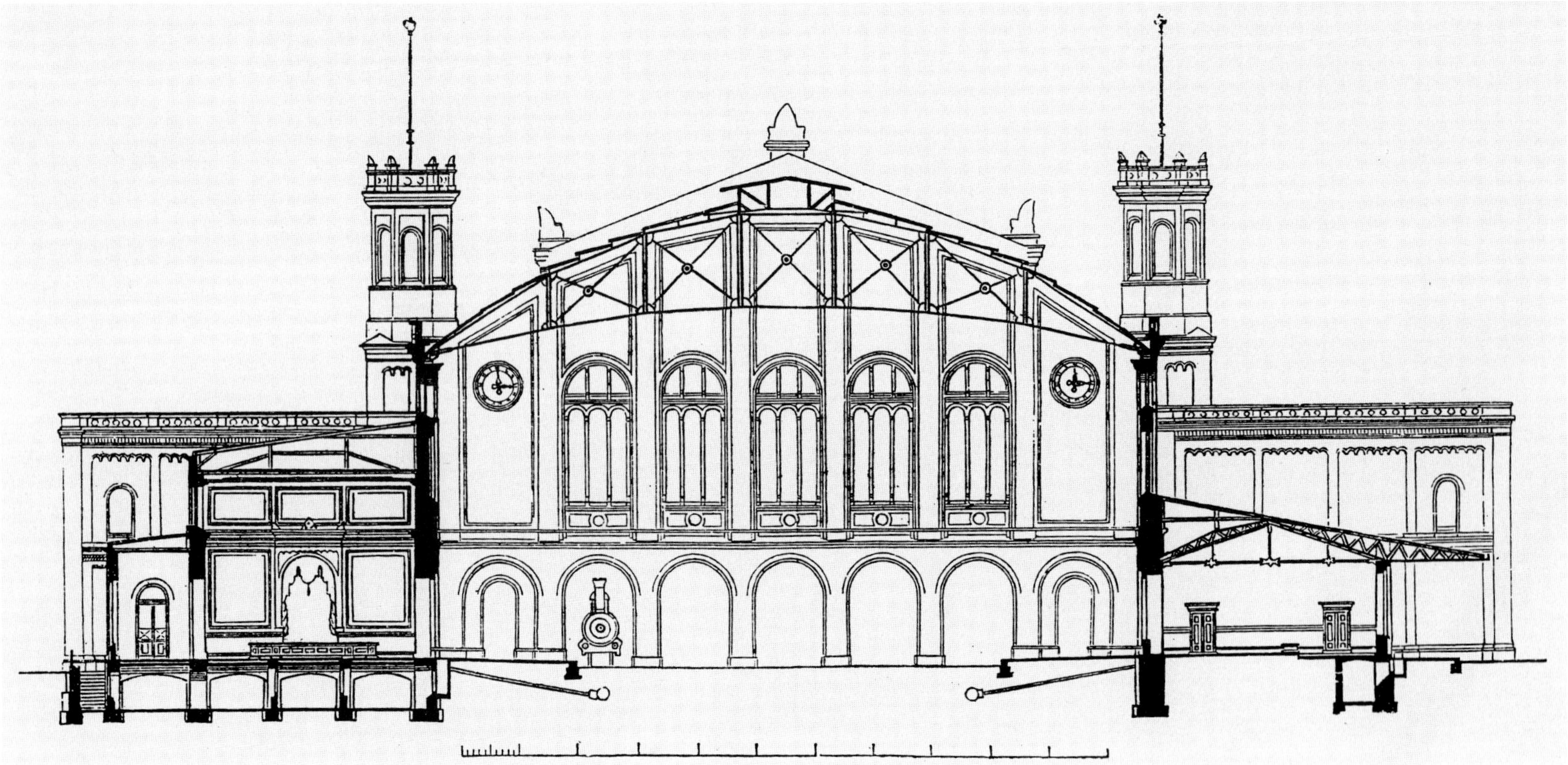

163 Querschnitt der nördlichen und der südlichen Seite des Empfangsgebäudes (aus: Zeitschrift für Bauwesen, 1870)

164 Querschnitt des Bahnhofs in Nord-Süd-Richtung (aus: Deutsche Bauzeitung, 1869)

165 Stempel des Postamtes Frankfurter Bahnhof aus dem Jahre 1865 (BauF)

166 Innenansicht der Halle des Frankfurter Bahnhofs (Plankammer Charlottenburg)

167 Zeichnung des Frankfurter Bahnhofs von E. Müller von Sondermühlen (Stabi)

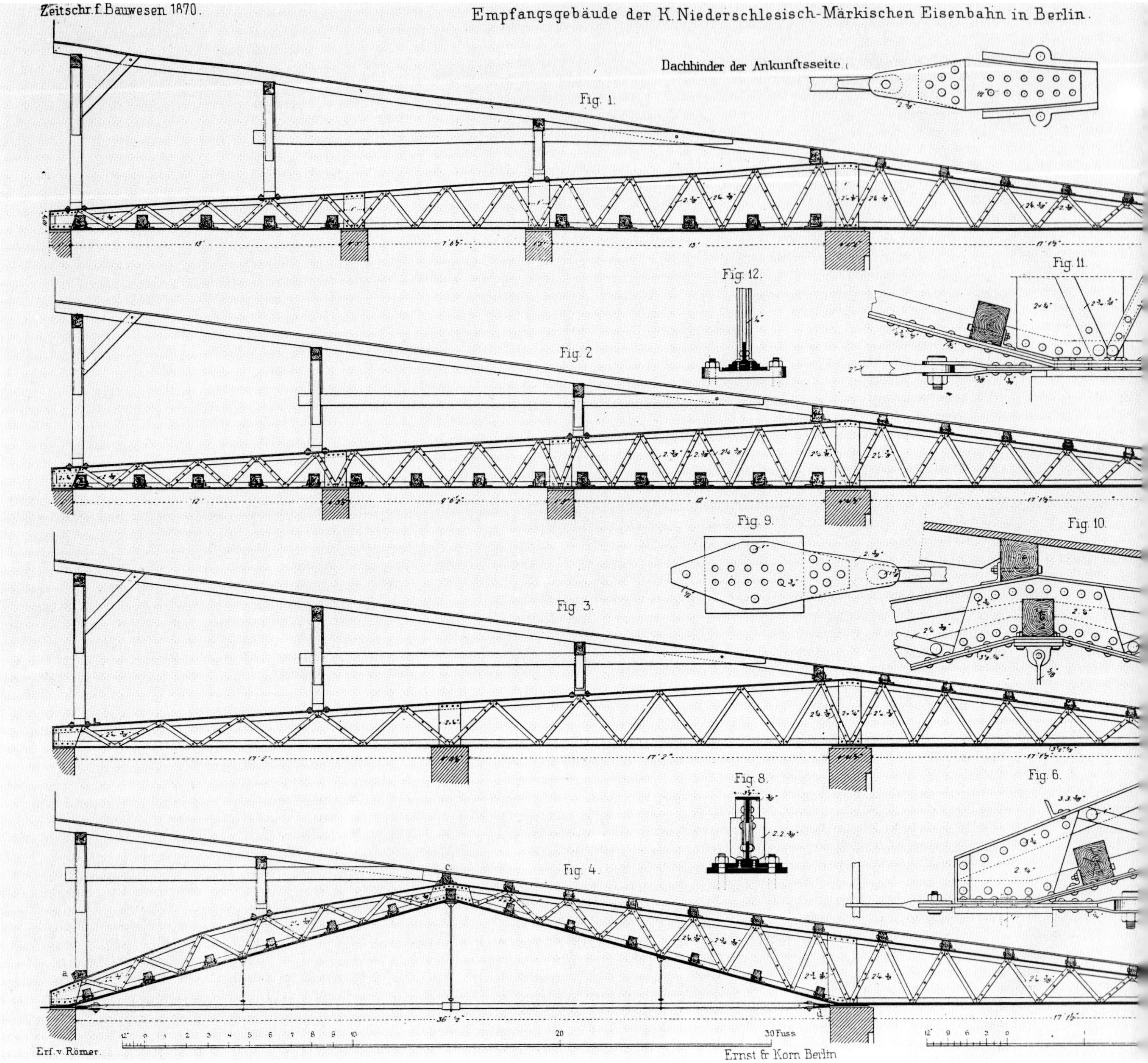

168 Details der Dachbinder und der Dachkonstruktion (aus: Zeitschrift für Bauwesen, 1870)

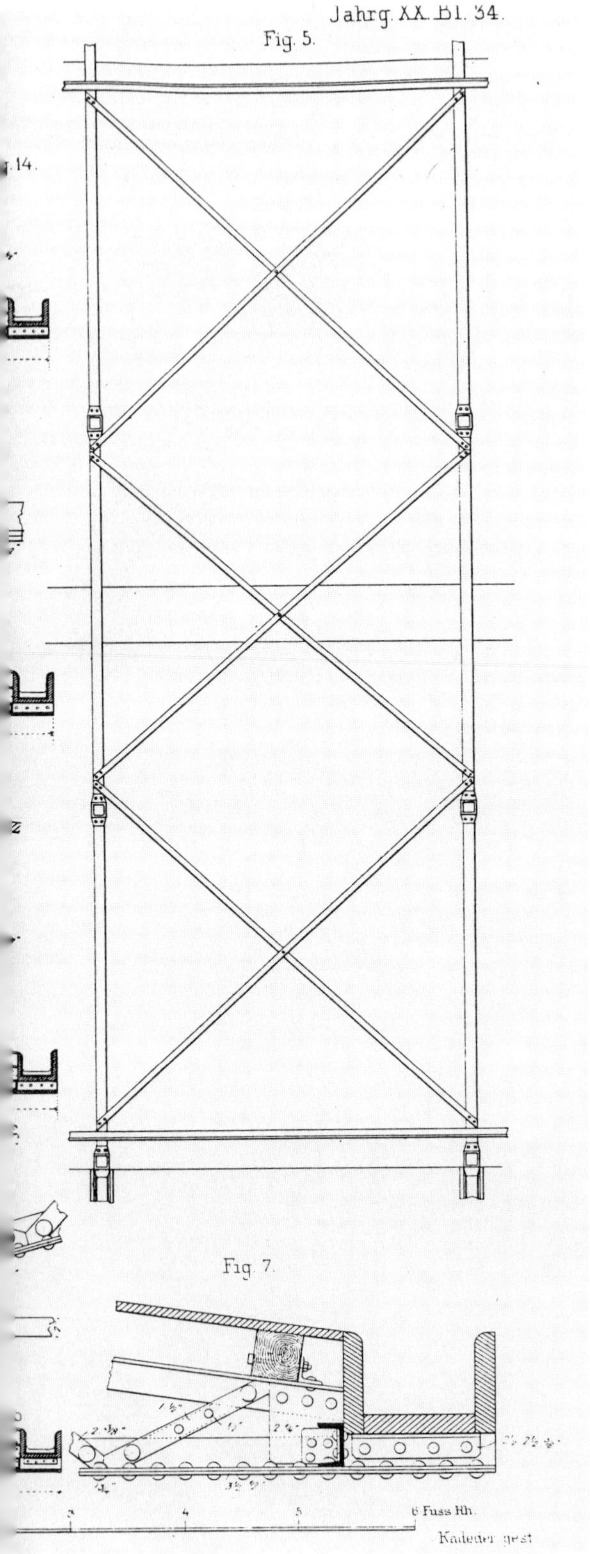

169 Rathaus zu Berlin, Teil der Fassade in der Spandauer Straße (aus: Deutsche Bauzeitung)

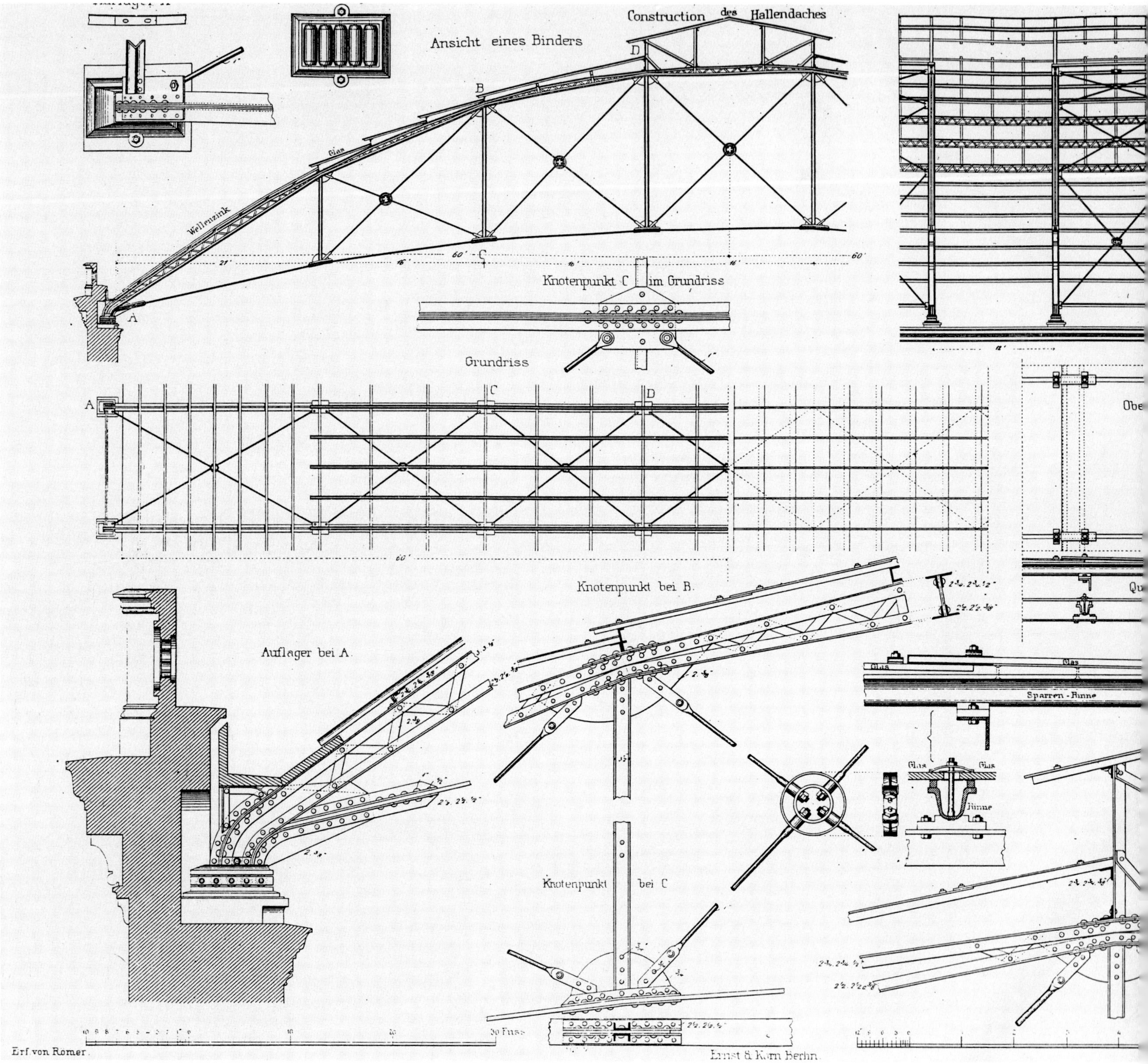

170 Details des Anbringens der Halle im Mauerwerk (ebenda)

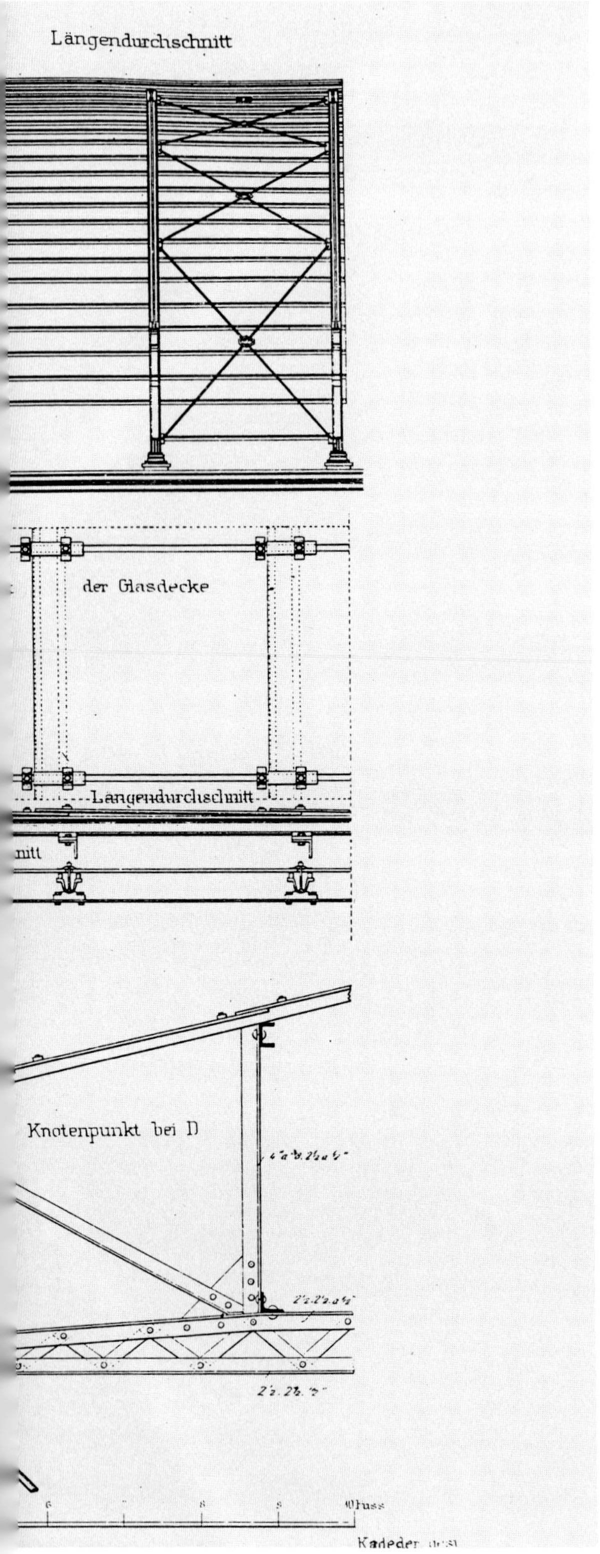

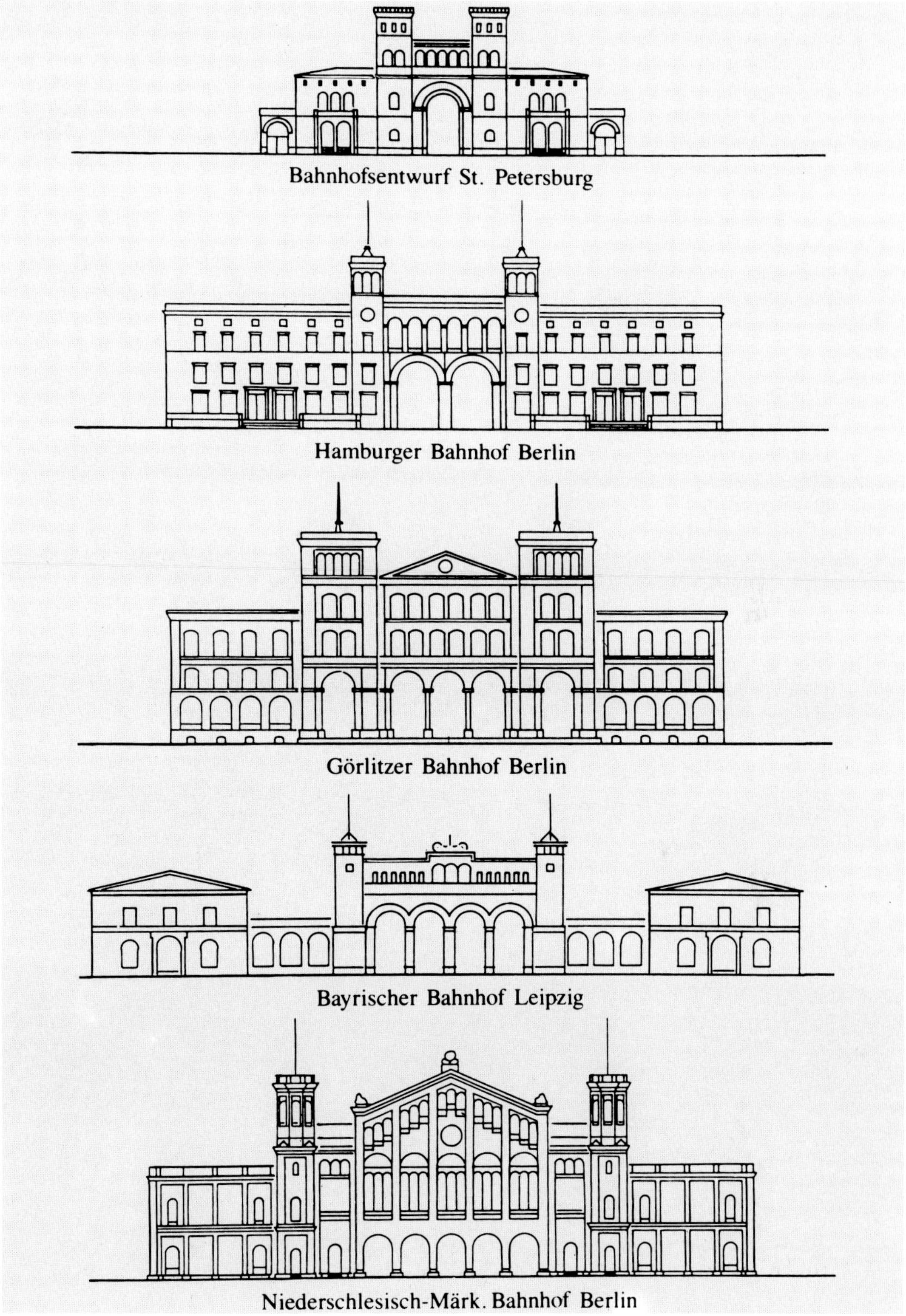

171 Vergleich von fünf verschiedenen Kopfbahnhöfen (aus: MEYER: Anhalter Bahnhof)

172 Blick in die Halle des Frankfurter Bahnhofs (Aufnahme von F. A. Schwartz, nach 1870) (MM)

173 Blick von der Fruchtstraße auf die Abfahrtseite (Aufnahme von F. A. Schwartz, 14. 8. 1869) (Plankammer Charlottenburg)

174 Blick von der Koppenstraße auf die Ankunftseite (Aufnahme von F. A. Schwartz, 14. 8. 1869) (ebenda)

175 Blick in die Halle von West nach Ost (Aufnahme von F. A. Schwartz, 14. 8. 1869) (ebenda)

176 Blick in das Innere des Empfangsgebäudes: vorn rechts die Gepäckannahme, hinter den Bögen die Empfangshalle, hinter dem Hauptportal die Fahrkartenschalter, im Hintergrund links der Gang zu den Wartesälen (Aufnahme von F. A. Schwartz, 14. 8. 1869) (ebenda)

177 Vestibül des Wartesaales I. Klasse (Aufnahme von F. A. Schwartz, 14. 8. 1869) (ebenda)

178 Laterne an der Innenwand der Empfangshalle (Aufnahme von F. A. Schwartz, 14. 8. 1869) (ebenda)

179 Blick in das Innere der Ankunftseite: links die Wand der Empfangshalle mit den Türen für den Gepäcktransport, in der Mitte die Ausgabe des Gepäcks mit Nummernständern, rechts der von den Reisenden zu betretende Teil, im Hintergrund der Durchgang zur Expreßgutabfertigung (Aufnahme von F. A. Schwartz, 14. 8. 1869) (ebenda)

BAHNHOF WESTEND

5. NEUE IMPULSE – DIE STADT- UND RINGBAHN (1872 bis 1882)

Voraussetzungen und Ideen

Eine bisher nicht beachtete, aber unter dem Blickpunkt weiterer Entwicklungen wichtige Bekanntmachtung erschien im Jahre 1870 im »Amtsblatt der Königlichen Regierung zu Potsdam und der Stadt Berlin«. Die Königliche Direktion der Niederschlesisch-Märkischen Eisenbahn (KNME) teilte darin am 15. Oktober mit, daß vom 1. November an »Züge für Arbeiter zwischen Berlin und Rummelsburg« eingesetzt werden (Bild 180). In der IV. Wagenklasse konnten von diesem Datum an, um 6.00 Uhr morgens und 8.10 Uhr abends – mit Ausnahme des Montags und des Sonnabends mit veränderten Abfahrtszeiten – Arbeiter von Berlin nach Rummelsburg zur »Arbeit fahren«, eventuell in »bedeckten Güterwagen«. Ein neuer Anstoß, dem im folgenden nachzugehen sein wird und in dem Momente vorheriger und zukünftiger Entwicklungen kulminierten.

Die Aufnahme des Personennahverkehrs oder wie es damals hieß des »Localverkehrs« brachte einen entscheidenden neuen Punkt in die weitere Geschichte des Bahnhofs. Zu einem Zeitpunkt, an dem sich der Güterverkehr als Dominante im Eisenbahnverkehr voll durchgesetzt hatte, kam der öffentliche Personennahverkehr strukturbestimmend in die weitere Entwicklung der Eisenbahn ein. Bescheidene Konturen dieses sich langsam entwickelnden Verkehrszweiges deuteten sich an. Angesichts der industriellen Fortschritte in Berlin reifte die Notwendigkeit des öffentlichen Personennahverkehrs, der ein Massenverkehr zu sein hatte, heran. Und dazu war in dieser Zeit nur die Eisenbahn in der Lage, denn nur ihre Einrichtungen boten die Ansätze dafür. Um die Bescheidenheit des Anfangs des Lokalverkehrs auf diesem Streckenabschnitt zu verdeutlichen, soll auf die Statistik der deutschen Eisenbahnverwaltung verwiesen werden. Diese sagt für das Jahr 1870 aus, daß die KNME 3,1 Mill. Personen beförderte. Aus diesem Verkehr konnten Einnahmen in Höhe von 1,7 Mill. Taler erwirtschaftet werden. Im gleichen Jahr kamen bei dieser Gesellschaft 45,5 Mill. t Güter zum Versand, die eine Einnahme von 5,6 Mill. Taler erbrachten. Von den Einnahmen entfielen 74,32 Prozent auf den Güterverkehr, 22,89 Prozent auf den Personenverkehr und 2,79 Prozent auf den sonstigen Verkehr.

Zum Verständnis der folgenden Vorgänge ist es notwendig, auf einige Entwicklungsfaktoren der Stadt Berlin seit den 40er Jahren des 19. Jahrhunderts hinzuweisen. Es wurde bereits ausgeführt, daß Berlin mit seinem Territorium, auf dem noch zahlreiche freie Baustellen vorhanden waren, sich in der Fläche weiter ausdehnte. Die Stadt hatte 1841 eine Größe von 3 510 ha und 1881 von 6 326 ha. Innerhalb dieser Fläche konzentrierte sich mehr und mehr die Bevölkerung, die zum größten Teil aus den preußischen Provinzen nach Berlin strömte. 1842 zählte die Stadt 401 000 Einwohner und 1880 1 321 000. Der Zustrom der Bevölkerung hielt an, auf nahezu der gleichen Fläche wie 1881 lebten am 1. Dezember 1910 2 049 357 Einwohner.

Eine ungeheure Verdichtung der Wohnbevölkerung, die Zusammendrängung auf immer enger werdendem Raum folgte. Am 15. Mai 1916 existierten auf der Stadtfläche 602 982 Wohnungen, davon 253 493 Ein-Zimmer-Wohnungen. In der Zeit, in der sich die Projekte von Ring- und Stadtbahn ausprägten, entwickelten sich die Verhältnisse von Einwohnern und Grundstücken sowie Einwohnern und Wohnungen wie folgt[1]:

Jahr	Einwohner	Grundstücke	E/G	Wohnungen	E/W
1861	547 571	11 620	47,1	110 782	5,0
1864	633 279	13 377	47,3	138 356	4,6
1867	702 437	14 179	49,5	158 740	4,4
1871	825 937	14 829	55,7	173 003	4,8
1875	966 858	17 187	53,3	219 910	4,4

Durch den Ausbau von Kellerwohnungen (10 Prozent aller Wohnungen) und die Nutzung jedes vermietbaren Fleckens konnte dem Zustrom von Neubewohnern begegnet werden, und die Zahl der bebauten Grundstücke stieg. Das Verhältnis zwischen bebauten Grundstükken und darauf vorhandenen Wohnungen verdeutlichte das Zusammendrängen immer größerer Menschenmassen.

Dagegen rührte sich keine Kritik, Berlin entwickelte sich zur größten Industriestadt des Deutschen Reiches. Innerhalb der immer enger werdenden Wohnbebauung lagen die Industriebetriebe, was auch kein Anlaß zur Kritik war. Erst als die Betriebe keine Möglichkeit mehr hatten, sich innerhalb der Stadt auszudehnen bzw. zu modernisieren, kam Kritik auf. Der Platz für die bei der Prosperität der Betriebe als notwendig angesehenen Erweiterungen und Erneuerungen war innerhalb der Stadt nicht mehr vorhanden. Und nun trat das soziale Problem in aller Schärfe zutage. Die wachsende Stadt entwickelte neue Bedürfnisse, u. a. des Verkehrs, und das führte dazu, daß der Straßenverkehr dichter werden mußte. Die Straße stellte für lange Zeit, eigentlich bis zum Aufkommen des Autos, einen wichtigen Ergänzungs- und Ausbreitungsraum bei der Dichte der Menschenzusammenballung dar. Zugleich wuchsen die Anforderungen an den Straßenverkehr, und die Industrie verlangte eine höhere Mobilität der Einwohner.

Diese war nur in geringem Maße gegeben, denn die Mehrheit der Berliner Bevölkerung besaß nur ihre Füße, um die länger werdenden Verkehrswege zurückzulegen. Schon längst war es Illusion geworden, eine Wohnung in der Nähe der Arbeitsstätte zu finden. Zwar gab es seit den 40er Jahren einen Droschkenverkehr mit fünf Linien im Jahre 1846 und 13 im Jahre 1865, aber der Fahrpreis von 3 Silbergroschen

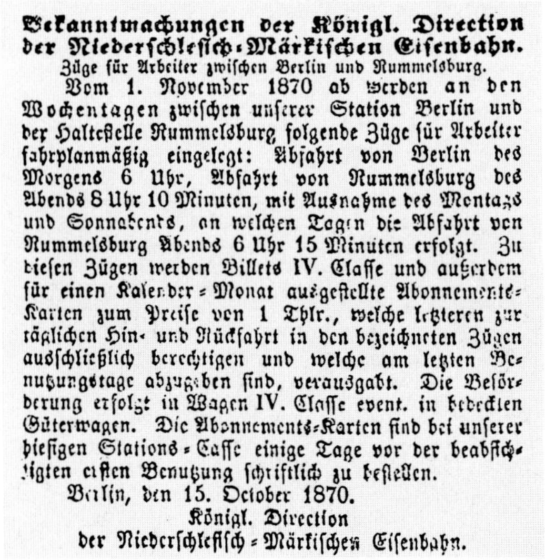
Bekanntmachungen der Königl. Direction der Niederschlesisch-Märkischen Eisenbahn.
Züge für Arbeiter zwischen Berlin und Rummelsburg.
Vom 1. November 1870 ab werden an den Wochentagen zwischen unserer Station Berlin und der Haltestelle Rummelsburg folgende Züge für Arbeiter fahrplanmäßig eingelegt: Abfahrt von Berlin des Morgens 6 Uhr, Abfahrt von Rummelsburg des Abends 8 Uhr 10 Minuten, mit Ausnahme des Montags und Sonnabends, an welchen Tagen die Abfahrt von Rummelsburg Abends 6 Uhr 15 Minuten erfolgt. Zu diesen Zügen werden Billets IV. Classe und außerdem für einen Kalender-Monat ausgestellte Abonnements-Karten zum Preise von 1 Thlr., welche letzteren zur täglichen Hin- und Rückfahrt in den bezeichneten Zügen ausschließlich berechtigen und welche am letzten Benutzungstage abzugeben sind, verausgabt. Die Beförderung erfolgt in Wagen IV. Classe event. in bedeckten Güterwagen. Die Abonnements-Karten sind bei unserer hiesigen Stations-Casse einige Tage vor der beabsichtigten ersten Benutzung schriftlich zu bestellen.
Berlin, den 15. October 1870.
Königl. Direction
der Niederschlesisch-Märkischen Eisenbahn.

180 Bekanntmachung der Königlichen Niederschlesisch-Märkischen Eisenbahn vom 15. 10. 1870 über die Aufnahme von Zügen für Arbeiter (Ratsb.)

[1] Bericht über die Gemeinde-Verwaltung der Stadt Berlin in den Jahren 1861–1876, Band 1. – Berlin, 1879. – S. 58

war zu hoch. Nach seiner Halbierung deutete sich die Möglichkeit einer breiteren Nutzung des Droschkenverkehrs an, zu einer grundlegenden Lösung des Problems Massenverkehr kam es aber nicht. Auch die 1865 eingerichtete erste Pferdestraßenbahn konnte für die Mehrheit der Bevölkerung noch keine Lösung bringen, da die Verkehrsleistungen zu gering und die Kosten zu hoch waren.

1867 verlegten die Artillerie-Werkstätten der preußischen Armee ihren Standort vom Kupfergraben in der Stadtmitte nach Spandau. Dieser Schritt trennte die Mehrheit der Arbeiter von der Fabrik; denn ein derartig langer und zweimal täglicher Fußweg war niemand zumutbar. Das Kriegsministerium verständigte sich sodann mit der Hamburger Eisenbahngesellschaft in einem Vertrag, nach dem die Arbeiter in Extrazügen zum Billigtarif von und zur Arbeit fahren konnten; ein Vorgehen, das den Ansatz zu einer größeren Lösung in sich barg.

Die Industriellen fürchteten nun nicht mehr den Platzmangel für die Ausweitung der Betriebsgelände, denn der Aufbau eines Verkehrsnetzes durch die öffentliche Hand bot eine in die Zukunft reichende Lösung. Die Arbeiter blieben am Platz, die Fabrik wanderte an den Rand. Andererseits konnte damit zugleich die bisher nur schwer erreichbare Stadtfläche bzw. das Umland erschlossen werden, und neue Wohnviertel enstanden. Die Verantwortlichen sahen also nicht in einer grundlegenden Neuordnung der Strukturen der Gesellschaft oder in einem großzügigen Konzept der Neubestimmung der enger werdenden Stadtfläche die Lösung der Probleme.

Neue Wohnflächen boten neue Möglichkeiten der Spekulation mit dem Boden, neue Gewinn- und Profitmöglichkeiten deuteten sich an. Eine Überlegung, die viele Probleme auf einmal zu lösen schien: Platz für die Ausdehnung der Industriebetriebe, Platz für neue Wohnbauten, einschließlich der Möglichkeiten, die innerstädtische Zusammenballung zu entflechten. Und was für die Mehrheit der Bevölkerung zutraf, konnten auch die Begüterten nutzen, die nun auch die Chance hatten, aus der überbelegten Stadt abzuwandern.

Für ein gesellschaftliches Problem deuteten sich ingenieurtechnische Lösungen an. So wie das Bürgertum in den 40er und 50er Jahren bei der Durchsetzung seiner Ziele auf rechtliche Mittel setzte und dies auch weiterhin tat, ergänzte es sein Konzept durch tragfähige technisch-wissenschaftliche Leistungen, die die Gesellschaft – insbesondere in Berlin – den neuen Forderungen anpassen sollte, ohne sie grundlegend in ihrem Herrschaftsmechanismus zu ändern.

Die Lösungen stellten sich überwiegend als bestechend heraus und trugen in sich eine Großzügigkeit, die Jahrzehnte überdauerte. Einige tragende Elemente reichen bis in die Gegenwart. Sie zerstörten endgültig den Residenzcharakter Berlins und machten aus der Stadt innerhalb kurzer Zeit eine der modernsten Großstäd-

181 Carl Ludwig Scabell, Entwurf zu einem Berliner Centralbahnhof, 1865, perspektivische Ansicht

te Europas. Charakterstisch dabei war, daß die Anfänge ursprünglich in anderen Bereichen lagen und sie erst nach und nach – aber dann mit Vehemenz – auf diese Höhe gebracht wurden.

Die alte Berliner Bahnhofsverbindungsbahn stellte sich in den 60er Jahren zunehmend als Verkehrshindernis heraus; sie konnte ihrer Aufgabe immer weniger gerecht werden. Der Gedanke eine Verbindungsbahn, die in weiter Entfernung um die Stadt herum entstehen sollte, griff Raum. Mit ihr sollten nicht nur die Unzulänglichkeiten der alten Bahn überwunden, sondern zugleich auch neue Tendenzen des Güterverkehrs berücksichtigt werden.

Mit der nach 1859 beginnenden Diskussion um die zukünftige Erweiterung der Stadt, die Lösung schwebender Verkehrsprobleme sowie die Ablösung der bisherigen Verbindungsbahn und die immer dringender werdenden Neu- und Umbauten der rund 20 Jahre alten Bahnanlagen ließen Ideen entstehen, die eine weitreichende Lösung beinhalteten. Carl Ludwig (Louis) Scabell schlug im Jahre 1865 vor, im Zusammenhang mit der Neuanlage der Verbindungsbahn einen Zentralbahnhof in Hochlage

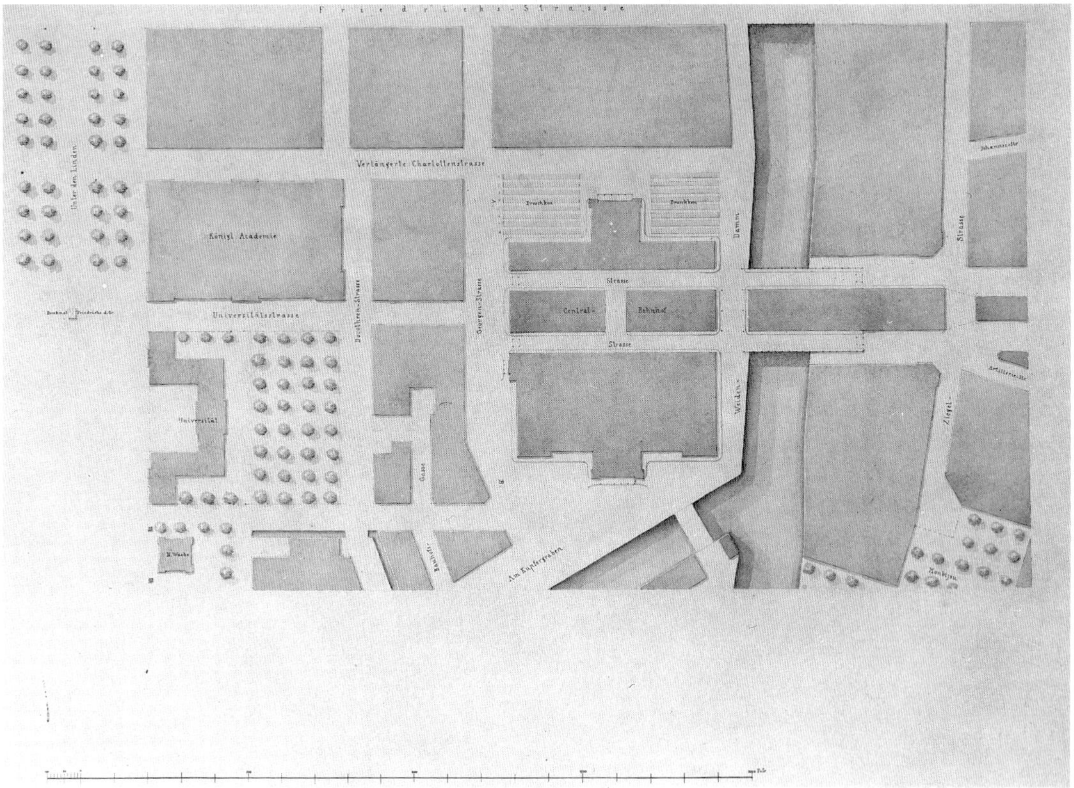

182 Carl Ludwig Scabell, Entwurf zu einem Berliner Centralbahnhof, 1865, Querschnitt

183 Carl Ludwig Scabell, Entwurf zu einem Berliner Centralbahnhof, 1865, Situationsplan

zu errichten. Als Standort sah er den Platz hinter dem Kastanienwäldchen – genau hinter dem Universitätsgebäude – vor, auf dem sich das ausgedehnte Gelände einer Artillerie-Kaserne und die erwähnten Artillerie-Werkstätten befanden. Zugleich legte er den Bahnhof so an, daß er zum Teil über der Spree lag, offensichtlich auch dem Gedanken eines Verkehrsverbundes Schiene-Wasserstraße, der immer wieder die Architekten in ihren Entwürfen faszinierte, huldigend. Lageplan, Ansicht und Durchsicht (Bilder 181, 182 und 183) sind mit weiteren Einzelheiten des Entwurfs erhalten geblieben. Die zehn Plandokumente, die an dem ungewöhnlichen Ort der Plankammer der Staatlichen Schlösser und Gärten Charlottenburg im Original überliefert sind, lassen den Schluß zu, daß der weitere Verlauf des Bahnkörpers direkt auf die Gleisanlagen des Stettiner Bahnhofs stoßen sollte. Dann wäre es möglich gewesen, den gesamten Verkehr über die geplante neue Verbindungsbahn um die Stadt herumzuleiten. Der kühne Plan, der ein für allemal die bekannten und sich – auch im Bewußtsein der damaligen Zeit – immer mehr zuspitzenden Schwierigkeiten der Verkehrsentwicklung einer europäischen Großstadt gelöst hätte, kam aus Finanzgründen nicht zum Tragen; die Folgen sind bekannt. Wie so oft in der Berliner Geschichte konnte ein Groschen gespart werden, der aber später den Einsatz mehrerer Markstükke erforderte.

Interessant aber bleibt der in Berlin oft zu beobachtende Vorgang, daß kluge Vorschläge eines Architekten im Bewußtsein der Kollegen Bestand haben. Sie werden dann wieder aufgegriffen und bei der Realisierung anderer Projekte erneut eingesetzt, so der Gedanke der Hochlage der Eisenbahn und die Anlage eines Zentralbahnhofs in der Nähe des heutigen Bahnhofs Friedrichstraße. Der Datumsvergleich belegt, daß der Vorschlag SCABELLS nur in größeren Dimensionen zu verstehen ist. Im Januar 1865 entstand die Idee einer neuen Verbindungsbahn, und am 30. April desselben Jahres erhielt die Direktion der KNME den Auftrag, diesen Plan in allen Einzelheiten auszuarbeiten. Zu einem nicht eindeutig zu ermittelnden Zeitpunkt des Jahres 1866 lag dieser Plan den Behörden vor. Durch Gesetz vom 6. März 1867

(Nr. 6578.) Allerhöchster Erlaß vom 6. März 1867., betreffend die neue Berliner Bahnhofs-Verbindungsbahn.

Ich genehmige die in Ihrem Berichte vom 2. März d. J. für die neue Berliner Bahnhofs-Verbindungsbahn beantragte Richtungslinie, deren Feststellung im Einzelnen Ihnen überlassen bleibt, sowie die bauliche Ausführung und künftige Verwaltung der Bahn durch die Direktion der Niederschlesisch-Märkischen Eisenbahn. Zugleich bestimme Ich, daß die in dem Gesetze über die Eisenbahn-Unternehmungen vom 3. November 1838. enthaltenen Vorschriften über die Expropriation auf das neue Unternehmen Anwendung finden.

Dieser Erlaß ist durch die Gesetz-Sammlung zu veröffentlichen.

Berlin, den 6. März 1867.

Wilhelm.

Gr. v. Itzenplitz.

An den Minister für Handel, Gewerbe und öffentliche Arbeiten.

wurden Richtungslinie, bauliche Ausführung und künftige Verwaltung dieser neuen Bahnanlage der Niederschlesisch-Märkischen Eisenbahn übertragen (Bild 184).

Das genehmigte Projekt sah vor, die neue Verbindungsbahn in einer Entfernung von 3 bis 5 km um die bebaute Stadtfläche herumzuführen, also die Umgehungsbahn anzulegen, die in Moabit beginnen und über Stralau-Rummelsburg, Tempelhof nach Schöneberg führen sollte (Bild 186). Diese Linie schnitt die Gleise von acht nach Berlin führenden Eisenbahnunternehmungen. Über Gleisanbindungen konnten die Güterzüge in die jeweilige Gleisanlage der zuständigen Bahngesellschaft fahren. Die Strecke wurde am 17. Juli 1871 eröffnet, nachdem sie bereits vorher für Militärtransporte im Zusammenhang mit dem deutsch-französischen Krieg genutzt worden war. Die gesamte Anlage unterstand der KNME, und sie erhielt auf dem Gelände des uns interessierenden Bahnhofs zwei Anbindungen: die Nordkurve, die nur für die Königliche Ostbahn, und die Südkurve, die nur für die KNME die Verbindung zur späteren Ringbahn herstellten.

Nach zahlreichen Protesten begann am 1. Januar 1872 ein bescheidener Personenverkehr »auf der hiesigen neuen Verbindungsbahn« mit zwei Zugpaaren morgens und abends. Die dem Fahrplan beigegebene Tabelle über die Höhe der Fahrpreise belegt, daß dieser öffentliche Personennahverkehr zunächst noch recht bescheiden war. Die Bahn führte durch wenig bebautes sowie erschlossenes Stadtgebiet, und die Fahrpreise zielten noch nicht auf die Masse der Bevölkerung.

Fahrplan vom 15. Mai 1873 ab.

Von (Lehrter Bahnhof) Moabit nach Schöneberg (Potsdamer Bahnhof).

Stationen		Personenzug № 1.	3.	5.	7.	9.	11.	13.	15.
		Vm.	Vm.	Vm.	Nm.	Nm.	Nm.	Nm.	Nm.
Lehrter Bhf.	Abf.	—	7·14	9·14	2·23	3·39	5·39	7·9	9·48
Moabit	Anf.	—	7·22	9·22	2·30	3·47	5·47	7·17	9·56
Moabit	Abf.	5·12	7·25	9·25	2·33	3·50	5·50	7·20	9·59
Wedding	„	5·18	7·31	9·31	2·39	3·56	5·56	7·26	10·5
Gesundbrunnen	„	5·24	7·37	9·37	2·45	4·2	6·2	7·32	10·11
Friedrichsberg	„	5·35	7·48	9·48	2·56	4·13	6·13	7·43	10·22
Stralau	Anf.	5·39	7·52	9·52	3·—	4·17	6·17	7·47	10·26
Niederschl.-Märkische Bahn: N.-M. Bhf.	Abf.	5·30	7·43	9·43	2·51	4·9	5·51	7·36	10·13
Stralau	Anf.	5·37	7·50	9·50	2·58	4·16	5·58	7·43	10·20
„	Abf.	5·42	7·58	9·55	3·6	4·26	6·20	7·50	10·28
N.-M. Bhf.	Anf	5·49	8·5	10·2	3·13	4·33	6·27	7·57	10·37
Stralau	Abf.	5·41	7·54	9·55	3·2	4·19	6·20	7·50	10·29
Görlitzer Anschl.	Anf.	4·45	—	—	—	—	6·24	7·54	—
Berlin-Görlitzer Bahn: Görlitzer Bhf.	Abf.	5·24	—	—	—	—	5·45	7·29	—
„ Anschl.	Anf.	5·32	—	—	—	—	5·55	7·37	—
„ „	Abf.	5·47	—	—	—	—	6·26	7·56	—
„ „	Anf.	5·55	—	—	—	—	6·34	8·4	—
Görlitzer Anschl.	Abf.	5·46	—	—	—	—	6·25	7·55	—
Rixdorf	„	5·52	8·1	10·2	3·9	4·26	6·31	8·1	10·36
Tempelhof	„	6·1	8·10	10·11	3·18	4·35	6·40	8·10	10·45
Schöneberg	Anf.	6·5	8·14	10·15	3·22	4·39	6·44	8·14	10·49
„	Abf.	6·8	8·17	10·18	3·25	4·42	6·47	8·17	10·52
Potsdamer Bhf.	Anf.	6·16	8·25	10·36	3·32	4·50	6·55	8·25	11·—

Von (Potsdamer Bahnhof) Schöneberg nach Moabit (Lehrter Bahnhof).

Stationen		Personenzug № 2.	4.	6.	8.	10.	12.	14.	16.
		Vm.	Vm.	Vm.	Nm.	Nm.	Nm.	Nm.	Nm.
Potsdamer Bhf.	Abf.	—	7·22	9·20	1·47	3·50	5·24	7·10	9·50
Schöneberg	Anf.	—	7·30	9·28	1·55	3·58	5·32	7·18	9·58
„	Abf.	5·15	7·34	9·31	1·58	4·2	5·36	7·21	10·1
Tempelhof	„	5·21	7·40	9·37	2·4	4·8	5·42	7·27	10·7
Rixdorf	„	5·29	7·48	9·45	2·12	4·16	5·51	7·35	10·15
Görlitzer Anschl.	Anf.	5·34	—	—	—	—	5·55	7·39	—
Berlin-Görlitzer Bahn: Görlitzer Bhf.	Abf.	5·24	—	—	—	—	5·45	7·29	—
Görlitzer Anschl.	Anf	5·32	—	—	—	—	5·53	7·37	—
„ „	Abf.	5·47	—	—	—	—	6·29	7·56	—
„ Bhf.	Anf.	5·55	—	—	—	—	6·34	8·4	—
Görlitzer Anschl.	Abf.	5·35	—	—	—	—	5·56	7·40	—
Stralau	Anf.	5·39	7·55	9·52	2·19	4·23	6·—	7·44	10·22
Niederschl.-Märkische Bahn: N.-M. Bhf.	Abf.	5·30	7·43	9·43	2·10	4·9	5·51	7·36	10·13
Stralau	Anf	5·37	7·50	9·50	2·17	4·16	5·58	7·43	10·20
„	Abf.	5·42	7·58	9·55	2·22	4·26	6·20	7·50	10·28
N.-M. Bhf.	Anf.	5·49	8·5	10·2	2·29	4·33	6·27	7·57	10·37
Stralau	Abf.	5·41	7·59	9·55	2·21	4·26	6·3	7·47	10·25
Friedrichsberg	„	5·46	8·5	10·—	2·26	4·31	6·8	7·52	10·31
Gesundbrunnen	„	5·57	8·16	10·11	2·37	4·42	6·19	8·3	10·43
Wedding	„	6·3	8·22	10·17	2·43	4·48	6·25	8·9	10·49
Moabit	Anf.	6·7	8·27	10·22	2·47	4·55	6·30	8·14	10·54
„	Abf.	6·11	8·31	10·25	2·50	4·56	6·33	8·17	10·57
Lehrter Bhf.	Anf.	6·19	8·39	10·33	2·58	5·4	6·40	8·25	11·5

Bemerkungen. Alle Züge führen nur II. und III. Wagenclasse.
Zug 1 beginnt in Moabit, Zug 2 in Schöneberg.
Die Züge 13 und 16 fallen an den Sonn- und Festtagen zwischen Schöneberg und Potsdamer Bahnhof aus.

Berlin, den 6. Mai 1873.

Königliche Direktion der Niederschlesisch-Märkischen Eisenbahn.

184 Allerhöchster Erlaß vom 6. März 1867, betreffend die neue Berliner Bahnhofs-Verbindungsbahn (Ratsb.)

185 Fahrplan der Berliner Verbindungsbahn aus dem Jahre 1873 (Ratsb.)

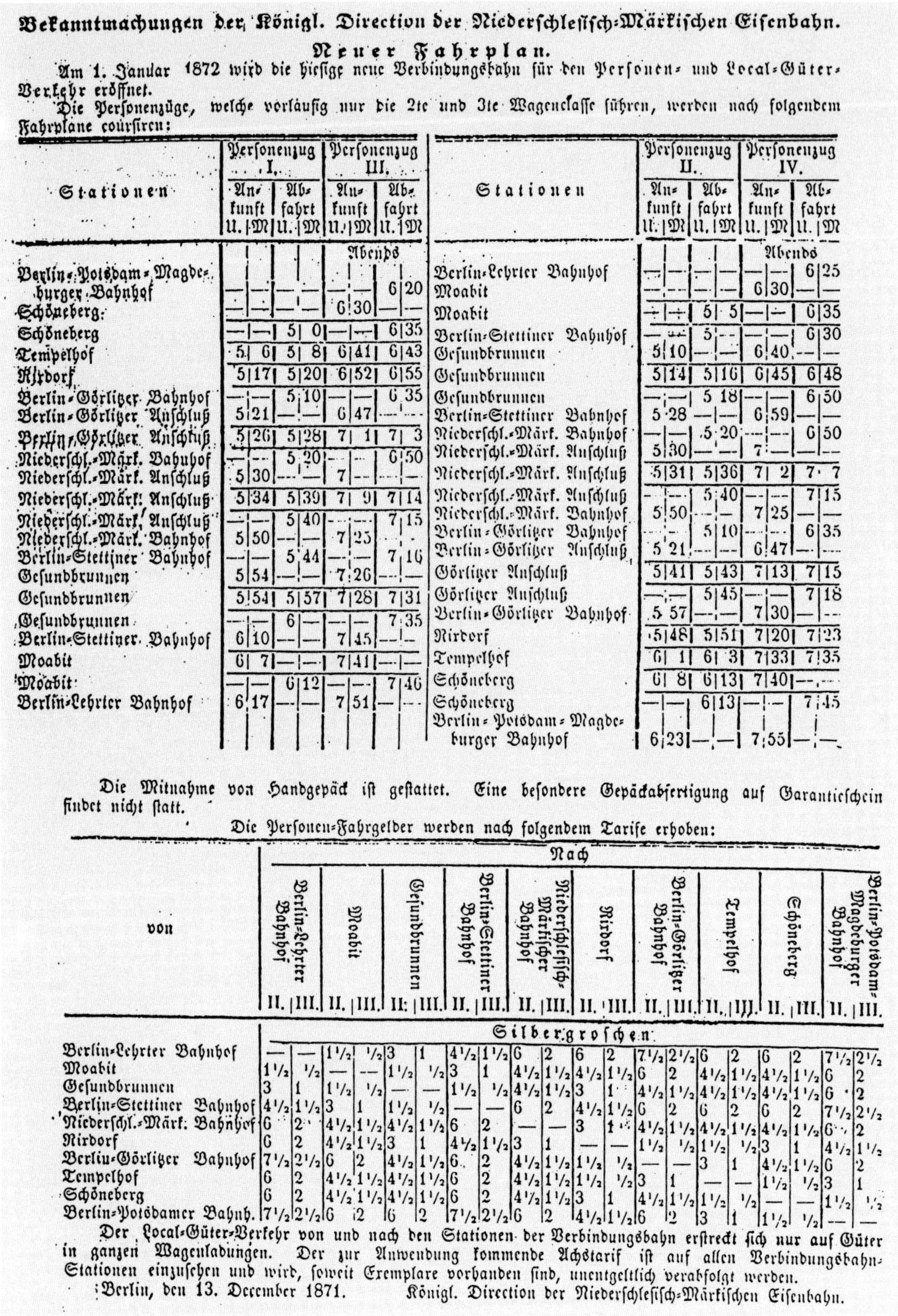

Bekanntmachungen der Königl. Direction der Niederschlesisch-Märkischen Eisenbahn.

Neuer Fahrplan.

Am 1. Januar 1872 wird die hiesige neue Verbindungsbahn für den Personen- und Local-Güter-Verkehr eröffnet.

Die Personenzüge, welche vorläufig nur die 2te und 3te Wagenclasse führen, werden nach folgendem Fahrplane coursiren:

Stationen	Personenzug I. Ankunft U.	M.	Abfahrt U.	M.	Personenzug III. Ankunft U.	M.	Abfahrt U.	M.
					Abends			
Berlin-Potsdam-Magdeburger Bahnhof	—	—	—	—	—	—	6	20
Schöneberg	—	—	—	—	6	30	—	—
Schöneberg	—	—	5	0	—	—	6	35
Tempelhof	5	6	5	8	6	41	6	43
Rixdorf	5	17	5	20	6	52	6	55
Berlin-Görlitzer Bahnhof	—	—	5	10	—	—	6	35
Berlin-Görlitzer Anschluß	5	21	—	—	6	47	—	—
Berlin-Görlitzer Anschluß	5	26	5	28	7	1	7	3
Niederschl.-Märk. Bahnhof	—	—	5	20	—	—	6	50
Niederschl.-Märk. Anschluß	5	30	—	—	7	—	—	—
Niederschl.-Märk. Anschluß	5	34	5	39	7	9	7	14
Niederschl.-Märk. Anschluß	—	—	5	40	—	—	7	15
Niederschl.-Märk. Bahnhof	5	50	—	—	7	25	—	—
Berlin-Stettiner Bahnhof	—	—	5	44	—	—	7	16
Gesundbrunnen	5	54	—	—	7	26	—	—
Gesundbrunnen	5	54	5	57	7	28	7	31
Gesundbrunnen	—	—	6	—	—	—	7	35
Berlin-Stettiner Bahnhof	6	10	—	—	7	45	—	—
Moabit	6	7	—	—	7	41	—	—
Moabit	—	—	6	12	—	—	7	46
Berlin-Lehrter Bahnhof	6	17	—	—	7	51	—	—

Stationen	Personenzug II. Ankunft U.	M.	Abfahrt U.	M.	Personenzug IV. Ankunft U.	M.	Abfahrt U.	M.
					Abends			
Berlin-Lehrter Bahnhof	—	—	—	—	—	—	6	25
Moabit	—	—	—	—	6	30	—	—
Moabit	—	—	5	5	—	—	6	35
Berlin-Stettiner Bahnhof	—	—	5	—	—	—	6	30
Gesundbrunnen	5	10	—	—	6	40	—	—
Gesundbrunnen	5	14	5	16	6	45	6	48
Gesundbrunnen	—	—	5	18	—	—	6	50
Berlin-Stettiner Bahnhof	5	28	—	—	6	59	—	—
Niederschl.-Märk. Bahnhof	—	—	5	20	—	—	6	50
Niederschl.-Märk. Anschluß	5	30	—	—	7	—	—	—
Niederschl.-Märk. Anschluß	5	31	5	36	7	2	7	7
Niederschl.-Märk. Anschluß	—	—	5	40	—	—	7	15
Niederschl.-Märk. Bahnhof	5	50	—	—	7	25	—	—
Berlin-Görlitzer Bahnhof	—	—	5	10	—	—	6	35
Berlin-Görlitzer Anschluß	5	21	—	—	6	47	—	—
Görlitzer Anschluß	5	41	5	43	7	13	7	15
Görlitzer Anschluß	—	—	5	45	—	—	7	18
Berlin-Görlitzer Bahnhof	5	57	—	—	7	30	—	—
Rixdorf	5	48	5	51	7	20	7	23
Tempelhof	6	1	6	3	7	33	7	35
Schöneberg	6	8	6	13	7	40	—	—
Schöneberg	—	—	6	13	—	—	7	45
Berlin-Potsdam-Magdeburger Bahnhof	6	23	—	—	7	55	—	—

Die Mitnahme von Handgepäck ist gestattet. Eine besondere Gepäckabfertigung auf Garantieschein findet nicht statt.

Die Personen-Fahrgelder werden nach folgendem Tarife erhoben:

von	Nach: Berlin-Lehrter Bahnhof II.	III.	Moabit II.	III.	Gesundbrunnen II.	III.	Berlin-Stettiner Bahnhof II.	III.	Niederschlesisch-Märkischer Bahnhof II.	III.	Rixdorf II.	III.	Berlin-Görlitzer Bahnhof II.	III.	Tempelhof II.	III.	Schöneberg II.	III.	Berlin-Potsdam-Magdeburger Bahnhof II.	III.
	Silbergroschen																			
Berlin-Lehrter Bahnhof	—	—	1½	½	3	1	4½	1½	6	2	6	2	7½	2½	6	2	6	2	7½	2½
Moabit	1½	½	—	—	1½	½	3	1	4½	1½	4½	1½	6	2	4½	1½	4½	1½	6	2
Gesundbrunnen	3	1	1½	½	—	—	1½	½	4½	1½	3	1	4½	1½	4½	1½	4½	1½	6	2
Berlin-Stettiner Bahnhof	4½	1½	3	1	1½	½	—	—	6	2	4½	1½	6	2	6	2	6	2	7½	2½
Niederschl.-Märk. Bahnhof	6	2	4½	1½	4½	1½	6	2	—	—	3	1	4½	1½	4½	1½	4½	1½	6	2
Rixdorf	6	2	4½	1½	3	1	4½	1½	3	1	—	—	1½	½	1½	½	3	1	4½	1½
Berlin-Görlitzer Bahnhof	7½	2½	6	2	4½	1½	6	2	4½	1½	1½	½	—	—	3	1	4½	1½	6	2
Tempelhof	6	2	4½	1½	4½	1½	6	2	4½	1½	1½	½	3	1	—	—	1½	½	3	1
Schöneberg	6	2	4½	1½	4½	1½	6	2	4½	1½	3	1	4½	1½	1½	½	—	—	1½	½
Berlin-Potsdamer Bahnh.	7½	2½	6	2	6	2	7½	2½	6	2	4½	1½	6	2	3	1	1½	½	—	—

Der Local-Güter-Verkehr von und nach den Stationen der Verbindungsbahn erstreckt sich nur auf Güter in ganzen Wagenladungen. Der zur Anwendung kommende Achstarif ist auf allen Verbindungsbahn-Stationen einzusehen und wird, soweit Exemplare vorhanden sind, unentgeltlich verabfolgt werden.

Berlin, den 13. December 1871. Königl. Direction der Niederschlesisch-Märkischen Eisenbahn.

186 Fahrplan bei der Aufnahme des Personenverkehrs auf der neuen Verbindungsbahn, mit Angabe der Fahrpreise (Ratsb.)

Im zweiten Fahrplan – gültig ab 15. Mai 1873 – verkehrten schon acht Zugpaare. Sie hatten alle einen Anschluß an einen weiteren Zug, der die Verbindung zum Bahnhof der KNME herstellte (Bild 185). In der Nähe der Haltestelle Rummelsburg entstand am 1. Januar 1872 eine Haltestelle – Niederschlesisch-Märkischer-Anschluß genannt –, die im April des gleichen Jahres den Namen Stralau erhielt. Sie lag am Ende der Südkurve, unmittelbar an den Gleisen der Ringbahn. Ein neuer Schnittpunkt des Verkehrs zeigte erste Konturen, aber die hier einmündenden drei Strecken waren noch nicht in einem gemeinsamen Bahnhof miteinander verbunden.[2]

Der bescheidene Personenverkehr zeitigte zunächst keine weiteren Konsequenzen: Der Fahrplan von 1873 zeigte an, daß die Züge nur die II. und III. Wagenklasse führten. Die Fahrpreise blieben unverändert. Allerdings mußte im Jahre 1874 im Berliner Bahnhof der KNME – also dem Frankfurter Bahnhof – ein weiterer Bahnsteig für diesen »Localverkehr« errichtet werden. Eine neue Dimension des Verkehrs begann sich abzuzeichnen.

Die Stadtbahnprojekte

Die entscheidenden Impulse für die weitere Entwicklung auf dem Berliner Bahnhof der KNME, der amtlich noch immer Frankfurter Bahnhof hieß (Bild 187 und 188), resultierten aus den Dimensionen der inneren Verkehrsentwicklung Berlins. Der Aufbau eines öffentlichen Personenverkehrs, mit dem unausgesprochenen Ziel, die Mobilität der Arbeitenden zu erhöhen, stellte sich immer mehr als ein Bedürfnis und vor allem als eine Forderung der Berliner Wirtschaft heraus.

Die neue Würde, die die Stadt Berlin als Hauptstadt des deutschen Kaiserreichs im Jahre 1871 erhalten hatte, erforderte die Lösung der schwebenden Nahverkehrsprobleme dringend. Aufgestiegen zur Hauptstadt einer europäischen Großmacht ersten Ranges, stellte sich die Stadt mit sehr provinziellen Lösungen des Verkehrs, der Stadttechnik usw. dar, wobei die

[2] Vgl. dazu Rosenke, B.; Demps, R.: Ostkreuz – Aus der Geschichte eines S-Bahnhofs. – In: verkehrsgeschichtliche blätter. – Berlin, 1984. – H. 2, S. 26ff.

Milliarden aus der Beute des Krieges gegen Frankreich genügend finanziellen Spielraum boten, derartige Lösungen in Angriff zu nehmen.

Der erste, der sich dazu äußerte, war im Jahre 1871 der Architekt August Orth, der – aus dem Kirchenbau kommend – im Eisenbahnwesen mit dem Bau der Berlin-Görlitzer-Eisenbahn hervorgetreten war und Anerkennung gefunden hatte. Ob hinter ihm Henry Bethel Strousberg, der »Eisenbahnkönig« von Berlin, ja des gesamten Deutschen Reiches stand, kann gegenwärtig nur vermutet werden. Die bisherigen, von der preußischen Staatsregierung ausgehenden Versuche, das Chaos der Stadtentwicklung Berlins zu ordnen, hatten wenig Erfolg gezeigt. Aus zeitgenössischen Schilderungen entsteht der Eindruck, als ob die weitere Ausdehnung der Stadt zwischen Wohnungsnot und Bodenspekulation zerrieben wurde. Von den kapitalkräftigen Kreisen der Berliner Bourgeoisie gingen Initiativen aus, anstelle der kleinflächigen Bodenspekulation innerhalb der Stadt zur größeren Terrainspekulation auf bisher nicht genutzten Flächen außerhalb der Stadt überzugehen. Voraussetzung zur Realisierung dieser Überlegung war aber der Aufbau eines großstädtischen Massenverkehrsmittels, das eine großräumig geordnete Stadtstruktur erforderte. Private Initiativen waren gefragt, um das Gewinnstreben noch besser organisieren zu können. Die Ordnung der Stadtstruktur ergab sich in gewisser Weise durch den 1862 verabschiedeten Bebauungsplan von James Hobrecht, der trotz seiner Unzulänglichkeiten die weitere räumliche Ausdehnung der Stadt bestimmte. Sie erforderte neue Aktivitäten im Personenverkehr, denn neues Bauland konnte nur erschlossen werden, wenn die dort wohnenden oder hinziehenden Menschen mit der Kernstadt und ihrer Infrastruktur in Verbindung gebracht werden konnten.

Die am Gewinn orientierte Art, die Wohnungsfrage in Berlin zu lösen bzw. ihr Abschieben auf diesen Bereich stellte einen wichtigen Teilaspekt aller Projekte dar, so als ob dadurch die über der Stadt schwebenden sozialen Fragen mit einem Schlage zu lösen wären. Die »Eisenstraßen« waren das Allheilmittel zum Abbau der angestauten sozialen Probleme. In zwei Denkschriften schlug Orth deshalb den Bau einer »Berliner Centralbahn« vor, die eine Fläche umfahren sollte, die in der Ost-West-Ausdehnung etwa 4 km und in der Nord-Süd-Ausdehnung etwa 3 km betrug. Das Gelände war allerdings schon bebaut und hätte einen Lokalverkehr der Eisenbahn zu seiner Erschließung nicht unbedingt nötig gehabt. Der Kern des Gedankens bestand aber darin, daß diese Bahn eine Art vergrößerter »Hauptbahnhof« werden sollte, der allen Eisenbahngesellschaften zu dienen hatte. Mit der Zentralbahn sollten die einzelnen Gesellschaften an ihren Linien zum Lokalverkehr übergehen, der dann über diese Bahn verbunden werden konnte. Da die Bahnlinien weit in das Umfeld reichten, käme dies zur Erschließung, ohne daß größere Kosten entstünden. Im Endeffekt hätten dann sieben Radialbahnen, die Ringbahn und die Zentralbahn bestanden, die untereinander durch weitere, aber untergeordnete lokale Verkehrssysteme wie Pferdeomnibus, Pferdebahn usw. zu verbinden waren.

Die Grundlage für den Aufbau des »Localverkehrs« durch die Eisenbahn wurde aber nicht die Idee von Orth, sondern ein Vorschlag von Emil Hartwich. Er war Direktor der »Deutschen Eisenbahn-Baugesellschaft«, eines Kindes des Gründerfiebers. Sie trat am 15. September 1871 in das Licht der Öffentlichkeit, und die außerordentliche Generalversammlung vom 25. November 1872 setzte ihr Aktienkapital auf 5 Mill. Taler fest; eingezahlt aber wurden zunächst nur 1,138 Mill. Taler. Die Gesellschaft diente vor allem der Spekulation, ihre Väter waren überwiegend Vertreter der Berliner Geschäftswelt (u. a. die Deutsche Unionsbank, die Bank Henoch & Goldschmidt, die Internationale Bank in Hamburg, der Schlesische Bankverein, die Mitteldeutsche Creditbank sowie als Einzelpersonen Carl Koppel, Commerzienrat Fronberg aus Breslau, Consul Müller u. a. m.). Der hochtrabende Name dieser Gesellschaft entsprach in keiner Weise der Realität, außer dem Stadtbahnprojekt in Berlin, d. h. der Südwestbahn, deren Anfang die Stadtbahn bilden sollte, baute sie an einer Bahn im Ruhrgebiet und einer Kohlenrevierbahn in den Niederlanden. Weiterhin prüfte sie Projekte einer Seil- und Kettenschleppschiffahrt auf der Oder und plante den Bau einer Eisenbahn von Naumburg über Artern nach Heringen.

Hartwichs Name und Reputation dienten als Aushängeschild für verschiedene Spekulationen. Die Gesellschaft wirkte bei der Aufstellung eines speziellen Projekts einer Stadtbahn zunächst im stillen. Andere dagegen, so der Direktor der Berlin-Hamburger Immobilien Gesellschaft Otto Busse aus Charlottenburg, äußerten sich öffentlich. Seine Bemerkungen belegen das Anliegen des Gesamtprojekts. Er schrieb am 11. Dezember 1872: »Auf die Gefahren, welche diesen ungesunden Verhältnisse in Berlin allmählich hervorrufen, braucht hier kaum hingewiesen zu werden. Sie sind in ihren Folgen theils eingetroffen, theils lassen sie sich mit erschreckender Gewißheit in näherer Zukunft erwarten. Jene Hunderttausende, welche durch ihre Verhältnisse gezwungen sind, in glänzend übertünchten Palästen dicht zusammengedrängt einen wesentlichen Theil ihres Einkommens auf die Zahlung der Miethe zu verwenden, werden sich in naher Zukunft zu einer Armee formieren, die zu gelegener Zeit die Vernichtung der Ordnung und des Eigenthums mit leichtem Gewissen auf ihre Fahnen schreibt«. Aus der Sicht eines Mannes, der über Besitz verfügte, wahrlich prophetische Worte!

Um seiner Argumentation zum Bau einer Eisenbahn den nötigen Nachdruck zu verleihen, schloß Busse: »Der Weg, welchen in Zukunft der Bauhandwerker oder Fabrikarbeiter zurücklegt, wenn er sich Morgens von seinem Dorfe oder seiner Colonie nach der Arbeitsstelle im Innern Berlins oder in die Fahrt nach Moabit begiebt und Abends in die Heimat zurückkehrt, wird ihm weniger sauer werden, als heutigen Tages der Gang aus seiner Dachstube

187 Stempel der Königlichen Preußischen Post-Expedition 34, Berlin-Ostbahnhof (StA)
188 Stempel des Kaiserlichen Postamtes Nr. 17, Berlin Frankfurter Bahnhof aus dem Jahre 1876 (StA)

oder den Kellerräumen eines Miethshauses auf dem Köpenicker Feld …«.[3]

Die Eisenbahn als Heilmittel zur Lösung sozialer Probleme, einschließlich der Angst vor der Eskalation sozialen Zündstoffs, so läßt sich die Argumentation BUSSES zusammenfassen. Hinzu kamen weitere Argumente. So mußte ein großstädtischer Massenverkehr vor allem schnell, billig und zuverlässig sein. Das ergab sich aus der Zuwendung zu einem neuen Verkehrspublikum, nämlich der Orientierung auf ein insgesamt viel größeres Publikum, das bisher kaum im Blickpunkt der Eisenbahngesellschaften gelegen hatte. Die Masse der Bevölkerung als Ziel neuer Verkehrsbedingungen und ein in ihr zu weckendes Bedürfnis sollten die Grundlage eines erweiterten Gewinnstrebens bieten. Zum Hintergrund der Überlegungen BUSSES gehörte ferner, daß sich in diesen Jahren der Übergang von der extensiven zur intensiven Nutzung der Arbeitskraft vollzog. Die Arbeitszeit konnte nicht mehr ausgedehnt werden, und in der gleichen, mitunter sogar kürzeren Zeit ließ sich mehr als bisher produzieren. Die intensivere Nutzung erforderte also, die Möglichkeiten zur Reproduktion der Arbeitskraft zu erweitern. Und dazu gehörten Ansätze zur Lösung der Wohnungsfrage durch ein technokratisches Denken. Allerdings – und auch das trat in zeitgenössischen Berichten hervor – müssen diese Momente sehr eingeschränkt gesehen werden, denn alle Argumente dienten vor allem dem Zweck der Spekulation mit Grund und Boden. Die Eisenbahn spielte dabei die Rolle des Motors, sie bot durch ihre Existenz und ihre Möglichkeiten den Ansatz zu einer derartigen Lösung. Und sie war selbst Objekt der Spekulation. Insgesamt wurde also damals mit der Eisenbahn eine janusköpfige Politik getrieben. Nur das gefundene Ergebnis blieb unübertroffen, bei aller notwendigen und richtigen Kritik an diesem Weg, es gab tatsächlich keine praktische Alternative. Alle immer wieder geäußerten Meinungen mußten theoretisch bleiben, denn der Haushalt des preußischen Staaten gab keine weiteren Mittel her. Es blieb als pragmatischer Weg der Lösung dieser Frage nur die privatkapitalistische Alternative; sowohl die staatskapitalistische als auch die soziale Variante entfielen aus Mangel an Kapital. Man mochte dies beklagen, aber ändern konnte man es nicht.

Insgesamt muß festgestellt werden, daß die Eisenbahn sich als das bevorzugte Objekt der Spekulation herausstellte, um das herum es keinen Weg gab. Spätere Kritik hat bei aller partiellen Richtigkeit der Argumente nicht bedacht, daß die geforderten Initiativen den Staat Geld kosteten, das dieser nicht hatte. Nur das private Kapital war dazu in der Lage; dem Staat fehlten objektiv – und einsichtige Politiker waren sich dessen bewußt – die Mittel.

Nicht ganz so zugespitzt wie BUSSE argumentierte HARTWICH in drei Denkschriften über den Eisenbahnbau durch Berlin, allerdings erst, nachdem die Eisenbahnbau-Gesellschaft die sie interessierenden Grundstücke für ihre Projekte gesichert hatte. Eine erste Ausarbeitung »Erörterungen eines Projekts zur Eisenbahn durch Berlin über Charlottenburg nach Potsdam …« lag am 16. April 1872 vor. Aus ihr kann entnommen werden, daß die Vorarbeiten schon weit vorangeschritten waren und daß es von seiten des Staates mündliche Zusagen an die Eisenbahnbau-Gesellschaft gegeben haben muß, die diese dazu gebracht hatte, »in umfangreicher Weise mit Ankäufen von Grundstücken« zu beginnen.[4] Die »Südwestbahn« aber entsprang vor allem den Fernbahninteressen, dem Anschluß weiterer Bahnlinien an das Berliner Verkehrsnetz. Es zeigte sich, daß die zu diesem Zeitpunkt in Berlin neu entstehenden Linien nicht mehr in das Herz der Stadt zu verlegen waren, sondern eisenbahntechnisch einen Verbund mit anderen bzw. die Mitbenutzung von Bahnhöfen anderer Linien erforderten. Teil dieser so entstehenden Südwestbahn sollte die »Berliner Stadtbahnstrecke« darstellen, denn der Fernverkehr hatte noch Vorrang vor dem »Localverkehr«. Aber – so schrieb HARTWICH – »nur der Localverkehr« als Teil einer großen »Hauptbahnlinie, welche den gewerb- und geschäftsreichsten Theil der Stadt von Westen nach Osten … durchschneidet« kann zu »vollständigen(n), durchgreifende(n) Umgestaltungen der Verhältnisse« führen und »unermeßliche Vortheile« bringen.[5] Gleichzeitig aber verlangte er für die Bahn Garantien des Staates sowie Zuschüsse. Das erklärte sich u. a. daraus, daß der Vorstoß des Eisenbahnverkehrs in neue Bereiche gedanklich noch zahlreiche Risiken in sich barg, für die er den Staat mit in die Verantwortung zu nehmen gedachte. Offensichtlich barg die Gestaltung der Tarife – niedrige Fahrkosten waren Bedingung – zu viele Unwägbarkeiten, so daß nur dieser Weg die Sicherung der Rendite versprach.

In der zweiten Schrift, vom Oktober 1872, »Denkschrift, betreffend die Herstellung einer Berlin durchschneidenden, … Bahn …« (Bild 189), wurde wesentlich umfangreicher über den Verlauf der Strecke, die Frequenz

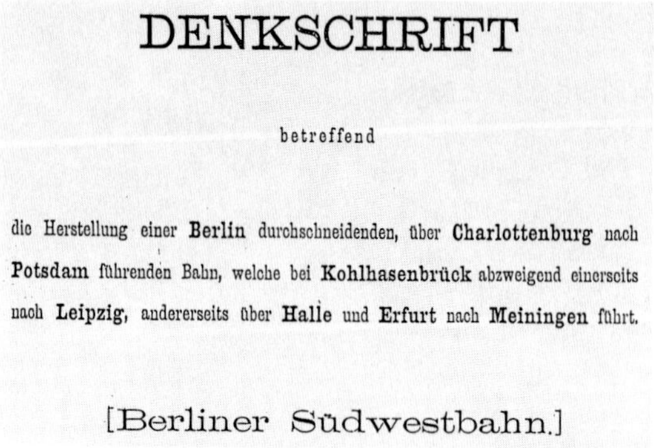
DENKSCHRIFT

betreffend

die Herstellung einer **Berlin** durchschneidenden, über **Charlottenburg** nach **Potsdam** führenden Bahn, welche bei **Kohlhasenbrück** abzweigend einerseits nach **Leipzig**, andererseits über **Halle** und **Erfurt** nach **Meiningen** führt.

[Berliner Südwestbahn.]

Bahn durch Berlin

über Charlottenburg nach Potsdam.

Anfangsstrecke.

der

Berliner Südwestbahn.

Berlin 1873.

Druck und Verlag von H. S. Hermann,

[3] So OTTO BUSSE in der Arbeit: Erläuterungen über den Bau der Berliner Centralbahn vom 1. Dezember 1872. – In: ZStAM, Rep. 93, Nr. 3377, Bl. 6ff.

[4] Erörterungen eines Projects zur Herstellung einer Eisenbahn durch Berlin über Charlottenburg nach Potsdam, in Verbindung mit der Bahn nach Meiningen mit Abzweigung nach Leipzig. – Berlin, 1872. – S. 42

[5] Ebenda, S. 40

189 Titelblatt der »DENKSCHRIFT, betreffend die Herstellung einer Berlin durchschneidenden, über CHARLOTTENBURG nach POTSDAM führenden Bahn, welche bei Kohlhasenbrück abzweigend einerseits nach Leipzig, andererseits über Halle und Erfurt nach Meiningen führt.« (Ratsb.)

190 Erste Seite der Denkschrift »Bahn durch Berlin über Charlottenburg nach Potsdam« (StA)

usw. argumentiert. Offensichtlich lagen neue Erkenntnisse vor bzw. konnten die bisherigen aufgrund neuer Überlegungen qualifiziert werden. Eine dritte, vom April 1873, sie hieß »Bahn durch Berlin über Charlottenburg nach Potsdam« (Bild 190), ging wesentlich stärker auf die Wirkungen der Bahn ein. So hieß es: »Ganz besondere Rücksicht ist auf Anschluß an die herrlichen Ufer der Havelseen zu nehmen. Zu diesem Behufe, noch mehr aber zur Beseitigung der Wohnungsnoth, wird der Bau zahlreicher Zweigbahnen nach allen Richtungen anzustreben sein, welche auch dazu dienen werden, entferntere Punkte für billige Wohnungs-Anlagen der ärmeren Klassen zu gewinnen.«[6]

Alle drei Denkschriften HARTWICHS gehen von einem »Centralbahnhof« aus, der zwischen dem Bahnhof der KNME und der Königlichen Ostbahn neu angelegt werden sollte. Er hatte Anfangspunkt der Stadtbahn zu sein. In der letzten Denkschrift schrieb HARTWICH u. a.: »... ob sich nicht an jenem östlichen Stadttheile ein großer Centralbahnhof anlegen läßt, in welchem alle Personenzüge jener östlichen Bahn einlaufen und wo die Passagiere auf der Stadtbahn direct nach Berlin gelangen.«[7] Hervorzuheben ist das nicht unwichtige Detail, daß dieser Bahnhof – obwohl innerhalb der Stadt gelegen – noch immer nicht als Teil des Zentrums Berlins angesehen wurde.

Über die Lage des Anfangsbahnhofs schrieb HARTWICH im Oktober 1872: »Der Anfang der Linie ist auf dem Königlichen Ostbahnhof im Niveau der Schienen dieses und des Niederschlesisch Märkischen Bahnhofs gedacht, woselbst die leicht herzustellende Verbindung mit beiden genannten Bahnen und die Anlage eines besonderen Bahnhofs in Aussicht genommen ist. Bis zur Fruchtstraße soll die Bahn soweit ansteigen, dass diese Straße untergeführt werden kann.«[8]

Die Gesellschaft erwarb für diesen neuen Bahnhofsbau Grundstücke in der Fruchtstraße. Ihre genaue Lage konnte noch nicht ermittelt werden, aber aus dem wenigen, was die Akten hergeben, folgt, daß sie etwa in der Mitte zwischen den zwei bestehenden Bahnhöfen lagen und die Streckenführung nördlich der damaligen Breslauer Straße verlaufen sollte, von da aus fast im rechten Winkel zur Spree und dann entlang des Spreeufers und des ehemaligen Festungsgrabens, etwa so, wie sich das Bauwerk noch heute in diesem Bereich erhebt.

Die zwei ersten Denkschriften griffen in eine Diskussion ein und befruchteten zahlreiche Beratungen. Am 21. Januar 1873 z. B. fand eine der entscheidendsten Sitzungen im Berliner Rathaus über die kommunalen Aspekte des Projekts statt. An ihr nahmen Vertreter des Königlichen Polizeipräsidiums, der Königlichen Ministerial-Baucommission, der Direktion der KNME und der Königlichen Ostbahn, des Magistrats von Berlin, des Magistrats von Charlottenburg und der Eisenbahnbau-Gesellschaft teil. Als verfügungsberechtigte Besitzer der in Frage kommenden Grundstücke saßen weiterhin Vertreter des preußischen Kriegsministeriums, des preußischen Ministeriums der geistlichen, Unterrichts- und Medizinal-Angelegenheiten sowie des preußischen Ministeriums für landwirtschaftliche Angelegenheiten in dieser Konferenz. Ihr Ergebnis bestand in zwei Punkten:

a) Festlegung der Überführung der Königlichen Eisenbahn über das Niveau der Straßen als eine Bedingung und
b) Einigung über das Verfüllen des Königsgrabens (Teil des alten Berliner Festungsgrabens aus der Mitte des 17. Jahrhunderts) und folglich des gesamten Festungsgrabens als Gelände, auf dem ein Teil der Stadtbahn zur Anlage kam.

Der Festungsgraben, in Ost-West-Richtung das Zentrum des alten Berlins berührend, eignete sich sehr gut für das Unternehmen. Es waren Kostengründe, die zur Nutzung dieses Grabens führten, denn die Grundstückspreise in der Innenstadt lagen enorm hoch. Damit verschwand aber zugleich die letzte Möglichkeit zur Anlage eines innerstädtischen Grüngürtels.

Diese Beratung zeigte, daß die Gedanken HARTWICHS sich noch nicht durchgesetzt hatten. Seine Ideen bedurften noch zahlreicher Erörterungen. Am 6. Mai 1873 folgte eine weitere Beratung, die endgültig eine »Kombination der Berliner Südwestbahn und des Stadtbahnprojekts« verfügte und so die Vorschläge von HARTWICH zur Grundlage weiterer Arbeiten machte.

Bis das Projekt gedieh, zeigten sich im Herbst 1873 bei der Deutschen Eisenbahnbau-Gesellschaft erste Zahlungsunfähigkeiten. Am 11. November votierte das preußische Staatsministerium trotz dieser neuen Schwierigkeiten dafür, das Projekt mit »Rücksicht auf die Nützlichkeit einer die Stadt Berlin durchschneidenden Bahn im allgemeinen volkswirtschaftlichen und Verkehrs-Interesse, insbesondere aber für die Staats-Eisenbahn-Verwaltung ... nicht fallen zu lassen«. Zugleich schlug es vor, »... vielmehr deren Verwirklichung durch eine Betheiligung des Staates vorzubereiten.«[9]

Die Kapitalgesellschaften der Eisenbahn gerieten zunehmend in Zahlungsschwierigkeiten, die sowohl auf den Gründerkrach dieses Jahres als auch auf die vom Reichskanzler Fürst OTTO VON BISMARCK betriebene Eisenbahnpolitik zurückzuführen waren. BISMARCK wollte durch den Kauf der Privatbahnen nach und nach ein preußisches Staatseisenbahnwesen mit den wichtigsten Linien aufbauen. Innerhalb des Bürgertums vollzog sich ein Differenzierungsprozeß, schwindender Profit und drohender Bankrott zwangen die Großunternehmer zu Rationalisierung und Modernisierung. Die auf radikale Senkung der Kosten gerichtete Politik der Unternehmer bedeutete auch Konsequenzen für die Eisenbahngesellschaften, der Konzentrationsprozeß beschleunigte sich unter den Wirkungen der Gründerkrise. Dies kam BISMARCKS Politik im Eisenbahnwesen zugute, denn der Bau von Eisenbahnen erforderte immer mehr Geld, und ihr Bau wurde langwieriger und komplizierter. Das Kapital hatte sich neue Anlagesphären nach einer Neuregelung der preußischen Aktiengesetzgebung erschlossen, es drang in seinem Konzentrationsstreben in das Bankgeschäft und in die Industrie.

Dem Votum des preußischen Staatsministeriums folgte der obligate Vortrag beim Kaiser. Im einzelnen wurde u. a. folgendes über den Stadtbahnbau aufgeführt. Sie sei:

» 1. Wohlfeiles Communicationsmittel für die Stadt und
2. für die Bewohner des Inneren der Stadt wird die Bahn eine leichte Gelegenheit bieten, nach des Tages Last und Mühen Erholung in freier Natur zu suchen«. Weiterhin werde sie
3. »dem Mangel einer direkten, für den durchgehenden Personenverkehr prakti-

---

[6] Denkschrift, betreffend die Herstellung einer Eisenbahn, welche vom Bahnhofe der Königlichen Ostbahn ausgehend Berlin durchschneidet, über Charlottenburg nach Potsdam, und bei Kohlhasenbrück abzweigend einerseits nach Leipzig, andererseits über Halle und Erfurt nach Meiningen führt. – Berlin, 1872, sowie Bahn durch Berlin über Charlottenburg nach Potsdam, Anfangsstrecke der Berliner Südwestbahn. – Berlin, 1873. – S. 10

[7] Ebenda, S. 5

[8] Ebenda, S. 3

[9] ZStAM, Rep. 77, Tit. 258a, Nr. 68, Band 1, o. Bl.

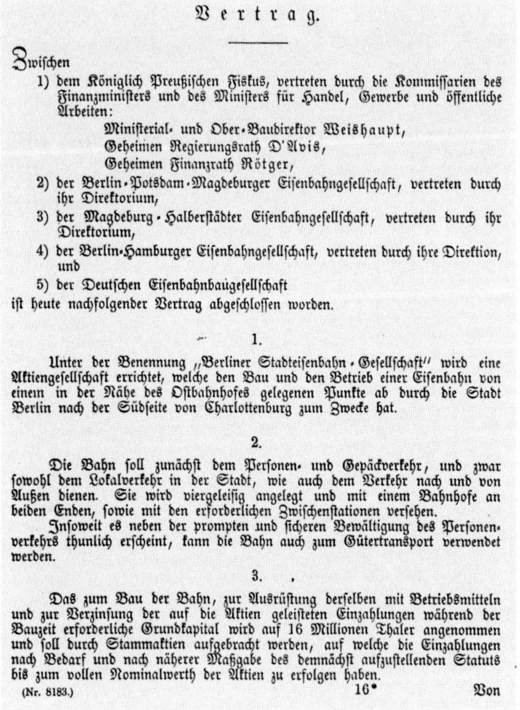

Vertrag.

Zwischen

1) dem Königlich Preußischen Fiskus, vertreten durch die Kommissarien des Finanzministers und des Ministers für Handel, Gewerbe und öffentliche Arbeiten:

Ministerial- und Ober-Baudirektor Weishaupt,
Geheimen Regierungsrath D'Avis,
Geheimen Finanzrath Rötger,

2) der Berlin-Potsdam-Magdeburger Eisenbahngesellschaft, vertreten durch ihr Direktorium,

3) der Magdeburg-Halberstädter Eisenbahngesellschaft, vertreten durch ihr Direktorium,

4) der Berlin-Hamburger Eisenbahngesellschaft, vertreten durch ihre Direktion, und

5) der Deutschen Eisenbahnbaugesellschaft

ist heute nachfolgender Vertrag abgeschlossen worden.

1.

Unter der Benennung „Berliner Stadteisenbahn-Gesellschaft" wird eine Aktiengesellschaft errichtet, welche den Bau und den Betrieb einer Eisenbahn von einem in der Nähe des Ostbahnhofes gelegenen Punkte ab durch die Stadt Berlin nach der Südseite von Charlottenburg zum Zwecke hat.

2.

Die Bahn soll zunächst dem Personen- und Gepäckverkehr, und zwar sowohl dem Lokalverkehr in der Stadt, wie auch dem Verkehr nach und von Außen dienen. Sie wird viergeleisig angelegt und mit einem Bahnhofe an beiden Enden, sowie mit den erforderlichen Zwischenstationen versehen.

Insoweit es neben der prompten und sicheren Bewältigung des Personenverkehrs thunlich erscheint, kann die Bahn auch zum Gütertransport verwendet werden.

3.

Das zum Bau der Bahn, zur Ausrüstung derselben mit Betriebsmitteln und zur Verzinsung der auf die Aktien geleisteten Einzahlungen während der Bauzeit erforderliche Grundkapital wird auf 16 Millionen Thaler angenommen und soll durch Stammaktien aufgebracht werden, auf welche die Einzahlungen nach Bedarf und nach näherer Maßgabe des demnächst aufzustellenden Statuts bis zum vollen Nominalwerth der Aktien zu erfolgen haben.

(Nr. 8183.) 16* Von

kabelen Verbindung zwischen den westlichen und östlichen in Berlin einmündenden Bahnen … in vollendetster Weise abhelfen.«[10]

Weiterhin verwiesen die Beamten auf den Wegfall eines eigenen Bahnhofs für die in Bau befindliche Bahn nach Wetzlar. Die neu zu errichtende Bahn sollte »an der Nähe des Ostbahnhofs« beginnen und Stationen an der »Stralauer Brücke, Königsbrücke, an der Herkulesbrücke, an der Friedrichstraße und dann beim Unterbaum« sowie weitere Bahnhöfe außerhalb der Stadt bis Charlottenburg erhalten.[11]

Der deutsche Kaiser und preußische König stimmte zu, und am 15. Dezember konnte ein Vertrag zwischen dem preußischen Fiskus einerseits und drei Eisenbahngesellschaften sowie der Deutschen Eisenbahnbau-Gesellschaft anderseits geschlossen werden (Bild 191). In ihm verpflichtete sich der Staat, von dem in Ansatz gebrachten Aktienkapital in Höhe von 16 Mill. Taler für die Gründung einer »Berliner Stadteisenbahn-Gesellschaft« 7 Mill. Taler aufzubringen. Für weitere 2 Mill. Taler schrieben sich die Berlin-Potsdam-Magdeburger-Eisenbahngesellschaft und die Magdeburg-Halberstädter-Eisenbahngesellschaft ein. Mit 1 Mill. Taler beteiligte sich die Berlin-Hamburger Eisenbahngesellschaft, und die Eisenbahnbau-Gesellschaft hatte 4 Mill. Taler aufzubringen. Bereits am 30. September sicherte der Fiskus für 1 250 000 Taler die von der Eisenbahnbau-Gesellschaft erworbenen Grundstücke durch eine Option für den Stadtbahnbau.

Für die Realisierung des im Detail noch nicht festgelegten Bauplans entstand die »Berliner Stadteisenbahn-Gesellschaft«. Sie sollte den Bau einer viergleisigen Viaduktbahn, die sowohl für den Personen- und Güterverkehr von und nach Berlin als auch für den »Localverkehr« in der Stadt zu dienen hatte, leiten. Der Fiskus und die Bahngesellschaften sicherten sich mit diesem Vertrag das Anschlußrecht, das auch für die KNME und die Königliche Ostbahn galt. Bau- und Betriebsverwaltung geschahen gegen Rechnung der Gesellschaft durch den Staat. Der Minister für Handel, Gewerbe und öffentlichte Arbeiten setzte dafür

eine Königliche Eisenbahndirektion ein (Bilder 192 und 193). Für die bereits erbrachten Leistungen erhielt die Deutsche Eisenbahnbau-Gesellschaft eine Entschädigung.

Jetzt erst begannen die Ausarbeitung und die Beratung des Gesetzes über die Beteiligung des Staates am Stadtbahnbau, das am 20. März 1874 beschlossen und ausgefertigt vorlag (Bild 194). Der preußische Staat setzte Geldmittel aus der französischen Kriegskontribution ein (Gesetz vom 22. Juni 1873). Als nächster Schritt folgte am 8. April 1874 die Ausfertigung der »Concessions-Urkunde, betreffend den Bau und Betrieb einer Eisenbahn von einem Puncte in der Nähe des Ostbahnhofes zu Berlin durch die Stadt nach Charlottenburg durch die Berliner Stadt-Eisenbahn-Gesellschaft« (Bilder 195 und 196).

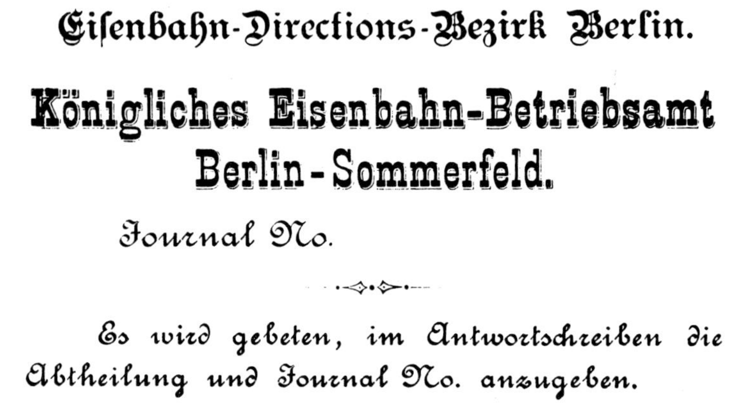

Eisenbahn-Directions-Bezirk Berlin.

Königliches Eisenbahn-Betriebsamt
Berlin-Sommerfeld.

Journal No.

Es wird gebeten, im Antwortschreiben die Abtheilung und Journal No. anzugeben.

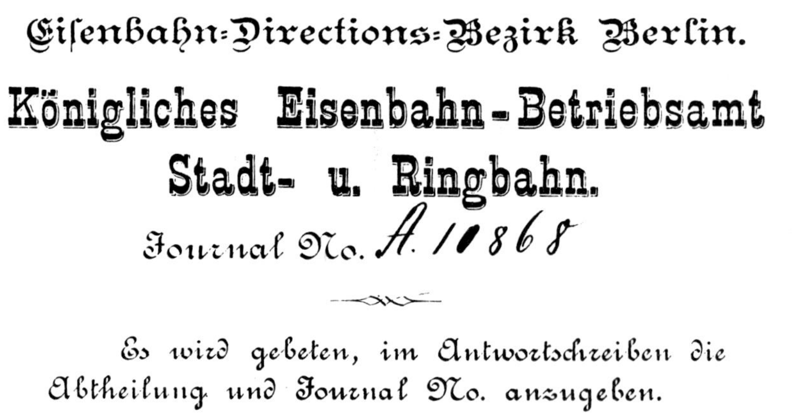

Eisenbahn-Directions-Bezirk Berlin.

Königliches Eisenbahn-Betriebsamt
Stadt- u. Ringbahn.

Journal No. A. 10868

Es wird gebeten, im Antwortschreiben die Abtheilung und Journal No. anzugeben.

191 Titelseite des Vertrages zwischen dem Fiskus, drei privaten Eisenbahngesellschaften und der Deutschen Eisenbahnbaugesellschaft vom 15. Dezember 1873 (Ratsb.)

192 a) Briefkopf des Königlichen Eisenbahn-Betriebsamtes Berlin-Sommerfeld, zuständig für die Strecke der Königlichen Niederschlesisch-Märkischen Eisenbahn von Berlin bis Sommerfeld (BauF)
b) Briefkopf des Königlichen Eisenbahn-Betriebsamtes Stadt- und Ringbahn (BauF)

193 Klebemarke zum Versiegeln von Briefen des Königlichen Eisenbahn-Betriebsamtes Stadt- und Ringbahn (BauF)

[10] Ebenda

[11] Ebenda

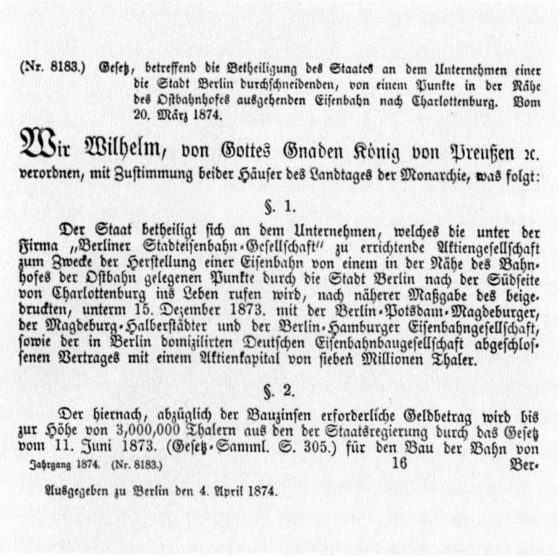

(Nr. 8183.) Gesetz, betreffend die Betheiligung des Staates an dem Unternehmen einer die Stadt Berlin durchschneidenden, von einem Punkte in der Nähe des Ostbahnhofes ausgehenden Eisenbahn nach Charlottenburg. Vom 20. März 1874.

Wir Wilhelm, von Gottes Gnaden König von Preußen rc. verordnen, mit Zustimmung beider Häuser des Landtages der Monarchie, was folgt:

§. 1.

Der Staat betheiligt sich an dem Unternehmen, welches die unter der Firma „Berliner Stadteisenbahn-Gesellschaft" zu errichtende Aktiengesellschaft zum Zwecke der Herstellung einer Eisenbahn von einem in der Nähe des Bahnhofes der Ostbahn gelegenen Punkte durch die Stadt Berlin nach der Südseite von Charlottenburg ins Leben rufen wird, nach näherer Maßgabe des beigedruckten, unterm 15. Dezember 1873. mit der Berlin-Potsdam-Magdeburger, der Magdeburg-Halberstädter und der Berlin-Hamburger Eisenbahngesellschaft, sowie der in Berlin domizilirten Deutschen Eisenbahnbaugesellschaft abgeschlossenen Vertrages mit einem Aktienkapital von sieben Millionen Thaler.

§. 2.

Der hiernach, abzüglich der Bauzinsen erforderliche Geldbetrag wird bis zur Höhe von 3,000,000 Thalern aus den der Staatsregierung durch das Gesetz vom 11. Juni 1873. (Gesetz-Samml. S. 305.) für den Bau der Bahn von

Jahrgang 1874. (Nr. 8183.) 16 Ber-

Ausgegeben zu Berlin den 4. April 1874.

Die ersten 10 Prozent des ausgeschriebenen Kapitals kamen bis zum 2. Juli 1874 ein. Auf der ersten »Generalversammlung« an diesem Tag konstituierte sich die »Berliner Stadteisenbahn-Gesellschaft«. Den Aufsichtsrat stellte entsprechend dem Vertrag vom 15. Dezember 1873 die »Königliche Direction der Stadteisenbahn-Gesellschaft«. Im Herbst 1875 begann der Bau der Viaduktbahn, aber bereits 1876 stellten sich einschneidende Schwierigkeiten heraus. Die Eisenbahnbau-Gesellschaft erklärte ihre Zahlungsunfähigkeit, sie hatte sich verspekuliert. Aufgrund eines Beschlusses des Aufsichtsrats vom 10. Februar 1877 verfielen die bereits eingezahlten Beiträge in Höhe von 2,4 Mill. Mark, und die Eisenbahnbau-Gesellschaft schied aus dem Geschäft aus. Nach der Umrechnung von Taler in Mark hätte das Grundkapital 48 Mill. Mark betragen, 9,6 Mill. fielen also aus. Neue Forderungen entstanden weiterhin nach der genauen Durchrechnung des Bauplans. Weitere 9,1 Mill. Mark waren erforderlich: zusammen also 18,7 Mill. Mark, die beschafft werden mußten, sollte der Bau nicht liegenbleiben. Nach langen und zähen Verhandlungen einigten sich Staat und private Eisenbahngesellschaften dahingehend, daß der Staat die Verpflichtung übernähme, den weiteren Bau auf eigene Rechnung zu verfolgen. Die bisherige Gesellschaft mußte sich angesichts der neuen Tatsachen auflösen (Bild 197). Ihr Eigentum übernahm der Staat, die drei beteiligten Gesellschaften zahlten 40 Prozent der Summe, zu deren Übernahme sie sich verpflichtet

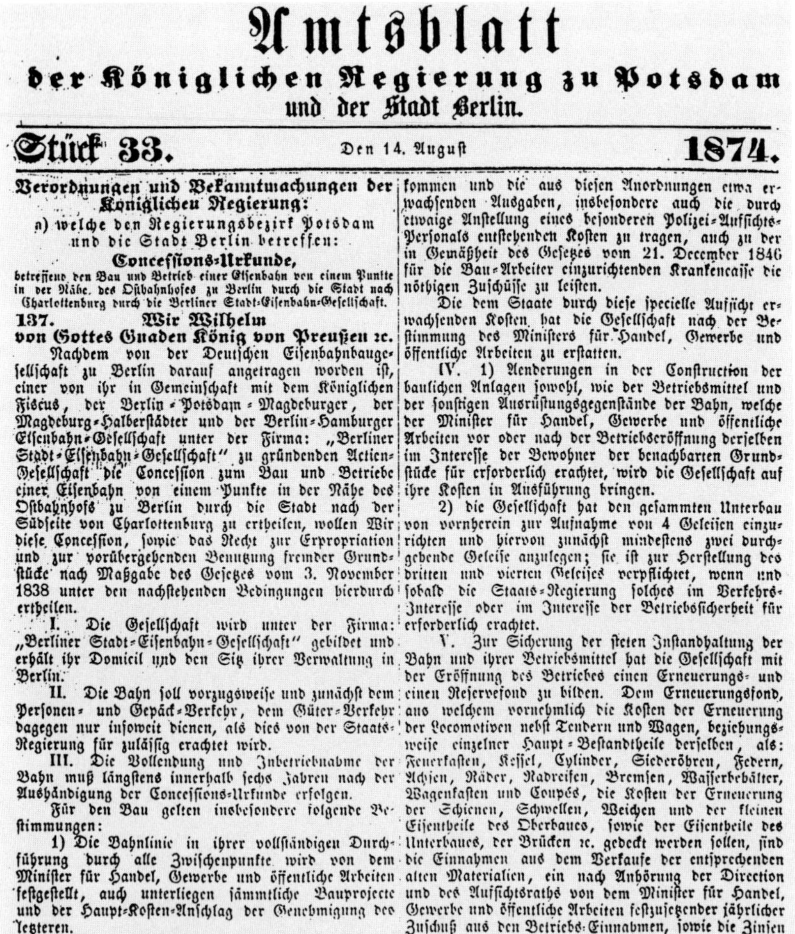

Amtsblatt
der Königlichen Regierung zu Potsdam
und der Stadt Berlin.

Stück 33. Den 14. August 1874.

Verordnungen und Bekanntmachungen der Königlichen Regierung:
a) welche den Regierungsbezirk Potsdam und die Stadt Berlin betreffen:

Concessions-Urkunde,
betreffend den Bau und Betrieb einer Eisenbahn von einem Punkte in der Nähe des Ostbahnhofes zu Berlin durch die Stadt nach Charlottenburg durch die Berliner Stadt-Eisenbahn-Gesellschaft.

137. Wir Wilhelm
von Gottes Gnaden König von Preußen rc.

Nachdem von der Deutschen Eisenbahnbaugesellschaft zu Berlin darauf angetragen worden ist, einer von ihr in Gemeinschaft mit dem Königlichen Fiscus, der Berlin-Potsdam-Magdeburger, der Magdeburg-Halberstädter und der Berlin-Hamburger Eisenbahn-Gesellschaft unter der Firma: „Berliner Stadt-Eisenbahn-Gesellschaft" zu gründenden Actien-Gesellschaft die Concession zum Bau und Betriebe einer Eisenbahn von einem Punkte in der Nähe des Ostbahnhofs zu Berlin durch die Stadt nach der Südseite von Charlottenburg zu ertheilen, wollen Wir diese Concession, sowie das Recht zur Expropriation und zur vorübergehenden Benutzung fremder Grundstücke nach Maßgabe des Gesetzes vom 3. November 1838 unter den nachstehenden Bedingungen hierdurch ertheilen.

I. Die Gesellschaft wird unter der Firma: „Berliner Stadt-Eisenbahn-Gesellschaft" gebildet und erhält ihr Domicil und den Sitz ihrer Verwaltung in Berlin.

II. Die Bahn soll vorzugsweise und zunächst dem Personen- und Gepäck-Verkehr, dem Güter-Verkehr dagegen nur insoweit dienen, als dies von der Staats-Regierung für zuläßig erachtet wird.

III. Die Vollendung und Inbetriebnahme der Bahn muß längstens innerhalb sechs Jahren nach der Aushändigung der Concessions-Urkunde erfolgen.

Für den Bau gelten insbesondere folgende Bestimmungen:

1) Die Bahnlinie in ihrer vollständigen Durchführung durch alle Zwischenpunkte wird von dem Minister für Handel, Gewerbe und öffentliche Arbeiten festgestellt, auch unterliegen sämmtliche Bauprojecte und der Haupt-Kosten-Anschlag der Genehmigung des letzteren.

2) Die Gesellschaft hat allen Anordnungen, welche wegen polizeilicher Beaufsichtigung der beim Bahnbau beschäftigten Arbeiter getroffen werden mögen, nachzukommen und die aus diesen Anordnungen etwa erwachsenden Ausgaben, insbesondere auch die durch etwaige Anstellung eines besonderen Polizei-Aufsichts-Personals entstehenden Kosten zu tragen, auch zu der in Gemäßheit des Gesetzes vom 21. December 1846 für die Bau-Arbeiter einzurichtenden Krankencasse die nöthigen Zuschüsse zu leisten.

Die dem Staate durch diese specielle Aufsicht erwachsenden Kosten hat die Gesellschaft nach der Bestimmung des Ministers für Handel, Gewerbe und öffentliche Arbeiten zu erstatten.

IV. 1) Aenderungen in der Construction der baulichen Anlagen sowohl, wie der Betriebsmittel und der sonstigen Ausrüstungsgegenstände der Bahn, welche der Minister für Handel, Gewerbe und öffentliche Arbeiten vor oder nach der Betriebseröffnung derselben im Interesse der Bewohner der benachbarten Grundstücke für erforderlich erachtet, wird die Gesellschaft auf ihre Kosten in Ausführung bringen.

2) die Gesellschaft hat den gesammten Unterbau von vornherein zur Aufnahme von 4 Geleisen einzurichten und hiervon zunächst mindestens zwei durchgehende Geleise anzulegen; sie ist zur Herstellung des dritten und vierten Geleises verpflichtet, wenn und sobald die Staats-Regierung solches im Verkehrs-Interesse oder im Interesse der Betriebssicherheit für erforderlich erachtet.

V. Zur Sicherung der steten Instandhaltung der Bahn und ihrer Betriebsmittel hat die Gesellschaft mit der Eröffnung des Betriebes einen Erneuerungs- und einen Reservefond zu bilden. Dem Erneuerungsfond, aus welchem vornehmlich die Kosten der Erneuerung der Locomotiven nebst Tendern und Wagen, beziehungsweise einzelner Haupt-Bestandtheile derselben, als: Feuerkasten, Kessel, Cylinder, Siederöhren, Federn, Achsen, Räder, Radreifen, Bremsen, Wasserbehälter, Wagenkasten und Coupés, die Kosten der Erneuerung der Schienen, Schwellen, Weichen und der kleinen Eisentheile des Oberbaues, sowie der Eisentheile des Unterbaues, der Brücken rc. gedeckt werden sollen, sind die Einnahmen aus dem Verkaufe der entsprechenden alten Materialien, ein nach Anhörung der Direction und des Aufsichtsraths von dem Minister für Handel, Gewerbe und öffentliche Arbeiten festzusetzender jährlicher Zuschuß aus den Betriebs-Einnahmen, sowie die Zinsen des Erneuerungsfonds selbst zu überweisen. Der Reservefond, der die Mittel zur Bestreitung der durch außergewöhnliche Elementar-Ereignisse und größere

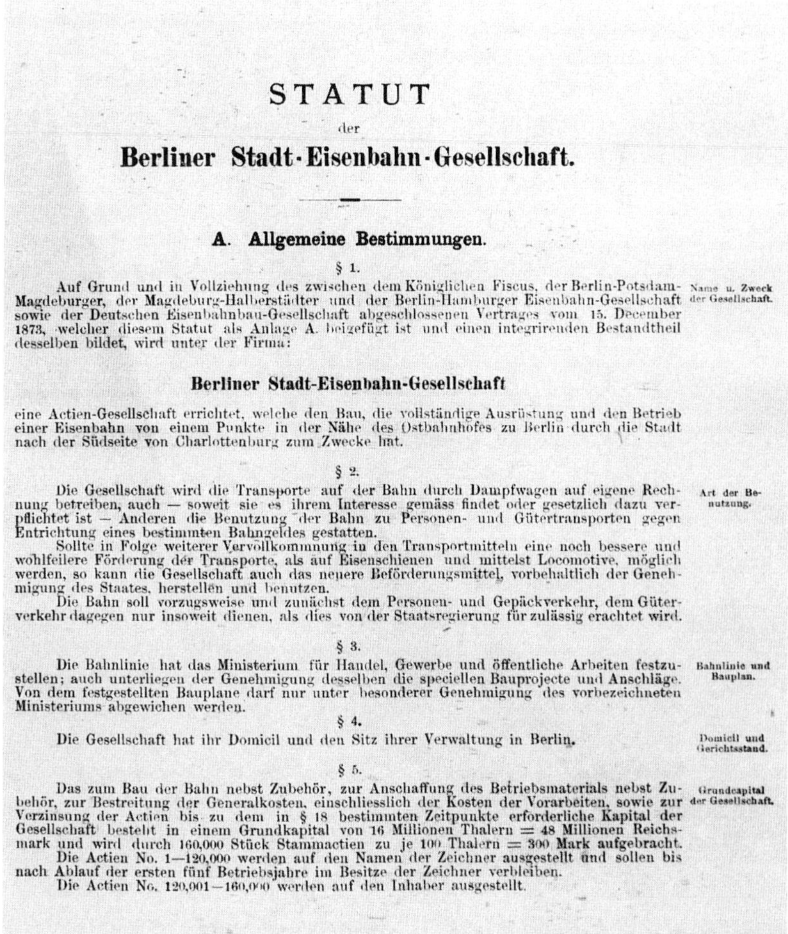

STATUT
der
Berliner Stadt-Eisenbahn-Gesellschaft.

A. Allgemeine Bestimmungen.

§ 1.

Auf Grund und in Vollziehung des zwischen dem Königlichen Fiscus, der Berlin-Potsdam-Magdeburger, der Magdeburg-Halberstädter und der Berlin-Hamburger Eisenbahn-Gesellschaft sowie der Deutschen Eisenbahnbau-Gesellschaft abgeschlossenen Vertrages vom 15. December 1873, welcher diesem Statut als Anlage A. beigefügt ist und einen integrirenden Bestandtheil desselben bildet, wird unter der Firma: — Name u. Zweck der Gesellschaft.

Berliner Stadt-Eisenbahn-Gesellschaft

eine Actien-Gesellschaft errichtet, welche den Bau, die vollständige Ausrüstung und den Betrieb einer Eisenbahn von einem Punkte in der Nähe des Ostbahnhofes zu Berlin durch die Stadt nach der Südseite von Charlottenburg zum Zwecke hat.

§ 2.

Die Gesellschaft wird die Transporte auf der Bahn durch Dampfwagen auf eigene Rechnung betreiben, auch — soweit sie es ihrem Interesse gemäss findet oder gesetzlich dazu verpflichtet ist — Anderen die Benutzung der Bahn zu Personen- und Gütertransporten gegen Entrichtung eines bestimmten Bahngeldes gestatten. — Art der Benutzung.

Sollte in Folge weiterer Vervollkommnung in den Transportmitteln eine noch bessere und wohlfeilere Förderung der Transporte, als auf Eisenschienen und mittelst Locomotive, möglich werden, so kann die Gesellschaft auch das neuere Beförderungsmittel, vorbehaltlich der Genehmigung des Staates, herstellen und benutzen.

Die Bahn soll vorzugsweise und zunächst dem Personen- und Gepäckverkehr, dem Güterverkehr dagegen nur insoweit dienen, als dies von der Staatsregierung für zulässig erachtet wird.

§ 3.

Die Bahnlinie hat das Ministerium für Handel, Gewerbe und öffentliche Arbeiten festzustellen; auch unterliegen der Genehmigung desselben die speciellen Bauprojecte und Anschläge. Von dem festgestellten Bauplane darf nur unter besonderer Genehmigung des vorbezeichneten Ministeriums abgewichen werden. — Bahnlinie und Bauplan.

§ 4.

Die Gesellschaft hat ihr Domicil und den Sitz ihrer Verwaltung in Berlin. — Domicil und Gerichtsstand.

§ 5.

Das zum Bau der Bahn nebst Zubehör, zur Anschaffung des Betriebsmaterials nebst Zubehör, zur Bestreitung der Generalkosten, einschliesslich der Kosten der Vorarbeiten, sowie zur Verzinsung der Actien bis zu dem in § 18 bestimmten Zeitpunkte erforderliche Kapital der Gesellschaft besteht in einem Grundkapital von 16 Millionen Thalern = 48 Millionen Reichsmark und wird durch 160,000 Stück Stammactien zu je 100 Thalern = 300 Mark aufgebracht. — Grundcapital der Gesellschaft.

Die Actien No. 1—120,000 werden auf den Namen der Zeichner ausgestellt und sollen bis nach Ablauf der ersten fünf Betriebsjahre im Besitze der Zeichner verbleiben.

Die Actien No. 120,001—160,000 werden auf den Inhaber ausgestellt.

194 Titelblatt vom »Gesetz, betreffend die Betheiligung des Staates an dem Unternehmen einer die Stadt Berlin durchschneidenden Eisenbahn nach Charlottenburg« vom 20. März 1874 (Ratsb.)

195 »Concessions-Urkunde, betreffend den Bau und Betrieb einer Eisenbahn von einem Puncte in der Nähe des Ostbahnhofes zu Berlin durch die Stadt nach Charlottenburg durch die Berliner Stadt-Eisenbahn-Gesellschaft« (Ratsb.)

196 Statut der Berliner Stadt-Eisenbahn-Gesellschaft (ZStAM)

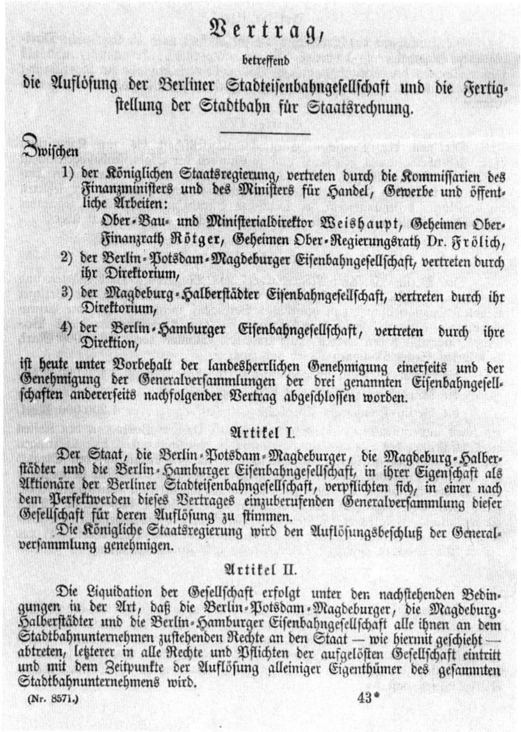

Vertrag,
betreffend
die Auflösung der Berliner Stadteisenbahngesellschaft und die Fertigstellung der Stadtbahn für Staatsrechnung.

Zwischen
1) der Königlichen Staatsregierung, vertreten durch die Kommissarien des Finanzministers und des Ministers für Handel, Gewerbe und öffentliche Arbeiten:
Ober-Bau- und Ministerialdirektor Weishaupt, Geheimen Ober-Finanzrath Rötger, Geheimen Ober-Regierungsrath Dr. Frölich,
2) der Berlin-Potsdam-Magdeburger Eisenbahngesellschaft, vertreten durch ihr Direktorium,
3) der Magdeburg-Halberstädter Eisenbahngesellschaft, vertreten durch ihr Direktorium,
4) der Berlin-Hamburger Eisenbahngesellschaft, vertreten durch ihre Direktion,

ist heute unter Vorbehalt der landesherrlichen Genehmigung einerseits und der Genehmigung der Generalversammlungen der drei genannten Eisenbahngesellschaften andererseits nachfolgender Vertrag abgeschlossen worden.

Artikel I.

Der Staat, die Berlin-Potsdam-Magdeburger, die Magdeburg-Halberstädter und die Berlin-Hamburger Eisenbahngesellschaft, in ihrer Eigenschaft als Aktionäre der Berliner Stadteisenbahngesellschaft, verpflichten sich, in einer nach dem Perfektwerden dieses Vertrages einzuberufenden Generalversammlung dieser Gesellschaft für deren Auflösung zu stimmen.
Die Königliche Staatsregierung wird den Auflösungsbeschluß der Generalversammlung genehmigen.

Artikel II.

Die Liquidation der Gesellschaft erfolgt unter den nachstehenden Bedingungen in der Art, daß die Berlin-Potsdam-Magdeburger, die Magdeburg-Halberstädter und die Berlin-Hamburger Eisenbahngesellschaft alle ihnen an dem Stadtbahnunternehmen zustehenden Rechte an den Staat — wie hiermit geschieht — abtreten, letzterer in alle Rechte und Pflichten der aufgelösten Gesellschaft eintritt und mit dem Zeitpunkte der Auflösung alleiniger Eigenthümer des gesammten Stadtbahnunternehmens wird.

(Nr. 8571.) 43*

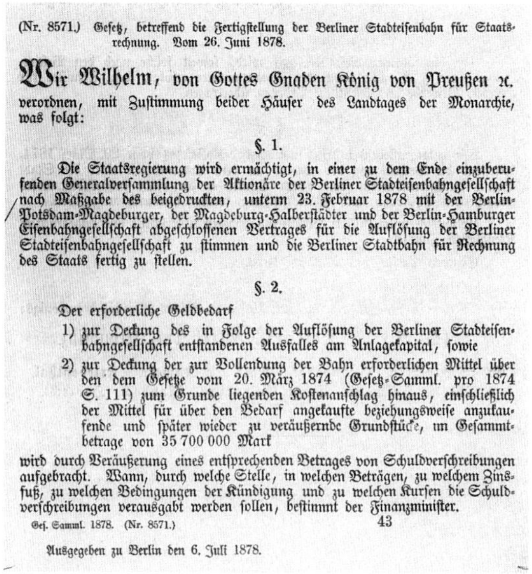

(Nr. 8571.) Gesetz, betreffend die Fertigstellung der Berliner Stadteisenbahn für Staatsrechnung. Vom 26. Juni 1878.

Wir Wilhelm, von Gottes Gnaden König von Preußen ꝛc.
verordnen, mit Zustimmung beider Häuser des Landtages der Monarchie, was folgt:

§. 1.

Die Staatsregierung wird ermächtigt, in einer zu dem Ende einzuberufenden Generalversammlung der Aktionäre der Berliner Stadteisenbahngesellschaft nach Maßgabe des beigedruckten, unterm 23. Februar 1878 mit der Berlin-Potsdam-Magdeburger, der Magdeburg-Halberstädter und der Berlin-Hamburger Eisenbahngesellschaft abgeschlossenen Vertrages für die Auflösung der Berliner Stadteisenbahngesellschaft zu stimmen und die Berliner Stadtbahn für Rechnung des Staats fertig zu stellen.

§. 2.

Der erforderliche Geldbedarf
1) zur Deckung des in Folge der Auflösung der Berliner Stadteisenbahngesellschaft entstandenen Ausfalles am Anlagekapital, sowie
2) zur Deckung der zur Vollendung der Bahn erforderlichen Mittel über den dem Gesetze vom 20. März 1874 (Gesetz-Samml. pro 1874 S. 111) zum Grunde liegenden Kostenanschlag hinaus, einschließlich der Mittel für über den Bedarf angekaufte beziehungsweise anzukaufende und später wieder zu veräußernde Grundstücke, im Gesammtbetrage von 35 700 000 Mark

wird durch Veräußerung eines entsprechenden Betrages von Schuldverschreibungen aufgebracht. Wann, durch welche Stelle, in welchen Beträgen, zu welchem Zinsfuß, zu welchen Bedingungen der Kündigung und zu welchen Kursen die Schuldverschreibungen verausgabt werden sollen, bestimmt der Finanzminister.

Ges. Samml. 1878. (Nr. 8571.) 43

Ausgegeben zu Berlin den 6. Juli 1878.

197 Titelseite vom »Vertrag, betreffend die Auflösung der Berliner Stadteisenbahngesellschaft und die Fertigstellung der Stadt-Bahn für Staatsrechnung« vom 23. Februar 1878 (Ratsb.)
198 Erste Seite vom »Gesetz, betreffend die Fertigstellung der Berliner Stadteisenbahn für Staatsrechnung« vom 26. Juni 1878

hatten. Dafür erhielten sie das Recht, sich an die Stadtbahn anzuschließen und ihre Züge auf sie einzuleiten.

Dieser Vertrag und ein Gesetzentwurf über die Fertigstellung der Berliner Stadteisenbahn auf Staatsrechnung gingen dem preußischen Landtag am 8. März 1878 zu. Die komplizierte Aufrechnung des notwendigen und zur Verfügung stehenden Kapitals betrug:

»a)	nach dem Gesetz vom 20. März 1874	21 000 000 Mark
b)	nach dem neu zu beratenden Gesetz	35 700 000 Mark
c)	die verfallenden Einzahlungen der Eisenbahnbau-Gesellschaft und die Beiträge der drei anderen Gesellschaften	8 400 000 Mark«[12]

Allerdings waren die Kosten für den Bau der beiden Endpunkte der Berliner Stadteisenbahn bzw. der Anschlußbahnhöfe in dieser Summe nur zum Teil enthalten. Für sie mußten besondere Baufonds geschaffen werden. Sie galten als Anschlüsse an die Stadtbahn und nicht als Teil der Bahn. Auf diese Weise erhöhte sich die Bausumme der neuen Anlagen auf 71 647 000 Mark.[13] Nach Beratungen im Landtag konnte am 26. Juni 1878 das »Gesetz, betreffend die Fertigstellung der Berliner Stadteisenbahn für Staatsrechnung« ausgefertigt werden (Bild 198). Der Vertrag vom 23. Februar 1878 über die »Auflösung der Stadteisenbahngesellschaft« trat in Kraft. Der Bau der Stadtbahn kam in sein entscheidendes Stadium.

Der östliche Anschlußbahnhof

Einen Kulminationspunkt des gesamten Projekts stellte der Bau des östlichen Endpunkts oder – so in den Quellen – des »östlichen Anschlußbahnhofs« dar. Anschluß deshalb, da hier Stadteisenbahn, Ringbahn, Vorortverkehr und Linien aus den östlichen Provinzen zusammentrafen. Alle Überlegungen Hartwichs und die gesetzlichen Bestimmungen gingen von einer Lage am damaligen Bahnhof Berlin der Königlichen Ostbahn am Küstriner Platz – kurz Ostbahnhof genannt – aus. Wie sich noch herausstellen sollte, hatte dieser Standort mehrere Nachteile. Es gab im Osten des damaligen Berlins zwei Bahnhöfe, die Endpunkte jeweils unterschiedlicher Linien aus den östlichen Provinzen Preußens waren. Sollte wirklich eine Verbesserung des Verkehrs eintreten, d. h. einer von diesen an den innerstädtischen Verkehr angeschlossen werden, so mußte einer der beiden Bahnhöfe aufgegeben werden. Blieben beide bestehen, mußten die Reisenden einer Linie auf jeden Fall Unbequemlichkeiten in Kauf nehmen.

Zudem ließ die Verbindung von Stadteisenbahn und Lokalverkehr neue Überlegungen entstehen. Es tauchte der Gedanke auf, Stadteisenbahn und Ringbahn besser miteinander zu verbinden. Im Osten Berlins war das von größerer Bedeutung als am anderen Endpunkt der Stadtbahn, in Charlottenburg.

Am 15. November 1877 wurde die Ringbahn im Westen geschlossen, eine komplette Umfahrung des bisher bebauten Stadtgebiets war möglich geworden. Neue Bahnhöfe und Haltestellen dieses »Localverkehrs« entstanden (Bild 199).

Die Frage, wie und an welcher Stelle die unabhängig voneinander existierenden Einzelprojekte miteinander zu verbinden waren, trat in den Vordergrund. Obwohl diese Frage für die Endpunkte der Stadtbahn im Osten und Westen bestand, war sie nur für den Ostpunkt grundsätzlich zu entscheiden. Das hatte seinen Grund in dem nun schon fast vierzigjährigen Eisenbahnverkehr an diesem Punkt sowie in der engen räumlichen Anbindung von Vorort-, Stadtbahn- und Ringbahnverkehr. Freilich berührten die Entscheidungen auch den westlichen Endpunkt, doch hatte man dort mehr planerische Freiheit. Wegen des bereits bestehenden Verkehrs am östlichen Endpunkt hat sich dann auch dieser Ort als der entscheidende des Projekts erwiesen. Der sich hier ausbildende öffentliche Massenverkehr war vor allem ein Verkehr der Arbeitenden, die im Osten der Stadt wohnten und westlich davon arbeiteten.

Eine räumliche Ausdehnung um den Frankfurter Bahnhof oder den Ostbahnhof war nahezu ausgeschlossen. Zwar war einzelnes Gelände noch vorhanden, doch zog die inzwischen ausgeprägte Stadtstruktur zwischen Spree und Frankfurter Chaussee immer engere Grenzen, so daß eine optimale Lösung unmöglich wurde. Dabei spielte auch die Festlegung aus dem Jahre 1873 eine Rolle, daß Eisenbahnanlagen in der Stadt nicht mehr im Niveau der Straßen liegen durften. Der neue Bahnhof der Stadtbahn

[12] Zeitschrift für Bauwesen. – Berlin, 1884. – S. 4
[13] Ebenda

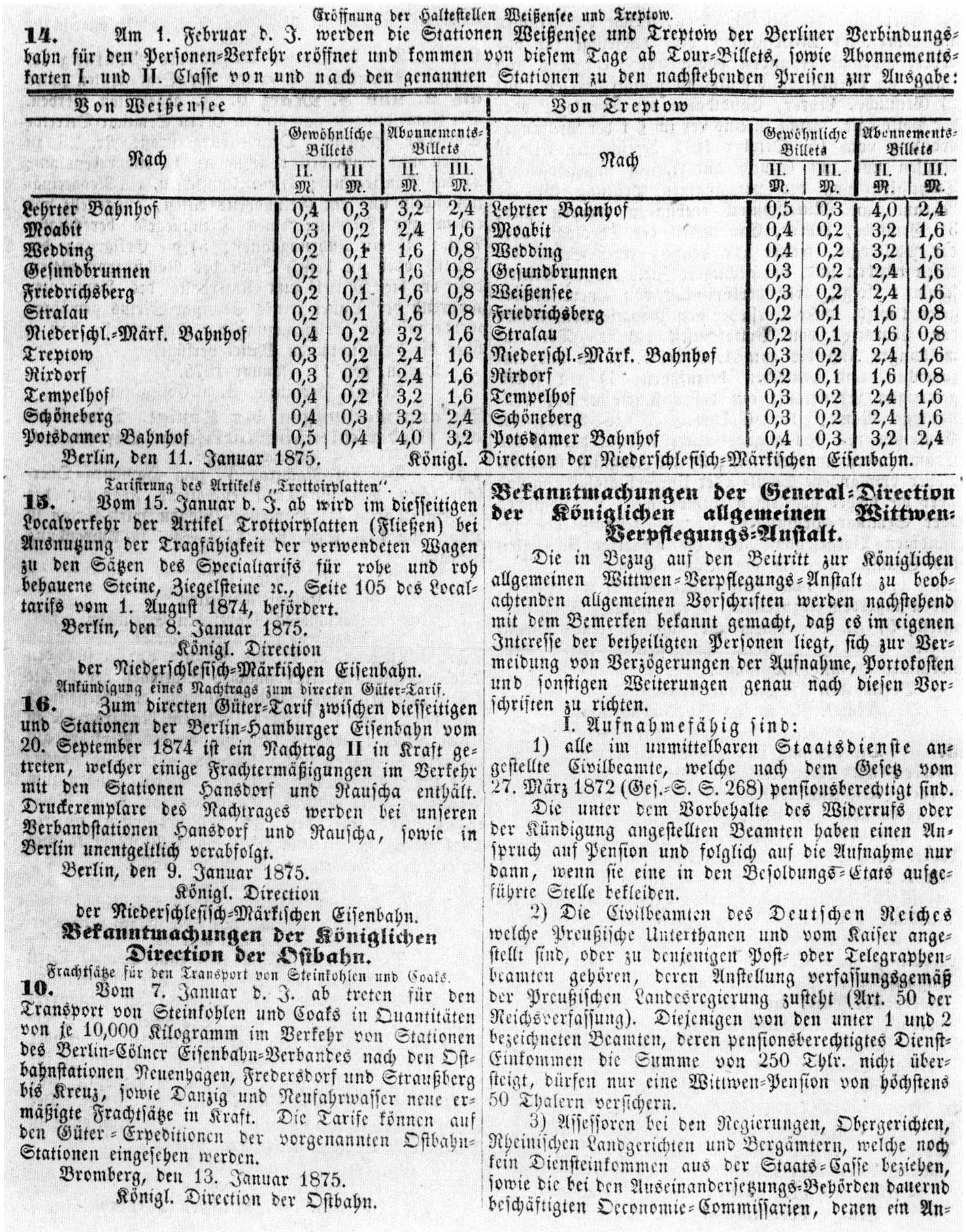

Eröffnung der Haltestellen Weißensee und Treptow.

14. Am 1. Februar d. J. werden die Stationen Weißensee und Treptow der Berliner Verbindungsbahn für den Personen-Verkehr eröffnet und kommen von diesem Tage ab Tour-Billets, sowie Abonnementskarten I. und II. Classe von und nach den genannten Stationen zu den nachstehenden Preisen zur Ausgabe:

Von Weißensee					Von Treptow				
Nach	Gewöhnliche Billets		Abonnements-Billets		Nach	Gewöhnliche Billets		Abonnements-Billets	
	II. M.	III M.	II. M.	III. M.		II. M.	III. M.	II. M.	III. M.
Lehrter Bahnhof	0,4	0,3	3,2	2,4	Lehrter Bahnhof	0,5	0,3	4,0	2,4
Moabit	0,3	0,2	2,4	1,6	Moabit	0,4	0,2	3,2	1,6
Wedding	0,2	0,1	1,6	0,8	Wedding	0,4	0,2	3,2	1,6
Gesundbrunnen	0,2	0,1	1,6	0,8	Gesundbrunnen	0,3	0,2	2,4	1,6
Friedrichsberg	0,2	0,1	1,6	0,8	Weißensee	0,3	0,2	2,4	1,6
Stralau	0,2	0,1	1,6	0,8	Friedrichsberg	0,2	0,1	1,6	0,8
Niederschl.-Märk. Bahnhof	0,4	0,2	3,2	1,6	Stralau	0,2	0,1	1,6	0,8
Treptow	0,3	0,2	2,4	1,6	Niederschl.-Märk. Bahnhof	0,3	0,2	2,4	1,6
Rixdorf	0,3	0,2	2,4	1,6	Rixdorf	0,2	0,1	1,6	0,8
Tempelhof	0,4	0,2	3,2	1,6	Tempelhof	0,3	0,2	2,4	1,6
Schöneberg	0,4	0,3	3,2	2,4	Schöneberg	0,3	0,2	2,4	1,6
Potsdamer Bahnhof	0,5	0,4	4,0	3,2	Potsdamer Bahnhof	0,4	0,3	3,2	2,4

Berlin, den 11. Januar 1875. Königl. Direction der Niederschlesisch-Märkischen Eisenbahn.

Tarifirung des Artikels „Trottoirplatten".

15. Vom 15. Januar d. J. ab wird im diesseitigen Localverkehr der Artikel Trottoirplatten (Fließen) bei Ausnutzung der Tragfähigkeit der verwendeten Wagen zu den Sätzen des Specialtarifs für rohe und roh behauene Steine, Ziegelsteine 2c., Seite 105 des Localtarifs vom 1. August 1874, befördert.

Berlin, den 8. Januar 1875.

Königl. Direction
der Niederschlesisch-Märkischen Eisenbahn.

Ankündigung eines Nachtrags zum directen Güter-Tarif.

16. Zum directen Güter-Tarif zwischen diesseitigen und Stationen der Berlin-Hamburger Eisenbahn vom 20. September 1874 ist ein Nachtrag II in Kraft getreten, welcher einige Frachtermäßigungen im Verkehr mit den Stationen Hansdorf und Rauscha enthält. Druckexemplare des Nachtrages werden bei unseren Verbandstationen Hansdorf und Rauscha, sowie in Berlin unentgeltlich verabfolgt.

Berlin, den 9. Januar 1875.

Königl. Direction
der Niederschlesisch-Märkischen Eisenbahn.

Bekanntmachungen der Königlichen Direction der Ostbahn.

Frachtsätze für den Transport von Steinkohlen und Coaks.

10. Vom 7. Januar d. J. ab treten für den Transport von Steinkohlen und Coaks in Quantitäten von je 10,000 Kilogramm im Verkehr von Stationen des Berlin-Cölner Eisenbahn-Verbandes nach den Ostbahnstationen Neuenhagen, Fredersdorf und Straußberg bis Kreuz, sowie Danzig und Neufahrwasser neue ermäßigte Frachtsätze in Kraft. Die Tarife können auf den Güter-Expeditionen der vorgenannten Ostbahn-Stationen eingesehen werden.

Bromberg, den 13. Januar 1875.

Königl. Direction der Ostbahn.

Bekanntmachungen der General-Direction der Königlichen allgemeinen Wittwen-Verpflegungs-Anstalt.

Die in Bezug auf den Beitritt zur Königlichen allgemeinen Wittwen-Verpflegungs-Anstalt zu beobachtenden allgemeinen Vorschriften werden nachstehend mit dem Bemerken bekannt gemacht, daß es im eigenen Interesse der betheiligten Personen liegt, sich zur Vermeidung von Verzögerungen der Aufnahme, Portokosten und sonstigen Weiterungen genau nach diesen Vorschriften zu richten.

I. Aufnahmefähig sind:

1) alle im unmittelbaren Staatsdienste angestellte Civilbeamte, welche nach dem Gesetz vom 27. März 1872 (Ges.-S. S. 268) pensionsberechtigt sind.

Die unter dem Vorbehalte des Widerrufs oder der Kündigung angestellten Beamten haben einen Anspruch auf Pension und folglich auf die Aufnahme nur dann, wenn sie eine in den Besoldungs-Etats aufgeführte Stelle bekleiden.

2) Die Civilbeamten des Deutschen Reiches welche Preußische Unterthanen und vom Kaiser angestellt sind, oder zu denjenigen Post- oder Telegraphenbeamten gehören, deren Anstellung verfassungsgemäß der Preußischen Landesregierung zusteht (Art. 50 der Reichsverfassung). Diejenigen von den unter 1 und 2 bezeichneten Beamten, deren pensionsberechtigtes Dienst-Einkommen die Summe von 250 Thlr. nicht übersteigt, dürfen nur eine Wittwen-Pension von höchstens 50 Thalern versichern.

3) Assessoren bei den Regierungen, Obergerichten, Rheinischen Landgerichten und Bergämtern, welche noch kein Diensteinkommen aus der Staats-Casse beziehen, sowie die bei den Auseinandersetzungs-Behörden dauernd beschäftigten Oeconomie-Commissarien, denen ein An-

konnte also nicht unmittelbar an den Ostbahnhof angeschlossen werden, sondern hätte ihm gegenüber angelegt werden müssen, um dann bis zur Koppenstraße auf die geforderte Höhe der Viadukte aufzusteigen. Diese wenig durchdachte Lösung offenbarte allerdings bereits in ihrem theoretischen Ansatz Schwächen. Legte man dagegen den östlichen Endpunkt der Stadtbahn von Anfang an höher, konnte er näher an den Frankfurter Bahnhof rücken.

Die Stadt Berlin war bestrebt, die Eisenbahnanlagen nicht zu sehr auszudehnen, da sonst bisherige Stadtviertel voneinander getrennt würden. Seit 1875 überquerte im Verlauf der alten Frankfurter Kommunikation – heute an der Warschauer Straße – eine Brücke die umfangreichen Bahnanlagen. Sie war – ebenso wie die spätere Hohenlohebrücke (die heutige Modersohnbrücke) – zum Teil auf Kosten der Bahngesellschaften entstanden, während die Stadt Berlin die Rampen und Auffahrten beider Anlagen finanzierte und sie im Jahre 1888 in ihren Besitz nahm. Die respektable Warschauer Brücke mit einer Länge von 217 m (zeitgenössische Quellen sprechen von 216 m) engte aber bis in die Gegenwart die weitere Ausdehnung der Bahnanlagen ein. Somit war ein Nadelöhr für die Streckenführung entstanden, das auch die Anbindung von Fern-, Vorort- und Ringbahnverkehr behinderte.

Im Jahre 1873 bestätigte eine Königliche Kabinettsordre die Anlage eines neuen Rangierbahnhofs bei Rummelsburg, so daß die Anlagen der KNME vom sich ausdehnenden Rangierdienst und von der Zugbildung entlastet werden konnten. Eine ähnliche Entwicklung deutete sich mit der Inbetriebnahme der neuen Betriebswerkstatt in Lichtenberg (später Berlin-Lichtenberg) für die Königliche Ostbahn an. Offen blieb aber immer noch die Anbindung des Ringbahn- und Vorortverkehrs an die Stadtbahn. In allen Überlegungen zeigte sich, daß der Frankfurter Bahnhof dafür wesentlich günstiger lag als der Ostbahnhof. Die Verbindung von Stadt- und Ringbahn war auf dem Gelände des Bahnhofs der KNME möglich und zwar dort, wo sich die Haltestellen Stralau und Rummelsburg befanden.

Nach der gedanklichen Lösung dieser Fragen war zu entscheiden, ob der Ostbahnhof (der Bahnhof Berlin der Königlichen Ostbahn) mit hohem Kraftaufwand oder der wesentlich günstiger gelegene Frankfurter Bahnhof (also der Bahnhof der KNME) für die Weiterführung der Projekte zu nutzen war. Die für den 4. Mai 1877 einberufene »Konferenz über die Gestaltung des Entwurfs für den östlichen Endpunkt der Stadtbahn« entschied sich, einem weiteren Vorschlag HARTWICHS zu folgen. Dieser hatte im Jahre 1876 die Denkschrift: »Mittheilungen

199 Mitteilung der Königlichen Direktion der Niederschlesisch-Märkischen Eisenbahn vom 11. Januar 1875 über die »Eröffnung der Haltestellen Weißensee und Treptow« (Ratsb.)

über die Unternehmungen der Deutschen Eisenbahnbau-Gesellschaft und deren jetzige Lage« herausgegeben. Von fünf dieser Denkschrift beigegebenen Plänen befaßten sich zwei mit der Berliner Stadtbahn. Auf einem Plan rückte HARTWICH den östlichen Endpunkt der Stadtbahn eng an den Bahnhof der KNME und führte von da aus diese gedanklich weiter nach Osten. Den »Hauptbahnhof« der Stadtbahn legte er allerdings weiter nach Westen auf den Standort des heutigen Bahnhofs Alexanderplatz. Seiner Absicht der Linienführung auf dem Festungsgraben wurde allerdings im Detail nicht entsprochen.

Die Konferenz vom Mai 1877 forderte, daß der Bahnhof der KNME zum östlichen Endpunkt der Stadtbahn auszubauen sei. Er sollte auf dem Gelände des Empfangsgebäudes des damaligen Frankfurter Bahnhofs zwei Bahnsteige für den Stadt- und Vorortverkehr und zwei für den Fernverkehr mit Aufstellgleisen für mindestens fünf Fernzüge erhalten. 1878 veröffentlichte die »Deutsche Bauzeitung« den entsprechenden Entwurf (Bild 200) und forderte zur Meinungsbildung auf. Als Daten für das Verkehrsaufkommen teilte der Baumeister SCHWIEGER mit, daß 1875 auf dem Berliner Bahnhof der KNME 1 512 000 abgehende und ankommende Reisende – ohne Lokalverkehr – gezählt wurden; täglich also 4 142 an- und abreisende Personen im Fernverkehr oder 230 Reisende pro Zug. Der Lokalverkehr der KNME hatte zu diesem Zeitpunkt allerdings schon einen Umfang von 900 000 Personen im Jahr oder 61 Prozent des Fernverkehrsaufkommens. Zusammen waren das fast 2,5 Mill. Reisende, die den Bahnhof im Jahre 1875 berührten. Damit wurde diese Verkehrsleistung nur von der Potsdamer Bahn übertroffen, bei der der Vorortverkehr 80 Prozent des Gesamtverkehrs betrug. Das Projekt für die Stadtbahn ging von einer Zunahme des Vorort- und Lokalverkehrs aus, da er nun Anschlüsse an die westlichen Teile der Stadt besitzen könnte.[14]

Bezieht man die Fahrplangestaltung dieser Jahre ein, so zeigt sich, daß im Jahre 1873 bei der KNME 9 Züge ankamen bzw. abgingen und bei der Königlichen Ostbahn 6 (Bild 201). Der neue Bahnhof mußte also für 15 ankommende und 15 abgehende Züge ausreichen. Al-

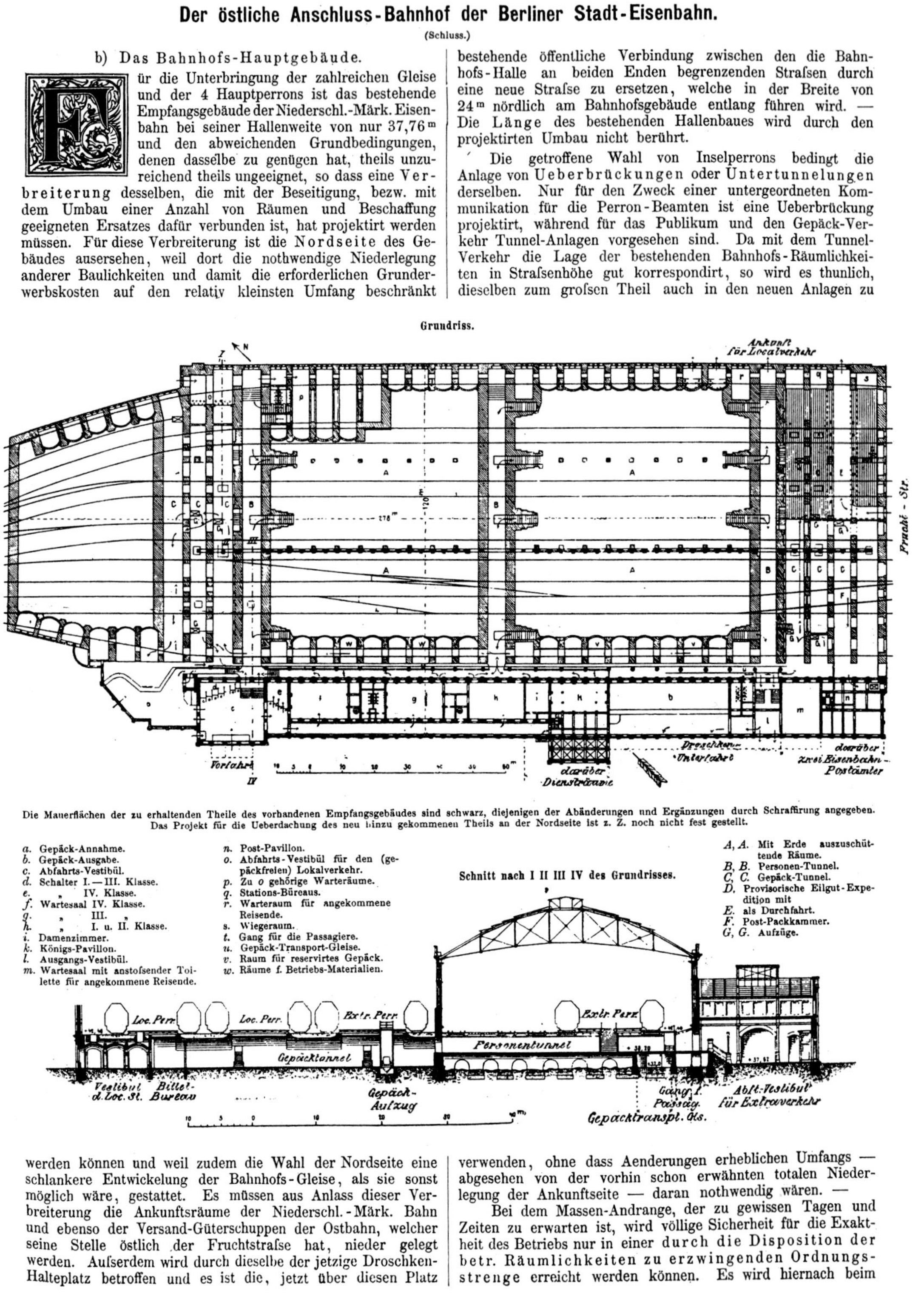

Der östliche Anschluss-Bahnhof der Berliner Stadt-Eisenbahn.

(Schluss.)

b) Das Bahnhofs-Hauptgebäude.

Für die Unterbringung der zahlreichen Gleise und der 4 Hauptperrons ist das bestehende Empfangsgebäude der Niederschl.-Märk. Eisenbahn bei seiner Hallenweite von nur 37,76 m und den abweichenden Grundbedingungen, denen dasselbe zu genügen hat, theils unzureichend theils ungeeignet, so dass eine Verbreiterung desselben, die mit der Beseitigung, bezw. mit dem Umbau einer Anzahl von Räumen und Beschaffung geeigneten Ersatzes dafür verbunden ist, hat projektirt werden müssen. Für diese Verbreiterung ist die Nordseite des Gebäudes ausersehen, weil dort die nothwendige Niederlegung anderer Baulichkeiten und damit die erforderlichen Grunderwerbskosten auf den relativ kleinsten Umfang beschränkt bestehende öffentliche Verbindung zwischen den die Bahnhofs-Halle an beiden Enden begrenzenden Strafsen durch eine neue Strafse zu ersetzen, welche in der Breite von 24 m nördlich am Bahnhofsgebäude entlang führen wird. — Die Länge des bestehenden Hallenbaues wird durch den projektirten Umbau nicht berührt.

Die getroffene Wahl von Inselperrons bedingt die Anlage von Ueberbrückungen oder Untertunnelungen derselben. Nur für den Zweck einer untergeordneten Kommunikation für die Perron-Beamten ist eine Ueberbrückung projektirt, während für das Publikum und den Gepäck-Verkehr Tunnel-Anlagen vorgesehen sind. Da mit dem Tunnel-Verkehr die Lage der bestehenden Bahnhofs-Räumlichkeiten in Strafsenhöhe gut korrespondirt, so wird es thunlich, dieselben zum grofsen Theil auch in den neuen Anlagen zu

Grundriss.

Die Mauerflächen der zu erhaltenden Theile des vorhandenen Empfangsgebäudes sind schwarz, diejenigen der Abänderungen und Ergänzungen durch Schraffirung angegeben. Das Projekt für die Ueberdachung des neu hinzu gekommenen Theils an der Nordseite ist z. Z. noch nicht fest gestellt.

a. Gepäck-Annahme.
b. Gepäck-Ausgabe.
c. Abfahrts-Vestibül.
d. Schalter I.—III. Klasse.
e. „ IV. Klasse.
f. Wartesaal IV. Klasse.
g. „ III. „
h. „ I. u. II. Klasse.
i. Damenzimmer.
k. Königs-Pavillon.
l. Ausgangs-Vestibül.
m. Wartesaal mit anstofsender Toilette für angekommene Reisende.
n. Post-Pavillon.
o. Abfahrts-Vestibül für den (gepäckfreien) Lokalverkehr.
p. Zu *o* gehörige Warteräume.
q. Stations-Büreaus.
r. Warteraum für angekommene Reisende.
s. Wiegeraum.
t. Gang für die Passagiere.
u. Gepäck-Transport-Gleise.
v. Raum für reservirtes Gepäck.
w. Räume f. Betriebs-Materialien.
A, A. Mit Erde auszuschüttende Räume.
B, B. Personen-Tunnel.
C, C. Gepäck-Tunnel.
D. Provisorische Eilgut-Expedition mit
E. als Durchfahrt.
F. Post-Packkammer.
G, G. Aufzüge.

Schnitt nach I II III IV des Grundrisses.

werden können und weil zudem die Wahl der Nordseite eine schlankere Entwickelung der Bahnhofs-Gleise, als sie sonst möglich wäre, gestattet. Es müssen aus Anlass dieser Verbreiterung die Ankunftsräume der Niederschl.-Märk. Bahn und ebenso der Versand-Güterschuppen der Ostbahn, welcher seine Stelle östlich der Fruchtstrafse hat, nieder gelegt werden. Aufserdem wird durch dieselbe der jetzige Droschken-Halteplatz betroffen und es ist die, jetzt über diesen Platz verwenden, ohne dass Aenderungen erheblichen Umfangs — abgesehen von der vorhin schon erwähnten totalen Niederlegung der Ankunftseite — daran nothwendig wären. —

Bei dem Massen-Andrange, der zu gewissen Tagen und Zeiten zu erwarten ist, wird völlige Sicherheit für die Exaktheit des Betriebs nur in einer durch die Disposition der betr. Räumlichkeiten zu erzwingenden Ordnungsstrenge erreicht werden können. Es wird hiernach beim

[14] Deutsche Bauzeitung vom 15. Juni 1878. – S. 241

200 Entwurf für den östlichen Anschlußbahnhof der Berliner Stadt-Eisenbahn (Deutsche Bauzeitung, 1878)

Königliche Ostbahn

Fahrplan vom 1. December 1878 ab.

44. Cours Berlin-Conitz-Eydtkuhnen.

Stationen	Local-Personenzug 23.	Courierzug 7.	Personenzug 3.	Local-Personenzug 25.	Personenzug 5.	Courierzug 1.	Local-Personenzug 29.	Local-Personenzug 27.	Güterzug 15.	Güterzug 11.
	Morg.	Morg.	Vorm.	Nachm.	Abends	Abends				
Berlin Abf.	6·—	8·45	9·—	5·15	9·35	11·5				
Cüstrin	8·43	10·21	11·9	7·59	1·—	12·46				
Landsberg	10·6	11·12	12·16	9·26	2·37	1·43				
Kreuz	Vorm.	12·47	2·10	11·11	4·55	2·59			Abends	
Schneidemühl	Ankunft	1·55	3·42	Abends	6·53	4·11			9·21	
Conitz		3·32	6·12	Ankunft	9·53	5·50			1·26	Morg.
Dirschau		5·56	9·31	Güterzug	1·50	8·22		Morg.	Morg.	5·47
Elbing		6·52	10·52	11.—	3·32	9·25		6·30	Ankunft	8·57
				Vorm.			Morg.			Vorm.
Königsberg		8.54	2·11	9·54	7·48	12·10	6·—	10·—		Ankunft
Insterburg		Abends	4·36	4·52	11·10	2·5	8·54	Vorm.		
Eydtkuhnen Ank.		Ankunft	6·9	8·26	1·5	3·23	10·41	Ankunft		
			Morg.	Abends	Morg.	Nachm.	Vorm.			

Stationen	Courierzug 8.	Personenzug 6.	Güterzug 12.	Courierzug 2.	Local-Personenzug 28.	Local-Personenzug 30.	Personenzug 4.	Güterzug 12.	Local-Personenzug 26.	Güterzug 16.
		Morg.	Morg.	Nachm.		Nachm.	Abends			
Eydtkuhnen Abf.		2·32	6·—	2·37		5·39	9·50			
Insterburg	Morg.	4·50	12·18	3·57	Abends	7·29	11·24			
Königsberg	7·18	8·13	5·4	5·57	6·15	10·—	1·48			
			Nachm.			Abends		Nachm.		
Elbing	9·16	12·12	Ankunft	8·8	9·37	Ankunft	4·37	4·1		
			Personen-		Abends					
Dirschau	10·18	2·33	zug 6 e.	9·20	Ankunft	Local-	6·4	7·27		Morg.
Conitz	12·33	6·5	Abends	11·35		Personen-	8·58	Abends		4·17
Schneidemühl	1·59	8·56	9·31	1·11		zug 24.	11·30	Ankunft	Morg.	8·32
Kreuz	3·22	11·4	11·39	2·16		Abends	1·18		5·2	Morg.
Landsberg	4·20	1·9	1·49	3·19		6·19	2·41		6·50	Ankunft
Cüstrin	5·11	2·52	3·32	4·16		7·46	3·46		8·16	
Berlin Ank.	6·35	6·25	6·55	5·47		10·15	5·45		10·50	
	Abends	Morg.	Morg.	Morg.		Abends	Nachm.		Vorm.	

Cours Schneidemühl-Thorn-Insterburg.

Stationen	Local-Personenzug 31.	Courierzug 1.	Personenzug 5.	Güterzug 11.	Personenzug 3.	Güterzug 13.
		Morg.	Morg.	Vorm.	Nachm.	
Schneidemühl Abf.		4·16	7·3	9·25	3·52	Abends
Bromberg		6·3	10·—	3·—	6·15	11·6
Thorn	Morg.	7·16	11·43	Nachm.	7·46	1·25
Osterode	4·48	9·50	3·45	Ankunft	11·3	Morg.
Korschen	8·20	12·11	7·24		Abends	Ankunft
Insterburg Ank.	10·20	1·26	9·38		Ankunft	
	Vorm.	Nachm.	Abends			

*) Fahrten in der Richtung

Stationen	Local-Personenzug № 13. 1.–4. Cl.	Personenzug № 5. 1.–4. Cl.	Local-Personenzug № 17. 1.–4. Cl.	Schnellzug № 3. 1. 2. Cl.	Personenzug № 15. 1.–4. Cl.	Personenzug № 7. 1.–4. Cl	Local-Personenzug № 19. 1.–4. Cl.	Local-Personenzug № 11. 1.–4. Cl.	Personenzug № 9. 1.–4. Cl.	Courierzug № 1. 1. 2. Cl
Berlin Abf.	—	6·30	7·—	8·45	10·—	1·—	3·—	6·—	9·—	11·—
Rummelsburg (H.)	—	6·37	7·8	—	10·8	1·8	3·9	6·8	9·8	—
Coepenick	—	6·51	7·24	—	10·22	1·22	3·27	6·24	9·24	—
Friedrichshagen (H.)	—	6·58	7·31	—	10·29	1·29	3·36	6·32	9·31	—
Erkner	—	7·13	7·45	—	10·44	1·44	3·53	6·49	9·46	—
Hangelsberg (H.)	—	7·29	—	—	11·1	2·—	4·11	7·6	10·2	—
Fürstenwalde	—	7·45	—	—	11·18	2·17	4·25	7·25	10·20	12·—
Berkenbrück (H.)	—	7·55	—	—	11·29	—	—	7·36	10·30	—
Briesen	—	8·7	—	—	11·42	2·39	—	7·50	10·43	—
Pilgram (H.)	—	8·20	—	—	—	2·52	—	8·3	10·56	—
Rosengarten (H.)	—	8·29	—	—	—	—	—	8·13	—	—
Frankfurt a. O. Ank.	—	8·38	—	10·4	12·12	3·9	—	8·22	11·13	12·41
Königliche Ostbahn nach Cüstrin Abf.		10·1	—			6·13	—	11·20	11·20	—
Königliche Ostbahn von Cüstrin Ank.		5·34	—	9·41			—	5·25	9·31	5·25
Märkisch-Posener Bahn nach Posen Abf.		10·15	—	10·15	—	4·57	—	—	5·41	5·41
Märkisch-Posener Bahn von Posen Ank.		8·23	—	8·23	—	3·12	—	8·22	—	—
Frankfurt a. O. Abf.	—	8·44	—	10·9	12·18	3·17	—	8·27	11·20	12·46
Buschmühle (H.)	—	—	—	—	—	3·24	—	8·34	—	—
Finkenheerd	—	9·—	—	—	12·34	3·35	—	8·44	11·36	—
Fürstenberg	—	9·16	—	—	12·51	3·53	—	9·1	11·53	—
Neuzelle	—	9·25	—	—	1·—	4·2	—	9·10	12·2	—
Wellmitz	—	9·36	—	—	1·10	4·12	—	9·20	12·13	—
Guben Ank.	—	9·52	—	10·55	1·26	4·28	—	9·36	12·29	1·37
Märkisch-Posener Bahn nach Posen Abf.	—	11·13	—	11·13	4·55	4·55	—		7·35	7·35
Märkisch-Posener Bahn von Posen Ank.	—	—	—	10·19	10·19	2·28	—	[illegible]	—	—
Guben Abf.	5·35	9·59	—	10·59	·33	4·33	—	9·41	12·35	1·40
Jeßnitz	5·56	10·19	—	—	1·54	4·54	—	10·2	12·56	—
Sommerfeld	6.15	10·37	—	—	2.12	5·13	—	10·20	1·15	2·12
Gassen (H.)	6·24	10·47	—	—	2·22	5·23	—	10·30	1·25	—
Liebsgen (H.)	6·35	10·59	—	—	—	5·35	—	10·42	—	—
Sorau Ank.	6·55	11·18	—	11·53	2·53	5·54	—	11·2	1·54	2·47
Halle-Guben-Sorauer Bahn nach Cottbus Abf.	—	11·45		11·45	5·45	—	—	—	5·40	5·40
Halle-Guben-Sorauer Bahn von Cottbus Ank.	—	—		11·27	—	—	—	—	11·20	—
Oberschlesische Bahn nach Sagan Abf.	—	12·31		12·31	—	6·8	—	—	—	
Oberschlesische Bahn von Sagan Ank.	—	10·53		10·53	—	5·32	—	—	—	
Sorau Abf.	7·1	11·23	—	11·57	2·58	5·59	—	—	1·59	2·52
Hansdorf Ank.	7·12	11·34	—	12·6	3·10	6·10	—	—	2·10	3·2
Oberschlesische Bahn nach Glogau Abf.	—	2·5		2·5	6·20	6·20	—	—	3·12	3·12
Oberschlesische Bahn von Glogau Ank.	—	10·35		10·35	—	5·20	—	—	1·57	1·57
Hansdorf Abf.	7·15	11·38	—	12·8	3·14	6·15	—	—	2·20	3·4
Halbau	7·27	11·49	—	—	3·26	6·26	—	—	2·31	—
Rauscha	7·45	12·6	—	—	3·43	6·43	—	—	2·48	—
Neuhammer (H.)	—	—	—	—	—	—	—	—	—	—
Kohlfurt Ank.	8·3	12·26	—	12·41	4·2	7·1	—	—	3·7	3·43

*) Die Fahrten, welche nicht doppelt eingerahmt sind, beziehen sich auf die Tageszüge.

lerdings ging dieses Projekt – ohne die Gründe dafür anzugeben – von einem Rückgang des Fernverkehrs um 10 Prozent aus.[15]

Der erste Entwurf des neu zu bauenden und des umzubauenden Bahnhofsteils enthielt in jeder Halle zusätzlich einen Bahnsteig für Eilgut. Gerade dieser bis dahin wenig beachtete Punkt hatte erhebliche Bedeutung für die Gestaltung des Bahnhofs. Auf ihm lief der Post- und Eilgutverkehr von drei Bahnlinien ein, und es war geplant, hier den gesamten Postverkehr der Staatsbahnen von und nach den östlichen Provinzen zu konzentrieren. Dazu gehörte die 1878 schriftlich geäußerte Idee, östlich vom Bahnhof der KNME einen speziellen Postbahnhof anzulegen und die bisher von der Post genutzten Teile der Bahnhofshalle für einen noch zu schaffenden Markthallenverkehr auszubauen.

An dieser Stelle sind einige kurze Bemerkungen über die Postbeförderung mit der Eisenbahn zu machen. Bereits in den ersten Jahren der Eisenbahn erhielten alle Berliner Bahnhöfe postalische Einrichtungen, die sowohl dem Publikumsverkehr als auch der Expedition von Postsendungen zu dienen hatten. Das erste Bahnpost-Amt war am 29. Oktober 1838 auf dem späteren Potsdamer Bahnhof eingerichtet worden. Der Frankfurter Bahnhof erhielt sein Bahnpost-Amt am 23. Oktober 1842, später hatte es die Bezeichnung O 17, heute 1017.

Das preußische Generalpostamt hatte sich anfänglich gegen den Bau von Eisenbahnen gewehrt. Das lag wohl in der Angst begründet, durch den Eisenbahnverkehr wichtige Einnahmen zu verlieren. Das änderte sich mit der Zunahme des Briefverkehrs, denn der Personenverkehr mit Postkutschen konnte mit der Eisenbahn nicht mithalten. Am 1. Mai 1849 nahmen an den Zügen angekuppelte Wagen als fahrende Eisenbahn-Postbüros – sog. Speditions-Büros – die Arbeit auf. In diesen Wagen fuhren Postbeamte mit, die die Postsendungen während der Fahrt bearbeiteten. Berlin besaß vier Ämter für die Postexpedition mit der Eisenbahn, die im Jahre 1849 gebildet worden waren. Eines davon befand sich auf dem Frankfurter Bahnhof.

[15] Ebenda, S. 241f.

201 Fahrpläne der Königlichen Niederschlesisch-Märkischen Eisenbahn vom 1. Mai 1873 und der Königlichen Ostbahn vom 1. Dezember 1873 (StA)

Die schnelle Zunahme des Postverkehrs – 1860 wurden allein durch die Bahnpost fast 8 Mill. Briefsendungen nach Berlin befördert – änderte die Situation. Es entstand das Bedürfnis, posteigene Verladeanlagen auf den Berliner Bahnhöfen zu errichten.

Da der Frankfurter Bahnhof ein Kopfbahnhof war, mußte der geplante Umbau zu einem Durchgangsbahnhof einschneidende Konsequenzen haben. Die Planer suchten nach Ansätzen, um die benötigte Substanz herzustellen und die Betriebseinnahmen zu errechnen. Auf der Stadtbahn setzten sie 25 Pfennig als Fahrgeld pro Person an und rechneten mit 10 000 Fahrgästen pro Tag. Das ergab eine Einnahme von 2500 Mark pro Tag. Vergleichsdaten standen damals noch nicht zu Verfügung. Es war ein Überlegen und Vordenken in bisher nicht bekannte Regionen des Verkehrs. Alle weiteren Überlegungen stützten sich auf die wenigen vorhandenen Daten, die der damalige Berliner Nahverkehr hergab:

a) Die Berliner Omnibus AG organisierte 1873 täglich 1200 Fahrten und beförderte ca. 35 000 Personen.
b) Die Berliner Pferde Eisenbahn-Actien-Gesellschaft beförderte 1873 täglich 7200 Personen und nahm 1800 Mark ein.[16]

Die Verkehrsplaner der Eisenbahn gingen davon aus, daß bei der Stadtbahn täglich 5 400 Mark eingenommen werden müßten, damit die gesamte Anlage rentabel ist. Nach den Überlegungen der Planer ergab das folgende Rechnung:[17]

Fahrgeld pro Jahr	1 971 000 Mark
Vermietung von 250 Gewölben á 300 Mark	750 000 Mark
weitere Vermietungen	170 000 Mark
	2 891 000 Mark
abzüglich Betriebskosten	591 000 Mark
Summe des Gewinns	2 300 000 Mark

Nicht klärbar blieb der Ansatz für den Fernverkehr. Es wurde damit gerechnet, daß täglich 30 Züge auf der Bahn »coursieren« und dabei den östlichen Anschlußbahnhof benutzen werden. Folgende Zugzahlen wurden angenommen:[18]

KNME	4 Züge
Königliche Ostbahn	4 Züge
Berlin-Wetzlarer Bahn	6 Züge
Magdeburg-Halberstädter Bahn	4 Züge
Berlin-Potsdamer Bahn	4 Züge
Berlin-Anhalter Bahn	4 Züge
Berlin-Stettiner Bahn	2 Züge
Berlin-Hamburger Bahn	2 Züge

Klarheit über die Grundlagen dieser Planung, die von den damaligen Fahrplänen nicht getragen wurde, konnte allerdings nicht erlangt werden. Diese Planung tauchte später weder in den Dokumenten noch in der Literatur auf.

Der Schlesische Bahnhof

Alle Planungen für den »östlichen Anschlußbahnhof« gingen von der Umwandlung des bestehenden Bahnhofs, von einer Niveau-Station zu einer Viadukt-Station mit einer Erweiterung um eine neue Halle aus. Dazu mußte die Schienenoberkante dieses Bahnhofs von bisher 37,0 auf 42,53 m über NN gehoben werden. In den bestehenden Bahnhof mußte also eine Konstruktion eingebaut werden, die die Gleise auf diese Höhe anhob. Das war angesichts der Gegebenheiten der Halle zwar mit Schwierigkeiten verbunden, aber durchaus möglich. Die lichte Weite der Hallenkonstruktion gestattete einen derartigen Schritt. Die Gleise konnten auf diese Höhe gehoben werden, und trotzdem blieb ausreichend Raum zur Entlüftung der Halle. Notwendig wurde allerdings die Anlage von Rampen, um auf die geforderte Höhe zu kommen.

Als Endpunkt der Viadukte legten die Bahnhofsbehörden einen Punkt in etwa 350 m Entfernung vom Hallenende fest. Dort lag eine Bahnhofsweiche, und bis zu ihr hatte die Rampe eine Neigung von 9 ‰ auf einer Länge von 600 m. Die Rampe erhielt fünf Gleise: zwei für den Fernverkehr, zwei für den Stadtbahn- und Ringbahnverkehr, und ein Gleis stellte die Verbindung zum Betriebsbahnhof mit einem Gefälle von 15 ‰ her.[19]

Der Bahnhof hatte nun folgende Funktionen zu übernehmen:

a) Durchgangsstation für den Stadtbahn- und Ringbahnverkehr,
b) Durchgangsstation für die aus dem Osten

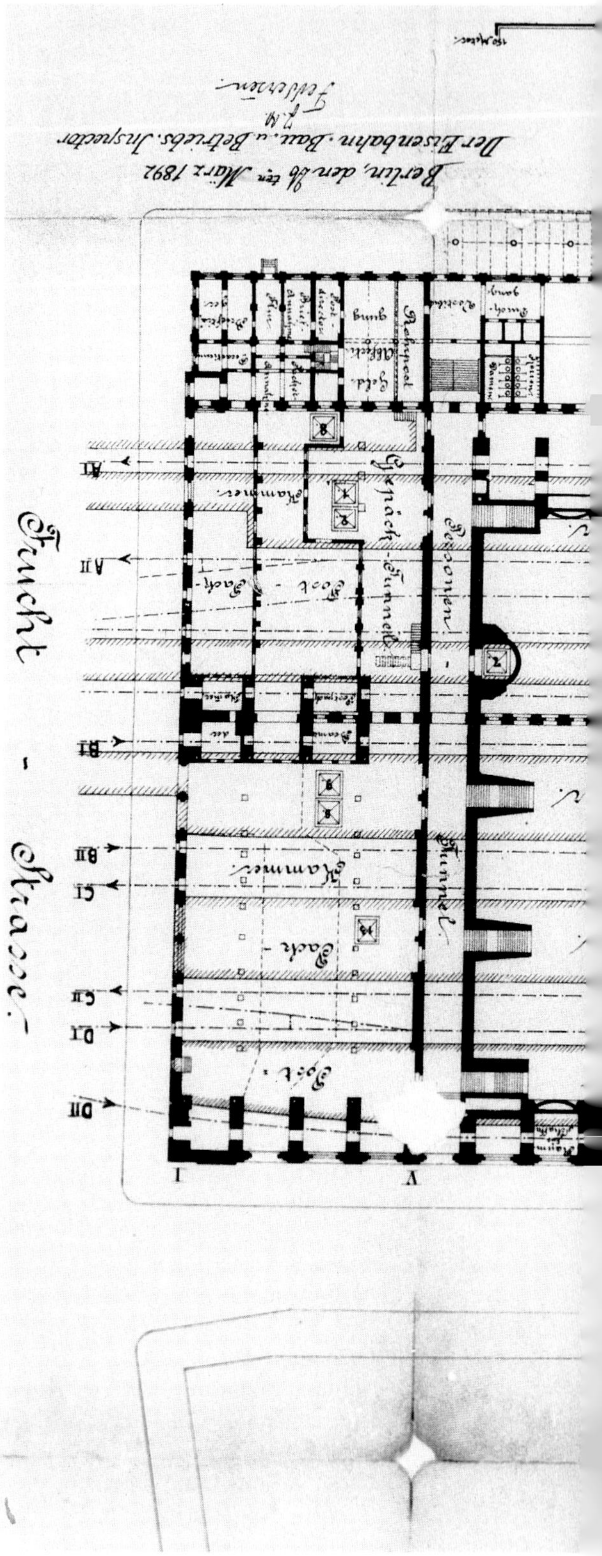

[16] ZStAM, Rep. 77, Tit. 258a, Nr. 68, Band 1, o. Bl.
[17] Ebenda
[18] Ebenda
[19] Zeitschrift für Bauwesen. – Berlin, 1884. – S. 5ff.

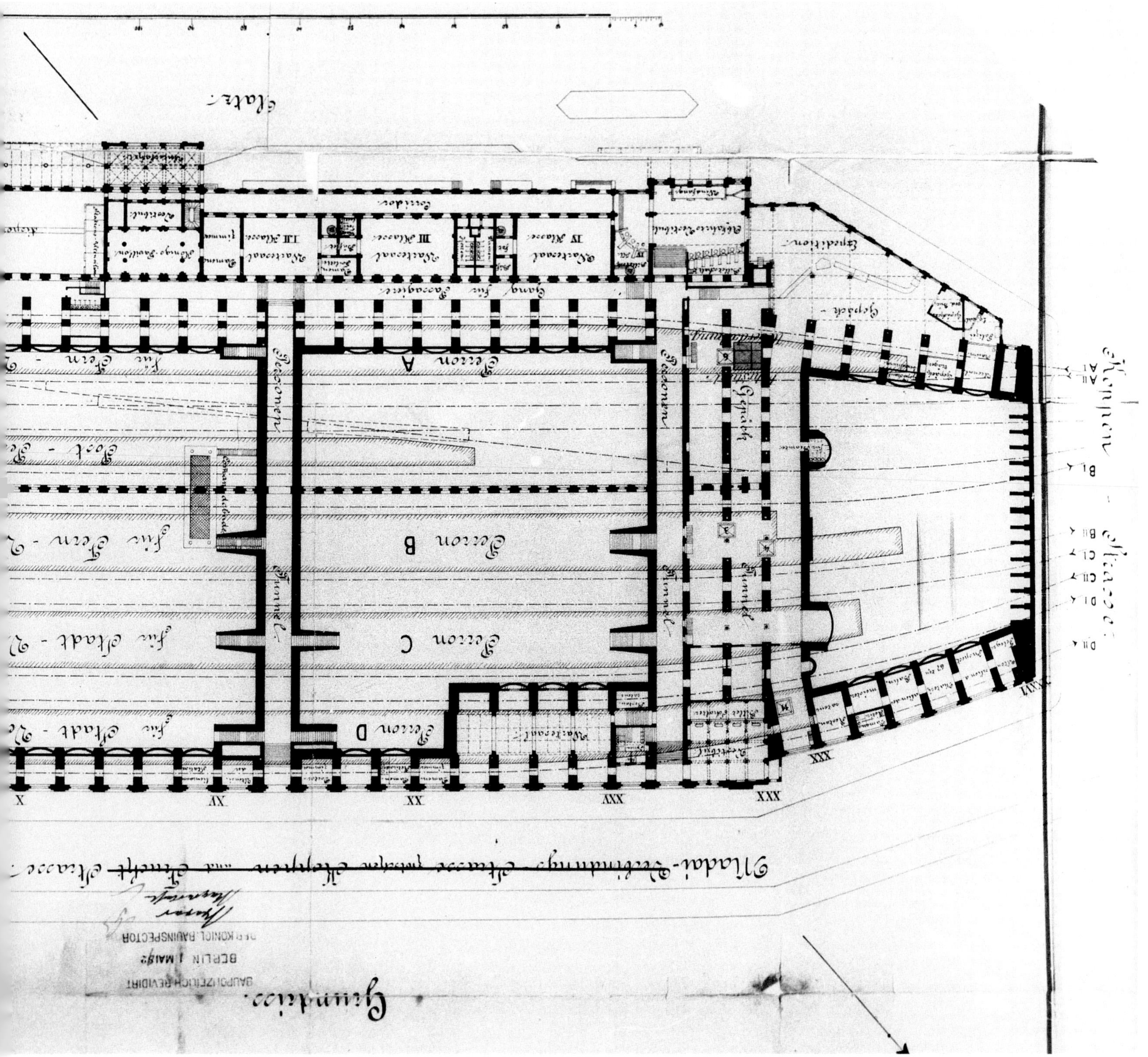

202 »Schlesischer Bahnhof – Grundriss in Höhe der Personentunnel«, datiert auf den 1. Mai 1882, handschriftlich geändert in 92. Diese Grundrißsituation ist die häufigste und mehrfach überliefert. (BauF)

kommenden Züge, die auf dem Bahnhof Charlottenburg endeten,

c) Übergangsstation für die Vorortzüge der beiden Staatseisenbahnen, d. h., die Züge, die in Charlottenburg bzw. auf Stationen danach endeten, gingen von den Vorortgleisen auf die Stadtbahngleise über,

d) End- bzw. Anfangsbahnhof für die vier angeschlossenen Gesellschaften Richtung Westen.

Fallengelassen wurde die Festlegung über den Eilgutverkehr, da die Betriebsschwierigkeiten sich noch als zu groß herausstellten. Der dafür vorgesehene Bahnsteig ging an die Post, die hierfür die Postwagen für fünf Bahngesellschaften ent- bzw. belud.

Während der Bauarbeiten wurde die einst geplante Verteilung der Bahnsteige aufgegeben. Die Gründe hierfür ließen sich in den Quellen nicht eindeutig ermitteln. Die alte Halle behielt einen Bahnsteig (A) mit zwei Gleisen und den Postladebahnsteig (in der Literatur oft auch Bahnsteig E genannt), und die neue Halle erhielt drei Bahnsteige (B, C und D). Eigenartigerweise dokumentiert der älteste bisher ermittelte Lageplan vom 24. Juli 1882, der den Anschluß des Bahnhofs an die örtliche Kanalisation beschreibt, diesen Zustand nicht. Unter dem Datum vom 1. Mai 1882 konnte aber ein Grundriß der Personentunnel ermittelt werden (handschriftlich geändert in 92, Bild 202).

Die Anhebung der Gleise in dem nun alten Teil der Anlage sowie der Anbau einer zweiten Halle veränderten die Grundstruktur des Bahnhofs entscheidend. Die bisherige Ankunfsseite mußte aufgegeben werden. Auf ihr sowie auf einem bisher nicht bebauten Gelände erhob sich die neue Halle. (Übrigens hat der Autor während der Umbauarbeiten im Jahre 1987 einen Teil der Fundamente dieser alten Ankunftshalle unterhalb der Gepäckabfertigung am östlichen Ende des Bahnhofs sichten können.)

Die Einführung der Gleise in die neue Halle verlangte von der Königlichen Ostbahn die teilweise Verlagerung der Güterschuppen auf dem heutigen Wriezener Bahnhof. Die Höherlegung des Bahnhofs brachte viele Schwierigkeiten mit sich, die zeitgenössische Kritik betonte, daß »eine wirklich befriedigende Lösung« nicht erzielt werden konnte. [20]

Innerhalb der beiden Hallen lagen die Gleise und Bahnsteige auf einer Erdaufschüttung, die zum Teil oberhalb eines Tunnelsystems auf dem bisherigen Niveau aufgeschüttet werden mußte. Die Betriebsräume für den Fernverkehr erhielten ihren neuen Platz an der Südseite, der ehemaligen Abfahrtsseite. Die Betriebsräume für den Stadtbahnverkehr kamen auf die Nordseite in der Nähe der Koppenstraße und die für die Post ebenfalls auf diese Seite, aber an der Fruchtstraße, zur Anlage. Über ein umfangreiches Tunnelsystem wurde die Verbindung zwischen den einzelnen Bahnhofsteilen aufrechterhalten. Auf dem bisherigen Niveau entstanden in Ost-West-Richtung parallel zueinander für jede Halle ein Gepäcktunnel, die durch Karrenfahrten – also Gänge – jeweils im Osten und im Westen miteinander verbunden waren und es heute noch sind. Das Gepäck konnte dann mittels hydraulisch betriebener Fahrstühle auf die Bahnsteige transportiert werden.

Oberhalb dieser Gepäcktunnel, aber unter den Bahnsteigen, entstanden drei sich quer durch den Bahnhof ziehende Tunnel in Nord-Süd-Richtung für den Personenverkehr. Von ihnen gelangte das Publikum über Treppen auf die Bahnsteige. Der westliche Tunnel sollte dem Zugang – also der Abfahrt – und der östliche dem Ausgang – also der Ankunft – dienen. Der mittlere Tunnel ermöglichte den Zugang von den Königszimmern und den Wartesälen der I. und II. Klasse zu den Bahnsteigen. Die gesamte Anlage erforderte einen hohen Aufwand, und diese Aufteilung bewährte sich in der Praxis nicht; sie wurde später stillschweigend fallengelassen. Die Tunnelanlage, deren Grundstruktur im übrigen noch heute erhalten ist, ermöglichte eine Trennung von Betriebsräumen und Personenverkehr, erforderte aber eine völlige Neuordnung der bisherigen Aufteilung der Abfahrtsseite, die nun der Abfahrt und Ankunft zu dienen hatte.

Da der westliche Tunnel dem Zugang vorbehalten sein sollte, mußten die an diesem Eingang liegenden Repräsentationsräume (die Königszimmer sowie die Wartesäle der höheren Klassen) verlegt werden. Sie kamen in den Mittelteil, an den Haupteingang, und standen mit dem dahinter liegenden Mitteltunnel in Verbindung. Die Wartesäle wurden getauscht, die der

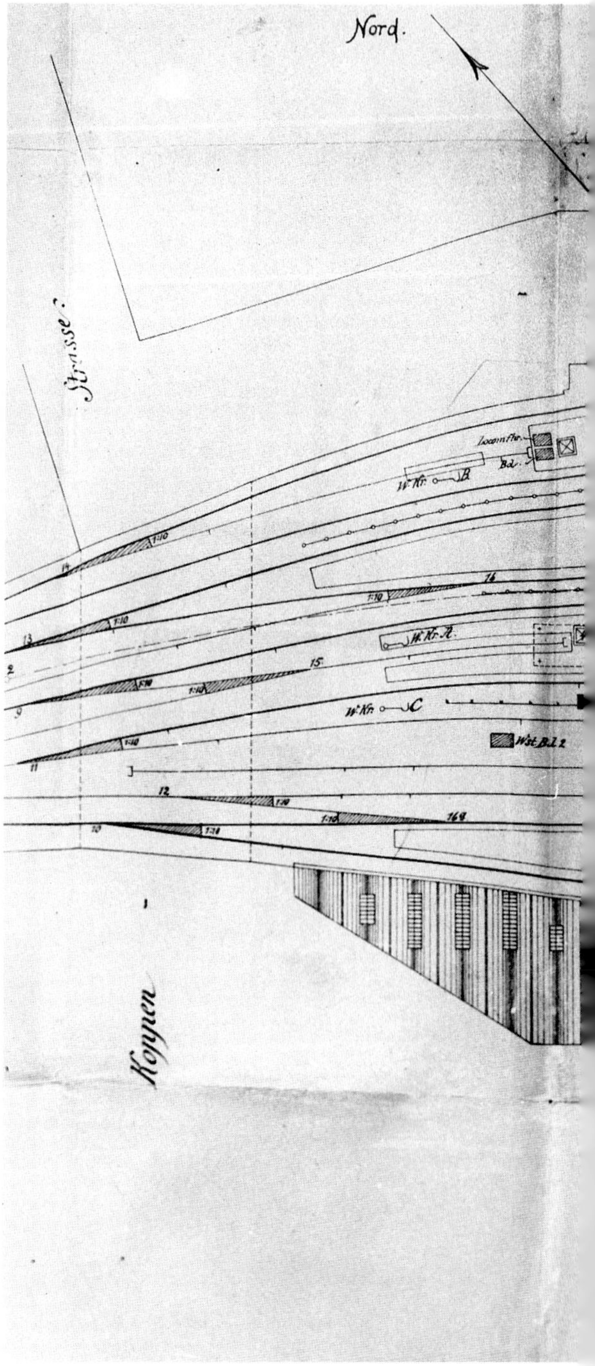

III. und IV. Klasse rückten in die Nähe des Westtunnels. Die nördliche Mündung des westlichen Personentunnels erhielt eine Eintrittshalle, einen Wartesaal und einige Nebenräume für den Stadtbahnverkehr. Die Gepäckannahme

[20] Ebenda, S. 7

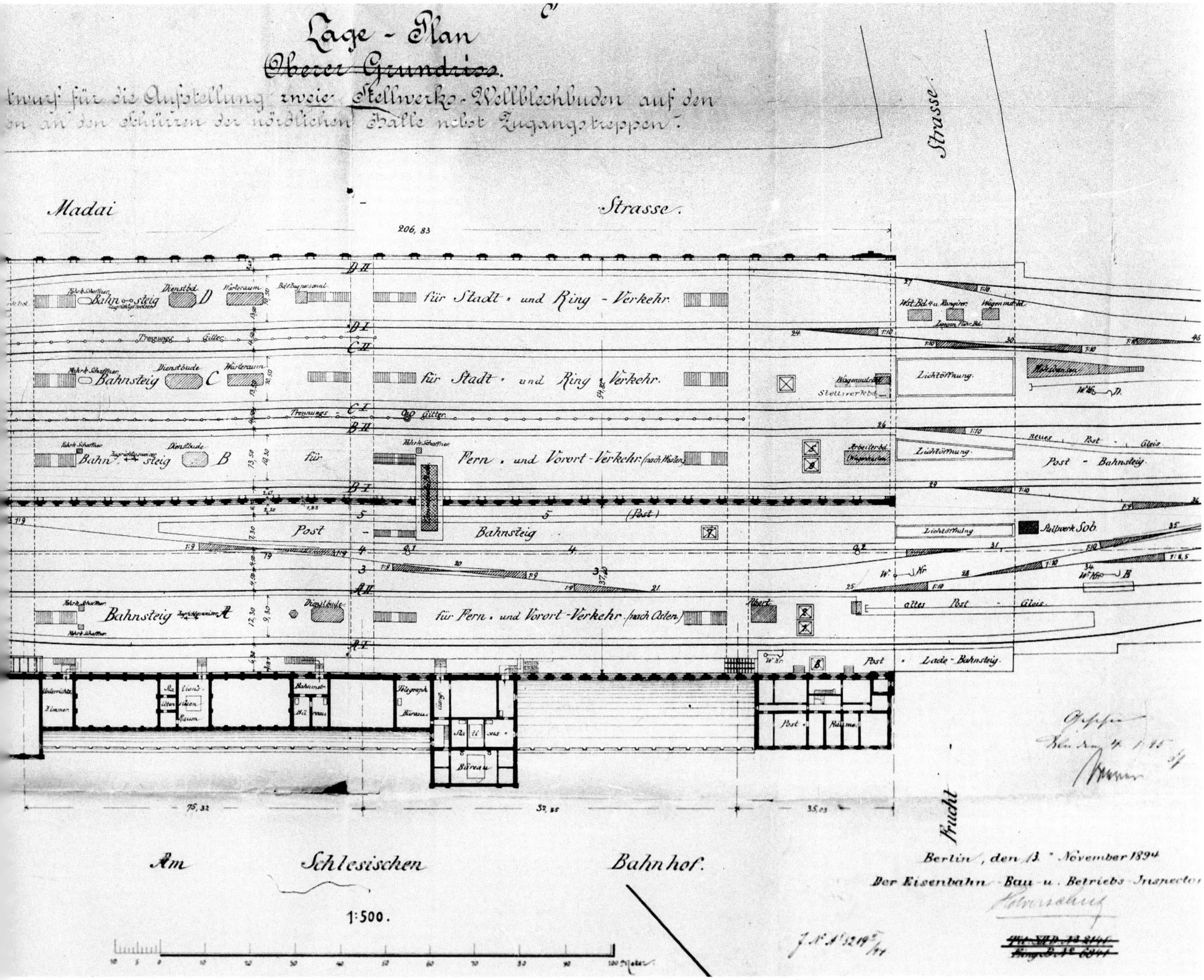

und -ausgabe bekam ihren neuen Platz in der Nähe des westlichen Personentunnels. Für sie wurde ein Anbau errichtet, der sich vom bestehenden Bau im spitzen Winkel zu den Viadukten bis auf die Höhe der Koppenstraße hinzog. Aktenmäßig nur durch einen äußerst seltenen Plan im Grundriß der Bahnsteige belegt (Bild 203), aber durch zahlreiche Fotografien überliefert, war das Gebäude auf der östlichen Seite aufgestockt worden.

Als sehr kompliziert erwies sich bei der damaligen Technik und der räumlichen Situation die Sicherung der Bahnanlage durch Signale (Bild 204). Zwei Signaltürme – Wtm (später Wht, dann nach Umbau Schl B und heute B 1) sowie

203 »Schlesischer Bahnhof. Lage – Oberer Grundriß – auf der Höhe der Bahnsteige«. Ein derartiger Plan mit der genauen Situation auf den Bahnsteigen konnte bisher nur in einem Fall ermittelt werden. Deutlich sind die Trennung der Hallen und die Kommandobude zwischen beiden zu erkennen. (BauF)

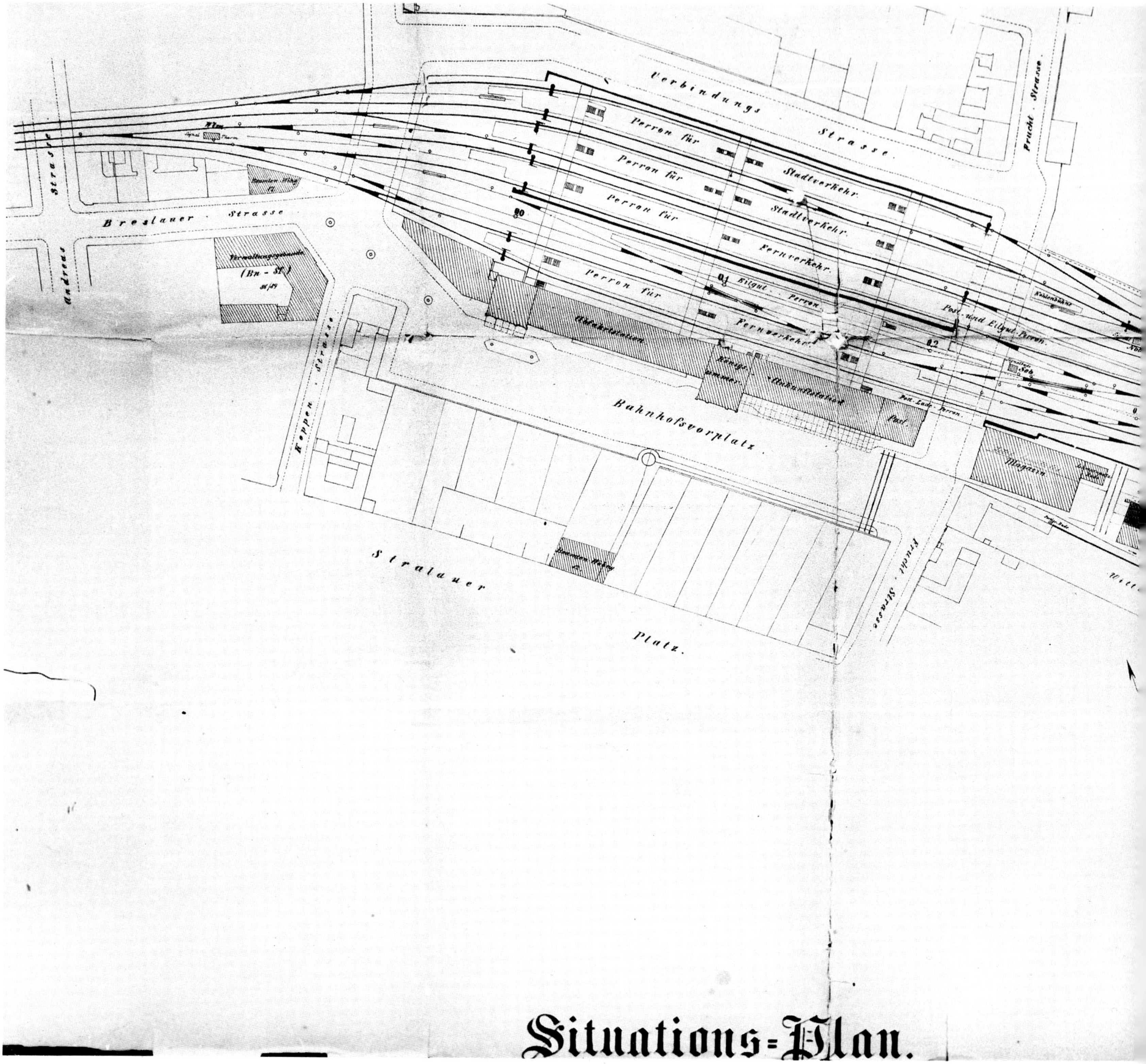

204 *Lageplan der Bahnanlagen des Schlesischen Bahnhofs zwischen Andreasstraße und Güterbahnhof. Deutlich zu erkennen, wie das Empfangsgebäude völlig eingeschlossen ist. (BauF)*

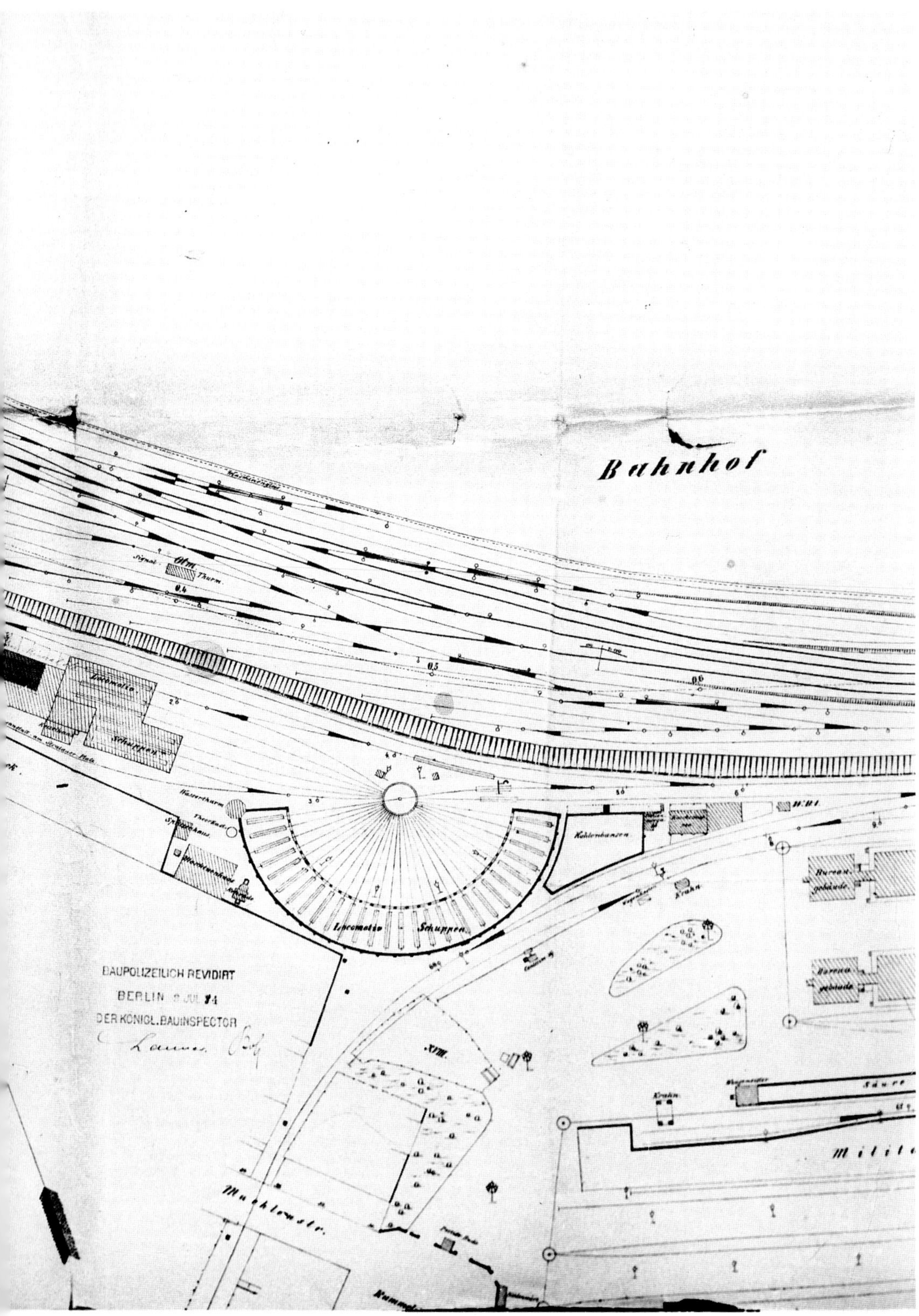

Otm (dann Sot und heute B 3) – und zwei Signalbuden (Nob und Sob) sicherten jeweils einen bestimmten Abschnitt. Sie standen weder mit der Nachbarstation noch untereinander in Verbindung und konnten selbständig keine Weichen bedienen noch Signale geben. Alle waren von einer »Commandobude« abhängig, die sich über den Gleisen zwischen den beiden Hallen befand. Von hier aus konnten die Beamten beide Hallen überblicken, und ihre Aufgabe bestand in der Leitung der Ein- und Ausfahrt der Züge. Sie gaben von hier aus die Weichen und Signale frei bzw. blockten sie später von hier aus. Die Bedienung der Weichen und Signale geschah von den entsprechenden Signaltürmen oder Signalbuden.

Die Bahnsteige erhielten eine Länge von rund 240 m, der Abschnitt zwischen den westlichen und östlichen Treppen von 137 m hatte dem Personenverkehr zu dienen. Hier hatten Züge bis zu 35 Achsen Platz. Die außerhalb dieses Abschnitts liegenden Bahnsteigteile dienten vor allem dem Gepäckverkehr, nur ausnahmsweise dem Personenverkehr. Jeder Personenbahnsteig erhielt eine hölzerne »Perronbude«, die die Beamten während ihres Dienstes nicht verlassen durften.

1878 stand noch nicht fest, in welcher Form der Erweiterungsbau überdacht werden sollte. Nach der endgültigen Festlegung der Nutzung der Halle wurde eine einheitliche Bogenkonstruktion gewählt, die sich etwa der alten Halle anpaßte (Bilder 205 und 206). Im Norden erhielt die Halle eine durch Eisenkonstruktion verbundene Glaswand. Auf der Ost- und auf der Westseite entstanden Schürzen, die die alte Halle ebenfalls erhielt, um beide einander anzupassen (Bild 207). Da die Konstruktion der alten Halle fest im Mauerwerk verankert war, konnte die nördliche Wand des Bahnhofsbaus nicht beseitigt werden. Sie mußte stehenbleiben und trennte so die neue von der alten Halle, ein Zustand, der sich bis in die 30er Jahre des 20. Jahrhunderts erhalten hat.

Der Bau der gesamten Stadtbahn, der unter der Leitung von Ernst Dircksen stand, hatte im Herbst 1875 begonnen. Als erster Teilabschnitt entstand das Stück zwischen Andreas- und Krautstraße, auf einem Gelände also, das die Deutsche Eisenbahnbau-Gesellschaft be-

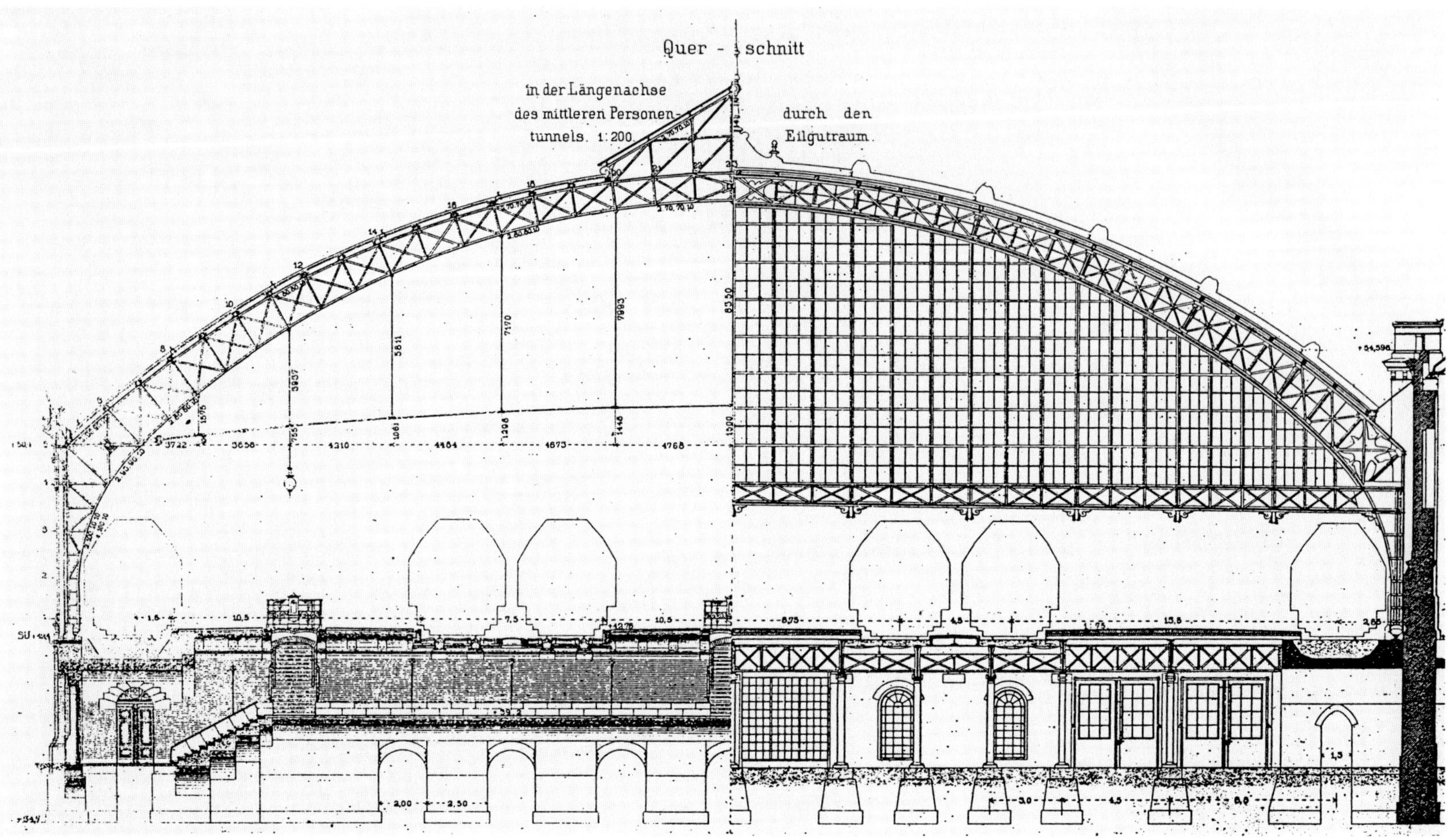

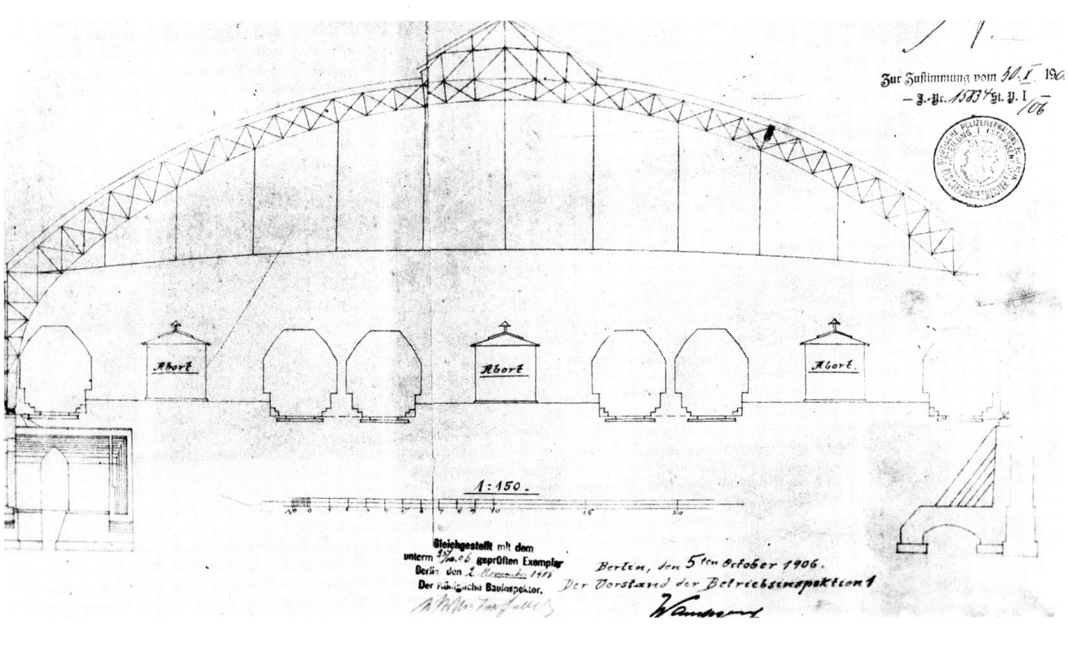

reits für die Stadtbahn gesichert hatte. Die Arbeiten gingen langsam voran, da sich die Enteignung und der Verkauf der Grundstücke verzögerten. Ende 1877 waren erst 920 m zusammenhängender Viadukt fertig und weitere 950 m begonnen. Das Jahr 1878 brachte Bewegung in den Bauablauf: 2800 m wurden fertiggestellt und 1200 in Angriff genommen. Außerdem begannen die Arbeiten an den Fundamenten des späteren Schlesischen Bahnhofs und des Bahnhofs Friedrichstraße. Während des Umbaus der alten Halle mußte der Fernverkehr allerdings umgeleitet werden. Öffentliche Bekanntmachungen, über die Fahrplanplakate geklebt (Bild 208), kündigten an, daß der Verkehr vom 1. September 1879 an vom Frankfurter Bahnhof – und damit ist dieser weiterbestehende Name bahnamtlich dokumentiert – auf den damaligen Ostbahnhof verlegt werden mußte.

205 Querschnitt durch die Konstruktion der neuen Halle (Zeitschrift für Bauwesen)

206 Nördliche Halle des Schlesischen Bahnhofs, Zeichnung aus dem Jahre 1906 (BauF)

Bereits am 13. Juli 1880 fand der Fernverkehr wieder auf dem Frankfurter Bahnhof statt. Am nördlichen Erweiterungsbau – also an der neuen Halle – begannen die Bauarbeiten im Sommer 1878. Etwa im Sommer 1880 entstand eine Zeichnung, die die geöffnete alte und kleinere Halle, die Brücke über die Koppenstraße und die Fundamente der neuen Halle zeigte (Bild 209). Erkennbar sind die Trennwand zwischen der großen und der kleinen Halle, der Kranz der Fenster in deren Oberteil sowie die Viaduktöffnungen des Neubaus. Die wenigen umliegenden Baulichkeiten machten noch einen sehr vorstädtischen Eindruck, vom Zeichner durch die Figurengruppe offensichtlich betont.

Die Arbeiten an der neuen Halle vollzogen

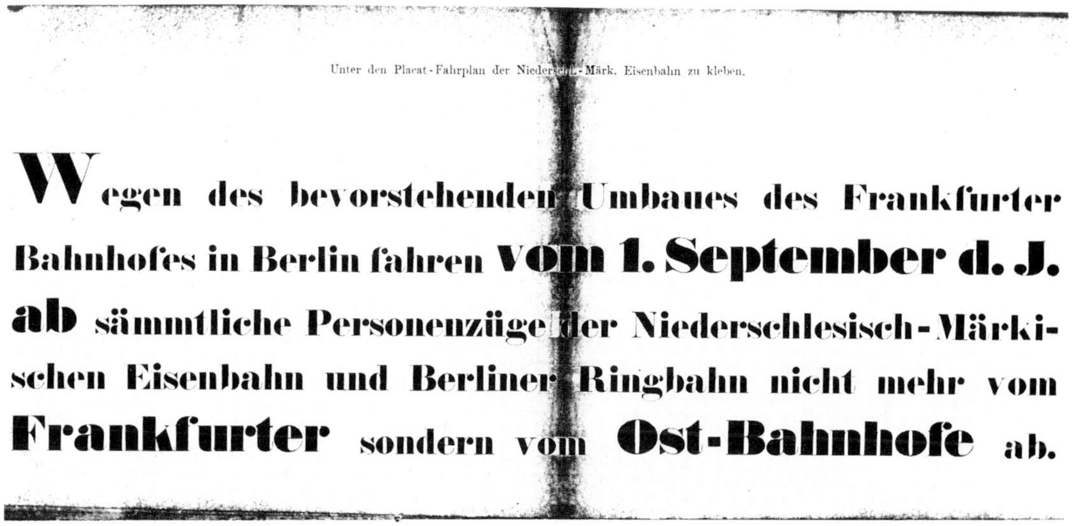

Unter den Placat-Fahrplan der Niederschl.-Märk. Eisenbahn zu kleben.

Wegen des bevorstehenden Umbaues des Frankfurter Bahnhofes in Berlin fahren vom 1. September d. J. ab sämmtliche Personenzüge der Niederschlesisch-Märkischen Eisenbahn und Berliner Ringbahn nicht mehr vom Frankfurter sondern vom Ost-Bahnhofe ab.

207 Blick vom Westen auf die beiden Hallen des Schlesischen Bahnhofs. An die Stelle des nördlichen Turmes trat ein gemauertes Widerlager für die Konstruktion des Hallendachs. (MM)

208 Ankündigung der Verlegung des Verkehrs vom Frankfurter Bahnhof auf den Ostbahnhof mit Wirkung vom 1. September 1878 (StAP)

sich ohne Unterbrechungen, so daß der Perron C (heute Bahnsteig D) am 7. Februar und die beiden anderen Perrons am 1. Mai 1882 in Betrieb gehen konnten. Nach Fertigstellung der gesamten Stadtbahnanlage wurden sie am 6. Februar 1882 mit einer Sonderfahrt, an der Kaiser WILHELM I. teilnahm, feierlich eingeweiht. Es dürfte wohl eine der wenigen Fahrten gewesen sein, an der ein gekröntes Haupt unter den Bedingungen des öffentlichen Personennahverkehrs, eingeschränkt lediglich durch das Protokoll, teilnahm! Ein Zeichner hat uns davon ein Bild überliefert (Bild 211). Aus der Reihe dieser Zeichnungen soll noch eine weniger bekannte die Situation an der Stadtbahn dokumentieren, so den Spreeviadukt und die Unterführung an der Michaelbrücke (Bild 210).

209 Zeichnung von M. LÜBKE, etwa aus dem Jahre 1880, mit dem Zustand während der Umbauarbeiten (aus: OSTWALDT, Eine Fahrt mit der Stadt- und Ringbahn durch Berlin)

210 Spreeviadukt und Unterführung an der Michaelbrücke (ebenda)

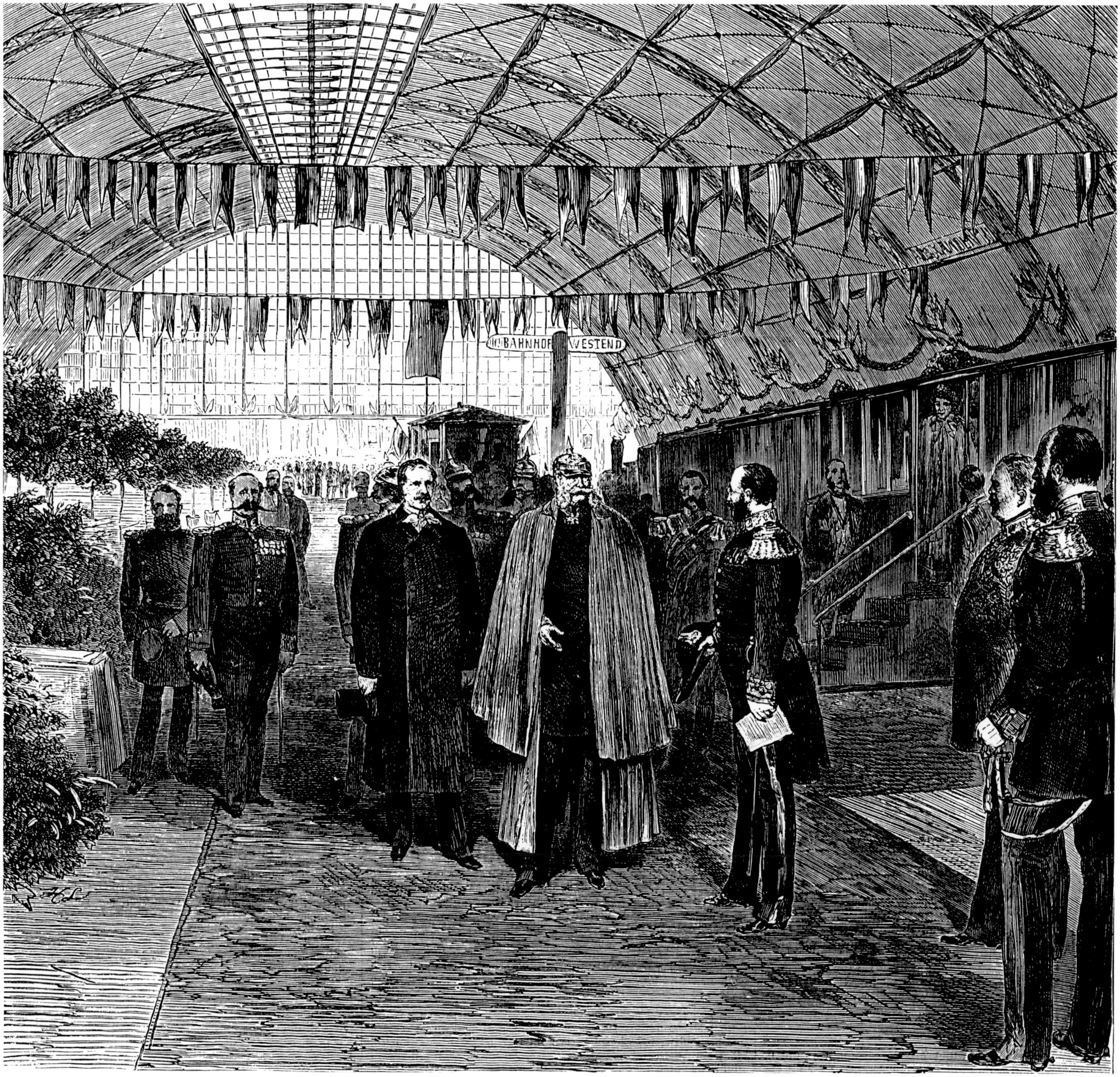

211 Die Eröffnung der Berliner Stadtbahn durch eine Umfahrt des Kaiserpaares am 6. Februar 1882 (Illustrierte Zeitung, Leipzig)

Dieses Bild zeigt zugleich die bereits charakterisierte Bebauung dieses Teils von Berlin.

Wenn auch anekdotisch, so ist die erste Ausgabe von Fahrkarten auf der Berliner Stadtbahn doch kulturgeschichtlich interessant und soll deshalb hier erzählt werden. Für den 7. Februar 1882 wurden die ersten Billetts in Form der EDMONSONschen Fahrkarten (30,7 mm × 57 mm) verkauft. Entsprechend dem Tarif gab es Fahrkarten der II. und der III. Klasse, jeweils mit den Nummern 0001 beginnend. Das »Berliner Tageblatt« berichtete darüber am 8. Februar auf der Lokalseite: »Ein kleines Häuflein war es nur, das sich gestern in frühester Morgenstunde auf dem Schlesischen Bahnhof eingefunden hatte, um mit dem ersten fahrplanmäßigen Zuge per Dampf durch das Herz der Reichshauptstadt zu sausen …

Als mit dem Glockenschlag 1/55 Uhr Fräulein Minna Neumann, eine sehr anmuthige junge Dame, den Schalter und damit die eigentliche Geschäftstätigkeit eröffnete, entstand ein kleiner, natürlich mit der höchsten Urgemüthlichkeit sich abwickelnder Wettstreit. Ein jeder wollte sich die Ehre erobern, der Stadtbahn das Handgeld zu zahlen.« Bis zur Abfahrt des Zuges, so können wir weiter in dem Bericht lesen, war offensichtlich noch genügend Zeit, um sich in dem Bahnhofsrestaurant »zu stärken«, bevor sich die Lokomotive »unter dem Hurrah der Mitfahrenden« in Bewegung setzte.

Dieser kleinen Notiz verdanken wir den Namen der ersten Fahrkartenverkäuferin der Berliner Stadtbahn, der bis heute Tausende folgten (Bild 212). Der Verfasser der Notiz im »Berliner Tageblatt«, Dr. HUGO ZORNOW, hatte sich auch um die erste Fahrkarte bemüht, ihm blieb jedoch nur der zweite Platz. Den ersten behauptete der Likörfabrikant HERMANN TEGE. Er kaufte die Fahrkarten mit den Nummern 0001 und 0002 der III. Klasse und bewahrte die Nummer 0001 – die Karte mit der Nummer 0002 mußte er beim Verlassen eines nicht bekannten Bahnhofs der Stadtbahn an der Sperre abgeben – bis zu seinem Tode auf. Er hatte sich, warm angezogen, schon in der Nacht vor dem Fahrkartenschalter am Schlesischen Bahnhof postiert. ZORNOW kaufte die Fahrkarte 0001 der II. Klasse, und so war jeder zufrieden! Die Redaktion des »Berliner Tageblatts« stellte später dieses Billett dem Märkischen Museum zur Verfügung (Bild 213). Das Schicksal der Fahrkarte des Fabrikanten TEGE blieb lange unklar. 1989 tauchte sie in einem Auktionshaus auf und soll dort zum Schätzpreis von 3000 DM angeboten worden sein. Auch von der feierlichen Eröffnungsfahrt hat sich in der Überlieferung des Märkischen Museums eine Teilnehmerkarte erhalten (Bild 214).

Wenig Bildmaterial ist über den nunmehrigen Schlesischen Bahnhof, wie er seit der Eröffnung der Stadtbahn am 7. Februar 1882 hieß, überliefert. Eine kleine Zeichnung von der Nordwestecke der neuen Halle mit dem Eingang zur Stadtbahn (Bild 215) war die einzige Arbeit, die diesen Umbau festhielt. Der Bahnhof war angesichts der Lichtverhältnisse und der engen Umbauung zu jenem Zeitpunkt nur schwer zu fotografieren. Es hat sich bisher nur eine Aufnahme von der neuen Halle ermitteln lassen (Bild 216). Eine Zeichnung zeigt die Struktur der Wand an der Nordseite (Bild 217). Aus der Zeit um die Jahrhundertwende stammen zwei weitere Aufnahmen (Bilder 218 und 219). Die Innenaufnahme der großen Halle ist von F. ALBERT SCHWARTZ, der den Stadtbahnbau mit der Kamera genau beobachtet hat. Er hielt die Situation vor und nach dem Bau des Viadukts im Bild fest. Dazu gehören Aufnahmen vom Bau des Bahnhofs Friedrichstraße (Bild 220) ebenso wie vom Verlust historischer Erinnerungsstücke (Bild 221), insgesamt über 60 Bilder, die diesen Einschnitt in das Verkehrswesen sowie in die historische Struktur der Kernstadt Berlins dokumentieren.

Bei diesem großangelegten Um- und Neubau unterlagen auch die Anlagen des Güterbahnhofs der Ostbahn und der KNME gewissen Veränderungen. So mußten beim Güterbahnhof der Ostbahn infolge der Inanspruchnahme ei-

212 Zeichnung von H. LÜDERS »Eine Billetverkäuferin am Schalter der Stadtbahn«, 1882 (aus: OSTWALDT, Eine Fahrt mit der Stadt- und Ringbahn durch Berlin)

213 Erste Fahrkarten für einen Stadtbahnzug der zweiten Klasse (MM)

214 Teilnehmerkarte für die feierliche Eröffnung der Berliner Stadtbahn (MM)

215 Nordwestrecke der neuen Halle des Schlesischen Bahnhofs (Illustrierte Zeitung, Leipzig)

nes Geländestreifens unmittelbar am Bahnkörper einige der dortigen Baulichkeiten aufgegeben werden, und auch der nunmehrige Güterbahnhof der Schlesischen Bahn wurde wegen der Inbetriebnahme des Bahnhofs Rummelsburg etwas verändert. Diesen Vorgängen konnte und sollte im Rahmen dieser Veröffentlichung nicht nachgegangen werden. Beim Schlesischen Bahnhof konnte ermittelt werden, daß die Unterlagen aus früherer Zeit im Jahre 1906 »bahnamtlich« vernichtet worden sind. Einige wenige Angaben ließen sich aus den Akten der Bauaufsicht Friedrichshain und aus dem Berliner Stadtarchiv ermitteln. So z. B. Unterlagen über den Bau eines »Nutzholz-Trockenschuppen(s)« aus dem Jahre 1881 (Bild 222), der offensichtlich zu den ebenfalls in diesem Jahr vorgenommenen Erweiterungsarbeiten an den Betriebswerkstätten am Markgrafendamm gehörte.

Die Berliner Tagespresse jubelte angesichts der Eröffnung der Stadtbahn. So schrieb die »Nationalzeitung«: »Ein gewaltiges Bauwerk hat sich vor uns erhoben; seit den Mauern Babylons und dem Bau der römischen Wasserleitungen sind vielleicht nicht wieder so viele Ziegelsteine aneinandergefügt worden, wie hier geschehen«.[21] Abgesehen von dem blumigen Stil, ist es eine Tatsache, daß ein derartiges zusammenhängendes Bauwerk aus Ziegelsteinen und in dieser Größe bis dahin Seltenheitswert hatte. Ein gewaltiges und wichtiges Bauwerk für die Stadt war entstanden und konnte dem Verkehr übergeben werden. Die »Illustrierte Zeitung«, die gleichfalls einen ausführlichen Bildbericht über die Stadtbahn brachte, schrieb: »Die viergleisige Stadtbahn hat eine eminente strategische Bedeutung; sie erleichtert die beschleunigte Überführung großer Truppenmassen, sie ermöglicht die Dislocierung der jetzt vorhandenen Truppentheile aus Berlin, welche im disciplinaren Interesse für nothwendig erachtet wird, sie ist ferner ein Hauptverkehrsmittel in der Stadt und in den Vororten. Für letzteres Moment sei die sprechende Thatsache erwähnt, daß die Bahn am ersten Sonntag nach der Eröffnung 67 000 Fahrgäste beförderte.«[22]

Interessant ist die zeitgenössische Wertung vor allem unter dem besonders betonten militärischen Blickwinkel, denn er spielte bei der Dis-

216 Blick nach Westen in die große Nordhalle. Deutlich erkennbar links die Wand zur kleineren Halle, die vom Bau 1868/69 stammt. In der Mitte des Bahnsteigs links oben die »Commandobude«, rechts im Bild ein Stadtbahnzug. (Aufnahme von F. A. Schwartz, um 1890) (MM)

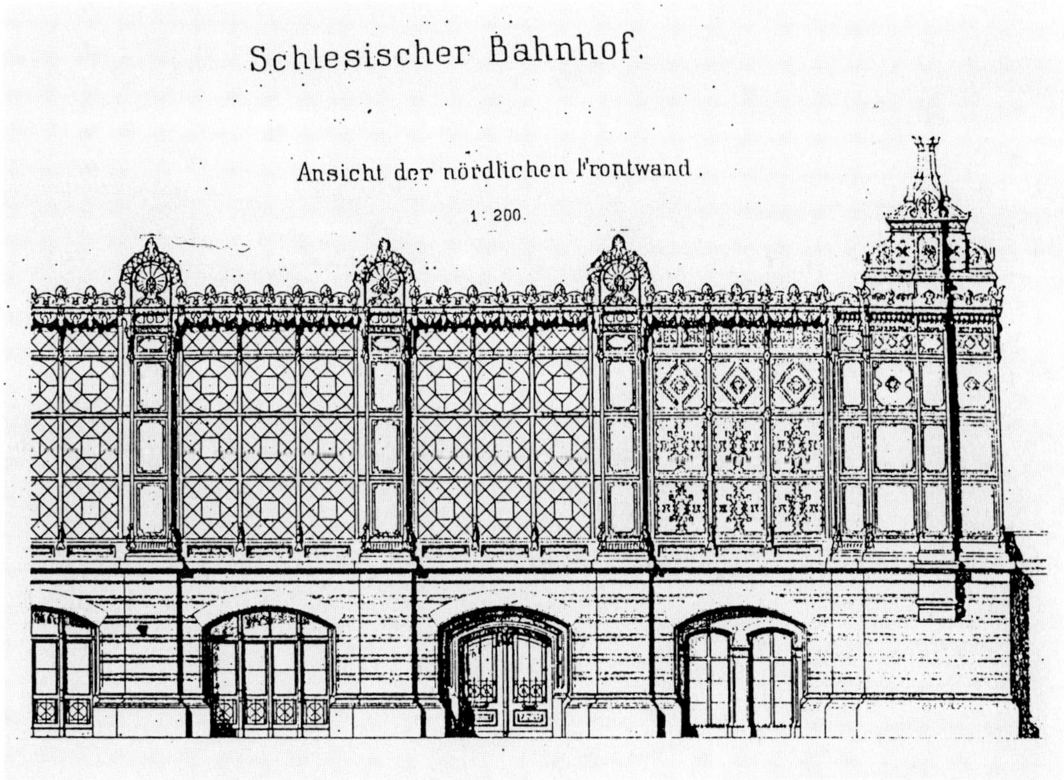

217 Ansicht der nördlichen Frontwand (Zeitschrift für Bauwesen)

[21] Nationalzeitung vom 7. Februar 1882
[22] Illustrierte Zeitung. – Leipzig. – Nr. 2026 vom 29. April 1882

218 Östliche Ausfahrt des Schlesischen Bahnhofs. Turm und Südhalle von 1868/69, Nordhalle von 1880/82. Zwischen beiden Hallen ein kleiner Zwischenturm, schwach zu erkennen die Trennwand zwischen beiden Hallen. (MM)

219 Blick vom Süden auf das Empfangsgebäude und die Gepäckabfertigung, nach 1906 (MM)

kussion um die Anlage der Bahn keine Rolle. Hier aber wird er hervorgehoben. Sachlich mochte das sogar stimmen, aber es bleibt die Frage, warum im kaiserlichen Deutschland dieses Jahres und der kommenden Jahrzehnte militärische Momente so stark betont wurden?

Entscheidend blieb also, welche Wertung an die erste Stelle gerückt wurde. In der gleichen Nummer dieser Zeitschrift veröffentlichte der Direktor des Statistischen Büros der Stadt Berlin, Dr. SCHWABE, seine Meinung über die Entwicklung der Wohnverhältnisse sowie die Zusammendrängung der Bevölkerung, die wohl die entscheidendste Voraussetzung für dieses Bauwerk war. Er schrieb: »Der Staat hat die Pflicht den Mißstand zu beseitigen! Nicht nur eine Localbahn durch die Stadt, sondern auch eine Gürtelbahn nach allen umliegenden Ortschaften« sei zu errichten. Die Stadtbahn bewertete er so: »Sie wird demnach auch in dem gegenwärtigen Zustand dem localen Verkehr und der Förderung der Colonisation, namentlich der arbeithenden Klassen, nur in sehr geringem Maße genügen.«[23] Dahinter steckte die Forderung, weitere Gebiete des Umlands der Stadt zur »Colonisation« auch durch andere Verkehrsträger zu erschließen, um auf diesem Wege Möglichkeiten zur Linderung der Wohnungsnot und des Wohnungselends zu schaffen.

220 Aufrichtung der Hallenkonstruktion auf dem Bahnhof Friedrichstraße, um 1880 (aus: 25 Jahre Berliner Stadtbahn, 1907)

[23] Ebenda

Konsequenzen – der Bahnhof Stralau-Rummelsburg

Die Erweiterung des Verkehrs Richtung Westen und die Anbindung der Stadt an die neue Bahnstrecke durch Berlin fanden ihre Konsequenzen bei der Einführung des Nahverkehrs von und nach Osten. Nur eine Verflechtung von Stadt- und Ringbahn einerseits und andererseits der Aufbau eines Vorortverkehrs entlang der Fernbahnstrecken, die vom Schlesischen Bahnhof ausgingen, konnten der eigentlich notwendigen Aufgabe sinnvoll entsprechen und neue Impulse auslösen. Die Stadtentwicklung und die hohe Mobilität der in der Stadt lebenden Menschen forderten Konsequenzen, die über bisherige Überlegungen weit hinausgingen.

Bereits während der Planungen und vor allem während des grundlegenden Umbaus der Bahnanlage stand die Frage: Wie und in welcher Weise war der Ringbahnverkehr effektiver anzubinden. Dabei waren die Überlegungen zu berücksichtigen, daß der neue Bahnhof Berlin der Königlichen Ostbahn – der Ostbahnhof – für den Personenverkehr zu schließen war. Unter der Firmierung »Ostbahnhof-Personenhalle« diente er später Lagerzwecken sowohl für Eisenbahndienststellen als auch privaten Nutzern.

Etwa im Jahre 1879 begannen Planungen, die sowohl den Fernverkehr wie den Nahverkehr berücksichtigten. Der Verkehr der Königlichen Ostbahn wurde in den neuen Schlesischen Bahnhof ohne Schwierigkeiten über eine Weichenverbindung unmittelbar östlich der Hohenlohebrücke, der heutigen Modersohnbrücke, eingeleitet. Da der Güterbahnhof und die Werkstätten der Ostbahn weiter genutzt werden sollten, konnten die nördlichen Gleise nicht einfach abgebaut werden; die Verkehrsverbindungen blieben erhalten.

Den neuen Verkehrsflüssen angepaßt werden mußte die Anbindung der Ringbahn an die Stadtbahn. Die Überlegung, dies auf dem umgebauten Bahnhof der KNME auszuführen, wurde bereits im Jahre 1880 fallengelassen. Sowohl technisch als auch vom Umfang des sich steigernden Verkehrs erwies sich diese Lösung als zu wenig elegant, unabhängig davon, daß auf diesem Bahnhof dafür kein Platz mehr vorhanden war. Günstiger schien der Gedanke, dies bereits auf dem Gelände des Bahnhofs bei Rummelsburg vorzunehmen. Unmittelbar hinter der heutigen Modersohnbrücke entstand eine veränderte Verbindung zur Ringbahn, die in einer aufgeschütteten Rampe Höhe gewann, um vor bzw. über die Haltestelle Rummelsburg das Niveau der Ringbahngleise zu erreichen, die weiter östlich in einer Brücke über die Anlagen der Königlichen Ostbahn und der KNME geführt wurden. Von da aus verzweigten sich die Gleise nach Norden und Süden. Vor der Verzweigung bzw. zum Teil in ihr wurde eine neue Haltestelle angelegt, die zugleich Umsteigemöglichkeiten von der Nord- zur Südbahn bot. Allerdings mußten die alte Nord- und die alte Südkurve aufgegeben werden.

Die Strecke war zweigleisig, an den Gleisen wurden Bahnsteige für alle Umsteigemöglichkeiten geschaffen. Erst aus den Jahren 1886 (Bild 224) und 1887 (Bild 223) liegen detaillierte Situationspläne vor. Ein Mittelbahnsteig, der von Westen nach Osten verbreitert wurde, erhielt links und rechts als Ergänzung zwei weitere Bahnsteige. Beim Umsteigen mußten die Reisenden offensichtlich noch über die Schienen steigen. Auf dem Mittelbahnsteig befanden sich die »Commandobude« und eine Wartehalle. Am östlichen Ende, hinter der Futtermauer, wurde zu ebener Erde das »Stationsgebäude« errichtet. Es stammte aus dem Jahre 1881 und stand bis zu seiner Zerstörung im zweiten Weltkrieg auf dem Bahnsteig D des heutigen Bahnhofs Ostkreuz (Bilder 226 und 228). Daß es in die Böschung hineingebaut war (Bild 229), beweist eine heute noch existierende Treppe als Aufgang zum höher liegenden Bahnsteig (heute Bahnsteig A). Vom Ringbahnsteig aus gab es eine weitere Umsteigemöglichkeit über eine Treppe zu dem Bahnsteig, auf dem die Züge nach Frankfurt (Oder) hielten. Zahlreiche Reste dieser gesamten Anlage sind auf dem heutigen Bahnhof Ostkreuz noch vorhanden und wie der Ringbahnsteig (heute Bahnsteig F) noch in Betrieb.

Der Vorortverkehr als dritte Dominante gewann mit der Eröffnung der Stadtbahn eine größere Bedeutung für den Schlesischen Bahnhof. Mit dem Fahrplan vom 15. Oktober 1882 bekamen die Vorortzüge nach Erkner eine Anbindung an die nach Potsdam und Spandau. Gleichartige Züge wurden nach Lichtenberg-Friedrichsfelde (heute Berlin-Lichtenberg) ein-

221 Blick auf den Bahnhof Börse, heute Marx-Engels-Platz (ebenda)

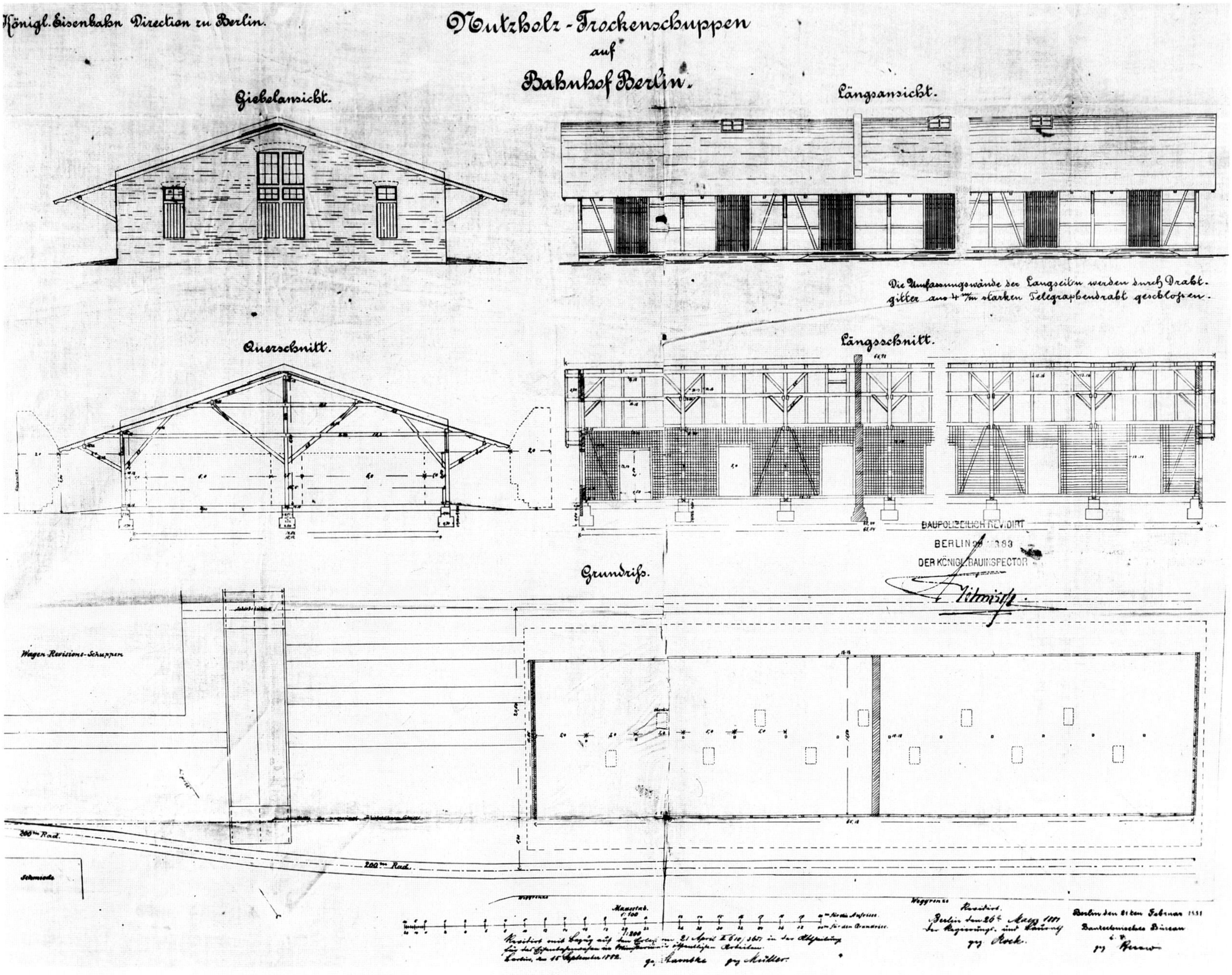

gerichtet. Sie berührten den neuen Verkehrsknotenpunkt etwa an der Stelle, die heute den Bahnsteig E des Bahnhofs Ostkreuz ausmacht. Da die Züge der Ringbahn nur auf dem Nordbzw. dem Südring verkehrten, gab es noch keine direkte Verbindung für die Reisenden vom Nordring zum Südring. Umsteigebahnhof für diesen Verkehr war Stralau-Rummelsburg.

Eine weitere Veränderung trat mit dem 11. August 1884 ein. An diesem Tage erhielt die Stadt- und Ringbahn den neuen Haltepunkt Warschauer Straße. Am 1. Oktober kam die Verbindung zwischen Görlitzer Bahn und Ringbahn zustande, so daß die Züge aus Richtung Königs Wusterhausen über die Südringkurve zu der neuen Haltestelle geführt werden konnten. Der öffentliche Personennahverkehr des Berliner Ostens hatte seine erste entscheidende Gestalt erhalten, deren Tragfähigkeit sich bis in die Gegenwart bewiesen hat, obwohl hier dringend Erneuerungen angezeigt sind.

222 Bauzeichnung für einen »Nutzholz-Trockenschuppen auf Bahnhof Berlin« vom Februar 1881 (BauF)

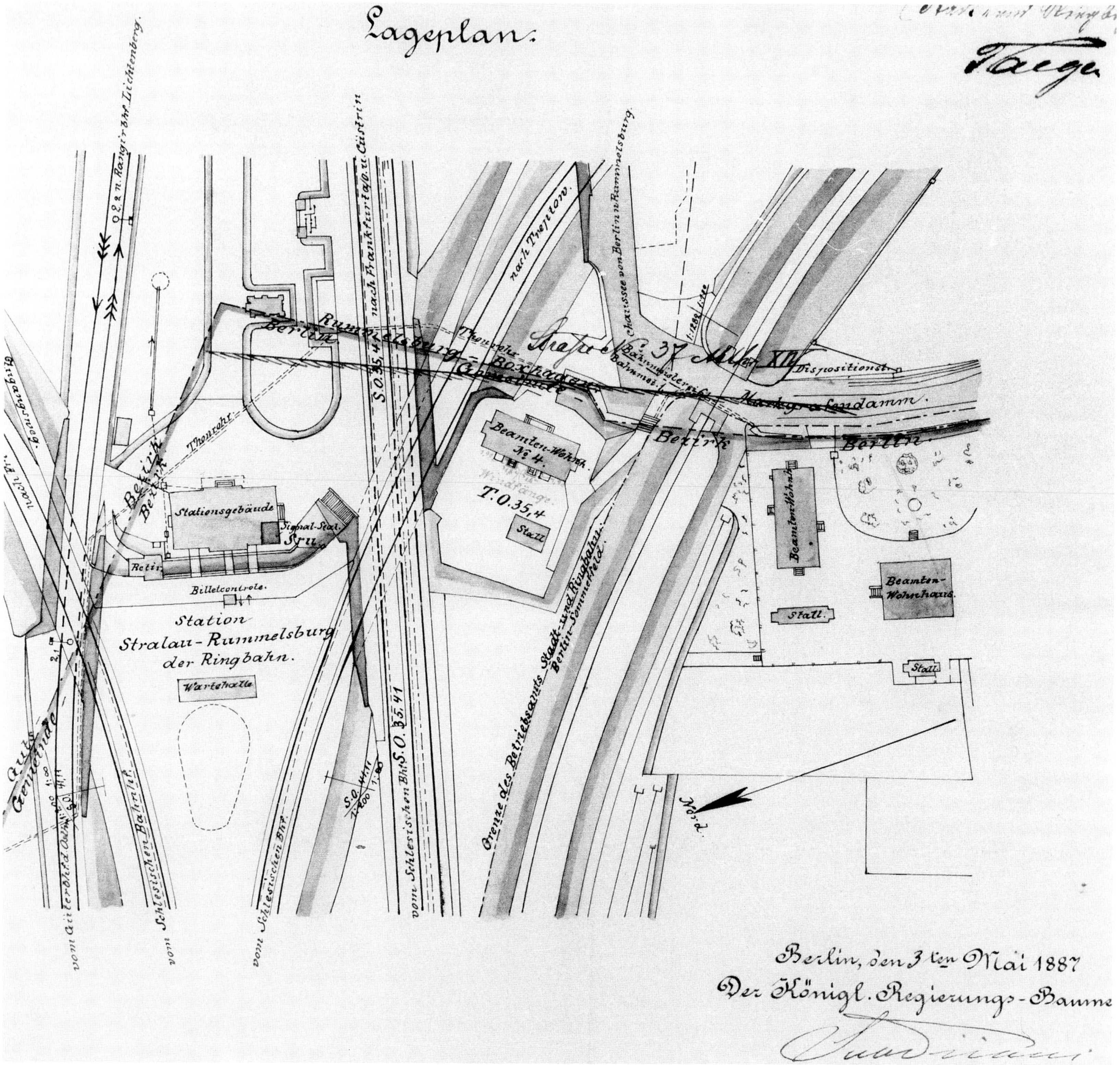

223 Lageplan an der Station Stralau-Rummelsburg, 3. Mai 1887 (BauF)

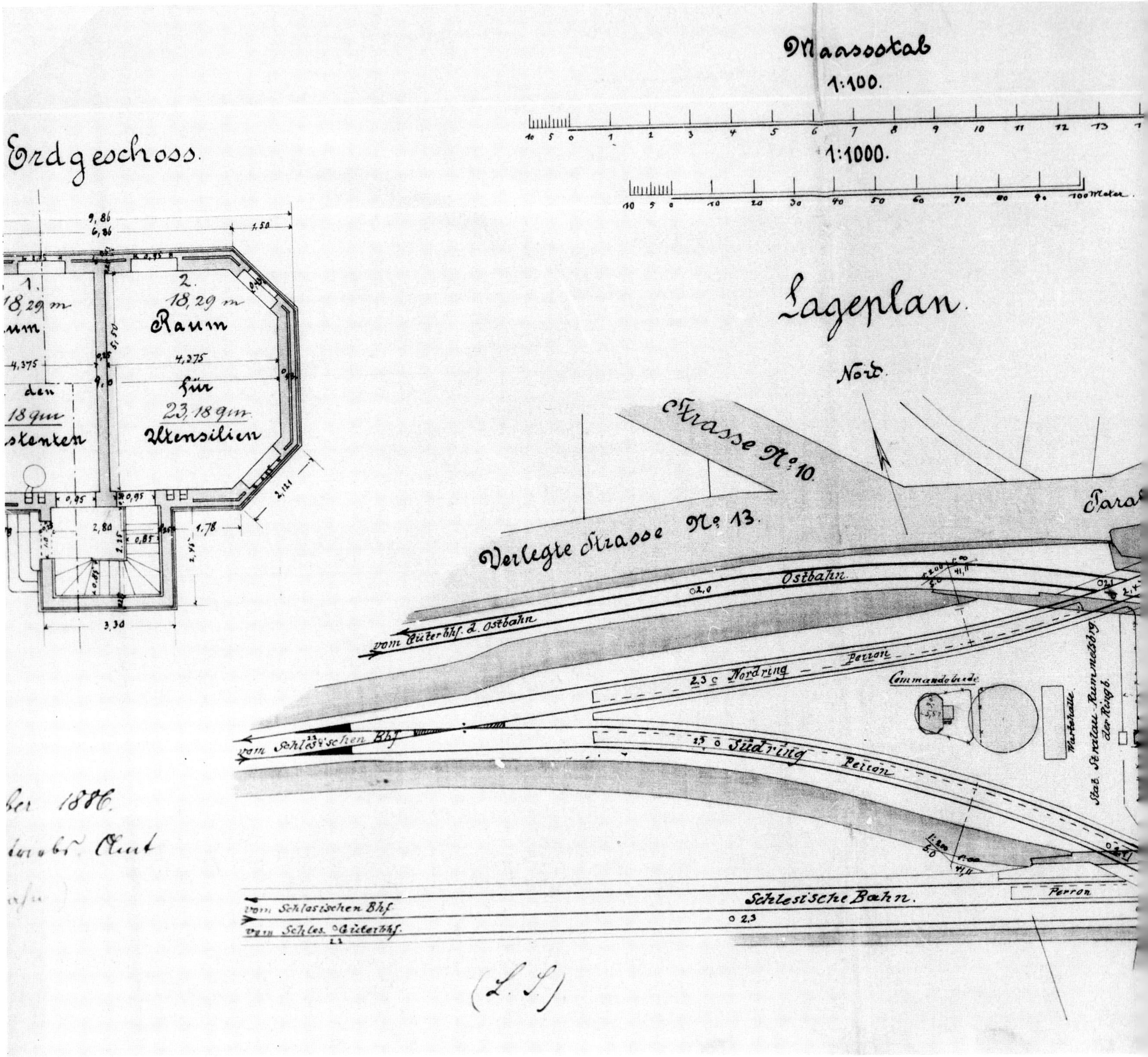

224 *Lageplan der Station Stralau-Rummelsburg (BauF)*

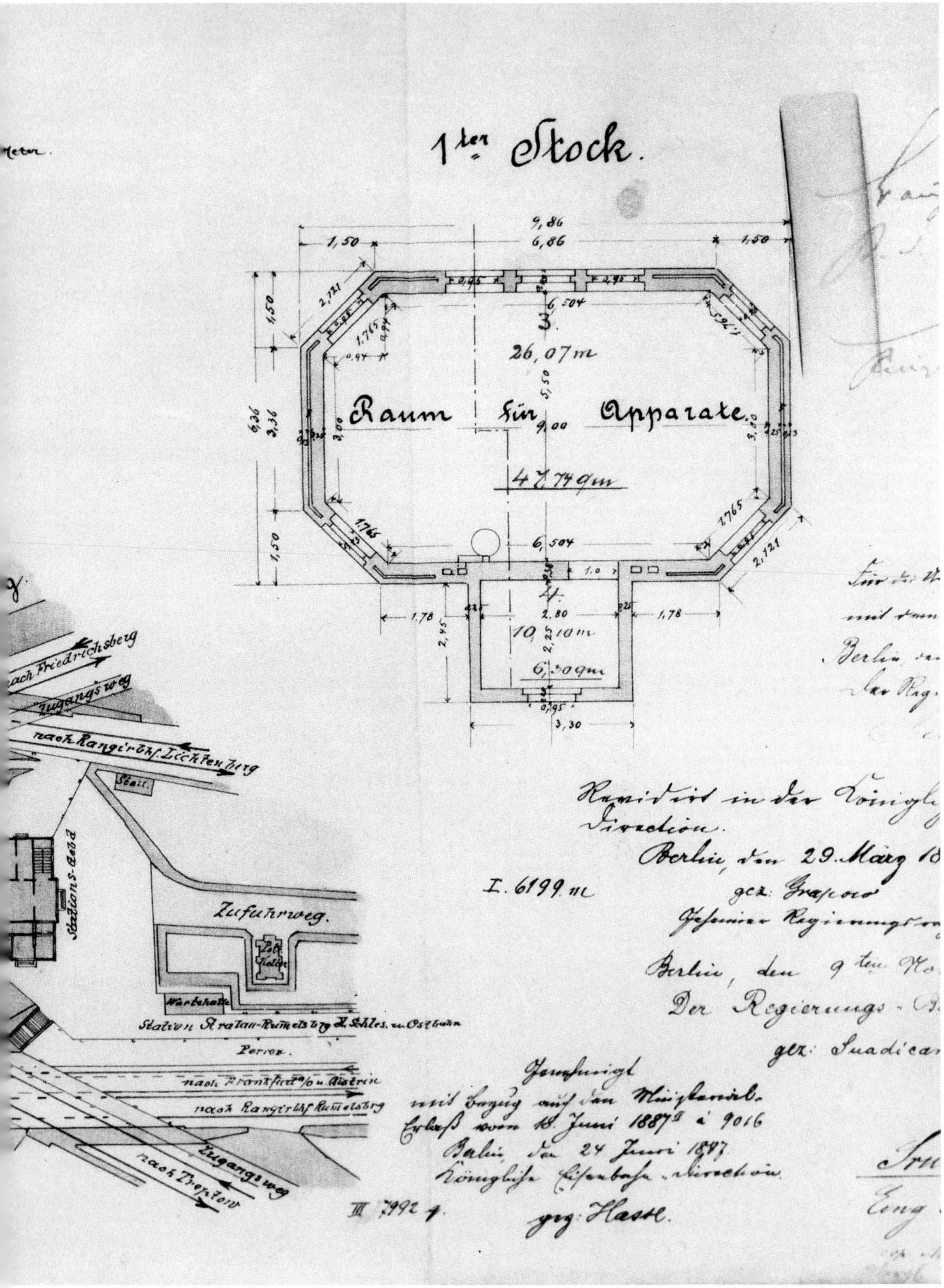

Die Königliche Eisenbahn-Direction entsprach den neuen Verhältnissen und legte im Januar 1882 (Bild 225) fest, daß mit dem Tage der Eröffnung des Stadtbahnverkehrs die bisherigen Stationen Stralau und Rummelsburg aufgelassen werden und an ihre Stelle eine neue mit dem Namen »Stralau-Rummelsburg« (heute Ostkreuz) tritt. Auf dem erweiterten Gelände des alten Frankfurter Bahnhofs war eine neue Verkehrsanlage entstanden, die von diesem Tage an ihre eigene Entwicklung nahm. In der Folge verstärkte sich der Nahverkehr, und ein Berufsverkehr nahm seinen Anfang, der die soziale Mobilität enorm erhöhte. Er wurde immer mehr zu einer entscheidenden Größe für die Stadtentwicklung. Ein Plan der Gleisanlagen in und um das damalige Berlin aus dem Jahre 1896 (Bild 230) zeigt Stadt-, Ring- und Vorortgleise sowie die Fernbahnen und die ausschließlich dem Güterverkehr dienenden Anlagen der Eisenbahn. Die Dimensionen der Berliner Verkehrsentwicklung werden ebenso deutlich, wie die zentrale Lage des Schlesischen Bahnhofs in diesem Verkehrsnetz. Das Reichsbahnkursbuch aus dem Jahre 1900 (Bild 227) enthielt auf mehreren Seiten die Angaben über den Verkehr auf dem Schlesischen Bahnhof.

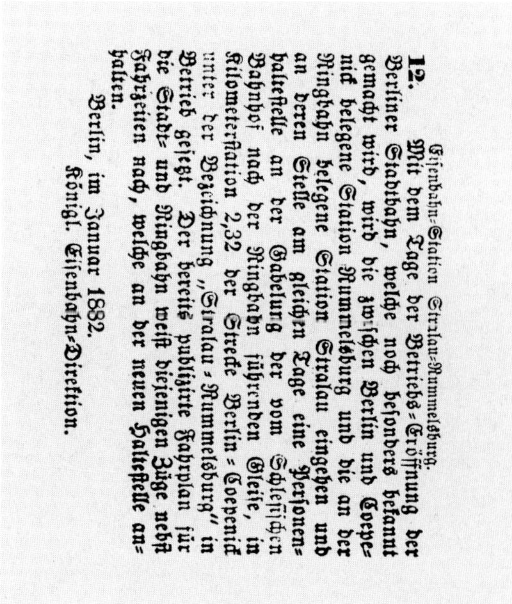
12.

Eisenbahn-Station Stralau-Rummelsburg.

Mit dem Tage der Betriebs-Eröffnung der Berliner Stadtbahn, welche noch besonders bekannt gemacht wird, wird die zwischen Berlin und Coepenick belegene Station Rummelsburg und die an der Ringbahn belegene Station Stralau eingehen und an deren Stelle am gleichen Tage eine Personenhaltestelle an der Gabelung der vom Schlesischen Bahnhof nach der Ringbahn führenden Gleise, in Kilometerstation 2,32 der Strecke Berlin-Coepenick unter der Bezeichnung „Stralau-Rummelsburg" in Betrieb gesetzt. Der bereits publizirte Fahrplan für die Stadt- und Ringbahn weist diejenigen Züge nebst Fahrzeiten nach, welche an der neuen Haltestelle anhalten.

Berlin, im Januar 1882.

Königl. Eisenbahn-Direction.

225 Ankündigung der Königlichen Eisenbahn-Direktion Berlin über die Eröffnung der Station Stralau-Rummelsburg (Ratsb.)

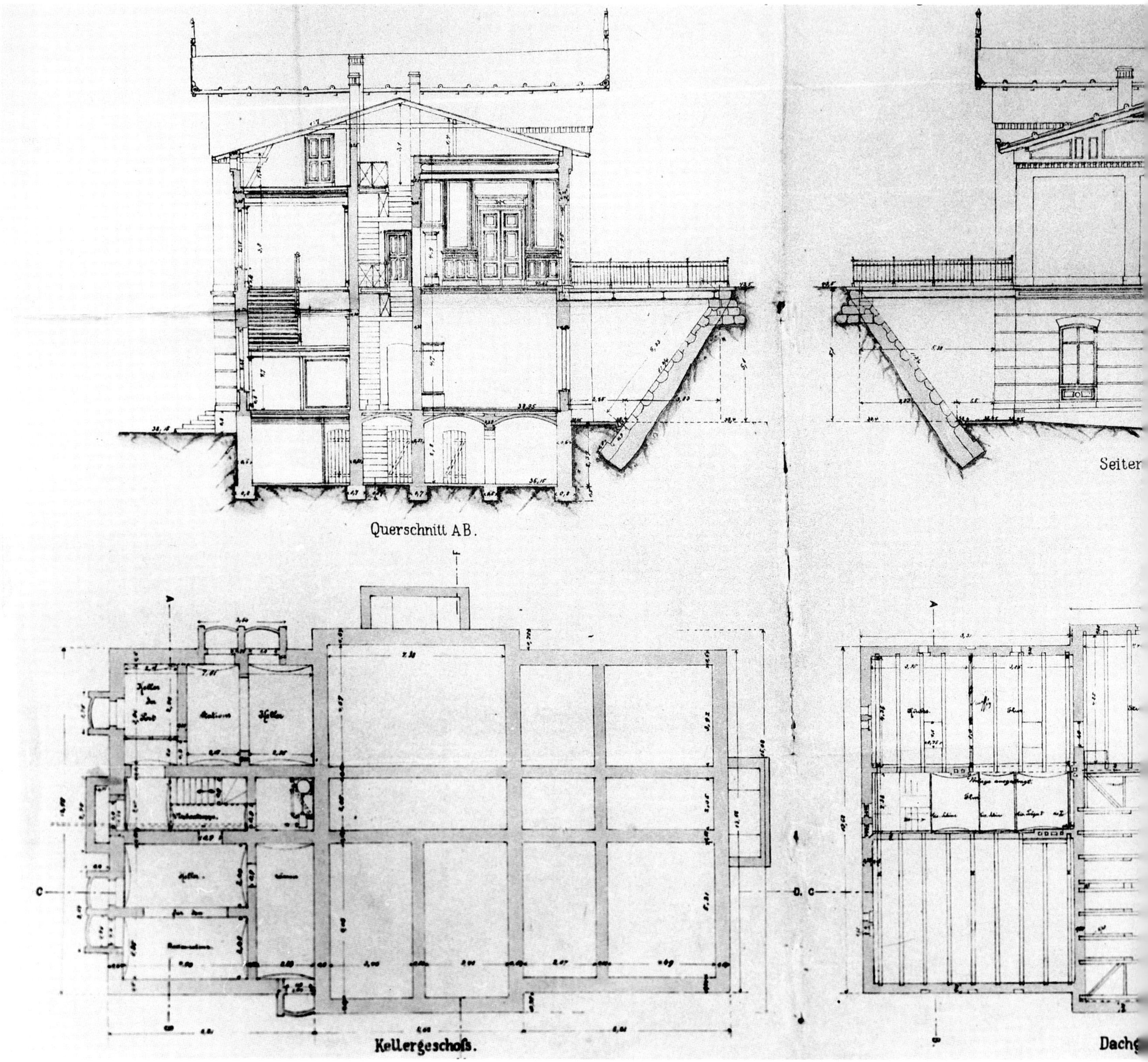

226 Vier Zeichnungen zum Antrag für den Bau des Stationsgebäudes Stralau-Rummelsburg aus dem Jahre 1881 (BauF)

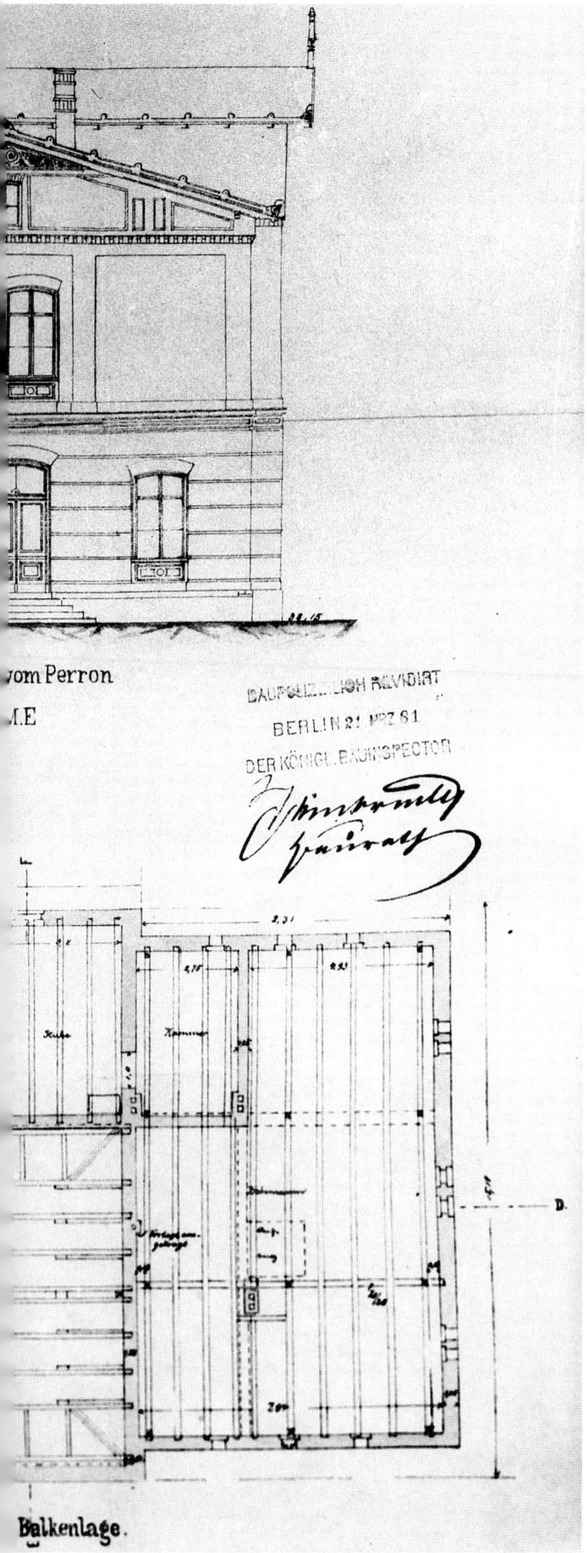

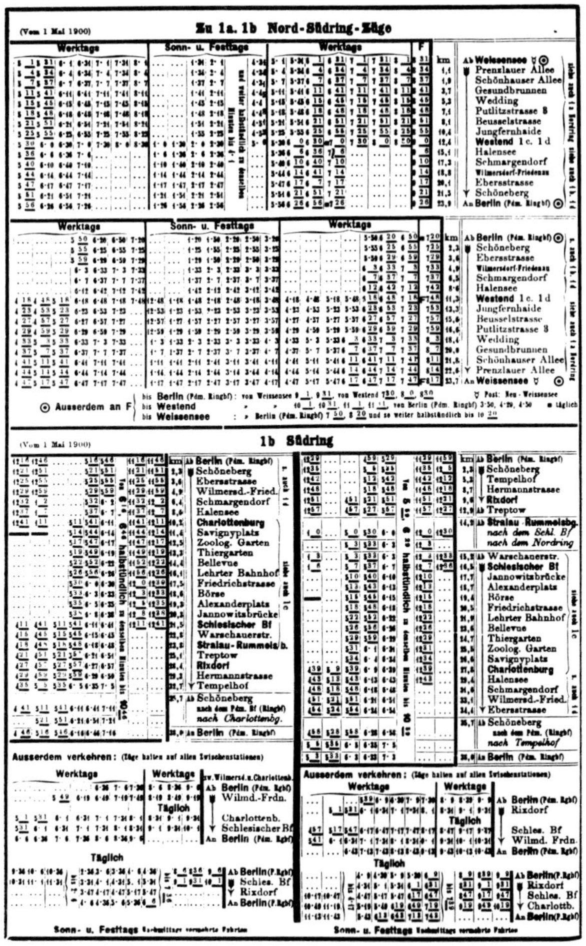

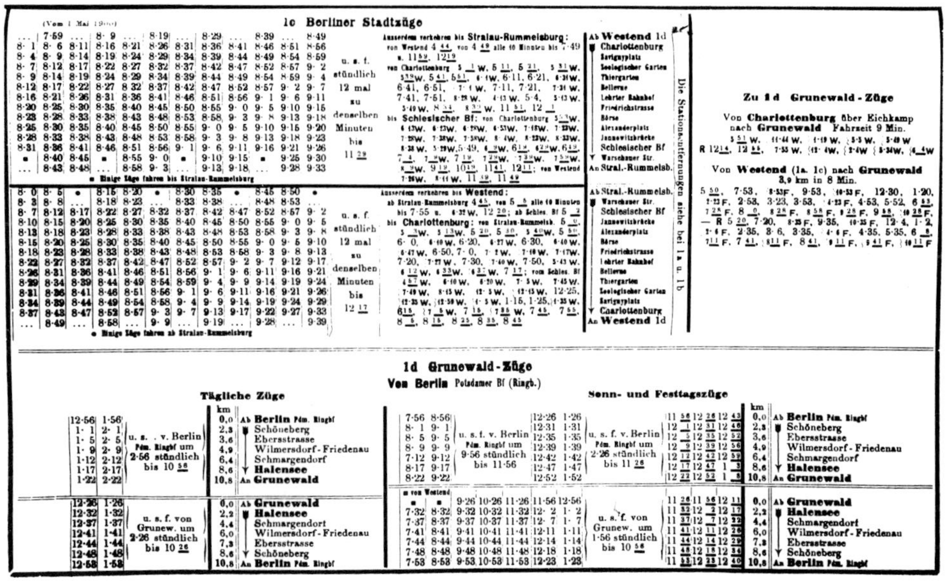

227 Zwei Blätter aus dem Reichskursbuch 1900 mit Angaben zum Verkehr auf der Stadt- und Ringbahn

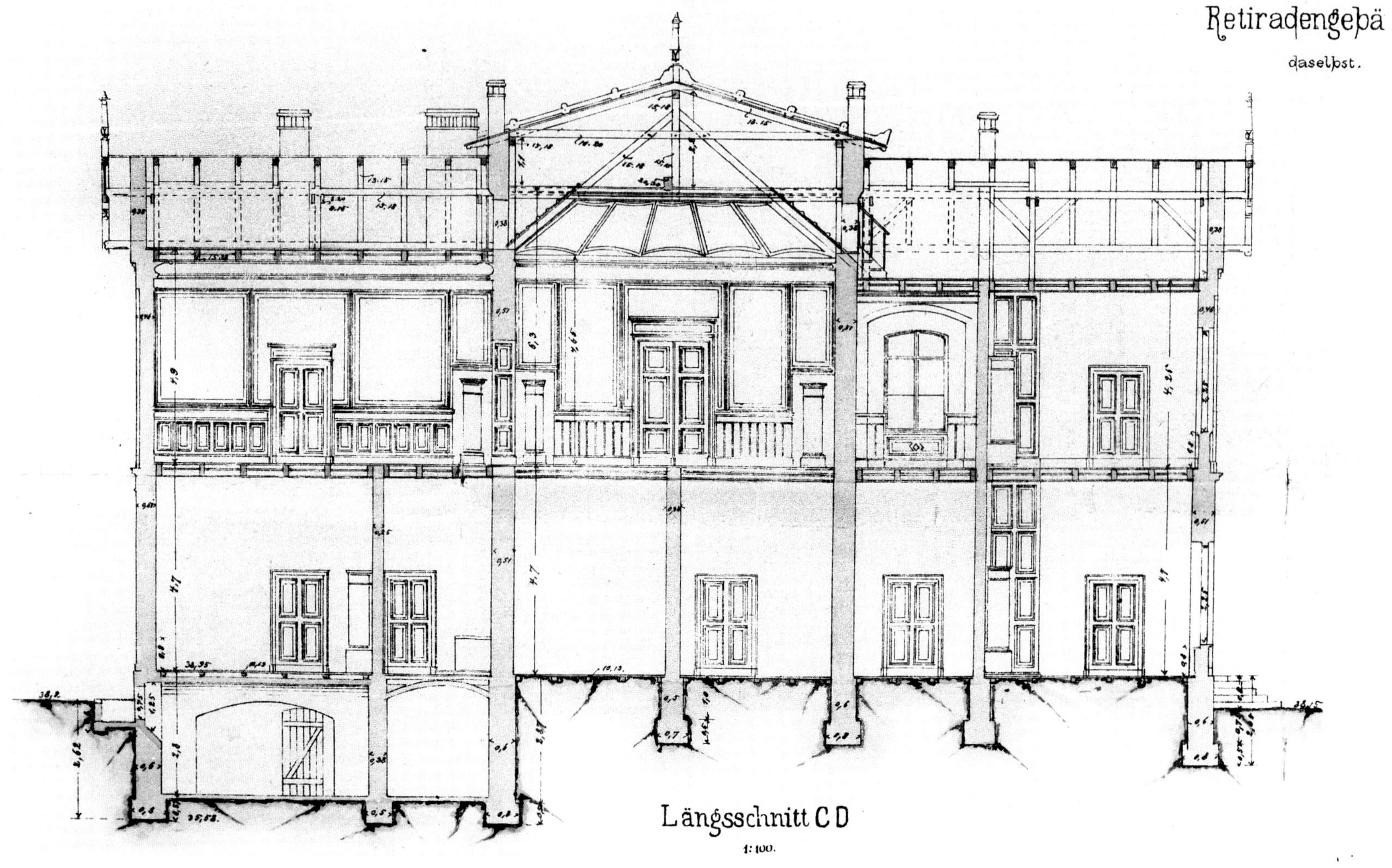

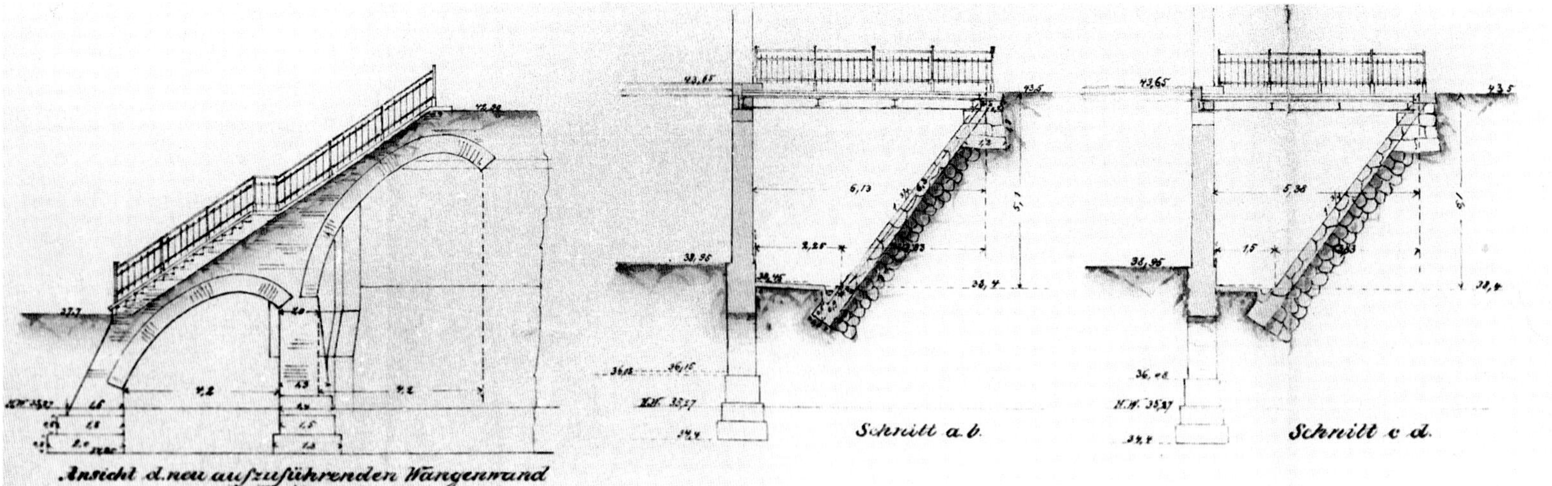

228 Empfangsgebäude der Haltestelle Stralau-Rummelsburg (BauF)
229 Anordnung der Böschung vor dem Empfangsgebäude der Haltestelle Stralau-Rummelsburg aus dem Jahre 1881 (BauF)

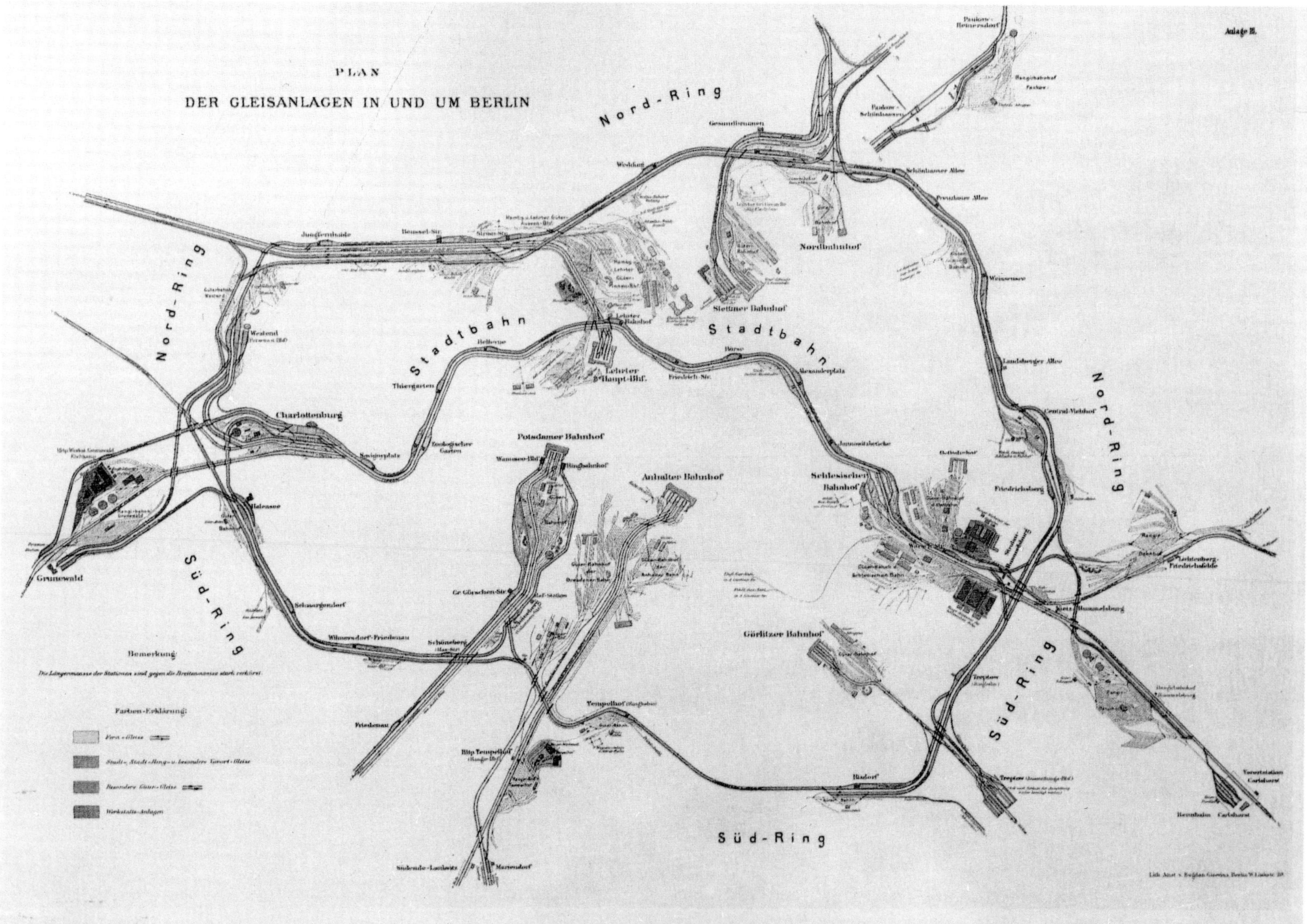

89 *Plan der Gleisanlagen von Berlin, 1896. Blau: Ferngleise; rot: Stadt-, Ring-, und Vorortgleise; orange: Gütergleise*

Der Bebauungsplan

Das Berliner Gewerbe-, Industrie- und Handelsblatt vermerkte bereits im Jahre 1842 soziale Wirkungen der Eisenbahn. Es empfahl, in ruhigere Viertel zu ziehen.[24] Wohl dem, der das konnte ! HARTWICH hatte in seinen Denkschriften noch damit argumentiert, daß der Verkehr auf der Stadtbahn nicht diesen Lärm verursachen würde, wie ihn der Transport von Gütern auf der Straße mit sich brachte.[25] Das hinter diesen Aussagen stehende Danken zeigte die Beschränkung auf nur eine Bevölkerungsschicht, an deren Wohl und Gedeih man dachte. Aber was sollten die machen, die nicht das Geld hatten, in ruhigere und damit teurere Wohngegenden zu ziehen, und was jene, die bei ihrem täglichen Weg zur Arbeit die Eisenbahn brauchten?

Damit im Zusammenhang stand ein zweiter Ansatz. Bis weit in die fünfziger Jahre unseres Jahrhunderts wurden die Menschen oft an der Wohngegend gemessen, »die sie sich leisten konnten«. Das war zwar nicht der ausschließliche Maßstab, aber es gab schon einen Unterschied zwischen Berlin W und Berlin O, so genannt nach den den Adressen beizufügenden Verteilungsämtern der Post. Nach den Zerstö-

[24] Berliner Gewerbe-, Industrie- und Handelsblatt. – 1842. – S. 134

[25] HARTWICH, E.: Bahn durch Berlin über Charlottenburg nach Potsdam. – S. 5f.

230 Plan der Gleisanlagen von Berlin im Jahre 1896 (aus: Exerzierfeld der Moderne. Industriekultur in Berlin im 19. Jahrhundert)

rungen des zweiten Weltkriegs und der Sektorenbildung in Berlin verlor sich dieses Maßstabdenken, es wurde aber erst endgültig in den sechziger und siebziger Jahren überwunden. An der einstigen Einteilung der Bewohner dieser Stadt – die jeweilige soziale Stellung als kleiner Kaufmann, Beamter, Hausbesitzer oder Arbeiter mit berücksichtigend – trug die Eisenbahn ihr gerüttelt Maß Verantwortung, teilte sie doch die Stadt in verkehrsgünstige und damit laute Viertel sowie ruhige und damit teurere Wohngegenden. Auf einige Aspekte dieser Entwicklung soll eingegangen werden, zumal das Leben im Schatten des Schlesischen Bahnhofs in letzter Zeit auch Gegenstand der Literatur geworden ist.[26]

Nach der Lennéschen Planung von 1845 blieb das Gelände um die Eisenbahn-Anlagen im Osten weiterhin ungestaltet. Nur langsam ging die Bebauung nach der Grundstruktur dieser Planung voran. Hier zeigte sich ein Unterschied zu den anderen Bahnanlagen in Berlin, die unmittelbar vor bebauten Geländen entstanden waren. Im Stralauer Viertel mußte dagegen erst alles bebaut werden, und gerade darauf nahm die Eisenbahn entscheidend Einfluß.

Im Jahre 1852 hatte im Berliner Polizeipräsidium erneut die Überarbeitung des Bebauungsplans der Stadt Berlin begonnen. Anfang 1858 erhielt der Baumeister James Hobrecht das Angebot, anstelle des erkrankten Regierungsbaumeisters Köbecke diese Arbeiten zu leiten. Sie begannen am 1. April 1859 und betrafen die Stadterweiterung, d. h. die Planung von Straßen und Plätzen um den historischen Kern Berlins herum. Insoweit ist die Bezeichnung »Bebauungsplan« nicht ganz korrekt, denn es ging um die räumliche Ausdehnung der Stadt und nicht um den Hochbau. In der Instruktion für die Aufstellung des »Bebauungsplan(s) für Berlin und seine Umgebungen« hieß es: »Die vorhandenen Karten und Pläne der Stadt Berlin und ihrer Umgebung reichen für die Regulierung der Bebauung der letzteren nicht mehr aus, weil für die festgestellten Alignements der Straßen, Plätze durch mittlerweile erfolgte Entstehung neuer baulicher Anlagen, wie die Eisenbahn und Kanäle, unausführbar und unzweckmäßig geworden, zum Teil auch unvollständig sind.«[27]

Feldmesser vermaßen ab dem 10. Mai 1859 das in Frage kommende Gelände. Dabei nahmen sie den Verlauf der vorhandenen Straßen, die Lage der Plätze sowie die Grundstücksgrenzen und alle Baulichkeiten im Grundriß genau auf. Daraufhin wurden dann die Fluchtlinien der neuen Straßen und Plätze abgesteckt.

Das uns interessierende Gelände zwischen Großer Frankfurter Straße und Frankfurter Allee im Norden, der Spree im Süden und dem Markgrafendamm im Osten wurde in zwei Sektionen bearbeitet: einmal im Plan des Stralauer Viertels und zum anderen in der Abteilung XIV. Bei der ersten Sektion, zu der es die oben beschriebenen Planungsansätze gab, mußten die Bahnanlagen berücksichtigt, die Straßen und Plätze aber zum Teil neu abgesteckt werden. Interessant sind dabei die genaue Aufnahme und die teilweise Berücksichtigung der vorhandenen Baulichkeiten bzw. Fluchtlinien der Straßen. Bei der Abteilung XIV handelte es sich um die totale Neugestaltung eines bisher kaum bebauten Geländes. Beide Sektionen gab Hobrecht am 6. Dezember 1861 an das Berliner Polizeipräsidium.

Zeitgenossen hatten die von Hobrecht vorgelegten Plandokumente heftig kritisiert und ihnen die Verantwortung für die Berliner »Mietskasernen« zugesprochen, so als ob eine Bebauungsplanung die Architektur vorschriebe. Der Bebauungsplan – so entschied das Ober-Tribunal am 1. Juli 1869 – stellte jedoch nur »eine Sammlung ortspolizeilicher Anordnungen dar«, ... »durch welche auf dem Weichbilde der Stadt gelegene Grundstücke, als zu öffentlichen Straßen und Plätzen bestimmt, unbebaut gelassen werden sollen.«[28] Nicht Hobrecht, sondern der Besitzer entschied also über die Verwendung der Grundstücke, und er versuchte mit allen Mitteln, den höchstmöglichen Gewinn herauszuschlagen. James Hobrecht die Schuld gerade für die schlechten Lebensumstände und Wohnbedingungen im Stralauer Viertel zuweisen zu wollen, muß als Ablenkungsmanöver gewertet werden. Viel stärker spricht gegen Hobrecht die sachliche Kritik, aber dabei muß berücksichtigt werden, daß die Pläne Kompromißcharakter trugen. Sie wurden stets zwischen dem Berliner Polizeipräsidium und der Stadtverordnetenversammlung ausgehandelt.

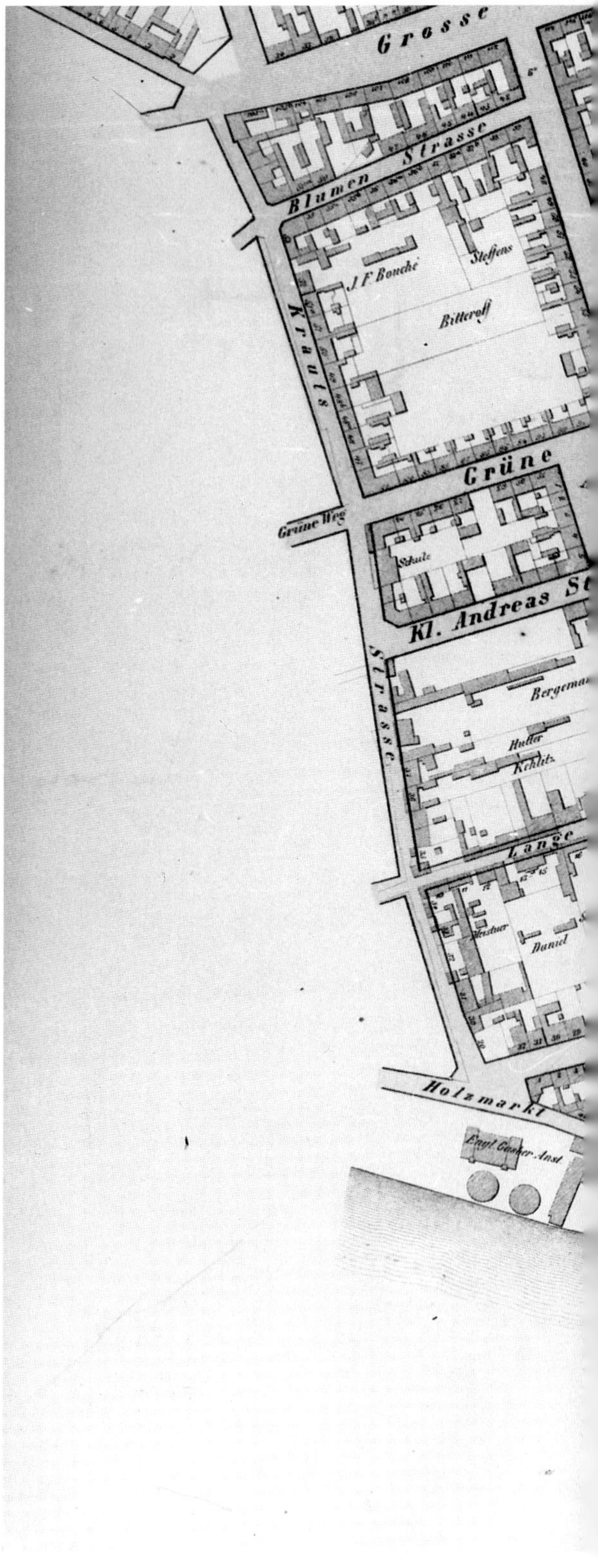

[26] Vgl. dazu Stave, J.: Stube und Küche. – Berlin, 1987 sowie Holtz-Baumert, G.: Die pucklige Verwandtschaft. Aus Kindheit und Jugend in Berlin O 17 und Umgebung. – Berlin, 1985. Vgl. aber auch Berstl, J.: Berlin – Schlesischer Bahnhof. – Berlin, 1964

[27] Geist, J.; Kürvers, K.: Das Berliner Mietshaus 1740 bis 1862. – München 1981. – S. 485

[28] Ebenda, S. 487

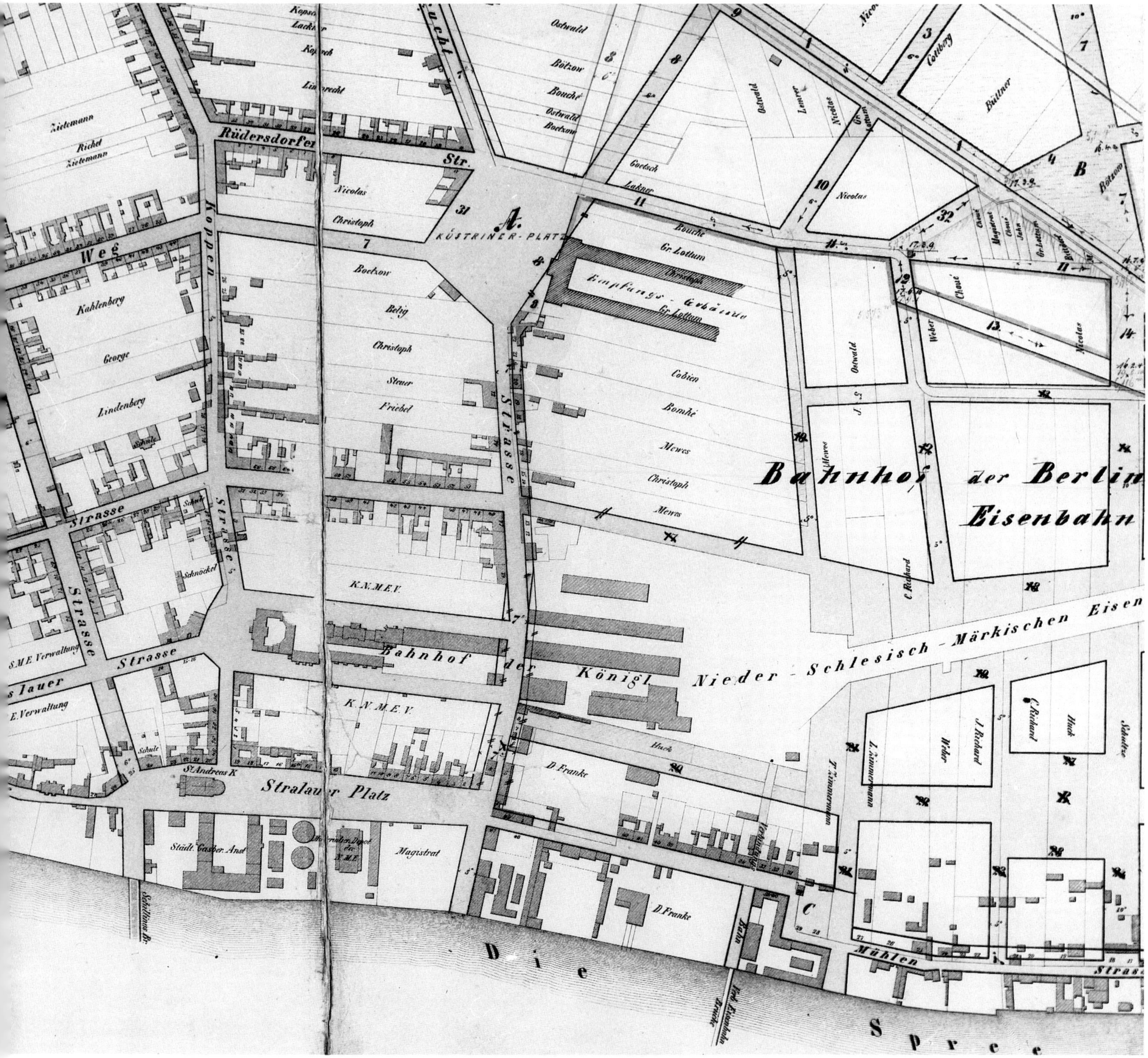

231 Ausschnitt aus dem Bebauungsplan des Stralauer Viertels aus dem Jahre 1862 mit der möglichen Lage des Bahnhofs Berlin der Königlichen Ostbahn (StA)

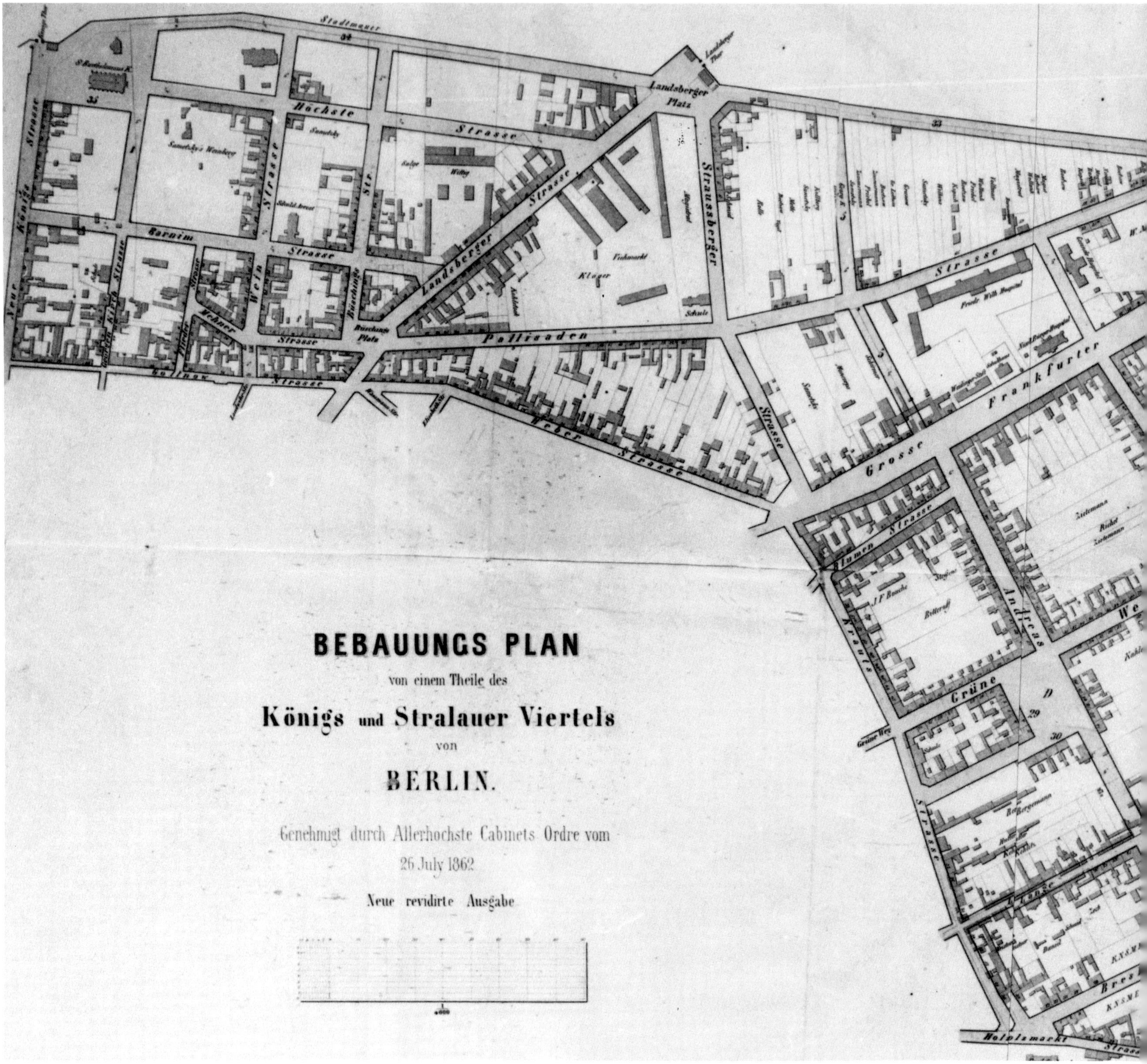

232 *»BEBAUUNGS-PLAN von einem Theile des Königs- und Stralauer Viertels von BERLIN«, neue revidierte Ausgabe (StA)*

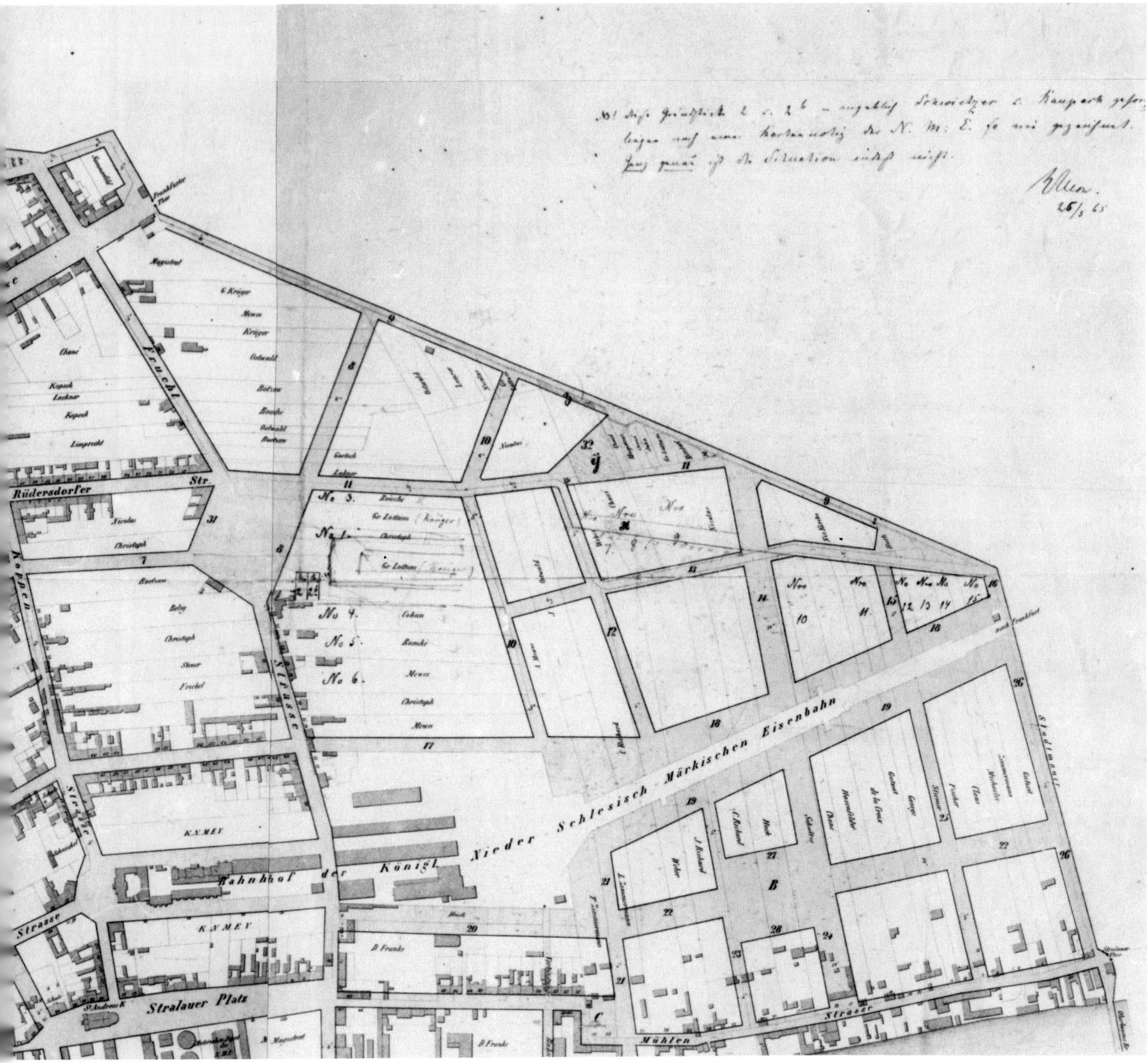
Frucht
Rüdersdorfer Str
Strasse
Nieder Schlesisch Märkischen Eisenbahn
Bahnhof der Königl
Stralauer Platz
Mühlen
Strasse
Stadtmauer
KNMEV

Da die Pläne von einer genauen Aufnahme der vorgefundenen Substanz ausgingen, stellen sie für das uns interessierende Gebiet eine kulturgeschichtliche Rarität dar. Am Ende des Jahres 1861 in der Vorlage fertiggestellt und durch »Allerhöchste Cabinets-Ordre« vom 26. Juli 1862 genehmigt, zeigen sie die konkrete Gestalt des Gebiets im Grundriß. Wichtig ist das Datum der Aufnahme des vorgefundenen Stadtbildes, also der genaue Zeitpunkt der Vermessung, und der kann durch Vergleich etwa auf Ende 1859/Anfang 1860 festgelegt werden (Bild 231). Das ergibt sich aus der Tatsache, daß auf dem Bahnhof der KNME der im Jahre 1869 gebaute, nördliche Güterschuppen noch fehlt. Die Pläne lagen 1862 gedruckt vor, und sie mußten für jede Neuausgabe revidiert werden. Eine zweite, revidierte Fassung für das Stralauer Viertel und einen Teil der Königsstadt lag 1864 vor. Ein genauer Vergleich mit den vorhergehenden zeigt bereits erste Abweichungen (Bild 232).

Dieses großformatige Dokument machte die Beziehungen der Straßen und die Gestaltung der Verkehrswege untereinander deutlich. Je näher sich das Gelände an die Stadt zog, um so dichter zeigte sich die Bebauung. Im Stralauer Viertel konnte von enger, durch Massenmietshäuser geprägter Stadtstruktur noch nicht die Rede sein. Die Grundstücke wiesen in der Regel eine Randbebauung auf, bei vielen waren Seitenflügel nachweisbar, die wohl Wirtschaftsräume, Remisen und ähnliches enthalten haben. Eine ausgesprochene Hinterhausbebauung konnte noch nicht nachgewiesen werden. Weiter nach Osten wurde die Bebauung immer geringer.

Die Planung für das noch überwiegend gärtnerisch genutzte Gelände knüpfte an Überlegungen früherer Arbeiten an. Sie sah die Nutzung als Wohnfläche vor, von breiten Straßen und Plätzen unterbrochen. Auf eine ähnliche Nutzung wies die Bebauungsplanung der Abteilung XIV hin (Bild 233). Hier sind nur wenige Häusergruppen offensichtlich vorstädtischen Charakters im Gebiet der Kolonie Boxhagen und in der Siedlung Klein-Frankfurt nachweisbar. Im wesentlichen mußten alle Straßen neu angelegt werden, nur der Feldweg nach Boxhagen schlängelte sich durch das Gelände. Die alten Grundstücksgrenzen und die Namen der Eigentümer waren eingetragen. Besonders dicht waren die Namenseintragungen auf dem Gelände nördlich der Bahn – im alten Kavelland. Die Planung sah regelmäßige Straßen und zahlreiche Plätze vor, hier mit Buchstaben bezeichnet. Die handschriftlich eingetragenen Großbuchstaben bezogen sich auf die Kanalisationsplanung. Beachtenswert sind die zu diesem Zeitpunkt noch existente Stadtmauer sowie das große Gelände der englischen Wasserwerke vor dem Stralauer Tor.

Betrachtet man beide Plandokumente unter dem Aspekt der Eisenbahn, so war der Frankfurter Bahnhof der KNME die beherrschende Größe im Stralauer Viertel. Im Bebauungsplan der Abteilung XIV dagegen zieht sich die Eisenbahnstrecke als ein kleines schmales Band durch das Gelände. Hier setzte die Kritik an. Hobrecht, ebenso wie der ihn unterstützende Friedrich Eduard Wiebe, kam vom Eisenbahnbau. Sie waren bisher bei der Königlichen Ostbahn beschäftigt, also mit der Eisenbahn vertraut. Auch wenn um 1860 die explosionsartige Ausdehnung des Eisenbahngeländes in und um Berlin im Detail nicht abzusehen war, so muß die Unterbewertung dieses Verkehrsmittels bei der Stadtplanung durch diese Herren doch Verwunderung hervorrufen; denn die Eisenbahn hatte sich bereits als entscheidender Verkehrszweig erwiesen. Auch wenn man unterstellt, daß es zu diesem Zeitpunkt nicht leicht war, die Verkehrsentwicklung vorauszusehen, bleibt, wie so oft in der Geschichte, die Frage, warum gerade Menschen, die es hätten wissen müssen, nicht an ein so wichtiges Detail gedacht haben!

Auch bei den Revisionen des Bebauungsplans der folgenden Jahre wurde die mögliche flächenmäßige Ausdehnung der Eisenbahn nicht in Betracht gezogen, obwohl sie auf der Hand lag und die weitere Perspektive des Verkehrsträgers öffentliche Diskussionen hervorrief. So hinkte der Bebauungsplan ständig den Forderungen der Eisenbahn hinterher. Und es gab folglich nur wenig Absprachen zwischen den städtischen Behörden und den Bahnen über die kommunalen Folgen des Geländebedarfs, so daß sich im Verhältnis zwischen dem Straßenverkehr und der Eisenbahn einige Ungereimtheiten bis in die Gegenwart erhalten haben.

Ein sinnfälliges Beispiel gibt in der Abteilung XIV das Schicksal der Gubener Straße. Ursprünglich sollte sie parallel zur alten Kommunikation angelegt werden, um dann in einen kleinen Platz C auf der Kreuzung der Revaler mit der Warschauer Straße zu münden. Im Verlauf eines alten Feldwegs sollten dann die Bahnanlagen gekreuzt werden, um das Gebiet um die Stralauer Allee und den späteren Osthafen für den Straßenverkehr zu erschließen. Der Wegfall der Fortführung der Gubener Straße über die Eisenbahn hat dann ein Wohngebiet entstehen lassen, das bis in die Gegenwart nur sehr schwer für den Straßenverkehr zu erschließen ist. Als Reste der einstigen Planung ist der Verlauf einiger Straßen (wie z. B. der Corinthstraße) anzusehen.

Plandokumente dieser Art, die in den Akten zahlreich überliefert sind, haben jeweils einen bestimmten Verwendungszweck. Die beiden Dokumente über das Stralauer Viertel überliefern Hinweise auf die Diskussion über die Lage des Bahnhofs der Königlichen Ostbahn. Auf einem Plan vom Mai/Oktober 1865 war der Bahnhof Berlin der Königlichen Ostbahn parallel zur Straße XI des Straulauer Viertels – der späteren Rüdersdorfer Straße – gelegt. Erkennbar auch der Entwurf einer direkten Gleiszuführung von der rechten Seite der Stadtmauer zu dem geplanten Bahnhof. Ein noch höherer Geländebedarf wäre die Folge gewesen.

Hiergegen gab es Einsprüche der Stadt, die sich z. B. um die Straße XI (oder 11) der Abteilung XIV entzündeten. Sie sollte – wie beschrieben – eine Verbindung von der Gubener Straße zum Markgrafendamm und dann zur Stralauer Allee herstellen und an dem großen Platz H in der Nähe der Wasserwerke vorbeiführen. Die Stadt Berlin bestand auf dieser Straße und diesem Platz, da beide der Kommunikation und der Versorgung – Plätze waren damals vor allem Marktplätze – dienen sollten und als Gelände für Wohnbauten höhere Rendite versprachen. Gegen die Macht der Eisenbahn konnte der Magistrat sich nur schwer wehren, auch die Einsprüche der Grundbesitzer brachten nichts. Trotzdem hielt der Magistrat an dieser Straße fest, denn der durch »Allerhöchste Cabinets-Or-

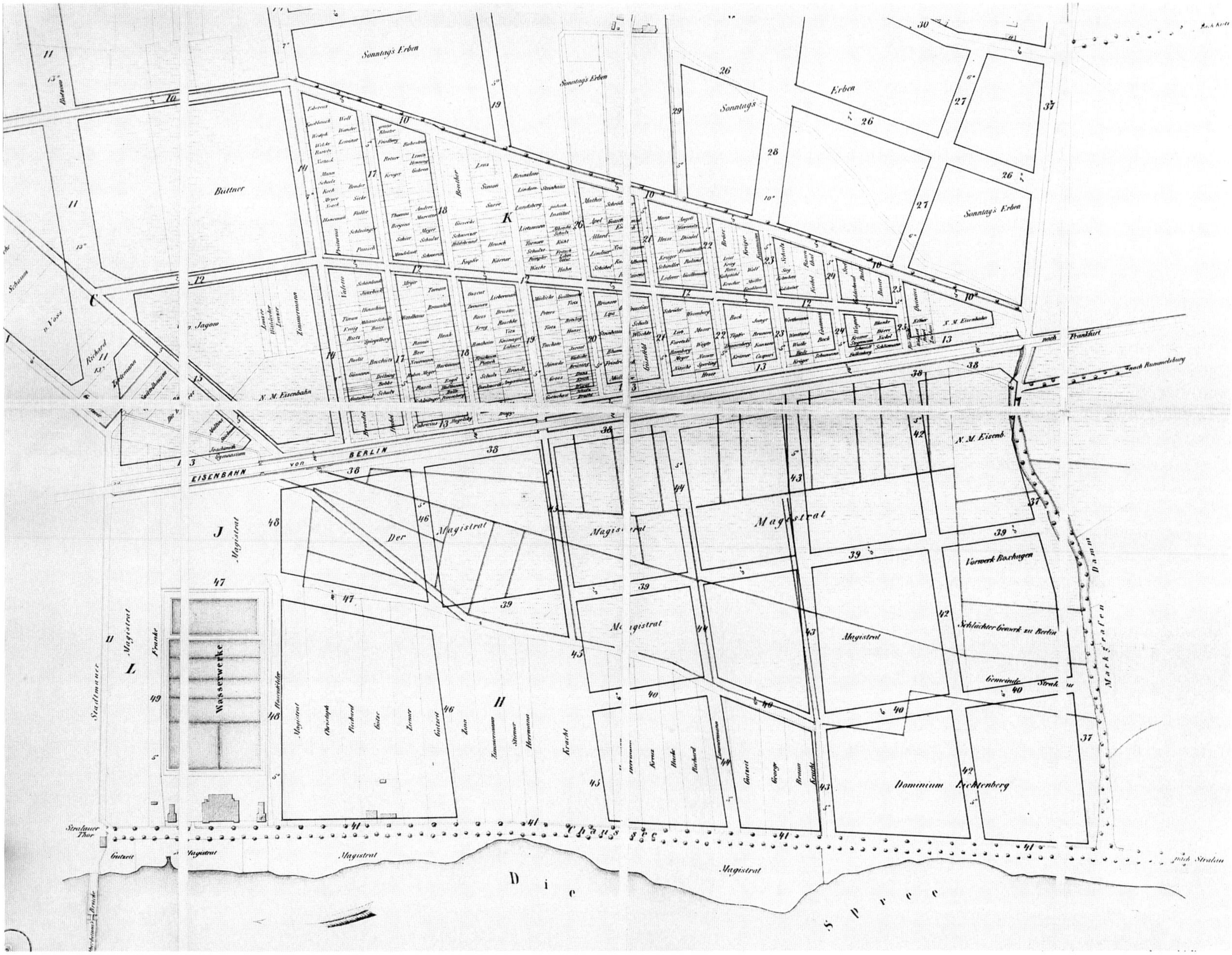

dre« bestätigte Plan schien ihr dazu die Möglichkeit zu bieten. Sie bestand darauf, daß diese Straße über die Gleise zu führen sei.

In dieser komplizierten Situation drückte sich auch ein Dilemma der weiteren Eisenbahnentwicklung aus. Offenbar verstanden die Grundbesitzer sehr wohl und besser als die Stadtplaner, was der Besitz an Grundstücken bedeutete. Sie trieben die Preise hoch, und der Öffentlichkeit schien es so, als ob alles im kommunalen Interesse lag. Tatsächlich war es das auch, aber die Protagonisten eines derartigen Vorgehens dachten vor allem an ihren eigenen Gewinn und nutzten ihre Chance. Öffentlich drängten sie die Eisenbahn an den Rand, um des vermeintlichen städtischen Nutzens willen, tatsächlich aber nutzten sie sachlich vorgetragene Argumente nur zum eigenen Vorteil. Sie trieben die Preise und die Verhandlungskonditionen – oft auch mit Hilfe der Öffentlichkeit – in die Höhe, und nach außen erschien die Eisenbahn als stärker; die Überführung entfiel aus Kostengründen. Schuld hatte offensichtlich die Eisenbahn, den Gewinn aber strichen die Spekulanten ein. Das war eine der Methoden, um mittels des Geländebedarfs der Eisenbahn Geschäfte zu machen. Das Beispiel machte Schule

233 Bebauungsplan der Umgebungen Berlins – Abteilung XIV (StA)

und soll auch später in politischen Auseinandersetzungen genutzt worden sein, ohne daß die Beteiligten sich der Rolle bewußt wurden, die sie spielten. Offiziell entfiel die notwendige Überführung aus Kostengründen, den Schaden aber hatten Unbeteiligte, und zwar bis in die Gegenwart.

Mit dem Bau der Königlichen Ostbahn und der Erweiterung der KNME am Ende der sechziger Jahre des 19. Jahrhunderts entfielen große Bereiche der ausgewiesenen Planungen. Der mühsam aufgestellte Bebauungsplan verfiel in großen Teilen infolge der durch die Eisenbahn erzwungenen Realität. Sie stellte sich angesichts der Sachzwänge und des halbherzigen Umgangs der zentralen preußischen Behörenden mit der Stadt letztendlich als diejenige Kraft dar, die das Bild im Osten Berlins entscheidend prägte (Bilder 234 und 235). Die revidierten Plandokumente des Jahres 1874 zeigen einen breiten Keil, den die beiden Bahnlinien und die Ringbahn in das Gelände getrieben hatten. Eine Verbindung zwischen den geplanten, aber noch nicht fertigen Wohngebieten konnte später kaum noch hergestellt werden. Noch bevor sich auf dem vorgesehenen Gelände Wohnbauten erhoben, hatte die Eisenbahn – eigentlich aber die Grundstücksspekulanten – ein Stück der Wohn- und Lebensqualität an der Stralauer Allee bestimmt. Die Gebiete waren abgelegen, von der Eisenbahn und der Spree als zwei unüberwindliche Hindernisse begrenzt.

Die Impulse zur Bebauung des Geländes reichten in den sechziger und siebziger Jahren noch nicht aus, um Wohnungsbaugesellschaften zu aktivieren. Erst nachdem sich durch weitere Verkehrserschließungen zwischen dem Haltepunkt Warschauer Straße und dem Bahnhof Friedrichsberg (heute: Frankfurter Allee), durch den Bau von Industrieanlagen und den immer stärkeren Ansturm der Menschenmassen auf die Stadt Berlin Forderungen nach der weiteren Ausdehnung erhoben, übernahmen Ende der achtziger Jahre die städtischen Behörden die Absteckung von Straßen. So entstanden zuerst rund um den Schlesischen Bahnhof immer neue Mietskasernen, der Bahnhof wurde mehr und mehr zugebaut. Ein Situationsplan aus dem Jahre 1906 zeigt den erschrecken-

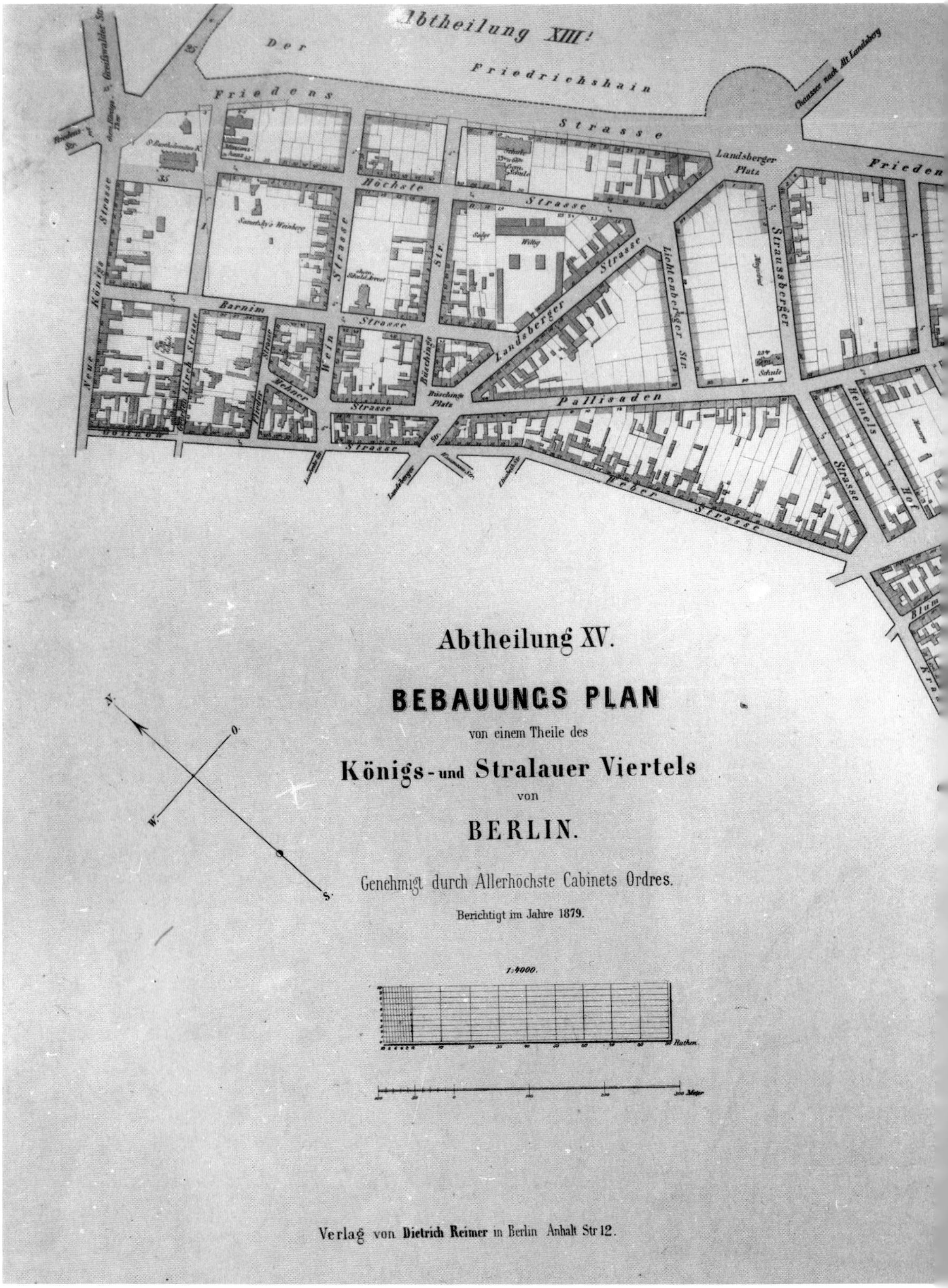

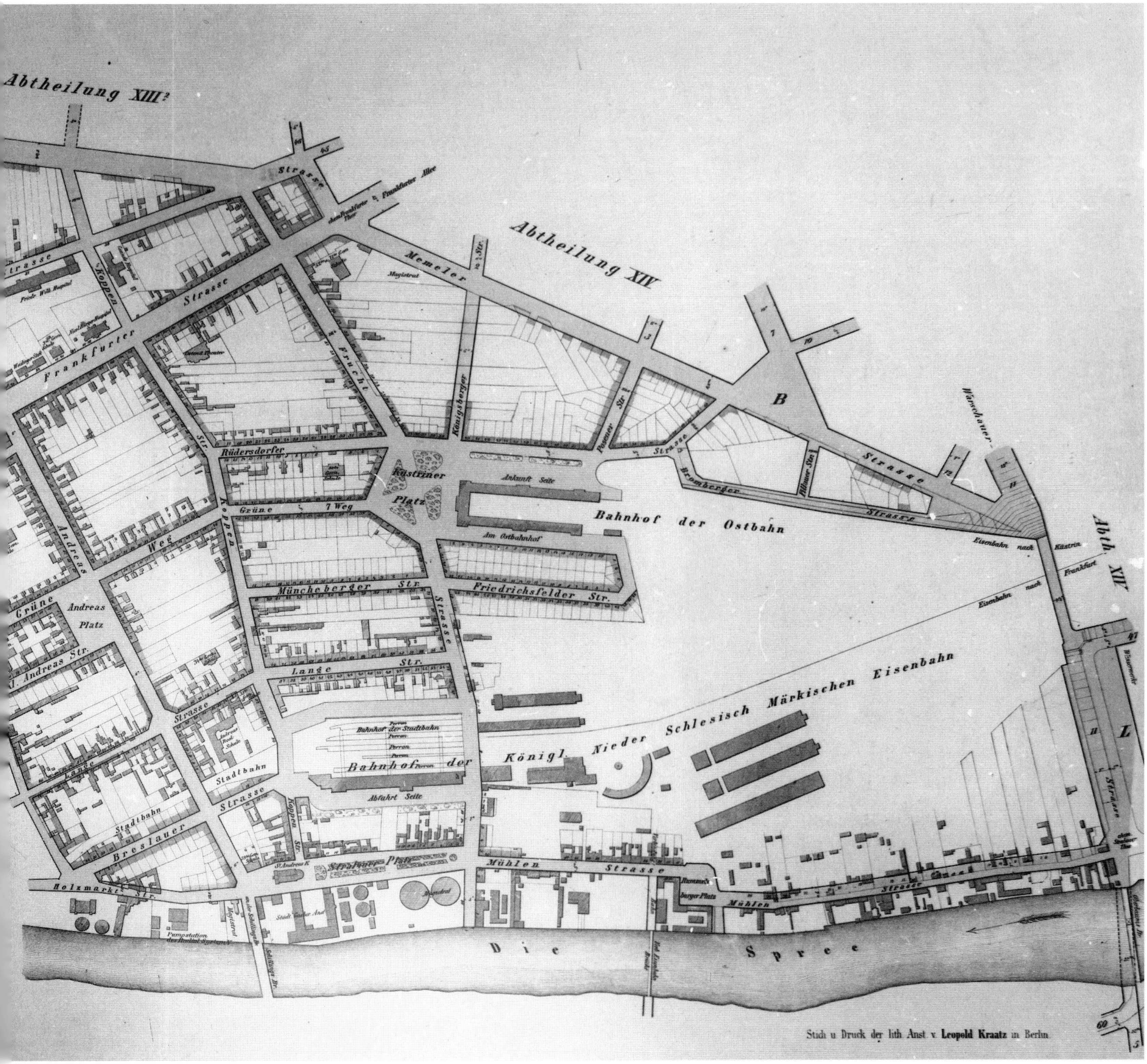

234 »BEBAUUNGS-PLAN von einem Theile des Königs- und Stralauer Viertels von BERLIN« nach Ausbau des Frankfurter Bahnhofs, revidierte Fassung von 1879 (StA)

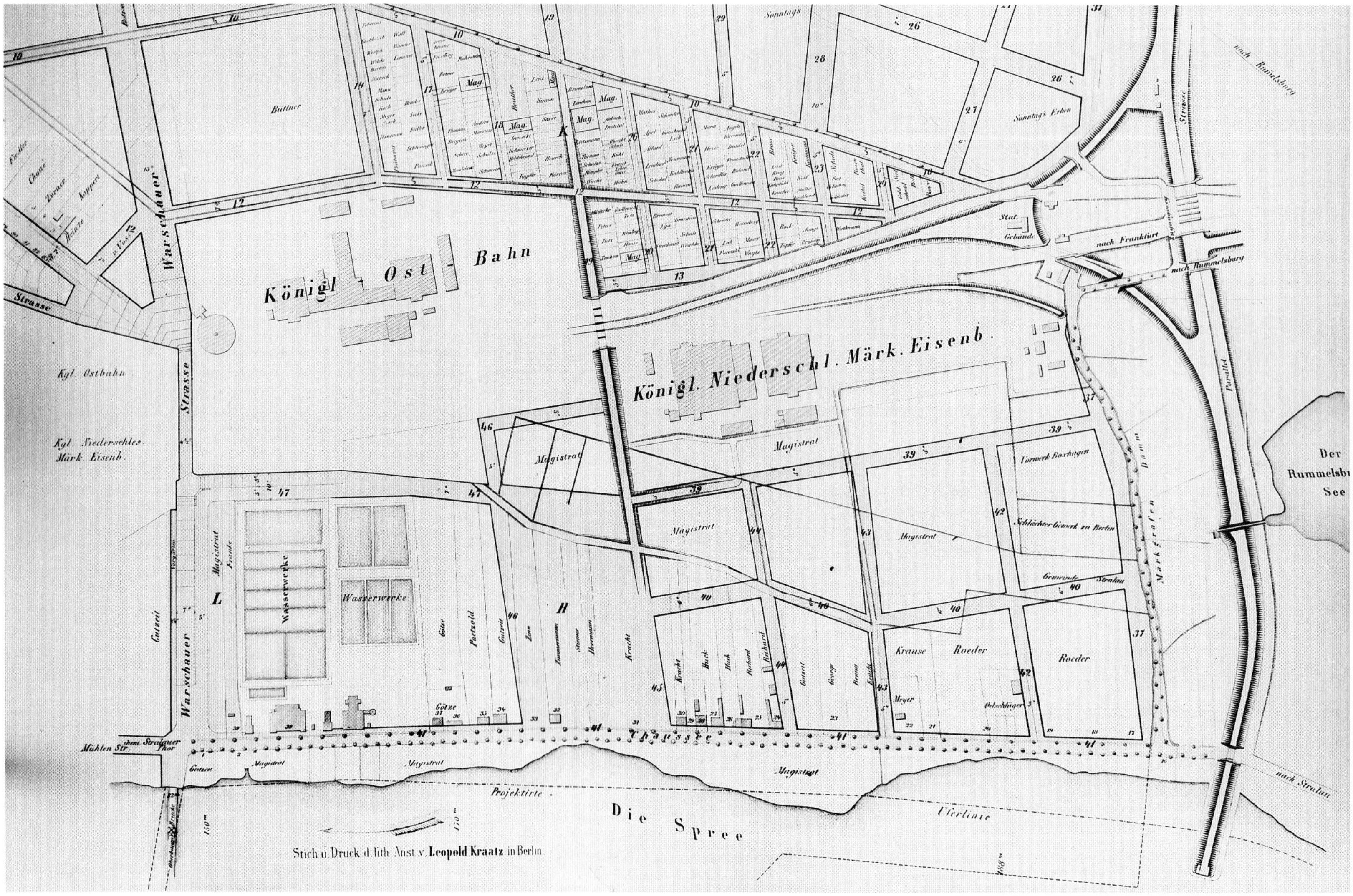

den Zustand (Bild 237). Nach 1890 griff die Absteckung der Straßen auch auf die Abteilung XIV über. Nach langen Verhandlungen mit den Grundstückseigentümern und deren Entschädigung entstand z. B. in den Jahren 1892/93 die Warschauer Straße in zwei Teilabschnitten. Nach Abschluß der Planungsarbeiten konnte das Gelände mit Mietshäusern bebaut werden.

Einige wenige Abbildungen sollen auf die Geschichte dieses Stadtgebiets hinweisen (Bilder 236, 238 bis 241).

235 »Bebauungsplan der Umgebungen von Berlin – Abteilung XIV«, revidierte Fassung von 1874, der den Geländebedarf der Eisenbahn ausweist (StA)

236 Perspektivische Ansicht der Breslauer Straße von der Andreasstraße aus mit dem Stammhaus der Julius Pintsch AG (StA)

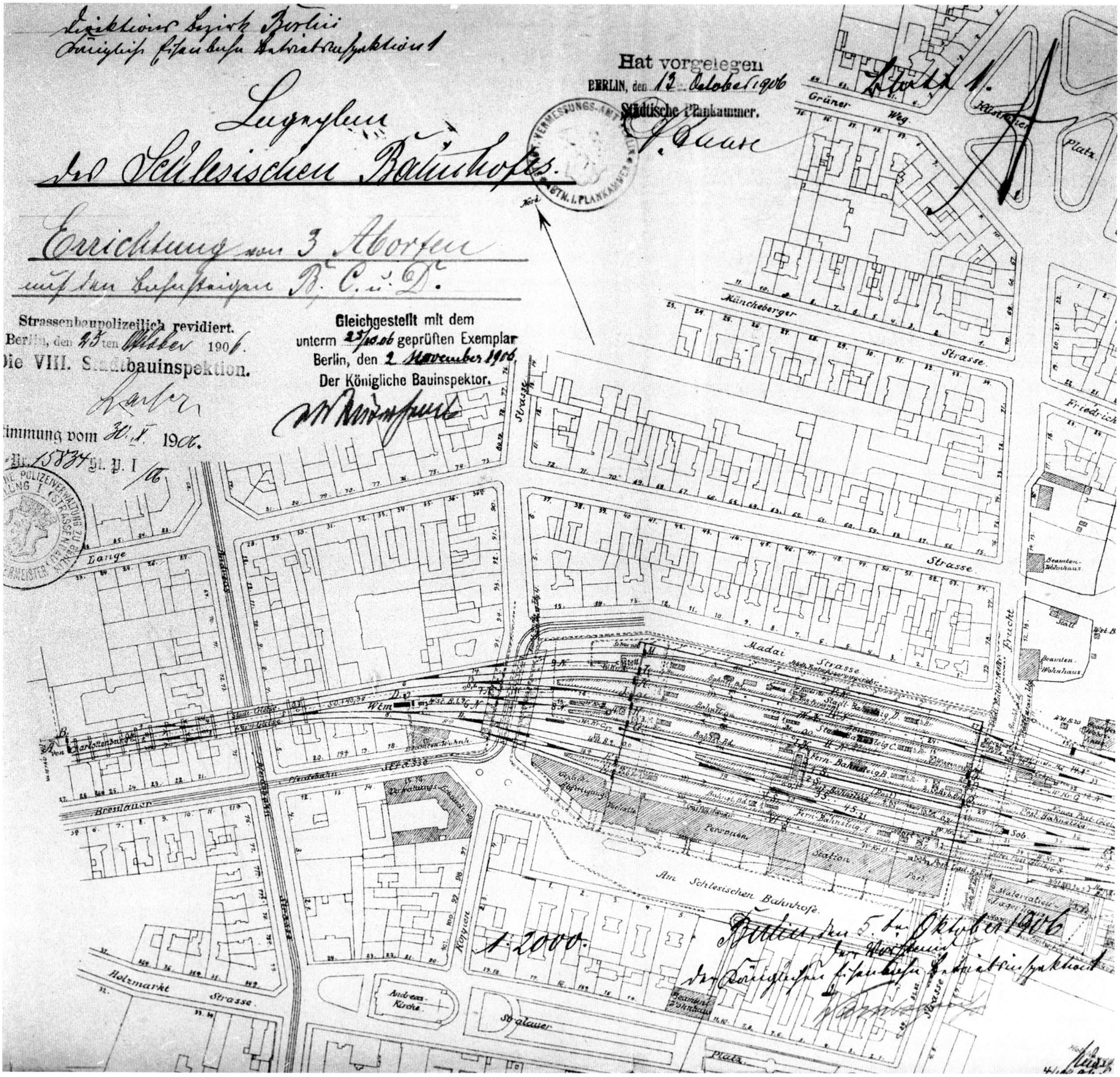

237 *Lageplan der Wohngegend um den Schlesischen Bahnhof zwischen Andreas- und Fruchtstraße aus dem Jahre 1906 (BauF)*

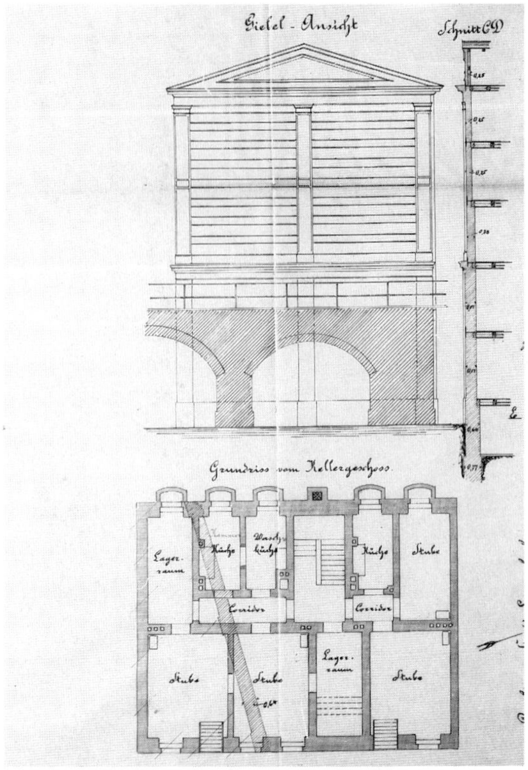

238 Ansicht der Wohnhäuser Stralauer Platz 22/23 um 1870 (Aufnahme von F. A. Schwartz (StA)

239 Blick von der Fruchtstraße auf die dem Bahnhof gegenüberliegende Häuserfront, 1929 (ADN/ZB)

240 Situation auf dem Grundstück Krautstraße 28 nach dem Verkauf eines Teilstücks an die Berliner Stadteisenbahn (StA)

Die Großmarkthalle am Alexanderplatz

Zu den segensreichen Folgen des Baus der Stadtbahn gehörte zweifelsohne die Lösung wichtiger Versorgungsprobleme der sich ausdehnenden Großstadt Berlin. In der Versorgung dieser zur Millionenstadt (1878) herangewachsenen Kommune herrschten unglaubliche Zustände. HOBRECHT sah in der von ihm geleiteten Planung der Stadtentwicklung zahlreiche freie Räume vor, die sowohl als Schmuck – wie auch als Marktplätze dienen sollten. Die unhygienischen und den wachsenden Verkehr behindernden Märkte blieben als »Denkmäler« kommunalpolitischer Kurzsichtigkeit bestehen. Seit 1848 gab es in der Stadtverordnetenversammlung Anträge, die Märkte als unhygenisch aufzuheben und sie durch Markthallen zu ersetzen. Studienkommissionen arbeiteten, aber es geschah nichts.

Ein erster Versuch zur Einrichtung einer Markthalle am Schiffbauerdamm (später als Friedrichstadtpalast genutzt) scheiterte in den sechziger Jahren an der Lage und der damit zu erwartenden mangelnden Rentabilität. 1872 bewarb sich die Deutsche Baugesellschaft um eine Konzession zum Bau und Betrieb von dreizehn Markthallen. Einerseits unterstützte das Berliner Polizeipräsidium diese Initiative, da Verkehrshindernisse entfielen, anderseits forderte es die Beteiligung der städtischen Behörden, um ein Monopol in der Lebensmittelversorgung auszuschließen.

Zu Beginn des Jahres 1875 setzte der Magistrat von Berlin eine Kommission ein, die durch Studien und internationale Vergleiche Vorschläge für die Lösung der Versorgungsfragen unter Berücksichtigung der Hygiene, der Bekämpfung von Seuchen usw. ausarbeiten sollte. Ergebnisse dieser Untersuchungen waren u. a. städtische Einrichtungen, wie der Schlacht- und Viehhof an der Ringbahn, der im Jahre 1881 eröffnet wurde und zur Verbesserung der Versorgung mit einwandfreiem Fleisch beitrug.

241 St. Andreas-Kirche auf dem Stralauer Platz, um 1870 (Aufnahme von F. A. SCHWARTZ) (MM)

Die Kommission hatte auch Vorschläge zu unterbreiten, wie die Stadt mit anderen Nahrungsmitteln sowohl in ausreichender Menge als auch in frischem und einwandfreiem Zustand versorgt werden könnte. Im Verlauf des Jahres 1880 stellte sich als die günstigste Möglichkeit der Bau einiger Hallen mit direktem Anschluß an die Stadtbahn heraus. Auf der Bahn sollten die Güter bis zu bestimmten Punkten gebracht werden, um dann über den Groß- und Kleinhandel an die Bevölkerung verkauft zu werden. Der Magistrat hegte den Gedanken, nach Pariser oder Londoner Vorbild mindestens drei Markthallen zu errichten. Die Kommission erarbeitete Vorschläge für den Standort dieser Hallen. Fünf kamen in die engere Auswahl:

a) unmittelbar westlich der Jannowitzbrücke,
b) auf dem Gelände des früheren Arbeitshauses (dann Standort des Berliner Polizeipräsidiums und heute Parkplatz an der Alexanderstraße),
c) zwischen dem Bahnhof Königsbrücke (Alexanderplatz) und der Kaiser-Wilhelm-Straße (heute Karl-Liebknecht-Straße),
d) auf der neuen Promenade sowie unterhalb des Haltestelle Börse (heute Marx-Engels-Platz) und
e) in der Georgenstraße am Bahnhof Friedrichstraße.[29]

Für alle Standorte gab es gute Gründe, entscheidend aber waren in jedem Falle die mögliche Mitbenutzung von einigen Stadtbahnbögen und zugleich ausreichend Platz in der Umgebung.

Der Magistrat trat am 14. Februar 1881 mit einer Vorlage an die Stadtverordnetenversammlung, um einen Ausschuß wählen zu lassen, der geeignete Standorte für diese Hallen und für verschiedene kleinere auszuwählen hatte. Der Magistrat trat für seine Varianten mit der bald zu erwartenden Eröffnung der Stadtbahn ein: »Ihren eigentlichen Werth erhält aber die Stadteisenbahn dann, wenn es möglich ist, an denjenigen Stellen, an welchen dieselbe innerhalb der Stadt Bahnhöfe angelegt hat, die Geleise der Bahn dergestalt mit Abzweigungen zu versehen, daß dieselben mit Lebensmitteln beladenen Wagen an Punkte führen, wo wiederum durch Hinzunahme entsprechend großer Terrains, sich Plätze schaffen lassen, welche durch eine derartige Abzweigung der Schienenstränge mit der Stadtbahn selbst und durch diese mit dem Schienennetz des Landes in ununterbrochener Verbindung gesetzt sind …«[30]

Auch die Ergebnisse des internationalen Vergleichs und die durch den Stadtbahnbau in Berlin günstiger gewordenen Umstände flossen in den Antrag ein. »In keiner anderen Großstadt – von London abgesehen – befindet sich ein ähnliches, dem obengedachten Zwecke gleich günstig disponiertes und ausgeführtes Unternehmen. Die Central-Markthalle von Paris sollte in directe Verbindung mit einem der in die Stadt einmündenden Bahnhöfe gebracht werden. Die unter der Halle befindlichen Keller wurden deshalb beim Bau der Anlage für eine Schienenanlage und Güterwagen in entsprechender Weite und Höhe ausgeführt. Allein die beabsichtigte Verbindung der Central-Markthalle mit der Eisenbahn unterblieb, weil die der Ausführung entgegensehenden finanziellen Schwierigkeiten – als selbst für Paris – unüberwindlich gehalten wurden.«[31] »Der bei uns der Vollendung entgegengehende oberirdisch ausgeführte Stadtbahnviadukt bietet schon in seinen Bögen für den Markt oder ähnlichen Verkehr nicht werthlose Verkaufsstätten …«[32] Eine typische Begründung jener Jahre, man fühlte sich irgendwie zu spät gekommen und unterlegen. Jedes Argument, das gegen diese vermeintliche Unterlegenheit sprach, galt als Argument einer kommenden Überlegenheit, die eigentlich schon längst bestand, nur nicht im Bewußtsein der Zeitgenossen.

Der Magistrat beharrte nicht darauf, daß an allen fünf Standorten Markthallen mit Eisenbahnanschluß entstehen sollten, favorisierte aber die Vorschläge c), b) und e). Ebenso gründlich wie er argumentierte, berechnete der Magistrat die Kosten und den Nutzen, ohne aber nach dem Vergleich mit den Pariser Markthallen – klugerweise – eine Hochrechnung für das Berliner Unternehmen vorzulegen. Sollte sich der Bau einer oder mehrerer Hallen mit unmittelbarem Anschluß an die Stadtbahn nicht vollziehen lassen, schlug der Magistrat vor, Viaduktbögen für diese Zwecke zu mieten. Hierbei müssen die Verhandlungen bereits sehr weit gediehen gewesen sein, denn es konnten Vorschläge über die Höhe der Mietpreise pro Quadratmeter übermittelt werden, so z. B. für die Bögen in der Königsstraße und am ehemaligen Arbeitshaus von 8,– M/m^2. Einige Bögen jedoch sollten »wegen ihrer hervorragend günstigen Lage inmitten der geschäftsreichsten Gegend Berlin 15,– Mark pro Quadratmeter« kosten.[33]

Die Stadtverordnetenversammlung faßte am 14. Februar 1881 den gewünschten Beschluß und setzte eine Kommission zum Studium der genannten Probleme ein. Diese beschloß, die Wochenmärkte durch Markthallen zu ersetzen, aber nicht alle an die Stadteisenbahn anzuschließen. Spezielle Verkehrsprobleme schlossen eine derartige Idee aus. Vielmehr kam ein großangelegtes Markthallenprogramm in Vorschlag, dessen Mittelpunkt eine Zentral-(Groß-)-Markthalle sein sollte. Als Standort bot sich nur die Fläche westlich der Stadtbahn in der Nähe des Bahnhofs Alexanderplatz zwischen Kaiser-Wilhelm-Straße und Westseite dieses Bahnhofs an (Bilder 242 und 243).

Der Magistrat setzte den Stadtbaurat Hermann Blanckenstein als Architekt ein. Seine kommunalen Bauten zeichneten sich durch Zweckmäßigkeit und Sparsamkeit sowie eine oft mißverstandene Eleganz aus. Er verwendete für diesen Bau – wie bei fast allen seinen Arbeiten – aus Kostengründen die Rohziegelarchitektur bei sparsamstem Einsatz von Terrakotten. Oft kritisert und abfällig behandelt, bleibt die Frage an die Kritiker, wer vor oder nach ihm angesichts der notwendigen kommunalen Sparsamkeit mit einem einfachen Ziegelstein eine derartige Gestaltungsvielfalt erreicht hat. Der Bau dieser Großmarkthalle – später als Halle I bezeichnet – begann im Juli 1883. Ihre Grundfläche betrug 11 600 m^2, davon lagen 2107 m^2 auf Stadtbahngebiet und 1725 m^2 in sieben Stadtbahnbögen.

Die Verwirklichung des an und für sich glücklichen Gedankens der Anbindung an die Stadtbahn erwies sich in der Praxis als sehr kompliziert. Als das Projekt zur Beratung stand, gab es noch keine Erfahrungen mit dem Verkehr auf der Stadtbahn. Bei der Eröffnung der Markthalle am 3. Mai 1886 (weitere vier, die nicht an die Eisenbahn angeschlossen wa-

[29] ZStAM, Rep. 78, Tit. 258a, Nr. 68, Band 2, Bl. 56 und 65a
[30] Ebenda
[31] Ebenda
[32] Ebenda
[33] Ebenda

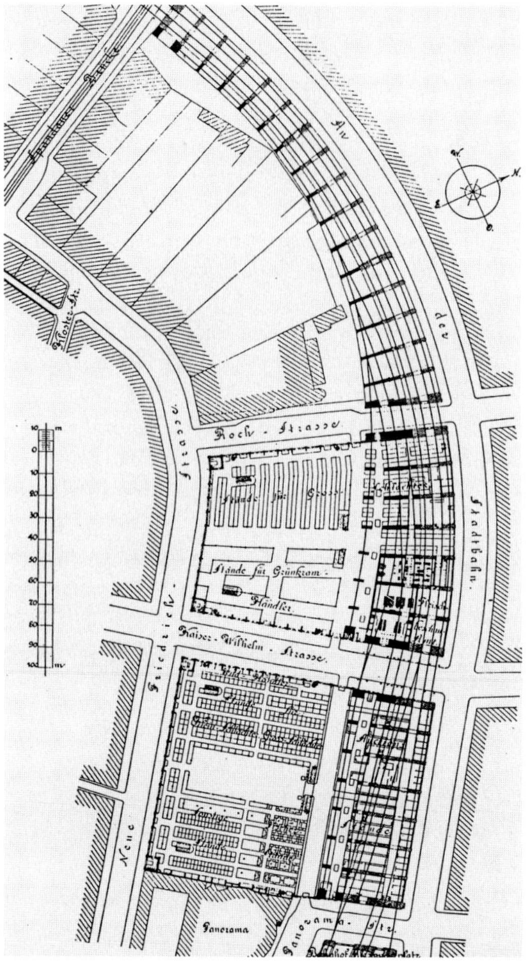

ren, eröffneten am gleichen Tag) hatte sich die Situation grundlegend verändert. Die viergleisige Anlage zeigte eine derartig hohe Verkehrsfrequenz, daß die Güterverkehrsanbindung nur unter den kompliziertesten Bedingungen zur Ausführung kommen konnte. Der Gleisanschluß der Markthalle erforderte eine Verbreiterung der Brücke über die Kaiser-Wilhelm-Straße und die Rochstraße um vier Gleise. Bis zum Bogen 143 mußte der Viadukt um 9,50 m verbreitert werden. Die Gleise für die Entladung lagen auf extra für diese Zwecke errichteten weiteren Viadukten, die separat neben den Stadtbahnbögen standen. Auf dem freien Raum zwischen beiden ordnete BLANCKENSTEIN die Entladebühnen an, deren Länge, technische Ausrüstung und Insellage Voraussetzungen für eine schnelle Entladung boten. Fünf bzw. sechs Fahrstühle, die bis in die Keller reichten, ließ BLANCKENSTEIN auf den Bühnen anlegen. Über die Seitenbahnsteige neben den Entladegleisen konnte eine Verbindung zum Obergeschoß hergestellt werden.

Im April 1886 erließ die Königliche Eisenbahndirection in Berlin »Bestimmungen über die Abfertigung der Berliner Markthallen-Güter auf der Eisenbahn« (Bild 244). Sie enthielten einen Fahrplan mit der Zusammenstellung zu besonderen Zügen, die nur in verkehrsschwachen Pausen zum Alexanderplatz gelangen konnten. Sammelpunkt war zunächst der

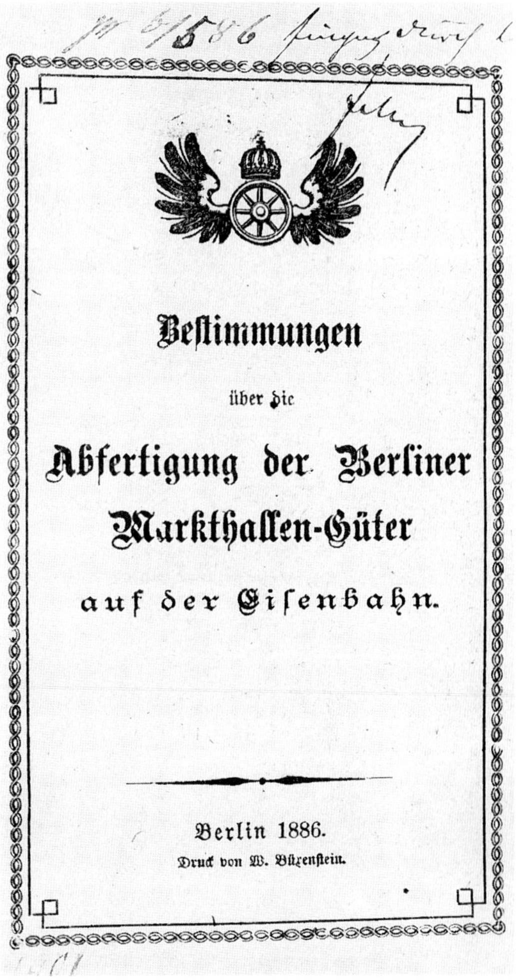

Bestimmungen

über die

Abfertigung der Berliner

Markthallen-Güter

auf der Eisenbahn.

Berlin 1886.

Druck von W. Büxenstein.

Schlesische Bahnhof, auf dem die Waggons bis 24.00 Uhr eintreffen mußten. Der Markthallenverkehr stellte also insgesamt eine Größe dar, die von diesem Bahnhof abhing. Später änderten sich zwar Details, aber Grundgedanke dieses Verkehrs blieb Zeit seiner Existenz die Verbindung zu dem uns interessierenden Bahngelände. Eine einmal getroffene Entscheidung blieb objektiv bestehen, und, das ist eine sich mehrfach durch die Geschichte ziehende Lehre, einmal getroffene Entscheidungen sind nicht oder nur schwer rücknehmbar.

Aus den Zügen vom Schlesischen Bahnhof zum Bahnhof Alexanderplatz entstand ein spezieller »Markthallenzug« (später »Kne« für »Kleiner Naheilgüterzug« und umgangssprachlich unter den Eisenbahnern als »Alex-Fuhre« bezeichnet), der in den Mittagsstunden zum

242 Lageplan der Zentralmarkthallen I und II (StA)

243 Transportweg in der Markthalle hinter dem Entladebahnsteig, 1928/29 (Staatliches Filmarchiv)

244a) Titelblatt der »Bestimmungen über die Abfertigung der Berliner Markthallen-Güter auf der Eisenbahn« vom April 1886

Fahrplan
für die Markthallenzüge der Stadt- und Ringbahn.
Gültig vom Tage der Eröffnung
der **Central-Markthalle Alexanderplatz** ab.

Die Markthallengüter werden befördert:

I. Nach der Central-Markthalle.

a. Aus den Richtungen Hannover, Hamburg, Stettin und Stralsund mit dem Güterzuge 2737
Moabit . . . . . ab 9^{20} Nm.
Gesundbrunnen . . „ 10^{5} „
Rgbhf. Rummelsburg . an 11^{0} „

b. Aus der Richtung Bromberg mit besonderem Ueberführungszuge
Rgbhf. Lichtenberg . ab 10^{35} Nm.
„ Rummelsburg an 10^{50} „

Die Sendungen zu a. und b. werden auf dem Rgbhf. Rummelsburg zu einem besonderen Zuge vereinigt und zunächst nach dem Schlesischen Bahnhofe befördert:
Rgbhf. Rummelsburg ab 11^{40} Nm.
Schlesischer Bhf. . . an 11^{55} „

c. Aus den Richtungen Magdeburg, Nordhausen, Halle bezw. Leipzig, Dresden und Görlitz werden dieselben mit dem nachstehenden besonderen Markthallenzuge direct nach dem Schlesischen Bahnhofe befördert:
Grunewald . . . . ab 9^{36} Nm.
Wilmersdorf-Friedenau an 9^{56} ab 10^{8} Nm.
Tempelhof . . . . „ 10^{17} „ 10^{32} „
Rixdorf . . . . . „ 10^{46} „ 11^{5} „
Schlesischer Bhf. . . „ 11^{35}.

— 16 —

Vom Schlesischen Bhfe. aus erfolgt die Weiterbeförderung sämmtlicher Sendungen aus den unter a. bis c. aufgeführten Richtungen mit einem Markthallenzuge gemeinschaftlich:
Schlesischer Bahnhof . ab 12^{10} Vm.
Alexanderplatz . . . an 12^{20} „

II. Von der Central-Markthalle.

Alexanderplatz . . . ab 3^{20} Vm.
Schlesischer Bhf. . an 3^{30} ab 3^{40} Vm.
Rgbhf. Rummelsburg an 3^{55} Vm.

Vom Rangirbhf. Rummelsburg erfolgt die Weiterbeförderung:

a. Nach den Richtungen Stralsund (über Neubrandenburg), Stettin, Hamburg, Hannover mit dem Güterzuge No. 2704.
Rgbhf. Rummelsburg ab 6^{15} Vm.
Gesundbrunnen . an 7^{52} ab 8^{4} Vm.
Moabit . . . . . an 8^{20} Vm.

b. Nach der Richtung Bromberg mit dem Ueberführungszuge No. 2824:
Rgbhf. Rummelsburg ab 5^{30} Vm.
„ Lichtenberg . an 5^{45} „

c. Nach den Richtungen Görlitz, Dresden, Leipzig bezw. Halle, Magdeburg und Nordhausen mit dem Güterzuge No. 2701.
Rgbhf. Rummelsburg ab 5[illegible] Vm.
Rixdorf . . . . an 5^{38} ab 6^{0} Vm.
Tempelhof . . . „ 6^{20} „ 6^{45} „
Potsdamer Güterbhf. an 7^{0} Vm.

Berlin, im April 1886.

Königliche Eisenbahn-Direktion.
J.-No. II. A. 7726.

Bahnhof Alexanderplatz überführt wurde (Bild 244b und c). Dieser spezielle Zug konnte über eine Weichenverbindung der Fernbahn westlich des Bahnhofs Alexanderplatz direkt in den Gleisanschluß einfahren, die Herstellung eines Anschlusses über die Stadtbahn allein ging gleistechnisch nicht.

Dieser als Ausfüllung des Vertrages vom 7. Februar 1884 zwischen der Eisenbahndirection Berlin und dem Magistrat ausgehandelte Fahrplan bewähre sich in der Praxis nicht, zum einen reichte ein Markthallenzug nicht aus, und zweitens war die Ankunftszeit mittags wenig den Bedingungen des Groß- und Kleinhandels angepaßt. In der Regel mußten die Waren nach der Entladung bis zum nächsten Morgen – bis zur Verkaufsbörse – warten. Ein neuer Betriebsvertrag vom 1. Mai 1887 zwischen der Bahnverwaltung und dem Magistrat schuf günstigere Fahrzeiten; die Güter trafen nun nachts in der Markthalle ein, so daß mittags die Waggons wieder ablaufen konnten. Des weiteren wurde ein zweiter Zug eingesetzt. Der erste Zug startete etwa gegen 1.00 Uhr auf dem Potsdamer Bahnhof und fuhr über den Südring (Tempelhof–Treptow) nach Rummelsburg-Rangierbahnhof. Der zweite kam von Moabit (ca. 2.50 Uhr) über den Nordring, nahm in Gesundbrunnen und Friedrichsberg weitere Waggons auf und fuhr dann ebenfalls zum Rangierbahnhof Rummelsburg.[34] Nach einem Fahrtrichtungswechsel fuhren beide Züge über den Schlesischen Personenbahnhof und kamen zwischen 2.00 und 4.00 Uhr in »Berlin-Zentralmarkthalle« an.

Der erste Zug (vom Potsdamer Bahnhof kommend) mußte in $1^1/_2$ Stunden entladen werden, denn dann kam der zweite Zug an. Die ablaufenden Leerwagen sowie die von Großhändlern gekauften Gütersendungen wurden nun zum Schlesischen Güterbahnhof überführt. Der zweite auf dem Bahnhof Alexanderplatz ankommende Zug hatte eine Entladefrist bis etwa 12.00 Uhr, erst dann ließ der dichte Zugverkehr ein Abfahren der Leerwagen zu. Abends verkehrte dann ein weiterer Zug, der Stück- und Eilgut über den Südring abtransportierte (Bild 245).

Weiterhin richtete die Eisenbahn eine Güterabfertigungsstelle ein, die die städtischen Markthallenbeamten entlastete. Tarifrechtliche Erleichterungen sowie Bestimmungen über den Transport leichtverderblicher Güter schufen günstigere Voraussetzungen, so daß ein merklicher Verkehrszuwachs eintrat: 1887/88 konnten 6800 t Güter umgeschlagen werden. Die Markthalle war ihrem eigentlichen Wesen nach eine Einzelmarkthalle, d. h., über Stände verkauften die Händler die Waren an die Kunden. Für den Großhandel, der von hier aus an kleine Händler verkaufte, die in Einzelhandelsgeschäften oder in einer der gleichzeitig entstandenen Einzelmarkthallen die Waren vertrieben, entstand – ebenfalls nach Plänen Blanckensteins – seit Herbst 1891 zwischen der Kaiser-Wilhelm-Straße und der Rochstraße die Großmarkthalle II mit 9200 m^2 Verkaufsfläche (Bild 246). Sie konnte am 1. Juli 1893 in Betrieb genommen und durch Tunnelanlagen mit der anderen Halle verbunden werden. Nun erst war die gesamte Anlage komplett.

Die in der Markthalle eintreffenden Güter kamen aus vielen Ländern Europas. Während der Obsternte kamen Sonderzüge mit frischem Obst direkt aus Werder. Für das Jahr 1894/95 meldete der Geschäftsbericht einen Empfang von 54 880 t Güter und einen Versand von 2936 t. Dafür wurden 13 084 Güterwagen eingesetzt, die über den Schlesischen Bahnhof zur Markthalle fuhren.[35]

Mit der Markthalle begann die Nutzung der Stadtbahnbögen. Ursprünglich gab es 731 Viaduktbögen, von denen 597 benutzbar waren und 453 zur Freigabe kamen. 1882 konnten trotz aller Bemühungen erst 58 Bögen vermietet werden, 1887 waren es 247 und 1895 bereits 373.[36] Restaurationsbetriebe, kleine Ladengeschäfte, Pferdeställe, Wärmehallen, Tierheime usw. entstanden in diesen Bögen. Der gesamte Kleinhandel Berlins versorgte sich über die Zentralmarkthalle, die als billigste und reichhaltigste Bezugsquelle galt. Die Eisenbahn veränderte also grundlegend die Möglichkeiten der Versorgung in Berlin, modernisierte sie und erleichterte auf diese Weise den Alltag der Bevölkerung.

Die Hallen existierten bis weit in die sechziger Jahre unseres Jahrhunderts und konnten trotz Kriegszerstörung mit ihrem typischen

b) Seite 15 der »Bestimmungen ...« mit dem Fahrplan des Markthallenverkehrs
c) Seite 16 der »Bestimmungen ...« mit dem Fahrplan des Markthallenverkehrs (StA)

[34] Die Zentral-Markthalle. – In: verkehrsgeschichtliche blätter. – Berlin, 1982. – S. 183
[35] Ebenda, S. 184
[36] Exerzierfeld der Moderne. Industriekultur in Berlin im 19. Jahrhundert. – München, 1984. – S. 107

Flair nach 1945 wieder genutzt werden. Dann waren sie verbraucht, und die Gedankenlosigkeit der sechziger Jahre, die internationale Züge trug, und eine Symbiose von Politik und Widerwillen zeitgenössischer Architekten gegenüber dem Alten vernichteten die Hallen. Die Politiker lehnten die alte Architektur ab, denn sie erinnerte an gültige Lösungen und daran, daß derartige Schöpfungen immer Ergebnis eines Kompromisses aller Beteiligten sein mußten. In der Berliner Baupolitik prägte sich über Generationen der Gedanke aus, daß die Vorgänger – außer SCHINKEL – relativ wenig geleistet hatten. Man könne selbst alles besser, und die Zerstörungen des zweiten Weltkriegs boten nun die Möglichkeit, das Alte mit dem Bulldozer »zusammenzuschieben«, d. h. ersatzlos darauf zu verzichten.

Dem kam einerseits entgegen, daß die Architekturen verschlissen waren und nur durch scheinbar unvertretbaren Kraftaufwand neuen Bedingungen angepaßt werden konnten. Anderseits herrschte in der Öffentlichkeit die Meinung vor, daß das Alte, Verbrauchte nicht erhaltenswert sei. Nur Neues konnte bessere Lebensbedingungen schaffen.

Im Juni 1966 mußten die ersten Teile der Zentralmarkthalle und die Viaduktbögen der Neugestaltung des Berliner Stadtzentrums weichen. Natürlich hätte der Erhalt hohe Kosten verursacht, und ein neuer Verwendungszweck hätte für die alten Hallen gefunden werden müssen, aber dieser Weg wurde gar nicht erst erwogen. Nur noch die heute existierenden, verbreiterten Stadtbahnbögen 125 bis 143 sowie das teilweise noch vorhandene Ausziehgleis 5 auf dem Bahnhof Alexanderplatz erinnern an diesen für Berlin einst so wichtigen Umschlagplatz für Versorgungsgüter, den die Eisenbahn in dieser Stadt hervorgebracht hat.

245 Ansicht des Stadtbahnviadukts in der Dircksenstraße mit Blick auf den Entladebahnsteig (MM)
246 Eingang zur Großmarkthalle, 1928/29 (Staatliches Filmarchiv)

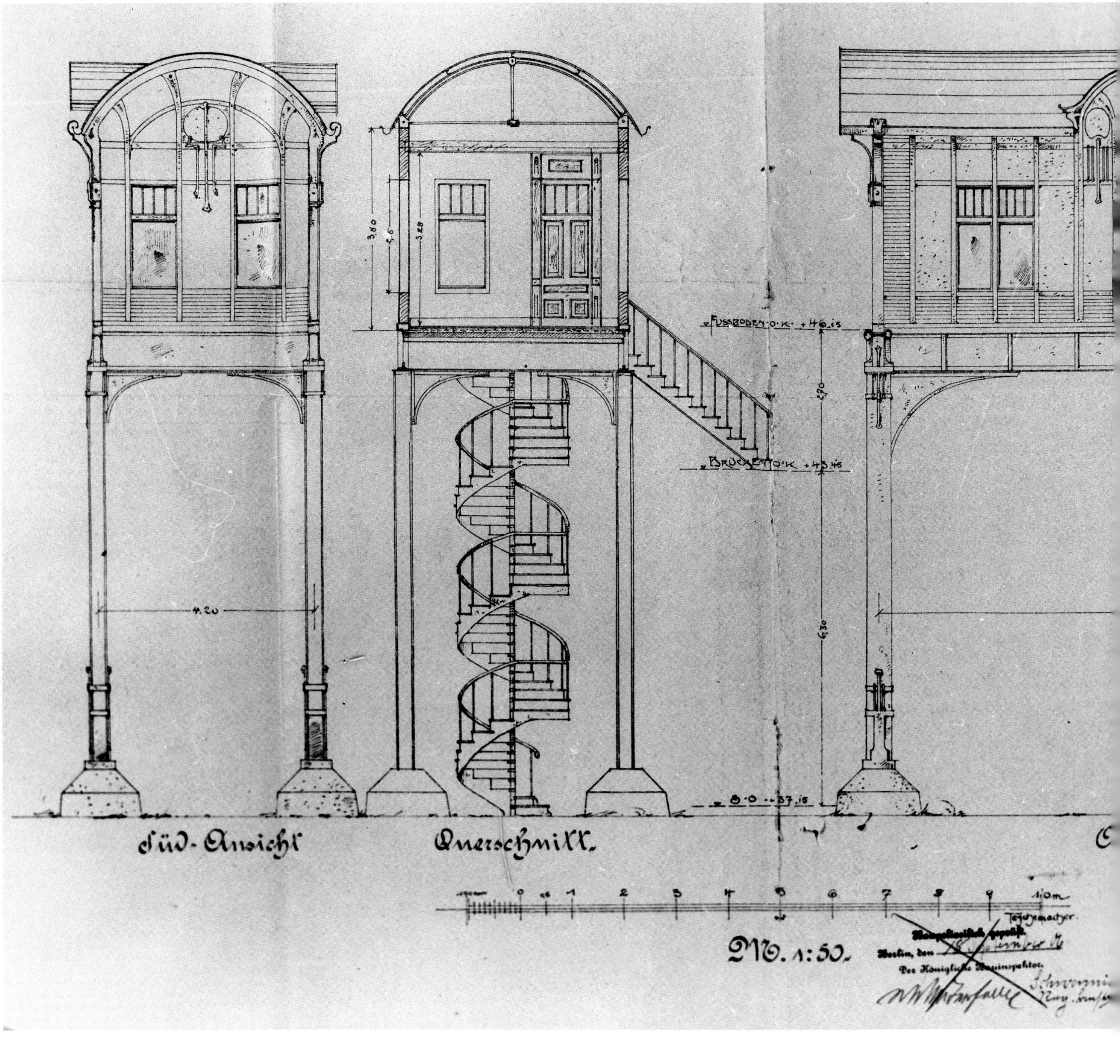
Süd-Ansicht
Querschnitt
M. 1:50.
Fussboden O.K. +46.15
Brücken O.K. +43.45
Berlin, den
Der Königliche Wasserinspektor

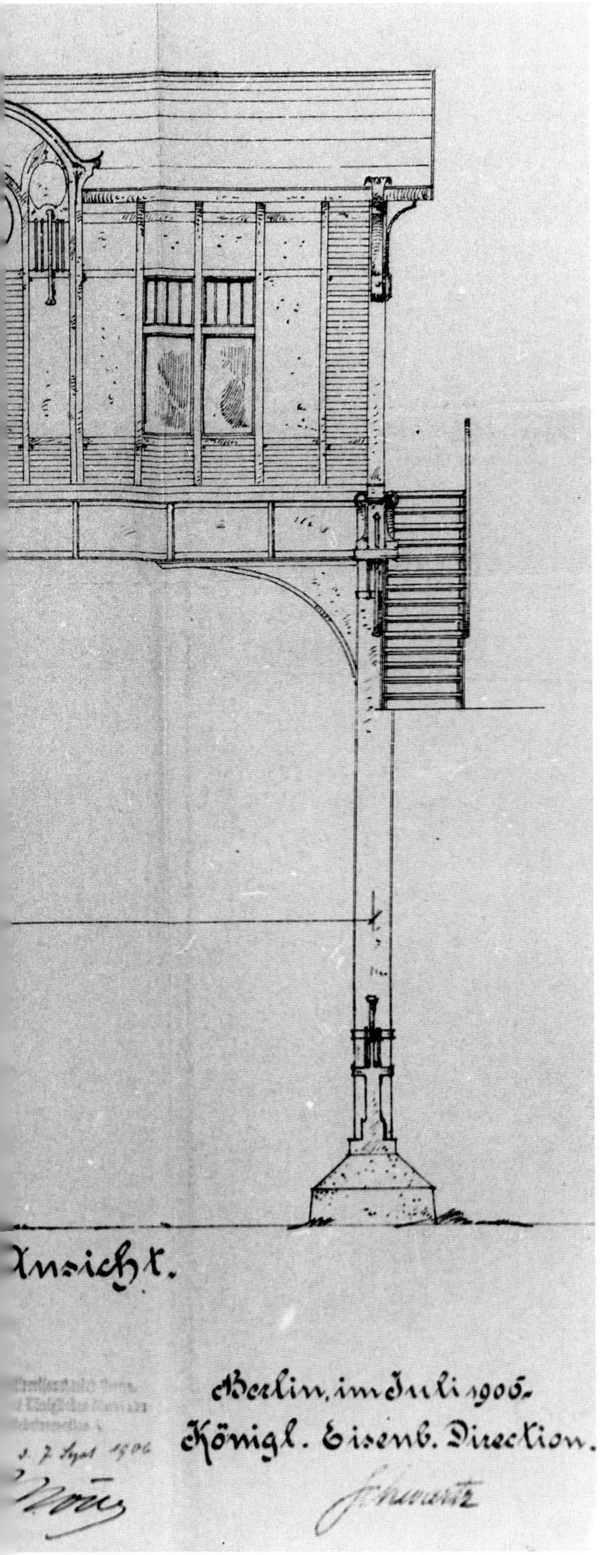

6.
DER »ZENTRAL-BAHNHOF« – ASPEKTE DER ENTWICKLUNG BIS 1945

Verkehrsleistungen

Mit der Erföffnung des Stadt- und Ringbahnverkehrs sowie der Aufnahme des Fernverkehrs auf der Stadtbahn erhöhte sich die Bedeutung des Schlesischen Bahnhofs gegenüber den anderen Berliner Bahnhöfen. Seine überragende Rolle durch die von ihm ausgehende Anbindung der östlichen Provinzen an das Zentrum des Deutschen Reiches nahm immer mehr zu, jedoch nicht im Bewußtsein der Öffentlichkeit. Es war der Reisebahnhof der »Namenlosen«, die »Prominenz« bevorzugte andere Bahnhöfe! Tatsächlich aber spielte im Massenverkehr der Schlesische Bahnhof eine bedeutende Rolle.

Nach den wenigen statistischen Unterlagen, die eine eindeutige Zuordnung des Verkehrs auf einen Berliner Bahnhof ermöglichen, entwickelte sich die Nutzungsfrequenz dieses Bahnhofs wie folgt:

a) Zahl der abfahrenden Personen im Rechnungsjahr:[1]

1885/86	2 524 161
1890/91	6 527 365
1892/93	5 739 600
1893/94	5 839 793
1894/95	5 959 313

b) Zahl der auf Fahrkarten und Fahrscheine (einschl. Militärfahrkarten) abfahrenden Personen im Rechnungsjahr 1893/94:[2]

Insgesamt	5 839 793
Fernverkehr	406 636
Vorortverkehr	1 494 222
Ortsverkehr (Stadt- und Ringbahn)	3 938 935

Diese Übersicht belegt die Bedeutung des Lokalverkehrs der Stadt Berlin gerade für diese Bahnanlage; begannen im Jahre 1843 täglich etwa 307 Fahrgäste auf diesem Bahnhof ihre Reise, hatte sich die Zahl bis zum Jahre 1859 auf etwa 720 erhöht, um zu diesem Zeitpunkt 15 999 Personen zu erreichen. Betrachtet man nur den Fernverkehr, so reisten täglich 1114 Personen ab.

Die Einbindung des Bahnhofs in den Nahverkehr und seine Lage an einer Nahtstelle verhalfen ihm zu seiner überragenden Position gegenüber den anderen Bahnanlagen Berlins.

Auf der Berliner Stadtbahn insgesamt vollzog sich die Entwicklung zum damals wichtigsten Massenverkehrsmittel. Es sei nur auf die Ausgabe von Arbeiter-Wochenkarten verwiesen:

Ausgegebene Karten im Rechnungsjahr	Einnahmen im ganzen	für 1 Karte in Pfg.
1884/85	148 239	99,4
1885/86	165 805	98,5
1886/87	229 244	98,2
1890/91	643 613	80,2
1891/92	842 942	76,7
1893/94	913 827	72,4
1894/95	921 362	69,5

In der III. Wagenklasse stieg die Zahl der verkauften Fahrkarten in der Zeit von 1884 bis 1895 von 9 879 029 auf 34 968 201 – Beleg des enormen Verkehrsaufkommens für die Masse der Berliner Bevölkerung. In den späteren Jahren verwischten sich die Grenzen zwischen dem Stadt-, Ring- und Vorortverkehr, so daß auch in den statistischen Werten keine genaue Trennung mehr vorgenommen werden konnte. Auf eine Tendenz kann aber aufmerksam gemacht werden: Im Jahre 1913 wurden im Stadt-, Ring- und Vorortverkehr 159 979 322 Einzelfahrkarten (also ohne Zeitkarten) verkauft, im Jahre 1926 waren es dann 193 245 111. Und diese Werte waren weiter im Steigen begriffen. Für das Jahr 1925 meldete die RBD Berlin mehr als 422 Mill. auf der S-Bahn beförderte Fahrgäste, im Jahre 1944 sollen es mehr als 700 Mill. gewesen sein.[3]

Nicht ganz so stürmisch vollzog sich die Entwicklung im Güterverkehr. Auch hier liegen – entsprechend den jeweiligen Rechnungsjahren – vergleichbare Angaben vor:[4]

Rechnungsjahr	Ankommende Güter	Abgehende Güter
1885/86	458 994 t	114 078 t
1887/88	684 009 t	114 189 t
1888/89	724 226 t	116 376 t
1892/93	779 789 t	128 616 t
1893/94	772 347 t	158 714 t
1894/95	682 630 t	143 508 t

Massengüter (z. B. Kohle) wurden hier nicht aufgeführt, sondern es handelte sich nur um den Umfang des Stückgutverkehrs, der geschlossenen Wagenladungen und des Dienstgutes. Ein Vergleich mit den Zahlen der Jahre 1862 und 1865 wäre hier nicht tragfähig. Allerdings bringt der Hinweis auf die erste Betriebszeit, in der der Kohleverkehr noch keine Rolle spielte, die vage Möglichkeit eines Vergleichs. Im ersten Betriebsjahr waren 6930 t Güter abgegangen und 9950 t empfangen worden.

1895 war der Aufbau eines staatlichen Eisenbahnnetzes in Preußen durch den Erwerb der Mehrzahl der bisherigen Privateisenbahngesellschaften durch den Staat zu einem gewissen Abschluß gekommen. 1870 waren 3195,17 km Eisenbahnstrecken in Staatsbesitz, 1880 dagegen bereits 11 244,58 km. Zwischen 1880 und 1885 erwarb der preußische Staat aus dem Besitz von Aktiengesellschaften 12 861,58 km Bahnstrecken.[5] In der Folge setzte eine Phase des extensiven Ausbaus des vorhandenen Streckennetzes ein, das in Preußen im Jahre 1914 eine Länge von 39 087,69 km erreichte. Diese Phase wurde von einem intensiven Ausbau des vorhandenen bzw. übernommenen Streckennetzes begleitet, um es den sich erhöhenden Verkehrsbedürfnissen anzupassen.

Der Schlesische Bahnhof hatte um 1896 die Grenzen seiner Leistungsfähigkeit erreicht. Täglich begannen oder endeten hier 42 Fernzüge. Ein Teil dieser Züge wurde auf dem Bahnhof Rummelsburg gebildet, der andere auf dem Schlesischen Bahnhof zusammengestellt. Dazu reichten die vorhandenen zwei Bahnsteige mit vier Gleisen für den Fernverkehr nicht mehr aus. Der Verkehr auf der Stadt- und Ringbahn sowie der Vorortverkehr einerseits und der zunehmende Raumbedarf der Reichspost andererseits ließen eine Änderung der Verkehrsströme auf dem Bahnhof zunächst nicht zu. Unterschiedliche Lösungsvarianten wurden diskutiert. Sie reichten von dem Bau einer Nord-Süd-Verbindung über den Bahnhof Friedrichstraße, von dem dann ein Teil des Verkehrs in die Stadt eingeleitet worden wäre, bis hin zur Errichtung eines zusätzlichen Bahnsteigs innerhalb des Schlesischen Bahnhofs, was ein Zusammendrängen des Nahverkehrs auf einen Stadtbahnsteig bedeutet hätte. Diese Ideen lie-

[1] Berlin und seine Bauten. Band 1. – Berlin, 1896. – S. 206 f.
[2] Ebenda
[3] Ebenda
[4] Statistisches Jahrbuch für den Preußischen Staat. – 1917. – S. 115
[5] Marx-Engels-Werke. Band 22. – Berlin, 1963. – S. 412

ßen sich nicht realisieren. Die einen scheiterten an dem ungeheuren Raumbedarf angesichts der zu geringen Finanzmittel bei den enorm gestiegenen Bodenpreisen und die anderen an dem ständig steigenden Nahverkehr der Stadt.

Zur Ausführung kamen dann nach langen Beratungen Maßnahmen, die die Leistungsfähigkeit der Bahnanlage steigerten, ohne zusätzlich Territorium um dem Bahnhof in Anspruch zu nehmen. Diese nach 1896 begonnene Umbauphase prägte bis weit in die achtziger Jahre unseres Jahrhunderts hinein das Bild des Bahnhofs. Sie läßt sich aber wegen der mangelnden Aktenüberlieferung nur in groben Zügen dokumentieren. So mußte z. B. die Behandlung des wichtigen S-Bahntunnels zwischen dem Schlesischen Bahnhof und der Warschauer Straße unterbleiben.

Die Verlagerung des Vorortverkehrs außerhalb des Bahnhofs auf einen eigenen Gleiskörper neben der Fernbahn schuf zunächst erhebliche Kapazitätsreserven. Die Ferngleise dienten nur noch dem Fern- und Güterverkehr. Weiterhin konnten die innerstädtischen Bahnhöfe vom Durchgangsgüterverkehr entlastet werden. Es entstanden die Rangierbahnhöfe Tempelhof und Niederschöneweide, 1893 der Rangierbahnhof Pankow, so daß auf diesen Bahnhöfen die für den Güterbahnhof der Königlichen Ostbahn oder der Schlesischen Bahn bestimmten Waggons ausgesondert werden konnten und auf der Ringbahn zu ihrem Bestimmungsbahnhof kamen. Weiterhin führte ein 1898 in Gang gekommenes umfängliches Bauprogramm der Eisenbahnanlagen in und um Berlin zu einer Entlastung der innerstädtischen Gleisverbindungen. Umgehungsbahnen weit außerhalb der damals bebauten Stadtfläche sollten langfristig den gesamten, nicht Berlin betreffenden Durchgangsgüterverkehr aufnehmen und die Ringbahn sowie die Berliner Rangierbahnhöfe entlasten.

Speziell für den Schlesischen Bahnhof wurde konzipiert, einen von der Stadt- und Ringbahn genutzten Bahnsteig aus dem Bahnhofsgebäude heraus zu verlegen, um ihn für den Vorortverkehr zu nutzen. Dazu gehörte, daß ein Teil der Zugbildung nach Lichtenberg-Friedrichsfelde verlegt und der Bahnhof Lichtenberg im Jahre 1897 an den Stadtbahnverkehr angeschlossen wurde. Es folgte der Bau einer Nebenbahnlinie nach Wriezen über Ahrensfelde und Werneuchen. Die Betriebsaufnahme auf den Teilstrecken Lichtenberg–Werneuchen und Werneuchen–Wriezen war am 1. Mai bzw. am 15. Oktober 1898. Zu einem gegenwärtig nicht genau festzustellenden Datum dieses Jahres wurde ein Flügelbahnsteig unterhalb der nördlichen Futtermauer des Schlesischen Bahnhofs auf dem Güterbahnhof der Königlichen Ostbahn in Betrieb genommen. Damit konnte eine sowohl für die Berliner Bevölkerung als auch für die Bewohner des Oderbruchs wichtige Lokalverbindung hergestellt werden; den Güterverkehr auf dieser Bahn – insbesondere von Obst, Gemüse und Kartoffeln – übernahm der Güterbahnhof der Königlichen Ostbahn. Ein Fahrplan aus dem Jahre 1900 (Bild 247) belegt den Zugverkehr auf dieser Strecke.

Zur Anbindung dieses neuen Flügelbahnsteigs mit den vorhandenen Bahnsteigen mußte – wohl im Jahre 1904 in Verbindung mit den anderen Umbauarbeiten – der vierte Quertunnel in Nord-Süd-Richtung angelegt werden, der sich bis zum Bahnsteig A hinzog. Es entstanden Treppenanlagen, um die jeweiligen Bahnsteige zu erreichen. Deren Turmbauten prägen zum Teil heute noch das Bild am Ende des Bahnsteigs östlich der Fruchtstraße. Gitterwerkkonstruktionen, beim Umbau weggefallen, führten über die Fruchtstraße.

Einen Eindruck vom Aussehen des Empfangsgebäudes des Wriezener Bahnhofs vermittelt die Zeichnung zum Bauantrag vom 31. August 1907 über die Erweiterung der Fahrkartenausgabe (Bild 249). In den dreißiger Jahren wurde das Empfangsgebäude vereinfacht. Bis 1950 diente der Bahnsteig dem Vorortverkehr in der angegebenen Richtung, dann wurde er geschlossen und der Verkehr nach Berlin-Lichtenberg verlegt. Heute nutzt die Deutsche Post die Anlage für ihre Zwecke; Reste der alten Architektur sind noch vorhanden.

Weitere kleinere Arbeiten betrafen unter anderem die Erneuerung der Einfriedung der Gleise vom Schlesischen Bahnhof zur Gasanstalt am Stralauer Platz, die immer noch im Straßenniveau lagen, sowie die Herstellung von Rundbogenfenstern im »Stationsbureau«. Diese zwei Beispiele aus einer Vielzahl weiterer baulicher Veränderungen sind typisch für die zu keiner Zeit aufhörenden Bauarbeiten an dem Bahnhof.

Entscheidende Veränderungen begannen im Jahre 1904 mit den Umbauarbeiten. Sie betrafen zunächst nur die innere Struktur der kleineren Halle mit dem Bahnsteig A und seinen zwei Gleisen, einer Postverladestelle mit zwei Gleisen und zwei weiteren für den inneren Dienst der Bahn. Der Postbahnsteig genügte längst nicht mehr den gestiegenen Anforderungen. Jedes Jahr zu Weihnachten mußte deshalb auf

Auszug aus dem Winterfahrplan, gültig vom 1. Oktober 1900.

Richtung Lichtenberg-Friedrichsfelde—Wriezen—Jädickendorf—Königsberg Nm.

Stationen	Vm.	Vm.	Nm.	Nm.	Nm.
Berlin, Schl. B. Abf.	4.20	8.12	12.38	5.48	8.25
Lichtenb.-Frdf. Abf.	4.38	8.38	12.50	6.00	8.41
Friedhof Friedrf.	4.43	8.44	12.58	6.04	8.45
Marzahn	4.57	8.58	1.02	6.14	8.55
Ahrensfelde	5.11	9.10	1.11	6.22	9.04
Blumberg	5.31	9.27	1.23	6.34	9.16
Seefeld	5.47	9.41	1.33	6.44	9.25
Werneuchen	6.08	9.57	1.44	6.55	9.34
Tiefensee	6.28	10.17	1.59	7.10	
Leuenberg	6.37	10.31	2.10	7.20	
Sternebeck	7.00	10.54	2.25	7.35	
Schulzendorf	7.18	11.07	2.35	7.45	
Wriezen Ank.	7.32	11.25	2.49	7.59	
Wriezen Abf.	8.20		3.15	8.04	
Altmedewitz	8.32		3.26	8.12	
Altreetz	8.42		3.35	8.18	
Neurüdnitz	8.49		3.42	8.28	
Zäckerick-Altrüdnitz	9.05		3.58	8.34	
Klemzow	9.28		4.22	8.53	
Groß-Wubiser	9.38		4.31	8.59	
Butterfelde-Mohrin	9.52		4.44	9.09	
Jädickendorf	10.09		5.01	9.22	
Königsberg Ank.	10.28		5.20	9.36	

Richtung Königsberg—Jädickendorf—Wriezen—Lichtenberg-Friedrichsfelde.

Stationen	Vm.	Vm.	Nm.	Nm.	Nm.
Königsberg Abf.		5.43		12.45	5.42
Jädickendorf		6.15		1.07	5.56
Butterfelde-Mohrin		6.33		1.26	6.11
Gr.-Wubiser		6.41		1.38	6.19
Klemzow		6.50		1.48	6.27
Zäckerick-Altrüdnitz		7.07		2.09	6.41
Neu-Rüdnitz		7.19		2.22	6.52
Altreetz		7.25		2.31	6.58
Altmedewitz		7.33		2.40	7.06
Wriezen Ank.		7.41		2.50	7.16
Wriezen Abf.		7.50	12.29	3.05	8.08
Schulzendorf		8.13	12.51	3.33	8.30
Sternebeck		8.26	1.04	3.55	8.48
Leuenberg		8.42	1.20	4.16	9.10
Tiefensee		8.51	1.29	4.29	9.22
Werneuchen	6.20	9.07	1.45	4.51	9.42
Seefeld	6.30	9.17	1.54	5.03	9.53
Blumberg	6.40	9.28	2 04	5.17	10.05
Ahrensfelde	6.50	9.39	2.14	5.30	10.17
Marzahn	6.58	9.47	2.21	5.40	10.26
Friedhof Friedrf.	7.07	9.56	2.29	5.51	10.37
Lichtenb.-Frdf. Ank.	7.10	9.59	2.32	5.55	10.41
Berlin, Schl. B. Ank.	7.27	10.14	2.46	6.37	10.59

247 Fahrplan der Nebenbahn nach Wriezen aus dem Jahre 1900 (StA)

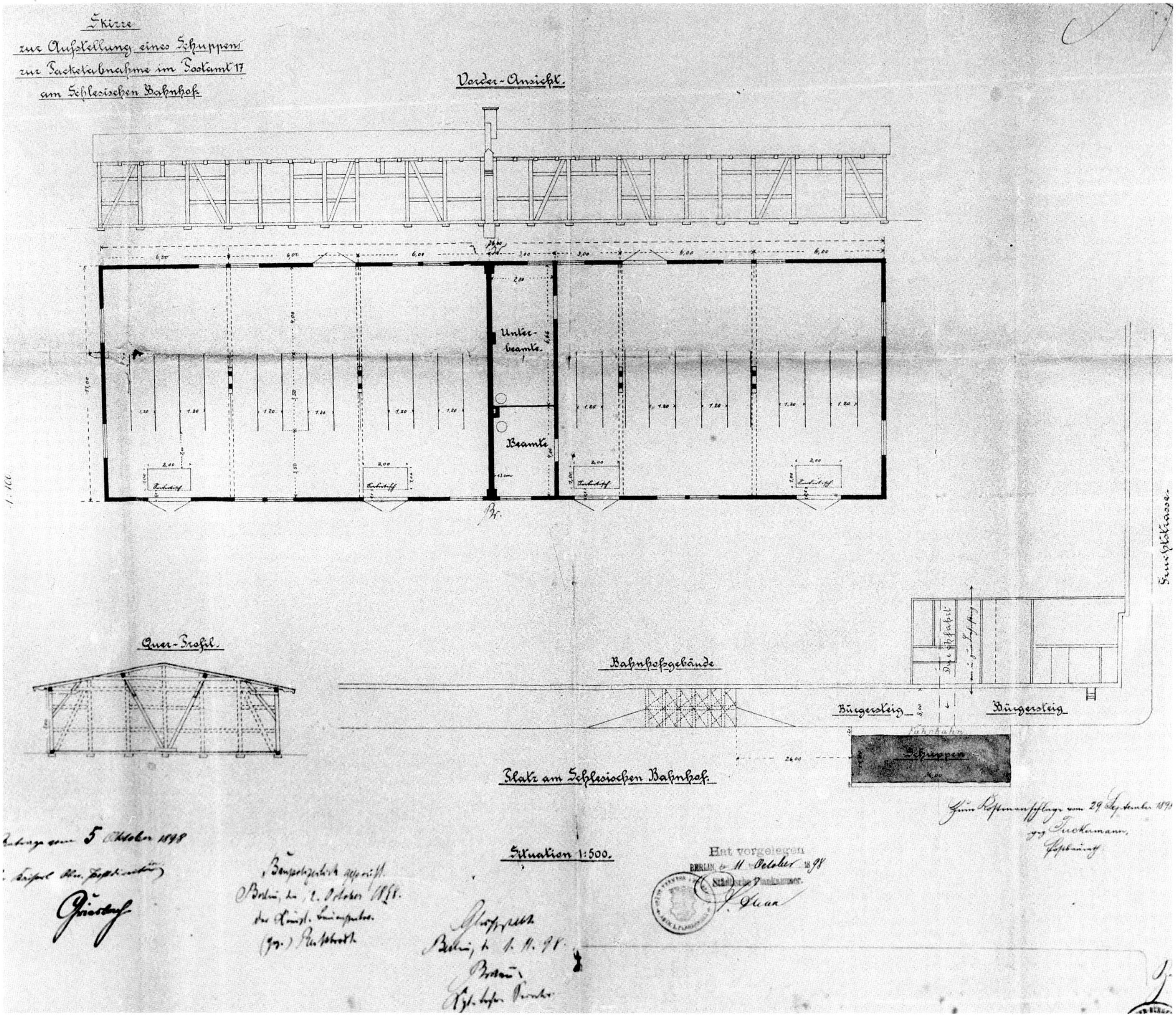

dem Vorplatz des Bahnhofs ein Schuppen für die Paketaufnahme aufgestellt werden (Bild 248). Östlich des neu angelegten Tunnels zum Wriezener Bahnhof entstand ein weiterer Bahnsteig für den Postverkehr. Letzterer hieß beim Rangierpersonal umgangssprachlich der »Hannoversche Bahnsteig«, da hier einst die Postwagen für die Züge nach Hannover beladen wurden. Zwischen dem heutigen Stellwerk B 3 und der Fahrstuhlanlage gelegen, dient er heute vor allem der Beladung der Bahnpostwagen im internationalen Verkehr.

248 »Skizze zur Aufstellung eines Schuppens zur Packetabnahme im Postamt 17 am Schlesischen Bahnhof«, Zeichnung zum Bauantrag vom 29. September 1898 (BauF)

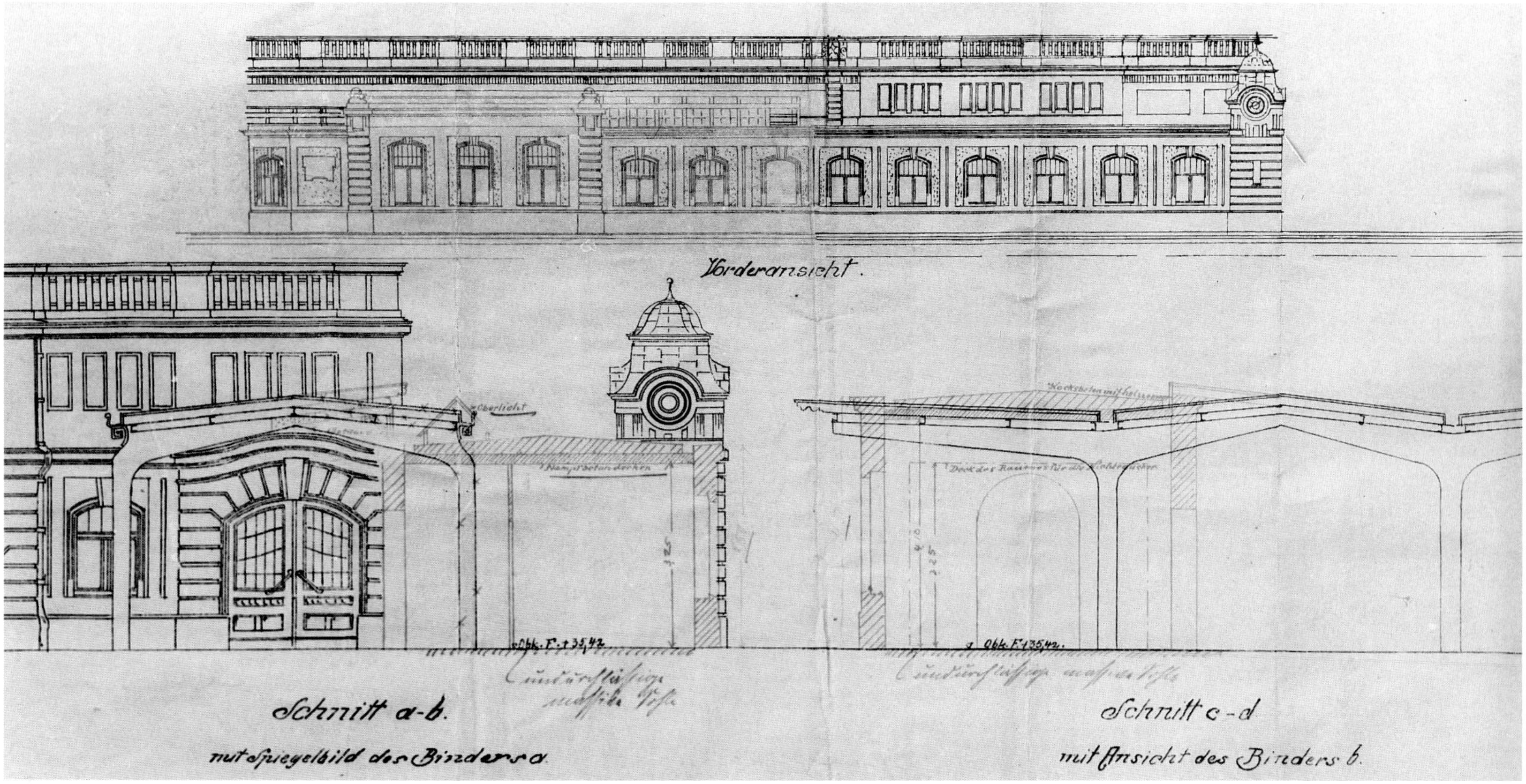

Der Umbau nach 1905 – Postverladestelle und Auswandererbahnhof

Nach Übergabe dieses Flügelbahnsteigs für Postzwecke konnte der Postverladebahnsteig in der kleinen Halle geschlossen werden. Auf diesem Platz entstand ein neuer Bahnsteig mit zwei Gleisen für den Fernverkehr, und der Bahnsteig A rückte mit einem Gleis an die Hallenwand. Damit konnte der Forderung nach einem weiteren Fernbahnsteig nachgekommen werden. Eine neue Gleis- und Bahnsteigseinteilung machte sich nach 1905/06 notwendig, die sich im wesentlichen bis in die heutigen Tage erhalten hat (Bild 250):

Bahnsteig A Gleis	1	Vorortverkehr und Sonderzüge nach dem Osten
Bahnsteig B Gleis	2	Fernzüge in Richtung Charlottenburg
Bahnsteig B Gleis	3	Fernzüge aus Richtung Charlottenburg
Bahnsteig B Gleis	4	Reservezug und Reservewagen
Bahnsteig B Gleis	5	Verbindungsgleis
Bahnsteig C Gleis	6	Fern- und Vorortzüge nach Charlottenburg
Bahnsteig C Gleis	7	Sonderzüge von Osten
Bahnsteig D Gleis	8	Stadtringzüge
Bahnsteig D Gleis	9	Vorortzüge Charlottenburg–Erkner
Bahnsteig E Gleis	10	Vorortzüge Erkner–Charlottenburg
Bahnsteig E Gleis	11	Stadtringzüge.

Der Neuordnung der Gleisanlagen folgte eine Neubestimmung der Stellwerke zur Bedienung der Signale und Weichen. Die »Commandobude« entfiel, ein neues Stellwerk – zunächst Wht für Westhaupttturm – kam vor beiden westlichen Hallenschürzen zur Anlage. 1906 erhielt es die Bezeichnung Schl B für Schlesischen Bahnhof – Befehlsstellwerk; umgangssprachlich nannten es die Eisenbahner »Schlappe Berta«.

Von diesem Turm aus gingen die entscheidenden Befehle zur Bedienung der Signale und Weichen aus (Bild 251). An der Stellung und Bedeutung dieses Stellwerks – gegenwärtig B 1 – hat sich bis heute, trotz Modernisierung nichts Wesentliches geändert, das einfache Äußere bestimmt bis in die Gegenwart die Westseite der Halle.

An der Ostseite der beiden Hallen entstand damit im Zusammenhang das Stellwerk Otm für Ostturm, später Sot für Schlesischer Bahnhof Ostturm, dessen Bauzeichnung vom März 1906 erhalten blieb. Die Architekturauffassung dieses Zweckbaus verrät bereits Anklänge an den Jugendstil, ist aber noch überwiegend

249 Erweiterung der Fahrkartenausgabe im Wriezener Bahnhof, Zeichnung zum Bauantrag vom 31. August 1907 (BauF)

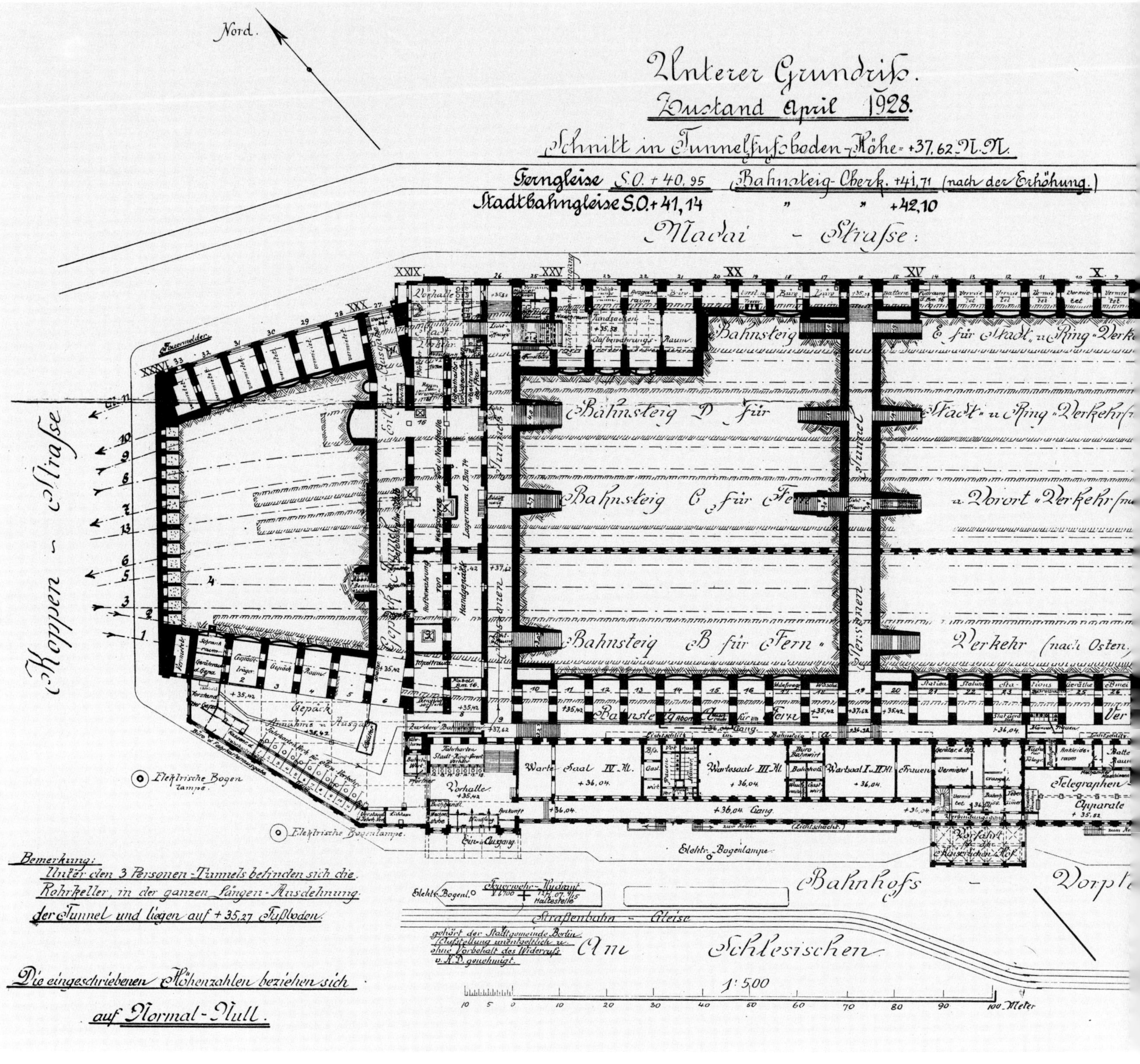

250 *Unterer Grundriß des Schlesischen Bahnhofs nach Neuordnung der Bahnsteige, April 1928 (BauF)*

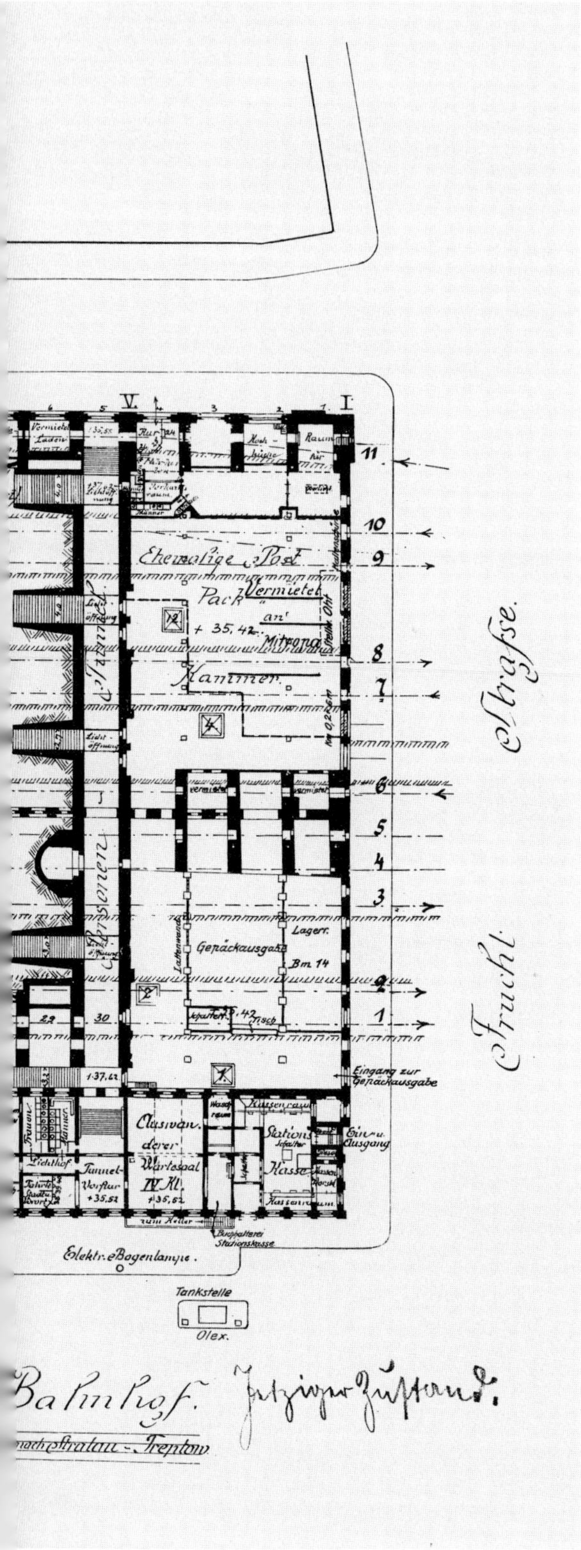

dem Historismus verpflichtet (Bild 252). Dieser Bau wurde später durch das heute noch existierende Stellwerk Sot – nun B 3 – ersetzt.

Die neuen Stellwerke halfen, die Anlagen weiter zu intensivieren. Dem dienten auch weitere Stellwerke, die an den unterschiedlichsten Stellen des Bahnhofs angelegt waren und fest umrissene Gleisabschnitte sicherten. Auf der Höhe der Hohenlohebrücke fand das Stellwerk At – für Anfangsturm – seinen Standort. Der Name erklärt sich aus der Tatsache, daß von hier aus das Einfahrsignal – der »Schlüssel« zum Bahnhof – bedient und damit der gesamte Bahnhof gesichert werden konnte. Später erhielt das Stellwerk die Bezeichnung Schga – für Schlesischer Güterbahnhof Anfang – heute B 7.

Seine Anlage oberhalb der Bahngleise in Höhe der die Eisenbahn überspannenden Brükke gehörte wohl zu den merkwürdigsten Anlagen eines Stellwerks im Berliner Raum. Die erste Entwurfszeichnung vom Juli 1906 (Bild 253) zeigte einen Zweckbau in reizvollen Formen des Jugendstils. Die Ausführung wurde baupolizeilich genehmigt, aber ohne Angabe von Gründen zog die Eisenbahndirektion diesen Bauantrag zurück.

Im Februar 1907 lag dann ein nüchterner zweiter Entwurf vor, nicht wie ursprünglich vorgesehen auf einer Höhe von 46,15 m, sondern auf 42,45 m. Die Akten vermelden nichts darüber, warum dieses Stellwerk nach dem März 1910 auf die ursprünglich geplante Höhe angehoben werden mußte. In dieser Stellung und äußeren Form (Bild 254) steht es noch heute an der Modersohnbrücke. Es wäre wünschenswert, es zu erhalten. Die hier dokumentierten Bauzeichnungen zeigen die erste Stellung nach dem Bauantrag vom Februar 1907 und die erweiterte, angehobene nach dem März 1910.

Weitere Arbeiten des Jahres 1906 betrafen den Neubau eines Lokomotivschuppens am überlieferten Standort (Bild 255) sowie die Neugestaltung der Eingangsseite des Schlesischen Güterbahnhofs (Bild 257). Diese Baulichkeiten existieren heute nicht mehr, sie sind nach 1945 beseitigt oder durch Neubauten ersetzt worden.

Ebenfalls verändert und erweitert wurde das aus den achtziger Jahres des 19. Jahrhunderts stammende Bahnhofsgebäude auf dem Güterbahnhof (Bild 256), das in dieser Art zur Ausführung kam und 1986 eine neue Dachhaut erhielt. Es dient heute nicht mehr Betriebszwek-

251 Blick von Westen auf die beiden Hallen des Schlesischen Bahnhofs mit dem neuen Stellwerk Schl B (heute B 1) um 1906. Zwischen beiden Hallen ein Turm, in dem die Binder der Dachkonstruktion der kleineren Halle verankert waren. (BSD)

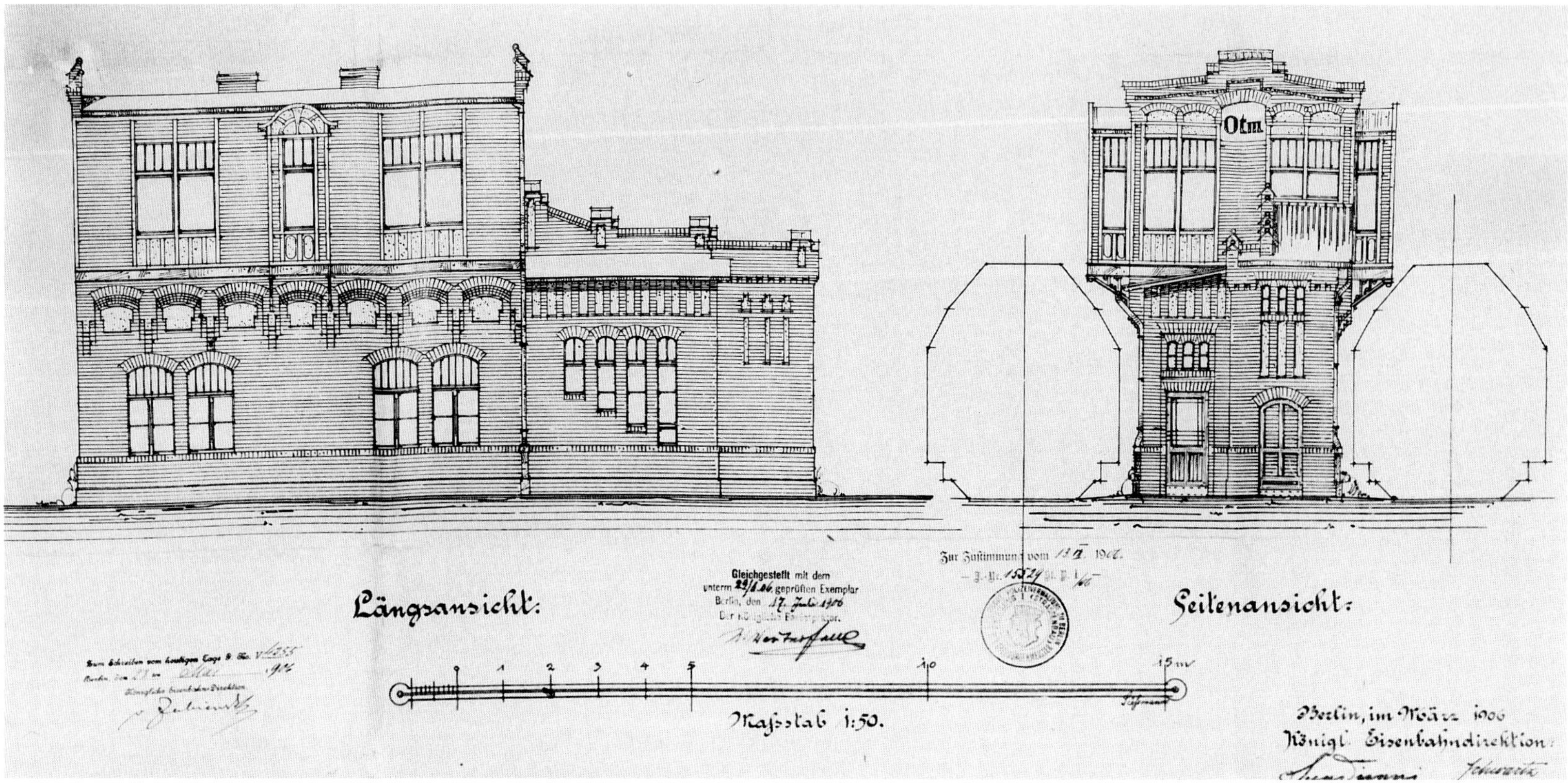

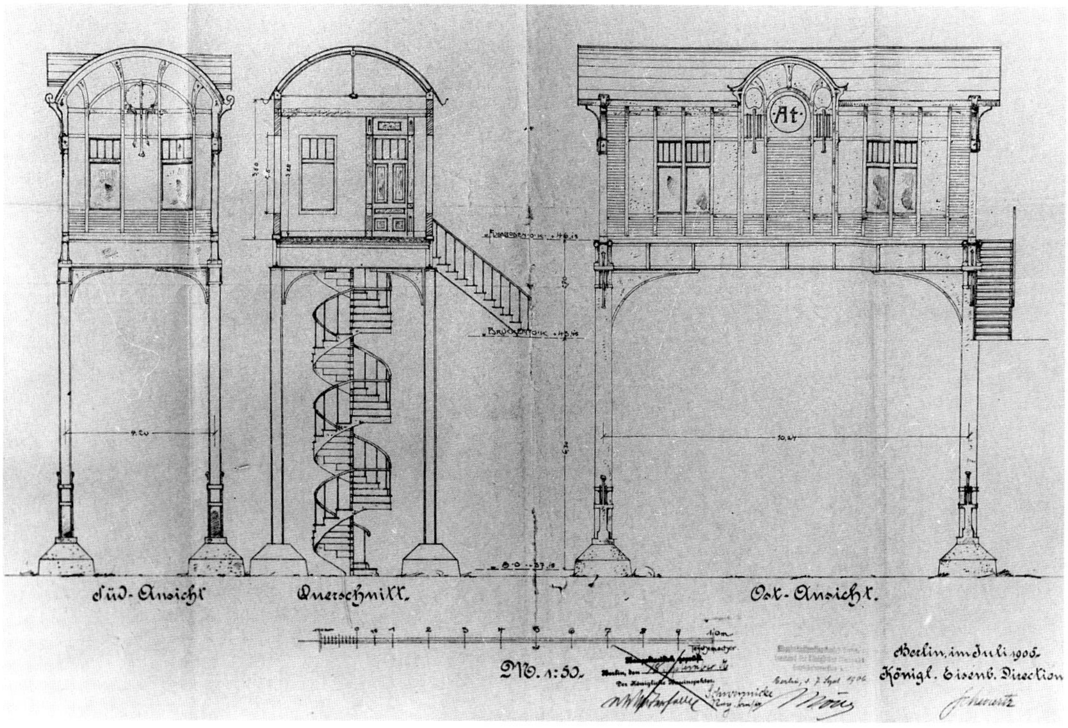

ken, wobei auch hier eine Sicherung der Bausubstanz wünschenswert wäre. Notwendig geworden war durch den Ausbau des Wriezener Bahnhofs der Neubau der Güterschuppen der Königlichen Ostbahn. Durch Kriegseinwirkungen reduziert, blieben einige Teile von ihnen noch lange in Nutzung und fielen dann 1989/90 der Spitzhacke zum Opfer.

Ebenso grundlegend wie die Einrichtung eines fünften Bahnsteigs in den Betrieb der Bahnanlage eingriff, bestimmte auch der Neubau einer Postverladestelle auf dem Schlesischen Bahnhof die weitere Entwicklung. Es hatte sich für Berlin insgesamt als notwendig erwiesen, den wachsenden Postverkehr – insbesondere im Paketdienst – auf einigen Bahnhöfen zu konzentrieren und von dort die Verladung der Sendungen vorzunehmen. Es entstanden zunächst fünf Postverladestellen, später Bahnpostämter genannt: das Bahnpostamt 1 am Potsdamer Bahnhof (Postamt SW 11), das Bahnpostamt 2 am Anhalter Bahnhof (ebenfalls Postamt SW 11), das Bahnpostamt 3 am Stettiner Bahn-

252 Entwurf für das Stellwerk Sot (vormals Otm, heute B 3) auf dem Schlesischen Bahnhof. Zeichnung zum Bauantrag vom Juli 1906. (BauF)

253 Entwurf für das Stellwerk At (später Schga, heute B 7) im Jugendstil. Zeichnung zum Bauantrag vom Juli 1906. (BauF)

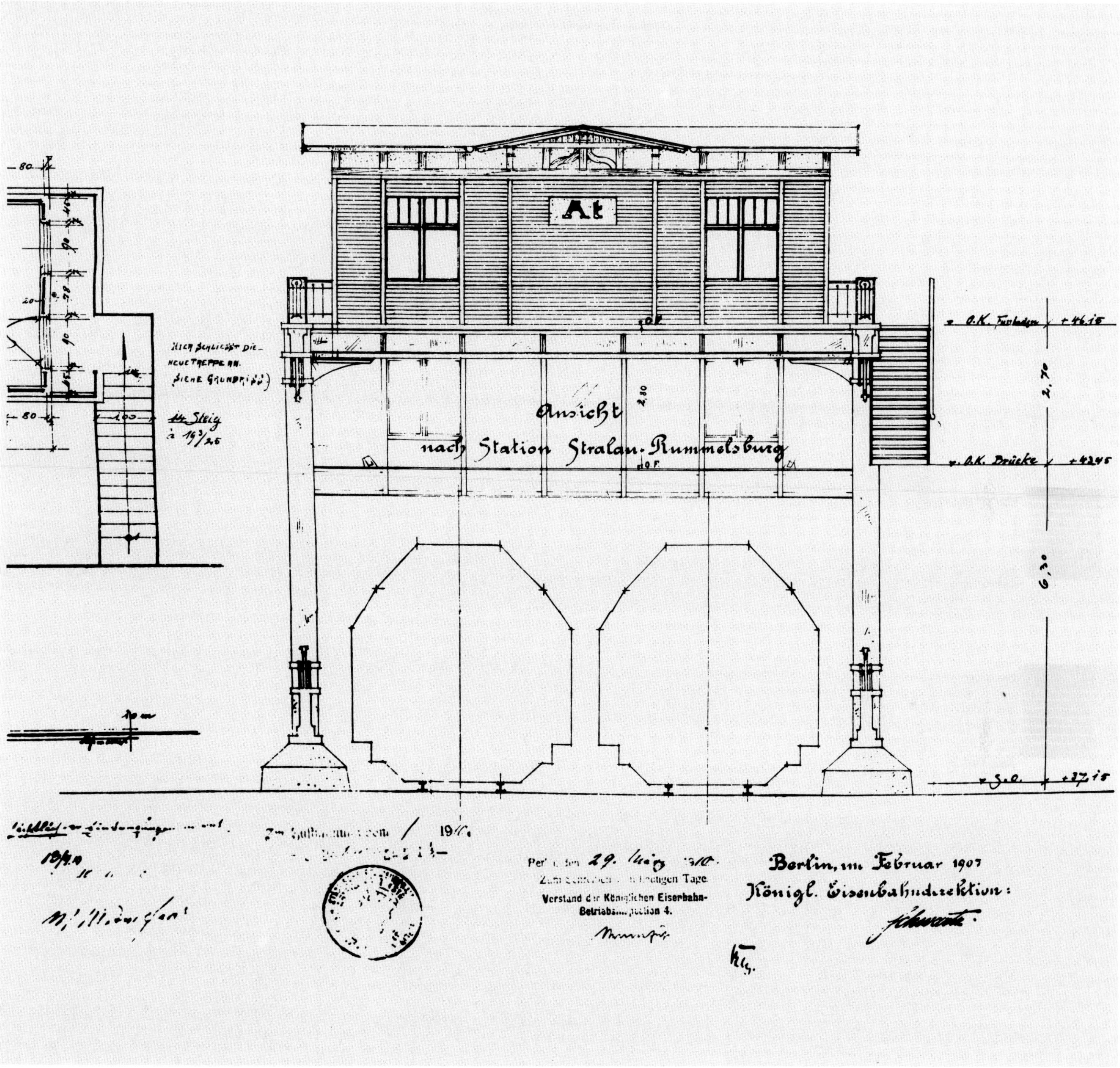

254 Zeichnung zur Erweiterung des Stellwerks At zum Bauantrag vom März 1910 (BauF)

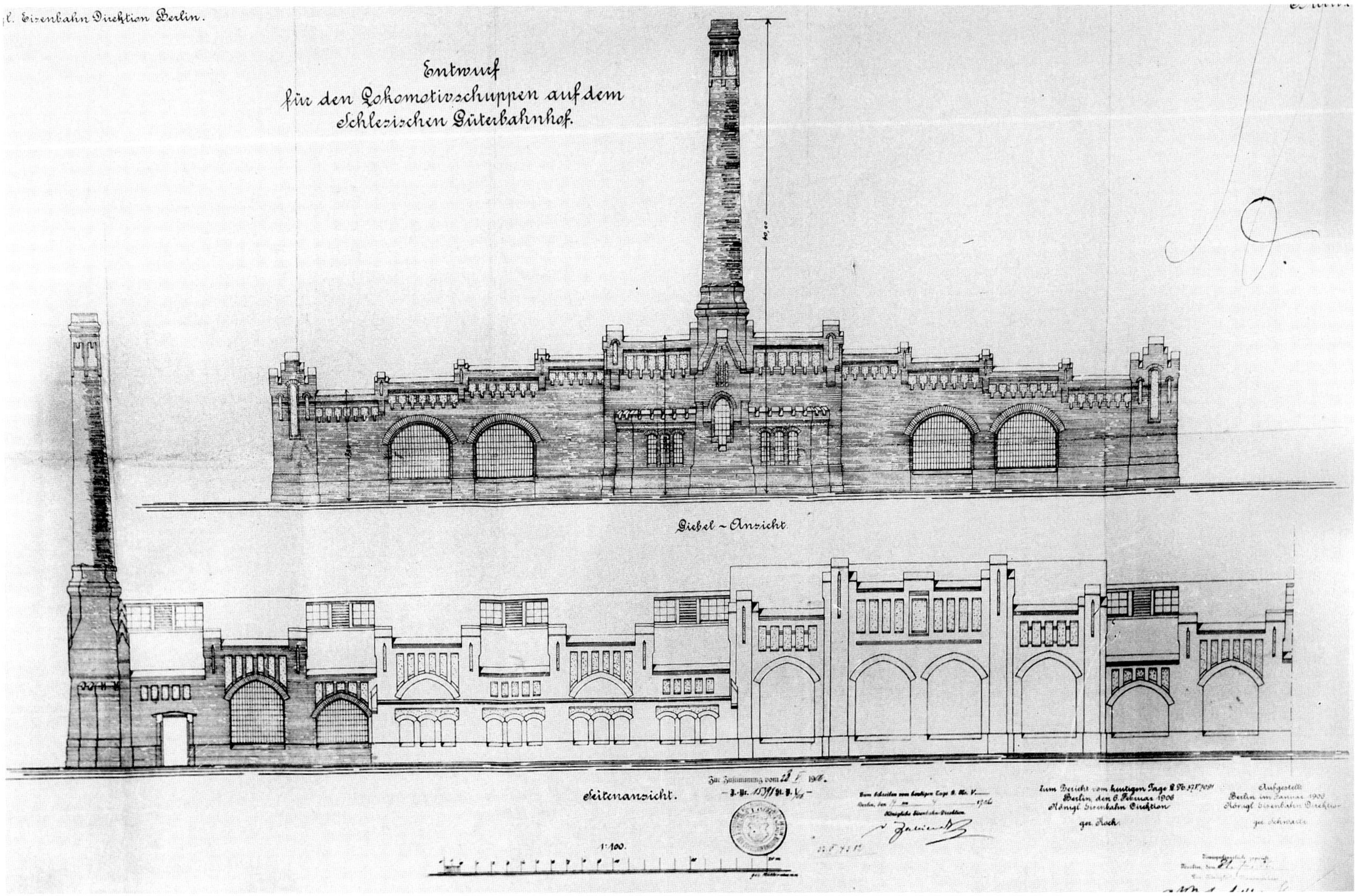

255 Lageplan des neu zu bauenden Lokomotivschuppens, Ausschnitt aus einer Zeichnung des Jahres 1913 (BauF)

256 Vorder-, Hinter- und Seitenansicht für die Erweiterung des Empfangsgebäudes auf dem Schlesischen Güterbahnhof aus dem Jahre 1910 (BauF)

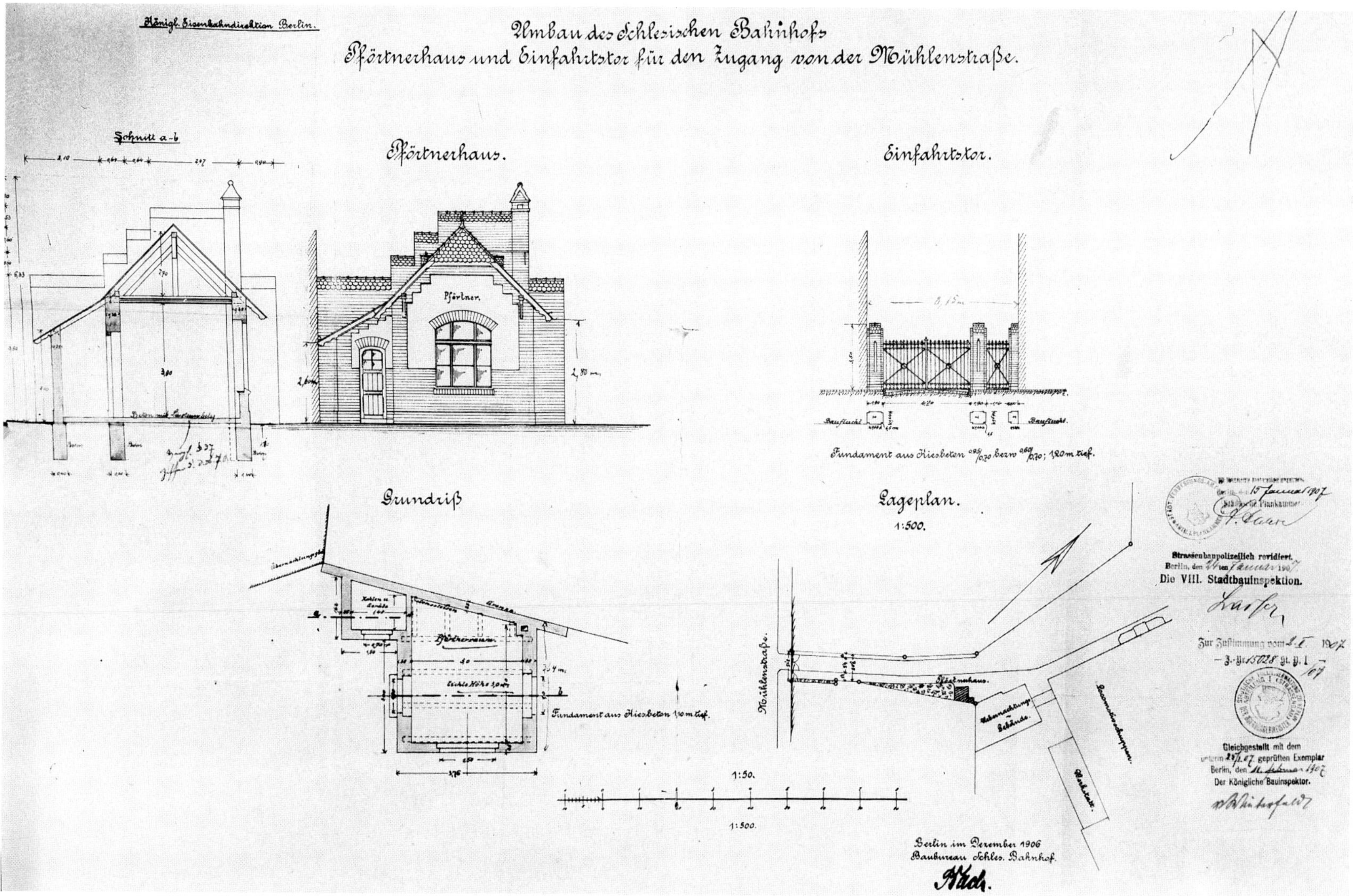

hof (Postamt N 4), das Bahnpostamt 4 am Schlesischen Bahnhof (Postamt O 17) und das Bahnpostamt 18 am alten Ostbahnhof oder besser am Bahnhof Berlin der Königlichen Ostbahn am Küstriner Platz (Postamt O 34).

Die Menge der eingelieferten Pakete, bei denen der Standort Berlin zu jener Zeit vor allem aus gewerblichen Gründen an der Spitze aller Postdirektionen lag (1928 entfiel z. B. ein Achtel der gesamten Paketeinlieferungen des Deutschen Reiches auf Berlin), erforderte ebenso wie der Bahnpostdienst nicht nur eine Neuordnung, sondern vor allem eine Erweiterung der Anlagen. Es entstanden Neubauten für Bahnpostämter, so 1901 das Paketamt NW 40 in der

257 Umbau des Schlesischen Bahnhofs. Zeichnung zum Neubau des Pförtnerhauses und des Einfahrttores für den Zugang von der Mühlenstraße, Bauantrag von Dezember 1906. (BauF)

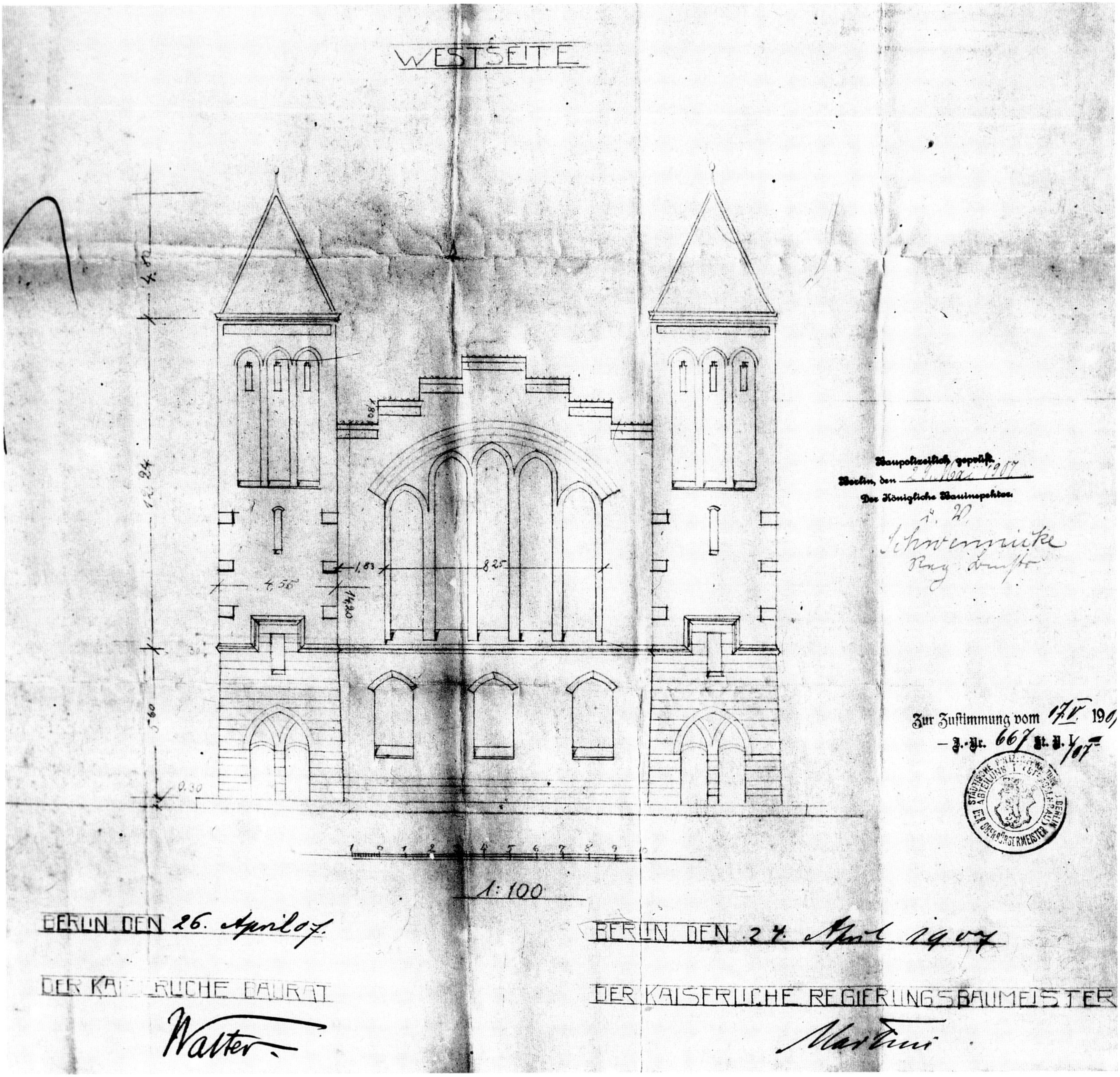

258 Postverladestelle am Schlesischen Bahnhof, Zeichnung zum Bauantrag vom 24. April 1907 (BauF)

Invalidenstraße, 1908 bis 1915 der Postbahnhof, das Postamt NW 77 am U-Bahnhof Gleisdreieck und die Postverladestelle am Schlesischen Bahnhof im Zusammenhang mit dem Neubau des Postamtes O 17 in der Fruchtstraße Nr. 8 und der Mühlenstraße Nr. 39/40.

Auf den Postverladestellen SW 77 und O 17 stellte die Post mit Elektrolokomotiven (deren Typ nicht geklärt werden konnte) ganze Postzüge zusammen. Weniger vom Umfang als mehr von der Stellung wuchs das Postamt O 17 zu einem der bedeutendsten Postämter Berlins heran, denn hier strömte die Post aus den östlichen und westlichen Provinzen des Deutschen Reiches zusammen, kam zur Verteilung und ging dann von hier aus an den Bestimmungsort. Hinzu kam der Bahnpostdienst, d. h. die Bereitstellung von Bahnpostwagen, deren Besatzung während der Fahrt – wie im übrigen noch heute – die Postsendungen ordnete, verteilte und an den Unterwegsstationen zur weiteren Austragung aushändigte. 1931 beispielsweise verfügte die Post in Berlin über 1 658 Bahnpostfahrer, die täglich in 369 Zügen arbeiteten. Die längste Bahnpoststrecke war die nach Eydtkuhnen (Ostpreußen) mit 742 km Länge.

Im April 1907 lagen Zeichnungen für den Neubau der Postverladestelle am Schlesischen Bahnhof in Berlin vor, die vom Kaiserlichen Regierungsbaumeister MARTINI und dem Kaiserlichen Baurat WALTER stammten. Nach der Prüfung durch die Baupolizei begann im Jahre 1908 die Bauausführung mit einem Kostenaufwand von 2 018 000 Mark. Der Bau bestand und besteht teilweise noch heute aus zwei getrennten Bauteilen, der Ankunfts- und Abgangs-Packkammer. Bei der Gestaltung der Westseite der Ankunfts-Packkammer nahmen die Architekten offensichtlich die Gestaltungsidee von STÜLER und STRACK für Bahnhofsbauten wieder auf. Deutlich ist noch heute – trotz kriegsbedingter Reduzierung und teilweiser Verschandelung – die Torsituation mit den zwei Türmen zu erkennen (Bild 258). Die Gebäude entstanden im Stil der märkischen Backsteingotik, mit Anklängen an die beginnende Moderne. Wünschenswert wäre die Sicherung und Wiederherstellung dieses interessanten Gebäudes, das mehr als nur reine Gebrauchsarchitektur ist.

Das spätere Postamt O 17 – heute 1017 – öffente am 30. Juni 1842 für den Publikumsverkehr. Sein erster Standort befand sich im Bahnhofsgebäude, und zu ihm gehörte seit dem 1. Mai 1849 eine der vier »Eisenbahnstationsbureaus«. Ihnen unterstanden »fahrende Speditionsbureaus« – die Bahnpostwagen. 1856 wurde das Postamt in eine Postspedition umgewandelt, so daß das Amt über Einrichtungen für den Publikumsverkehr und für die Betreuung der Bahnpostwagen verfügte. Am 1. Mai 1875 wurde der letztere Betriebsteil in ein Bahnpostamt umbenannt. Zu ihm gehörten die Verladestelle mit einer Nutzfläche von 3541 m^2, des weiteren sieben Bahnsteige, acht Lade- und elf Aufstellgleise von jeweils 867 m Länge. Das Bahnpostamt bildete und bildet einen eigenen Betriebsbereich (mit Stellwerk) auf dem Schlesischen Bahnhof, auf dem die Bahnpostwagen mit Elektrolokomotiven – nach 1961 mit Diesellokomotiven – bewegt wurden.

Die steigende Bedeutung dieser Dienststelle beweist am deutlichsten die ständig wachsende Zahl der dort beschäftigten Arbeitskräfte. 1860 fanden hier 29 Personen Arbeit, 1880 dann 50. Im Jahre 1905 waren es bereits 396 und 1920 1165 Arbeitskräfte. Während des zweiten Weltkriegs entwickelte sich dieses Bahnpostamt zu dem größten in Deutschland mit 5096 Arbeitern und Angestellten, darunter vielen Ausländern. Einen Einblick in seine genaue Lage sowie seine Stellung zu den anderen, auch neu gebauten Einrichtungen des Güterbahnhofs vermittelt ein Lageplan aus dem Jahre 1910 (Bild 259).

Zum Bild des sich ausbildenden »Zentralbahnhofs« gehörte die Anbindung an den internationalen Verkehr von und nach Südost- und Osteuropa. Dazu zählten auch gekrönte Häupter, die die Hauptstadt Preußens und des Deutschen Reiches besuchten; die Akten vermelden Beschwerden der »hochgestellten« Personen über die mangelnde Wärme in den sonst kaum genutzten »Königszimmern«.

An sich prägte aber die Armut der Reisenden aus Ost- und Südosteuropa das Bild des internationalen Verkehrs auf dem Schlesischen Bahnhof. Nach 1880 ging die Auswanderung aus Westeuropa nach Übersee, insbesondere nach Amerika, immer stärker zurück, dagegen stieg die aus Osteuropa. Gingen bisher erfahrene, zum Teil aber auch von abenteuerlichem Unternehmungsgeist getragene Menschen von West nach Ost, so begann nun eine durch die Armut und die politische Ausweglosigkeit in Osteuropa getragene neue Auswanderungswelle von Ost nach West in Richtung USA. Die Mehrzahl dieser Auswanderer wählte den Weg über Berlin, so z. B. zwischen 1904 und 1914 etwa 4/5 der 1 272 676 Personen jüdischen Glaubens aus dem zaristischen Rußland.

Berlin stellte eine entscheidende Station der Osteuropäer, die hier einer politischen Kontrolle unterzogen wurden, dar. Eine große Zahl von ihnen verfügte nicht über die vorgeschriebenen Papiere, hatte kein vorgeschriebenes Gesundheitszeugnis usw. Von Berlin aus fuhren sie zu einem der Nordseehäfen weiter. Die große Stunde der Hamburger Reedereien war gekommen, die an den Auswanderern Millionen verdienten.

Weiterhin trafen auf dem Schlesischen Bahnhof insbesondere aus Polen »Saison-« und »Wanderarbeiter« ein, die sich als billige Arbeitskräfte auf den Gütern in Pommern und Mecklenburg verdingen mußten, um Geld für den Lebensunterhalt ihrer Familien zu verdienen. Für alle war der Schlesische Bahnhof Drehscheibe geworden, die ihm 1884 den Namen eines »Auswanderungsbahnhof« einbrachte.

In der Fruchtstraße, auf der Südseite der Anlage, entstanden zunächst eine, dann zwei Baracken, die den ankommenden, sich der polizeilichen Kontrolle unterziehenden Auswanderern Unterkunft bieten sollten. Im Jahre 1911 richteten sowohl die protestantische als auch die katholische Kirche in einem gemeinsamen Projekt für die Betreuung dieser Personengruppen, aber auch für kranke, hilflose und gebrechliche Reisende als sozialen Dienst eine »Bahnhofsmission« ein. Als einzige überkonfessionelle Einrichtung ihrer Art besteht sie noch heute und erhält im gegenwärtig neu entstehenden Empfangsgebäude dieses alten Bahnhofs neue Räume.

Sehr bald zeigte sich, daß der Schlesische Bahnhof die Funktion eines Auswandererbahnhofs aufgrund der beengten Raumsituation nicht voll wahrnehmen konnte. Die Menschen waren in den Augen der Polizei nicht genügend

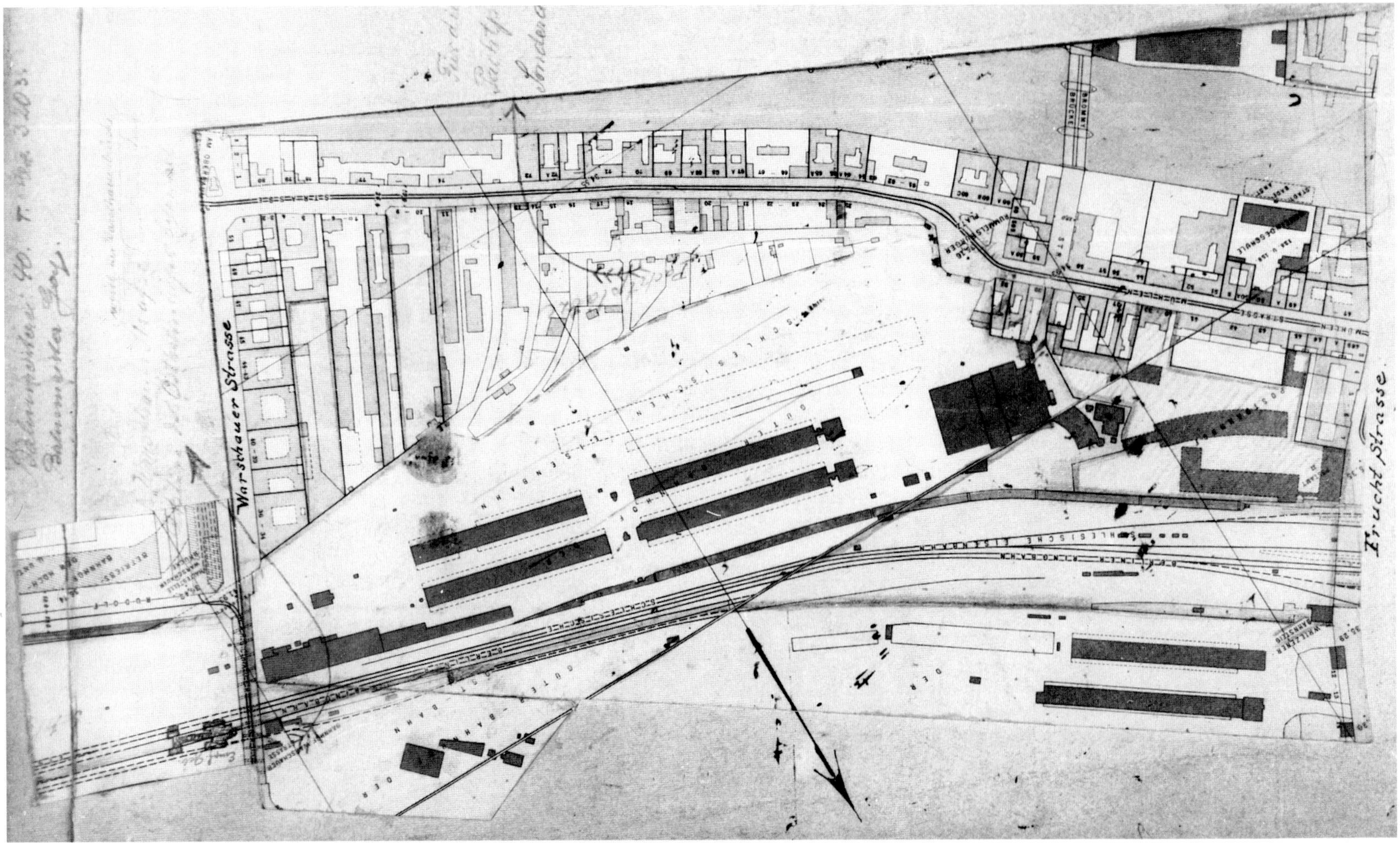

sicher untergebracht und konnten nur unzureichend medizinisch versorgt werden.

Beim Bahnhof Charlottenburg entstand zunächst in einem Bogen der Stadtbahn eine »Sammelstelle« für Auswanderer. Am 11. November 1891 wurde dann ein eigener »Auswandererbahnhof« bei Ruhleben eröffnet, bestehend aus fünf primitiven Baracken und einer Desinfektionsanlage. Mit speziellen Personenwagen kamen die Auswanderer auf dem Schlesischen Bahnhof an und konnten dann über die Stadtbahn nach Ruhleben befördert werden. Einzelreisende Auswanderer und Familien, die über die notwendigen Papiere verfügten, kamen dagegen nach wie vor mit den fahrplanmäßigen Zügen aus Osteuropa auf dem Schlesischen Bahnhof an.

1915 schloß infolge des ersten Weltkriegs der Auswandererbahnhof Ruhleben, aber bis weit in die zwanziger Jahre hinein blieb die Bedeutung dieses Bahnhofs für die Auswanderer (Bild 260), für die ein eigener Wartesaal IV. Klasse zur Einrichtung kam, erhalten. Die folgenden Zahlen mögen eine Vorstellung von dieser Völkerwanderung über den uns interessierenden Bahnhof geben. Im Jahre 1901 reisten 98 930 »Durchwanderer« – so die offizielle Bezeichnung – über Berlin. 1913 waren es bereits 193 302 Personen aus Osteuropa.

Die Anlagen des Bahnhofs einschließlich Empfangshalle und Postverladestelle unterlagen auch aufgrund des zunehmenden Verkehrsstroms aus Osteuropa in diesen Jahren keiner Veränderung mehr. Unberührt von den neuen Dimensionen des Verkehrs und der Entwicklung der Stadt Berlin zu einem europäischen Verkehrszentrum – zwei Momente, die wesentlich auf die Entwicklung und den Bau anderer Berliner Bahnhöfe wirkten – existierte der Schlesische Bahnhof in der einmal ausgeprägten äußeren Form und dem inneren Zustand weiter.

Die engen Durchgänge, die zu kleinen Abfertigungsräume für den immer größer werdenden Personenverkehr machten bei ständig steigenden Anforderungen den Aufenthalt auf dem Bahnhof zu keinem Vergnügen. Allerdings muß dabei beachtet werden, daß dies nicht nur als eine Frage des Nichtwollens zu verstehen ist, sondern die gefundenen Lösungen galten als ausreichend, und Änderungen grundlegender Art stießen und stoßen angesichts der Lage des Bahnhofs innerhalb der Stadt auf fast unüberwindliche Schwierigkeiten.

259 Grundriß des Schlesischen Güterbahnhofs um das Jahr 1910 mit nachträglichen Eintragungen. Vermerkt sind bereits die Postverladestelle und der Lokomotivschuppen. Nicht zu klären waren die Angaben über den Rest des alten Ringschuppens. (StA)

Ungeachtet dessen stellte die Anlage, die sich im Osten Berlins bis zum ersten Weltkrieg herausgebildet hatte, mit dem Bahnhof Berlin der Königlichen Ostbahn, dem Bahnhof der KNME und dem Wriezener Bahnhof sowie den weiteren Einrichtungen für den Personen-, Güter- und Postverkehr die größte Konzentration von Eisenbahnanlagen in Berlin dar. Die Verkehrsströme dieser Zeit hatten diesem Bahnhof de facto die Aufgaben eines »Zentralbahnhofs« übertragen (Bild 261).

Eine bauliche Veränderung muß angemerkt werden, da auf sie wegen des Verständnisses der Namensbildung und der räumlichen Nähe einzugehen ist. Der alte Bahnhof Berlin, d. h. der Bahnhof Berlin der Königlichen Ostbahn mit seiner prächtigen Fassade existierte noch immer und diente – wie angeführt – unter dem Namen »Ostbahnhof-Personenhalle« als Lagerraum. Zuletzt nutzte ihn das Deutsche Rote Kreuz als Zentrallager, und die 1920 gebildete Deutsche Reichsbahn hatte in ihm ihre Hauptgerätesammelstelle (Bild 262).

260 Auswanderer aus Osteuropa vor dem Schlesischen Bahnhof, 1922 (ADN/ZB)

261 Ein Luftschiff über den Anlagen der Schlesischen Bahn und der Ostbahn. Von links: der Schlesische Güterbahnhof (heute Ostgüterbahnhof), der Postbahnhof O 17, der Schlesische Bahnhof mit seinen zwei Hallen, der Güterbahnhof der Ostbahn (heute Wriezener Bahnhof) und die Halle des ehemaligen Ostbahnhofs. (aus: EWALD, Im Flugzeug über Berlin, Marburg, 1919)

Im Herbst 1928 mieteten zwei Unternehmer die Halle des Ostbahnhofs und ließen sie von den Architekten Alexander M. Cay und Max R. B. Abicht zu einem Varité umbauen. Die äußere Form mußte erhalten bleiben – angeblich aus Gründen des Denkmalschutzes (Bilder 263 und 264). Im Inneren konnte jede Veränderung vorgenommen werden. Von der 120,5 m langen Halle schulgen die Architekten 36,7 m für einen Zuschauerraum und 27,2 m für eine Bühne ab. Über der Bühne entstand ein hoher Turm für den Schnürboden. Der restliche Teil der alten Halle sollte einem geplanten Ballsaal vorbehalten bleiben, der aber aus Kostengründen nicht zur Ausführung kam (Bilder 265 bis 267).

Das so entstandene Vergnügungsetablissement bot 3000 Zuschauern Platz. Da die Architekten die Decke des Varietés in die alte Hallenkonstruktion des Bahnhofs einhängten, unterbrachen im Zuschauerraum keine Säulen und Einbauten den Blick zur Bühne, wohl eine Einmaligkeit in den Häusern der leichten Muse in Berlin.

Die Bauzeit betrug nur $4\,^1/_2$ Monate, die Umbaukosten beliefen sich auf über 2 Millionen Reichsmark. Am 1. Februar 1929 eröffnete das neue Varieté unter dem Namen »Plaza«. Als drittes Unternehmen dieser Art in Berlin bot es dem Publikum des Berliner Ostens Unterhaltung, wie sie von vielen damals bevorzugt wurde. Entscheidend blieben die Preise, sie betrugen für die erste Vorstellung 50 Pfennig bis 1 Mark und für die zweite dann 1 bis 2 Mark. So konnte dem Anspruch eines Volksvarietés Genüge getan und zugleich ein Gewinn erwirtschaftet werden; denn die Unternehmer waren auch Besitzer der »Scala«, des berühmtesten

262 Straßenszene am alten Ostbahnhof während seiner Nutzung als Betriebshof-Hauptlager und Hauptgerätesammelstelle der Deutschen Reichsbahn-Gesellschaft im Jahre 1928 (ADN/ZB)

263 Das Gebäude des ehemaligen Ostbahnhofs am Küstriner Platz im Jahre 1928 (ADN/ZB)

Varietés der damaligen Zeit im Berliner Westen.

Sie ließen in der »Plaza« das in der »Scala« gespielte Programm wiederholen. Der Einzugsbereich der »Plaza« reichte weit in den Osten der Stadt und über die Stadtgrenzen hinaus. Das Publikum konnte auf den Nahverkehrsmitteln schnell die auf die Fahrpläne abgestimmten Veranstaltungen dieses Hauses besuchen. Selten wohl in der Entwicklung Berlins sind Unterhaltungsbedürfnisse eines breiten Publikums und der Fahrplan des öffentlichen Personennahverkehrs so miteinander verzahnt worden, wie in diesem Fall. Den Nutzen hatte der Besucher, man sollte dieses Beispiel vielleicht nicht ganz vergessen.

Ein interessanter Vorgang deutete sich an, der Berliner Osten schob sich in die Stadt und wurde aufgenommen, da die Stadt sich anschickte, nach außen zu wachsen. Das Stralauer Viertel wurde immer mehr ein Teil des Zentrums, Teil der Innenstadt von Berlin.

264 Das Gebäude des ehemaligen Ostbahnhofs nach dem Umbau zum Varieté »Plaza«, 1929 (ADN/ZB)

265 Insert aus der Wochenschau über den Umbau des Ostbahnhofs zum Varieté (Staatliches Filmarchiv)

Die Bahnhofs-kommandantur

Entsprechend der Bedeutung des Stralauer Viertels und des Schlesischen Bahnhofs im Berliner Verkehrsverbund fanden die Kämpfe der Novemberrevolution einen bisher wenig beachteten Schauplatz auch an diesem Ort; denn die Januar- und Märzkämpfe 1919 spielten sich zum Teil auch am Schlesischen Bahnhof und auf den umliegenden Straßen ab.

Zwei Momente trafen zusammen. Mit dem Reichsrätekongreß vom Dezember 1918 und der Ausschreibung der Wahlen zur Nationalversammlung für Januar 1919 hatten die revolutionären Kräfte eine entscheidende Niederlage hinnehmen müssen. Sie waren aber nicht bereit, diese zu akzeptieren und dachten daran, die Entscheidung neu zu stellen. Das Ergebnis waren die Januar- und Märzkämpfe in Berlin. Und zum zweiten: Die kaiserlichen Militärbehörden hatten in Berlin zu Beginn des ersten Weltkriegs auf größeren Fernbahnhöfen »Bahnhofskommandanturen« einrichten lassen. Das in seiner Blüte stehende, voll funktionsfähige Instrument Eisenbahn hatte den weitgesteckten Zielen militärischer Planung zu dienen. Der aus Fleiß und Schöpfertum vieler Generationen hervorgegangene Organismus, dessen Leistungsfähigkeit und dessen Dichte des Verkehrsnetzes unbestritten waren, mußte dafür herhalten, um entsprechend der Blitzkriegskonzeption des preußisch-deutschen Generalstabs einen strategischen Vorteil zu erringen. Der Zustand der Eisenbahnanlagen ermöglichte den Militärbehörden, durch schnellere Truppenbewegungen Zeit zu gewinnen und die faktische Unterlegenheit zeitweise zu überspielen. Diesem Zweck dienten auch die erwähnten Bahnhofskommandanturen, die straff organisiert und geleitet für die raschen Truppenbewegungen verantwortlich waren.

Dem Schlesischen Bahnhof fiel im ersten Weltkrieg eine Schlüsselrolle zu, da von ihm alle Militärtransporte von Berlin und Mitteldeutschland in Richtung Osten liefen und von hier aus der gesamte Militärverkehr innerhalb Berlins organisiert wurde. Dementsprechend

266 Umbauarbeiten in der Halle des ehemaligen Ostbahnhofs (Staatliches Filmarchiv)

267 Blick auf eine Seitenwand des ehemaligen Ostbahnhofs während der Umbauarbeiten (Staatliches Filmarchiv)

entschieden die Militärbehörden, daß die Bahnhofskommandantur auf dem Schlesischen Bahnhof innerhalb Berlins die entscheidende Behörde wurde. Das entsprang der Bedeutung des Bahnhofs für die Lenkung des gesamten Verkehrs an die Ostfront.

Auf dem Bahnsteig A, im bisherigen Bahnutensilien-Raum, bekam diese Behörde ihren Sitz, und sie organisierte und kontrollierte den gesamten Eisenbahnverkehr in und um Berlin. Ohne ihre ordnende Hand lief kein Truppentransport innerhalb Berlins und von hier nach

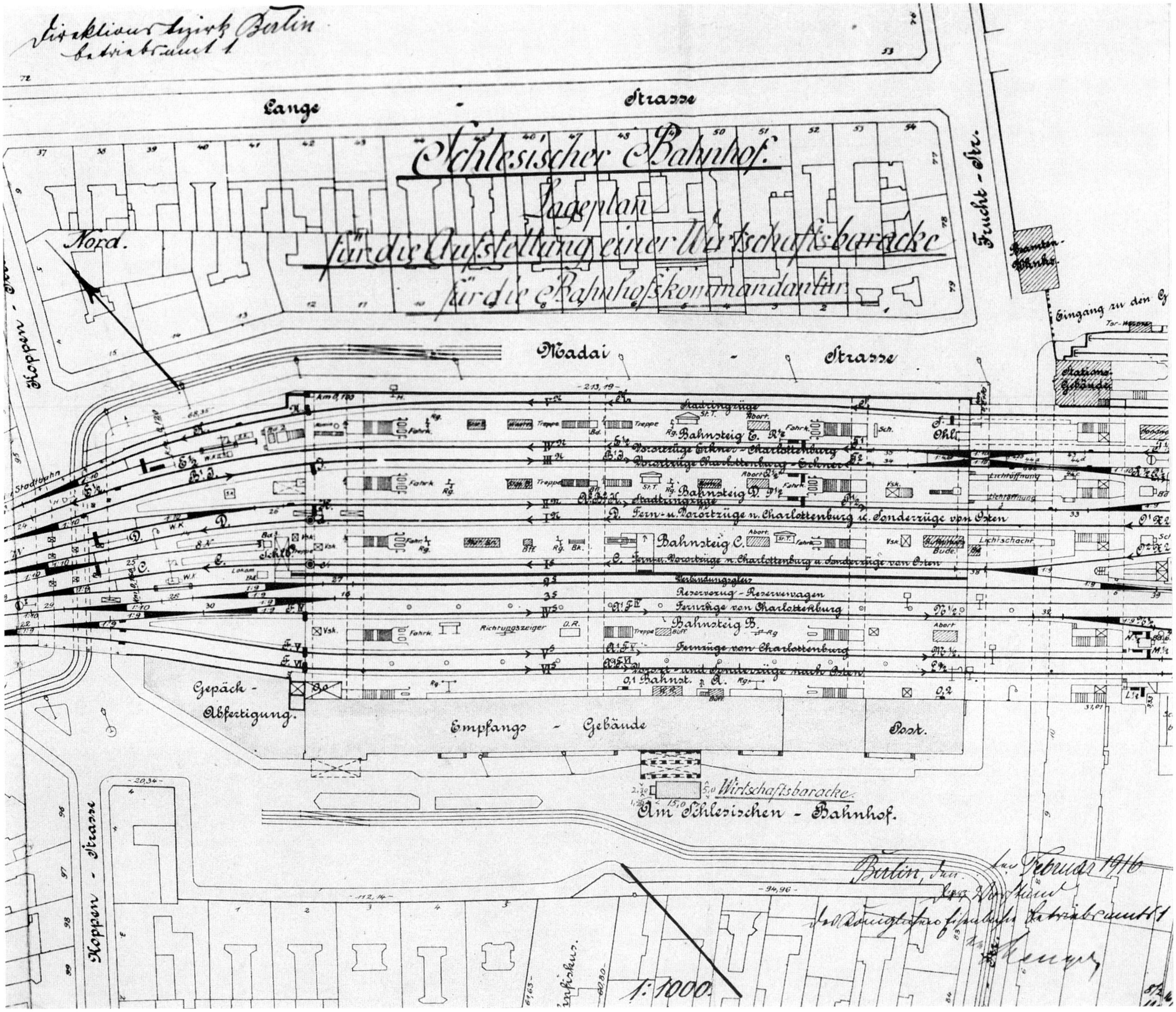

268 »Lageplan für die Aufstellung einer Wirtschaftsbaracke für die Bahnhofskommandantur«, Zeichnung zum Antrag vom 1. Februar 1916 (BauF)

außen. Nur wenige Veränderungen des bisherigen Betriebes waren notwendig, denn die Militarisierung der Eisenbahn entsprang nicht erst dem ersten Weltkrieg. An baulichen Veränderungen vollzog sich kaum etwas, 1915 entstand eine spezielle Abortanlage unterhalb des Bahnsteigs A, und 1916 kam direkt vor dem Haupteingang eine Wirtschaftsbaracke zur Aufstellung, die der Versorgung der Soldaten und der Kontrolle ihrer Papiere diente (Bild 268).

Diese umfangreiche Schilderung machte sich notwendig, um die Situation während der Januarkämpfe 1919 voll zu verstehen. Anhänger des Spartakusbundes bzw. der KPD und linksrevolutionäre Soldaten besetzten den Schlesischen Bahnhof, um die Funktion dieser Kommandatur lahmzulegen. Eine genaue Einordnung der Vorgänge kann nur schwer vorgenommen werden, die bisherige Forschung hat sie vernachlässigt. Während der Januarkämpfe bildeten die Eisenbahner in Rummelsburg ein Streikkomitee, auch die Eisenbahner anderer Dienststellen schlossen sich aus Protest diesen Aktionen an. Am 6. Januar 1919 besetzten Arbeiter, Soldaten und Matrosen die Eisenbahndirektion am Schöneberger Ufer und den Schlesischen Bahnhof; eine zentrale, ordnende Hand ist hier zu vermuten. Damit war eine Kontrolle über den Verkehr von und nach Berlin gegeben, und der Stadt- und Ringbahnverkehr konnte unterbrochen werden. Kein Militärtransport gelangte nach Berlin, und den Regierungstruppen war es unmöglich, das Instrument Eisenbahn gegen die linksrevolutionären Kämpfer einzusetzen. Kurzfristig gelang es diesen Kräften, auch den Anhalter und Potsdamer Bahnhof in Besitz zu nehmen.

Bereits am 7. Januar 1919 gingen alle Eisenbahneinrichtungen bis auf den Schlesischen Bahnhof wieder verloren, aber trotzdem blieb die Kontrolle über die Eisenbahn durch die Besetzung der Kommandantur auf dem uns interessierenden Bahnhof erhalten. Etwa 300 Matrosen und Arbeiter kontrollierten ihn, ohne aber in die Dienst- und Betriebsgeschäfte einzugreifen.

Das Ende der militärischen Besetzung kam, nachdem es den Regierungstruppen gelungen war, das Zeitungsviertel und vor allem das Poli-

269 Sturm der Regierungstruppen auf den Schlesischen Bahnhof. Zeichnung des Kriegsmalers Hans W. Schmidt. (aus: Illustrierte Geschichte des Weltkrieges 1914/1918)

zeipräsidium am 11. Januar zu stürmen. Damit entfiel jeder Grund für die weitere Besetzung des Schlesischen Bahnhofs, sie wurde am Morgen des 12. Januar aufgegeben. Über das Ende dieser Besetzung gibt es unterschiedliche Pressemeldungen. Der sozialdemokratische »Vorwärts« sprach davon, daß am Sonntag, dem 12. Januar, nachmittags, der Bahnhof von »den Spartakiden« verlassen worden sei, die Bahnanlagen hätten nicht gelitten und seien intakt.

Das »Berliner Tageblatt«, eine liberal-bürgerliche Zeitung, berichtete im Stil von Frontberichterstattern über eine Erstürmung, sprach von Orgien im Lazarettsaal und 50 Soldaten, die den Bahnhof von allen Seiten stürmten und die dortigen Kräfte angeblich überraschten; über 60 Personen seien gefangen genommen worden. In der Nacht vom Sonntag zum Montag konnte der Fernverkehr wieder aufgenommen werden.

»Der Montag«, Boulevard-Organ des SCHERL-Zeitungskonzerns und gleichzeitig Montagsausgabe des »Berliner-Lokalanzeigers«, schwelgte in militärischen Details.[6] Dieser oder ein ähnlicher Bericht hat den Kriegsberichterstatter, HANS W. SCHMIDT, zu einer »heroischen« Zeichnung (Bild 269) angeregt.

Erneute Umbauten nach 1927

Die ermittelten Materialien weisen auf die Kontinuität der Baulichkeiten auf dem Schlesischen Bahnhof hin. Bevor eine erneute Umbauphase behandelt werden soll, müssen einige Bemerkungen zur Struktur der Eisenbahnbehörden in Berlin nachgetragen werden. Die Verstaatlichung der ehemaligen Privatbahnen brachte das gesamte Netz der Eisenbahnen in Berlin unter eine einheitliche Verwaltung.

Zunächst hatte die Direktion der Königlich-Niederschlesisch-Märkischen-Eisenbahn – als Verwaltung der ersten preußischen Staatsbahn – diese Aufgabe mit zu übernehmen. Aus ihr entstand die Königliche Eisenbahndirektion

[6] Der Montag. – Berlin, vom 13. Januar 1919. – S. 2

Berlin. Das Reichseisenbahnamt, am 27. Juni 1873 gebildet, setzte am 21. Februar 1880 diese Direktion ein. Sie war eine von acht in Berlin wirkenden Eisenbahnaufsichtsbehörden.

Aber erst die Neuordnung der preußischen Eisenbahnverwaltung, die am 1. April 1895 dieser Direktion den gesamten Berliner Stadtbahn-, Vorort- und Ringbahnverkehr unterstellte, schuf eindeutige Verhältnisse. Der Fernverkehr allerdings blieb bis 1922 Angelegenheit der benachbarten Eisenbahndirektionen, in deren Bezirke die Eisenbahnstrecken führten.

Nach dem ersten Weltkrieg kam es zu grundlegenden Änderungen. Am 30. April 1920 trat der Staatsvertrag zwischen dem Deutschen Reich und den einzelnen deutschen Ländern über die Bildung eines einheitlichen Eisenbahnunternehmens in Kraft. Es entstand die Deutsche Reichsbahn im »Interesse der Landesverteidigung und des allgemeinen Verkehrs« als einheitliches deutsches Verkehrsunternehmen.

Aus der Idee Reichsbahn folgte nach der Inflation am 12. Februar 1924 das Konzept einer Deutschen Reichsbahn-Gesellschaft, die den Betrieb und die Verwaltung der nach wie vor in Reichsbesitz verbliebenen Eisenbahn zu leiten hatte. Die Reichsbahn-Gesellschaft sollte finanziell auf sich selbst gestellt werden, also Gewinne erwirtschaften. Die Siegermächte des ersten Weltkriegs protestierten, da sie dieses erwirtschaftete Geld für die Sicherung der Reparationsleistungen haben wollten. Nach einigen Auseinandersetzungen mit ihnen kam es am 2. Oktober 1924 zur Bildung der Deutschen Reichsbahn-Gesellschaft, deren Betriebseinnahmen zur Sicherung der Reparationsleistungen des Deutschen Reiches an die Sieger des ersten Weltkriegs verwendet werden mußten.

Am 1. April 1920 entstand aus der Königlichen Eisenbahndirektion Berlin die Betriebsdirektion Berlin, ab Juli 1922 Reichsbahndirektion Berlin. Ihr Tätigkeitsbereich beschränkte

270 Ansicht der westlichen Schürze der großen Halle bei Beginn der Neubauarbeiten im Jahre 1928 (mit freundlicher Genehmigung von K. Hollenbach)

sich jedoch noch immer ausschließlich auf den Stadt- und Vorortverkehr. Die Fernbahnstrecken wurden von anderen Direktionen übernommen. Die Aufgabe der Reichsbahndirektion Berlin bestand vor allem in der Instandhaltung der Strecken der Stadt- und Vorortbahn, in der Erweiterung der Netze und in der Vorbereitung der Elektrifizierung der S-Bahn. 1922 begannen aus diesen Gründen umfangreiche und kostenaufwendige Verstärkungsarbeiten an den Stadtbahnviadukten. Sie zogen sich, da der Betrieb nicht unterbrochen werden durfte, bis in das Jahr 1932 hin.

Die Beanspruchung der Stadtbahnviadukte blieb Jahrzehnte in den zulässigen Grenzwerten, es zeigten sich keine Schäden. Erst nach Einführung immer schwererer Lokomotiven und der Zunahme des Stadtbahnverkehrs traten in den Pfeilern und Gewölben Risse auf, die diese Instandsetzungsarbeiten erforderten. 1985 mußten an etwa 20 Gewölben zwischen den S-Bahnhöfen Marx-Engels-Platz und Friedrichstraße Sicherungsarbeiten vorgenommen werden, denn seinerzeit hatte man diese Gewölbe wegen fehlender Mittel ausgespart.

Der Schlesische Bahnhof mußte zwangsläufig in diese Arbeiten einbezogen werden. Der Phase des extensiven Ausbaus der Signal- und Sicherungstechnik am Beginn des zwanzigsten Jahrhunderts folgte nach weiteren zwanzig Jahren ein erneuter Umbau. Überblickt man die Geschichte der Bauarbeiten auf diesem Bahnhof, so kann mit einer gewissen Berechtigung davon gesprochen werden, daß etwa alle zwanzig Jahre – auch in Abhängigkeit von der politischen Situation und den finanziellen Möglichkeiten – sich Um- und Erweiterungsbauten vollziehen mußten. Sie griffen aber bis in die 80er Jahre unseres Jahrhunderts in keiner Weise grundlegend in die Bausubstanz ein oder veränderten das äußere Bild des Bahnhofs. Die Umbauten ergaben sich aus dem Verkehrsaufkom-

271 Die westliche Schürze nach Beendigung der Arbeiten im Jahre 1928 (ebenda)

272 Blick in die große Halle während der Umbauarbeiten. In der Mitte der Halle ist noch ein Stück der alten Konstruktion zu sehen. (ebenda)

273 Fertigstellung des letzten Bauloses der großen Halle. Erkennbar sind das Gitterwerk der alten Halle und die Stahlbinder der neuen Halle, 22. März 1928. (ebenda)

274 Detail vom Abbau der alten Gitterkonstruktion und vom Aufbau der neuen Binder (ebenda)

275 Blick aus einem Haus der Koppenstraße auf die Madaistraße im Jahre 1927 (ebenda)

men sowie aus betrieblichen Notwendigkeiten; eine Veränderung der örtlichen Gegebenheiten war damit nicht verbunden und konnte wohl auch nicht vorgenommen werden, da dazu die erforderlichen Geldmittel fehlten.

Mit der Umstellung von Dampflokomotiven auf elektrische Triebwagen auf der Stadtbahn machte sich eine Neuordnung der Sicherungstechnik notwendig. Während der Planung dieser Arbeiten stellte sich heraus, daß die Eisenkonstruktion beider Hallen verbraucht war, sie durch den Lokomotivrauch in ihrer Stabilität angegriffen war.

Insbesondere traf dies auf die große, im Jahre 1882 in Betrieb gegangene Halle zu. Der Stadt- und Ringbahnverkehr mit seiner hohen Verkehrsdichte hatte bei den Verantwortlichen ernsthafte Befürchtungen hinsichtlich der Haltbarkeit der Konstruktionen über den Bahnsteigen D und E aufkommen lassen. 1927/28 mußten deshalb die verrotteten Hallen bei laufendem Verkehr erneuert werden. Die Arbeiten übernahm die Stahlbaufirma Steffens & Nölle, Berlin-Tempelhof, die von entscheidenden Phasen der Arbeiten Fotografien herstellen ließ (Bilder 270 bis 277). Aus diesen einmaligen Dokumenten, die hier zum ersten Male veröffentlicht werden, geht hervor, daß die Bauarbeiten an beiden Seiten des Bahnhofs (Ost- und Westseite) gleichzeitig begannen. Mit der Erneuerung des Mittelteils fanden sie Ende des I. Quartals 1928 ihren Abschluß.

276 Die östliche Hallenschürze nach dem Umbau, rechts im Bild das alte Stellwerk Oht (Osthaupttturm) (ebenda)

277 Die östliche Hallenschürze zu Beginn der Elektrifizierung der Stadtbahn. Die Stromschienen sind bereits montiert, zum Teil auch schon verkleidet. Deutlich erkennbar die Ausgänge des vierten Tunnels östlich der Fruchtstraße, die zum Wriezener Bahnhof führten. Links im Bild die alte Halle aus den Jahren 1868/69. Die Aufnahme wurde am 5. März 1928 gemacht. (ebenda)

Die bisherige Nordwand der großen Halle, die aus den Jahren 1868/69 stammte, blieb in der ersten Phase der Bauarbeiten noch stehen. Die neuen, vollwandigen Stahlbinder kamen zwar direkt auf den Viaduktbögen zur Aufstellung (Bild 278), und damit entfielen zahlreiche Aufbauten an der Nordseite, aber da die Konstruktion der alten, kleineren Halle noch nicht verändert werden konnte, mußten deren Verankerungen im alten Mauerwerk erhalten bleiben. Bei der neuen großen Halle wurden die Maße des Vorgängerbaus eingehalten, Oberlichtrampen kamen auf die Halle, und ihre Stirnseiten erhielten wieder in der überlieferten Form Glasschürzen.

Die Arbeiten stellten sich als sehr kompliziert heraus, sicherten aber für die Zukunft den Betrieb auf dem Bahnhof, da die Konstruktionen durch den elektrischen Betrieb nicht mehr den vorherigen Belastungen ausgesetzt waren. Eine Zeichnung aus dem Jahre 1929 zeigt die neue Situation im Innern der Halle und weist auf die stehengebliebene Wand sowie darauf hin, daß die Bahnhofsaufbauten nicht verändert wurden (Bild 279).

Aus Kostengründen und Geldmangel unterblieb zunächst die Erneuerung der Eisenkonstruktion der kleineren, alten Halle aus den Jahren 1868/69; sie konnte nur konserviert werden. Ein Fotodokument aus dem Jahre 1928 zeigt diese Arbeiten über dem östlichen Ende des Bahnsteigs B (Bild 280). 1935 begannen auch an diesem Objekt Erneuerungsarbeiten. Sie stellten sich als noch komplizierter heraus. Zunächst mußte die beide Hallen trennende Nordwand des Baus von 1869 fallen, denn sie hatte der alten Hallenkonstruktion durch die Verankerung in ihr Halt gegeben (Bilder 280a bis e).

278 Detail der neugestalteten Nordwand im Jahre 1939, großer Andrang vor dem Fundbüro (ADN/ZB)

Die Mauer mußte bis auf die Fundamente abgetragen werden. Damit war Platz zum Einbringen von Verankerungen für den Neubau der Halle geschaffen. Die Stahlbinder reichten ebenfalls in das Mauerwerk des Viadukts. An der Südseite der kleineren Halle blieb aber die Wand aus der Entstehungszeit erhalten, da sie zugleich die Rückwand für das Empfangsgebäude bildete. Es gibt Hinweise von Eisenbahnfreunden, daß diese alte Halle möglicherweise in den 30er Jahren nicht verschrottet, sondern verkauft und in Eberswalde in einem Betrieb in neuer Funktion verwendet worden ist.

In der äußeren Form wurde die kleine Halle der größeren angepaßt, und sie erhielt ebenfalls querlaufende Oberlichtträger. Beide Hallen bildeten eine Einheit, in ihrer Form wirkte die neue Sachlichkeit nach. 1937 konnten die Arbeiten, die Kosten in Höhe von 1,53 Mill. Reichsmark verursacht hatten, abgeschlossen werden. Der Schlesische Bahnhof zeigte sich durch die weiten, offenen Hallen sowie die erneuerten Bauten auf dem Bahnsteig B in neuer Form (Bild 281). Im Zusammenhang damit standen Renovierungen verschiedener Teile des Bahnhofs, so des Wartesaals III. Klasse (Bild 282) und der Außenhaut des Empfangsgebäudes. Zahlreiche Bauten aus den vorherigen Bauabläufen blieben stehen, neue entstanden, wie das Stellwerk Sot (heute B 3) nach Entwürfen des bis heute zu Unrecht wenig bekannten Eisenbahnarchitekten RICHARD BRADEMANN (Bild 283).

Eine Reihe von Bildern – gefertigt in Zeiten politischer Auseinandersetzungen – geben auf ihre Weise Einblick in die räumliche Situation der Bahnanlagen; auf sie konnte – wegen ihres Aussagewertes – hier nicht verzichtet werden (Bilder 284 und 285).

279. Blick von Osten in die große Halle nach Aufnahme des elektrischen Stadtbahnverkehrs (mit freundlicher Genehmigung von K. HOLLENBACH)

280 Blick von Westen auf das östliche Ende des Bahnsteigs B während der Sanierung der kleineren Halle, 1928 (ebenda)

a) Die kleine, südliche Halle vor dem Umbau, Blick nach Westen (Aufnahme von Max Krajewsky vom 23. Januar 1935, Rbd Berlin)

b) Die kleine, südliche Halle vor dem Umbau, Blick nach Osten (Rbd Berlin)

c) Umbau der kleinen Halle (Rbd Berlin)

d) die kleine, südliche Halle nach dem Umbau, Blick nach Osten (Rbd Berlin)

e) die große, nördlliche Halle nach dem Wegfall der Trennmauer, Blick nach Westen (Rbd Berlin)

Die Bedeutung des Schlesischen Bahnhofs innerhalb des Verkehrsverbundes der Berliner Bahnhöfe wuchs weiter (Bild 286). 1939 erreichte der Verkehr auf ihm die Grenze der Belastbarkeit. Ein Gleisbelegungsplan nach dem Fahrplan vom 27. Mai 1939 zeigt dies. Die einzelnen Gleise für den Fern- und Vorortverkehr wiesen folgende Auslastung auf[7]:

	Bahnsteiglänge m	Gleislänge m	Ankommende Züge	Abfahrende Züge
Gleis 1	220	360	2	50
Gleis 2	284	350	18	43
Gleis 3	284	346	18	43
Gleis 6	250	275	57	20
Gleis 7	250	350	70	20
Insgesamt			165	176

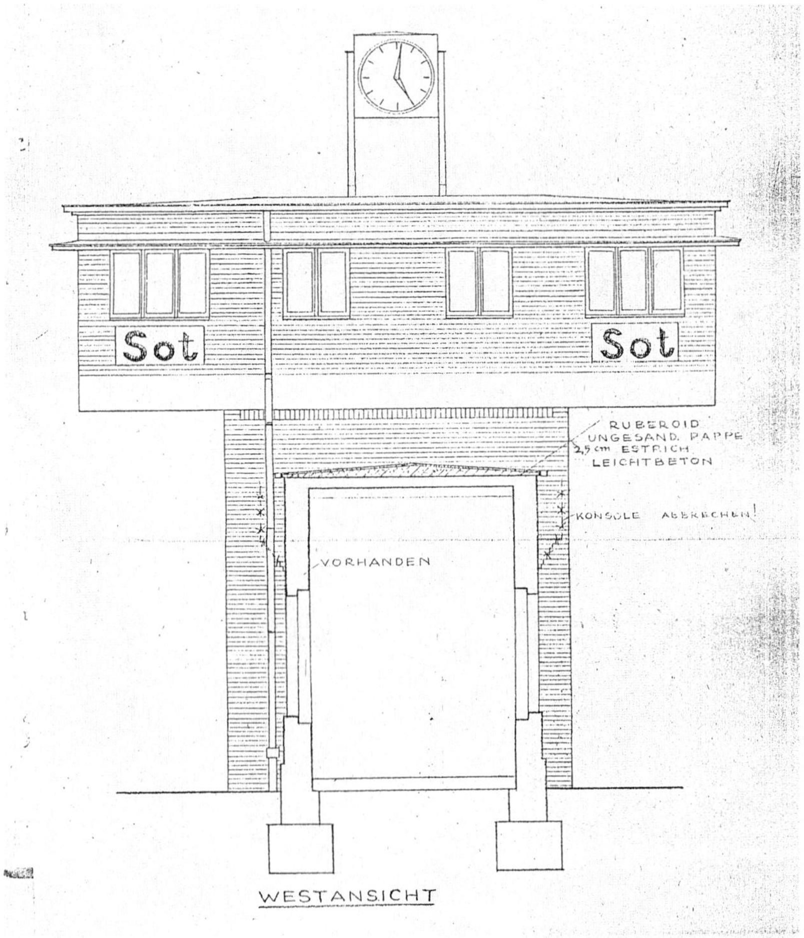

281 Blick in die neu errichtete kleine Halle nach Beseitigung der Trennwand, 1937 (ADN/ZB)

282 Der Wartesaal III. Klasse um Weihnachten 1935 (Rbd Berlin)

283 Zeichnung für den Neubau des Stellwerks Sot, heute B 3 (Rbd Berlin)

[7] Archiv der Reichsbahndirektion Berlin. – Belegungsplan der Gleise des Schlesischen Bahnhofs

Zu diesen 341 Zugfahrten ist zu bemerken, daß die Züge nur kurze Aufenthaltszeiten zum Ein- und Aussteigen an fünf Bahnsteigkanten hatten, denn die aus Richtung Osten (Breslau, Küstrin und Königsberg) einlaufenden Züge endeten im Bahnhof Zoo bzw. in Charlottenburg und wurden rangierdienstlich in Grunewald behandelt. Die Züge aus Richtung Westen (Hannover, Lehrte und Güsten) hatten an diesem Bahnhof ihren Endpunkt und liefen zur weiteren Behandlung nach Rummelsburg-Abstellbahnhof weiter. Eine rangierdienstliche Behandlung der Mehrzahl der Züge fand auf dem Schlesischen Bahnhof nicht statt, er war überwiegend ein reiner Durchgangsbahnhof.

Die Aufstellung umfaßte nur den Fern- und Vorortverkehr nach dem Buchfahrplan, die Post-, Gepäck- und Naheilgüterzüge für die

284 Streik der Eisenbahner im Jahre 1925, Streikposten vor dem Schlesischen Güterbahnhof (ADN/ZB)

285 Blick auf die Ladestraßen des Schlesischen Güterbahnhofs während des Streiks im Berliner Kartoffelhandel im Jahre 1928 (ADN/ZB)

Abfahrt von der Stadtbahn nach dem Westen

Schles. Bf.	Bahnsteig	Alexanderpl.	Bahnsteig	Friedrichstr.	Bahnsteig	Zoolog. Gart.	Bahnsteig	Charlottenbg	Bahnsteig	Zug Nr.		In der Richtung nach dem Westen
3.58	C	4.04	Fernbahnsteig	4.12	B	4.22	Fernbahnsteig	4.28	B	632		Belzig 6.03 - Güterglück 7.05 - Güsten 8.04.
6.16	C	6.22		6.29	B	6.40		6.47	B	302	—	Belzig 8.04 - Roßlau 9.04 - Dessau 9.13.
7.22	C	7.28		7.36	B	7.46		7.53	B	634	—	Belzig 9.34 - Güterglück 10.58 - Güsten 11.48.
:7.46	C	—	—	:8.00	B	:8.11	„	—	—	FD 26		Hannover 11.02 - Hamm 13.06 - Dortmund 13.43 - Essen 14.16 - Duisburg 14.33 - Krefeld 14.52 - M.-Gladbach 15.12, Aachen 16.03. KW nach Lüttich 17.25 - Brüssel 19.11 u. Paris 22.30, Wuppert.-Elberfeld 14.18 - Köln 14.58 u. Düsseldorf 14.51.
:7.57	C	:8.05	„	:8.14	B	:8.26	„	:8.37	B	D 4		Hannover 11.46 - Hamm 14.20 - Hagen 15.11 - Wuppert.-Elberfeld 15.49 - Köln 16.35 KW nach Krefeld 16.23 - M.-Gladbach 16.52 - Aachen 18.09.
:8.24	C	:8.32	„	:8.42	B	:8.54	„	:9.06	B	D 2		Hannover 12.34 - Hamm 15.30 - Dortmund 16.01 - Essen Hbf 16.41 - Duisburg 17.04 - Düsseldorf 17.27 - Köln 18.15. KW n. Osnabrück 15.00 - den Haag 21.09 (ab 16. IX. Amsterdam 20.18).
9.41	C	9.47	„	9.55	B	10.05	„	10.13	B	652	—	Belzig 11.45.
:9.45	C	:9.53	„	:10.03	B	:10.15	„	:10.27	B	D 24		Hannover 13.39 - Hamm 16.19 - Dortmund 16.53 - E.-Altenessen 17.38 - Duisburg 18.01 - Düsseldorf 18.23 - Köln 19.03 - Aachen 20.31 - Paris 6.43. KW nach Ostende 8.09. nach Paris 6.43.
10.00	C	10.07	„	10.15	B	10.27	„	10.37	B	238		Stendal 13.03.
10.51	C	10.58	„	11.07	B	11.16	„	11.25	B	E 162	—	Belzig 12.23 - Dessau 13.11 - Güsten 14.12 - Sangerhausen 15.33 - Nordhausen 16.28 - Eichenberg 17.52 - Fulda 20.59 - Frankfurt (M) 23.24.
:13.04	C	—	—	:13.18	B	:13.31	—	—	—	FD 112		Hannover 16.19 - Osnabrück 17.59 - Utrecht 21.55 - Rotterdam 23.00 - Hoek v. Holland 23.31. KW nach Amsterdam 22.14 u. den Haag 23.02; Salonwagen nach Hoek v. Holland 23.31.
:13.18	C	:13.26	„	:13.37	B	:13.49	„	:14.00	B	D 14	W	Hannover 17.25 - Hamm 20.20 - Dortmund 20.46 - E.-Altenessen 21.37 - Duisburg 21.58 - Düsseldorf 22.24 - Köln 23.08.
13.49	C	13.56	„	14.04	B	14.15	„	14.24	B	616	—	Belzig 15.49 - Güsten 17.46 - Sangerhausen 19.52 - Erfurt 22.03.
—	—	—	—	—	—	—	—	16.33	—	640	—	Belzig 18.07.

Ankunft auf der Stadtbahn von dem Westen

Charlottenbg	Bahnsteig	Zoolog. Gart.	Bahnsteig	Friedrichstr.	Bahnsteig	Alexanderpl.	Bahnsteig	Schles. Bf.	Bahnsteig	Zug Nr.		aus der Richtung von dem Westen
4.12	A	4.19	Fernbahnsteig	4.30	A	4.39	Fernbahnsteig	4.47	B	223		Stendal 2.23 - Hannover 23.00
5.45	A	5.56		6.07	A	6.23		6.30	B	233	*	Hannover 1.20 - Hamm 21.39 - Dortmund 20.52 - Essen Hbf 19.54 - Duisburg 19.17 - Düsseldorf 18.45 - Köln Hbf 17.54. * Mo keine Post.
5.53	A	6.01	„	6.11	A	6.17	„	6.25	B	631	—	Beelitz Heilstätten 4.54 - Belzig 4.21.
}6.35	A	}6.47	„	}6.58	A	}7.07	„	}7.14	B	733	—	Hannover 2.05 - Hamm 22.21 - Dortmund 21.45 - Essen-Altenessen 20.39 - Duisburg 20.09 - Düsseldorf 19.42 - Köln Hbf 18.45. Nur vom 26. 27. VI. bis 7. 8. IX.
:6.44	A	:6.55	„	:7.07	A	:7.17	„	:7.26	B	D 5		Hannover 3.19 - Hamm 0.31 - Hagen 23.41 - Wuppertal-Elberfeld 23.04 - Köln Hbf 22.13. von Köln 22.13 u. Bremen 0.06.
7.00	A	—	—	—	—	—	—	—		651	—	Beelitz Heilstätten 6.02 - Belzig 5.27.
:6.52	A	:7.03	„	:7.15	A	:7.27	„	:7.33	B	D 173		Hannover 3.37 - Osnabrück 1.29 - Rheine 0.31 - Bentheim 0.00 - Amsterdam 20.30. KW u. von Vlissingen 18.33 - von Amsterdam 20.30 u. den Haag 19.44.
:8.00	A	:8.08	„	:8.19	A	:8.28	„	:8.35	B	D 45		Dessau 6.09 - Sangerhausen 4.06 - Nordhausen 3.35 - Kassel 1.44 - Gießen 23.46 - Bad Nauheim 23.11 - Frankfurt (M) 22.34 - Mainz 21.32 - Wiesbaden 21.03. KW von Trier 18.36 - Koblenz 21.08 u. Saarbrücken 18.08. von Saarbrücken 18.08. * Mo keine Post.
:7.32	A	:7.43	„	:7.55	A	:8.04	„	:8.13	B	D 7		Hannover 4.10 - Hamm 1.38 - Dortmund 1.05 - Essen Hbf 0.21 - Duisburg 23.51 - Düsseldorf 23.23 - Köln 22.35. KW u. von M.-Gladbach 22.44. von Köln 22.35.
—	—	:8.25	„	:8.37	A	—	„	:8.51	B	L 11		Hannover 5.25 - Dortmund 2.56 - Essen Hbf 2.20 - Düsseldorf 1.43 Köln 1.09 - Aachen 0.11 - Paris 18.00, Ostende 16.52 u. Calais 14.25 Nordexpreß. von Paris 18.00, Ostende 16.52 u. Calais 14.25. (ab Calais Di, Do u. Sa)
10.02	A	10.09	„	10.20	A	10.28	„	10.36	B	621	W	Beelitz Heilstätten 9.15 - Belzig 8.40 - Wiesenburg 8.20 - Güterglück 7.28 - Güsten 6.25.
10.56	A	11.07	„	11.18	A	11.26	„	11.33	B	E 17	—	Stendal 9.37 - Oebisfelde 8.45 - Lehrte 7.55 - Hannover 7.38.
13.32	A	13.39	„	13.49	A	13.56	„	14.03	B	633	—	Beelitz Heilstätten 12.47 - Belzig 12.12 - Wiesenburg 11.51 - Güterglück 11.10 - Güsten 10.21.

286 Auszug aus dem Fahrplan der Fernzüge auf der Stadtbahn von Betriebsbeginn bis Mittag aus dem Jahre 1932 (MM)

Markthalle waren darin nicht einbegriffen. Die Aufgliederung der An- und Abfahrtszeiten nach Stunden ergab, daß nur eine relativ kurze Betriebspause zwischen etwa 0.30 und 2.00 Uhr gegeben war. Die Spitzenbelastung lag zwischen 12.30 und 15.00 Uhr. Ohne den Sonderverkehr der Entlastungszüge zu Pfingsten blieb die Zahl der Züge, die hier ankamen und abfuhren immer noch sehr hoch; sie betrug z. B. am 15. Mai 1939[8]:

	Ankommende Züge	Abfahrende Züge
Gleis 1	–	52
Gleis 2	14	36
Gleis 3	15	28
Gleis 6	57	15
Gleis 7	56	15
Insgesamt	142	146

Beachtet werden muß die hohe Zahl der Züge im Vorortverkehr nach Strausberg, Rüdersdorf und Küstrin. Nach Strausberg z. B. gab es noch keinen S-Bahnverkehr, diese Züge endeten in Mahlsdorf. Andererseits lag diese Stadt im Osten bereits in so hohem Maße im Einzugsbereich des Ausflugsverkehrs von Berlin, daß am 27. Mai 1939 nach Strausberg 44 Züge vom Schlesischen Bahnhof – Gleis 1 – abgefertigt werden mußten.

Die Vorbereitungen auf den zweiten Weltkrieg sowie der Beginn des Umbaus Berlins zur »Welthauptstadt Germania« erforderten neue planerische Überlegungen auch für den Schlesischen Bahnhof. Es galt, diesen Bahnhof vom Vorortverkehr zu entlasten, um den notwendigen Raum für die Einleitung des Verkehrs aus und nach Hamburg auf die Stadtbahn zu gewinnen. Der Lehrter Bahnhof sollte stillgelegt werden, um einem neuen Nordbahnhof Platz zu machen.

Im Rahmen der Umgestaltungspläne für Berlin war der Neubau eines Nord- und eines Südbahnhofs geplant. Der Nordbahnhof sollte auf dem Gelände nördlich des Reichstags entstehen, also auf dem Territorium des für den Personenverkehr stillgelegten Hamburger und des noch voll in Betrieb stehenden Lehrter Bahnhofs. Die Reichsbahndirektion Berlin plante, in der Zeit des zu errichtenden Neubaus den Verkehr aus Richtung Nordwesten nach Berlin über die Stadtbahn einzuleiten und ihn am Schlesischen Bahnhof enden zu lassen. Am 28. Dezember 1941 legte die Reichsbahnbaudirektion dazu ein Diagramm mit Lösungsvorschlägen vor. Der Text dazu hat sich in den Akten nicht erhalten, aber aus den vorgelegten Varianten ergibt sich, daß der Vorortverkehr aus

[8] Ebenda

dem Schlesischen Bahnhof herausgenommen werden sollte, um Platz für die Einleitung dieses Verkehrs aus Richtung Hamburg zu gewinnen.

Die möglichen Varianten sahen vor, ein sechstes Gleis einzurichten bzw. den Verkehrsfluß derart zu ordnen, daß die vorhandenen Einrichtungen zeitweise ausreichten. Als Nebenprodukt wäre die schnellere Abfertigung der Züge aus Nordwestdeutschland in Richtung Osten, also in Richtung der die größte Aufmerksamkeit der Obersten Führung des Deutschen Reiches beanspruchenden Front des zweiten Weltkriegs herausgesprungen. So wurden auf der Strecke nach Strausberg Vorort- und Fernverkehr durch den Neubau von Gleisanlagen getrennt. Daran mußten die Gefangenen des sog. Arbeitserziehungslagers der Gestapoleitstelle Berlin arbeiten.

Der Verlauf des zweiten Weltkriegs beendete sehr bald derartige Planungsideen, aber sie hinterließen an einigen Stellen der Stadt Torsi, die noch heute auf die Vorhaben zum Ausbau des Verkehrsknotens Berlin hinweisen.

7. KRIEGSENDE, BEFREIUNG UND NEUBEGINN – DIE ZEITWEILIGE FUNKTION EINES REGIERUNGS-BAHNHOFS

Kriegsende

Wie im ersten Weltkrieg kam die Eisenbahn auch im zweiten Weltkrieg als Instrument militärischer Planung, des Aufmarschs der Truppen und des Nachschubs für die Front zum Einsatz. Dazu gehörten auch die Deportation von Juden in die Konzentrations- und Vernichtungslager sowie der Transport ausländischer Zwangs- und Fremdarbeiter zum Einsatz in der deutschen Kriegswirtschaft. Das Instrument Eisenbahn mit seinen weit verzweigten Verkehrseinrichtungen und der hohen Dichte der Strecken in Europa ermöglichte – trotz aller Einschränkungen – das Funktionieren der deutschen Kriegsmaschinerie.

Der Schlesische Bahnhof diente mit seinen Einrichtungen dem militärischen Aufmarsch, zunächst im Feldzug gegen Polen. Die Stadtbahn, der Güterbahnhof, aber auch zunehmend der Personenbahnhof bildeten wichtige Ausgangspunkte für Transporte von Soldaten und militärischem Gut, von Urlaubern der Ostfront sowie von Frauen und Kindern in weniger bombengefährdete Gebiete.

Im Bahnhof richtete eine Bahnhofskommandantur in den Kellerräumen in der Nähe der Wartesäle und des Eingangsportals ihr Domizil ein. Hier mußten sich die Urlauber zum Weitertransport bei der »Frontleitstelle Ost« melden, hier erhielten sie ihre Marschpapiere und Verpflegung, von hier aus wurde der Menschennachschub nach dem Osten dirigiert. Die Kommandantur auf dem Schlesischen Bahnhof war eine der vielen militärischen Einrichtungen auf Eisenbahnanlagen; ihr Hauptpunkt für Berlin befand sich aber jetzt auf dem zentral gelegenen Bahnhof Friedrichstraße.

Der Krieg verschonte auch den Schlesischen Bahnhof nicht. Bereits in der Anfangsphase versuchten britische Fernflieger, den Bahnhof zu treffen. Die ersten Angriffe mißlangen, da die Abwurftechnik zu ungenau war, so daß vor allem die Wohngebiete an der Weberwiese getroffen wurden; so am 15. Oktober 1940 und am 20. September 1941. Die Schäden auf den Bahnanlagen blieben gering und konnten relativ rasch behoben werden.

Im Jahre 1943 – am 3. September und dann vor allem im November – wurde der Bahnhof mehrfach von Bomben britischer Fernfliegerkräfte getroffen; weitere schwere Angriffe folgten dann im Verlaufe des Jahres 1944. Obwohl die Bahnanlagen diese enorme Größe erreicht hatten und auch aus der Luft leicht auszumachen waren, fielen die Bomben wiederum vor allem auf die Wohngebiete der Umgebung. Das lag zum einen an der Tatsache, daß die hier ständig herrschenden Windverhältnisse viele der Bomben abtrieben und zum zweiten an der Ungenauigkeit, die ein Flächenbombardement mit sich brachte.

In der Umgebung des Bahnhofs, in den Hinterhöfen z. B. der Warschauer Straße, lagen wichtige, erstrangige Ziele der alliierten Luftkriegsplanung, die höchste Priorität genossen, so die Heynes-Propeller-Werke, die einen großen Teil der Propeller für die Luftwaffe herstellten. Getroffen wurden diese Werke in der Warschauer Straße 55 und 56 kaum, dafür aber die Wohnhäuser in der Umgebung.

Die an und für sich große Bedeutung des Schlesischen Bahnhofs für die Kriegsführung erhöhte sich, je näher die Fronten an Berlin heranrückten. Letztlich stieg die Bedeutung im Verhältnis zur drohenden militärischen Niederlage immer mehr, insbesondere als die sowjetischen Truppen die Oder überquerten und die Front mit den von diesem Bahnhof ausgehenden Nahverkehrszügen zu erreichen war. In den Überlegungen zur »Verteidigung der Reichshauptstadt« erhielt dieses Gelände eine Position höchsten Ranges. Entlang der Eisenbahnstrecke nach Frankfurt (Oder) zog sich die Trennlinie zwischen den Abschnitten A und B des inneren Verteidigungsringes um Berlin, und die Eisenbahn erhielt die Aufgabe, sowohl dem Nachschub zu dienen als auch zugleich mit ihren Bauwerken der Verteidigung der Stadt Rückhalt zu bieten. Durch die zur Sprengung vorbereiteten Brücken und Gleisanlagen sollte das Gelände dann so zerstört werden, daß es nicht von den sowjetischen Truppen auf ihrem Vormarsch genutzt werden konnte.

Auf dem Schlesischen Güterbahnhof, zwischen Hohenlohe- und Warschauer Brücke, postierte die Wehrmacht zwei Eisenbahngeschütze, die mit ihren weitreichenden Rohren in Richtung Osten schießen konnten. Bei einem möglichen, weiteren Vordringen sowjetischer Truppen sollten und wurden sie auf der Berliner Stadtbahn zurückgezogen. Durch Bombentreffer war das nördliche Feld der Warschauer Brücke unpassierbar geworden. Ein Befehl sollte zur zeitweisen Unbrauchbarkeit der Signal- und Sicherungstechnik führen. Die Überlegung war einfach, die Batterien der Signalanlagen wurden abgeschaltet und die Sicherungen entfernt. Gleichzeitig verminten Pioniere der Wehrmacht die Brücken über die Frucht- und die Koppenstraße; eine sofortige Zerstörung unterblieb wegen der Eisenbahngeschütze (die dann tatsächlich in Richtung Norden abliefen) und infolge des schnellen Vormarschs der sowjetischen Truppen.

Der Schriftsteller Heinz Rein hat in seinem Roman »Finale Berlin«, geschrieben im Dezember 1945, die Situation um den Schlesischen Bahnhof so geschildert: »Das Viereck des Küstriner Platzes ist von der SS zur Verteidigung hergerichtet worden, seine Zugänge, die Frucht-, Rüdersdorfer- und Königsberger Straße sowie der Braune Weg sind sämtlich durch Barrikaden und Panzersperren blockiert. Schwere Flak steht mit der Schußrichtung auf die Gütergleise der Ostbahn, drei Vierlingsflakgeschütze richten ihre Rohre steil in die Luft, die Plaza ist Kaserne und anscheinend auch Befehlsstelle geworden, die Geschützbedienungen sind fast ausschließlich SS-Leute, nur an den Panzersperren stehen Volkssturmmänner und ein paar braune Gestalten.«[1]

Die Situation innerhalb des Bahnhofs beschrieb er als Augenzeuge wie folgt: »Im Schalterraum, in den Gängen und Wartesälen herrscht ein tolles Durcheinander, fliegende Sanitätstrupps, Feldküchen, Stäbe, Munitionsdepots sind hier untergebracht, aber alles ist im Aufbruch begriffen, hastig, eilig, nervös, Verbandsmull, zerbrochene Medikamentenflaschen, leere Konservendosen, Aktenbündel, Stahlhelme, Gasmasken, Brotreste, zerbrochene Stühle und Tische, Knäuel von Telefondraht, Zigarettenstummel, Zeltplanen liegen umher, alles bedeckt von den grauweißen Wolken des unaufhörlich von den Decken und Wänden rieselnden Kalkstaubs, dem Rauch der Feldküchen, dem Qualm der brennenden Häuser.«[2]

Der Wehrmachtsbericht, herausgegeben

[1] Rein, H.: Finale Berlin. – Berlin, 1948. – S. 481
[2] Ebenda, S. 586f.

vom Oberkommando der Wehrmacht, berichtete erst am 26. April 1945 von den Kämpfen. Es hieß dort zu einem Zeitpunkt, als alles schon erledigt war: »Im Osten und Norden leisten unsere Truppen, tapfer unterstützt von Einheiten der Hitler-Jugend, der Partei und des Volkssturms, am Schlesischen und Görlitzer Bahnhof sowie zwischen Tegel und Siemensstadt erbitterten Widerstand.« Am 28. April lautete es dann im Wehrmachtsbericht ohne Wertung: »Am Halleschen Tor, am Schlesischen Bahnhof und am Alexanderplatz hat der Kampf um den Stadtkern begonnen.« Die Berichte hinkten der Realität um Tage hinterher.

Am 22. April – so ist es in den Erinnerungen sowjetischer Generäle festgehalten – begann der Sturm auf den Schlesischen Bahnhof. Die sowjetischen Truppen griffen anders als erwartet von Norden entlang der Fruchtstraße an, und konnten trotz erbitterter Verteidigung zum Güterbahnhof der Ostbahn und von da in die Memeler Straße vorstoßen. Einer Sturmgruppe gelang es, über den Wriezener Bahnhof in den Tunnel auf der Ostseite auf die Bahnsteige zu gelangen. Offensichtlich hatten sie den vierten, heute nicht mehr der Öffentlichkeit dienenden Tunnel vom Wriezener Bahnsteig entdeckt und waren diesem Weg gefolgt; denn sie waren plötzlich im Rücken der deutschen Verteidigungsstellung. Am Abend des 23. April endeten die Kämpfe mit der vollständigen Einnahme des Bahnhofs. Aber erst am 24. April waren hier die Kampfhandlungen beendet, fielen der Bahnhof Warschauer Straße und das Osram-Werk D in die Hände der sowjetischen Soldaten. Noch am 26. April wurde in der Andreasstraße gekämpft. Am Schlesischen Bahnhof gingen 1400 Soldaten der Wehrmacht in Kriegsgefangenschaft.

Sofort begannen Aufräumungsarbeiten durch sowjetische Pioniere, die nach sowjetischen Quellen mit dem Umnageln der Gleise auf die sowjetische Breitspur begonnen haben sollen, um Versorgungszüge und Artillerie auf Eisenbahnwaggons in die Stadt zu transportieren.[3] Zeitzeugen bezweifeln dies, denn sie fanden nach dem Ende der Kampfhandlungen z. B. die Stellwerksbänke zum Abtransport bereitstehend und haben keine Breitspur auf dem Bahngelände vorgefunden.

Über die Umnagelung und den Transport von Eisenbahngeschützen nach Berlin sprach auch der Chef der sowjetischen Eisenbahntruppen, Pawel Kabanow, in seinen Memoiren. Er berichtete, daß aus dem Brückenkopf bei Küstrin schwere Eisenbahngeschütze am 25. April in Berlin eintrafen. Die Meldung an den Kriegsrat der Front lautete: »Ich melde: Heute am 25. April, 18.00 Uhr, wurde auf der Strecke Küstrin–Berlin bis zum Bahnhof Berlin-Lichtenberg der Zugbetrieb aufgenommen.«[4]

In seinen Memoiren »Erinnerungen und Gedanken« hielt der sowjetische Marschall G. Shukow fest: »Besonders kompliziert war der Auftrag in der ersten Etappe (der Schlacht um Berlin, der Verf.), der darin bestand, den stark befestigten Schlesischen Bahnhof zu stürmen und die Spree mit ihren hohen Kais zu forcieren.« Shukow betonte die Wichtigkeit der Einnahme des Bahnhofs, da danach der Kampf um das Zentrum Berlins begann: »Am dritten Tage der Kämpfe um Berlin«, so schrieb er an anderer Stelle, »brachten wir auf der eigens hierzu auf unsere Spurweite umgenagelten Bahnstrecke zum Schlesischen Bahnhof Belagerungsgeschütze heran, die das Feuer auf die Innenstadt eröffneten. Jedes Geschoß wog eine halbe Tonne. Die Verteidigung Berlins zerbrach«.[5]

Diese Zitate in den Memoiren sowjetischer Generäle haben zu zahlreichen Überlegungen und Spekulationen Anlaß gegeben. Trotz vieler Bemühungen von Eisenbahnhistorikern konnte letztendlich noch keine Klärung herbeigeführt werden; die Öffnung der sowjetischen Archive wird zu einem nicht mehr fernen Zeitpunkt endgültige Klarheit schaffen können. Bei den Recherchen stellte sich aber heraus, daß die Behauptung in einigen Arbeiten, es sei die Strecke bis Berlin-Lichtenberg auf die Spurweite der Sowjetischen Eisenbahnen umgenagelt worden, nicht zu halten ist.

Ausführlich schrieb die Wochenzeitung »Fahrt frei«, Nr. 10/1975: »Bereits am 1. April, unmittelbar nach der Liquidierung der Küstriner Garnison der Faschisten, waren die Einheiten der Hauptleute Dowganjuk und Beregowoi sowie des Helden der Arbeit, Hauptmann Moissejenko, darangegangen, an die Stelle der zerstörten Eisenbahnbrücken über die Warthe, Oder und Kietzer Vorflutkanal Pionierbrücken aus gewaltigen Holzkonstruktionen zu setzen. Am 16. April, mit Beginn der Berliner Operation aus dem Oderbruch-Brückenkopf heraus, ging es dann im zügigen Einsatz der Oberbau- und Brückenbaubrigaden weiter in Richtung Berlin. Am 25. April um 15.00 Uhr Moskauer Zeit, 13.00 Uhr Ortszeit, ist es soweit: Die Strecke ist bis Berlin-Lichtenberg in der mitteleuropäischen Spurweite wiederhergestellt, kann als erste in Richtung Berlin wieder in Betrieb genommen werden.«

Die Wehrmacht hatte auf ihrem Rückzug nach dem Prinzip der »verbrannten Erde« auch die Eisenbahnanlagen in Deutschland, insbesondere die Brücken, Bahnhofsgebäude und Stellwerke zerstört sowie das rollende Material, soweit es ging, abgefahren. Das gelang allerdings in immer geringerem Maße, da sich der Vormarsch der sowjetischen Truppen z. B. während der Ostpommern-Operation so rasch vollzog, daß weder alle Lokomotiven noch die Waggons abgefahren werden konnten. So erbeuteten die sowjetischen Truppen allein in Ostpommern in der Zeit vom 13. Januar bis zum 12. Februar 1945 295 Lokomotiven und 7996 Güterwagen. Angemerkt werden muß aber, daß insbesondere die Gleis- und Brückenanlagen an zentralen Stellen nicht oder nicht sofort benutzbar waren.

Mit diesem und an weiteren Stellen erbeuteten rollenden Material ergab sich für das sowjetische Oberkommando die Möglichkeit, einen Teil der Eisenbahntransporte für die eigenen Streitkräfte nun auch auf Strecken mitteleuropäischer Spurweite abzuwickeln. Bisher wurden alle Strecken, die zuvor von Eisenbahnpionieren der deutschen Wehrmacht auf die sowjetische Breitspur umgenagelt worden waren, so hergerichtet, daß die sowjetischen Eisenbahnen sie befahren konnten. Nach der oben beschriebenen Entwicklung entschieden die sowjetischen Kommandobehörden offensichtlich, die Versorgungsstrecken bis zur Weichsel in Breitspur anzulegen und dort Umladungspunkte einzurichten, um dann von da aus die Transporte auf Normalspurstrecken weiterzuführen. Ausgenommen davon blieb die Nachschubstrecke Brest–Warschau–Posen–Frankfurt (Oder) und dann weiter nach Berlin.

---

[3] Bokow, F. J.: Frühjahr des Sieges und der Befreiung. – Berlin, 1979. – S. 231

[4] Kabanow, P. A.: Stählerne Strecken. – Berlin, 1977. – S. 295

[5] Shukow, G. K.: Erinnerungen und Gedanken. – Berlin, 1976

Nur angewiesen auf die Erinnerungsberichte und Memoiren bleiben Aspekte des weiteren Verlaufs unklar. Der Chef Rückwärtige Dienste der 1. Belorussischen Front, Generalleutnant ANTIPENKO, machte in seinen Erinnerungen darauf aufmerksam, daß der Vorschlag, diese Strecke auf Breitspur umzunageln, verworfen wurde und der Befehl erging, sie in Normalspur wiederherzustellen. Am 14. Januar 1945 folgte der Gegenbefehl, der die Umnagelung dieser Strecke auf Breitspur verfügte. Das könnte sich auch aus der Tatsache erklären, daß in diesem Frontabschnitt zu diesem Zeitpunkt nicht genügend rollendes Material erbeutet werden konnte. Andererseits sollte der Nachschub für die Sowjetsoldaten, die zum Angriff auf Berlin antraten, möglichst nah und schnell an die Front herangeführt werden. Die 1. Belorussische Front erhielt in der Vorbereitungsphase dieser Operation z. B. 238 400 t Munition, Treib- und Schmierstoffe auf dieser Eisenbahnlinie, aber 333 400 t durch Kfz-Transport.

Insoweit war die Verkehrsaufnahme auf der Normalspur-Strecke nach Berlin-Lichtenberg für die Organisation des Nachschubs von Bedeutung. Aus den wenigen Berichten geht hervor, daß erbeutete deutsche Eisenbahnwaggons und eine grün gespritzte Lokomotive zu ei-

287 Blick von Westen auf beide Hallenschürzen im Mai 1945 (Staatliches Filmarchiv)
288 Deutsche Eisenbahner im Gespräch mit einem sowjetischen Offizier auf dem Bahnsteig B, etwa im Mai 1945 (Staatliches Filmarchiv)

nem Zug zusammengestellt wurden, der am 25. April nach Berlin fuhr.

In der Gegend um den Schlesischen Bahnhof endete der Kampf zu einem Zeitpunkt, als in der Innenstadt die Kämpfe noch tobten. Zerstört waren der Bahnhof und vor allem die Wohnhäuser der umliegenden Straßen. Auf dem Bahnhof zählte man im Mai 1945 mehr als 13 Bombentrichter. Die Hallen und die Mehrzahl der eisenbahntechnischen Anlagen blieben erhalten, wenn auch in desolatem Zustand. Das Empfangsgebäude war eine einzige Ruine und nicht mehr benutzbar. Lediglich ein Teil des Gebäudes zur Fruchtstraße hin, das während eines Luftangriffs im Sommer 1944 zur Ruine geworden war, und in dessen bauliche Reste im November 1944 eine Baracke für eine Eisenbahner-Kantine eingezogen war, konnte wieder Funktionen übernehmen.

Sowjetische Kameraleute – deutschen waren Fotoaufnahmen zu diesem Zeitpunkt verboten – hielten in einzigartigen Bilddokumenten den Zustand des Bahnhofs im Mai/Juni 1945 fest (Bild 287). Deutlich wird an ihnen der Grad der Zerstörung, insbesondere an den Wohnhäusern der Umgebung. Das Innere der Halle konnte dagegen relativ rasch, bei hohem Arbeitsaufwand und mit primitiven Mitteln hergerichtet werden (Bilder 288 und 289). Die Kameraleu-

289 Bahnpolizisten im Gespräch mit einem sowjetischen Offizier, etwa im Mai 1945 (Staatliches Filmarchiv)

290 Ausgeplünderter Postzug auf dem Schlesischen Bahnhof, etwa Ende Mai 1945 (Staatliches Filmarchiv)

te fotografierten auch die Not der Menschen, die sie zwang, einen zerschossenen und geplünderten Postzug zu durchwühlen (Bild 290).

Mit dem Ende des Krieges nahm der Schlesische Bahnhof innerhalb des Berliner Verkehrsverbundes objektiv eine ganz andere Stellung ein, vor allem aufgrund der von ihm ausgehenden direkten Schienenverbindung in die Sowjetunion. Sowjetische Pioniere hatten in drei Richtungen Eisenbahnstrecken in das Gebiet der sowjetischen Besatzungszone verlegt: je ein Gleis nach Berlin-Lichtenberg während der Schlacht um Berlin in Normalspur sowie zum Schlesischen Bahnhof (hier muß offen bleiben in welcher Spur), eine zweite Strecke nach Norden bis Rostock, die am 22. Mai fertig wurde und eine weitere über Cottbus in Richtung auf Berlin. Auf diesen Strecken – einfach in der Anlage – transportierten die Besatzungsbehörden Truppen und Reparationsgüter, wurden Kriegsgerät und Truppenverbände in direktem Transport zum Kampf gegen Japan nach Asien abgefahren. Die Aufgabe dieser Gleisverbindungen entsprang militärischer Notwendigkeit, und sie trug von vornherein zeitweiligen Charakter. Hinzu kam eine Strecke für den Personenverkehr, die unmittelbar zum Schlesischen Bahnhof, Bahnsteig B führte.

Nach dem Ende der Kämpfe in Berlin hatten sich Eisenbahner auf ihren Dienststellen eingefunden. Sie mußten bei den Aufräumungsarbeiten helfen und die betriebsmäßige Ordnung auf dem Bahnhof wiederherstellen. Sie konnten dabei bereits demontierte und zum Abtransport provisorisch abgestellte Sicherungstechnik – z. B. Stellwerksbänke (u. a. vom Stellwerk W 4) – sichern und wieder einbauen.

Zunächst blieb der Bahnhof aber dem öffentlichen Reiseverkehr, der ganz allmählich begann, entzogen; der Zustand der Strecken verbot dies. Dabei gab es zahlreiche, bis heute nicht eindeutig geklärte Vorgänge; so u. a. den Hinweis, daß die Strecke nach Erkner dem Abmarsch sowjetischer Panzer und schwerer Technik aus Berlin zu dienen hatte. Das Ergebnis war ein total zerwühlter Ober- und Unterbau.

Stalins Sonderzug

Bisher wenig behandelt wurde die Geschichte vom Sonderzug Stalins. Die Eisenbahnerzeitung »Fahrt frei« veröffentlichte im Jahre 1975 über die Umnagelung der Strecke von Frankfurt (Oder) nach Berlin folgenden Bericht: »Am Tage, als der Obersergant Kolesnikow seine Fahrt in das umkämpfte Berlin ausführt, nehmen die Eisenbahn-Bautruppen des Generalleutnants Borrissow bei dem am Vortage befreiten Frankfurt die Errichtung einer 520 Meter langen Eisenbahn-Behelfsbrücke und die Wiederherstellung des Gleiskörpers und der anderen Oberbauanlagen in Richtung Berlin in Angriff. Als Termin für die Inbetriebnahme der Strecke Frankfurt–Berlin ist der 10. Mai gestellt. Doch 54 Stunden vorfristig, am 7. Mai 1945, rollt auf dieser Strecke der erste Zug nach Berlin«.[6]

Dem entgegen steht die Aussage aus dem Jahre 1982, daß die ersten Versorgungszüge nach Frankfurt (Oder) bereits am 24. April über eine behelfsmäßige Brücke rollten. Für den 8. Mai wird dabei zugleich die Aufnahme des Verkehrs zwischen Frankfurt (Oder) und Berlin festgelegt. Diese Widersprüchlichkeiten konnten nicht geklärt werden; bei der letzten Aussage liegt die Vermutung nahe, daß sie sich aus der Differenz zwischen ost- und westeuropäischer Zeitmessung ergeben könnte. Wichtig ist dagegen die Feststellung in dieser Ausarbeitung, daß die Strecke nach Berlin zu diesem Zeitpunkt sowohl Normalspur als auch sowjetische Breitspur gehabt hatte.

Es ist nach den Gründen für den Ausbau dieser Strecke in dieser Art von Frankfurt (Oder) nach Berlin zu fragen. Er vollzog sich – wie angemerkt – nach dem Ende der Kampfhandlungen und diente zunächst dem schnellen Abtransport der Kampftruppen aus Deutschland auf sowjetischer Spurweite in den asiatischen Raum zum Kampf gegen Japan. Zum zweiten ergab sich damit die günstige Möglichkeit zum Abtransport besonders wichtiger Reparationsgüter. Weiterhin mußte eine durchgehende, schnelle Verkehrsverbindung nach Berlin zum Aufbau der sowjetischen Verwaltung in Deutschland im Interesse der Militäradministration liegen, die in der damaligen Reichshauptstadt Berlin entstand.

Ein vermeintliches Sicherheitsrisiko lag in diesen Wochen in der Nutzung der deutschen Technik und im Einsatz deutscher Eisenbahner – also des einstigen militärischen Gegners – bei diesen Eisenbahntransporten. Deren Sicherung gegen Überfälle war in den Augen der Besatzungssoldaten nicht nur eine theoretische bzw. akademische Notwendigkeit; Überreaktionen blieben also nicht ausgeschlossen.

Für Ende Juni 1945 war die Aufnahme eines durchgehenden Expreßzugverkehrs zwischen Moskau und Berlin geplant, eines ausschließlich sowjetischen Zwecken dienenden Verkehrs. Die »Tägliche Rundschau« – Zeitung für die deutsche Bevölkerung – veröffentlichte dazu am 29. Juni folgenden Artikel, der wegen seiner Bedeutung in vollem Umfang zitiert werden soll: »Moskau, 27. Juni (TASS). Der direkte Passagierverkehr auf der Eisenbahnlinie Moskau–Berlin ist aufgenommen worden.

Die neue Linie führt über das Gebiet dreier Länder – UdSSR, Polen und Deutschland –. Die Gesamtlänge der bereits betriebsfertigen Strecke auf der Linie Berlin–Moskau beträgt 1820 Kilometer, die Gesamtlänge der dem Verkehr übergebenen großen und mittelgroßen Brücken über viertausend Meter.

Die großen Eisenbahnknotenpunkte der befreiten Sowjetstädte auf der Strecke Moskau–Berlin sind von Grund auf neu gebaut worden. Über den Dnjepr, die Beresina, den Westbug, die Weichsel, Warthe und andere Flüsse wurden Brücken errichtet.

Der erste sowjetische Güterzug traf am 25. April über Küstrin in Berlin ein, dem Tage, an dem die Stadt von den Truppen der Roten Armee völlig eingeschlossen wurde. Der erste Zug über Cottbus kam am 3. Mai, über Frankfurt/Oder am 5. Mai in Berlin an.

Am Donnerstag, um 14.30 Uhr traf auf dem mit Blumen, Tannengrün, Fahnen und Transparenten geschmückten Bahnsteig B des Schlesischen Bahnhofs der erste Fern-D-Zug (Expreß) Moskau–Berlin ein. Er wurde von den Vertretern der sowjetischen Besatzungstruppen, der Stadtverwaltung, der Polizei und der Presse empfangen. Eine Ehrenwache mit präsentiertem Gewehr war angetreten.

[6] Fahrt frei. – Berlin, 1975. – Nr. 10

Der Zug ist am 25. Juni um 14.00 Uhr aus Moskau abgefahren und legte die gewaltige Strecke ohne Zwischenfälle zurück. Die Wagen des Moskau-Berlin-Expresses, der von nun an zweimal in der Woche auf dem Schlesischen Bahnhof eintreffen wird, sind bequem und komfortabel in einen Liegewagen zu verwandeln. Überall stehen Spielbretter mit Schachfiguren und Damebretter auf beleuchteten Tischen bereit. Überall klingt Radiomusik. In dem Speisewagen blitzt Kristall, auf jedem Tisch blühen Stockpflanzen, leuchten die bunten Farben der Seidenvorhänge und Lampenschirme. Im Zuge befinden sich ein Wagen mit Badezimmer, Waschgelegenheit und Friseur und auch ein Kinowagen, in dem 50 Personen unterwegs die neuesten Filme ansehen können.«

Ein ausführlicher Bericht, der doch so seine Eigenheiten hatte. Zeitzeugen aus den Reihen ehemaliger Eisenbahner zeigten sich enttäuscht, als sie die sowjetischen Eisenbahnwagen sahen. Sie dachten, geprägt vom Dienst bei der Deutschen Reichsbahn und dem, was sie dort an Einrichtungen kennengelernt hatten, nun etwas Neues, Sensationelles zu erleben. Auch wenn sie sich verstandesgemäß klar machten, daß nach dem verheerenden Krieg kaum anderes rollendes Material vorhanden sein konnte, noch nach vierzig Jahren konnten sie ihre Enttäuschung über das Gesehene nicht verbergen. Dem versuchte der Autor dieser offiziellen Meldung offensichtlich mit wenig gekonnten Formulierungen und rührenden vordergründigen Beschreibungen entgegenzutreten.

291 Der erste durchgehende Zug Berlin–Moskau auf Breitspur (aus: Berliner Zeitung vom 29. Juni 1945)

292 Ankunft des ersten durchgehenden Zuges Moskau–Berlin (Staatliches Filmarchiv)

Am gleichen Tage erschien in der »Berliner Zeitung« ein Artikel, in dem die Städte aufgezählt wurden, die dieser Expreß berührt hatte: Moskau–Minsk–Brest–Warschau–Posen–Frankfurt (Oder)–Berlin. Diese Zeitung veröffentlichte auch ein Foto von diesem Zug mit der erwähnten Ehrenkompanie (Bild 291). Es verdeutlicht, daß es sich bei diesem Zug nicht um besonders ausgewählte Reisezugwagen gehandelt hatte, sondern um Wagen älterer Bauart. Das schwang in gewisser Weise auch in der Berichterstattung der »Täglichen Rundschau« unausgesprochen mit; denn dieser Zug mußte das Neue repräsentieren, besser und schöner sein als die Züge, die man bisher kannte.

Der Einlauf des Zuges in den Schlesischen Bahnhof stellte eine Weiche für den Übergang vom Krieg zum Frieden, und es ist mehr als verständlich, daß viele Menschen darin ein symbolträchtiges Signal sahen, auch dann, wenn das – wie sich zeigte – unter sich neu ausbildenden komplizierten politischen Verhältnissen geschah. Sowjetische Kameraleute haben die Einfahrt des Zuges im Bild festgehalten (Bilder 292 bis 294).

Weiterhin ist zu vermuten, daß die Umnagelung der Strecke Brest–Berlin noch einen weiteren Grund hatte. Am 17. Juli 1945 begann in Potsdam die Konferenz der »Großen Drei«, d. h. der Hauptmächte der Antihitlerkoalition (UdSSR, USA und Großbritannien), die über das weitere Schicksal Deutschlands und Europas berieten und dazu weitreichende Beschlüsse faßten. Während der amerikanische Präsident und der britische Premier mit dem Flugzeug anreisten und auf dem Flugplatz Gatow landeten, fuhr der sowjetische Regierungschef mit dem Zug nach Potsdam. Die Gründe dafür sind bisher nicht veröffentlicht worden, aber es ist anzunehmen, daß bei Stalin neben einer gewissen Scheu vor dem Fliegen auch gesundheitliche Gründe maßgebend waren. Der zweiteilige sowjetische Spielfilm »Der Fall von Berlin«, nur kurze Zeit später entstanden, zeigte eine Szene, in der Stalin aus einem Flugzeug stieg, um an der Potsdamer Konferenz teilzunehmen. Eine Darstellung, die im krassen Gegensatz zur Realität stand.

Nach Ausführungen des sowjetischen Historikers Wolkogonow hatte Stalin schlechte Erfahrungen auf dem Flug nach Teheran gemacht und weigerte sich vehement, wieder in ein Flug-

zeug zu steigen. Er beharrte auf dem Einsatz eines Zuges. Am 2. Juli meldete dann der Chef des Sicherheitsdienstes (NKWD), BERIJA: »Ein Sonderzug ist vorbereitet. Die Reiseroute beträgt 1923 Kilometer Länge (1095 durch die UdSSR, 594 durch Polen, 270 Kilometer durch Deutschland). Für die Sicherheit des Weges sorgen 17 000 Mann der Truppen des NKWD, 1515 Personen aus der operativen Mannschaft. An jedem Kilometer der Eisenbahn stehen 6 bis 15 Personen Wache. Auf der Geleitlinie werden 8 Panzerzüge der Truppen des NKDW fahren.«[7]

Der amerikanische Präsident HARRY S. TRUMAN sprach in seinen Memoiren davon, daß »Stalins Ankunft aus Moskau ... sich um einen Tag verzögert (hatte), weil er einen leichten Schwächeanfall erlitten hatte, der aber ein wohlgehütetes Geheimnis blieb ...«[8] Hier wäre ein möglicher Beleg für die Gesundheitsgründe gegeben, die STALIN veranlaßten, der Eisenbahn den Vorzug zu geben.

Aus unterschiedlichen Quellen ist zu entnehmen, daß der Zug STALINS aus drei Salonwagen und acht üblichen Schlafwagen bestanden hat. Zu dem Zug gehörten zwei Lokomotiven, die von Zeitzeugen beschrieben worden sind, als sie auf dem heutigen Ostgüterbahnhof in der Nähe der Warschauer Brücke gestanden haben sollen. Der Zug wurde in der Nähe von Moskau an der Moshaisker Landstraße zur Abfahrt bereitgestellt. Eine weitere Lokomotive – neben den zwei vorgespannten – sollte noch am Schluß des Zuges fahren, sie konnte in Berlin nicht beobachtet werden. Am 15. Juli, gegen 7.30 Uhr traf STALIN an diesem Abfahrtsort in der Sowjetunion ein und bestieg den Zug, der sich unmittelbar danach in Bewegung setzte.

Der sowjetische Schriftsteller ALEXANDER TSCHAIKOWSKI hat sich vor einigen Jahren in seinem dreibändigen historischen Roman »Der Sieg« unter anderem auch mit der Geschichte dieser Eisenbahnfahrt befaßt. Er hat dabei zahlreiche Details recherchiert, die bisher unbekannt waren und im Zusammenhang mit bisher veröffentlichten Aussagen doch ein relativ geschlossenes Bild geben. Obwohl es sich um einen Roman handelt, sollen seine Angaben hier als Quellenbelege zitiert werden, da sich TSCHAIKOWSKI offenbar auf eine gründliche Recherche der Tatsachen stützt. Nach seinen Angaben be-

293 Sowjetische Breitspurlokomotive der Baureihe Äu auf dem Schlesischen Bahnhof (Sammlung: BAUCHWITZ)

294 Das Zugpersonal des ersten durchgehenden Zuges Moskau–Berlin stellt sich am Westende des Bahnsteigs B zum Erinnerungsfoto (Staatliches Filmarchiv)

[7] WOLKOGONOW, D.: Stalin. – Düsseldorf, 1989. – S. 672
[8] TRUMAN, H.: Memoiren. Band I. Das Jahr der Entscheidung. – Stuttgart, 1955. – S. 331

wältigte der Zug die Strecke von Moskau nach Berlin in knapp zwei Tagen. Aber hier mag eine Erinnerungstäuschung vorliegen, es waren fast drei Tage.[9] An weiteren Einzelheiten überliefert Tschaikowski die Nachricht, daß die Scheiben aus kugelsicherem Glas gewesen seien und der Zug eine durchgehend besetzte Funkstelle besessen hat.

Zur Begleitung Stalins gehörte der Außenminister Molotow. Nach Angaben Tschaikowskis hielt dieser Zug am 17. Juli gegen 11.00 Uhr auf dem Schlesischen Bahnhof. Da – wie gesagt – in diesem Roman offensichtlich Erlebnisse von beteiligten Personen verarbeitet worden sind, lohnt es sich, die Schilderung des Bahnhofs wiederzugeben: »Auf dem Bahnhof fiel die ungewohnte Ordnung auf. Der nach Potsdam weitergehende Transport hatte offenbar Anweisung, in Berlin im Zug zu bleiben. Der Bahnsteig war leergefegt, schien gescheuert, wie das Deck eines Kriegsschiffes. Auch die Halle dieses wie durch ein Wunder davongekommenen Schlesischen Bahnhofs mochte gestrichen oder sauber gewaschen sein. Auf dem Bahnsteig patroullierte eine sowjetische Streife – ein Hauptmann und drei Soldaten …«[10]

Weitere Schilderungen in diesem Roman dekken sich mit den Erinnerungen anderer sowjetischer Presseoffiziere. So hatte der sowjetische Kameramann Gerassimow davon gehört, daß Stalin an diesem Tage auf dem Schlesischen Bahnhof ankommen werde. Eine Doppelkette von Grenzsoldaten hielt das Gelände um den Bahnhof besetzt. Niemand konnte in ihn gelangen. Auf dem Bahnsteig selbst hat es keine Begrüßung gegeben, Gerassimow kam nicht auf den Bahnsteig, und so konnte bedauerlicherweise keine bildliche Überlieferung von diesem interessanten Detail gewonnen werden.

Nach kurzem Aufenthalt fuhr der Zug über die Stadtbahn nach Potsdam weiter. Über den Empfang dort sind wir zusätzlich aus den Erinnerungen von Marschall Shukow unterrichtet. Er schrieb: »Am 16. Juli sollte der Sonderzug mit Stalin, Molotow und Begleitung einlaufen … Wir kamen ungefähr eine halbe Stunde vor dem Eintreffen des Zuges zum Bahnhof. Hier waren Wyschninski, Antonow, Kusnezow, Telegin, Sokolowski, Malinin und andere Militärs versammelt. Ich begrüßte Stalin auf dem Bahnsteig. Er war gut gelaunt, ging auf die Gruppe der zum Empfang Erschienenen zu und hob zum Gruß kurz die Hand. Er ließ seinen Blick über den Bahnhofsplatz schweifen, setzte sich gemächlich in den Wagen …«[11]

Shukow gab keinen direkten Hinweis auf den Bahnhof, auf dem sich diese kleine Episode abspielte, aber es ist aus dem Kontext zu entnehmen, daß die Begrüßung Stalins sich in Potsdam abgespielt haben muß. Allerdings sprach Shukow vom 16. Juli als dem Ankunftsdatum. Das würde im Zusammenhang mit dem mit Sicherheit überlieferten Datum der Abreise aus Moskau am 15. Juli bedeuten, daß dieser Zug (Abreise in Moskau am 15. Juli morgens und Ankunft in Potsdam am 16. Juli gegen Mittag) nur 27 Stunden unterwegs gewesen sein könnte. Auf keinen Fall kann von einer derartig kurzen Fahrzeit ausgegangen werden, denn die Erinnerungen anderer Teilnehmer der Potsdamer Konferenz sprechen eindeutig vom 17. Juli mittags als Ankunftstermin Stalins in Potsdam.

Zu bedenken ist dabei, daß die vor dem Sonderzug in Berlin aus Moskau ankommenden Züge eine Fahrzeit von fast drei Tagen hatten. Auch wenn bei dem Zug Stalins jede Art von Beschleunigung anzunehmen ist, die primitive Wiederherstellung der Gleisanlagen und die teilweise recht einfache Umnagelung der Strekken verboten hohe Geschwindigkeiten; selbst heute muß für eine Fahrt von Moskau nach Berlin eine Reisezeit von rund 30 Stunden angesetzt werden.

Wir wissen, daß auf dem Schlesischen Bahnhof die Gleise am Bahnsteig B auf Breitspur umgenagelt wurden, auf der Stadtbahn das Fahrgleis Ost–West. Nach Aussagen von Zeitzeugen und den wenigen bisher publizierten Unterlagen[12] war das Gleis vom S-Bahnhof Jannowitzbrücke bis zum Bahnhof Charlottenburg und von da ab das Ferngleis der ehemaligen Wetzlarer Bahn und der Potsdamer Stammbahn umgespurt worden.

Zwischen Wannsee und Potsdam, und zwar bei Kohlhasenbrück, scheint es zur mehrmaligen Umnagelung des Schienenweges gekommen zu sein. Das wird auch durch die Tatsache gestützt, daß der Sonderzug Stalins für die Dauer der Konferenz im Bahnhof Potsdam (heute Potsdam Stadt) abgestellt gewesen sein soll.

Am 2. August endete die Konferenz mit der Unterzeichnung eines Abkommens, das entscheidend für die Gestaltung der Nachkriegsentwicklung in Europa werden sollte. Am 6. August meldete TASS, daß Stalin und Molotow am Tage zuvor wieder in Moskau eingetroffen seien. Anzunehmen ist, daß beide Politiker und ihre Begleitung auch bei der Rückreise den Sonderzug benutzt haben.

Mit den Potsdamer Beschlüssen änderten sich die Bedingungen für die weitere Entwicklung in der sowjetischen Besatzungszone. Die Sowjetische Militäradministration in Deutschland (SMAD) erließ am 11. August 1945 den grundlegenden Befehl zur »Übergabe des Eisenbahnbetriebes in der sowjetischen Besatzungszone an die deutschen Eisenbahner«; aus dem Eigentum des Deutschen Reiches entstand mit diesem Schritt objektiv eine neue Eigentumsform, obwohl die gewählten Formulierungen dies so offen nicht zeigten. In dem Befehl hieß es: »In Verbindung mit dem Befehl des Obersten Chefs der Sowjetischen Militäradministration in Deutschland, Marschall der Sowjetunion Genossen Schukow, vom 18. Juli 1945, Nr. 010 – befehlen wir:
1. Ab 1. September 1945 ist der Eisenbahnbetrieb in der sowjetischen Besatzungszone den deutschen Eisenbahnern zu übergeben.«[13] Dies muß als eine unklare und vieldeutige Formulierung charakterisiert werden. Sie ist prinzipiell als grundlegende Veränderung der Eigentumsverhältnisse gewertet worden. Aus diesem Satz ergab sich zunächst nur, daß nach dem Sieg über das Deutsche Reich und im Ergebnis der Potsdamer Konferenz das ehemalige Eigentum des Reiches an der Eisenbahn einem neuen Nutzer zu übergeben war. Wer darunter zu diesem Zeitpunkt zu verstehen war, blieb unklar, konnte aber später als Übergabe in die Hände des Volkes qualifiziert werden. Einerseits erklärte sich eine derartige Formulierung möglicherweise aus den noch vagen Vorstellungen einer zukünftigen Entwicklung, die einen deutschen Gesamtstaat bei weitem nicht ausschloß, und andererseits gab es keinen staatlichen Empfänger dieses Eigentums. Der Verkehr auf der Schiene mußte aufrechterhalten bzw. wieder in Gang gebracht werden, so daß eine derartige Formulierung zugleich und vor allem als Über-

---

[9] Tschaikowski, A.: Der Sieg. Erstes Buch. – Berlin, 1985. – S. 26, S. 184, S. 191, S. 218, S. 238, S. 247
[10] Ebenda, S. 218
[11] Shukow, G. K.: a. a. O. – S. 344
[12] Bley, P.: Auf russischer Spur nach Berlin. – In: Berliner Verkehrsblätter. – Berlin, 1986. – H. 3, S. 47, S. 256 ff.
[13] Eisenbahnpraxis. – Berlin, 1985. – H. 2, S. 47

tragung einer Pflicht angesehen werden muß. Erst später ist aus diesem Befehl, nach Vollzug anderer Maßnahmen, eine Veränderung der Eigentumsverhältnisse, d. h. die Übertragung in Volkseigentum, geschlossen worden. Eine quellenkritische Analyse der knappen Worte kann unter Berücksichtigung des Datums dieses Befehls sowie der zu diesem Zeitpunkt noch immer vorhandenen und auch von der Sowjetunion nicht bezweifelten Einheit des besetzten Deutschlands die spätere Wertung nur als kurzschlüssig bezeichnen. In dieser Art gewertet, hat sie scheinbar bereits zu diesem Zeitpunkt eine Vorentscheidung für die Spaltung Deutschlands enthalten, so als ob das Verkehrswesen bereits zu diesem Zeitpunkt zerrissen und damit in zwei Eigentumsformen gespalten worden wäre.

Es folgten dann in dem oben genannten Befehl Bestimmungen an die »Einrichtungen der Besonderen Organisation des sowjetischen Militäreisenbahnwesens«: »... die Depots, Bahnhöfe und anderes den deutschen Eisenbahnorganisationen zu übergeben.« Ausgenommen von dieser Regelung blieb der »Abschnitt Potsdam–Frankfurt/Oder, ein Gleis, ... bis zur Umlegung des Gleises auf 1435 mm.«[14]

Aus diesem Befehl geht eindeutig hervor, daß nur ein Gleis dieser Strecke auf Breitspur umgenagelt wurde, was zahlreiche Augenzeugenberichte widerlegt, die von einem größeren Umfang der Umnagelung ausgehen. Zugleich aber stellt er den Beweis dar, daß diese Breitspurstrecke bis Potsdam reichte, also über die Berliner Stadtbahn hinausging. Damit klären sich auch hartnäckige Gerüchte, daß diese Strecke für eine erneute Reise Stalins zu einer Folgekonferenz der Potsdamer Zusammenkunft aufrechterhalten werden mußte.

Am 2. September 1945 konnte der öffentliche Personenverkehr zwischen Berlin und Frankfurt (Oder) mit einem Zug täglich in beiden Richtungen wieder aufgenommen werden. Da diese Strecke für einige Monate als »Rollbahn« für den Abtransport der schweren russischen Technik diente, konnte der Verkehr nur langsam anlaufen, und zwar mit großer Wahrscheinlichkeit auf dem Gleis in Normalspur. Die Rückspurung des Breitspurgleises begann im Spätsommer 1945. Ab 3. Oktober verkehrte

295 Ansicht der Nordhalle mit Blick in die Madaistraße (ebenda)

296 Im Oktober 1945 bringt die 42 845 (mit dem Kennzeichen der sowjetischen Militäreisenbahn) sowjetische Militärangehörige nach Berlin. (ebenda)

[14] Ebenda

297 Der Oberbürgermeister von Berlin, Dr. ARTHUR WERNER, mit Begleitung zur Begrüßung eines sowjetischen Gastes (ebenda)

dann ein neues D-Zugpaar Berlin–Brest. Dieser Zug war nur für Angehörige der sowjetischen Besatzungsmacht bestimmt, die sich in Berlin anfing einzurichten. Der auf Normalspur verkehrende Zug löste den bisherigen Breitspurzug ab. Die aus sowjetischen Archiven ermittelten Fotografien (Bilder 295 bis 297) zeigen möglicherweise den ersten Zug auf der wiederhergestellten Normalspur, gezogen von einer Lokomotive der Baureihe 42.

Später erhielt der Zug umgangssprachlich den Namen »Blauer Expreß«. Offiziell hieß er D 1/2 – eine besonders bevorzugte Zugnummer. Nach den amtlichen Dokumenten hatte dieser Zug ab Anfang Dezember 1945 folgenden Fahrplan:

	D 1	D 2	
Tag 1	8.50 Uhr ab Brest	an 9.00 Uhr	Tag 3
Tag 2	11.12 Uhr an 11.32 Uhr ab Frankf. (O)	ab 4.02 Uhr an 3.37 Uhr	Tag 2
Tag 3	14.50 Uhr an Schlesischer Bahnhof	ab 23.29 Uhr	Tag 1

Reisenden dieses Zuges mußten in Brest umsteigen. Mit dem Sommerfahrplan 1954 wurde eine direkte Verbindung ohne das lästige Umsteigen in Brest aufgenommen, denn durch Austausch der Drehgestelle konnten die Wagen auf die jeweils andere Spurweite umgespurt werden.

Wiederherstellung

Die ungeheuren Zerstörungen im Eisenbahnnetz des Berliner Raumes ließen nur unter sehr schwierigen Bedingungen eine Wiederherstellung der Bahnanlagen zu. Auf der Berliner Stadtbahn begann der Verkehr in Richtung Westen, nach Magdeburg, am 17. Mai 1945 mit zwei Zugpaaren. Hier konnte offensichtlich das zweite, nicht umgenagelte Gleis genutzt werden. Aber erst am 15. November war es möglich, den Streckenabschnitt zwischen Alexanderplatz und dem Schlesischen Bahnhof wieder zweigleisig in Betrieb zu nehmen. Hier wirkte offensichtlich die beim Haltepunkt Jannowitzbrücke vorgenommene Umnagelung zur Breitspur länger nach. Am 5. November 1945 wurde der Betrieb auf dem Abschnitt nach Ostkreuz Bahnsteig D, nach Mahlsdorf und von hier nach Strausberg wieder aufgenommen.

Das Empfangsgebäude des Schlesischen Bahnhofs mit seinen Einrichtungen war wegen der starken Zerstörungen zum überwiegenden Teil unbenutzbar. Deshalb kam dem westlichen Tunnel und dem nördlichen Ausgang zur Madaistraße (heute Erich-Steinfurth-Straße) erhöhte Bedeutung zu. Über diesen ehemaligen Stadt- und Ringbahnzugang (gegenwärtig vermauert und kaum noch zu erkennen) lief der gesamte Personenverkehr ab. Es fehlten allerdings alle Einrichtungen, die für den geordneten Verkehrsablauf notwendig waren. In den Läden der Madaistraße wurden sie kurzerhand eingerichtet.

Entsprechend der damaligen Bedeutung dieses Verkehrs für die sowjetische Besatzungsmacht und ihrem ausgeprägten Sicherheitsbedürfnis folgend wurde ein Teil der Madaistraße abgesperrt und durch Posten gesichert (Bild 298). Den Transport des Gepäcks der abreisenden und ankommenden Soldaten und Offiziere übernahmen besonders verpflichtete Kleinspediteure und Dienstmänner in einfacher, aber offensichtlich wirkungsvoller Weise (Bild 299). So konnte der notwendige Raum für die Aufrechterhaltung des nicht der allgemeinen Öffentlichkeit dienenden Verkehrs geschaffen werden. Die Madaistraße mit ihren im Krieg zerstörten oder in Mitleidenschaft gezogenen Häusern wurde im Herbst 1945 für einige Zeit zur Empfangsseite der in ihrem Wert gestiegenen Bahnanlage (Bilder 300 und 301).

Mit der Wiederaufnahme des Fern-, Vorort- und S-Bahn-Verkehrs diente der Bahnhof wieder dem öffentlichen Reiseverkehr. Jetzt machten sich allerdings die Belastungen in den primitiven Bahnhofseinrichtungen bemerkbar. Ein Ausweichen des Verkehrs – zeitweise und auch nur andeutungsweise erwogen – auf den alten Ostbahnhof (Plaza) verbot sich. Die begonnenen Wiederherstellungsarbeiten mußten eingestellt werden, denn die Baulichkeiten waren für den Eisenbahnbetrieb zu stark zerstört (Bild 302). Ein Blick auf die Anlagen des Güter-

298 Die Madaistraße im Oktober 1945 (ebenda)
299 Blick in die Madaistraße von der Fruchtstraße aus (ebenda)

bahnhofs der Ostbahn zeigt das Ausmaß der Zerstörungen (Bild 303), die nur langsam behoben werden konnten. Vollständig funktionstüchtig war allein der Wriezener Bahnhof geblieben, der den Vorortverkehr in östliche Richtung übernahm. Von hier aus fuhren die Berliner in die Dörfer des Umlands (Bilder 304 bis 306). Ein bescheidener Tauschmarkt entwickelte sich um den Bahnhof, weniger groß und

300 Die Nordseite des Schlesischen Bahnhofs (ebenda)

301 Tafel mit russischer Aufschrift »Berlin Schlesischer« über einem Dienstraum, möglicherweise auf dem Bahnsteig B (ebenda)

302 Blick auf die Ruine des ehemaligen Ostbahnhofs von der Rüdersdorfer Straße aus

303 Blick auf die zerstörten Güterschuppen des Güterbahnhofs der ehemaligen Ostbahn, Juni 1947 (ADN/ZB)

304 Reisende vor dem Wriezener Bahnhof im Jahre 1946 (ADN/ZB)

305 Frauen kehren vom Holzsammeln in der Umgebung Berlins zurück (ADN/ZB)

kaum vergleichbar mit dem Schwarzmarkt an anderen Stellen der Stadt (Bild 307).

Der Schlesische Bahnhof bot aufgrund der von den sowjetischen Militärbehörden betriebenen Wiederherstellung der Funktionsfähigkeit für den internationalen und den nationalen Verkehr alle Voraussetzungen. Die Ausbauarbeiten begannen – von den Besatzungsbehörden forciert – mit der Planung bereits Ende des Jahres 1945. Sie kamen aber nur langsam voran. Am 13. April 1946 wies die Reichsbahndirektion Berlin an die Bauleitung Osten an: »Die Fassade soll möglichst getreu wieder hergestellt werden. Zu diesem Zwecke sind die noch brauchbaren Verblend- und Formsteine und besonders die bis auf weiteres nicht ersetzbaren Terrakotten (Konsole, Gesims- und Brüstungsteile) sorgfältig zu sammeln und für den Wiederaufbau zu lagern«.[15]

Trotz verschiedener Anstrengungen konnten im Jahre 1946 für den Wiederaufbau des Bahnhofs nur Leistungen in Höhe von 129 000 Reichsmark erbracht werden. Der erste Entwurf für die Rekonstruktion des Empfangsgebäudes (Bild 308) entsprach im wesentlichen dem überlieferten Bestand. Aufgegeben wurde lediglich die Gepäckabfertigung am westlichen Ende, und am östlichen Teil zur Fruchtstraße sollte ein neuer dreiflügliger Vorbau entstehen. Das Erdgeschoß zeigte nach dieser Idee fast die alte Ansicht, und das Obergeschoß sollte wie bisher zurückgesetzt, aber – um Raum zu gewinnen – durchgängig aufgemauert werden.

Ein derartiges Vorgehen erwies sich jedoch bald als nicht tragfähig, denn alle Möglichkeiten zur Behebung von Mängeln und zur Aufnahme von Veränderungen blieben unberücksichtigt. Ein zweiter Entwurf vom 25. Juli 1946 (Bild 309) ließ konsequenterweise die erste Überlegung fallen. Er faßte den Baukörper straff und einheitlich, blieb aber ebenfalls unberücksichtigt. Am 18. September 1946 lag ein dritter Entwurf für die Wiederherstellung des Empfangsgebäudes vor (Bild 310). Er ging auf den Befehl des in der SMAD für Eisenbahnangelegenheiten zuständigen Generalmajors PETROW zurück. Die Planung sah vier Bauabschnitte vor:

a) den westlichen Flügelbau, einschließlich der Viaduktbögen unter der Fernbahn;
b) die Wiederherstellung der Empfangshalle;
c) die Wiederherstellung des östlichen Flügelbaus bis zur Fruchtstraße und
d) die Instandsetzung der Bahnsteighallen.

Der Kostenvoranschlag belief sich auf 3 Mill. Reichsmark. Der Entwurf der Außenansicht zeigte eine nur von einem dreiflügligen Haupteingang unterbrochene Fassade, deren Erdgeschoß vollständig wiederhergestellt werden sollte. Für das Obergeschoß waren nach dem historischen Vorbild doppelte Rundbogenfenster vorgesehen, vorgezogen aber bis zur Flucht des Erdgeschosses.

Nun begannen Enttrümmerungsarbeiten größeren Stils, denen angesichts der materiellen Not noch immer die notwendige Intensität fehlte. Auch hier halten dokumentarische Fotos den Zustand des Empfangsgebäudes zu bestimmten Zeiten fest. Einige der Bilder, die datiert sind, bilden eine ganze Serie; leider haben sich bisher nur einige davon ermitteln lassen. Sie entstammen einem Prozeß gegen einen Ab-

306 Berliner Alltag 1946 – hier auf dem Wriezener Bahnhof (ADN/ZB)

307 Schwarzer Markt am Schlesischen Bahnhof im Jahre 1946 (ADN/ZB)

[15] Archiv der Reichsbahndirektion Berlin. – Akten Ostbahnhof

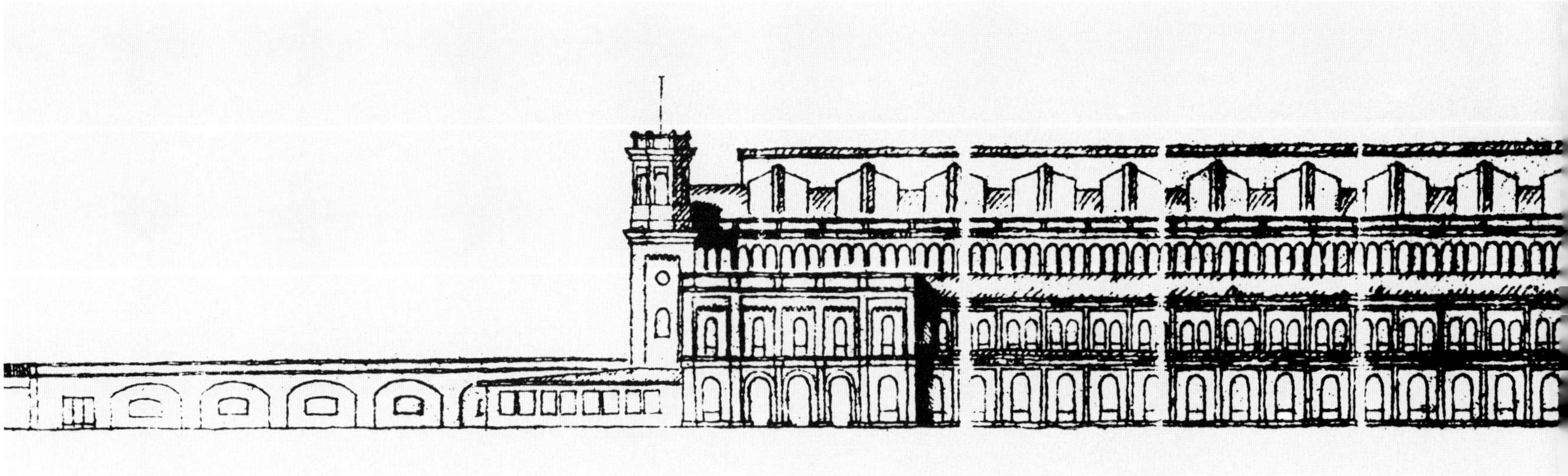

308 Zeichnung aus dem Jahre 1945 für die Wiederherstellung des Schlesischen Bahnhofs (Rbd Berlin)
309 Entwurf für die Wiederherstellung des Schlesischen Bahnhofs vom 25. Juli 1946 (Rbd Berlin)
310 Entwurf vom 18. September 1946 (Rbd Berlin)

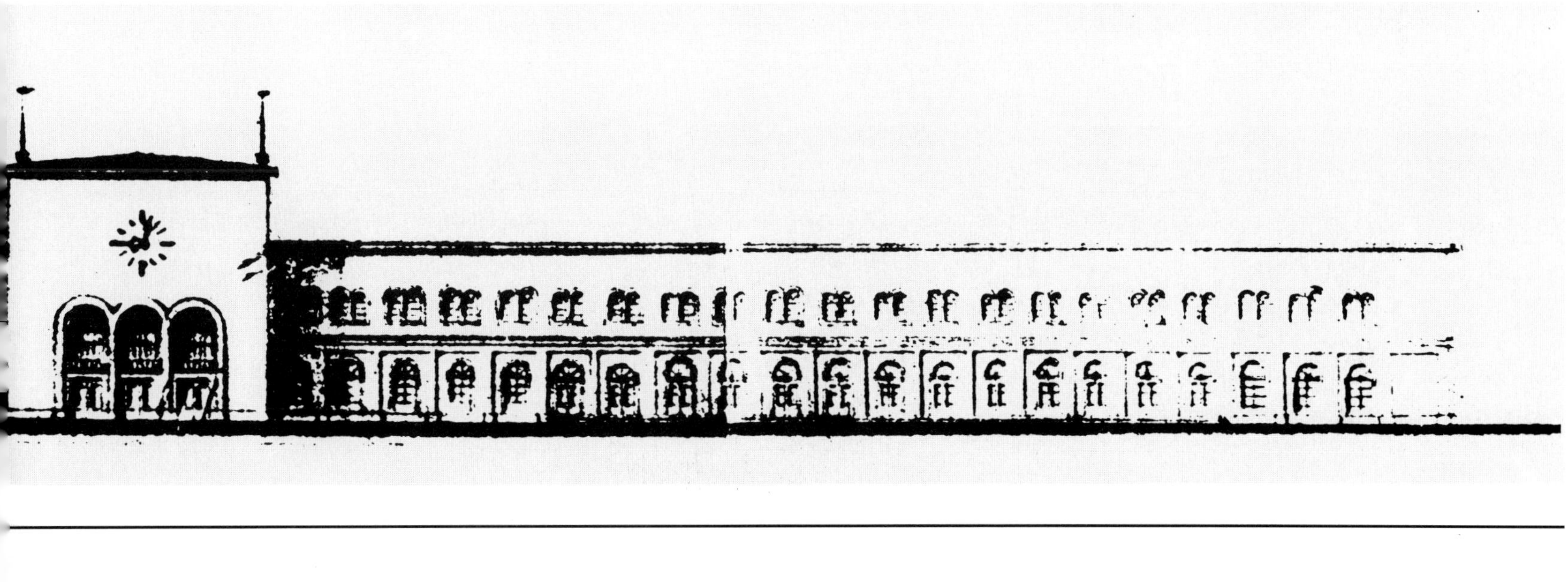

311 Der westliche Teil des Empfangsgebäudes nach den ersten Aufräumungsarbeiten im April 1947 (Rbd Berlin)

312 Das Empfangsgebäude zu Beginn der Wiederherstellungsarbeiten im Oktober 1947 (Rbd Berlin)

313 Oktober 1947: Im oberen Teil sind Reste der Stukkaturen des Königszimmers aus den Jahren 1868/69 sichtbar geworden. (Rbd Berlin)

314 Blick auf die Nordfront Mitte Juni 1947 (ADN/ZB)

315 Enttrümmerungsarbeiten am Hauptportal im Jahre 1948 (ADN/ZB)

bruchunternehmer und dienten dem Zweck, dessen überzogenen Forderungen zu begegnen. Aus ihnen gewinnt man einen Eindruck vom Zustand des Empfangsgebäudes (Bilder 311 bis 316).

Auch dieser erneute Anlauf führte noch zu keinen klaren Konsequenzen. Es zog allerdings mehr Ordnung rund um den Bahnhof ein. Straßen wurden wieder und besser benutzbar. In den östlichen Flügel des Empfangsgebäudes zogen Einrichtungen der Bahnhofsdienststellen, darunter – entgegen allen Sicherheitsbestimmungen – im Erdgeschoß die Kasse, aber eine grundsätzliche Lösung konnte noch nicht gefunden werden. Ein weiterer Entwurf zur Neugestaltung des Empfangsgebäudes belegt die Bemühungen um die Lösung der Aufgabe. Seine Mischung von historischen Formen und Elementen der neuen Sachlichkeit konnte allerdings nicht überzeugen.

Der entscheidende Anstoß ging dann von einem Brief des sowjetischen Kommandanten des Bahnhofs Berlin-Schlesischer Bahnhof, Ingenieur-Kapitän BUTORIN, vom 9. März 1948 an die Transportabteilung der SMAD aus. Zwei Sätze aus diesem Brief verdienen Beachtung: »Das Empfangsgebäude des Schlesischen Bahnhofs in Berlin befindet sich bis zum heutigen Tage in einem kulturlosen Zustand ...« und »Das Empfangsgebäude selbst befindet sich in demselben Zustand wie die ihn umgebenden, zerstörten Wohnhäuser.«[16]

Dieser in der typischen Strenge, die die Besatzungsbehörden gegenüber den deutschen Organen anwendeten, geschriebene Brief zeigte Folgen. BUTORIN hatte seine vorgesetzte Behörde um Hilfe gebeten, die wiederum die Reichsbahndirektion anwies, die notwendigen Arbeitskräfte und das benötigte Material zur Verfügung zu stellen. Der Präsident der Reichsbahndirektion Berlin berichtete unter dem 1. Juni, »nach Prüfung an Ort und Stelle wurde festgestellt, daß die Herstellungsarbeiten des Schlesischen Bahnhofs äußerst unorganisiert und unbefriedigend vor sich gehen. Wegen der fehlenden Kontrolle und der unwirtschaftlichen Behandlung dieses Objektes seitens der Bauabteilung der RBD Berlin wurde der für 1947 festgelegte Arbeitsplan erster Dringlichkeitsstufe zum 1. April 1948 nicht erfüllt, obwohl die im Plan für Arbeiten erster Ordnung vorgesehenen Mittel restlos verausgabt sind. Ebenso fehlt es bei diesem außerordentlichen Objekt auch an der Konzentration von ausreichenden Arbeitskräften und Stoffen.«[17] Der Präsident ordnete an:

1. »die Wiederherstellung des Schlesischen Personenbahnhofs in drei Etappen vorzunehmen (a. westlicher Teil und bis zum Haupteingang und über die den Bahnsteigen A, B und C sowie darüber hinaus, b. die Herstellung des Haupteingangs und c. die Herstellung des ganzen Ostteils.« Diese Festlegung folgte früheren Vorschlägen, allerdings mit der Auflage, die Hallen sofort mit Holzverschalungen dichtzumachen.
2. Der Bahnhof soll in seiner architektonischen Form nach einem Bauprojekt der Hauptverwaltung des Verkehrs hergestellt werden.
3. Für die Wiederherstellung werden 2 395 000 Reichsmark bereitgestellt.

Weiterhin legte der Präsident fest, daß die Wiederherstellung als »außerordentliches Bauprojekt« anzusehen ist, die erforderlichen Arbeitskräfte und Baustoffe waren entsprechend dem Plan zu konzentrieren.[18] Ein Kostenanschlag für die Jahre 1948 und 1949 sah den Einsatz von 3 Mill. Reichsmark vor, in denen die bisherigen Leistungen in Höhe von 800 000 Reichsmark enthalten waren (Bilder 317 bis 320).

316 Wiederherstellung der Viadukte nach dem Abtragen der Ruine der Gepäckabfertigung, 1947/48 (Rbd Berlin)

[16] Ebenda

[17] Ebenda
[18] Ebenda

Die Zeichnung für den bestätigten Entwurf aus dem Jahre 1948 konnte bisher nicht ermittelt werden, sie muß als ein Beratungsergebnis aus den vorherigen Entwürfen angesehen werden. Im Innern wurde die Struktur völlig neu festgelegt. Im westlichen Teil des Empfangsgebäudes kam zunächst eine kleine Halle zur Anlage, die dann für längere Zeit mit speziellen Schaltern und einer Gepäckabfertigung den Bedürfnissen der sowjetischen Behörden zu dienen hatte. Im Obergeschoß über dieser Halle entstanden – mit Zugang zum Bahnsteig A – spezielle Empfangsräume für Diplomaten und hochrangige ausländische Gäste, für die auch Übernachtungsmöglichkeiten vorhanden waren.

Im Erdgeschoß lagen in östlicher Richtung die Wartesäle sowie zunächst eine Fahrkartenausgabe mit speziellem Zugang für die sowjetischen Soldaten und Offizieren. Dann folgte der wesentlich größere Wartesaal für die deutsche Bevölkerung. Hinter dem Hauptportal entstand eine große, durch alle Stockwerke reichende Halle; an ihrer Rückfront die Fahrkartenausgabe. Von dieser Halle weiter nach Osten führte der Weg zu einer kleineren, ebenfalls hohen Halle mit weiteren Einrichtungen

317 Der erste Bauabschnitt während des Wiederaufbaus im Januar 1949 (Rbd Berlin)

318 Wiederaufbau des westlichen Teils des Empfangsgebäudes. Deutlich erkennbar die Reste des Turmes und der Verglasung der Hallenschürzen (1948). (ADN/ZB)

319 Wiederaufbau des westlichen Teils des Empfangsgebäudes, November 1948 (Rbd Berlin)

320 Blick auf den östlichen Teil des Empfangsgebäudes. Eine Delegation des Deutschen Volksrates kehrt von einer Reise in die Sowjetunion zurück (November 1948). (ADN/ZB)

321 Das Empfangsgebäude nach Abschluß der Rohbauarbeiten im November 1949

ERFRISCHUNGEN
Für Frieden und Freundschaft mit der Sowjetunion
"DEGUFRAH"
Gemeinsam vorwärts

für die Reisenden. Im zweiten Stockwerk lagen die Dienst- und Büroräume, von denen der Verkehr in der kleineren, östlichen Halle beobachtet werden konnte, sowie die Wohnung des Dienstvorstehers.

Wieder aufgenommen werden mußte die alte Struktur der Tunnel. Der mittlere endete in der großen Halle, der östliche in der kleineren. Der Westtunnel vermittelte den Verkehr zwischen der dort liegenden Halle, den Bahnsteigen und der Madaistraße. Der hinter den Wartesälen liegende, sich in Ost-West-Richtung erstreckende Gang blieb ebenfalls erhalten und verband über Treppen die kleine Halle im Westen mit der Haupthalle. An einer Seite lagen die Zugänge zu den Wartesälen, gegenüber die einst so berühmte Ladenstraße, die diesem Teil des Bahnhofs ein besonderes Fluidum gab. Aufgegeben wurde eine Trennung der Verkehrsströme in einen ankommenden und einen abgehenden Teil. Insgesamt eine durchdachte Verkehrsführung, die sich den Gegebenheiten der überkommenen Ausdehnung des Baukörpers anpaßte, ohne allerdings Möglichkeiten einer weiteren Ausdehnung zu haben. Nicht bewährt haben sich in der Praxis die Räume für die Diplomaten und die internationalen Gäste. Aus ihnen ging das Klubhaus »Erich Steinfurth« hervor.

In der äußeren Form bewahrte das Empfangsgebäude in gewisser Weise die Erinnerung an den Vorgängerbau, insbesondere in der Erdgeschoßzone. Nach zügigem Bauablauf war im November 1949 der Rohbau weitestgehend abgeschlossen (Bilder 321 bis 324). Das Empfangsgebäude zeigte sich als repräsentativer Bau, der für mehrere Jahre den Anforderungen des Verkehrs genügte.

Am 1. Dezember 1950 wurde der Bahnhof in Berlin-Ostbahnhof umbenannt (Bild 325). Der neue Name folgte den politischen Forderungen, die sich aus dem Vertrag von Zgorzelec über die Oder-Neiße-Grenze vom 6. Juli 1950 ergaben. Zusammen mit dem ebenfalls an diesem Tage in Nordbahnhof umbenannten Stettiner Bahnhof hatte diese Namensbildung eine Logik in sich, da durch die Angabe der Himmelsrichtung im Namen Hinweise auf die Richtung des von dort ausgehenden Verkehrs gegeben wurden. Zugleich tauchte der Gedanke

322 Hauptportal des Empfangsgebäudes im Jahre 1950, noch ohne Uhr (ADN/ZB)
323 Der Schlesische Bahnhof wird am 1. Dezember 1950 in Berlin-Ostbahnhof umbenannt. (AP)

auf, durch weitere Umbenennungen vorhandener Bahnhöfe bzw. die Schaffung neuer auch die Bezeichnungen West- und Südbahnhof zu vergeben, um das Konzept des Berliner Verkehrs auch sprachlich zu qualifizieren. Diese Gedanken wurden von der politischen Entwicklung der späteren Jahre jedoch nicht getragen.

Der Schlesische Güterbahnhof erhielt am gleichen Tage die tarifliche Bezeichnung »Ostgüterbahnhof« und der bisherige Güterbahnhof der Ostbahn den Namen »Wriezener Güterbahnhof«. Ein Vorgang, der allerdings durch die Wiederaufnahme eines historisch besetzten Bahnhofsnamens auch zu allerhand Verwechslungen und Irrtümern Anlaß gab.

Das Innere der beiden Bahnhofshallen blieb – trotz aller berechtigten Forderungen – aus Kostengründen zunächst unangetastet. In der Zeit der Wiederherstellungsarbeiten am ehemaligen Schlesischen Bahnhof wirkten neue politische Bedingungen, die zu einer weitreichenden Konsequenz in der Entwicklung des Verkehrs in und um Berlin führten. Nach dem militärischen und politischen Zusammenbruch des dritten Reiches konnten die Bahnanlagen in und um Berlin in einer Weise wieder funktionstüchtig gemacht werden, daß das alte Verkehrs-

324 Das Hauptportal im Jahre 1951, genutzt als Propagandafläche für die III. Weltfestspiele (ADN/ZB)

325 Das neue Bahnhofsschild nach der Umbenennung (ADN/ZB)

zentrum Berlin seiner Aufgabe zunehmend immer besser gerecht wurde. Der Verkehr innerhalb der sowjetischen Besatzungszone von Ost nach West und von Nord nach Süd lief auf den traditionellen Verbindungssträngen durch die Stadt und teilweise um sie herum. Nach Norden fuhren die Züge vom Nordbahnhof durch den französischen Sektor, nach Halle und Erfurt vom Anhalter Bahnhof im amerikanischen Sektor, und der Ost-West-Verkehr lief traditionell über die Stadtbahn. Lediglich der Potsdamer Bahnhof konnte aufgrund der Kriegszerstörungen zunächst nicht in Betrieb genommen werden. Entsprechend den Festlegungen der alliierten Siegermächte unterstanden die Anlagen des Eisenbahnverkehrs in Berlin der Verwaltung der Deutschen Reichsbahn.

In der Stadt selbst wirkten die Vertreter der Siegermächte in ihren Sektoren, und es entbrannte im Zuge größerer Auseinandersetzungen ein Ringen darum, wer über die ehemalige deutsche Hauptstadt verfügen konnte. Der kalte Krieg begann, und Berlin wurde in einem sich rasch verschärfenden Prozeß zu einem Brennpunkt internationaler Kontroversen. Die Stationen hießen Währungsreform, Sprengung der Viermächteverwaltung und Blockade. Am 20. Juni 1948 führten die Westmächte in ihren Zonen eine Währungsreform durch, die auf die Westsektoren Berlins ausgedehnt wurde. Die SMAD sperrte am 19. Juni den Kraftfahrzeugverkehr und am 24. Juni 1948 den Personen- und Güterverkehr auf der Eisenbahnstrecke Helmstedt–Berlin. Gleichzeitig erging das Angebot, Westberlin mit Gütern aus der sowjetischen Besatzungszone zu versorgen.

Der im November 1948 vollzogenen Spaltung Berlins folgte eine Verfestigung der Kontrolle der Sowjetunion über ihre Zone und ihren Teil von Berlin. Und der Spaltung folgte eine – wenn auch öffentlich nicht sofort so empfundene – schrittweise Trennung der Eisenbahnanlagen, die den europäischen Verkehrsknoten Berlin bis in die Gegenwart beeinträchtigte. Eine zunehmende Politisierung aller Verkehrsvorgänge war zu verzeichnen, und beide Seiten rangen um die Verfügung über die Verkehrsanlagen. Jede Seite war sich dabei bewußt, welche Folgen für den anderen die Spaltung der Verkehrsanlagen haben mußte.

In einer emotionsgeladenen Atmosphäre sowie einer Mischung aus berechtigten Forderungen und gezielten Provokationen vollzogen sich die entscheidenden Schritte im Mai/Juni 1949. Beide Seiten erreichten ihre Ziele nicht, die Eisenbahnanlagen in Westberlin blieben der Deutschen Reichsbahn unterstellt, aber es gelang auch nicht, mittels dieser Anlagen die Verfügungsgewalt über das gesamte Berlin zu erreichen. Die Folgen für die Menschen in beiden Teilen Berlins sowie die ihnen aufgebürdeten Kosten waren enorm. Westberlin blieb nur bedingt an den Eisenbahnverkehr angeschlossen, und in der sich bildenden DDR mußten mit ungeheuren Kosten neue Verkehrsanlagen zum Umfahren Berlins bzw. zum Knüpfen zerrissener Verkehrsverbindungen geschaffen werden.

Das führte in den Jahren 1951 bis 1956 zur endgültigen Schließung des Berliner Außenringes. Das Grünauer Kreuz, eine zentrale Eisenbahnspinne im Süden Berlins, ging am 12. Dezember 1951 in Betrieb. Zur Entlastung des nun weitestgehend aus der Stadt herauszunehmenden Güterverkehrs wurden die Rangierbahnhöfe Wuhlheide, Wustermark und Seddin ausgebaut. Um Westberlin vom Verkehr über die dort gelegenen Kopfbahnhöfe auszuschließen, wurden Werkstätten und Verkehrseinrichtungen so verlegt, daß die Verkehrsanlagen in dieser Stadthälfte verödeten.

Im Mai 1952 schloß die Reichsbahndirektion Berlin den Nordbahnhof und den in Westberlin gelegenen Anhalter Bahnhof für den Fernverkehr, der von nun an über den Außenring geleitet wurde. Die Reisezeiten verlängerten sich. Der Nordbahnhof fiel der Spitzhacke zum Opfer, ebenso der Anhalter Bahnhof, gefolgt vom Potsdamer Bahnhof. Lediglich die Halle des ehemaligen Stettiner Bahnhofs kann heute im Kulturhaus der Eisenbahner in Frankfurt (Oder) besichtigt werden.

Diese politische Entwicklung hatte eine einschneidende Folge für den Ostbahnhof. Er erhielt die Aufgabe, alle wichtigen Eisenbahnverbindungen des Personenverkehrs im Ostteil der Stadt, die zur Hauptstadt der Deutschen Demokratischen Republik erklärt wurde, in seinen Betriebsablauf aufzunehmen, er wurde so über Nacht zum wichtigsten Bahnhof Berlins.

Daraus folgte eine Neuorientierung des Verkehrs auf diesem Bahnhof, der im wesentlichen vom Durchgangs- zum Kopfbahnhof auszubauen war. Die von Osten in den Bahnhof einlaufenden Züge endeten nun in der Mehrzahl hier. Nur wenige Züge des internationalen Verkehrs fuhren auf der Stadtbahn weiter. Alle anderen mußten auf dem Ostbahnhof rangierdienstlich behandelt werden. Die Lokomotiven machten bei der Abfahrt oder der Ankunft »Kopf«, sie wurden umgesetzt, um den Zug in der vorgeschriebenen Richtung zu transportieren.

Nur wenige fotografische Dokumente haben den Zustand im Innern der Halle und auf anderen Einrichtungen des Bahnhofs bewahrt. Fast idyllisch mutet für denjenigen, der den Verkehr auf dem alten Ostbahnhof kannte, ein Foto vom 26. Juni 1950 an, das die Bereitstellung eines Zuges für den Feriendienst der Gewerkschaften zeigt (Bild 326).

Der Ostbahnhof erhielt seine Funktion als Drehscheibe des Verkehrs nicht nur zurück, sondern er war in den folgenden Jahren der Zentralbahnhof für die Hauptstadt der DDR. Für viele Menschen verbinden sich die unterschiedlichsten Erinnerungen an ihn, für nicht wenige war er zum Eingang in ein neues Leben nach den Leiden des Krieges und der Kriegsgefangenschaft geworden; zahlreiche Transporte mit ehemaligen deutschen Kriegsgefangenen aus der Sowjetunion kamen auf diesem Bahnhof an. Die Mannschaftsdienstgrade reisten einfach und in großen Transporten; bessere Bedingungen und Kleidungen erhielten die Generäle, so der Generalfeldmarschall SCHÖRNER, als er aus sowjetischer Kriegsgefangenschaft entlassen wurde (Bild 327).

1956 begann die Aufwertung des Bahnhofsinnern. Zunächst wurde die kleine und dann die große Halle saniert. Aus dem Jahre 1957 liegt ein Fotodokument vor, das die Abgangstreppe des Bahnsteigs B in dem nach dem Krieg gesicherten Zustand mit Resten des alten Geländers zeigt (Bild 329); deutlich erkennbar die Bauarbeiten bei der Verglasung der Hallen. Eine besondere Aufwertung erhielt der Bahnsteig A, dessen Wand aus dem alten Bau von 1868/69 nun eine Verkleidung mit Keramikfliesen in bräunlichem Ton erhielt. An den Bindern über diesem Bahnsteig wurden spezielle Einrichtungen für die Aus-

326 Ein Ferienzug auf dem Schlesischen Bahnhof am 16. Juni 1950 (ADN/ZB)

327 Aus sowjetischer Kriegsgefangenschaft trifft der ehemalige Generalfeldmarschall SCHÖRNER *im Frühjahr 1954 auf dem Ostbahnhof ein. (Staatliches Filmarchiv)*

328 Die Südhalle des Ostbahnhofs mit dem Bahnsteig A im Jahre 1958

329 Treppe am Abgang zum Mitteltunnel auf dem Bahnsteig B (Rbd Berlin)

330 Blick vom Bahnsteig D zum Bahnsteig E, etwa im Jahre 1958 (Rbd Berlin)

leuchtung des Bahnsteigs angebracht (Bild 328). Eine typische Szene aus dem Jahre 1958 – fotografiert vom Bahnsteig D – zeigt eine Ansicht nach Abschluß der Arbeiten an der Neuverglasung. Die Nordwand erhielt eine neue Gestaltung durch großfenstrige Rahmen aus Eisen (Bild 330), und auf den Fernbahnsteigen lief ein geordneter Verkehr mit leistungsstarken Dampflokomotiven (Bild 331).

Der Regierungsbahnhof

Die Chronik dieses Berliner Bahnhofs in den Monaten und Jahren nach dem Ende des zweiten Weltkriegs ist sehr umfangreich. Nur einige wesentliche Momente sollen hier angeführt werden. Am 8. September 1948 z. B. kam JAN IZYDIORCZYK, ehemaliger Häftling des Konzentrationslagers Buchenwald, zur Teilnahme an der Internationalen Gedächtniskundgebung für die Opfer des Faschismus nach Berlin. Nach 1949 war er erster Botschafter Polens in der DDR. Dies wird hier nur erwähnt, da es sich um den ersten halboffiziellen Besuch eines ausländischen Staatsmannes in der späteren DDR handelte.

Nach der Gründung der DDR versuchte dieser Staat, insbesondere die internationale Anerkennung der osteuropäischen Staaten zu finden, die ihm unter sowjetischem Einfluß auch gewährt wurde. Deren Botschafter wurden auf dem ehemaligen Schlesischen Bahnhof begrüßt. Mit zunehmender internationaler Bedeutung des jungen Staates wuchs die Zahl der auf dem Ostbahnhof ankommenden ausländischen Besucher und Staatsmänner an.

Die Würde, die dieser Bahnhof als Regierungsbahnhof – eine Bezeichnung, die offiziell allerdings nie gebraucht wurde – verlieh dem alten Bahnhof neuen Glanz, der aber nur vorübergehend war.

Langsam verschoben sich die Gewichte des Verkehrsablaufs zugunsten des inernationalen Flugverkehrs. Mit der Gründung der Fluggesellschaft der DDR entstanden schnellere und leistungsfähigere Verbindungen im internationalen Verkehr, die zu einem schnelleren Austausch und damit zu einer Einsparung an Zeit führten. Der Ostbahnhof und der Zentralflughafen Schönefeld teilten sich kurzzeitig die Rolle im internationalen Austausch der Politiker. Am Ende der 60er Jahre hatte der Flugverkehr den Vorrang.

331 Dampflokomotive vor der westlichen Hallenschürze (ADN/ZB)

Wenn es dadurch außenpolitisch stiller um den Berliner Ostbahnhof wurde, seine Rolle im internationalen und nationalen Verkehrsverbund blieb bestehen und prägte sich weiter aus. So kamen im Jahre 1974 pro Tag 69 Reisezüge auf dem Bahnhof an und 63 fuhren ab. Bei dieser Zahl ist zu beachten, daß der Ostbahnhof jetzt nicht mehr Durchgangsbahnhof war und der Verkehr in und um Berlin sich insgesamt verringert hatte. Weiterhin fiel der Vorortverkehr nach Strausberg weg, diese Stadt vor den Toren Berlins hatte S-Bahnanschluß erhalten.

78 Prozent des internationalen Reisezugverkehrs liefen über den Berliner Ostbahnhof. Täglich mußten mindestens 43 Züge rangierdienstlich behandelt werden, und 17 Reisezüge wurden auf dem Bahnhof gebildet. Weiterhin kamen pro Tag etwa 270 Waggons – zum Beispiel der Post – hinzu, die angefahren oder abgeholt werden mußten. Hierzu sind außerdem 894 S-Bahnzüge zu zählen, die pro Tag den Bahnhof berührten. Das erforderte eine Veränderung der Verkehrsorganisation, die dieser Stellung als Kopfbahnhof zu entsprechen hatte.

Die Fahrkartenausgabe des Bahnhofs verkaufte 1974 pro Tag durchschnittlich 8500 Fahrkarten im Fernverkehr und 14 200 S-Bahnkarten. 900 Sendungen im Expreß- und Gepäckverkehr zu behandeln, gehörte ebenso zu den Leistungen der Eisenbahner dieses Bahnhofs, wie die tägliche Umladung von 3000 Gepäckstücken und weiteren 2000, die von den Reisenden pro Tag hinterlegt wurden.

Mehrfach renoviert blieb der Ostbahnhof in seinem etwa 35jährigen gültigen Bestand. Alle Versuche, die immer unzulänglicher werdenden Verkehrsverhältnisse in dem alten Bahnhofsgebäude zu ändern, kamen über das Planungsstadium nicht hinaus, scheiterten an der unzulänglichen Finanzdecke und der Unklarheit über die Zukunft des Eisenbahnverkehrs in Berlin.

BERLIN HAUPTBAHNH
S
TAXI

8.
AUF DEM WEG ZUM HAUPTBAHNHOF

Die achtziger Jahre

Die Voraussetzungen zur weiteren Entwicklung des Bahnhofs erhielten nach 1945 Dimensionen, die ihre Grundlage weniger in eisenbahntechnischen oder verkehrsgeographischen Gegebenheiten als vielmehr in der politischen Entwicklung Deutschlands hatten. Und hier spielte die Entscheidung über die Verfügungsgewalt im Eisenbahnverkehr in und um Berlin eine nicht unwesentliche Rolle.

Dimensionen und Umfang der Verkehrsentwicklung nach 1945 wurden bereits angedeutet. Eine Konzeption für die Wiederingangsetzung des Eisenbahnverkehrs in Berlin war zunächst nicht vorhanden, sie orientierte sich an dem Vorgefundenen. Die Verantwortlichen für das Verkehrswesen begannen aufzuräumen und Strecken entsprechend dem einstigen Stand wiederherzustellen. Für eine Änderung der Verkehrsführung war weder Zeit noch Kraft vorhanden, und es bestand dafür zunächst auch keine Notwendigkeit. Und zum dritten: Woher sollten diese Überlegungen kommen, denn alle Kraft mußte für die Wiederherstellung der Bahnanlagen und die Aufnahme des Verkehrs eingesetzt werden. Das wurde durch Demontagen im Zuge der Reparationsleistungen zum Teil erheblich erschwert.

Entsprechend dem Potsdamer Abkommen sollte Deutschland als politische Einheit behandelt werden und das Verwaltungszentrum Berlin erhalten bleiben. Damit ergab sich zunächst keine Notwendigkeit, Überlegungen über die Gestaltung des Verkehrs in und um Berlin anzustellen. Im Juli 1945 trafen amerikanische, britische und französische Truppen in Berlin ein, um zusammen mit den sowjetischen Behörden die Verwaltung des besiegten Deutschlands von der einstigen Hauptstadt aus zu übernehmen. Das stärkte zunächst die politische Rolle der Stadt für die weitere Entwicklung Deutschlands. Entsprechend den alliierten Festlegungen verblieben die Anlagen der Eisenbahn in allen vier Berliner Sektoren in der Zuständigkeit der sowjetischen Besatzungsmacht, die die Deutsche Reichsbahn mit der Betriebsführung beauflagte. Entsprechend dieser Rechtslage vollzog sich die weitere Entwicklung, und die Deutsche Reichsbahn nahm im Raum Berlin alle Anlagen der Personen- und Güterbeförderung (bis auf den Potsdamer Bahnhof) wieder in Betrieb. Alle Bahnhöfe, wenn zunächst auch nur behelfsmäßig, übernahmen wieder ihre Verkehrsfunktionen. Eine Spaltung der Verkehrsströme gab es in der Stadt nicht, diese richteten sich eindeutig nach dem überlieferten Bild. Alle Anstrengungen der Eisenbahner waren und blieben darauf gerichtet, den Berliner Verkehrsverbund nach den Kriegszerstörungen im Rahmen der vorhandenen materiellen Möglichkeiten Zug um Zug wiederherzustellen.

Das traf – wie bereits ausgeführt – auch auf den Schlesischen Bahnhof zu. Die weitere Entwicklung in Deutschland, insbesondere der kalte Krieg, hatte aber bald einschneidende Maßnahmen zur Folge. Sie trafen nachhaltig auf eine Bahnanlage, die im Verlaufe ihrer Geschichte oft für das Berliner Eisenbahnwesen eine Vorreiterrolle übernommen hatte, aber seit dem ersten Weltkrieg nur die allernotwendigsten Modernisierungsmaßnahmen erfahren hatte. Das Empfangsgebäude, das einst Maßstäbe für den Berliner Bahnhofsbau setzte, war nun das älteste noch stehende und in Betrieb befindliche der Stadt (Bilder 332 und 333). Die enge Bebauung um den Bahnhof ließ zunächst keine Erweiterungen zu. Die betriebstechnischen Einrichtungen trugen zwar modernen Charakter, aber es gab für großzügige und angemessene Lösungen keinen Platz, abgesehen davon, daß die wirtschaftliche Kraft zunächst auch nicht ausreichte. Modernisierte bzw. großzügig gebaute Bahnanlagen – wie z. B. der Anhalter Bahnhof – kamen durch die willkürliche Grenzziehung in eine derartige Lage, daß ihre Nutzung aus politischen Gründen zu unterbleiben hatte.

Der Vorteil, den der Berliner Ostbahnhof zu bieten schien, rührte aus seiner Lage. Alle von ihm nach Osten, Südosten und Norden ausgehenden Strecken liefen nach Fertigstellung des Berliner Außenrings nicht mehr über Westberlin. Über den Güteraußenring wurden die Strecken in diesen Bahnhof so eingeleitet, daß nach der Spaltung Berlins die andere Stadthälfte nicht mehr berührt zu werden brauchte. Das war für den Eisenbahnverkehr in und um Ber-

332 Der Ostbahnhof im September 1961 (aus: Verkehr in Berlin. Band 2)

333 Das Empfangsgebäude im Jahre 1969 (ZBDR)

lin eine entscheidende Prämisse weiterer Überlegungen. Und zum anderen konnte über die Stadtbahn jederzeit eine Verbindung zum Westteil der Stadt hergestellt werden bzw. der europäische Ost-West-Verkehr traditionell über diese Bahnanlage laufen.

Es blieb aber die Unzulänglichkeit der Anlagen nicht nur im Empfangsgebäude. Auch wenn jeder kleine Schritt der Wiederherstellung oder Erneuerung in der Presse euphorisch bejubelt wurde, Fachkreise waren der Auffassung, daß nur ein grundlegender Neubau eine Änderung auf Dauer bringen konnte. Auch das verändert wiederhergestellte Empfangsgebäude, das sich an den alten Strukturen orientieren mußte, war keine Dauerlösung. Durch seine intensive Nutzung unterlag es einem hohen Verschleiß. Die Eisenbahner dieser Dienststelle unternahmen alle Anstrengungen, um den Betrieb aufrechtzuerhalten, die Zeit des Abschieds von diesem Bahnhof war aber gekommen.

Genau genommen stellte allein die Tatsache, daß diese große wichtige Bahnhofsanlage mit ihrem Empfangsgebäude – unabhängig vom Wiederaufbau in den alten Strukturen – bis zum Jahre 1985, d. h. 116 Jahre, ihrer Funktion gerecht werden mußte, wohl einen Negativrekord dar. Mag es auch Bahnhofsgebäude geben, die auf einen längeren Zeitraum der Nutzung verweisen können, keines von ihnen hatte diese Bedeutung im Verlaufe seiner Geschichte gewonnen und keines war derartigen, auch politischen Belastungen unterworfen.

Es genügt der Hinweis, daß dieses Empfangsgebäude entstand, als die Entwicklung Berlins zum europäischen Verkehrsknotenpunkt begann, und über alle Stufen der Entwicklung hatten sich die äußere Hülle, das Raumangebot für die Zwecke des Reisens nicht verändert. Nach 1950 gab es immer wieder Vorstöße, diesen Zustand zu ändern und das Empfangsgebäude in einen Zustand zu versetzen, der sowohl seiner Funktion als auch den Zwecken des Reisens besser entsprach. Nach dem Abräumen der Ruinen auf dem Bahnhofsvorplatz schien ausreichend Platz vorhanden zu sein. Allerdings setzten die begrenzten Baukapazitäten bei der weiteren Überwindung der Kriegsschäden in der Stadt einer partiellen Erweiterung der Anlagen des Ostbahnhofs immer Grenzen. Viele kluge Ideen zur grundlegenden Veränderung des vorgefundenen Zustands blieben deshalb nur Planungspapiere.

Der Gedanke einer grundlegenden baulichen Veränderung stand ständig im Mittelpunkt der Überlegungen. Zwei aus der Fülle der Projekte verdienen besondere Aufmerksamkeit. Sie wurden der Öffentlichkeit vorgestellt und fanden dementsprechend auch viel Aufmerksamkeit.

Der eine Entwurf entstammte der Feder des Architekten Hermann Henselmann. Er entstand Ende der 50er Jahre und fand im Zusammenhang mit dem Wiederaufbau des Berliner Stadtzentrums, d. h. der Rekonstruktion der Straße Unter den Linden und dem Aufbau der damaligen Stalinallee zwischen Strausberger Platz und Frankfurter Tor, besondere Aufmerksamkeit. Eine gewisse Euphorie machte sich breit – als ob man es geschafft hätte und alles weitere nur noch eine Frage der Zeit sei.

Der Plan Henselmanns stellte eine Ergänzung der für das Zentrum Berlins vorgesehenen Baumaßnahmen dar. Die Idee dieses Projekts ging von der Annahme aus, daß der Berliner Ostbahnhof der zentrale Verkehrsknotenpunkt des Ostteils der Stadt und unter dem Aspekt der Abkoppelung des Westteils der Stadt in seiner Funktion weiter auszubauen sei. Nach diesem Plan sollte der gesamte verkehrstechnische Bereich nicht angetastet werden, d. h., die Betriebsführung auf dem Bahnhof blieb unverändert. Das verbrauchte Empfangsgebäude sollte neu gebaut werden. Zu den Neubauvorhaben gehörte weiterhin ein zentral gelegenes Hotel, über das dieser Teil der Stadt damals nicht verfügte.

Verkehrsergänzungen machten sich erforderlich, die einzelnen Verkehrsmittel sollten also stärker in einen Verbund treten. Es wurde vorgeschlagen, auf dem Dach des Hotels einen Hubschrauberlandeplatz einzurichten, damit die mit der Bahn ankommenden Reisenden bei Bedarf möglichst rasch zu dem in dieser Zeit weiter auszubauenden Zentralflughafen Berlin Schönefeld gelangen konnten. Ein etwas kühner Gedanke, der aber bestach. Weiterhin sollte von dem neuen Empfangsgebäude aus eine Verbindung zur Spree hergestellt werden, womit ein bereits in den Anfangsjahren der Bahnanlage bestehender Verkehrsverbund wieder aufgegriffen wurde. Auf der Spree hätten die Reisenden die Möglichkeit gehabt, einen mit der Berliner Weißen Flotte aufzubauenden Nahverkehr zu nutzen.

In diesem Projekt schwingen, bei aller Nützlichkeit, einige Elemente mit, die dem Gedanken einer »revolutionären Romantik« entlehnt waren. Es kam über das Planungsstadium nicht hinaus. In ihn hat auch die seit den 50er Jahren immer wieder geführte Diskussion um die Anlage eines Berliner Zentralbahnhofs hineingewirkt. Von zahlreichen Verkehrsexperten kam wiederholt der Hinweis, daß die Stadt Berlin dringend einen derartigen Bahnhof benötigte, um den gesamten Fernverkehr an einem Punkt zusammenfassen zu können. Die sich nach 1945 herausbildende Verkehrsstruktur zwang einen derartigen Gedanken beinahe zwangsläufig auf. Die überkommenen, einst auf die Stadt gerichteten Strecken hatten einen Teil ihres Mittelpunkts verloren, der nun zu Westberlin gehörte. Die sich abzeichnende Lösung um den Berliner Ostbahnhof schien eine totale Neuordnung des Personenfernverkehrs zu erzwingen.

Einige Verkehrsplaner meinten, sie in der Idee eines Zentralbahnhofs in Schönefeld bei Berlin gefunden zu haben. Hier boten sich alle Möglichkeiten großzügiger Raumordnung, da sich durch den Berliner Außenring die Mehrzahl der nach Berlin fahrenden Züge an diesem Punkt traf und zur Fahrt in die Innenstadt in der Regel die gleiche Strecke nutzen. Ebenso traf dies für die aus Berlin nach Süden und Westen fahrenden Züge zu. Weiterhin kam zu diesen Überlegungen die Tatsache, daß der Flughafen Schönefeld – aus diesem Grunde damals auch Zentralflughafen genannt – in diesen Jahren auf dem ehemaligen Werkflughafen der Henschel-Werke entstand und einen kräftigen Ausbauschub erhielt. Bestechend schien der Vorteil, daß die Bahnanlagen in der Stadt, die immer älter wurden und die vom Krieg erheblich in Mitleidenschaft gezogen waren, nun nicht in aufwendigen Bauarbeiten wiederherzustellen oder weiter auszubauen wären.

Die sich abzeichnende Bevorzugung Berlins als Zentrum der DDR gebar immer kühnere Ideen. Das Vorhandensein des günstig ausgebauten S-Bahnnetzes und die Idee einer zusätzlichen U-Bahnverbindung nach Schönefeld schienen auf einmal eine Lösung anzubieten, die durch die Spaltung der Stadt auf einen Schlag komplizierten Verkehrsverbindungen zu entwirren. Dahinter lag auch die falsche Erkenntnis, daß das Überkommene als Ballast getrost über Bord geworfen werden konnte.

Aber tatsächlich vollzog sich die Entwicklung anders, der »Rundumschlag« konnte aus den verschiedensten Gründen nicht geführt werden. Zum einen konnte der Verkehr nach Osten an dieser Stelle gerade noch so angeschlossen werden, aber der Verkehr nach Norden blieb bei diesen Überlegungen am Rande. Sollten die Reisenden von Süden nach Norden (bzw. umgekehrt) in Schönefeld ihre Reise unterbrechen und über die S-Bahn nach Norden fahren oder sollten alle von Berlin nach Norden fahrenden Züge zuerst nach Süden, nach Schönefeld, fahren? Ebenso konnten nicht alle Züge von Süden und Westen, unter Umständen auch von Osten über die Eisenbahnstrecken nach Norden und umgekehrt gelenkt werden. Hier blieb einiges offen.

Weiterhin wäre das S-Bahnnetz in einem Maße belastet worden, so daß die Grenzen seiner Belastbarkeit überschritten worden wären. Von den Belastungen für den Reisenden soll in diesem Zusammenhang gar nicht erst gesprochen werden. Die hohen Kosten traten derartigen Träumereien ebenso entgegen wie die Stärke der vorgefundenen, in mehreren Jahrzehnten gewachsenen Bedingungen. Letztendlich zwang der vorgefundene historische Rahmen der Bahnanlagen die weiteren Überlegungen in eine andere Richtung; eine Erkenntnis, die erst langsam Raum griff. Westberlin lag wie eine Sperre im Herzen des Verkehrs in und um Berlin.

In den 70er und zu Beginn der 80er Jahre hatten sich die weiteren Überlegungen auf den Aus- und Umbau des Berliner Ostbahnhofs zu dem gewünschten Berliner Zentralbahnhof zu konzentrieren. Zunächst erhielt die Öffentlichkeit Kenntnis von einer interessanten Studie, die im Entwurfs- und Vermessungsbüro der Deutschen Reichsbahn entstanden war. Diese Studie ging davon aus, den Ostbahnhof nicht nur zu erweitern, sondern seine innere Funktion insgesamt zu ändern. Auf der südlichen Seite sollte das alte Empfangsgebäude ersatzlos der Spitzhacke zum Opfer fallen. An seiner Stelle – so die Überlegung –könnte eine dritte Halle gebaut werden, die den sich zweifelsohne erweiternden Verkehr aufnehmen sollte. Auf der Nordseite dagegen sah der Plan den völligen Neubau eines Empfangsgebäudes vor, das in erweiterter Form alle Funktionen eines derartigen Bauwerks erfüllen könnte.

Insgesamt eine großzügige Lösung, die davon ausging, die gewachsenen historischen Konturen nicht berücksichtigen zu müssen – ein immer wieder zu beobachtender Grundzug damaliger Überlegungen. Ein derartiges Vorgehen hätte die insgesamt nicht sehr glückliche Öffnung des Bahnhofs nach Süden zu einem nun freien Platz, der auf Industriebetriebe mündete und in deren Rücken die Spree lag, überwunden. Bei der Drehung des Empfangsgebäudes um 180 Grad hätte sich dieses nun der Stadt geöffnet. Bereits nach 1882, also nach Beseitigung der Ankunftsseite im Norden, hatte sich der Nachteil der Lage des nunmehrigen alleinigen Empfangsgebäudes nachteilig bemerkbar gemacht, die Anbindung an den Verkehr der Stadt war unbequem. Die Frontseite lag parallel zur Spree, und damit gab es bekanntlich keine direkte Verbindung in das Zentrum. Der Südosten Berlins konnte nur durch Straßenbahnen erreicht werden.

Das war alles weggefallen, die Spree markierte die Grenze zu Westberlin, Straßenbahnen erreichten den Bahnhof nicht mehr. Allerdings, die räumlichen Konsequenzen dieser Planung erzwangen enorme Veränderungen von großer, materieller Tragweite. Die südliche Bahnhofsseite bot nach der Beseitigung der Trümmer der dort einst stehenden Wohnhäuser genügend Raum für jede Erweiterung, ebenso nach Westen der Knick in den Viadukten. Schwierigkeiten machte auf dieser Seite der Postbahnhof – also das alte Postamt O 17 –, der im Krieg in seinem Äußeren reduziert wurde, im Innern aber immer noch seine zentrale Funktion wahrnahm. Die Gleise in die neu zu bauende Halle hätten direkt durch diese Anlage geführt werden müssen. Ein Neubau, nicht weit entfernt vom Bahnhof, wäre nötig gewesen, stieß aber auf unüberwindbare Hindernisse.

Aber auch der Norden bot nach Beseitigung der Ruinen verwohnter Massenmietshäuser genügend Platz für jede Erweiterung, doch hätte das geheißen, den VEB Fahrzeugausrüstungen – vormals Julius Pintsch AG – zu beseitigen. Es gab Überlegungen, an welchem Standort die Produktionsstätte neu entstehen und wie die dort tätigen Arbeitskräfte am neuen Standort Wohnungen erhalten könnten. Auch dieser Weg erwies sich letztendlich als nicht gangbar; die Kosten zwangen zu neuen Überlegungen.

Der Bau des Centrum-Warenhauses am damaligen Ostbahnhof in den Jahren 1977/78 machte allen derartigen Überlegungen ein Ende. Es entstand im unmittelbaren Vorfeld auf dem geplanten Bahnhofsvorplatz und wertete die ganze Gegend zwar auf, schränkte aber die Möglichkeiten der Bauentscheidungen ein. Insgesamt blieb und bleibt die weitere Diskussion offen, und die Zukunft wird zeigen, welche der Möglichkeiten in Zukunft in Betracht kommt.

Die mangelnde Funktionsfähigkeit des Berliner Ostbahnhofs gebot über kurz oder lang, mit einem Umbau dieses alten Empfangsgebäudes zu beginnen. Entsprechend den Spielregeln der DDR-Führung hatte dies mit einem Paukenschlag zu geschehen. Die 7. Tagung des ZK der SED im Jahre 1983, nicht der eigentlich zuständige Ministerrat, stellte es so dar, als ob die Verkehrsplaner bisher die Verkehrssituation nicht erkannt hätten und deshalb die Führung eine allgemeine Orientierung zur »attraktiven Gestaltung des Berliner Verkehrswesens« geben mußte. Dem folgte ein Beschluß des Politbüros des ZK der SED vom 29. November 1983 zum Ausbau des Bahnhofs. Auch das gehörte zum gewohnten Ritual, denn nur so konnte der Auftraggeber sich selbst beauflagen und in seiner »Weisheit« den entscheidenden Auslöser geben.

Der Auftrag war eindeutig; im 1. Halbjahr 1984 war ein funktioneller und architektonischer Gestaltungsvorschlag auf der Basis der bisherigen Ideen vorzulegen. Eine Architektengruppe des Entwurfs-und Vermessungsbüros der Deutschen Reichsbahn erhielt den Auftrag, gemeinsam mit dem Büro für Städtebau beim Chefarchitekten von Berlin dieses Projekt auszuarbeiten.

Als allgemeine Funktionsbedingung für den Neubau galt die richtige Feststellung über die Zunahme der Reise- und Touristenströme, wofür weder Zustand noch Servicemöglichkeiten reichten. In der Endkonsequenz bedeutete dies den Ausbau des alten Ostbahnhofs zum zentralen Bahnhof der Hauptstadt der DDR.

Den verkehrstechnischen Überlegungen folgte eine politische, die letztendlich eine gewisse Überzogenheit der Handlungen dokumentierte. Im Bewußtsein, einen stabilen Staat zu regieren, entstanden weitere Überlegungen. Abgeklemmt von internationalen Entwicklungen bzw. diese nicht mehr wahrnehmen wollend, folgte eine weitere Forderung. Diese hatte zunächst einen sachlichen Grund, der sich auf die Abkapselung des Ostteils der zu diesem Zeitpunkt noch gespalteten Stadt bezog. Einst lag der Bahnhof im Osten Berlins, er war durch die Entwicklung bereits vor 1920 längst innerstädtisch geworden. Die Neuanlage der Stadtbezirke Marzahn, Hellersdorf und Hohenschönhausen verschob ihn objektiv immer weiter in das alte Zentrum. Berücksichtigte man die Tatsache eines einst einheitlichen Berlins nicht mehr, so befand sich der Bahnhof tatsächlich in einer Randlage.

In gewisser Überbewertung und vor allem unter Mißachtung historischer Faktoren entschied die Führung der Berliner SED, daß der Name Ostbahnhof historisch und nicht mehr zeitgemäß sei. Er transportiere angeblich ein überholtes geschichtliches Bild, denn der Bahnhof läge ja nun eindeutig im Westen der Hauptstadt der DDR und seine Bezeichnung sei anachronistisch, müsse also geändert werden.

Wenn dieser Bahnhof nun eine zentrale Bedeutung erhalten sollte, dann müßte das auch im Namen zum Ausdruck kommen. Selbstgefällig und entgegen der Berliner Namenstradition der Bahnhöfe erfand die »Führung« einen neuen Namen. Für die Berliner Bahnhöfe im Fernverkehr war es typisch gewesen, einen Bahnhofsnamen zu wählen, der eine Information über die Richtung des Verkehrs enthielt. Aufgegeben wurde dies zwar durch die Umbenennung des Stettiner und des Schlesischen Bahnhofs, was aber als politisch gerechtfertigt erscheinen konnte, da noch Informationen entsprechend der Berliner Tradition geboten wurden. Der Name Ostbahnhof hatte sich in 37 Jahren als tragfähig erwiesen. Das galt nicht mehr; Alleinvertretung und sachliche Inkompetenz führten zum Namen Berlin-Hauptbahnhof. Dieser Name muß als wenig glücklich und zukunftsträchtig bewertet werden.

Die umzubauende Bahnhofsanlage sollte vor allem dem internationalen Verkehr dienen. Die Planung sah die Lösung folgender Verkehrsaufgaben vor:

a) Pro Tag müssen etwa 165 Reise-, Post- und Expreßgutzüge aufgenommen werden, und
b) pro Tag berühren etwa 1000 S-Bahnzüge den Bahnhof.

In Zahlen ausgedrückt sah die Idee vor, daß die Anlagen so zu gestalten sind, daß an jedem Tag durchschnittlich 28 000 Reisende die Fernbahn und 50 000 Fahrgäste die S-Bahn benutzen können. Gleichzeitig sollten alle Möglichkeiten erhalten bleiben, die Kapazität des Bahnhofs durch weitere Baumaßnahmen jederzeit zu erweitern.

Grundsätzlich fiel die Entscheidung, den Baukörper des alten Empfangsgebäudes zu beseitigen, da sowohl vom Platzangebot für die Serviceleistungen als auch vom technischen Zustand der vorhandenen Einrichtungen eine Instandhaltung bzw. Erweiterung nicht mehr möglich war. Bedauerlicherweise zeigten die Planer und ausführenden Betriebe wenig Verständnis für das Überlieferte. Es wurde vernichtet, was nicht notwendig war, z. B. die Gepäckabfertigung, in der die alte Wand des Baus von 1868/69 mit ihrer historischen Gliederung erhalten und zu besichtigen war. Bei gleichzeitiger Zugänglichkeit für die Öffentlichkeit hätte ohne großen Mehraufwand ein Zeuge der Berliner Eisenbahngeschichte erhalten werden können. Aus angeblich ästhetischen Gründen verschwand die Wand hinter einer Verblendung. Ebenfalls gab es an bis dahin verschiedenen versteckten Ecken sogar noch historische Lampen aus der Entstehungszeit. Der Vorschlag, ein kleines Kabinett mit Zeitzeugnissen zur Bewahrung der Tradition einzurichten, stieß auf freundliches, nachsichtiges Lächeln; keiner fühlte sich dafür verantwortlich.

Die höheren Serviceleistungen für den Reisenden – wie man sie auch immer verstand – verlangten, auch die außerhalb des Empfangsgebäudes unter den Hallen liegenden Einrichtungen des Mitropa-Fahrbetriebes und der Gepäck- und Expreßgutabfertigung zu rekonstruieren und teilweise zu erweitern. Damit hing zusammen, die Tunneleinrichtungen, die Bahnsteige und die Treppen grundlegend zu überarbeiten. Dabei mußte auch Platz für Fahrtreppen (umgangssprachlich Rolltreppen) geschaffen werden. Die Brückenüberbauten der Personentunnel waren zu erneuern. Die großen Hallen, älter als fünfzig Jahre, hatten eine gründliche Sanierung zu erhalten. Weiterhin mußten im Zusammenhang mit der Elektrifizierung die Hallenschürzen für das neue Profil freigemacht, daß heißt angehoben werden. Die Hallenbeleuchtung und viele andere Einrichtungen wurden zwangsläufig in die Rekonstruktion einbezogen.

Obwohl insgesamt der Bahnhof und hier vor allem das Empfangsgebäude im Mittelpunkt des Interesses der Öffentlichkeit stand, muß auf die Rekonstruktion der technischen Einrichtungen ebenso verwiesen werden wie auf die baulichen Veränderungen im weiteren Umfeld. Dazu gehörten im Interesse eines flüssigeren S-Bahnverkehrs die Anbindung der neuen Wohngebiete in Marzahn, Hellersdorf und Hohenschönhausen, der Bau eines dritten Bahnsteigs auf dem S-Bahnhof Warschauer Straße sowie der Neubau der Güterschuppen auf dem nahegelegenen Ostgüterbahnhof. Alle diese langfristig angelegten Arbeiten veränderten nach und nach diese große Bahnanlage, vollzogen sich aber innerhalb der überlieferten Konturen.

Weit über das eigentliche Empfangsgebäude hinaus bestimmten noch immer – wenn auch zum Teil verändert – die Baulichkeiten aus der Zeit um 1870 das Bild der Anlage. Aber sie sind in ihrem bauhistorischen Wert noch nicht untersucht worden, und nicht eine Baulichkeit genießt Denkmalschutz! Ohne Mühe wäre es möglich gewesen, Architekturreste zu sichern und der Nachwelt zu erhalten.

Im Mittelpunkt der gesamten Baumaßnahmen stand und steht das neue Empfangsgebäude. Für seinen Aufbau in mehreren Etappen schuf eine erste Sprengung am 1. August 1985 die notwendige Baufreiheit (Bilder 334 und 335). Die Beseitigung der alten Architektur bereitete einige Schwierigkeiten, insbesondere im

334 Sprengung des alten Empfangsgebäudes am 1. August 1985 (ADN)

335 Nach der Sprengung des Empfangsgebäudes (Deutsche Reichsbahn)

Bereich des ehemaligen Hauptportals. Hinter den abgeräumten Trümmern trat die bereits erwähnte Hallenwand auf der Innenseite in Erscheinung und zeigte die Reste der alten Struktur (Bild 336).

Der Entwurf für das neue Empfangsgebäude richtete sich nach den damals gültigen städtebaulichen Schwerpunkten. Die Entscheidung, dieses Gebäude doch im südlichen Teil anzulegen, erforderte besondere Rücksichtnahme. Großzügig und großflächig gestaltet, fehlt gegenwärtig aber noch eine glücklichere Anbindung an die Verkehrsströme, die auf einer Hauptausfallstraße der Stadt vorbeifließen. Der Nahverkehr – Bus und Taxi – findet dagegen ausreichend Platz, aber auch hier müssen neue Überlegungen angestellt werden.

Die gesamte Ansicht des Empfangsgebäudes ist zwangsläufig auf Fernsicht angelegt, und die innere Funktion ist in der äußeren Form ablesbar, für den Betrachter nachvollziehbar. Die Vor- und Rücksprünge der Fassade, markant ausgelegt, sind identisch mit den hinter ihnen liegenden Funktionsbereichen. Am ausgeprägtesten ist die Haupteingangshalle. Sie erhielt eine großflächige Verglasung, gemauerte Säulen mit Bogenmotiven nehmen die Struktur der alten traditionellen Berliner Bahnhofsarchitektur auf. Diese geglückte Gestaltung mit dem davor liegenden Balkon wiederholt so ein traditionelles Zitat der ältesten Gedanken für die Gestaltung von Bahnhöfen – den Balkon oder die Loggia.

Der westliche Abschnitt, für den Baufreiheit nach einer Sprengung im Jahre 1988 geschaffen worden ist, wird ebenso gestaltet werden.

336 Erste Arbeiten am Fundament für das neue Empfangsgebäude (Deutsche Reichsbahn)

Gegenüber der alten räumlichen Aufteilung springt die Fassade des neuen Empfangsgebäudes weit in Richtung des in seinen Konturen gegenwärtig nicht mehr zu erkennenden Stralauer Platzes hinaus. Auch nach Westen wird sich das Gebäude bis fast an die Koppenstraße erstrecken. Dem entspricht im Innern eine Verlängerung der Bahnsteige A, B und C, so andeutend, daß auch Platz für erneute Erweiterungsarbeiten geschaffen werden sollte. Insgesamt eine großzügige Lösung, das weitere Schicksal wird die Zukunft zeigen.

Die Ausführungsarbeiten im ersten Bauabschnitt stellten sich als sehr kompliziert heraus, denn der Umbau bis 1882 hatte einen sehr intensiven Materialeinsatz mit sich gebracht. Die alte Enge gerade dieses Umbaus stellte die Bauleute immer wieder vor neue, komplizierte Situationen. An nicht vermuteten Stellen tauchten Architekturreste auf, über deren einstige Funktionen wenig zu erfahren war. So zeigten sich in den Räumen der Gepäckabfertigung unter der großen Halle bei Ausschachtungsarbeiten die Fundamente der alten Ankunftsseite des Baus von 1868/69.

Komplizierter waren die Arbeiten zur Neuanlage und Verbreiterung der Treppen. Es waren hier nicht nur alte Treppen zu beseitigen, sondern die Anlage erforderte metertiefe Baugruben. Diese waren auf allen Bahnsteigen nach jeder Richtung hin statisch zu sichern, denn der S-Bahnverkehr durfte nur zu bestimmten Zeiten eingeschränkt werden. Der Fernverkehr mußte ebenfalls – wenn auch in sehr begrenztem Maße –aufrechterhalten werden. Das Prinzip »Fahren und Bauen« – eine vornehme Umschreibung für die aus objektiven Gründen nicht ausgereifte Planung – verlangte von Bauarbeitern und Eisenbahnern ein Höchstmaß an Leistung und Fingerspitzengefühl, stellte also eine Verlagerung der Probleme auf die untere Ebene dar. Oftmals war das für den Reisenden nicht nachvollziehbar, aber der gesamte Post-, Gepäck- und Expreßverkehr durfte aus Betriebsgründen nicht unterbrochen werden.

Am 15. Dezember 1987 konnte dann der erste Bauabschnitt der Öffentlichkeit übergeben werden (Bild 337). An diesem Tage erhielt der Ostbahnhof offiziell auch den bis heute umstrittenen Namen Hauptbahnhof.

337 Außenansicht des 1987 in Betrieb genommenen ersten Bauabschnitts des neuen Empfangsgebäudes (Deutsche Reichsbahn)

Für den Reisenden stellt sich das Empfangsgebäude als großzügig angelegtes Funktionsgebäude dar. Wer von der S-Bahn kommt und in die veränderten Personentunnel tritt, wird im Vergleich zum Vorgängerbau die Freundlichkeit und Helle als angenehm empfinden, ebenso den Wegfall der Treppe von den Tunneln zur großen Halle. Das konnte durch die Anhebung des Niveaus der Halle auf die Höhe dieser Personentunnel erreicht werden.

Das Empfangsgebäude entstand auf drei Ebenen. Auf der untersten hat der Reisende Zugang zu den unterirdisch angelegten Parkdecks, hier sind die Gepäckschließfächer und einige Geschäfte untergebracht. Im zweiten Bauabschnitt sollen auf dieser Ebene ein Espresso mit 40 Plätzen und eine Biergaststätte mit 60 Plätzen hinzukommen, die Zukunft wird zeigen, ob diese Planung einzuhalten sein wird.

Eine großzügige symmetrische Treppe mit zwei Fahrtreppen und Aufzügen verbindet die Unterhalle mit der Haupthalle. Diese baut sich in zwei Ebenen auf. Die untere Ebene auf dem Niveau der Personentunnel hat eine Breite von etwa 90 m. Gegenüber dem Eingang sind 11 Fahrkartenschalter für den Inlandverkehr untergebracht, daneben die für die S-Bahn und die Platzkartenschalter. Weitere 8 Schalter für den Auslandverkehr findet der Reisende in einem gesonderten Raum dieser Ebene, ebenso die Auskunft. Auf der rechten Seite der Halle am Zugang zum Ost-West-Tunnel liegen die Handgepäckaufbewahrung sowie die Gepäck- und Expreßgutabfertigung.

Diese Lage ist durch die dahinter befindlichen Funktionsräume vorgeschrieben. Im Vergleich zu den Strukturen der vorherigen Anlage hat sich somit für den Reisenden keine grundlegende Veränderung ergeben. Die überkommene Einteilung ist durchdacht und hätte ohne noch größeren Aufwand nicht verändert werden können. Die moderne und zweckmäßige Anlage dieses Bereichs bedarf keiner besonderen Hervorhebung.

Beherrscht wird die Haupthalle durch Hinweistafeln über die Abfahrt und Ankunft der Züge, die in geglückter Weise gestaltet und von beiden Ebenen aus gut eingesehen werden können (Bild 338). Ebenso wie durch den Osttunnel

338 Innenansicht des neuen Empfangsgebäudes, Blick in die Schalterhalle (Deutsche Reichsbahn)

kann diese Halle auch durch den Mitteltunnel erreicht werden. Am Mitteltunnel, im Bereich des niveaugleichen Durchgangs zum Bahnsteig A, ist der gesonderte Repräsentationsbereich vorgesehen; die Räume bzw. die Umgebung sollten nach der ursprünglichen Planung so gestaltet werden, daß jederzeit hochrangige Persönlichkeiten empfangen werden können. In dieser Planung ist immer noch der Gedanke der Königs- bzw. Kaiserzimmer lebendig.

Auf der zweiten Ebene der Haupthalle liegt direkt über den Fahrkartenschaltern das Reisebüro. Die Schwedische Staatsbahn unterhält dort – wie auch im alten Ostbahnhof – ihr eigenes Büro. Im zweiten Bauabschnitt soll der Reisende die Möglichkeit erhalten, auf dieser Ebene die westlich vom Mitteltunnel liegenden Restaurants und Cafés mit rund 380 Plätzen aufzusuchen. Auf der rechten Seite dieser Ebene befindet sich bereits jetzt ein gesonderter Warteraum mit Zeitkino und Friseur.

Interessant in der Planung des zweiten Bauabschnitts ist die Wiederaufnahme einer kleinen, separaten Empfangshalle, die dem Westtunnel vorgelagert wird. Haupthalle und kleine Empfangshalle vor dem Westtunnel werden auf der zweiten Ebene durch eine Passage miteinander verbunden. Hier kann an die alte, enge Ladenstraße des Ostbahnhofs erinnert werden, die einst ihr besonderes Flair durch zahlreiche kleine Geschäfte mit Reisebedarf, Büchern und ähnlichem hatte. Die Wiedergewinnung dieser Idee kann eine Bereicherung darstellen. In der Passage sind Einrichtungen für den Verkauf von Reisebedarf, Getränken, Nahrungsmitteln usw. vorgesehen.

Innerhalb der beschriebenen, für die Öffentlichkeit bestimmten Einrichtungen liegen die internen Funktionsbereiche für den Dienstbetrieb, zum Teil um Lichthöfe gruppiert.

Diese Funktionsbereiche werden im allgemeinen weniger von den Reisenden beachtet. Zu ihnen gehört auch der Mitropa-Fahrbetrieb im westlichen, unteren Teil des Bahnhofs. Er hat dort seinen Standort seit den 20er Jahren. Seine Anlagen sind ebenfalls verschlissen und sein Funktionaltrakt wird so verändert, daß er in die Mitte der vorgesehenen Restaurationsbetriebe, aber unterhalb von ihnen, zur Anlage kommt. Seine Aufgabe wird in der Speisenvorbereitung für die insgesamt 700 Gaststättenplätze des Empfangsgebäudes und in der Versorgung der Züge, die auf diesem Bahnhof beginnen, bestehen (Bild 339).

Mit den Bauarbeiten einher ging die Rekonstruktion der Verkehrsanlagen. Schwerpunkt war dabei zunächst die Hallenkonstruktion. Da sie aus den 20er und 30er Jahren stammt, konnte ihr äußeres Bild im wesentlichen so belassen werden. Ihre Sicherung und Sanierung aber war dringend geboten. Es entfiel die Längslaterne, die gesamte Eisenkonstruktion mußte grundlegend gesichert werden. Überflüssiges, aus der Dampflokomotivzeit Stammendes, entfiel. Die gesamte Dachdeckung mußte gegen Aluminiumblech ausgewechselt werden, um eine möglichst lange Haltbarkeit zu garantieren. Die Trageprofile der kittlosen Verglasung auf den Oberlichten wurden demontiert und durch kittlose Verglasung mit Drahtglas ersetzt.

Alle abgängigen Teile der Konstruktion mußten ausgewechselt werden. So der Revisionswagen I im Laternenbereich der Nordhalle, der neu aufgebaut wurde. Das Stellwerk B 2 aus den 20er Jahren wurde von Grund auf rekonstruiert. Die Arbeiten an der Hallenkonstruktion begannen in der Nordhalle und konnten dort inzwischen abgeschlossen werden.

Schrittweise begann die Rekonstruktion der Tunnelanlagen, zuerst im Osttunnel. Sein Querschnitt mußte – wie bei den anderen beiden Tunneln auch – im wesentlichen bestehenbleiben; hier war aufgrund des überlieferten Zustands keine Änderung möglich. Verbessert werden aber konnte vor allem der Zugang zu den Bahnsteigen durch die Verbreiterung der Treppen. Wichtig ist auch der Anschluß dieses Tunnels an die von der Gepäckabfertigung zu den Bahnsteigen A bis E führenden Lastenaufzüge. So konnte eine für Behinderte besonders günstige Verkehrsanbindung gefunden werden. Die vorhandenen Tunnelüberbauten aus Trägertafeln und Stahlbrücken wurden durch Betonfertigteile ersetzt. Das war unter Betriebsbedingungen eine besonders komplizierte Bauphase. Die geringen Bauhöhen der Tunneldekke konnten insgesamt angehoben werden.

Auf den Bahnsteigen wurden die für den Verkehr notwendigen Aufbauten wie Aufsichtsgebäude, Kioske für Post und Mitropa sowie Verpflegungsstützpunkt für das S-Bahnbetriebspersonal ebenfalls schrittweise erneuert. Die Bahnsteige wurden auf 1030 mm über Schienenoberkante angehoben.

Die jahrzehntelangen Erfahrungen des robusten Eisenbahnbetriebes erforderten in allen besonderen Beanspruchungen unterliegenden Architekturteilen die Verwendung von dauerhaften Materialien. Es sind dies Klinker, gelbe Keramik und heller Naturstein. Auch die Oberflächen der Tunnel und Bahnsteige erhielten einen Belag aus festerem Material, um den Einsatz von Gabelstaplern zu gewährleisten.

Die Farbgebung des Empfangsgebäudes unterstreicht insgesamt den freundlichen Ton im Gegensatz zu den alten düsteren Mauern. Allerdings durfte nur einheimisches Material verwendet werden. Es ist zu bedenken, daß die einstigen Mauern des alten Bahnhofs früher auch farbig und freundlich gestaltet waren, aber der Dampflokbetrieb und die mangelnde Pflege ließen den Bau dunkel erscheinen. Zwar soll durch den Einsatz der gelben Keramik in der Haupthalle, in den Personentunneln und auf den Bahnsteigen dem massiv entgegengewirkt werden, aber bereits jetzt muß auf die Wichtigkeit der regelmäßigen und bisher vernachlässigten Pflegearbeiten aufmerksam gemacht werden.

Am Ende der achtziger Jahre – Hauptbahnhof ja oder nein?

Die weitere Zukunft des Bahnhofs als Mittelpunkt des Verkehrs in der Hauptstadt der DDR sah günstig aus, schien nur noch eine Frage der für den Bau zur Verfügung stehenden Kapazitäten und damit der Zeit zu sein. Zwar legte sich nach der Umbenennung am Jahresende 1987 etwas die Euphorie, und über den voraussichtlichen Abschluß weiterer Bauabschnitte wurde nichts mehr veröffentlicht, aber die Arbeiten am zweiten Bauabschnitt liefen weiter. Die wenigen Veröffentlichungen wiesen darauf hin, daß auch nach Fertigstellung des zweiten Abschnitts noch lange kein Ende der Arbeiten abzusehen sei. So schrieb die »Eisenbahnpraxis« im Heft 3 des Jahres 1987 über die damals zukünftigen Forderungen: »Bei den gegenwärtigen Planungen zur Umgestaltung des Ostbahnhofs sind zwei weitere wichtige Forderungen zur Erhöhung der Sicherheit, Qualität und Leistungsfähigkeit des Betriebes und in der Ver-

Zug der Berlin-Frankfurter Eisenbahn mit Lokomotive „Philadelphia" um 1842

preußischer Schnellzug um 1915 mit Lokomotive „Osten 1135", Gattung $S\ 10^1$ (spätere Baureihe 17^{11-12})

Vorortzug in den zwanziger Jahren mit Tenderlokomotive der Gattung T 12 (spätere Baureihe 74^{4-13})

Zu der am Dienstag, dem 15. Dezember 1987, stattfindenden
Inbetriebnahme des Empfangsgebäudes
Berlin Hauptbahnhof – 1. Bauabschnitt –
erlauben wir uns, Sie recht herzlich einzuladen.

Prof. Dr.-Ing. Gißke
Generaldirektor der Baudirektion Berlin
des Ministeriums für Bauwesen

Löscher
Stellvertreter des Generaldirektors der DR
Präsident der Reichsbahndirektion Berlin

№ 001138

elektrischer Triebzug der Berliner S-Bahn der Baureihe 270

Doppelstockzug des Berliner Schnellverkehrs mit Ellok der Baureihe 211

339 Einladungskarte für die Inbetriebnahme des neuen Empfangsgebäudes am 15. Dezember 1987

Geschichtliches über den künftigen Hauptbahnhof

01. September 1841:
Die Berlin-Frankfurter Eisenbahn-Gesellschaft beginnt mit dem Bau des ersten Bahnhofsgebäudes im östlichen Stadtgebiet Berlins.

23. Oktober 1842:
Eröffnung der Eisenbahnstrecke Berlin-Frankfurt/O. Durch eine Gleisverbindung zum Spreeufer (Umschlagplatz) zwischen dem Stralauer und Frankfurter Tor, wird erstmalig die Berliner Stadtmauer durchschnitten.

29. April 1843:
Gründung der Niederschlesisch-Märkischen Eisenbahn-Gesellschaft. Verwirklichung des Projektes einer Eisenbahnverbindung von Frankfurt/Oder nach dem damaligen Breslau.
Nunmehr in Niederschlesisch-Märkischen Bahnhof und später in Schlesischen Bahnhof umbenannt, werden 1847 die ersten Züge nach Wien und 1862 bis St. Petersburg (Leningrad) gefahren.

1878/79:
Abschluß der Um- und Erweiterungsbauten (Anhebung der Gleise um 6m – Viaduktbauweise – sowie Erweiterung um eine weitere Bahnsteighalle) als Voraussetzung für die Eröffnung der Berliner Stadtbahn (01. Mai 1882) von Charlottenburg zum Schlesischen Bahnhof.
Vom Kopf-, zum Durchgangsbahnhof umgestaltet, erlangt der Bahnhof eine besondere Bedeutung im Ost-West-Verkehr.

26. Juni 1945:
Trotz starker Zerstörung infolge des 2. Weltkrieges, trifft aus Moskau kommend, der erste internationale Zug auf dem Schlesischen Bahnhof ein.

1947-1950:
Wiederaufbau des Bahnhofs in schlichter Form und Umbenennung in Berlin-Ostbahnhof (01. 12. 1950)

1961-1963:
Modernisierung der Innen- und Tunnelbauten.

1985-1990
Die beschleunigte Entwicklung und der weitere Ausbau der Hauptstadt der DDR, Berlin, zur sozialistischen Metropole unseres Landes erforderte folgerichtig auch die Umgestaltung des Ostbahnhofs zum Hauptbahnhof.
Dazu gehören der Neubau eines Empfangsgebäudes, Erweiterung und Umbau der vorhandenen Verkehrsanlagen in zwei Bauabschnitten sowie Anschluß des Bahnhofs an das elektrifizierte Streckennetz der Deutschen Reichsbahn.

BERLIN HAUPTBAHNHOF

kehrsabwicklung in den Mittelpunkt weiterer Untersuchungen getreten. Es sind das:
- die Notwendigkeit der Verlängerung der Fernbahnsteige A bis C in Richtung Westen von jetzt durchschnittlich 300 m auf 460 bis 470 m und der Bau einer zweigleisigen S-Bahn-Kehranlage. Voraussetzung dafür ist die generelle Neugestaltung der Gleisanlagen Westkopf,
- die Erhöhung der Bahnsteigkapazität Fernbahn von 5 auf 7 Bahnsteigkanten (Anbau eines außer den Hallen liegenden S-Bahnsteiges Richtung Friedrichstraße) zur Gewährleistung der Forderungen neben dem internationalen Verkehr mehr ausgewählte Binnenverkehrsrelationen zum Hauptbahnhof durchführen zu können.

Der Entwurfs- und Vermessungsbetrieb der Deutschen Reichsbahn und das Ingenieurbüro für Rationalisierung des Eisenbahntransportes arbeiten an verkehrstechnologischen, gleisgeometrischen, technischen und ökonomischen Untersuchungen mit dem Ziel, bis Ende 1987 eine komplexe Studie für die nach 1990 auszuführenden Baumaßnahmen fertigzustellen.« [1]

Das sich hier andeutende Konzept hätte die historische Dimension der beiden Hallenkonstruktionen verändert und einen neuen Bahnhof erbracht. Die Notwendigkeit einer derartigen Überlegung ergab sich daraus, daß der ehemalige Durchgangsbahnhof für den Fernverkehr Kopfbahnhof geworden war, und aus der Lage des Bahnhofs innerhalb der Hauptstadt der DDR.

Insgesamt werteten die Baumaßnahmen die gesamte Stadtgegend städtebaulich auf. Es wurde versucht, den Baukörper in die vorhandenen Gebäude, die um den Bahnhof entstanden waren, einzuordnen. Das einstige Armenviertel von Berlin, das »katholische Viertel«, existierte nicht mehr. Nach den Zerstörungen des zweiten Weltkriegs und dem schrittweisen Abriß der verschlissenen Bausubstanz entstanden in dieser Gegend Neubauten. Angemerkt werden muß, daß sich der Abriß wenig behutsam vollzog, ganze Quartiere verschwanden ohne Prüfung auf Erhaltenswertes, und der Neubau folgte den allgemeinen Richtlinien des Plattenbaus der 70er Jahre. Zwar entstanden helle und moderne Wohnungen, aber die Aufgabe der Fluchtlinie der Straßen ließ ein Wohngebiet entstehen, das sich wenig lebensvoll zeigt; zu wenig Geschäfte, Lokale usw., die Leben in diese Gegend hätten bringen können. Dieser widersprüchliche und zugleich notwendige Ersatz verkommener Substanz durch Neubauten setzte sich auch in der Rüdersdorfer und der Friedrichsfelder Straße fort. Auch dort verschwanden die zwar im Krieg nicht zerstörten,

[1] GEHRKE, W.; SWORA, K.-E.: Die Umgestaltung des Berliner Ostbahnhofs zum Hauptbahnhof. Teil I. – In: Eisenbahnpraxis. – Berlin, 1987. – H. 3, S. 100ff.

aber ebenfalls verschlissenen Häuser. An ihre Stelle traten ebenfalls Neubauten, mit denen die Blockbildung wieder aufgenommen wurde.

Mit dem Bau des Centrum-Warenhauses an der Koppenstraße veränderte sich das Antlitz dieses Viertels grundlegend. Der Neubau für Redaktion und Druckerei der Tageszeitung »Neues Deutschland« (1969–1974) anstelle der Ruine des bereits in den 50er Jahren abgerissenen Berliner Bahnhofs der Königlichen Ostbahn, der späteren Plaza, setzte für dieses Viertel einen weiteren Akzent. An der Straße der Pariser Kommune, der ehemaligen Fruchtstraße, ließ die Deutsche Post in den 60er Jahren ein Grundstück zur Stralauer Allee hin bebauen. Die Anlage blieb ein Torso, da die Planungen für den Bahnhof vor ihrer endgültigen Klärung jede weitere Baumaßnahme verboten. Bedauerlicherweise verloren viele Straßen dieses Viertels ihre historisch gewachsenen Namen, an ihre Stelle traten neue, die oft wenig Bezug zur Überlieferung hatten.

Auch die Nordseite des Bahnhofs sollte in naher Zukunft neu geordnet werden. Die alten Bögen in der Erich-Steinfurth-Straße – so sehen es Planungen vor – könnten ähnlich wie am Bahnhof Alexanderplatz öffentlich genutzt werden, und die Straße würde damit Boulevardcharakter bekommen. Auch andere, bisher wenig beachtete Bauten wie der im Krieg beschädigte Klinkerbau des ehemaligen Andreas-Realgymnasiums wären gut in eine Neugestaltung der nördlichen Seite des Bahnhofs einzupassen.

Der 9. November 1989, die Implosion eines alten, überlebten und wie sich immer mehr herausstellte gesellschaftlich reaktionären Herrschaftssystems veränderte mit einem Schlag die gesamte, scheinbar gesicherte Planung dieses Bahnhofs. Eben noch lag er fast an der Westgrenze der Hauptstadt der DDR und nun plötzlich im Zentrum dieser Stadt, die langsam wieder zusammenwächst. Seine überragende Lage in der Teilstadt ging verloren, objektiv mußte daran gedacht werden, wie und in welcher Weise sie nun neu zu ordnen ist.

Diese Lageänderung bedeutete nicht die Rückkehr zur Postion vor 1945, denn im Osten der Stadt blieben die neuen Stadtviertel existent, er bekam seine alte Ortslage in Berlin nicht zurück, aber er verlor die einstige überragende Position ebenfalls nicht. Sehr bald zeigte sich auch, daß die Kritiker Unrecht hatten, die von einer Fehlinvestition der Rekonstruktion sprachen, denn die Modernisierung des alten Bahnhofs war dringend geboten, und diese hat auch Bestand, aber alles andere, darüber hinausgehende mußte verlorengehen bzw. neu durchdacht werden.

Schon vor diesem Datum gab es Überlegungen von engagierten Architekten und Eisenbahnfreunden, die dem Grundsatz huldigten, daß nur der wirklich »grün« ist, der sich für die Eisenbahn als Verkehrsmittel einsetzt, und sie propagierten den Gedanken eines Verbunds zwischen Schienen- und Straßenverkehr. Sie haben sich im »Förderverein Anhalter und Lehrter Bahnhof e.V.« zusammengefunden und im Mai 1988 ein Projekt »Die Zukunft des Berliner Eisenbahnverkehrs« der Öffentlichkeit vorgestellt (Bild 340). Weitere Überlegungen werden sich zwangsläufig in ein noch auszuarbeitendes Konzept der Berliner Verkehrsentwicklung einreihen müssen.

Dieses Projekt verdient Aufmerksamkeit, da in ihm der uns interessierende Bahnhof in einer möglichen Perspektive berührt wird. Es ging davon aus, daß Berlin in nicht allzu ferner Zukunft wiederum ein Zentrum des europäischen Eisenbahnverkehrs mit Hochgeschwindigkeitszügen sein wird. Unter dem Motto der Deutschen Bundesbahn »Die Eisenbahn der Zukunft ist im Fernverkehr doppelt so schnell wie der PKW und halb so schnell wie das Flugzeug« propagiert der Förderverein eine Verkürzung der Fahrzeiten mit dem Zug. Die Fachleute berechneten die Reisegeschwindigkeit für das Jahr 1986 mit 100 km/h und prognostizierten für 1992 eine derartige in Höhe von 130 km/h, um für das Jahr 1998 180 km/h anzunehmen. Auf diese Weise ließen sich die Fahrzeiten von Berlin nach Hamburg von gegenwärtig 5 Stunden auf 1,5 Stunden, die nach München von 9 auf 3,8 Stunden verkürzen.

Aus diesen Überlegungen heraus und bei Stützung auf Pressenotizen, die am 17. Februar 1988 davon sprachen, daß zwischen der Deutschen Reichsbahn und der Deutschen Bundesbahn Verhandlungen aufgenommen worden wären, in denen »alle Varianten eines Aus- und Neubaus bis zu einer Höchstgeschwindigkeit von 250 km/h zur Diskussion« standen, entwickelte der Verein eine Idee zur Neuordnung des Berliner Verkehrs. Diese ging davon aus, daß diese Hochgeschwindigkeitszüge nicht so ohne weiteres in die Stadt hineinzubekommen seien, da das in Frage kommende Gelände bebaut bzw. nur schwer zu erwerben wäre.

Weiterhin machte sich der Verein entsprechend den vorhandenen Verkehrstrassen der Eisenbahn sowie der Topographie der Stadt Gedanken über die Lage eines zentralen Bahnhofs. Er kam zu dem Ergebnis, daß dies der ehemalige Anhalter Bahnhof sein und der Verkehr zu ihm ab einem bestimmten Punkt unterirdisch verlaufen könnte.

In unserem konkreten Falle könnte das bedeuten, daß der Hochgeschwindigkeitsverkehr vor dem Bahnhof Ostkreuz in einen Tunnel eingeführt wird. Dieser Tunnel hätte neben dem jetzigen Hauptbahnhof, ebenfalls unterirdisch, einen Haltepunkt zum Umsteigen. Die Strecke sollte dann weiter unterirdisch zum Anhalter Bahnhof geführt werden. Vom Anhalter Bahnhof aus wäre dann ebenfalls unter der Erde ein Anschluß an den nicht mehr bestehenden Lehrter Bahnhof herzustellen. Von da aus könnte der Verkehr wieder an die Oberfläche gelangen.

Das Reizvolle an diesem Gedanken war die Wiedergewinnung des Anhalter Bahnhofs als Verkehrsknoten und zugleich der Wiederaufbau des historischen Bahnhofsgebäudes. Mit dieser Idee und der geplanten Streckenführung wäre ein europäischer Eisenbahnknoten Berlin erneut in greifbare Nähe gerückt.

In den ersten Wochen nach Öffnung der Grenze zeigte sich bei den Verkehrsplanern eine gewisse Ratlosigkeit, denn keine Seite war drauf vorbereitet. Erst langsam zeigten sich die Konsequenzen auf lange Sicht, die darin bestanden, nach 40 Jahren getrennten Fernverkehrs und 28 Jahren geteilten öffentlichen Personennahverkehrs Fragen der Zusammenführung zu stellen, die nicht aus dem Stand zu beantworten waren und sind.

Langsam begann nach dem Februar/März 1990 die Diskussion, die noch lange nicht abgeschlossen ist und uns noch weiter verfolgen wird. Einige Punkte sind bemerkenswert, da sie auf anderer, modernerer Ebene die alten Fragen neu stellen: Zentralbahnhof in oder außerhalb Berlins, Schließung des S-Bahn-Rings in historischer oder veränderter Dimension, internationale Verkehrsverbindung in welcher Form und mit welchem Verkehrsträger. Offensichtlich zeigt sich auf der einen Seite, daß die Erinnerung an das einstige voll funktionierende, schnelle Verkehrsnetz stärker gewesen ist, als alle angenommen haben, und auf der anderen Seite, daß Erinnerung allein keinen Handlungsraum schafft. Es gibt einerseits zu wenig übergreifende Untersuchungen mit oft nicht ausreichenden Schlußfolgerungen für die Zukunft, und deshalb wird anderseits auch nicht begriffen, daß es Ergebnisse nun historischer Beratungen gibt, die möglicherweise das Gehen schon einmal beschrittener Wege, die sich als Irrwege mit hohen Kosten erwiesen haben, verhindern könnten. Es sei der Hinweis gestattet, daß der Blick in die Vergangenheit immer etwas mit der Gestaltung der Zukunft zu tun hat.

Die »BZ am Abend« meldete am 11. Mai 1990 die mögliche Eröffnung des Ringbahnverkehrs, und die »Berliner Zeitung« vom 16. Mai 1990 sprach von der Wiederinbetriebnahme des Verkehrs auf der Stadtbahn bis nach Charlottenburg, also der Rekonstruktion historischer Leitbilder.

Ein Resümee kann jetzt noch nicht gezogen werden, aber festgestellt werden soll, daß der Berliner Fern- und Nahverkehr offensichtlich seine ursprüngliche Vitalität wieder gewinnt, und der alte Schlesische Bahnhof spielt dabei eine gewichtige Rolle.

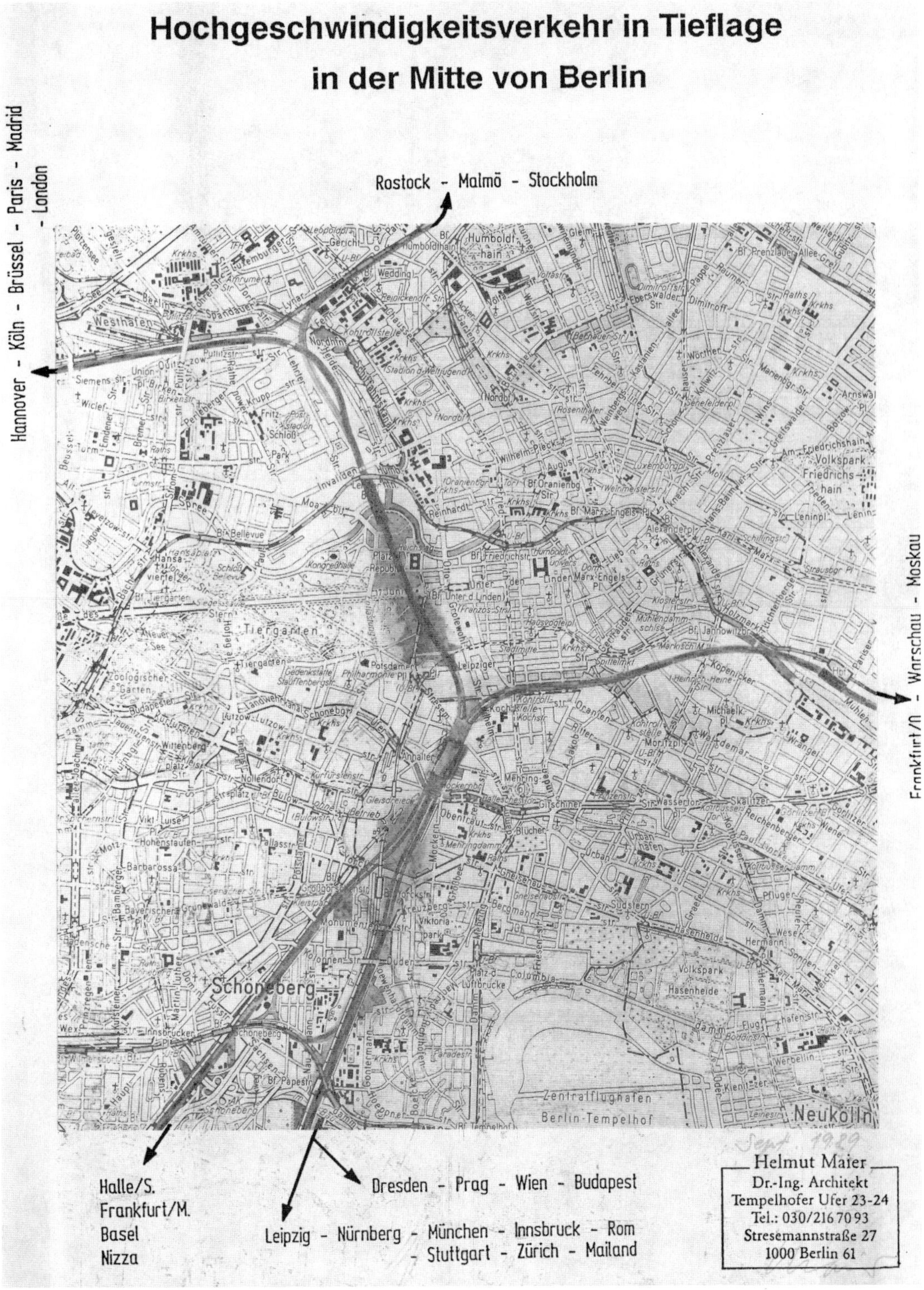

340 Ideenskizze zur Neugestaltung des Berliner Verkehrswesens (mit freundlicher Genehmigung von Dr. H. Meyer)

Verzeichnis der historischen und der gegenwärtigen Ortsnamen

Altwasser	Stara Woda
Arnsdorf	Miłkowice
Breslau	Wrocław
Brieg	Brzeg
Bromberg	Bydgoszcz
Camosse (Kamöse)	Chomiaza Sredski Sl.
Cüstrin	Kostrzyn
Danzig	Gdańsk
Dirschau	Tczew
Dittersbach	Dzietrzychowice
Dreilinden	Jabłonowo
Elbing	Elblag
Eydtkuhnen	Kybartai
Firchau	Wierzchowo
Flatow	Złotów
Freiburg	Swiebodzice
Gassen	Jasień
Glogau	Głogów
Halbau	Iłowa
Hansdorf	Jankowa Zagańska
Haynau	Chojnów
Insterburg	Tschernjachowsk
Jessnitz	Jasienica/Gubinska
Kaiserswaldau	Kajecin
Kohlfurt	Wegliniec
Königsberg	Kaliningrad
Konitz	Chojnice
Kreuz (Kreutz)	Krzyż
Krojanke	Krajenka
Landsberg	Gorzów Wiekopolski
Lauban	Lubań
Lieben	Lubień Kujawski
Liebsgen	Lubieszow
Liegnitz	Legnica
Lissa	Leszno
Maltsch	Malczyce
Marienburg	Małbork
Maserwitz	Mazurkowice
Mocker	Mokre
Neuhammer	Nowe Kuźnice
Neumarkt	Sroda Slaska
Nimkau	Miekinia
Ohlau	Oława
Olmütz	Olomouc
Oderberg	Bohumín
Posen	Poznań
Rauschau	Ruszów
Ruhbank	Sedzislwa Dworzec
Saarawenze (Saarawense)	Zurawiniec
Sagan	Zagań
Schneidemühl	Piła
Schönsee	Kowala
Schweidnitz	Swidnica
Siegersdorf	Zebrzydowa
Sommerfeld	Lubsko
Sorau	Zary
Spittelndorf	Szczedrzykowice
Stargard	Stargard Szczeciński
Stettin	Szczecin
St. Petersburg	Leningrad
Thorn	Toruń
Turkau	Turków
Zarskoje Selo	Puschkin

Sachwortverzeichnis

Aufgenommen wurden alle Hinweise, die Berlin und Frankfurt an der Oder als Stadt nicht berühren. Es fehlen die Bemerkungen zu den behandelten Bahnhöfen in diesen Städten, Ortsbezeichnungen in Berlin sowie Hinweise auf die Eisenbahngesellschaften, staatlichen Behörden in Preußen etc.